C0-AWI-654

KARL BARTH
PREDIGTEN 1919

KARL BARTH · GESAMTAUSGABE

Im Auftrag der Karl Barth-Stiftung
herausgegeben von Hans-Anton Drewes

I. Predigten

PREDIGTEN 1919

T V Z

THEOLOGISCHER VERLAG ZÜRICH

KARL BARTH

PREDIGTEN 1919

Herausgegeben von Hermann Schmidt

T V Z

THEOLOGISCHER VERLAG ZÜRICH

Gedruckt mit Unterstützung der Evangelischen Kirche in Deutschland
und der Karl Barth-Stiftung.

Die Betreuung des Bandes im Karl Barth-Archiv wurde ermöglicht
vom Schweizerischen Nationalfonds zur Förderung
der wissenschaftlichen Forschung.

BX
9426
·B3
P7
1976
v.10

Die Deutsche Bibliothek – CIP-Einheitsaufnahme

Barth, Karl:
Gesamtausgabe / Karl Barth. Im Auftr. der Karl-Barth-Stiftung hrsg.
von Hans-Anton Drewes. - Zürich : TVZ, Theol. Verl.

1. Predigten
Predigten 1919 / hrsg. von Hermann Schmidt. - 2003
ISBN 3-290-17268-6

© 2003 Theologischer Verlag Zürich
Alle Rechte vorbehalten
Gesamtherstellung: pagina GmbH, Tübingen
Printed in Germany

INHALT

VORWORT

1) Biographisches

Zu Beginn des Jahres 1919 war Karl Barth schon 7½ Jahre Pfarrer in Safenwil und lebte mit seiner Frau Nelly, geb. Hoffmann und den Kindern Franziska (4½ Jahre), Markus (3 Jahre) und Christoph (1¼ Jahr) in dem aargauischen Arbeiter- und Bauerndorf. Nelly Barth war eine kritische Predigthörerin, leitete ein Bibelkränzchen und erfreute gelegentlich die Kirchgänger durch ihr Geigenspiel.[1] Die Freundschaft mit Eduard Thurneysen und seiner Familie im nahen Leutwil wurde eifrig gepflegt, zumal die räumliche Trennung vor der Tür stand[2]. Vom 20.–31. Juli machten Barth, Thurneysen und Rudolf Pestalozzi mit «Sturmhaube und Eispickel» Bergferien im Wallis.[3]

Die politischen Auseinandersetzungen in der Schweiz machten nicht Halt vor den Toren Safenwils. Es kursierte das Gerücht, Barth habe «den Generalstreik [11.–14.11.1918] verherrlicht». Trotz deutlichen Dementis «demissionierten am 20. November vier seiner sechs Kirchenpfleger»[4] (= Presbyter). Es zirkulierten Protest-Schreiben gegen ihn, man drohte mit Verweigerung der fälligen Gehaltserhöhung und mit Kirchenaustritt[5]. Doch konnte Barth an Thurneysen schreiben: «Gerade in letzter Zeit erfreuten uns ein paar Zeichen von Verständnis und Bewegtheit aus der Gemeinde, für die wir dankbar sind» (21.2.19); «mein Verhältnis zu den Opponenten ist durchaus kein tragisches» (13.4.). «Die neue Kirchenpflege läßt sich nicht übel an» (3.6.).[6] Im Februar setzte er «nach längerer Unterbrechung in seinem Arbeiterverein wieder mit einer Serie von Vorträgen ein, in denen er die politischen Vorgänge ‹auslegte›... Am 1. Mai marschierte er dann sogar mit seinen Arbeitern hinter der roten Fahne her nach Zofin-

[1] Bw. Th. I, S. 315f.319.321.328.
[2] Barth wurde die Bewerbung um eine Pfarrstelle in Bern nahegelegt. Thurneysen wurde «wider meinen eigenen telegraphischen Wunsch» nach St. Gallen gewählt. Bw. Th. I, S. 341.345.
[3] Bw. Th. I, S. 334.338.340.
[4] Busch, S. 119; vgl. auch Predigten 1918, S. 244, Anm. 2.
[5] Bw. Th. I, S. 324f.
[6] Bw. Th. I, S. 321.325.331.

gen… Der Fabrikant Hochuli[7] trat mit anderen aus der Kirche aus und gründete … einen eigenen ‹Kultusverein›».[8] «An das aargauische Bürgertum» schrieb Barth über eine verpaßte Gelegenheit, «etwas gegen den Bolschewismus zu tun». Zu den Sozialdemokraten des Städtchens Suhr sprach er «vom Rechthaben und vom Unrechthaben».[9] Gespannt verfolgte er die Pariser Friedensverhandlungen und die politischen Vorgänge in Deutschland und Rußland.

Konnte Barth vor Weihnachten 1918 mit den Freunden das Erscheinen seines Römerbriefs feiern, so waren sie nun auf das Leser-Echo gespannt. Thurneysen schrieb am 6.1.1919: «Nichtwahr, du teilst uns seine Einschläge mit!» Barth am 15. Januar: «Wir waren also in Basel… Der Römerbrief war scheinbar noch nirgends gelesen», und am 28.1.: «… Mitteilung von Bäschlin, daß er in seinem Laden alle Tage 1–2 Exemplare verkaufe und daß die Bestellungen auch von auswärts tüchtig eingingen», Thurneysen am 1.2.: «… Kutter … redete auch sehr freundlich und zustimmend vom Römerbrief… Im Übrigen läßt sich bereits eine Römerbriefgemeinde in Zürich konstatieren».[10] Rezensionen schrieben E. Brunner und E. Gerber[11] und ausführlich Thurneysens Lehrer Paul Wernle. Barth antwortete umgehend ebenso ausführlich.[12] Inzwischen hatte Barth freilich beim Hören auf seinen philosophischen Bruder ein erstes Fragezeichen an sein Erstlingswerk gesetzt. Am 13.4. schrieb er: «Heiners Vortrag ist mir zum Antrieb geworden, das totaliter aliter des Gottesreiches noch viel kräftiger ins Auge zu fassen».[13]

---

[7] Zu den früheren Konflikten Barths mit dem Fabrikanten Fr. Hochuli vgl. Predigten 1916, S. 20.28 (Besäufnis der Konfirmanden) und Predigten 1917, S. VIII (Gewerkschaft der Arbeiterinnen).

[8] Busch, S. 119.

[9] Bw. Th. I, S. 337 und 351. Beide Texte werden in Abt. III der Gesamtausgabe veröffentlicht.

[10] Bw. Th. I, S. 308.309f.313f.

[11] Bw. Th. I, S. 304f.326.328.

[12] P. Wernle, *Der Römerbrief in neuer Beleuchtung*, in: Kirchenblatt für die reformierte Schweiz, Jg. 34 (1919), S. 163f.167–169. Barths Antwort in: Römerbrief 1, S. 638–646.

[13] H. Barth, *Gotteserkenntnis*, in: *Vorträge an der Aarauer Studentenkonferenz 1919*, Basel 1919; wieder abgedruckt in: Anfänge I, S. 221–255.

Das Erscheinen des Römerbriefs brachte Barth eine ungeheure Arbeitsentlastung und gab ihm Raum für neue biblische Untersuchungen. Es entstand ein «Kommentärlein» über das Kapitel 1. Kor. 15. In der Sonntagabend-Bibelstunde las er die Apostelgeschichte. Sie «ist ein vorzügliches Bilderbuch Gottes. Wir beschauen es in kleinem, aber beharrlichem Kreise.»[14] «Der Epheserbrief beschäftigt mich lebhaft und gibt Predigt-Stoff für den ganzen Sommer.»[15] Im Juni erreichte Barth eine Einladung zu einer religiös-sozialen Tagung in Tambach/Thüringen. Der Zufall wollte, daß ihm dort auch das Haupt-Referat «Der Christ in der Gesellschaft» anvertraut wurde. Es war aber nicht zuletzt eine Frucht seiner biblischen Arbeit, daß sein «in ununterbrochener Tag- und Nachtschicht» verfaßter Vortrag von außerordentlicher Wirkung war und ihm die Tür nach Deutschland öffnete.[16]

Die Arbeitsentlastung nach dem Erscheinen des Römerbriefs hatte aber auch zur Folge, daß der fast sonntägliche Predigtdienst und die Unterweisung wieder in den Mittelpunkt der Gemeindearbeit rückten. Für den Präparanden- und Konfirmandenunterricht erarbeitete Barth neue Pläne.[17] Die Predigten werden wieder wörtlich ausgearbeitet und niedergeschrieben. Nur einmal begnügt sich Barth mit einem Predigtaufriß (Nr. 491). Die Predigtreihe über den Epheserbrief umfaßt nicht weniger als 18 Predigten. Im Frühjahr behandelt Barth Matth. 9,1–31 an 7, im Herbst Matth. 18 an 6 Sonntagen. Die Anfechtungen, die Barths Pfarrdienst entgegenstehen, sind nach wie vor bedrängend und werden gegenüber dem Freund selten, aber deutlich ausgesprochen: «Mein Unterweisen ist gegenwärtig wieder einmal besonders jämmerlich. Das Reich Gottes will und will sich bei mir nicht zum Lehrstoff gestalten, trotz aller Künste.»[18] «Der Kampf um das Wort wird mir in Safenwil so schwer, ich leide bei jeder Predigt so unter dem Bewußtsein der Differenz von Verheißung und Erfüllung,

---

[14] Bw. Th. I, S. 320.

[15] Bw. Th. I, S. 333.

[16] Vgl. die ausführliche Darstellung bei Busch, S. 122–129: «Der Tambacher Vortrag und seine Folgen».

[17] Vgl. KU 1909–1921, S. 303–357.

[18] Bw. Th. I, S. 361. Die Gesamtüberschrift über den Lehrplan 1919/1920 lautete: «Das Reich Gottes»; a.a.O., S. 313.

daß ich mich oft eher zurücksehne nach den Fleischtöpfen Ägyptens, wo man den Leuten doch ‹etwas› zu bieten hat». Was setzt Barth dagegen? «Unterdessen und im Blick auf diese *letzte* Notwendigkeit [sc. die Wiederkunft Christi] bleibt dann doch wieder nichts übrig, als sich wandernd unter die Erwägungen von Röm. 4 zu stellen, also doch zum Wüsten- und Pilgerstand Ja zu sagen, zu warten und auch die andern mit ihrem Drängen nach Zeichen und Wundern (mit dem sie etwas Richtiges vertreten) warten – oder in die Heilsarmee ziehen zu lassen.»[19]

2) Zu dieser Edition

Dies ist innerhalb der Gesamtausgabe der 7. Band mit Barths Safenwiler Predigten. Er enthält die 51 Predigten des Jahres 1919 mit den Ziffern 449 – 499. Die restlichen Predigten bis zur Abschiedspredigt vom 9.10.1921 Nr. 578 werden für den Druck vorbereitet.

Die im Karl Barth-Archiv vollständig erhaltenen Manuskripte bestehen aus unlinierten Bögen mit einer Höhe von 22,7 cm und einer Breite von 36,4 cm, die einmal quergefaltet sind. 1910 (in Genf) hat Barth eine Predigt auf 4 solcher Bögen = 16 Seiten niedergeschrieben, 1915 brauchte er 3, ab Frühjahr 1916 2 Bögen, wechselte aber im August 1915 von der deutschen Handschrift seiner Jugend zur leichter lesbaren lateinischen Schrift. Im Jahre 1918 drängte die Arbeit am Römerbrief die Predigtvorbereitung an die zweite Stelle. An 19 Sonntagen finden sich nur Predigt-Entwürfe, die in dichter werdender deutscher Handschrift auf 2 Seiten geschrieben sind. Ab Oktober 1918 schrieb Barth seine Predigten wieder aus, aber das Schriftbild bleibt dicht und eng. So auch 1919, wo keine Predigt mehr als einen Bogen = 4 Seiten ausfüllt, die auch nicht immer ganz beschrieben sind. Am 3.2.1919 schickte Barth eine Predigt an Thurneysen mit der Bemerkung: «Vielleicht brauchst du aber die Lupe, um sie zu lesen.»[20]

Die Transkription war Sache des Herausgebers. Unsichere Wörter sind mit einem [?] oder einer Anmerkung versehen. Meine Frau vollzog mit mir die nötigen Kontrollesungen, Dr. Hans-Anton Drewes hat die Transkriptionen überprüft.

[19] Bw. Th. I, S. 312.316.
[20] Bw. Th. I, S. 316.

Orthographie und Interpunktion werden nach den für die Gesamtausgabe gültigen Regeln modernisiert unter Beibehaltung charakteristischer Eigentümlichkeiten Barths. Abkürzungen werden in der Regel ausgeschrieben. Lange Passagen werden untergliedert durch vom Herausgeber eingeführte Absätze. Sie sind erkennbar an einem | hinter dem Punkt. Öfters wird auch ein Gedankenstrich, mit dem Barth einen Abschnitt unterteilt, in einen Druckabsatz umgewandelt. Unterstreichungen mit Tinte werden durch Kursivsatz wiedergegeben. Mit Blaustift unterstrichene oder mit Bleistift doppelt unterstrichene Wörter sind in abweichender Schrift (Helvetica) gesetzt. *Kursive Helvetica* steht dann, wenn Tinten- und Blaustiftunterstreichungen zusammen vorkommen. Texte in eckigen Klammern – meistens Bibelstellennachweise – stammen stets vom Herausgeber. Ein einziges Mal hat Barth sich mit der Erstellung eines Predigtentwurfs begnügt (Nr. 491). Hier wird – wie in früheren Bänden[21] – ein möglichst originalgetreuer Eindruck vermittelt. Eine Predigt, die Osterpredigt Nr. 466, hat Barth drucken lassen. Hier geben wir Rechenschaft über die Abweichungen des Drucktextes vom Manuskript. Zum Schlußteil der Predigt Nr. 481 vom 18.8.1919 können wir parallel zum Manuskripttext eine Nachschrift unbekannter Hand vorlegen. Wir danken dem Landeskirchlichen Archiv Stuttgart, in dem die Nachschrift aufbewahrt wird, für die freundliche Abdruckerlaubnis. Notizen zu den Kasualansprachen des Jahres 1919 – z. B. traute Barth am 6. Mai seine Schwester Gertrud und Karl Lindt – sind nicht erhalten.

In der Predigtreihe über den Epheserbrief beginnt die Niederschrift jeweils mit Barths eigener Übersetzung des Textes. Barths Unterstreichungen sind darin durch Sperrsatz wiedergegeben. Außer in der Konfirmationspredigt Nr. 465 finden sich auf den Manuskripten nur die Angaben zur ausgelegten Bibelstelle, nicht die Predigttexte selber. Diese werden vom Herausgeber in [ ] hinzugefügt, und zwar in der Fassung der Lutherbibel von 1912.

Meist hat Barth auf S. 1 des Manuskripts rechts oben die Liednummern für den Gottesdienst eingetragen. Es handelt sich um das

---

[21] Vgl. die Überlegungen dazu in: V.u.kl.A. 1905–1909, S. XIf.

Gesangbuch für die Evangelisch-reformirte Kirche der deutschen Schweiz, Basel 1891 (GERS). Wir teilen nach der Predigt die Lieder mit und fügen die Liednummern des Gesangbuchs der Evangelisch-reformierten Kirchen der deutschsprachigen Schweiz, Basel / Zürich 1998 (RG [1998]) und des (deutschen) Evangelischen Gesangbuchs von 1992f. (EG) hinzu. Fehlen die Lieder hier, geben wir nach Möglichkeit eine andere Quelle an.

Der Erschließung des Buches für den Leser dienen die Register. Dort werden nachgewiesen: 1. Bibelstellen, 2. Namen, 3. Begriffe.

3) Dank des Herausgebers

Dieses Buch entstand in enger Zusammenarbeit mit dem Herausgeber der Karl Barth-Gesamtausgabe und Archivar des Karl Barth-Archivs in Basel, Dr. *Hans-Anton Drewes*. Ihm gilt zuerst mein Dank, ebenso auch Pfarrer Dr. *Hinrich Stoevesandt* (Basel), der vor allem in einer Reihe besonders schwieriger Transkriptionsprobleme weiterzuhelfen wußte, sowie Pfarrer *Peter Leuenberger* (Füllinsdorf, früher Safenwil), Pfarrer i.R. *Rudolf Weber* (Zofingen), Oberstudienrat i.R. *Georg Otten* (Oldenburg) und Frau *Margrit Müller* (Basel), die mich wiederum unterstützt haben. Zugute kam mir die Gastfreundschaft meiner Nichte *Irmgard Geiser* und ihres verstorbenen Mannes *Donatus Geiser* (Basel). Ihnen und anderen, die mir zur Seite standen, und nicht zuletzt meiner lieben Frau bin ich dankbar verbunden.

Oldenburg (Oldenburg), im Juli 2003 Hermann Schmidt

ABKÜRZUNGEN

Anfänge I   *Anfänge der dialektischen Theologie*, Teil I (ThB 17/I), hrsg. von J. Moltmann, München 1962

BSLK   *Die Bekenntnisschriften der evangelisch-lutherischen Kirche*, hrsg. vom Deutschen evangelischen Kirchenausschuß, Göttingen 1930

Büchmann   G. Büchmann, *Geflügelte Worte. Der Zitatenschatz des deutschen Volkes*, vollständig neubearbeitet von G. Haupt und W. Hofmann, Berlin 1972[32]

Busch   E. Busch, *Karl Barths Lebenslauf. Nach seinen Briefen und autobiographischen Texten*, München 1975; Gütersloh 1994[5]

Bw. Th. I+II   K. Barth/E. Thurneysen, *Briefwechsel*, hrsg. von E. Thurneysen (Gesamtausgabe, Abt. V), Bd. I: 1913–1921, Zürich 1973; Bd. II: 1921–1930, Zürich 1974

CSEL   *Corpus scriptorum ecclesiasticorum latinorum*, Wien 1866ff.

EG   (Deutsches) *Evangelisches Gesangbuch* (eingeführt ab 1992)

EKG   (Deutsches) *Evangelisches Kirchengesangbuch* (eingeführt 1950)

GERS   *Gesangbuch für die evangelisch-reformirte Kirche der deutschen Schweiz* (eingeführt 1891)

GERS (1952)   *Gesangbuch der evangelisch-reformierten Kirchen der deutschsprachigen Schweiz* (eingeführt 1952)

KD   K. Barth, *Die Kirchliche Dogmatik*, München 1932, Zollikon-Zürich 1938–1967

KU   K. Barth, *Konfirmandenunterricht 1909–1921*, hrsg. von J. Fangmeier (Gesamtausgabe, Abt. I), Zürich 1987

Mskr.   Manuskript

Predigten 1914   K. Barth, *Predigten 1914*, hrsg. von U. und J. Fähler, (Gesamtausgabe, Abt. I), Zürich 1974

Predigten 1915   K. Barth, *Predigten 1915*, hrsg. von H. Schmidt (Gesamtausgabe, Abt. I), Zürich 1996

Predigten 1916   K. Barth, *Predigten 1916,* hrsg. von H. Schmidt (Gesamtausgabe, Abt. I), Zürich 1998

Predigten 1917   K. Barth, *Predigten 1917,* hrsg. von H. Schmidt (Gesamtausgabe, Abt. I), Zürich 1999

Predigten 1918   K. Barth, *Predigten 1918,* hrsg. von H. Schmidt (Gesamtausgabe, Abt. I), Zürich 2002

Reichs-Lieder   *Reichs-Lieder. Deutsches Gemeinschafts-Liederbuch,* Neumünster 1953

RG (1998)   *Gesangbuch der Evangelisch-reformierten Kirchen der deutschsprachigen Schweiz* (eingeführt 1998)

RGG³   *Die Religion in Geschichte und Gegenwart,* Tübingen 1956–1965³

Römerbrief 1   K. Barth, *Der Römerbrief (Erste Fassung) 1919,* hrsg. von H. Schmidt (Gesamtausgabe, Abt. II), Zürich 1985

ThB   Theologische Bücherei

TRE   *Theologische Realenzyklopädie,* Berlin/New York 1977ff.

Vortr. u. kl. A. 1905–1909   K. Barth, *Vorträge und kleinere Arbeiten 1905–1909,* in Verbindung mit H. Helms hrsg. von H.-A. Drewes und H. Stoevesandt (Gesamtausgabe, Abt. III), Zürich 1992

Vortr. u. kl. A. 1909–1914   K. Barth, *Vorträge und kleinere Arbeiten 1909–1914,* in Verbindung mit H. Helms und Fr.-W. Marquardt hrsg. von H.-A. Drewes und H. Stoevesandt (Gesamtausgabe, Abt. III), Zürich 1993

WA   M. Luther, *Werke. Kritische Gesamtausgabe,* Weimar 1883ff.

PREDIGTEN 1919

PRIMA TERTIA

Neujahr

Psalm 23

[Der Herr ist mein Hirte; mir wird nichts mangeln. Er weidet mich auf einer grünen Aue und führet mich zum frischen Wasser. Er erquicket meine Seele; er führet mich auf rechter Straße um seines Namens willen. Und ob ich schon wanderte im finstern Tal, fürchte ich kein Unglück; denn du bist bei mir, dein Stecken und Stab trösten mich. Du bereitest vor mir einen Tisch im Angesicht meiner Feinde. Du salbest mein Haupt mit Öl und schenkest mir voll ein. Gutes und Barmherzigkeit werden mir folgen mein Leben lang, und ich werde bleiben im Hause des Herrn immerdar.]

1. Die Zeiten, wo wir mit harmlos vergnügten und zufriedenen Grüßen und gegenseitigen Glückwünschen die Schwelle des neuen Jahres überschreiten konnten, liegen weit hinter uns. Die Welt hat ein ernstes Gesicht bekommen. Aufmerksame Menschen merken das. Menschen, die nicht nur für sich selbst und in ihrem kleinen Kreise leben, sondern mitleidend tragen die Beschwerden der ganzen Zeitgenossenschaft[2], solche Menschen gehen heute mit einem Herzen voll Sorge ins neue Jahr hinein. Mit größerer Sorge als während der vergangenen Kriegszeit. Der Krieg ist vorüber, und dabei könnten wir uns vielleicht einen Augenblick beruhigen. –[3]

Aber die *Abrechnung* über den Krieg, über die Schuld, die ihn verursacht, über das Böse, das er nun[?] erzeugt hat, über das, was wir in dieser Kriegszeit gelernt oder noch nicht gelernt haben, diese Ab-

---

[1] An Neujahr wie auch an den beiden folgenden Sonntagen predigte Barth auch im Nachbarort Ürkheim in Vertretung des Ortspfarrers Paul Schild.

[2] Aus der 5. Strophe des Liedes «Zerstreut und mannigfach geschieden» von S. Preiswerk (*Evangelischer Liederkranz aus älterer und neuerer Zeit,* Basel 1844, Nr. 124, S. 155f.):

> Laß uns ein Salz der Erde werden,
> Und als der Menschheit erste Kraft
> Mitleidend tragen die Beschwerden
> Der ganzen Zeitgenossenschaft.

[3] Im Mskr. steht hier wie an den entsprechenden Stellen im folgenden ein dicker, senkrechter, nachträglich zur Markierung eines Abschnitts eingetragener Blaustift-Strich.

rechnung steht noch bevor.[4] Aufmerksame Menschen merken, daß die Aussicht keine erfreuliche ist. Die Luft über uns ist voll von den Anzeichen [?] kommender schwerer Gewitter, und der Boden zittert unter unseren Füßen von den Ankündigungen kommender schwerer Erdbeben. Es gibt Augenblicke, wo man die fast beneiden möchte, die in dem Schweren, das uns bevorsteht, schon drinstehen, die jetzt schon büßen müssen für die Sünden der alten Zeit. Ich denke an das unglückliche Rußland[5]. Ich denke an das tief gedemütigte deutsche Volk. Was mag uns Anderen bevorstehen, denen, die jetzt mit den Mienen der Gerechten den Sieg auskosten, und uns Zuschauern? Wir haben doch auf unsere Weise genau so sehr wie das alte Rußland, das alte Deutschland geglaubt an die Mächte, die den Krieg und die Revolution verursacht haben: an das Geld, an eine bloß äußerliche Kultur, an ein Christentum, das bloß Verzierung ist, an die militärische Macht, an die gesellschaftlichen Vorurteile. Wer glaubt mehr daran als die Engländer, die Amerikaner, die Schweizer? An einigen Stellen der Menschheit ist das Haus, das auf diesen Grundlagen erbaut war, nun unter Schrecken und Schmerzen zusammengebrochen. Ich erinnere mich an das letzte Wort des ermordeten Tisza[6]: Es mußte so kommen! Werden die verkehrten Grundlagen, auf denen wir Alles gebaut haben, bei uns etwa tragfähiger sein als dort? Es wird auch in England, auch in Frankreich, auch bei uns einmal so kommen, wie es kommen muß. Die Weltgeschichte ist unheimlich konsequent und gewissenhaft, sie vergißt nichts, sie bringt Alles an den Tag. Was der Mensch sät, das muß er ernten [vgl. Gal. 6,7]. –

[4] Am 18.1.1919 wurde die Friedenskonferenz in Versailles von den Delegationen der Siegerstaaten eröffnet.

[5] Während des noch bis 1921 andauernden «Kriegskommunismus» sanken die Industrie- und Agrarproduktionen dramatisch. Außerdem bestimmten die militärischen Auseinandersetzungen zwischen der «Roten Armee» und den «weißen» Armeen der Gegenrevolutionäre das Jahr 1918 und die Folgejahre.

[6] István Graf Tisza war 1903–1905 und 1913–1917 ungarischer Minister-Präsident. Er wurde am 31.10.1918 in Budapest ermordet. Er hatte sich 1914 dem Angriffskrieg gegen Serbien widersetzt, später aber die Kriegsanstrengungen der Mittelmächte gefördert. Zu seiner Ermordung und zu seinen letzten Worten vgl. G. Vermes, *István Tisza. The Liberal Vision and Conservative Statecraft of A Magyar Nationalist*, New York 1985, S. 453 und S. 566, Anm. 58.

Wer das weiß, der muß heute erschrecken beim Gedanken an die Zukunft. Man wird beim besten Willen nicht behaupten können, daß die heutigen Sieger im Weltkrieg in den letzten Monaten guten Samen gesät haben. Man kann das auch von uns Schweizern nicht sagen. Wir haben erschreckend wenig gelernt. Vielleicht sind uns in dem, was das Umdenken und Umlernen betrifft, die heutigen Besiegten längst weit voraus. Wir gehen mit erstaunlicher Sicherheit und Selbstgerechtigkeit weiter auf den Wegen, die in den Weltkrieg hineingeführt haben. Wir sind erstaunlich getrost in der Zuversicht, die alte Zeit mit ihren Götzen könne und müsse in Ewigkeit fortbestehen. Das muß sich einmal rächen. Und daran denkt heute ein ernsthafter Mensch mit Sorge. Wir haben nicht Ruhe zu erwarten, sondern neue Unruhe, nicht Frieden und Verständigung, sondern neue Gegensätze, nicht Auflösung der Spannungen, sondern neue schwere Bewegungen[?] und Schmerzen. Wir wollen es offenbar so haben. Es kann nicht anders sein, als daß wir es so haben müssen. Wir wählen den Weg des alten Rußland, des alten Deutschland. Wir werden auf irgend eine Weise und zu irgend einer Zeit auch ihr Schicksal aus der Nähe kennen lernen müssen. Denn Gott läßt sich nicht spotten [Gal. 6,7]. –

2. Es ist *etwas Hohes, Gewaltiges,* meine Freunde, an diesem Neujahrstag die Worte des 23. Psalms zu lesen, zu hören, in den Mund zu nehmen und auf uns anzuwenden: Der Herr ist mein Hirte… Wenn wir's doch *könnten* und dürften! Wenn wir *greifen* dürften nach diesem wunderbaren Trost, nach dieser Fülle von Verheißung mitten in dieser dunklen Zeit! Wenn wir jetzt *sagen dürften:* Ja, Gott läßt sich nicht spotten. Die Weltgeschichte ist das Weltgericht.[7] Was kommen muß, kommt. Wir aber, unser Volk, unsere Gemeinde, wir hier Versammelten, wir wenden uns und sehen mit Mut und Hoffnung in die Zukunft, wir sprechen: Der Herr ist mein Hirte… –

Aber *es ist nicht an dem,* daß wir ohne weiteres so reden dürften. Wir dürfen uns die Erkenntnis nicht ersparen, daß diese Worte in unseren Mund zunächst nicht passen. Der Trost und die Verheißung, die uns da leuchten, sind *Früchte,* die erst wachsen müssen; es fragt

---

[7] Aus der vorletzten Strophe des Gedichts «Resignation» von Fr. von Schiller.

sich, ob sie bei uns gewachsen sind. Es fragt sich, ob man da stehen kann, wo wir stehen, und *gleichzeitig* den 23. Psalm auf sich beziehen kann. Es fragt sich, ob sich diese Worte als *Neujahrsparole* für uns eignen. Ich sage nicht: es ist unmöglich. Denn Gott hat die Tür auch für uns nicht verschlossen, für Keinen von uns. Aber es hat auch Keiner von uns ohne weiteres *das Recht*, sich einzubilden, er könne und dürfe so mutig und hoffnungsvoll in die Zukunft blicken, wie es da beschrieben ist. *Keiner*, ich auch nicht, auch alle die nicht, die ernster und frommer sind als ich. Es ist sehr *töricht*, die Bibel dazu zu mißbrauchen, uns mit solchen Worten der Zuversicht über *unsere* Lage hinwegzutäuschen. Es steht für uns alle in Frage, ob wir sie auf uns anwenden dürfen. –

Denn zunächst müssen wir uns gestehen, daß *wir alle in der Entwicklung,* die jetzt, wie es scheint, unaufhaltsam dem Gericht entgegentreibt, mitten drin stehen. *Wir alle,* auch der Pfarrer, auch die Ernsten, auch die Frommen, auch die Wohlgesinnten. Wir stehen auf der Seite der *alten Zeit.* Wir haben unser Interesse und unsere Freude daran, daß Alles so weitergehe, wie es vor dem Kriege gewesen ist. *Wir helfen* den Mächten der alten Zeit, indem wir ihnen immer noch *Respekt* entgegenbringen, indem wir ihnen auf Schritt und Tritt *nachgeben,* indem wir reden, wo wir *schweigen,* und schweigen, wo wir *reden* sollten. Wir *bestätigen* und verstärken das, was heute still verschwinden sollte, und wir *entsetzen* uns über das, was man heute ruhig verstehen sollte. Wir sind mit unserem *Herzen,* mit unserer Liebe, mit unserem Gebet nicht bei dem, was wird, sondern bei dem, was vergeht. Wir haben im Innersten noch nicht gemerkt, um was es sich handelt. Wir haben den *Ruf zur Buße,* den diese Zeit für die ganze Menschheit bedeutet, noch nicht gehört. Und dieses «noch nicht» steht zwischen uns und dem 23. Psalm. –

Erst jenseits des Grabens, den wir noch nicht übersprungen, auf der anderen Seite der innerlichen Umwälzung, des Umdenkens, Umlernens, Umfühlens kann man sagen: Der Herr ist mein Hirte… Der Mann, der das gesagt hat, hat den Sprung getan. Er hat dem Gott, der die Welt richtet, *nicht widerstanden,* sondern sich ihm in die Arme geworfen und gefangen gegeben. Er ist *nicht mit dem Strom,* sondern gegen den Strom geschwommen. Es hat sich in ihm etwas *gekehrt* von den Götzen zu Gott hin, er hat sich *gebeugt* unter das Gericht, er hat die *Wahrheit* wenigstens in seinem Herzen Wahrheit sein lassen, er hat sich wenigstens einmal *innerlich gelöst* von den Gewalten der alten Welt, auch wenn er ihnen äußerlich noch nicht überlegen war, er hat begonnen, wenigstens *anders zu denken,* in eine andere Richtung zu sehen. Seht, von da an und darum konnte er ohne Übertreibung und Einbildung sagen: der Herr ist mein Hirte... Von da an wurde das *wahr* für ihn. Für uns aber ist das *nicht ohne weiteres* wahr, denn nicht wahr, es ist nicht ohne weiteres sicher, daß wir in diesem Umwandlungsprozeß auch drin stehen und stehen wollen. –

An uns treten seine Worte heute heran als *Frage und Aufforderung:* Gib dich *hinein* in diese Umwandlung! *Werde* ein Mensch, ein *harrender,* merkender, verständiger Mensch, ein von den Götzen zu Gott *gekehrter* Mensch, der so reden darf und kann!, werde ein Mensch, der in der *Erneuerung* ist und der damit für den Mut und für die Hoffnung, die wir heute so nötig hätten, das *Organ* hat. *Bist du* ein solcher bewegter Mensch? Und wenn du's nicht bist, weißt du, daß du es *werden* mußt, um heutzutage nicht einfach rat- und trostlos dazustehen? Und wenn du's weißt, *was tust du* dafür, es zu werden? Liebe Freunde, wer von uns hätte es nicht nötig, sich heute diese Frage nach seinem Werden stellen zu lassen? Wer von uns dürfte es heute wagen, frech nach den göttlichen Früchten des Trostes und der Verheißung zu greifen, ohne einer von den Werdenden zu sein, für die sie gewachsen sind? Spüren wir's, daß wir lügen würden gegen Gott, wenn wir den 23. Psalm etwa nachsagen würden, ohne es zu dürfen?

3. Seht, ich könnte mir auch *heute einen Menschen denken,* der es dürfte. O wenn jetzt Einer von uns aufstehen und uns anderen sagen könnte: Ich, *ich darf!* Ich will euch sagen, wie ich *dran bin,* wenn ich an die Zukunft denke. Und dann würde er etwa *so mit uns reden:* –

Ja, ich gehe *auch mit schwerer Sorge beladen* ins neue Jahr hinein. Ich sehe die Dinge nicht durch eine *rosige Brille.* Ich stelle mir die *Menschen* nicht besser vor, als sie sind. Ich weiß, daß alle *Schuld* sich einmal rächen muß und wird. Ich nehme mich selbst und mein Land und meine Familie *nicht aus* von dieser Schuld. Ich erwarte harte, ernste, verworrene *Zeiten* für mich und meine Kinder. Ich *verlasse mich auf nichts* mehr, weder auf mein bißchen Geld, noch auf[8] das,

---

[8] Mskr.: «in». Korrektur vom Hrsg.

was jetzt Recht und Ordnung genannt wird, noch auf meine gute Gesinnung, noch auf den guten Willen der Menschen mir gegenüber. Ich weiß, daß wir in einer Zeit leben, in der *Alles ins Wanken kommt:* Königsthrone, Kirchen und Staaten [?], um wieviel mehr das kleine Gerüst von Rechten und Pflichten, das mich bis jetzt gehalten und geschützt hat. –

Aber in dem allem *erkenne ich Gottes Hand,* Gottes richtende Hand gewiß, unter deren Streichen vielleicht Vieles fällt, was mir teuer ist, aber Gottes Hand, nicht eines Teufels Hand. Mag *fallen,* was fallen muß, mag auch mich *treffen,* was mich treffen muß. *Er ist mir* teurer als [das] Teuerste, was ich habe, ich habe ihn in den guten Zeiten lange genug vergessen, ich will ihn in der bösen Zeit nicht aufs Neue verlieren. *Ich verstehe ihn,* ich will ihn verstehen. Ich sehe ihn Gericht üben, weil er seine *Gnade* offenbaren will auf der Erde. Ich sehe ihn zerstören, weil er *bauen* will. Ich höre ihn Nein sagen, damit sein großes *Ja* einmal gehört werden kann. Ich *hoffe* auf ihn. Und darum bin ich jetzt schon *geborgen* mitten im Unwetter.[9] Ich *warte* auf sein Licht, und darum kann mich alles Dunkel der Gegenwart *nicht* verfinstern. Der Herr ist mein Hirte [; mir wird nichts mangeln. Er weidet mich auf einer grünen Aue und führet mich zum frischen Wasser,] er erquicket meine Seele. Jawohl, denn man kann *seufzen und doch* selig sein.[10] –

Ich bin zwar *einsam und fast immer ratlos* im Gewühl dieser Welt. So bitter wenig Menschen sehe ich um mich, mit denen ich mich verstehen kann über das, was jetzt gesagt und getan werden müßte. So bitter wenige, mit denen man im Ernst gemeinsam *arbeiten* und beten kann. So bitter wenige, die einem eine wirkliche *Hilfe* sind, von denen man sich auch nur raten lassen kann. Und ich selber bin voll Irrtum und Sünde. Ich *strauchle* noch wie ein Unmündiger.[11] Ich *weiß fast nie,* was und wie ich es machen soll, um der großen Lüge und dem Herzeleid der Welt etwas wirklich Neues, Besseres entgegenzustellen.

---

[9] Im Mskr. befindet sich hier ein Wurzelzeichen: Barth wollte hier noch etwas einfügen, hat es aber nicht niedergeschrieben.

[10] J. Chr. Blumhardt, Blätter aus Bad Boll, Jg. 5 (1877), S. 85: «Wir können seufzen und doch selig sein.»

[11] Schlußzeile von Strophe 3 des Liedes Nr. 48 «Der Tag ist hin» von J. Neander (EKG 365,3).

Alle meine *Dämme,* die ich gegen die Flut baue, zerreißen so gut wie die der Anderen. Ich *vergreife* mich immer wieder in den Mitteln, ich pfusche, ich überhöre Gottes Wort und störe seine freundliche Absicht und werde immer wieder *mitschuldig* mit der Welt. –

Aber eins läßt mich nicht los: *Gott redet* mit mir. Es ist eine *Weisheit* in mir, nicht meine eigene Weisheit, auch keine Weisheit von Anderen, aber etwas wie die Weisheit Gottes selbst, die leitet mich. Ich habe ein *Gefühl* für das Richtige, dem ich oft untreu bin und das mir doch nie untreu wird. Es ist ein *Licht in mir,* dem zu folgen mich noch nie gereut hat. Ich bekomme ganz bestimmte *Weisungen:* jetzt links! jetzt rechts! jetzt vorwärts! jetzt rückwärts!, und wenn ich ihnen gehorche, so *lichtet* sich das Gewühl, so spüre ich *Grund* unter meinen Füßen, so kommt etwas *Neues* dabei heraus, das sich lohnt, das sich bewährt. Ich habe oft den Eindruck, ich sei nur ein *Werkzeug* in meinem Tun, nur ein Sprachrohr in meiner Rede, den Eindruck von einem inneren Müssen!, und das tröstet mich, das kann mir niemand nehmen. Etwas Ähnliches sehe ich dann auch da und dort *bei einem Anderen,* wie Schiffe des Nachts die Lichter anderer Schiffe sehen. Es ist mir, ich sei auf einer Wanderung begriffen, auf der ungesehen *viele* Andere mitgehen, viel mehr als ich ahne vielleicht. Ich freue mich da und dort, so einen Mitpilger zu *grüßen.* Und so bin ich *nicht allein,* nicht verlassen. Er führet mich auf rechter Straße [um seines Namens willen. Und ob ich schon wanderte im finstern Tal, fürchte ich kein Unglück; denn du bist bei mir,] dein Stecken und Stab trösten mich. –

Ich bin zwar *angefochten auf diesem Weg* von allen Seiten. Es ist aller Ernst damit, daß ich *auch ein Kind* dieser dunklen, schuldbeladenen Zeit und Welt bin. Ich gebe gerechten *Anstoß* durch meine Fehler und Versäumnisse. Ich habe mehr als eine *schwache Seite.* Und darüber hinaus muß ich leiden darum, *weil ich recht habe,* weil ich Sprachrohr und Werkzeug eines Höheren bin, muß leiden um meiner Sache willen. Das ist kein Kinderspiel. Denn Gottes Sache ist gar *angreifbar* in dieser Welt. Es läßt sich gar *Vieles sagen* mit tausend Vernunftgründen und Erfahrungsgründen gegen das Unternehmen, es dem Schein zum Trotz mit Gott zu wagen. Es läßt sich gar Vieles *einwenden* gegen einen, der nur ein Argument, nur einen Beweis, nur einen Triumph hat, die stille göttliche Wahrheit. Man kann gar *Vieles machen* gegen einen, der sich nur auf Gott stützt. Da stehe ich wie ein wehrloses *Kind* im Schlachtgetümmel. Ich kann sie nicht widerlegen, nicht zurückschlagen, nicht zunichte machen, wenn ich schon wollte. –

Aber in dem allem *hat mich die Erfahrung noch nie verlassen* und wird mich nicht verlassen, daß ich *gedeckt* bin, daß es ihnen nicht gelingen wird. Es kann mir schlimm gehen, aber ich werde *nicht überwältigt* werden. Ich kann zum Gelächter und Gespött werden, aber zu allerinnerst bin ich der, der *unter Tränen lächeln*[12] kann. Eben darum, weil mein Leben nicht *mein* Leben, meine Sache *nicht meine Sache* ist. Gott müßte sich selbst aufgeben, wenn ich ganz untergehen sollte, und dafür ist gesorgt, daß Gott sich nicht aufgibt. Mich kann man ängstigen und chicanieren, aber was hilft's, wenn *in mir noch etwas ist, das nicht ich selber bin?* Gott bekommt nicht Angst. Der im Himmel wohnt, lachet ihrer [Ps. 2,4]. Versucht's, was ihr könnt; ich hoffe und weiß, daß bei dem allem *etwas in mir ruhig* [und] unangefochten bleiben wird. Du bereitest [vor mir einen Tisch im Angesicht meiner Feinde. Du salbest mein Haupt mit Öl und schenkest] mir voll ein. –

Auch das weiß ich schließlich, daß ich ein *Mensch bin mit einem kurzen Leben* und einmal, sehr bald vielleicht, sterben muß. *Was bin ich* dann? Werde ich bis dahin einen *Erfolg* sehen? Werde ich auch nur einen *Strahl sehen* vom Morgenglanz des endlich einbrechenden Reiches Gottes? Werde ich sterbend auf etwas *pochen* können gegenüber den Anderen, die mit dem Strom geschwommen sind? Werde ich je die Freude haben, dazustehen als der, der *schließlich doch recht* hat? Sehr wahrscheinlich nein und abermals nein das alles. Ich weiß, daß ich zum *Verzicht auf jeden Erfolg* gefaßt sein muß. Ich weiß, daß ich es mir noch zur höchsten Ehre anrechnen[?] muß, wenn ich *im Buch des Lebens zu denen gezählt bin,* von denen es Hebräer 11 [V. 39] heißt: *Diese alle haben* durch den Glauben Zeugnis überkommen und nicht empfangen die Verheißung. Wenn es meinen klügeren Kindern gefällt, mögen sie auf meinen *Grabstein* schreiben: Hier ruht auch Einer, der geträumt und sich getäuscht hat! –

Aber über dem allem weiß ich, daß *mein kleines Leben nicht umsonst* ist. Wiederum aus dem Grund, weil es *nicht mehr mein Leben ist,* weil es gefangen und verkauft ist an Gott. *Was Gott gehört, ist* nicht umsonst. Aus vielen solchen Pilgerleben und Kämpferleben *baut er sein*

---

[12] Vgl. H. Kutter, *Reden an die deutsche Nation,* Jena 1916, S. 98.113.225.

ewiges Reich. Das sind die *Kräfte der Gnade,* die durch das Dunkel des Gerichts hindurchbricht. Von solchen Menschen *leben schon jetzt auch die Anderen,* auch die, die besinnungslos mit dem Strom schwimmen. Wenn es keine solchen Menschen gäbe, es wäre nicht zum Aushalten. *Es genügt mir,* [für] diese höchste und unverdiente Ehre zu danken, daß mein Name *geschrieben* steht im Buch des Lebens [vgl. Apk. 17,8 u. ö.], daß Gott mich *braucht* für seine Zwecke und daß jetzt schon Viele *von mir sich nähren* [?], ohne es zu wissen. Es genügt mir, daß ich unbegreiflicherweise *ein wenig Salz sein darf* [vgl. Mt. 5,13]. Das Salz mag vergehen, die Durchsäuerung bleibt. Ich mag leben und sterben, in Gottes Hand bin ich kein Sterbender, denn Gott ist nicht ein Gott der Toten [Mk. 12,27 par.]. Gutes und Barmherzigkeit [werden mir folgen mein Leben lang, und ich werde bleiben im Hause des Herrn] immerdar. Auf dieses *«immerdar»* hin will ich leben, in die dunkle, verhangene Zukunft hinein leben, als ein *Getrösteter,* als ein Mutiger, als ein Hoffnungsvoller.

4. Liebe Freunde, denkt euch, wir würden einen Menschen *so reden hören.* Wohlverstanden: ich sage nicht etwa, daß ich mir anmaße, so reden zu dürfen. Was ich gesagt habe, habe ich im Namen des 23. Psalms, nicht in meinem Namen gesagt. Was mich betrifft, könnte ich nur hinzufügen, daß ich wünschte, so reden zu dürfen. Nicht wahr, das *wünschen wir ja eigentlich alle.* Denn das spüren wir: das wäre die Haltung, in der wir dem neuen Jahr und der ganzen Zeit, die kommt, bei aller Aufrichtigkeit und Nüchternheit *freudig* entgegensehen könnten, *ohne rote Brille,* aber auch ohne schwarzen Pessimismus, *ruhig und tapfer und aufrecht* und sicher: es wird *recht* kommen. Denn wenn einem Menschen das gewiß ist, daß Gott kommt, dann ist er auch gewiß, daß es recht kommt. Wohlverstanden, ich sage nun nicht etwa: Also laßt uns auch so reden. Das wäre wieder ein kirchlicher Betrug, und damit wollen wir nicht schließen. Denn das ist eben die Frage, ob wir *so reden dürfen.* Ich *beantworte* die Frage nicht, weder für dich noch für mich, wohl aber möchte ich schließen mit dem *Hinweis* darauf, daß wir eigentlich dürften. In Christus, im Blick auf die Wendung, die es mit der Menschheit durch ihn genommen, in seiner Nachfolge dürften wir, trotz alles Dunkels, das bis heute die Erde erfüllt. Christus ist nicht umsonst geboren. Er ist dazu geboren, daß der 23. Psalm an uns, auch an uns wahr werde. Aber da stehen wir vor der Frage aller Fragen, vor der Frage, die die tiefste und brennendste *Zeitfrage* ist, vor der Frage, von der das neue Jahr und alle Zukunft *beherrscht und bestimmt sein wird* wie von keiner anderen, ob wir mit dem alten Simeon im Tempel sagen können, daß unsere Augen das Heil Gottes *gesehen* haben [vgl. Lk. 2,30].[13]

---

[13] Zu dieser Predigt gibt es keine Liedangaben.

Johannes 14,1

[Jesus sprach zu seinen Jüngern: Euer Herz erschrecke nicht! Glaubet an Gott und glaubet an mich!]

1. Es ist ein volles, rückhaltloses Anbieten in diesen Worten. Gar nichts stellt Jesus zwischen sich und die Erschrockenen hinein, keine Schranke, keine Bedingung, keine Frage. Wie ein Bergstrom, der alle Hindernisse überwindet, alles mitreißt, kommt dieses Anbieten des Heilands zu ihnen und zu uns: da, nehmt, ergreifet, habet! Die Liebe treibt die Furcht aus! Furcht ist nicht in der Liebe! [vgl. 1. Joh. 4,17f.].

Er hat sie nicht einmal gefragt, ob sie denn auch erschrocken seien in dem Sinn, wie ein Christ erschrocken sein muß: erschrocken über die Größe der menschlichen Sünde, erschrocken über das Heer der Übel, das die Welt heimsucht, erschrocken über die Macht des Teufels und des Todes, erschrocken über sich selbst. Die Furcht, in der er sie offenbar gesehen hat, konnte doch gerade so gut bloß eine kleine menschliche, persönliche Furcht sein, so daß es sich gar nicht lohnte, ihr mit so gewaltigem Trost zu begegnen. Sicher war's zum großen Teil solch eine kleine menschliche Furcht, wie die Furcht, die wir haben in unseren Gedanken über Gesundheit, Auskommen, Familie, Politik. Aber Jesus hat nicht danach gefragt. Er hat das Kleine in ihnen gesehen, aber er hat sozusagen darüber hinweggesehen. Er hat ohne weiteres angenommen, daß hinter dem kleinen dummen das große göttliche Erschrecken in ihnen sei. Er hat sie ganz ernst genommen und ihnen zugetraut, daß sie mit ihm erschrocken seien über die vielen Schwierigkeiten, die Gott jetzt bereitet werden auf der Erde, über all die Fesseln und Bande, mit denen die Menschen jetzt sich und Andere plagen, so daß es zu keiner Freiheit Gottes kommen kann, über die finstere Not, daß auch die besten Menschen in ihren besten Stunden

---

[1] Zum 5.1.1919 finden sich 2 Predigtmanuskripte, die beide die Nr. 450 tragen, in dieser Ausgabe 450 A und 450 B. Wahrscheinlich ist, daß Barth sein erstes Mskr. verwarf und ein zweites anfertigte. Dafür spricht, daß 450 A keinerlei Unterstreichungen enthält, während 450 B reichlich mit Blaustiftstrichen versehen ist.

[2] Vgl. oben S. 3, Anm. 1.

oft so merkwürdig an der einfachen Wahrheit vorbeilaufen, über die Tatsache, daß der Weg derer, die auf Gott hören wollen, hier auf Erden vorläufig notwendig ein Leidens- und Kreuzesweg sein muß. Er hat sie in diese seine eigenen tiefsten Sorgen ohne Umstände hineingenommen, hineingeglaubt, möchte ich sagen. Er hat sie also schon, was das menschliche oder göttliche Erschrecken betraf, nicht auf dem Boden stehen lassen, wo sie gewiß standen, sondern sofort auf seinen Boden genommen, um ihnen von da aus zu zeigen, was eben von da aus zu sehen war.

Und auch damit hat er nicht viel Umstände gemacht, zu untersuchen, ob sie denn glauben könnten, ob sie würdig und bekehrt genug seien, ob sie Einsicht genug hätten, um zu glauben. Er sagt einfach: glaubt! glaubt an Gott und glaubt an mich! Das ist doch nichts so Einfaches, wenn wir daran denken, wie es mit dem Glauben der Jünger Jesu oder gar mit unserem Glauben steht. Halt!, möchten wir antworten, ich weiß ja noch gar nicht, ob ich im Stande bin zu glauben, ich bin ja noch gar nicht mit mir im Reinen, wie ich zu Gott stehe, ich kenne ja Christus noch viel zu wenig. Und wenn ich's schon wüßte – wie viele Andere sind da, die es sicher nicht wissen, bei denen es noch viel Erziehung, Erklärung und Überwindung braucht, bis man sie nur so auffordern kann: Glaubt! Kann man zu einem Lahmen sagen: Geh! oder zu einem Blinden: Sieh!? Hat Jesus das nicht auch gewußt? Sicher hat er's gewußt, aber das ist nun einmal gerade seine Art: diese gerade Linie, auf der er mitten durch solche Schwierigkeiten und Einwände hindurchgeht. Er hat in der Tat zu den Lahmen gesagt: Geht! und zu den Blinden: Sehet! und zu den Ungläubigen, Halbgläubigen und Schwachgläubigen: Glaubt! Er hat die Menschen nicht zum Glauben erzogen, sondern er hat gleich damit angefangen, mit ihnen zu glauben. Er hat sie nicht mit Gott bekannt gemacht als mit einem hohen, fremden Herrn, sondern er hat sie sofort in das heimelige göttliche Familienleben hineingeführt. Er hat sie nicht zuerst feierlich begrüßt und bedauert, wie sie da unten saßen in dem tiefen, schwarzen Loch der Gottesferne, um dann mit ihnen darüber zu verhandeln, wie sie sich daraus befreien könnten, sondern er hat ihnen gleich die Hand gegeben und sie, ohne mit ihnen zu disputieren, herausgezogen.

Seht, das ist die rückhaltlose, unbedingte, unmittelbare Art des Heilands. Warum reden wir nicht auch so miteinander? Kommen uns so entgegen? Suchen uns so mit dem Lichte Gottes zu beleuchten und zu verstehen? Trösten und helfen uns gegenseitig auf diese Weise? Man kann schon sagen: wir könnten das nicht, wenn wir schon wollten! Es ist doch gleichzeitig auch das Gegenteil wahr und noch wahrer: doch wir könnten, wenn wir wirklich wollten. Wann werden wir wirklich wollen, daß der Bergstrom der Liebe, der die Furcht austreibt, auch von uns ausgehen kann?

2. Aber zunächst, nicht wahr, haben wir das Bedürfnis, er möchte vor Allem auch zu uns kommen. Zunächst stehen wir alle selber bei den Erschrockenen, die nach Trost und Hilfe begehren. – Es ist gut, wenn wir dort stehen. Wir wären sehr zu bedauern, wenn wir eine so dicke Haut hätten, daß wir von diesem Erschrecken nichts wüßten. Wenn wir dieses Wort Jesu hören würden etwa mit dem Gedanken: O, so gefährlich ist's bei mir oder bei uns nicht, daß ich so großen Trost bräuchte. Der Mensch kann ja viel aushalten, er findet leicht immer wieder einen Ausweg, auch die schwersten Wunden heilen mit der Zeit. Ich seufze manchmal, aber ich kann dann auch wieder lachen. Ich habe manchmal Kummer, aber dann beruhige ich mich wieder. Ich rege mich auf, aber bald wieder ab. Ich tröste mich und helfe mir selber. Es wäre traurig, wenn wir so reden und das Erschrecken von uns abschütteln könnten. Denn das wäre das Zeichen dafür, daß wir nur von jener kleinen menschlichen Furcht in persönlichen Angelegenheiten etwas wissen. Mit denen kann man allerdings im Ganzen so fertig werden. Aber das ist eine gottlose, geistlose, hoffnungslose Lage, wenn wir nur von dieser kleinen Furcht etwas wüßten, die man auf diese Weise los wird. Solche Lage ist die Hölle. Darum ist's gut, wenn wir bei den Erschrockenen stehen, denen nach Trost bange ist [vgl. Jes. 38,17], und nicht bei den Unerschrockenen, die keinen Trost nötig haben.

Es ist jedenfalls etwas in uns, das von der großen Sorge, die den Heiland bewegte, mitbewegt ist. Wir können die Erschütterung wenigstens ein wenig begreifen, die sich seinen Jüngern mitteilte, als sie ihn den Weg antreten sahen, der mit dem Kreuze endigte. Wir spüren: es gibt eine Sorge, eine Erschütterung, die kann man nicht nur so loswerden. Die erschreckt uns; und wir *sind* erschrocken darüber. Es ist ein zu großer Gegensatz zwischen dem Lauf der Welt und dem

Reich Gottes; zwischen dem, wie Gott es meint mit uns und wie wir es ja im Grunde auch meinen, und dem, was bei uns immer wieder herauskommt, zwischen der Welt, die wir sehnsüchtig im Herzen tragen, und der anderen Welt, wie sie in «Wirklichkeit» immer noch ist, zwischen dem Vollkommenen, das immer erscheinen möchte und auch könnte, wenn nicht so jammervoll viel Halbheit auf der Erde wäre, die es am Erscheinen verhindert, zwischen dem Reich des Lebens, an das wir so gerne glauben würden, und dem Reich des Todes, in dem wir uns gefangen sehen. Das ist die große Not, an die wir täglich anstoßen. Wir können sie gelegentlich vergessen. Aber es braucht nur wenig, eine geringfügige Enttäuschung, ein unfreundliches Wort, eine Erscheinung von Feigheit und Bosheit, einen Todesfall, so wird es uns wieder bewußt, so sind wir wieder erschrocken darüber, daß unser Lebensweg wirklich durch diesen finsteren Gegensatz hindurchgehen soll. Erschrocken, weil wir sehen, daß gegen diese Not nichts zu machen ist; denn was kann man machen gegen einen Feind, der einfach immer wieder da ist, so oft wir ihn versöhnt[?] oder geschlagen zu haben meinen? Erschrocken, weil wir nicht vor ihm zurückweichen können, denn in welche Einsamkeit könnten wir uns flüchten, ohne daß diese Not der Welt uns folgen würde; alle, die es versuchten, haben es erfahren. Erschrocken, weil wir das Gefühl haben: ich werde nicht stark genug sein für diesen immer größer werdenden Gegensatz, er wird mich zerbrechen und zerreiben. Er wird überhaupt schließlich Alles in Finsternis hüllen und verschlingen. Und nun können wir weder vorwärts noch rückwärts, weder weichen noch angreifen. Möchten an Gott glauben und können nicht. Möchten vielleicht Gott lästern und können noch weniger. O böse Lage! Arme, erschrockene Menschen! Und das soll nun besser sein als die Lage des Anderen, der mit seinen kleinen Nöten spielend fertig wird? Jenes soll die Hölle und dies der Himmel sein?

3. Ja, liebe Freunde, dies ist der Himmel und jenes ist die Hölle, und wir wollen es uns nicht irren lassen[3], uns zu diesen Erschrockenen zu stellen, und wenn wir es noch nicht jung getan haben[4], so wollen wir

[3] = uns nicht beirren lassen.
[4] = noch nicht getan haben, als wir jung waren.

uns durch den gegenwärtigen Stand der Dinge in der Welt mit seinen sehr unerfreulichen Zukunftsaussichten dahin treiben lassen. Denn wenn wir da stehen[?], dann können wir es uns jetzt sagen lassen: Euer Herz erschrecke nicht!

Seht, das ist eben mehr als der faule Trost: Sei nur mutig, es kommt schon gut! Darum heißt es gleich weiter: Glaubet an Gott und glaubet an mich! Die Meinung ist nicht etwa die: es werde mit dem Bösen, das sich jetzt auf dem Wege Gottes und auf unserem Wege auftürmt, so gefährlich nicht sein. Die Meinung ist nicht, daß die Not uns klein, sondern daß Gott uns groß werden solle. Das ist sehr zweierlei. Jesus hat seinen Jüngern die Größe des Gegensatzes und die Unbegreiflichkeit des Kreuzesweges, den er antrat, um kein Haar kleiner gemacht. Im Gegenteil: Er hat ihnen mit diesem Wort die Augen öffnen wollen: es kommen ganz dunkle Stunden. Es ist ein sehr schlechter Dienst, den man sich und Anderen leistet, wenn man in ruhigen Zeiten und vielleicht, wenn die größte Gefahr schon vor der Türe steht, dergleichen tut[5], es werde ja so schlimm nicht kommen. Solches falsche Trösten und Ermutigen haben im alten Volk Israel die falschen Propheten geübt [vgl. z. B. Jer. 6,13f.]. Wir wollen uns nicht in diese Gesellschaft begeben. Der rechte Trost und die rechte Hilfe fangen immer damit an, daß man aufmerksam wird auf das, was ist und kommt, daß man die Not aufrichtig ins Auge faßt, daß man entschlossen ist, sich nicht immer wieder von ihren Ausbrüchen überrumpeln zu lassen. Das ist unser Jammer, daß wir meinen, es sei Alles gut, und dann um so schmerzlicher gewahr werden von Zeit zu Zeit, daß durchaus nicht Alles gut ist.

Es ist sehr viel gewonnen, wenn man weiß, was ist und was kommt. Es ist notwendig, daß es unter den vielen Besinnungslosen Menschen gibt, die gefaßt sind auf die bösen Entwicklungen, die bevorstehen können, die damit rechnen, daß die Dinge nicht besser, sondern schlimmer werden können, die unter allen Umständen mit offenen Augen bereit sein wollen. In Bereitschaft sein ist Alles[6], kann man in einem Sinn sagen. Denn wo eine wirkliche Bereitschaft ist, da ist allem

---

[5] = so tut, als ob es …

[6] W. Shakespeare, *Hamlet*, V,2: «The readiness is all!» in der Übersetzung von A. W. von Schlegel.

kommenden Bösen schon ein wenig die Spitze abgebrochen. Wenn wir die Notwendigkeit des Kampfes zwischen Gott und den teuflischen Mächten, zwischen Leben und Tod begreifen würden, würden wir nicht so starr dastehen, wenn nur ein kleiner Teil dieses Kampfes auch uns zufällt. Wenn wir uns ganz ruhig sagen würden, daß unser Lebensweg tatsächlich durch jenen Gegensatz hindurchführt, wir würden aus dem Erschrecken herauskommen. Wenn wir uns darauf gefaßt hielten, die Not des Lebens, die ja eben eine Not der Welt ist, an unserem Teil auf uns zu nehmen, immer wieder ein Stück, wir würden nicht mehr fürchten, darunter zusammenzuklappen, wir hätten gar nicht mehr Zeit, so viel an unser Zusammenklappen zu denken. Denn es bedeutet eine ernste Arbeit, sich dazu bereit zu machen.

Wir müssen also allerdings aus dem Erschrecken heraus, so notwendig es ist, daß wir uns zunächst einmal zu den Erschrockenen stellen. Es handelt sich wahrlich nicht darum, schwermütig dort stehen zu bleiben. Die Stimmen, die uns traurig und verzagt machen wollen, sind ebenso teuflische Stimmen wie die anderen, die uns einladen wollen, leichtsinnig davonzulaufen. Man nennt jene Pessimisten, diese Optimisten. Wir können als Christen weder das Eine noch das Andere sein. Sehen wir dem Bösen ruhig ins Gesicht, so tun wir's, weil wir eben nicht an das Böse, sondern an das Gute glauben. Machen wir uns bereit zum Kampf mit schweren, dunklen Ereignissen und Verhältnissen, so tun wir's, weil wir einen Sieg erwarten. Sind wir gefaßt auf das Schlimme, so sind wir's, weil wir eine Hoffnung haben, die uns Fassung gibt. Die Optimisten kleben an ihrer eigenen Klugheit und Kraft, mit der sie durchzukommen hoffen, die Pessimisten kleben an ihrer eigenen Kleinmütigkeit und Angst, die sie für unvermeidlich halten. Als Christen dürfen wir überhaupt nicht kleben. Wir müssen von uns selbst gelöste Menschen sein. Das ist unser Trost und unsere Hilfe, daß wir uns lösen lassen. Wir kommen dann *über* die Dinge. Unser Herz erschrickt dann wirklich nicht mehr.

4. Aber das alles sollte man freilich ganz anders sagen. Wir spüren's ja schon: Wir sollten, wir müßten, wir dürften nicht… Damit ist uns wenig geholfen. Es fehlt da immer noch etwas Entscheidendes. Wann und wo wird das alles wahr, daß wir ins Erschrecken hinein und dann auch wieder auf die rechte Weise herauskommen? Jesus hat's ausge-

sprochen mit den Worten: Glaubet an Gott und glaubet an mich! Das ist die Angel, die Alles hält. Es ist freilich damit nicht getan, daß wir das nachsagen. Vergeßt, daß ich es sage. Hört es von Jesus selbst. Könnten wir es ihm abschlagen? Uns auf die Seite des Judas stellen, der am Erschrecken zu Grunde ging [vgl. Mt. 27,5]? Diese Worte sind mehr als eine Aufforderung. Sie reißen mit. Sie ziehen an uns. Sie stellen uns auf einen anderen Boden. Es ist etwas ganz Persönliches darin. Ein Ereignis zwischen Gott und uns. Darum hat Jesus es so persönlich ausgedrückt. Er durfte und mußte es. Mit dem allgemeinen Wort «Gott» ist's nicht getan. Es braucht gerade diese ganze Wendung zu Gott, die in Jesus geschehen. Da ist Immanuel [vgl. Mt. 1,23]. Hören wir ihn, dann wird unser Herz fest – welches geschieht durch Gnade. *Kein* köstlicheres[7] Ding! [vgl. Hebr. 13,9].[8]

[7] Barths Abkürzung «köstl.» ist sinngemäß so: komparativisch aufzulösen.
[8] Keine Liedangaben.

Johannes 14,1

[Jesus sprach zu seinen Jüngern: Euer Herz erschrecke nicht! Glaubet
an Gott und glaubet an mich!]

1. Wir sind aufgefordert, *Mut zu fassen.* Die Furcht hat im Christentum keinen Platz. Wir müssen davon frei werden. Weniger wegen uns
selbst: Uns kann es allenfalls auch in der Kleinmütigkeit wohl sein.
Aber wegen der Sache Gottes auf Erden, welcher schlecht gedient ist,
solange die Christen sich fürchten. Die Furcht ist etwas von dem
vielen Fremden in uns, etwas von dem Vielen, das nicht aus Gott ist.
Solange wir ihm dienen, dürfen wir uns nicht wundern, wenn die
Finsternis auf der Erde nicht weichen will. Die Finsternis ist dann
schon in unseren Augen, und Gott selber kann uns nicht helfen, so
gern er wollte.

2. *Euer Herz* erschrecke nicht! Um uns das sagen zu lassen, müssen
wir wissen, daß wir ein Herz haben. Den Nerven kann man nicht befehlen: Erschrecket nicht!, sie sind bei Manchen sehr schwach, und bei
Allen ist ihre Kraft begrenzt. Der Verstand kann sich nicht befehlen
lassen. Er sieht, wie die Dinge gehen, bildet sich das Urteil, und in
vielen Lagen weiß er nur noch zu erschrecken. Auch seinem Willen
kann man das nicht unbedingt zumuten. Er hat seine Grenzen der
Kraft, die er nicht überschreitet. Aber zum Herzen des Menschen kann
man so reden. Das ist unser Innerstes, Tiefstes. Das ist der eigentliche
Grund unseres Lebens und Wesens. Dort sind wir von Gott erwählt
und mit ihm in Verbindung. Dort hat sich in aller Stille etwas gebildet,
was nicht mehr wanken kann, eine Festung, ein Boden. Die Nerven können fertig, der Verstand ratlos, der Wille erschöpft sein, und
das Herz muß doch nicht erschrecken. Denn die Liebe Gottes ist
ausgegossen [in unser Herz... (Röm. 5,5)]. Wir sollten nur mehr daran
denken, daß wir ein Herz haben. Nicht so schnell jammern: ich kann
nicht. Das Herz kann. Es kann sich's sagen lassen. Es kann gehorchen.

---

[1] Vgl. oben S. 13, Anm. 1.
[2] Vgl. oben S. 3, Anm. 1.

3. Gerade das Herz, das unser tiefstes Wesen ist, durch das wir Gott verbündet sind, hätte freilich allen *Anlaß* zu erschrecken. Es weiß mehr von der Gefahr des Lebensweges und dem Jammer der Welt als z. B. der Kopf. – [3]Herzlose Menschen finden sich verhältnismäßig leicht zurecht in den Schwierigkeiten und Widrigkeiten des Lebens. Sie zittern ein wenig[?] eine Weile und finden sich dann wieder. Das ist freilich ein Mut, der wenig Wert hat, weil er auf Blindheit beruht. Er rächt sich dann gewöhnlich mit einem ganz bösen Erschrecken, gegen das keine Hilfe da ist. – [4]Menschen, die ein Herz haben und es reden lassen, werden nicht so schnell fertig. Sie sind ernstlich in der Lage zu erschrekken. Ihr Herz macht die Not nicht klein, sondern es nimmt sie, wie sie ist. Es weiß, daß man ihr nicht ausweichen kann, sondern geht ihr entgegen. Es sucht sie nicht zu vergessen, sondern es denkt daran, daß sie da ist und kommt. Darum haben gerade die großen Herzensmenschen, die Propheten, viel gewußt und geredet von dem, wovor man erschrecken muß, von der göttlichen Gerechtigkeit in der Weltgeschichte und von den Leiden der gerechten Menschen. Wir wollen uns nicht zu den falschen Propheten halten, die Friede rufen, wo kein Friede ist noch sein kann [vgl. Jer. 6,13f]. Das Herz sieht eben, weil es an Gott hängt, mehr als die Augen und als der Kopf. Es sieht das Gericht Gottes, das über der jetzigen Welt hängt, es weiß, daß diese Welt unter Schmerzen vergehen muß. Wo Gott nicht Gehör und Gehorsam findet, da sieht es dieses Vergehen unvermeidlich kommen. Es sagt uns: du gehörst auch zu dieser Welt, du kommst auch ins Gericht, du wirst auch unter Schmerzen teilnehmen müssen an ihrem allgemeinen Vergehen. Es sieht aber auch das Kreuz, das denen unvermeidlich bevorsteht, die es inmitten dieser jetzigen Welt mit Gott halten möchten. Es sieht die große Lebenskraft, die diese Welt immer noch hat, und daß sich Alles in ihr gegen das Licht wenden muß, das ihr Ende ankündigt. Es wundert sich nicht über den Kampf und das Leiden, in das die Träger des Lichts notwendig hineingeführt werden. Das Herz stellt uns an exponierte Stellen, wo wir unter Schwierigkeiten und Widersprüchen und in Schwachheit uns preisgeben und opfern müssen. Das Herz macht uns

---

[3] Barth markierte hier den Abschnitt im Gedankengang nachträglich mit einem kräftigen senkrechten Bleistiftstrich.

[4] Gleiche Markierung.

das Leben nicht leicht, sondern schwer. Das sehen wir wieder an den Propheten, die alle solche Preisgegebenen, Geopferten waren, während die falschen Propheten es der Welt recht machten. Wer das Herz reden läßt, hat also Grund zu erschrecken,

4. Aber darüber hinaus hat nun eben das Herz die Fähigkeit, *nicht zu erschrecken*. Es macht uns ernst, aber nicht schwermütig. Gefaßt auf Alles, aber nicht hoffnungslos. Es heißt uns, uns bereit zu machen auf schlimme Entwicklungen und Erfahrungen, aber es läßt uns nicht verzagen. Die Stimmen, die uns einfach traurig, pessimistisch machen wollen, die uns raten, stillzustehen oder uns zurückzuziehen, sind ebensosehr teuflische Stimmen wie die, die uns raten, das Leben leicht zu nehmen, die Last der Welt zu vergessen. Gerade weil es ehrlich und aufrichtig sein kann, kann es auch fest und gewiß sein. Die Notwendigkeit, mit der es das Böse kommen sieht, verwandelt sich in die Sicherheit, das Böse zu überwinden. Gerade weil es uns heißt, uns preiszugeben, verheißt es uns ein Ziel unseres Lebens, das jenseits des Kreuzes liegt. Gericht und Kreuz sind Wege Gottes, sagt es uns. Wege Gottes aber darf man unverzagt gehen, weil sie eben ein Ziel haben. Durch das Gericht hindurch bahnt sich die Gnade ihren Weg. Und das Kreuz, das ein Christ auf sich nimmt, ist die Hilfe, die er Gott leistet bei diesem Durchbruch.

5. Das ist nun freilich *eine große Sache,* das zu hören und dem zu gehorchen: Euer Herz erschrecke nicht! Man könnte das nicht sagen ohne das Andere: Glaubet an Gott und glaubet an mich! Was heißt das? Das heißt: Sei, was du bist[5], sei ein wirklich in Gott gegründetes und mit ihm verbündetes Herz! Laß dein Herz Herz sein! Gott ist das Herz unseres Herzens. Ohne Gott müßten sofort doch wieder die Nerven etc. an Stelle des Herzens treten. Das ist die Angel, die Alles hält. Diese Angel hält aber auch. Jesus hat nichts Schweres, Hohes

---

[5] Den Spruch «Sei, was du bist!» hat Barth möglicherweise in Bad Boll kennen gelernt, bezeichnet er ihn doch 1915 als «Blumhardts Rat» (Bw. Th. I, S. 110). Das Wort geht zurück auf den griechischen Dichter Pindar (522 oder 518–445 v. Chr.) und lautet im Urtext: γένοι᾽, οἷος ἐσσί (2. *Pyth. Ode,* V. 72); Pindar, *Siegesgesänge und Fragmente,* griech. und deutsch, hrsg. und übersetzt von O. Werner, München 1967, S. 124.

verlangt von seinen Jüngern mit dieser Aufforderung: Glaubt! Sondern er hat ihnen gerade damit das Herz gegeben, dem das Schwere und Hohe möglich ist. Er hat sie an das Herz Gottes gezogen, in dem er selber lebt. Darum persönlich: Glaubet an mich! Es ist ein Ereignis, das sich mit uns Menschen vollziehen muß, daß Gott unser Grund wird. Wahrscheinlich sind wir heutigen Christen im Ganzen weit weg davon. Aber wir spüren wieder das Rufen und Ziehen des Heilands. Wir spüren's: das brauchen wir! So warten wir und werden fest.[6]

[6] Keine Liedangaben.

Johannes 14,1–2

[Jesus sprach zu seinen Jüngern: Euer Herz erschrecke nicht! Glaubet an Gott und glaubet an mich! In meines Vaters Hause sind viele Wohnungen. Wenn's nicht so wäre, so wollte ich zu euch sagen: Ich gehe hin, euch die Stätte zu bereiten.]

1.   *Warum ist unser Herz* erschrocken? Ist das etwas Zufälliges, das man wegwischen kann durch Arbeit, Vergnügen, Trost guter Freunde, fromme Sprüche? Wäre unser Herz nicht mehr erschrocken, wenn uns die Sorge, der Verdruß, das Leid abgenommen würden, die uns jetzt augenblicklich vielleicht drücken? Gäbe es keine erschrockenen Herzen mehr, wenn einige oder viele oder alle der Fortschritte erzielt würden, von denen heute die Rede (Frieden, Wirtschaftsordnung, Mitsprache Aller)? Müßte unser Herz nicht mehr erschrecken, wenn wir bessere, edlere, frömmere Menschen würden? Oder ist's der Tod, der der Erschrockenheit ein Ende macht und uns endgültig zur Ruhe bringt? –[2] Seht, wer da antworten könnte: Ja, da liegt der Grund, daß uns dies und das fehlt, und *das* ist die Hilfe, daß dies und das anders würde, der hat sein erschrockenes Herz noch nicht verstanden, hat das Leben noch nicht verstanden. Das Leben ist kein Sandhaufen, sondern ein zusammengehöriges Ganzes. Es ist wohl wahr, daß uns Vieles fehlt, aber schließlich doch nur Eines; denn das Viele ist enthalten in Einem. Es ist wohl wahr, daß Vieles anders werden muß, aber zuerst muß Eines anders werden; denn das Viele kann nur anders werden, wenn das Eine es wird. Um dieses Einen willen ist unser Herz erschrocken, und in diesem Einen müßte ihm Hilfe kommen.

2.   Die Welt ist uns zu klein, zu eng. Hart und schmerzlich stoßen wir an an ihre Schranken. Darum ist unser Herz erschrocken.

Es ist in uns allen ein *Keim des Lebens,* der will wachsen. Kraftvoll strebt er in die Höhe und in die Weite. Denn Leben muß streben und treiben, sonst wäre es nicht Leben. Leben streckt sich dem Vollkommenen entgegen. Man kann das Vollkommene das vollkommen

---

[1]   Vgl. oben S. 3, Anm. 1.
[2]   Abschnittsmarkierung durch senkrechten Blaustiftstrich.

Gute nennen oder die vollkommene Wahrheit oder die vollkommene Freude oder den vollkommenen Frieden, es ist das alles und mehr als das. Es ist eine ganze, vollkommene (Bibel: ewige) Welt. Und eben weil es sich um das Vollkommene handelt, weil wir eine ganze, neue Welt als Keim im Herzen tragen, ist das Wachsen, Streben und Treiben in uns ein unermeßliches, grenzenloses, ein ewiges. Diese Sehnsucht nach dem Ewigen ist jetzt unsere Verbindung mit Gott. Weil wir alle Gott gehören, darum ist dieser Keim in uns. Weil jedes mit Gott in Gemeinschaft steht, darum ist unser Herz unruhig in uns. Die Botschaft des Heilands ist nicht umsonst ausgegangen in alle Welt, Gott hat nicht umsonst geredet. Es ist jetzt jeder Mensch gefangen von dieser Sehnsucht; es ist jetzt in Jedem ein Drängen und Ringen nach der ewigen Welt.

Aber eben darum ist unser Herz erschrocken. Denn *die Welt ist zu klein* für diese große Sehnsucht, die jetzige Welt, die gewöhnliche Welt, unsere Welt. *Die Welt Gottes* wäre groß genug dafür, wenn wir in der Welt Gottes leben würden, würde auch unsere größte Sehnsucht sofort ihre Erfüllung finden. Aber wir *leben nicht* in dieser Gotteswelt. Sie ist uns jetzt verborgen. Wir leben in *der* Welt, die der Mensch sich geschaffen hat und noch schafft in seinem Hochmut ohne Gott. *Man merkt* der Welt, in der wir leben, wenig mehr an von Gottes Schöpfergedanken. Sie ist voll von Verderbnissen und Widersprüchen und Störungen. Weil der Mensch Gott nicht mehr schaut, sind seine *Augen blind* geworden. Und weil er blind geworden, ist auch die Welt Finsternis geworden. Der Keim des Lebens in uns kann hier nicht *wachsen.* Was jetzt in uns und um uns ist, *paßt* schlecht zu der Ewigkeit, die wir im Herzen tragen. Wir sind mit der Sehnsucht, die wir in uns tragen, in dieser Welt *Heimatlose,* Fremdlinge. Wenn wir diesen Widerspruch gewahr werden, dann erschrickt unser Herz.

Oder ist es nicht zum *Erschrecken,* wenn ich z. B. einen Brief in die Hand bekomme, den ich vor vielen Jahren geschrieben, und sehe daraus, wie sehr ich mit allen meinen Schwachheiten, Einseitigkeiten und Fehlern in dieser ganzen Zeit *der Gleiche* geblieben bin? Sind wir denn so stark an uns selbst *gebunden?* Ist *der Charakter* eines Menschen sein Verhängnis, von dem er nicht frei werden kann? Kann man nie aus sich selbst *heraus,* kann man nur die Kleider ändern? Was für eine Verdammnis, daß ich *immer ich* bleibe!

Ist's nicht zum *Erschrecken,* wie wir alle auch beim besten Willen abhängig sind von gewissen unerklärlichen *Zufällen?* Wir haben gute Tage, wo uns das Leben gelingt, und böse Tage, wo Alles aus unbekannten Gründen in Nebel gehüllt ist. Und das wechselt nur so wie Ebbe und Flut. Was soll das? Ist das nicht eine *unwürdige* Lage, diesem Wellenspiel so preisgegeben zu sein?

Ist es nicht zum *Erschrecken,* wie stark wir uns beständig *bestimmen* lassen durch die Anderen um uns her? Wir halten uns für höchst unabhängig und spitzen doch beständig die Ohren auf das, was man *über uns sagt,* und das kleinste Stäublein kann uns schon aufregen. Wir pochen auf unser gutes Gewissen und sind doch so begierig darauf, *gelobt zu werden.* Wir malen uns vor, wie wir geduldig, liebreich, freudig sein und bleiben wollen, und im Handkehrum lassen wir uns doch *in Harnisch bringen,* wenn man uns reizt. Wir meinen, ganz uns selbst[3] zu sein, und sind doch bis tief in unsere Gedanken hinein nur das *Spiegelbild* unserer Umgebung. Was für eine *Sklaverei* für den, der's einmal gemerkt hat!

Ist's nicht zum *Erschrecken,* was die Verhältnisse uns für Zwang antun? Da ist Einer, der durch die Art seiner *Familie,* mit der er nicht zu brechen wagt, einfach gehindert ist zu leben, wie er eigentlich möchte. Da ist Einer, dem ist *sein Beruf,* den er vielleicht mit Tüchtigkeit versieht, die Fessel, die sein Wachstum verunmöglicht. Da steht Einer in *finanzieller* Abhängigkeit und muß es ganz offen bekennen: ich darf nicht sein und tun, was ich möchte. Da sind's für Millionen Menschen *schlechte* Erziehung, schlechte Wohnungen, schlechte Lebensgewohnheiten, die sie gebunden haben für ihr ganzes Leben, noch bevor sie ihrer selbst recht bewußt wurden. Da ist's die *Macht der Mehrheit,* die eine wirtschaftliche und politische Ordnung oder Unordnung aufrichtet oder aufrecht erhält, der dann wieder unzählige Einzelne trotz besserer Einsicht machtlos gegenüberstehen. Was für Schranken für Menschen, die leben möchten, weil sie die Ewigkeit in sich tragen!

Ist's nicht zum *Erschrecken,* wie wir alle in *Sünde und Schuld* gefangen sind, und zwar in eigener und fremder!, wie aus einem geheimnisvollen, tiefen Schacht steigt Fehler um Fehler, Irrtum um Irrtum

---

[3] = ganz wir selbst.

hervor; einer scheint dem anderen zu *rufen,* ihn nach sich zu ziehen. Immer wieder *beflecken* wir uns, weil wir unrein sind, und sind *unrein,* weil wir uns beflecken. War sie vom Guten, die große *Weltmacht* Deutschlands, die heute zerschmettert am Boden liegt? Aber ist sie vom Guten, die Macht, die wir *heute* ihren Triumph genießen und ausnützen sehen? Und wird sie vom Guten sein, die Macht, *die in 50 oder 100 Jahren* unfehlbar die Sünden, die heute begangen werden, rächen wird? Waren sie vom Guten, *die Zustände,* unter denen wir bis jetzt gedankenlos oder nur allzu bewußt gelebt haben? Aber ist sie vom Guten, *die Revolution,* die heute diese Zustände stürzen will? Und ist er wieder vom Guten, *der Widerstand,* der jetzt, angeblich im Namen der Freiheit und der Ordnung, der Revolution entgegengesetzt wird? Ist nicht Alles ein öder *Kreislauf?* Ist's nicht immer wieder das Böse, das das Böse überwinden, die Gewalt, die die Gewalt abtreiben, die Lüge, die die Lüge widerlegen soll? O seht, wer diese Zusammenhänge von Sünde und Schuld im Menschenleben einmal *wirklich gesehen* hat, der verlernt jedenfalls das Richten über Andere, wohin er sich auch persönlich stellen mag; der kann eigentlich nur noch *seufzen und flehen* mit dem Unser Vater: Erlöse uns von dem Bösen! [Mt. 6,13 par.], denn wir sind wirklich vom Bösen umgeben, getragen und gefangen, wo wir uns auch hinstellen mögen.

Und ist's nicht zum *Erschrecken,* wie wir schließlich alle *sterben* müssen? Der Tod *paßt* nur zu gut zu unserer verlorenen Gotteswelt. Und wie wir alle *Glieder* dieser Welt sind, so wartet der Tod auf uns alle! Wie muß sich der Mensch *wehren* gegen diesen letzten Feind [vgl. 1. Kor. 15,26], eigentlich vom ersten Lebenstag an! Wie *lauert* er überall auf uns als Vergänglichkeit, als Altwerden, als Krankheit! Wie *wissen wir doch* von uns aus so gar nichts gegen den Tod, über den Tod hinaus außer dem Einen, daß er etwas Unbegreifliches, Unnatürliches ist, gegen das sich die Natur wehrt, solange sie nur kann, dem sich nur die ganz Geschwächten schließlich ergeben mögen. O wenn uns die Sterbenden sagen könnten, was für einen *Kampf sie kämpfen* gegen das Unnatürliche und schließlich doch Unvermeidliche, wie das Leben in ihnen, das ewige Leben, Nein sagt zum Tode, um sich schließlich doch beugen zu müssen unter das harte, schreckliche Joch. Wir würden noch ganz anders *erschrecken* über den Gedanken, daß wir alle auch einmal unter das Joch dieses letzten Feindes uns beugen müssen. Wir würden etwas *erfassen* von der Weisheit jener Alten, die das Leben eine Vorbereitung zum Tode genannt haben.[4] Aber ist's nicht schauerlich, daß es so ist?

Ja, ist das alles nicht zum Erschrecken, *sind wir nicht* erschrocken darüber, daß unsere Sehnsucht *so groß* und unsere Welt *so klein* ist? Wo *bleibt* die ewige Welt, die wir im Herzen tragen, wenn die Welt, in der wir leben, *so eng* ist, so dicht umgeben von Mauern der Abhängigkeit, der Notwendigkeit, des dumpfen Zwangs? Ist's nicht so, daß gerade das, was das Leben köstlich, schön, lebenswert machen würde, gerade das, worauf wir durch unsere Gemeinschaft mit Gott angewiesen sind, gerade das, worauf es allein ankäme – daß gerade das jetzt und hier einfach *ausgeschlossen* ist?

3. Und nun wird uns die Antwort gegeben: In meines Vaters Hause sind viele Wohnungen! Wir können sie uns wirklich *nicht selbst geben,* sie muß uns wörtlich[?] und wirklich gegeben werden. Von uns aus gedacht, gäbe es nur zwei Wege, von denen der eine schlechter ist als der andere. Der eine Weg ist der der Selbsttäuschung: Wir bilden uns ein, daß die Welt uns doch nicht zu klein sei, daß wir Raum genug haben. Entweder, indem wir unsere *Sehnsucht kleiner machen, als* sie ist, uns zufrieden geben, wo wir uns nicht zufrieden geben dürften, den Keim des ewigen Lebens selbst in uns erdrücken und zurückhalten. Oder indem wir uns einreden, die Gefangenschaften, in denen wir schmachten, *seien nicht so eng und so schlimm,* indem wir uns der kurzen Schrittlein, die wir mit unseren Fesseln machen können, freuen, indem wir uns diese Welt in angenehmer Träumerei schöner machen, als sie ist. Der andere Weg wäre der der Verzweiflung: Wir sind dann ehrlich und gestehen uns, daß wir nicht aus noch ein wissen, und ergeben uns grollend und innerlich zerrissen in das Unvermeidliche. Auf beiden Wegen gehen Unzählige, auf beiden Wegen sind wir alle doch schon gegangen. Einen dritten Weg gibt es von uns aus nicht. Auch die *Jünger Jesu* standen, als sie über die Welt erschrocken waren, von sich aus nur vor der Möglichkeit, einen dieser zwei Wege einzuschlagen. Und dann hat ihnen Jesus seine Antwort gegeben: In meines

[4] Vgl. Ciceros «tota philosophorum vita commentatio mortis est» (*Tusculanae disputationes* I, 74).

Vaters Hause [sind viele Wohnungen]. Man muß es gut begriffen haben, daß uns von uns aus wirklich nur diese zwei Wege offen stehen, der Weg der Selbsttäuschung und der Weg der Verzweiflung, um dann auch zu begreifen, was es heißt, von Jesus *seine* Antwort zu bekommen. *In meines Vaters Haus,* sagt er, da habt ihr *Raum,* da könnt ihr *leben,* da findet eure Sehnsucht *Genüge,* da kann das ewige Streben und Suchen [?] in euch sich *auswirken.*

In meines Vaters Haus! Es liegt darin *eine Einladung,* ein Angebot, die Eröffnung einer ganz neuen *Möglichkeit.* Eine neue *Türe* geht auf. Ein neues *Licht* kann auf unser Leben fallen. Ihr seid verirrte und verlorene *Kinder,* die ihren Vater nicht vergessen können und die eben darum so erschrocken sind, weil sie immer an ihn denken müssen und doch nicht bei ihm sind. Aber ihr habt auch einen *Vater,* der allezeit für euch bereit ist. Ihr seht jetzt nur die *eine Seite* des Lebens, es gibt aber auch eine andere. Ihr denkt jetzt *von euch aus,* vom Menschen aus, man kann aber auch von Gott aus denken. Ihr denkt jetzt nur an das, *was ihr machen* und euch nehmen könnt, und das ist bitter wenig, es könnte euch aber auch etwas geschenkt und gegeben werden. Ihr strebt jetzt machtlos *nach oben,* es könnte aber auch etwas von oben zu euch kommen. Ihr denkt jetzt nur an *eure Freiheit,* und die ist, ehrlich gesagt, Traum und Einbildung, es gibt aber auch Gnade.

In meines Vaters Haus! Jesus will uns *ablenken* mit diesem Wort von den Wegen, die wir selbst zur Auswahl haben, wenn wir erschrocken sind. Er *verbietet sie uns freilich nicht.* Er wehrt uns nicht, uns in dieser engen Welt der Unvollkommenheit *zu trösten* und zu helfen, so gut wir können. Er wehrt uns nicht, *traurig* zu sein, wenn wir sehen, wie wenig uns das gelingt. Er sagt uns vielmehr: *es ist recht,* wenn ihr euch kräftig und zornig auflehnt gegen den Druck, unter dem ihr steht, und *es ist recht,* wenn ihr schmerzlich bewegt seid über das Ungenügen eurer Kraft. Aber daß doch in eurer Auflehnung und in eurem Schmerz *noch etwas Anderes aufblitzte* als ihr tiefster Grund, das Seufzen und Flehen, das *weiter greift* als aller Trotz und aller Jammer, *das Rufen* nach dem, was nicht aus [euch] selbst kommt, sondern von dem, den ihr verloren habt, die *Bereitschaft* für seine Taten und Werke, *die Offenheit* für den Gott, der uns nicht nur die Ewigkeit ins Herz gegeben [vgl. Pred. 3,11 LXX], sondern der sich nun selbst aufmachen will, um uns die Ewigkeit zu bringen, *die Wil-*

ligkeit, mit Gott eine Geschichte, eine ganz neue Geschichte zu erleben! O wenn ihr *mehr wolltet,* als euch selbst helfen oder klagen über eure Hilflosigkeit! Wenn ihr begreifen wolltet, daß ihr euch müßt *helfen lassen.*

In meines Vaters Haus! Das ist der schlichte Hinweis darauf, daß es *noch etwas Anderes* gibt als die unvollkommene Welt, in der wir leben, und die Sehnsucht nach dem Vollkommenen, die wir in uns tragen. Es gibt das Haus meines Vaters! Die Welt Gottes ist *wohl verborgen,* aber nicht untergegangen. Ich komme aus ihr, ich kann sie euch zeigen, ich kenne sie, ich kann sie euch auftun. Sie scheint jetzt wohl in *unerreichbarer Ferne,* wie auf einem anderen Stern, nur den kühnsten Gedanken und Träumen zugänglich, aber nein, ich weiß es besser, sie ist in Bewegung, sie kommt, ich bringe sie euch. Der Himmel neigt sich der armen, dunklen Erde entgegen. Es sollen noch Zeiten der Erquickung kommen vom Angesichte des Herrn [Act. 3,20], so wahr ihr mich hier sehet. Wohl mögen die Klügler sagen, sie *sei nur ein Gedankending,* eine schöne Hoffnung, nur in den Herzen wahr. Aber nein, das ist menschliche Weisheit. Bei Gott ist kein Ding unmöglich [Lk. 1,37]. Sein Reich ist durch keine Gottlosigkeit und Finsternis auf Erden zerbrochen[?]. Es wartet nur darauf zu erscheinen, so lebendig, so sichtbar, so greifbar, so wahr wie Alles, was ihr jetzt vor euch seht. Habt ihr es nicht schon erscheinen sehen in den Taten, die Gott durch mich getan? Hat's nicht schon angefangen, lebendig.... zu werden? [Lk. 17,20f.?]. Die Blinden sehen, die Lahmen... [Mt. 11,5]. – Seht, *dieses Andere ist* und wird und kommt. *Seht,* wie es kommt! Tretet *herein* in diese neue Welt. Hier sind die *Antworten,* die Erlösungen, die Kräfte. In meines Vaters Haus sind...

4. Viele Wohnungen! Seht, darin liegt die *eine* Hilfe für die *eine* Not, vor der wir erschrecken, daß in der Welt Gottes, wenn wir für sie zu haben sein wollen, viel Raum ist für uns, viel Platz zum Wachsen, viel Bewegungsfreiheit. Es gibt eine Luft, in der der Keim des ewigen Lebens, der in uns gepflanzt ist, gedeihen und sich entfalten kann. Es gibt einen Ort, wo wir mit dem ganzen mächtigen Trieb, der in uns ist, keine Fremdlinge und Gäste sind, sondern Bürger und Hausgenossen [vgl. Eph. 2,19].[5]

[5] Abschnittsmarkierung durch senkrechten Blaustiftstrich.

Wo ist dieser Ort? Wo ist das geräumige, freie Haus dieses Vaters, von dem Jesus redet? Ist's ein Leben, das *nach dem Tode* auf uns wartet? Ja, es ist allerdings auch ein Leben nach dem Tode, oder besser *über dem Tode*, ein Leben, dem der Tod nichts anhaben kann, obwohl wir diesem Könige jetzt auch den Tribut bezahlen müssen mit unserem Sterben. Denn es wäre traurig, wenn wir auf die Freiheit im Hause des Vaters warten müßten bis *nach* dem Tode, wenn die Macht Gottes nicht auch über dem Tode stünde, also daß uns auch die Bitterkeit des Sterbens in Freude *verwandelt* werden kann. Gott will uns nicht erst, wenn wir gestorben sind, seine Freundlichkeit schmecken und sehen lassen [vgl. Ps. 34,9], er will die *Fesseln des Todes selbst* lösen. Es soll ein Sterben geben, *das schon Leben ist,* auf das die Engel schauen als einen Triumph. Es wäre traurig, wenn wir uns in diesem jetzigen Leben wirklich vom Reich Gottes *ausgeschlossen* denken müßten. Wir haben ja noch *viele Feinde* außer dem einen letzten Feind; das Haus des Vaters, in dem Freiheit ist, ist *jenseits und diesseits,* im Himmel und auf Erden. *Vom Himmel kommt es* als das neue Jerusalem, und auf der Erde will es Platz finden als die Hütte Gottes bei den Menschen [Apk. 21,2f.]. Wir können nicht weit, *nicht groß genug denken* von dem, was Gott an uns tun will. Auch hier und jetzt will er's tun, obwohl es hier und jetzt *erst im Kommen,* im Werden, im Anbrechen ist in einzelnen Siegen und Kräften, Erweisungen und Erlösungen, die uns von oben geschenkt werden können.[6]

Es *warten Freiheiten* auf uns, hier und dort, jetzt und nach dem Tode, das ist's, was Jesus uns sagen will mit den vielen Wohnungen. Wir sollen *nur nicht denken,* daß die vielen Gebundenheiten und Gefangenschaften, vor denen wir jetzt erschrecken müssen, dem Willen Gottes entsprechen, der auf Erden wie im Himmel geschehen will [vgl. Mt. 6,10]. *Hinter jeder einzelnen der Mauern,* die uns jetzt seufzen machen, wartet in Gott schon eine Freiheit auf uns. Es gibt für jeden Feind, der uns jetzt bedrängt, *ein Wörtlein,* das kann ihn fällen[7]. Es ist für *jede Finsternis,* in der wir jetzt herumtappen, das Licht schon angezündet, das sie erleuchten soll. Nicht wahr, wir gewahren

---

[6] Abschnittsmarkierung durch senkrechten Blaustiftstrich.
[7] Vgl. Lied Nr. 157 «Ein feste Burg ist unser Gott» von M. Luther, aus Strophe 3: «Ein Wörtlein kann ihn fällen» (RG [1998] 32; EG 362).

manchmal etwas von diesen vorhandenen Freiheiten, sie ragen manchmal erkennbar in unser Leben hinein. *Selten genug,* aber es gibt solche Siege Gottes, nicht nur in der Bibel. Manchmal *in kleinen Nöten,* Sünden und Bedrängnissen. Doch was heißt klein, die kleinen Fesseln sind ja oft die stärksten, und ihre Sprengung kann eine größte Tat Gottes an uns sein. Manchmal ist's auch schon zu *großen Siegen* Gottes gekommen, Krankheitsgeschichten, Geldgeschichten, Sündengeschichten, die zu Offenbarungen der Herrlichkeit Gottes wurden. Es wartet auch hinter der großen Not der *gegenwärtigen Weltlage* eine solche göttliche Freiheit, die die Fesseln menschlicher Schuld sprengen könnte, und wer wollte sagen, daß sie es nicht tun wird?[8]

Wer etwas weiß von diesen vielen Wohnungen unseres Vaterhauses, von diesen wartenden Freiheiten und Erlösungen, seht, der verlernt allmählich das Erschrecken. Allmählich, ja, denn noch *stehen wir tief* drin in den Gebundenheiten und Gefangenschaften. Noch haben wir kaum *hinein*gesehen in das Vaterhaus, geschweige denn, daß wir eingetreten wären. Aber wir spüren manchmal den frischen Wind, der von dorther zu uns herüber weht. Und wo wir den spüren, da kommt uns Hilfe. Wir *können* ihn spüren. Wir *können* uns helfen lassen. Das ewige Erschrecken *kann* dem Glauben Platz machen, dem Glauben an Gott und an den, den er gesandt hat, Jesus Christus. Gott gebe uns den *Sinn* für das kommende ewige Reich der Freiheit. Gott gebe uns die *Augen* für das uns [?] so [?] nahe gekommene Haus des Vaters, in dem viele Wohnungen sind. Gott gebe uns, daß wir unserer eigenen Wege des Leichtsinns und des Trübsinns je länger je mehr *müde werden* und uns herüberziehen lassen auf den Weg des Heilands, der der Weg der Wahrheit ist.

Lieder:
Nr. 235 «Ich weiß, woran ich glaube» von E. M. Arndt, Strophen 1.2.5 (RG [1998] 278,1.2.5; EG 357,1.2.5 mit Textabweichungen)
Nr. 330 «Mag auch die Liebe weinen, es kommt ein Tag des Herrn» von Fr. A. Krummacher (1768–1845), Strophen 1–3

---

[8] Abschnittsmarkierung durch senkrechten Blaustiftstrich.

Johannes 14,1–3

*[Jesus sprach zu seinen Jüngern: Euer Herz erschrecke nicht! Glaubet
an Gott und glaubet an mich! In meines Vaters Hause sind viele Wohnungen. Wenn's nicht so wäre, so wollte ich zu euch sagen: Ich gehe
hin, euch die Stätte zu bereiten. Und wenn ich hingehe, euch die Stätte
zu bereiten, so will ich wiederkommen und euch zu mir nehmen, auf
daß ihr seid, wo ich bin.]*

1. Der ganze Trost dieser Worte liegt in der Kraft, mit der Jesus gesagt
hat: ich gehe! und: ich will wiederkommen! Da werden keine Gedanken gesponnen, keine Gefühle gepflegt. Da wird gehandelt.

Wir sehen die Welt, deren Finsternis unser Herz erschrecken möchte, die für die ewige Sehnsucht, die wir in uns tragen, viel zu eng und
zu klein ist. Wir sehen den Menschen, der mit seinem Unverstand und
seinem schlechten Willen schuld daran ist, daß die Welt so ist, denn die
Welt ist seine Welt. Wir sehen unser Leben, grau einförmig, furchtbar
weit weg von den Wohnungen im Hause des Vaters, von den göttlichen Freiheiten, die uns da verheißen werden.

Und nun ist da mitten unter uns Einer, der das alles noch viel
stärker und ernster empfunden hat als wir. Aber er erschrickt nicht
davor wie wir, er geht seinen Weg trotzdem. Er ist nicht ratlos, er
weiß eine Antwort. Er ist nicht machtlos, er kann etwas Überlegenes,
Starkes, etwas Erlösendes, Befreiendes, Hilfreiches tun, und er tut
es. Jesus ist so gar kein Denker und Redner, sondern durch und durch
ein Täter. Alles liegt bei ihm in dieser Tat: Ich gehe! und ich will
wiederkommen! Das Eine, das: ich gehe! ist schon geschehen. Das
Andere, das: ich will wiederkommen! muß sich erst erfüllen. Wir
stehen mitten drin zwischen dem, was schon Tatsache, und dem, was
erst Verheißung ist, müssen auf jene zurückblicken, um an diese
recht fest glauben zu können. Es gehört aber Beides zueinander. Wir
stehen mitten in einer großen Geschichte drin. Mitten in der großen
Geschichte, wie Jesus die Tür des Gefängnisses aufgerissen hat und
ins Freie getreten ist, um dann zurückzutreten und alle Gefangenen
ins Freie zu führen. Das ist der Trost, mit dem Jesus uns tröstet. Er
sagt uns: Ihr steht mitten in der Erlösungsgeschichte. Seht auf das,

33

was schon geschehen ist, und seht auf das, was noch kommen wird.

2. Der Sinn dieser Erlösungsgeschichte ist der, daß ein Durchgang eröffnet wird von der Erde in den Himmel und vom Himmel auf die Erde. Wir können uns je länger je weniger zufrieden geben mit einem anderen Trost. *Im Hause des Vaters* ist uns geholfen, sonst nirgends. Denn nur dort ist Freiheit und Leben. Die *Sehnsucht in uns* ist nun einmal auf das himmlische Wesen gerichtet und kann sich mit allem, was weniger, kleiner ist als der Himmel, nicht begnügen. Und ich möchte sagen: *im Himmel selbst* ist eine Sehnsucht, eine Kraft, die drückt nach der Erde hin; es soll auch von dort aus nicht sein, daß die Erde ewig eine Stätte des Schattens, der Sünde und des Todes bleibt. Diese Spannung zwischen Himmel und Erde, die darauf beruht, daß jetzt Hindernisse und Schranken zwischen beiden sind, wird *aufgehoben* durch die Erlösungsgeschichte, wie sie angefangen hat und wie sie sich einst vollenden wird. Alles, *was weniger,* kleiner ist als Erlösung, kann uns nicht trösten, weil es uns nicht hilft. Es ist uns nicht damit geholfen, daß unsere jetzigen irdischen Verhältnisse durch allerlei Betrachtungen und Erklärungen einen besseren Schein bekommen. Wir leben nicht vom Schein, sondern von der Wahrheit. Jesus hat die Welt nicht verschönt durch hohe Gedanken, sondern er hat sie aufgefaßt und genommen, wie sie ist, um sie zu verwandeln durch das, was er tut. Es ist uns nicht damit geholfen, daß man uns darauf verweist, die Torheiten und Schrecknisse des jetzigen Lebens seien von Gott so gewollt. Das ist's gerade, wogegen das göttliche Fünklein in uns[1] protestiert, solange es brennt, was wir nicht glauben können, wenn wir auch nur ein wenig an Gott glauben. Jesus hat auch nicht so geredet, sondern er verkündigt uns den Willen Gottes als etwas Neues, als eine Veränderung der jetzigen Lage, die vom Himmel auf die

---

[1] Die Vorstellung vom «Seelenfünklein» (scintilla animae) bzw. von göttlichen Lichtfunken in der Seele findet sich in der Gnosis, im Neuplatonismus und in vielen Spielarten der Mystik; vgl. z. B. M. A. Schmidt, Art. «Eckehart», in: RGG³ II, Sp. 305. Barth hat den Gedanken öfter aufgenommen; vgl. z. B. Predigten 1915, S. 136.147.167.306.

Erde kommt. Es ist uns nicht damit geholfen, daß in unseren Verhältnissen und an uns selbst dies und das verbessert wird. Das mag und das muß geschehen, aber das löst unsere Gefangenschaft nicht auf. Jesus hat nichts verbessert auf der Erde, um Alles zu verbessern. Es ist uns auch damit nicht geholfen, daß uns gesagt wird: es gibt eine andere Welt, aber sie ist jetzt nicht für uns, wir müssen zuerst sterben, um sie zu sehen und in ihr zu leben. Denn das ist gerade der Widerspruch, unter dem wir leiden, daß wir im Gefängnis sind, während draußen freie Luft ist, daß wir sterben müssen, ohne gelebt zu haben, ohne das Leben zu kennen. Jesus hat uns nicht so wohlfeil getröstet. Er antwortet auf das tiefste, ernsthafteste *Verlangen,* er entspricht dem größten, scheinbar unmöglichen *Wunsch* in uns. Er zeigt uns gerade das, was wir jetzt für *unmöglich,* ausgeschlossen, undurchführbar halten: ein anderes Leben, ein vollkommenes, ein ganzes Leben. Er zeigt es nicht nur, er macht es *möglich.* Er macht es nicht nur möglich, er läßt es *anfangen.* Er macht einen *Weg* vom Diesseits ins Jenseits und vom Jenseits ins Diesseits, und er stellt uns auf diesen Weg. Er stellt uns in die Erlösungsgeschichte *hinein.* Das ist sein Trost.

3. Seht auf das, was schon geschehen ist!, sagt er uns. «Ich gehe hin, euch die Stätte zu bereiten.» Das ist schon geschehen. «Ich gehe hin», hat er zu seinen Jüngern gesagt, und dann ist er gerade auf das losgegangen, was ihm Schande bereitete, hinein in ein *Ende* von Erfolglosigkeit, Schande und Leid, wie es noch kein Mensch erlebt hat. Wenn wir wissen wollen, *wie finster* die Welt ist, müssen wir dorthin sehen, wohin Jesus gegangen ist. Alle Finsternis, unter der wir leiden, ist nur ein kleiner Teil von der Finsternis, die sich ihm entgegenstellte. Denn *je reiner* das Göttliche ist in einem Menschen, *um so schwerer* ist auch der Widerstand, der sich ihm entgegenstellt. Wer von uns nur gelegentlich versucht, Gott ein wenig gehorsam zu sein, der muß mit vielen bösen Geistern rechnen, die sich ihm dabei widersetzen. Wer eine Leidenschaft für Gott in sich trägt wie die Propheten der Bibel, der muß auf einen ganzen Aufmarsch böser Gewalten gegen sich gefaßt sein. Wer aber überhaupt nur den *Willen Gottes kennt* als Speise, von der er lebt, wie Jesus [vgl. Joh. 4,34], zu dem sagt die ganze Welt Nein, für den gibt es nichts als das Kreuz. Diese Tatsache ist wie eine *Warnung:* Laß dich auf das Göttliche nicht ein, denn je mehr du dich darauf einlässest, um so sicherer führt es dich ins Verderben. Wir lassen uns nur zu gerne warnen. Darum ist es etwas Seltenes, daß wir Gott wirklich gehorchen. Darum hat es immer nur wenig Propheten gegeben. Darum hat es nur einen Sohn Gottes gegeben. Dieser aber hat gesagt: ich gehe hin! und ist gegangen. Damit ist den Menschen geholfen worden. Die *Furcht* vor dem Göttlichen hilft nicht; wenn wir ihr nachgeben, bleibt Alles, wie es ist. Das *gelegentliche* Gehorchen hilft auch nicht, es kann nichts Neues schaffen. Das *große* Gehorchen der Propheten konnte auch nicht helfen, es konnte das Neue wohl zeigen, aber nicht bringen. Die *Übermacht Gottes* aber in einem Menschen, das hilft. Diese Übermacht Gottes *war in Jesus.* Darum hat er gesagt: ich gehe! Gerade weil er es wagte, dem größten Widerstand der Welt die Spitze zu bieten, war in ihm etwas, was größer war als dieser Widerstand. Das Wagnis selbst ist das Größere. Gerade darum war es freilich nicht seine eigene Tat, daß er ging, sondern Gottes Tat durch ihn. Gott *ging,* als Jesus ging. Gott ging und *siegte* über die größte Finsternis der Erde. Gott *schuf* ein Neues, Gott schuf Leben auf der Erde im Kampf gegen die höchste Anstrengung des Todes. Jesus hat nichts getan, als daß er *kühn genug* war, Gott gehen und schaffen zu lassen. Jesus wagte es nicht von sich aus, nur *mit Gott.* Das war seine Tat. *Darum* hatte er Übermacht. *Darum* ist er im Kampf nicht unterlegen. *Darum* ist er auferstanden von den Toten. *Darum* hat er mit seinem Hingang eine Stätte für uns bereitet, einen freien Raum hinter der dunklen Wand von Sünde und Tod, auf den wir jetzt hinsehen können, statt immer nur die Wand selbst anzustarren. Der Himmel hat einmal *triumphiert* auf der Erde. Das Neue hat *Wurzel* geschlagen in der alten Welt. Gott hat in Jesus die *Türe geöffnet,* die vom Diesseits ins Jenseits führt.

4. Und nun fährt Jesus fort: Seht auf das, was kommen wird! «Wenn ich hingehe, euch die Stätte zu bereiten, so will ich wiederkommen und euch zu mir nehmen, auf daß ihr seid, wo ich bin.» Das ist noch nicht geschehen. «Ich will wiederkommen!» Die Jünger Jesu hatten es schwerer als wir, das zu fassen, weil sie das Hingehen Jesu *noch nicht vor Augen* hatten, weil sie *nur erschrecken* mußten vor dem, was Jesus wagte, weil sie den *Sieg,* den er errungen, noch nicht kannten und die *Stätte* der Freiheit, die er uns bereitet, noch nicht sahen. Wir können das

alles sehen. Für uns sind die *Liebe,* mit der Jesus sich geopfert hat mit geschlossenen Augen, die *Übermacht* Gottes, die in ihm war, der *Sieg* über Sünde und Tod, der da errungen wurde, der *freie Raum,* der auf der Erde entstanden ist, bereits offenbare Tatsachen. Wir können uns auf diese Tatsachen stellen und es fassen, daß die Erlösungsgeschichte noch nicht fertig ist, daß noch mehr geschehen wird. Der Sohn Gottes ist nicht privatim[?] von der Erde in den Himmel gegangen. Die *Ereignisse* vom Karfreitag und vom Ostertage sind gar nicht zu begreifen bloß als ein einmaliges Aufblitzen in dunkler Nacht. Sie leuchten uns, und es muß ihnen weiteres Licht folgen. Die Sehnsucht von der Erde zum Himmel und der Druck vom Himmel gegen die Erde hin ist durch jene Ereignisse aus einem verborgenen, unbewußten Verhältnis zu einer *offenen Straße* geworden, auf der weitere Ereignisse einfallen werden. Wir können den Sieg Gottes *nicht mehr vergessen,* der einst gewonnen worden ist von seinem Sohn. Und Gott selbst kann ihn noch viel weniger vergessen. Wir gehören für Gott *mit Jesus zusammen* und Jesus mit uns. Wir müssen *rufen nach einer Fortsetzung* und Vollendung der Hilfe, die in Jesus begonnen, und Jesus *will kommen,* um sie zu vollenden. Diese Fortsetzung und Vollendung ist jetzt freilich noch nicht da. Diese weitere Stunde wird erst *schlagen* an der Uhr Gottes. Wir sind jetzt im Zustand des *Wartens,* und das merken wir schmerzlich an der *Unvollkommenheit* unseres Lebens, an der Macht, die die Sünde und der Tod noch haben über uns, an der *Spärlichkeit* des Lichts, das wir jetzt haben. Wir dürfen uns *nicht selbst trösten* über diesen Zustand, uns nicht beruhigen, als ob es dabei bleiben könnte und dürfte. Wir dürfen es aber auch *nicht vergessen,* daß wir von Gott getröstet sind durch das, was uns von Gott bereits gegeben ist als Unterpfand der Hoffnung [vgl. 2. Kor. 5,5]. Wir stehen *in der neuen Zeit,* in der Gott durch Jesus Gewalt bekommen hat auf der Erde [vgl. Mt. 28,18], und wenn wir dessen wohl bewußt sind, wenn wir Menschen dieser neuen Zeit sein und werden wollen, dann blicken wir von selbst vorwärts *auf die letzte Zeit,* wo die Gewalt Gottes das Einzige sein wird auf der Erde, wo Jesus uns Gott übergeben wird, wie ein Feldherr ein erobertes Volk seinem König übergibt [vgl. 1. Kor. 15,23–28]. Wir können das Vorläufige, Unbefriedigende, Jetzige *ertragen,* weil wir das Zukünftige vor uns haben. Und wir können freudig auf das Zukünftige *warten,* weil schon im Jetzigen ein

Anfang dafür da ist. Der Durchbrecher aller Bande[2] wird nicht säumen, uns auch nach Jerusalem zu führen.

Lieder[3]:
Nr. 293 «Geduld ist euch vonnöten» von P. Gerhardt
Nr. 343 «Jerusalem, du hochgebaute Stadt» von J. M. Meyfart (RG [1998] 851; EG 150)

---

[2] Vgl. das Lied Nr. 297 «O Durchbrecher aller Bande» von G. Arnold (GERS [1952] 306; EG 388).
[3] Strophenangaben fehlen.

Matthäus 9,1–8

[Jesus trat in das Schiff und fuhr wieder herüber und kam in seine Stadt. Und siehe, da brachten sie zu ihm einen Gichtbrüchigen, der lag auf einem Bette. Da nun Jesus ihren Glauben sah, sprach er zu dem Gichtbrüchigen: Sei getrost, mein Sohn, deine Sünden sind dir vergeben. Und siehe, etliche unter den Schriftgelehrten sprachen bei sich selbst: Dieser lästert Gott. Da aber Jesus ihre Gedanken sah, sprach er: Warum denkt ihr so Arges in euren Herzen? Welches ist leichter zu sagen: Dir sind deine Sünden vergeben, oder zu sagen: Stehe auf und wandle? Auf daß ihr aber wisset, daß des Menschen Sohn Macht habe, auf Erden die Sünden zu vergeben (sprach er zu dem Gichtbrüchigen): Stehe auf, hebe dein Bett auf und gehe heim! Und er stand auf und ging heim. Da das Volk das sah, verwunderte es sich und pries Gott, der solche Macht den Menschen gegeben hat.]

1. Das ist eine gewaltige Geschichte. Ihr Anfang ist das durchdringende Auge des Heilands, der die Menschen anblickt und etwas Gutes in ihnen findet. «Er sah ihren Glauben.» Er *sah nicht* auf das, was ihnen allenfalls fehlte: sie waren vielleicht nicht sehr *andächtig* und ehrerbietig, man merkte ihnen vielleicht wenig an von einer erlebten *Bekehrung,* sie hatten vielleicht wenig *Frommes* an sich, vielleicht überhaupt wenig *Feines,* Rücksichtsvolles und Liebenswürdiges. Das sind keine geringen Dinge, wollte Gott, wir hätten etwas davon, aber Jesus fragte jetzt nicht danach. Er sah über alle diese Mängel hinweg und sah nur auf den rüstigen Eifer, mit dem sie ihren Kranken dahertrugen, daß er ihn heile. Im Markusevangelium lesen wir, daß sie sogar das Dach abgedeckt haben, um zu ihm zu gelangen, der Menge des Volkes wegen. Dieses energische Wesen, mit dem sie zu ihm kamen, *gefiel Jesus.* Er sah, wie gut sie, die vielleicht für die schönste religiöse Theorie wenig Verständnis hatten, es begriffen hatten: da geschieht etwas, und da kann auch für unseren Kranken etwas geschehen. Darin sah er ihren *Glauben.*

Wir haben uns alle schon oft gesagt: O wenn wir nur glauben könnten. (Denn wir wissen: wenn wir glauben könnten, wäre uns geholfen, und es stünde Vieles anders in der Welt.) Wir können hier gewahr werden, auf was es beim Glauben ankommt und auf was nicht. Wenn wir seufzen: ich kann nicht glauben!, denken wir oft gerade an das, worauf es *nicht* ankommt. Ein *frommer und feiner Mensch,* ein Mensch mit innerem Frieden und mit einem geheiligten, gesegneten Leben, das wird man nicht von heute auf morgen. Man kann sich *nicht vornehmen,* so ein Mensch zu werden. Man wird es durch Gottes Gnade in einer langsamen und gar nicht so einfachen Erziehung. Manche Menschen *behalten* bis an ihr Lebensende etwas Ungeschicktes, Rohes[?] in ihrem Wesen, etwas, das jedenfalls nach außen keinen frommen Eindruck macht. Es kommt aber für den Glauben gerade nicht darauf an, sondern darauf, daß *das Auge des Heilands,* der uns auch[?] ansieht, etwas von dem bei uns findet, was er bei jenen Männern gefunden. Wir wollen froh sein, daß er auch bei uns über das Mangelnde *hinwegsehen* will. Wenn er nur Eines bei uns findet, nämlich *diesen Mut,* uns von unseren gewöhnlichen Gedanken hinüberzuschwingen zu dem Gedanken: es gibt eine Hilfe, ich brauche sie, ich muß sie haben. Das ist die *Wendung* des Geistes[?], die der Heiland als ein *Schreien zu Gott* annimmt und darum als Glauben. Sie kann in ganz *unreligiösen* und unfeinen Menschen stattfinden. Sie fällt solchen oft merkwürdig viel *leichter* als den frommen und feinen. –[1] Denn die Welt hat oft mehr als die Kinder Gottes *Verständnis* dafür, daß Gott *lebendig* ist und keine Theorie, daß bei Gott etwas geschieht, das auch bei uns *geschehen* muß und wird, daß Gott von uns gar nicht eifrig, nicht energisch [genug] *gesucht* werden kann [vgl. Lk. 16,8]. Es gibt ein solches verborgenes *Schreien nach Gott in den Weltleuten,* das ihnen, ohne daß sie wissen, woher es kommt, in ihrem Leben gute Kräfte bringt, das sie vor den Kindern Gottes in entschiedenen Vorsprung setzt. –[2] Aber wer wir auch seien: wenn es nur da ist in uns, dieses *Verborgene:* diese *Erkenntnis* des lebendigen Gottes, dieser *Hunger und Durst* nach Taten von ihm, dieses *Suchen* nach ihm. Ist es da, dann ist's *gut.* Darauf kommt es *an.* Das ist *Glaube.* Und das Auge des Heilands *sieht* den Glauben.

2. Die Geschichte fährt damit fort, daß Jesus zu dem Gichtbrüchigen sagt: Sei getrost, mein Sohn, deine Sünden sind dir vergeben! – Jene Männer und der Gichtbrüchige selbst waren es gewohnt, wie wir es

---

[1] Markierung durch senkrechten Blaustiftstrich.
[2] Markierung durch senkrechten Blaustiftstrich.

gewohnt sind, zu hören, daß uns Menschen unter gewissen Bedingungen unsere Sünden vergeben werden sollen. Daß sie uns vergeben *sind,* ohne Umstände und Bedingungen, fertige Tatsache, das war ihnen und das ist uns etwas Neues. Wir sehen ihn gleichsam in eine verborgene Tiefe *hinuntergreifen* und eine Wahrheit herausholen und ins Licht stellen, die bis dahin als Wahrheit nicht bekannt war. Man könnte auch sagen: er *enthüllt* jetzt auf der Erde, was er vom Himmel mitgebracht hat. Es ist nichts Natürliches, *nichts Selbstverständliches,* gerade das zu einem Menschen zu sagen. Es ist *nicht sowieso* wahr, es spricht zunächst Alles dagegen. Wenn wir es nur so *nachsagen* wollten, zueinander oder zu uns selbst, so wäre es wahrscheinlich nicht wahr. Dort konnte es gesagt werden. Wo *Jesus den Glauben sieht,* da kann diese neue Stimme ertönen und gehört werden. Da wird etwas ganz Neues, scheinbar Unmögliches möglich auf der Erde. *Die Gegenwart des Heilands und der Glaube jener Männer* schufen miteinander den Boden und die Luft und den Sonnenschein, bei denen die feine himmlische Pflanze der Sündenvergebung auf der Erde gedeihen kann. Es *fehlt nicht* an der Gegenwart des Heilands, er will bei uns sein alle Tage [vgl. Mt. 28,20]. Wir müssen ihm aber, und *da fehlt* es, *helfen,* und zwar nicht ein Jedes für sich, – jene Männer haben ja auch nicht für sich, sondern für ihren Gichtbrüchigen geglaubt, müssen helfen: die *Gesunden* für die Kranken, die *Eltern* für die Kinder, die, die über ihre *Zeit verfügen* können, für die Vielbeschäftigten, die, die mehr *abseits vom Leben* stehen, für die Geschäftsleute, für die Arbeiter, für die Politiker, müssen helfen, die Luft schaffen, in der auch bei uns wieder gesagt werden kann: deine Sünden sind dir vergeben. Das ist *das Nötigste heutzutage,* daß es wieder Luft gibt in den Häusern, in den Kirchen und Schulen, in den Gemeinden, in den Völkern, in der dies Neue ausgesprochen und gehört werden kann.

Was ist das, Sündenvergebung? Seht, das ist Freiheit, *Freiheit von den Banden,* mit denen die Menschheit gefesselt ist an den Untergrund des Bösen, auf dem wir alle von Haus aus stehen. Ohne diese Freiheit können wir die Nöte des Lebens, die inneren und äußeren, kleinen und großen, *nicht loswerden.* Durch diese Freiheit wird's möglich, daß uns *geholfen* wird. Vielleicht ging die Krankheit jenes Mannes auf eine *persönliche Verfehlung* zurück. Es steht nichts davon da. Es kann geradesogut sein, daß sein Leib durch ein übermäßig *hartes Leben* verwahrlost war, wozu ihn die Not oder die Dienstbarkeit gezwungen hatte. Es kann auch sein, daß er leiden mußte, was seine *Eltern oder Verwandten* verschuldet hatten. Wir Menschen müssen eben solidarisch füreinander einstehen und haften in der Not, und es büßt darum mancher mehr für fremde als für eigene Fehler. Aber ob's eine eigene Sünde ist oder Sünde Anderer, Sünde der menschlichen Gesellschaft, es ist immer *eine Schuld,* die unsere Nöte verursacht. In dieser Schuld sind wir *gefangen.* Sie zieht nach sich, was sie nach sich ziehen muß. Sie *bestimmt* unser Leben, solange wir nicht davon gelöst sind. Wir müssen Alles *im Lichte des Bösen* ansehen, das wir getan oder das wir erfahren haben. Und selbst wenn wir nicht daran denken, wirkt es in unserem Leben, hat es beständig *seine Folgen.* Die Schuld zieht immer neue Schuld nach sich, und ein Übel ruft dem anderen. Man kann es schon an den *Kindern* beobachten, wie sie oft blindlings eine Torheit an die andere reihen und dann auch eine Strafe um die andere notwendig machen. Wir bewegen uns hoffnungslos *im Kreis herum;* denn selbst wenn wir mit einer eigenen Sünde fertig sind, sind immer noch die der anderen da, auf die wir keinen Einfluß haben, wohl aber sie auf uns. Sündenvergebung ist ein Durchschneiden dieser Bande. Du sollst *kein Sünder* mehr sein! Was du gefehlt hast und was andere an dir gefehlt haben, soll dich *nicht mehr* bestimmen und schädigen. Seine Wirksamkeit ist *zu Ende.* Es fängt ein neues *Leben* an für dich außerhalb jenes bösen Kreises. Du sollst *frei* sein, frei für das Gute. Fürchte die Vergangenheit nicht mehr, *freue dich* auf die Zukunft! Sei getrost!

Wir fühlen doch alle, daß das etwas Neues ist, etwas Gewaltiges, etwas Himmlisches, auf der Erde bisher Unerhörtes, das zu sagen und zu vernehmen. Es ist uns doch allen *so natürlich,* so selbstverständlich, daß das Böse da ist und daß wir darunter leiden müssen. Und nun *dieser Spruch:* Deine Sünden [sind dir vergeben]! Das Böse soll für dich nicht mehr da sein, sein soll nicht mehr gedacht, von ihm soll nicht mehr geredet werden, und du sollst auch nicht mehr darunter leiden müssen. Es braucht wirklich schon *die neue Luft* des Heilands und des Glaubens, damit das wahr sein kann. Jesus hat es denn auch wirklich als etwas Himmlisches und nicht als etwas Gewöhnliches vertreten. Er hat *nicht gesagt: Ich* vergebe dir deine Sünden!, als ob es sein eigener Einfall, Weisheit und Kraft wäre, sondern: Deine Sünden sind dir vergeben!, *wie eine Nachricht* von etwas, das sich im Himmel ereignet hat. Von Gott aus ist etwas geschehen für diesen Menschen. Nur im Namen und im Dienst *Gottes* kann es ausgesprochen werden. Sünde ist ja ein Aufruhr der Menschheit gegen Gott. Nur *Gott selbst* kann den verletzten Frieden wieder herstellen und das Gericht, das dem Aufruhr folgen muß, aufhalten. Das muß *Gott selbst* sagen: Vergebung der Sünden!

3. Und gerade daran haben nun die Schriftgelehrten Anstoß genommen, daß Jesus etwas aussprach, was nur Gott selbst sagen kann. Sie wußten nichts Anderes daraus zu machen als: *er lästert Gott.* Es schien ihnen der ungeheuerste Frevel und Übermut, daß ein Mensch so etwas wagte. Wir wollen nicht zu hart über sie urteilen, wir könnten sonst uns selbst treffen. Der *Heiland hat es aber schwer,* mit seiner reinen und vollen Botschaft von Gott und von seiner Gnade in dieser Welt bei uns Menschen anzukommen und durchzudringen. Aber auch *wir Menschen* haben es zunächst wirklich schwer, das Göttliche, Vollkommene, Himmlische zu vernehmen, wie es gemeint ist, und uns nicht zum vornherein entrüstet und kopfschüttelnd davon abzuwenden. Ich höre in unserer Gemeinde öfters sagen, man sollte über das Göttliche *nicht so grübeln,* sondern Gottes Wort einfach annehmen, wie es dasteht. Ja, das ist schon recht und wahr. Aber geradeso, wie es dasteht und wie wir sind, ist es für uns *gar nichts so Einfaches,* sondern etwas Gewaltiges, für das wir uns das Verständnis nicht ergrübeln, aber mit aufrichtigem Ernst erringen[?] müssen. Es ist *etwas Großes, ein einfältiger Mensch* zu werden, der Gottes Wort einfältig annimmt. Es meint Mancher, er sei's, und ist's gar nicht. Wenn wir daran nicht denken, kann es uns geschehen, wie es den Schriftgelehrten geschehen ist, daß wir den Heiland zu einem Gotteslästerer machen. Gerade wenn man vom Göttlichen schon etwas weiß, wenn man in ein gewisses Verhältnis zu Gott gekommen ist, wenn man sich in dieser Welt einen gewissen Besitz von göttlicher Erkenntnis und Gnade gesichert hat, kann man mit dem Worte Gottes, wie es dasteht, große *Überraschungen* erleben. Denn Gottes Wort redet nun einmal nicht von dieser Welt, sondern von einer kommenden, neuen Welt. Wenn man auf solche Überraschungen *nicht gefaßt* ist, sondern sich allzu sicher fühlt, kann's geschehen, daß man sich auf einmal bei großer Frömmigkeit im Kriege mit Gott befindet und immer tiefer hineinkommt, wenn man

nicht bereit ist, umzulernen und wie ein Schulkind von vorne anzufangen. So ging's den Schriftgelehrten. *Sie eiferten* auch für Gott und
sein Wort, aber sie eiferten mit Unverstand daran vorbei [vgl.
Röm. 10,2], als er sich ihnen von einer neuen, ungewohnten Seite zeigte. Sie *hofften wirklich* auch auf Vergebung der Sünden durch Gott,
aber sie dachten sich *Gott in großer Himmelsferne,* so hoch und so
erhaben und majestätisch und weit weg von der bösen Menschheit,
daß sie zu der Annahme kamen, daß jetzt und hier auf der Erde jedenfalls keine Sünde vergeben werde. Sie sahen auch *das Böse* in ihnen
selbst und in den Anderen und in der Welt als so gewaltig an, daß
jedenfalls jetzt und hier nichts dagegen aufkommen könne. Sie konn-
ten᾽ sich eine *eigentliche Freiheit vom Bösen nicht denken* bis zum
jüngsten Tag, und unterdessen urteilten sie hart über die, die größere
Sünder waren als sie selber. Darum wußten sie auch von der Not des
Lebens nichts Anderes, als daß das wohl zu unserer *Bestrafung und
Prüfung* so sein müsse. Heilig und unnahbar sahen sie Gott der sündigen Welt *gegenüberstehen.* Ich denke, das sind alles Gedanken, die
uns doch nicht so ferne liegen.|

Und gerade durch diese frommen und ernsten Gedanken machte
nun das Wort des Heilands einen großen Riß. Vergebung der Sünden
jetzt und hier auf der Erde! Ein gegenwärtiges *Ende* des Bösen und ein
gegenwärtiger *Anfang* des Guten! Nicht etwas Fernes, sondern etwas
Nahes! Nicht etwas Zukünftiges, sondern etwas Augenblickliches!
Nicht etwas Ungewisses, sondern etwas Sicheres: deine Sünden sind
dir vergeben, fertige Tatsache! Was war dann *das Gesetz,* mit dem sie
den Menschen mühsam Anleitung gaben, am jüngsten Tag Vergebung
der Sünden zu erlangen? Was waren dann die *Opfer und Zeremonien
des Tempels,* mit denen die Priester das Volk von Zeit zu Zeit vorläufig
mit dem heiligen Gott versöhnten? Was wurde dann aus *ihrer Theorie*
von dem hohen, fernen Gott, den man in ewigem «Streben»[3], als «unendliche Aufgabe»[4] suchen muß? Was wurde dann *aus ihnen selbst,* die

---

[3] Vgl. J. W. von Goethe, *Faust II,* V. 11935f. (5. Akt, Bergschluchten):
    Wer immer strebend sich bemüht,
    Den können wir erlösen.
[4] Erinnerung an H. Cohen, der die «Wahrheit» im «Grundgedanken des
kritischen Idealismus» in der «*Unterscheidung* der *Idee,* als der unendlichen
Aufgabe für allen sittlichen Zweck des Menschengeschlechtes ... von aller

sich soviel Mühe gaben, wenigstens etwas gerechter zu sein als die übrigen Sünder? Mußten sie dann nicht von ihrer stolzen Höhe heruntersteigen und tiefer zu stehen kommen als der erste Beste, der auf diese neue, verblüffende, fehlerhafte, frevelhafte Weise Sündenvergebung erlangt hatte? Das konnten sie nicht annehmen, dafür hatten sie kein anderes Wort als Gotteslästerung. Ja, es ist ein blutiger Jammer, daß sie kein anderes Wort dafür hatten, daß sie Jesus so gar nicht verstanden, sie, die ihn aus der Bibel so gut hätten verstehen müssen. Es ist schrecklich, was solch blinder Eifer für Gott schon *angerichtet* hat in der Welt, wieviel *Mißtrauen gegen Gott* gerade die auf dem Gewissen haben, die mit Gott in einem engen, herzlichen Verhältnis stehen, nur weil sie zu fest waren in ihrer Sache, nur weil sie das Göttliche unter allen Umständen auf ihre eigene Weise vertreten wollten. Aber wir wollen *keine Steine werfen* auf die Pharisäer und Schriftgelehrten, weil ihre Art uns nur zu bekannt und verwandt ist. Es ist und bleibt uns etwas *Unbegreifliches*, Anstößiges, daß Gott redet und daß es *dann wahr ist,* daß in der Luft des Heilands und des Glaubens Sünden vergeben werden und daß sie dann *vergeben sind.*

4. Das hat ihnen Jesus nun zeigen müssen. Ob sie es gesehen haben, wissen wir nicht. Man kann sehen, ohne zu sehen [vgl. Jer. 5,21]. Aber gezeigt hat er es ihnen. Er hat sie gefragt, was leichter sei, zu sagen: Deine Sünden [sind dir vergeben!] oder zum Gichtbrüchigen: Steh auf und wandle! *Von ihren Gedanken aus* mußten sie denken: *Es ist schwerer,* die Vergebung zu verkündigen!, man darf es gar nicht, so schwer ist es. Aber im äußersten Notfall *doch auch lieber* das als das andere, denn ob die Vergebung bei Gott im Himmel geschieht, ob sie am jüngsten Tag wahr ist, *das weiß nur Gott,* das kann niemand kontrollieren. Ob aber das Andere wahr ist: Steh auf und wandle!, das muß sich sofort vor aller Augen *zeigen.* Es ist doch noch schwerer, das Letztere zu sagen. Aber das durften sie nicht aussprechen. Sie hätten ja dabei *verraten,* daß sie im Grunde der Macht Gottes überhaupt nicht recht trauten. Sie ahnten sehr wohl, daß das Wort: Steh auf und wand-

Wirklichkeit der *Natur* und aller *geschichtlichen Erfahrung»* sieht (*Vom ewigen Frieden* [1914], in: Werke, Bd. 16, Hildesheim/Zürich/New York 1997, S. 314).

le! in ihrem Munde *ein bloßes Wort* bleiben würde, ohne Erfolg, ohne Kraft, ohne Wirkung. So wäre also das andere, das Wort von der Vergebung in ihrem Munde *erst recht ein bloßes Wort,* auf dessen Wahrheit sie sich nicht allzusehr verließen. So hatten sie also *darum einen so heiligen Respekt vor Gott* und vor dem Bösen, weil sie an Gott glaubten und doch nicht recht glaubten. So war also ihr ganzes enges, herzliches Verhältnis zu Gott ein *Haus, das über einer Höhle steht* und jeden Augenblick einfallen kann. [5]Wenn Gott Gott ist, dann [ist] es doch viel das Gewaltigere[6], Vergebung der Sünden zu verkündigen, denn die Krankheit ist ja nur eine von den Folgen der Sünde, dann muß man aber auch das andere Wort sagen können, das die Folge, die Krankheit beseitigt. Wenn Gott Gott ist! Wenn es nicht nur aufs Sagen[?], sondern auf die Wahrheit ankommt. Aber wer steht so zu Gott, daß er es darauf ankommen lassen kann![5] Es war eine böse Frage. Sie schwiegen darauf wohlweislich. Wir hätten wohl auch schweigen müssen.

Und dann hat ihnen Jesus gezeigt, wie es ist, wenn Gott Gott ist, wenn man es darauf ankommen lassen kann. Er hat *das Wort gesprochen,* das sie für das Schwerere ansehen mußten: Steh auf und wandle!, und so geschah es. Für ihn war das das *Leichtere,* das Tüpflein aufs I: Wenn es keine *Schuld* mehr gibt, gibt es auch kein Leid mehr; wenn die böse *Trennung* der Menschen von Gott aufgehoben ist, ist auch die Not zu Ende, die Krankheit und auch viel Anderes, Großes und Kleines. Ihnen war es damit gezeigt, daß des Menschen Sohn *Macht hat auf der Erde.* Es gibt ein Wort, das nicht nur Wort, sondern *Kraft* ist, Kraft, die Schuld durchzustreichen, und Kraft, die Tränen abzuwischen. Es gibt dieses kräftige Wort nicht nur im Himmel, sondern *auf der Erde.* Nicht erst am jüngsten Tage, sondern *heute.* Nicht erst im Jenseits, sondern im *Diesseits.* Nicht nur im Inneren, sondern auch im *Äußeren.* Es gibt ein volles, wirksames Wort des *Erlösers.* M. Luther hat in seiner deutlichen Weise dazu bemerkt: «kein Pfaff hat das können sehen, daß Vergebung der Sünde sei eine Macht!»[7] Wo Jesus Glau-

---

[5–5]Von Barth in eckige Klammern gesetzt.
[6] = das viel Gewaltigere.
[7] *Predigt über Mt. 9,1–8* (1533), WA 52,500,5f.

ben fand, da *wurde* sie eine Macht, denn da wurde es Ernst mit Gott. Das ist eben der Unterschied zwischen Jesus und allem menschlichen Religionswesen.

5. Und nun heißt es zum Schluß, daß das Volk sich wunderte und Gott pries, der solche Macht den Menschen gegeben. Sie sahen eben Gott auf einmal in einem *neuen Licht,* nicht im Licht von Worten, sondern im Licht von *Tatsachen,* von Ereignissen. Sie sahen die *neue Welt* der Vergebung und Erlösung hereinbrechen in die alte Welt von Schuld und Not. Sie sahen das auf einmal *wahr werden,* wovon die Schriftgelehrten immer nur zu reden wußten. Sie sahen den *Himmel aufgehen* und mit der Erde sich verbinden. Sie sahen das starre *Eis schmelzen* und in endlosen, beweglichen Wellen dem Meer zueilen. Sie merkten, daß dem *ganzen Menschengeschlecht Heil* widerfuhr, daß es an einen neuen Ort versetzt sei. Sie sahen *Gottes Herrlichkeit* und einen Abglanz davon für alle Zukunft auf den Menschen.

Ich brauche euch wohl nicht darauf aufmerksam zu machen, wie diese gewaltige Geschichte in ihrem stürmischen Lauf uns alle hinter sich zurückläßt. Wir kommen nicht nach. Vergebung der Sünden! Erlösung vom Übel! Es wird Ernst mit Gott! Nicht wahr, diese Botschaft des Heilands ist uns jetzt *noch zu viel,* geht uns zu weit. Irgendwo unterwegs bleiben wir zögernd stecken. *Es ist ein Jammer,* daß es so ist, daß wir den Schriftgelehrten *näher* stehen als dem Gichtbrüchigen und den Männern, die ihn zu Jesus brachten, daß uns diese gewaltige Geschichte auch wieder zum großen Teil zu einem bloßen Wort geworden ist. Aber es muß jetzt so sein. Wir leben noch [?] lange nicht in der Luft, in der eine solche Geschichte geschehen kann.[8] Gott muß uns wieder *anrühren,* damit wir von selbst in solche Geschichten *hineinkommen.* Vorläufig wollen wir, müssen wir uns darum [?] begnügen, die Botschaft des Neuen Testaments immer und immer uns *vor Augen* zu halten und *von weitem* [?] davon [?] zu leben. Wie Luther in einem anderen schönen Wort gesagt hat: *«Wir können nicht mehr denn predigen, nicht weiter heben und tragen, müssen's predigen und so lange treiben, bis daß Gott auch komme, gebe uns seine Gnade*

---

[8] Zwischen den Zeilen sind mit Bleistift hier die Stichworte eingefügt: «Darum wenig Vergebung u. Erlösung [?]».

dazu, daß der Worte wenig werden und das Leben vorgehe und wachse.»[9]

Lieder:

Nr. 187 «Wort aus Gottes Munde» von H. C. Hecker, Strophen 1–3[10] (GERS [1952] 263,1–3 mit Textabweichungen)

Nr. 237 «Wie schön leucht't uns der Morgenstern» von Ph. Nicolai, Strophen 4 und 5 (RG [1998] 653; EG 70; jeweils mit Textabweichungen)

---

[9] *Predigt über Mt. 9,1–8* (1524), WA 15, 697, 25–28.

[10] Die Angabe über die letzte der gesungenen Strophen ist nicht eindeutig zu entziffern.

Matthäus 9,9–13

[Da Jesus von dannen ging, sah er einen Menschen am Zoll sitzen, der hieß Matthäus; und sprach zu ihm: Folge mir! Und er stand auf und folgte ihm. Und es begab sich, da er zu Tische saß im Hause, siehe, da kamen viele Zöllner und Sünder und saßen zu Tische mit Jesu und seinen Jüngern. Da das die Pharisäer sahen, sprachen sie zu seinen Jüngern: Warum isset euer Meister mit den Zöllnern und Sündern? Da das Jesus hörte, sprach er zu ihnen: Die Starken bedürfen des Arztes nicht, sondern die Kranken. Gehet aber hin und lernet, was das sei: «Ich habe Wohlgefallen an Barmherzigkeit und nicht am Opfer.» Ich bin gekommen, die Sünder zur Buße zu rufen und nicht die Gerechten.]

1. «Er stand auf und folgte ihm nach.» Wie ist das möglich? Matthäus war *ein Zöllner*. Diese Leute dienten der fremden römischen Herrschaft und waren durch die *Betrügereien*, die sie sich dabei erlaubten, ebenso sprichwörtlich bekannt wie heute die Schieber und Wucherer. So vergingen sie sich doppelt. Man nannte sie nicht bloß *Gottlose*, Ungläubige, Ungerechte, sondern sie waren es auch; sie hatten sich von aller Religion und Moral mit Bewußtsein abgewendet, und je mehr man es von ihnen sagte, desto bewußter taten sie es. Man nannte sie offen *Heiden*, obwohl sie Juden waren, und es war nicht unverdient; sie machten sich nicht einmal viel aus dieser Beschimpfung; sie lebten ja tatsächlich in der Welt mit den Heiden; ihre Gedanken und ihr Leben war durch und durch weltlich, und wenn sie sich gelegentlich an einem Gottesdienst beteiligen mußten, so taten sie es im Bewußtsein, nicht dahin zu gehören, kamen sich im Tempel oder in der Synagoge als fremde Gäste vor wie etwa heutzutage manche Taufpaten, die kaum mehr wissen, daß man beim Beten die Hände falten sollte. Unwillkürlich schlossen sie sich mit Solchen, die aus anderen Gründen *ähnlich gesinnt*, ebenso unreligiös und unmoralisch waren wie sie und die ebenso angesehen waren, ein wenig zusammen in einem gewissen Trotz gegen die gute Gesellschaft, so daß man von Zöllnern und Sündern redete wie heute von Atheisten und Materialisten, als ob das so sein müsse. *So einer* war Matthäus! Er *aß und trank* und ging seinem Geschäft nach und wußte genau, was er für einer war, und wollte gar nichts anderes sein. Seine Stellung und seine Gesinnung und sein Ruf waren gemacht, und er richtete sich danach. Wenn *ein rechter Jude* an ihm vorbei ging, so sah er es ihm an: der hält mich auch reif für die Hölle!, und beim nächsten Anlaß brauchte er seine Macht, um es diesem Frommen ein wenig heimzuzahlen. Sicher haben auch ihn die Pharisäer gelegentlich *gemahnt:* Buße, Buße mußt du tun! Denn die Pharisäer haben eifrig und ernsthaft Evangelisation getrieben unter den Weltkindern. Vielleicht hat er ihnen bei solchem Anlaß eine Banknote [?] in die Hand gedrückt für ein gutes Werk und bei sich gedacht: sie meinen es ja gut, aber wie kann man sich nur so aufregen um eine Erlösung, von der man nichts sieht und spürt, an ihnen so wenig wie an mir, um einen Gott, den ich nicht brauche und der mir nicht hilft. Und wenn er dann gar einen Schriftgelehrten, einen Pfarrer, *von der Bibel reden* hörte, so wunderte er sich im stillen: Was denkt wohl der im Grunde von seinen alten Geschichten, die ja doch nur *alte* Geschichten sind, war froh, wenn er schwieg und er wieder mit seinesgleichen über vernünftige Dinge reden konnte. So einer war Matthäus.|

Und von diesem Matthäus heißt es: er stand auf und *folgte Jesus nach. Er steht auf* wie ein Schlafender, wenn er geweckt wird. *Er hört* den Ruf Jesu wie ein Soldat den Befehl seines Vorgesetzten. *Er folgt* dieser Stimme wie ein Schaf, das die Stimme seines Hirten kennt, der es beim Namen gerufen [vgl. Joh. 10,3f.]. *Er gesellt sich* zu Jesus, tritt an die Seite seiner Jünger – wie wenn es so sein müßte. Alles war an ihm *abgeprallt,* alle Verachtung, aller Tadel, alle Bußpredigten, alle Hinweise auf die Bibel. War denn Jesus *nicht auch so ein* frommer Jude, ein ganz Frommer, ein übertrieben Frommer?, mußte er denken. Wieder so ein Evangelist, so ein Pfarrer, so ein Eiferer wie die vielen Anderen, die er gut genug kannte? *Wie war's nur möglich,* daß er ihn nicht dafür ansah?, daß er der Stimme dieses Einen gehorchte, der doch mehr von ihm verlangte als die Anderen alle, sein Geschäft, sein Geld, sein Haus und seine Familie, noch mehr: [daß er] seine bisherigen Gedanken und Gesinnungen verließ, eine armselige Wanderschaft mit sehr zweifelhaftem Erfolg antrat, sich dazu hergab, ein Helfer des Gottesreiches zu werden, von dem dieser da redete? Wie war es nur möglich?

2. Wir wollen diese Geschichte sich selber erklären lassen. Und da ist gleich das Folgende erleuchtend und merkwürdig: «Und es begab sich, da er zu Tische saß…» Daraus sehen wir sofort, daß es sich *nicht um eine von den gewöhnlichen* Bekehrungsgeschichten handelt, wie sie auch heute vorkommen und wie sie wohl auch von den Pharisäern erlebt und weitererzählt wurden, bei denen *das starke Reden von Gott* einem Menschen schließlich zu stark wird, so daß er seine bisherige Lebensweise und Gesellschaft verläßt und nun auf einmal bei der *Partei der Frommen* auftaucht, zu der er sonst nicht gehörte. Die gewöhnlichen Bekehrungsgeschichten haben alle so etwas Parteimäßiges an sich, es kommt dabei immer zur großen *Scheidung* von der sogenannten Welt und zu entsprechenden *Verbindungen* mit den sogenannten Gotteskindern. Gerade so geht es hier nicht zu. Die Bekehrung des Matthäus, wenn man's überhaupt so nennen will, hat *etwas Taghelles*, Freies, Freudiges, Freundliches an sich. Er denkt gar nicht daran, sich halb furchtsam und halb stolz von seinen bisherigen Genossen *aus dem Staube* zu machen, sie vor seinem neuen Meister oder seinen neuen Meister vor ihnen zu *verleugnen*. Er denkt auch nicht daran, sich mit Tränen der Reue auf eine Bußbank und nachher in ein Kämmerlein und nachher in eine Kirche oder Kapelle[1] *zu flüchten.* Ob das paßt zu dem, was wir uns unter einer Bekehrung vorstellen, ist ganz einerlei. Hier hören wir von allem das Gegenteil. Er veranstaltet ein *Festmahl*, er fühlt sich also nicht zerknirscht, sondern freudig bewegt, wie wenn jetzt Hochzeit wäre. Er trennt seine alte Gesellschaft nicht von seiner neuen, sondern er *führt sie sofort zusammen*, und zwar nicht zu einer Predigt oder Gebetsstunde, sondern zu einem ganz menschlichen, fröhlichen Beisammensein. Es ist ihm nichts natürlicher als das, seine bisherigen Freunde und den, der ihn jetzt gerufen, *an einen Tisch* und, wie es damals der Brauch war, auf einem Polster um den Tisch herum beieinander zu sehen. Was uns als *die größten Gegensätze* erscheinen mag: Jesus Christus und der Sünder, das Gottesreich und die Welt, das kommt durch die Bekehrung des Matthäus zusammen, und zwar nicht etwa zum Kampf auf Leben und Tod, sondern in größter Einigkeit und Einheit, wie wenn sie die

---

[1] «Kapelle» meint hier die Versammlungsräume der freikirchlichen, meist pietistischen Gemeinschaften.

gemeinsamste Sache hätten. Und das besonders Merkwürdige liegt darin, daß *auch die anderen «Zöllner und Sünder»,* der ganze weltliche Kreis, dem Matthäus bis dahin angehörte, das sofort verstanden hat. Es fällt ihnen nicht ein, über diese Bekehrung *zu lachen,* wie man etwa heute lacht, wenn einer fromm wird. Sie haben Matthäus *nichts vorzuwerfen,* als ob er gleichsam Partei gewechselt habe, in ein feindliches Lager übergegangen sei. Sie *begreifen* seinen Schritt vollkommen, auch wenn sie ihn nicht teilen. Auch sie sehen Jesus nicht als Glied der guten Gesellschaft, nicht als Prediger und Evangelisten an, sondern gewissermaßen als einen der ihrigen, wenn auch auf etwas besondere, auf eine neue Weise. «Fromm werden», das *verstanden sie nicht,* sie sahen dabei zu wenig Unterschied von ihrem eigenen Leben. Viel glauben, beten und zur Kirche gehen – sie begriffen nicht, warum die Anderen deshalb besser sein sollten als sie. Die strenge Moral, die die rechten Leute übten – es kam ihnen vor, daß es damit im Grunde nicht so weit her sei. Der Glaube der Gerechten, der Geretteten, sie hatten kein Verlangen danach, wenn sie mit ihnen verkehrten. Aber *wie Jesus war* und wie Matthäus jetzt werden wollte, das konnte man am Ende gelten lassen. Gerade weil es der volle, ganze *Gegensatz* war zu ihrem eigenen Wesen. Gerade weil es etwas ganz Neues war. «*Gott*», so wie Jesus dieses Wort aussprach, das war etwas Anderes als das Fragwürdige, Zweifelhafte, von dem die Frommen redeten und von dem sie sich nicht übertäuben lassen wollten. «Gott» in diesem Munde, das paßte am Ende nicht so schlecht zu der Welt, der gottlosen Welt, die sie so gut kannten, das war eine Antwort. Wenn es *so ernst gemeint* war wie bei Jesus, dann konnte man es sich immerhin sagen lassen. Auch wenn sie selber nicht ohne weiteres hören wollten. Sie sahen *den breiten Graben* wohl, der sie von Jesus und jetzt auch von Matthäus trennte, und verwunderten sich über den Mut des Matthäus, da hinüberzuspringen. Aber sie verstanden ohne weiteres, daß es etwas Großes war, sie sahen seinen Schritt jedenfalls nicht als etwas Verächtliches oder Feindseliges an. *So ließen sie sich gerne* und ohne Hintergedanken herbei, als Matthäus sie einlud, diesen Schritt festlich mit ihm zu begehen.

Und so kam es zu dieser *Gemeinschaft* zwischen dem Heiland und den Sündern, zwischen dem Heiligen Gottes und der ausgesprochen und bewußt gottlosen Welt. Himmel und Erde kamen zusammen, wie wenn es nicht anders sein könnte.

Seht, nun können wir schon ein wenig verstehen, warum der steinharte Zöllner Matthäus aufstand und Jesus nachfolgte: Es handelte sich offenbar nicht um *Seelenerschütterungen,* die nun einmal viele Leute von sich fernhalten wie etwas Unsauberes, sondern um ein großes Licht, das eigentlich allen Menschen aufgehen kann. Nicht um *ein dunkles Loch,* in das der Mensch um jeden Preis hinein muß, sondern um eine große Freude, die ihm sofort zuteil werden kann. Nicht um eine neue *parteiische Trennung* von Frommen und Ungläubigen, sondern um das große Neue, in dem sie sofort einig werden müssen, wenn es da ist. *Licht und Freude und etwas ganz Neues,* ja wie sollte man das nicht verstehen und annehmen, wenn es wirklich kommt und da ist, auch wenn man ein Zöllner und Sünder ist. Es handelte sich um das, worin *Gott und die gottlose Welt einig sind,* was sie gemeinsam haben. Diesen merkwürdigen Punkt hat Jesus bei Matthäus getroffen. Und darum hat er ihm geglaubt und gehorcht.

3. Aber *gibt es denn das,* möchten wir fragen: etwas, worin Gott und die Welt *einig* sind, etwas, worin der Heiland dem größten Sünder *die Hand* reichen kann, etwas, worin die Gottlosen den Heiland *verstehen* und respektieren können? Erst recht möchten wir jetzt fragen: was steckt da für ein Geheimnis?, warum ist es bei dieser Bekehrungsgeschichte *so anders* zugegangen als bei unseren gewöhnlichen Bekehrungsgeschichten? Warum hat Matthäus *seine Buße* mit der Freude angefangen und nicht mit der Traurigkeit? Warum hat er sich von den Genossen seiner Sünde *nicht getrennt,* sondern sie ohne Bedenken mit Jesus an einen Tisch gesetzt? Warum haben sie *nicht gelacht* über ihn? Warum *kamen sie* ohne weiteres in die Gesellschaft Jesu? Warum haben auch sie *das Wort «Gott»* in seinem Munde auf einmal ernst genommen, etwas Vernünftiges, Sinnvolles darin gefunden?

Ja, *das hat die Pharisäer* in jener Stadt auch Wunder genommen, nur daß sie es von der anderen Seite aus auffaßten und fragten: «Warum isset euer Meister mit den Zöllnern und Sündern?» *Offenbar das Gleiche,* was Jesus mit den Zöllnern verbunden hat, hat die Pharisäer von ihm entfernt. Gerade weil es ihnen auch ernst war mit Gott und mit der Bekehrung der Menschen, mußte sie das, was da geschah, *heimlich verwunden*[2]. Also *so sucht*[3] er das Gottesreich?

[2] Könnte auch «verwundern» heißen.
[3] Könnte auch «sieht» heißen.

Also *solche Leute* wie diesen Matthäus wählt er zu seinen Jüngern und Boten? Also so leichtfertig und *weltlich geht es zu* bei seinen Bekehrungen? Also das sind *seine Genossen?* Es tut mir weh, daß ich dich *in der Gesellschaft* seh'!⁴ Weiß er denn gar nicht, *was das für Leute* sind? Weiß er denn gar nichts von ihren ganz und gar weltlichen und wüsten⁵ *Bestrebungen?* Irrt sich dieser Idealist, dieser Gelehrte denn so gänzlich über den *Charakter und die Gesinnung* derer, mit denen er sich da zusammentut? Und ihm sollten wir *Vertrauen* schenken, wenn er uns von Gott redet? Ihm sollten wir *glauben und gehorchen,* wenn er uns zur Buße ruft, er, der offenbar zwischen Guten und Bösen gar nicht unterscheiden kann? Sage mir, mit wem du umgehst, und ich will dir sagen, wer du bist!⁶ Ja, *wenn er ihnen auch predigen,* Buße predigen würde, diesen Gottlosen, wenn er den Standpunkt der Rechten und Frommen bei ihnen und gegen sie verteidigen würde, aber man hört nichts davon, gerade dort kein Wort von Buße, sondern er ißt mit ihnen, er setzt sich auf die Bank der Spötter [vgl. Ps. 1,1], als ob er *selber einer* wäre! Ist er's nicht? Muß er's nicht sein? Ein Sünderfreund, was kann er anders sein als selbst ein Sünder? Ja, wir wissen jetzt, wer du bist. Der Schein ist zerrissen, die Wahrheit ist am Tage! *So geht's,* wenn man ganz neue Wege einschlägt, statt sich an die alte, bewährte Frömmigkeit und Tugend zu halten! *Im Fleische* hat er offenbar begonnen, im Fleische muß er enden [vgl. Gal. 3,3;6,8], *allzu lange* haben wir dich ernst genommen, dir zugehört, etwas von dir erwartet! Schmählich hast du unsere Hoffnungen *enttäuscht.* Und nun sind wir *fertig* mit dir.|

Es ist im Grunde der gleiche Gedankengang, den wir vor acht Tagen kennen gelernt haben: *Dieser lästert Gott!* [Mt. 9,3]. Nur Gott darf Sünden vergeben, wenn ein Mensch es tut, so ist er selbst ein Sünder. Nur Gott darf mit der Welt Frieden schließen, wenn ein Mensch das tut, so muß er selbst ein Weltlicher sein. Das alles sagen sie

⁴ J. W. von Goethe, *Faust I*, V. 3469f. (Marthens Garten):
         Es tut mir lang schon weh,
         Daß ich dich in der Gesellschaft seh'.
⁵ = bösen, maßlosen.
⁶ J. W. von Goethe, *Maximen und Reflexionen*, 1. Betrachtungen im Sinn der Wandrer: «Sage mir, mit wem du umgehst, so sage ich dir, wer du bist». Zur Vorgeschichte vgl. Büchmann, S. 504.

Jesus freilich *nicht ins Gesicht*. Er hat doch immer etwas zu antworten! Es gibt doch nur peinliche Diskussionen! Sie sollen es ihm *ausrichten*, wenn sie wollen! Und man muß sie auch darauf *aufmerksam* machen, wohin es führt, eines solchen Menschen Jünger zu sein. Man muß die jungen Leute doch warnen, es sind solche darunter, um die es schade wäre, wenn sie auch in die schlechte Gesellschaft kämen.

So hat die Gemeinschaft zwischen Jesus und den Sündern *in den Augen der Pharisäer* ausgesehen. Es war auch für sie ein *entscheidendes Erlebnis*, das sie mit Jesus machten, nur eben von der anderen Seite. *Wenn er Recht hatte*, den Matthäus zu seinem Jünger zu berufen und sich mit den Zöllnern zu Tisch zu setzen, dann hatten sie irgendwie Unrecht. Und umgekehrt: *wenn sie Recht hatten* mit ihrer Art, das Gute und Göttliche zu vertreten, dann hatte Jesus Unrecht, dann war er erledigt für sie. Sie brauchten *nicht lange nachzudenken*. Es gibt Dinge, über die man Bescheid weiß, bevor man sich darüber besonnen hat. Eins von diesen Dingen war für sie die Tatsache, daß sie *auf dem rechten Weg* waren. Dieser rechte Weg aber bestand darin, daß sie *die Sünder* verachteten, tadelten, zur Buße riefen – und nichts mit ihnen zu tun hatten, daß sie *den Gegensatz* von gut und böse, Gott und Welt stramm aufrecht erhielten. *Hier wir mit Gott* – dort ihr ohne Gott. Dieser ernste, stramme Standpunkt der Pharisäer war nun *freilich der Grund*, weshalb die Weltleute das Wort «Gott» in ihrem Munde *nicht verstanden* und geringschätzten. Das gerade war's, *was sie verlachten* und gegen das sie sich verhärteten. Aber das machte den Pharisäern nichts. Sie sagten: es ist *ganz in der Ordnung*, daß die Bösen die Guten, die Ungläubigen die Gläubigen, die Unbekehrten die Bekehrten nicht verstehen. *Würden sie stehen*, wo wir stehen, sein, wie wir sind, sie würden uns verstehen. Sie *fühlten sich Gottes ganz sicher*, er steht auf unserer Seite, und wer nicht unser Freund ist, der ist auch nicht Gottes Freund. Dabei *beruhigten sie sich*, wenn sie sahen, wie unbekümmert und trotzig die große Masse der Weltleute an ihnen vorbei ihren dunklen Weg ging.

4. Seht, nun haben uns die Pharisäer mit ihrer Frage nicht nur sich selbst, sondern eigentlich *auch den Heiland und die Bekehrung des Matthäus erklärt*. Wer die Pharisäer des Neuen Testaments ganz versteht, der versteht auch den Heiland. Daß der Heiland das *Gegenteil*

war von den Pharisäern, das hat den Matthäus bekehrt, und das hat ihn an den Tisch der Zöllner und die Zöllner zu ihm geführt. Das war *die Gewalt,* die den Matthäus bezwungen und von seinem Geld weggeführt hat. Das war *der Grund,* weshalb die Zöllner das Wort «Gott» im Munde Jesu verstanden. Das war *der Grund,* weshalb er Jesu Freund wurde, ohne seiner Genossen Feind [zu] werden. Das war *der Grund,* weshalb diese seine Genossen vor der Botschaft und vor der Person Jesu mindestens Respekt hatten. Das war *das Neue,* das im Heiland den Sündern begegnete. Jesus nennt dieses Neue bei Namen mit dem einfachen, menschlichen Wort *Barmherzigkeit.* Das will Gott, sagt er den Pharisäern, daß wir barmherzig seien, nicht daß wir Opfer bringen. *Ihren Ernst,* ihren Eifer um Gott, ihren strengen Standpunkt, ihre Anklagen und Bußpredigten nennt er Opfer. Es braucht Opfer, ein solcher Mensch zu sein, wie die Pharisäer waren, es so genau zu nehmen mit dem Guten, sich so von der Welt abzuwenden, ein so scharfes Urteil über den Menschen zu bilden. *Wer je diesen Weg* gegangen ist, der weiß, wie schwer er ist, der begreift, daß die Pharisäer ihn ungern aufgaben. Sie hatten sich mühsam genug zu ihrem steilen Standpunkt hochgekämpft, nun glaubten sie, ein Recht zu haben, darauf zu pochen. *Dieses Opfer will Gott nicht,* er will Barmherzigkeit, sagt ihnen Jesus, Opfer bringen ist menschlich, Barmherzigkeit ist göttlich. Aber er hat das *nicht nur gesagt.* Das Wort Barmherzigkeit hatten die Zöllner längst gehört und die Predigten der Pharisäer darüber auch. Das Neue an Jesus war das, daß er *barmherzig war. Der Heilige,* der den Sünder zum Helfer des Gottes-Reiches verordnete[?], *der Gottesfreund,* der sich mit den Gottlosen zu Tisch setzte, *der Gerechte,* der zu den Ungerechten stand, ihnen half, für sie Partei nahm, ohne gegen Andere Partei zu nehmen, *der Fromme,* der mit ihnen dachte, fühlte, redete wie mit seinesgleichen, der sie nahm, als ob sie schon zu ihm gehörten – das hat die Zöllner überrascht und den Matthäus sogar überwunden. Die Opfer der Pharisäer verstanden sie nicht, die Barmherzigkeit Jesu *verstanden sie.* Denn es gibt kein Herz, das Barmherzigkeit nicht verstünde, wenn sie ihm entgegengebracht wird, kein Herz, und wäre es noch so weltlich und steinhart. Da zum ersten Mal *begriffen sie, daß «Gott» mehr* sein könnte als ein Wort, *Erlösung mehr* als eine Einbildung, *die Bibel mehr* als ein altes Buch. Da zum ersten Mal begegnete ihnen das Göttliche *im Unter-*

schied zu ihrem eigenen Leben, zu der gottlosen, wohlbekannten Welt. Da zum ersten Mal konnten sie es *ernst nehmen.* Einer von ihnen hat die Liebe Gottes, die ihm in Jesus begegnete, so ernst genommen, daß er ihr *sein Herz schenken* mußte. Die Anderen haben ihre Herzen *wenigstens geöffnet,* und auch das ist schon etwas wert. *Was die Pharisäer ärgerte,* daß Jesus sich mit den Sündern gemein machte, das gerade hat die Sünder auf den Weg gestellt, Gerechte, wirkliche Gerechte zu werden. *Das ist der Heiland:* der Zöllner und Sünder Geselle [Mt. 11,19]. Damit hat er *das Gottesreich* verkündigt und aufgerichtet, daß er sich nicht auf den Stuhl der Gerechten gesetzt hat, sondern frei und fröhlich, wirklich und sichtbar und vor allen Leuten auf das Bänklein der Ungerechten. So hat er die *Vergebung der Sünden* ausgesprochen in die unerlöste, sündenbeschwerte Welt hinein, nicht als Wort, sondern als offene Tat. Und die Zöllner und Sünder *haben's begriffen.* Worte wird die Welt nie begreifen, und wenn's noch so schöne Worte wären, und sie hat eigentlich ganz recht. Taten begreift sie und wird sie begreifen.

5. Das war *das Neue,* das jetzt riesengroß auch vor den Pharisäern stand. Sie konnten es damit halten, wie sie wollten. Es heißt von diesem Neuen: *Wer Ohren hat* zu hören, der höre! [Mk. 4,9 par.]. Jesus hat zu ihnen gesagt: Gehet hin und lernet! *Gehet hin* und nehmt eure Bibel, die ihr schon so gut zu kennen meint, die ihr so rühmt als euren köstlichsten Schatz! «Forschet in der Schrift...» [Joh. 5,39]. *Lernet,* was ihr schon lange zu wissen meint: was Gott will und was göttlich ist, Opfer oder Barmherzigkeit. Ich will euch nicht überreden noch überzeugen, *überzeugt euch selbst,* wer Gott ist und wie Gott es macht und was Gott von uns haben will. Ihr *seid frei,* wie auch die Sünder frei sind. *Die Sünder verstehen* die Barmherzigkeit. Ihnen kann das Neue zu Gute kommen. Sie kommen ins Reich Gottes [vgl. Mt. 21,31]. Für sie bin ich da, wie der Arzt für die Kranken da ist. Ich kann auch *für euch* da sein, auch ihr könnt ins Reich Gottes kommen, das Neue kann auch euch aufgehen. Wenn ihr nämlich den Stuhl der Gerechten *verlassen,* euren Standpunkt *aufgeben,* den Unterschied von Guten und Bösen gänzlich *vergessen* wollt, wenn es euch *nicht ekelt,* aus dem gleichen Brunnenrohr zu trinken mit den Gottlosen, wenn ihr *begreifen wollt,* daß es für alle Menschen nur eine Not und

eine Hilfe gibt. Ihr *seid frei,* das abzulehnen. Den *starken Herren,* die selbst mit Gott zurechtkommen, die nicht nach Barmherzigkeit verlangen, sondern nach *Anerkennung* ihrer Opfer, denen, die schon gerecht sind, dränge ich mich nicht auf, sowenig der Arzt die Gesunden plagen wird. Es *tut mir leid,* wenn ich euch, den Frommen, nicht dienen kann, weil ihr mich nicht braucht. Ich bin jeden *Augenblick bereit* auch für euch. Aber laßt mich, während ihr es euch überlegt, Gott dienen an denen, die mich brauchen. Gebt mir *den Weg frei* zu den Gottlosen, die Gott, den barmherzigen Gott, verstehen werden.

Seht, das ist *der Weg des Heilands.* Der Weg, auf dem er die Gerechten geärgert und die Ungerechten gewonnen hat. Auch wir werden uns *überlegen* müssen, ob wir uns zu den Geärgerten oder zu den Gewonnenen stellen wollen. Gott gebe, daß wir es uns *nicht zu lange* überlegen.

Lieder:

Nr. 10 «Lobe den Herren, o meine Seele» von J. D. Herrnschmidt, Strophen 1–3 (RG [1998] 99,1–3; EG 303,1–3)

Nr. 229 «Ich habe nun den Grund gefunden» von J. A. Rothe, Strophen 3–4 (GERS [1952] 262,3–4; EG 354,3–4; jeweils mit Textabweichungen in Strophe 4)

Matthäus 9,14–15

[Indes kamen die Jünger des Johannes zu ihm und sprachen: Warum
fasten wir und die Pharisäer so viel, und deine Jünger fasten nicht?
Jesus sprach zu ihnen: Wie können die Hochzeitleute Leid tragen,
solange der Bräutigam bei ihnen ist? Es wird aber die Zeit kommen,
daß der Bräutigam von ihnen genommen wird; alsdann werden sie
fasten.]

1. Noch einmal die Pharisäer. Ich wiederhole: wem es zu tun ist, ein
deutliches Bild vom Heiland zu haben, der muß sich Mühe geben zu
verstehen, wer die Pharisäer waren; denn sie sind im Neuen Testament der Hintergrund seines Bildes. Ich wiederhole das Andere: Wir
können *nicht genug Hochachtung* haben vor den Pharisäern, denn ihr
Weg war menschlich geredet der beste, den man überhaupt gehen
kann. Das zeigt unser heutiger Text besonders deutlich, wo sie zusammen mit den *Jüngern Johannes' des Täufers* erwähnt werden, des gleichen Johannes, von dem Jesus einmal gesagt hat: unter allen, die von
Weibern geboren sind, ist keiner aufgekommen, der größer sei denn er
[Mt. 11,11]. Das muß uns hindern, sie allzu schwarz zu malen, uns zu
bekreuzigen vor dem Gedanken, wir selbst könnten am Ende auch
Pharisäer sein. Die Pharisäer *standen so hoch oben* auf der Stufenleiter
der guten und religiösen Menschen, als wir es uns nur denken können,
und es ist für uns durchaus keine Unehre, Pharisäer zu sein. Sie waren
allerdings *Feinde des Heilands,* aber man kann ein Feind des Heilands
sein und dabei doch ein Mensch, vor dem man im vollen Ernst alle
Hochachtung haben muß. Wenn uns das nicht klar wird, werden wir
nie verstehen, wer Jesus Christus ist und was *er* zu sagen und zu bringen
hat. Wir meinen dann immer, wir müßten uns dafür wehren, daß
wir doch auch gute und religiöse Menschen seien, das müssen wir aber
durchaus nicht; denn er bestreitet es gar nicht, wir können die Anerkennung für unsere gute Gesinnung und Werke haben, wenn wir sie
durchaus von ihm begehren. Aber das ist eben so schade, daß wir
immer meinen, er *dürfe uns nicht mehr sagen und bringen,* als was ein
guter Mensch ohnehin weiß und tut, denn damit laufen wir an ihm
vorbei: das ist's gerade, daß er mehr sagt und bringt als die besten,
frömmsten Menschen, daß er mehr ist als Johannes der Täufer. In
diesem «*mehr als*» liegt das Evangelium, fängt das Christentum an.

2. *Johannes der Täufer* hat sich vor Jesus *gebeugt* als vor dem Größeren, der da kommen sollte [vgl. Mk. 1,7 par.]. Er hat seine eigene Aufgabe nur darin gesehen, *hinzuweisen* auf den, der mehr und Besseres zu sagen und zu geben hätte als: Tut Buße und bekehret euch! *Die Pharisäer* haben sich nicht gebeugt vor Jesus, sondern sie haben ihn *abgelehnt.* Sie mißtrauten ihm und haben vor ihm gewarnt, weil sie in sich selbst und *ihrer Art sicher* waren, weil sie in ihrer eigenen Gesinnung, in ihrem Streben nach Gott und dem Guten den Weg der Wahrheit und das Leben bereits gefunden zu haben meinten. Das ist ein gewaltiger *Unterschied.* Aber darum ist's doch wahr, und wir hören es aus unserem Text, daß die Jünger des Johannes und die Pharisäer *viel Gemeinsames* hatten. Die Pharisäer sind eben sozusagen *die Verwandten* der Propheten, ungleiche Verwandte, aber doch Verwandte, Angehörige einer Familie. Die Pharisäer haben etwas von dem unerbittlichen Ernst des *Mose,* etwas von dem verzehrenden Eifer des *Elia,* etwas von der demütigen Verehrung des heiligen Gottes, die in *Jesaja* war, etwas von der innigen, wehmütigen, leidenschaftlichen Liebe zum Herrn, die in *Jeremia* lebte. Und wir könnten weiterfahren und sagen: sie hatten etwas von dem trotzigen Glauben *Luthers,* etwas von der heiligen Strenge und Gewissenhaftigkeit *Calvins,* etwas von der regen Tatkraft *Zwinglis.* Man tut dem frömmsten *Erweckungsprediger,* dem heldenmütigsten *Missionar,* dem eifrigsten *Volksfreund,* dem ehrwürdigsten *Kirchenmann* keine Unehre an, wenn man die Pharisäer mit ihm und ihn mit den Pharisäern in eine Linie stellt. Sogar der *Apostel Paulus* hat es bis in sein Alter nicht verleugnet, daß er auch ein Pharisäer gewesen und noch sei [Act. 23,6 par.]. *Wollte man fragen,* ob die Pharisäer ihre *Sündhaftigkeit* eingesehen haben, so muß man antworten: sie *haben* sie eingesehen, so gut ein ernsthafter Christ unserer Tage sie immer einsehen mag. Wollte man fragen, ob sie *bekehrt* waren, so ist zu sagen: sie *waren* bekehrt, so gründlich als irgend einer aus uns, der sich für bekehrt hält. Wollte man fragen, ob sie auch *gebetet* haben, so ist zu antworten, daß das Gebet eine von den Pflichten war, mit denen sie es am genauesten und ernstesten genommen haben. Wollten wir zweifelnd fragen, ob sie denn auch *gute Werke* hatten, so müßten wir uns wahrscheinlich alle vor ihnen schämen, denn sie machten ihr ganzes Leben zu einem Werk der Frömmigkeit und der Nächstenliebe. Wollten wir fragen, ob

ihnen denn auch *das Heil ihrer Mitmenschen* am Herzen gelegen sei, so müssen wir wissen, daß ihre ganze Ehre darauf gerichtet war, alle Menschen, die Gottlose und die Heiden waren, für Gott zu gewinnen. Es war nicht übertrieben, wenn einer von ihnen einmal zu Jesus sagte: Meister, das habe ich *alles gehalten* von meiner Jugend auf [Mk. 10,20 par.]! Es gab sicher nichts Großes und Schweres, was man von einem Menschen verlangen kann, was die Pharisäer nicht *auch gewußt und erstrebt* hätten. In diesem *Wissen* des Guten und Göttlichen, in diesem *Streben* danach, in diesem ganzen *ernsten, erweckten Wesen* waren sie mit den Jüngern des Johannes ganz einig. Als dann das Licht der Weihnacht aufging über beiden, da *trennten sich ihre Wege,* Jesus gegenüber zeigte sich ihre tiefe *Verschiedenartigkeit,* zeigte es sich, daß es *zweierlei Ernst* und zweierlei Erweckung gibt. Aber abgesehen von ihrer Stellung zum Heiland gingen die Propheten und die Pharisäer den *gleichen guten, lobenswerten Weg,* waren die einen wie die anderen *Adventsmenschen,* die mit vollem Ernst auf das Reich Gottes warteten und ihm den Weg bereiten wollten [vgl. Mk. 1,3 par.]. *Sie hatten* die Buße, sie hatten die Heiligung, sie hatten den Glauben, die Liebe und die Hoffnung [vgl. 1. Kor. 13,13]. *Wären wir nur schon* auf dem ernsten Weg, den sie gegangen sind!

3. Als Jesus kam mit seinen Jüngern, da bereitete er den Einen und den Anderen, den Pharisäern und den Propheten, eine *große, tiefe Enttäuschung,* einen eigentlichen Schmerz, einen schweren Anstoß. *Auch den Jüngern des Johannes,* vielleicht sogar Johannes selbst. *Johannes selbst* ist jedenfalls darüber hinweggekommen und hat Jesus verstanden. *Eine Anzahl* seiner Jünger haben Jesus länger nicht verstanden und haben noch viele Jahre nach Jesu Tod eine besondere Gemeinschaft neben den Christen gebildet, von der wir in der Apostelgeschichte Einiges hören [18,25;19,3]. Ein gewaltiges Rätsel hat Jesus *allen Menschen* aufgegeben, die jenen guten, lobenswerten Weg gegangen sind. Das Rätsel ist *noch heute* da und bildet für Viele ein Hindernis, den Heiland zu verstehen. Man kann fast sagen: je ernster, je tapferer, *je bewußter ein Mensch den Weg* der Propheten und Pharisäer geht, desto gewaltiger ist der Schritt, den er tun muß, um zu Jesus zu kommen.

4. Aber was ist denn das Schwerverständliche, *das Rätselhafte am Heiland?* Wir wollen es kurz zusammenfassen. Die Pharisäer und die Jünger des Johannes hatten je länger je mehr den Eindruck, daß *der Heiland kein frommer Mann* sei. Sie hatten die ernstesten *Bedenken* gegen ihn gerade in den Punkten, die bei ihnen feststanden: ob er wohl auch die *Sünde ernst genug* nehme? ob er wohl auch wirklich *bekehrt* sei? ob er wohl auch *Gott genügend respektiere?* ob er wohl auch den Sündern eindringlich genug *Buße predige?* ob er wohl auch tue, was man von einem ernstgesinnten Menschen *verlangen könne?* Diese Bedenken brachen [?] manchmal *grob* und deutlich hervor, so wenn sie von ihm sagten: Er lästert Gott [Mk. 2,7 par.]! oder: er ist ein Fresser und Weinsäufer, der Zöllner und Sünder Geselle [Mt. 11,19 par.]!, öfters verbargen sie sich unter dem *Schleier* von allerlei vorsichtigen, mißtrauischen Fragen, wie wir sie fast auf jeder Seite unserer Evangelien finden. Aber vorhanden waren sie immer. Sie waren das schwerste *Hindernis,* das dem Heiland im Wege stand. Dieses Hindernis lag also nicht in der Bosheit der Weltleute, sondern in der Gerechtigkeit der Gotteskinder. Nicht der Trotz der Gottlosen, sondern die ernsten Bedenken der Erweckten und Bekehrten haben ihn zuletzt ans Kreuz gebracht. *Dieses Verhältnis* zwischen dem Heiland und den Pharisäern müßten wir uns einmal klar machen: er war den Frommen nicht fromm, den Ernsten nicht ernst, den Bekehrten nicht bekehrt genug, ja sie stritten es ihm offen oder heimlich *geradezu ab,* daß er es mit dem Göttlichen aufrichtig meine. Johannes und seine Jünger haben sich dann *eines Besseren belehren* lassen darüber, die Pharisäer blieben dabei. Sie *blieben so heftig dabei,* daß sie ihm schließlich den Tod wünschten und ihn zu Tode brachten, was sie doch mit keinem noch so schlimmen Zöllner versuchten. So grimmig ernst war es ihnen damit, daß der Heiland kein frommer Mann sei.

5. Dieses große Mißtrauen steckt auch in der Frage: *Warum fasten wir und die Pharisäer so viel und deine Jünger fasten gar nicht?* Das Fasten war eben damals eins von den *Hauptstücken,* in denen es sich zeigen mußte, ob Einer wirklich ernst zu nehmen war. Es gehörte zum *Selbstverständlichen* in diesen Kreisen, daß man sich an gewissen Tagen und zu gewissen Zeiten freiwillig diese Entbehrung auferlegte. Es sollte wohl eine Art *Gabe* sein, die man damit Gott darbrachte,

oder auch eine Handlung der *Selbstzucht* oder auch eine *Selbstver-leugnung,* die man zugunsten Anderer[?] übte, etwa wie heute die Selbstverleugnungswoche der Heilsarmee[1]. Dieses Fasten nahm also Jesus *nicht ernst.* Er verbot es seinen Jüngern nicht, aber er leitete sie auch nicht dazu an. Er tat, als ob dieses fromme Werk nicht vorhanden wäre. Es verwundert uns vielleicht heute, daß man ihm gerade wegen dieses Punktes mißtraute, weil uns Protestanten das Fasten eine frem-de Sache geworden ist. Damals war's bei den Gutgesinnten *etwas Gewöhnliches,* etwa wie bei uns, daß man bei gewissen Vereinen Mit-glied ist und Beitrag zahlt, wie das Tischgebet oder der Kirchenbe-such, oder daß man am Sonntag nicht strickt, nur daß man dort das alles *viel eifriger und bewußter* tat oder nicht tat, während es bei uns mehr schläfrige Gewohnheiten sind. Es war übrigens nicht dieser Punkt allein, worin Jesus Anstoß erregte. Er machte bei seinen Jüngern z. B. auch *das Beten* zu einer merkwürdig verborgenen Sache, über die nicht geredet werden sollte und die jedenfalls gar nicht hervortrat, wie es sich gehörte [vgl. Mt. 6,5–8]. Man hörte und sah auch wenig von *ihrem Almosen*geben [vgl. Mt. 6,1–4.]. Das Gebot der *Sonntagsheili-gung* übertraten er und sie auch alle Augenblicke, ohne sich ein Ge-wissen daraus zu machen. Wie es sich mit seiner *Vaterlandsliebe* ver-hielt, die dort durchaus auch zur Frömmigkeit gehörte, das war eine mehr als zweifelhafte Frage. Daß er sich nichts daraus machte, seine Jünger in notorisch *schlechte Gesellschaft* zu führen, davon haben wir letzten Sonntag gehört [Mt. 9,9–13]. Später hörte man sogar von sehr geringschätzigen Äußerungen, die er über den *Tempel* getan haben sollte [vgl. Mk. 14,58 par.]. Kurz, man wußte nirgends, *wie man mit ihm dran* war, oder vielmehr, man wußte es, wenn man Alles zusam-mennahm, schließlich nur zu gut. Er sagte und tat überall *das Gegen-teil* von dem, was man von ihm als einem hoffnungsvollen jungen

---

[1] Die verschiedenen Korps der Heilsarmee führen jährlich eine Selbstver-leugnungswoche durch. Die Heilssoldaten und ihre Freunde verzichten in dieser Woche auf entbehrliche Genußmittel wie Fleisch und Butter, Kaffee und Kuchen, neue Kleider und Reisen (Alkohol und Tabak sind ohnehin tabu) und sammeln die gesparten – teilweise erheblichen – Beträge zur Ausbreitung der Missionsarbeit. Vgl. M. Gruner, *Revolutionäres Christentum. 50 Jahre Ge-schichte der Heilsarmee in Deutschland,* 2 Bde, Berlin-Steglitz 1952 und 1954; bes. Bd. 1, S. 90.

Gottesmann erwartete. Wenn man ihm in diesem und jenem einzelnen Punkt noch hätte verzeihen können, so konnte man doch das *Ganze unmöglich übersehen,* das hinter den Einzelheiten verborgen war und überall hervorschaute: den Mangel an Ernst, den Mangel an Buße, den Mangel an Entschiedenheit, den Mangel an Klarheit. An jenem Tage stand nun gerade das Fasten im Vordergrund, wahrscheinlich weil er sich damals zu jener Mahlzeit im Hause des Zöllners hatte einladen lassen [Mt. 9,10]. An einem anderen Tage war's *etwas Anderes,* was diese Kreise aufregte. Aber es war ja im Grunde immer *das Gleiche:* er ist *nicht* auf dem rechten Weg, man kann ihn *nicht* ernst nehmen, so wie er seine Jünger anleitet, kommt man *nicht* in den Himmel, er ist *kein* frommer Mann.

6. Wie sollte sich der Heiland nun rechtfertigen gegen eine so schwere Anschuldigung, wie sie in dieser Frage lag? Er hat mit einem Gleichnis darauf geantwortet: *Wie können die Hochzeitleute Leid tragen, solange der Bräutigam bei ihnen ist?*

Das Erste, was an dieser Antwort auffällt, ist das freundliche, heitere Bild, in das er sie kleidet. Wenn Jesus sich *aufgeregt* hätte über die Frage und über das ganze Mißtrauen, das dahinter steckte, so hätte er ganz andere Worte gebraucht. Er regte sich aber nicht auf. Man denke sich, es werde *zu einem von uns gesagt:* Du tust, als ob's dir ernst wäre, aber du bist doch gar nicht ernst! Du redest von Gott, und du glaubst gar nicht an ihn! Du willst Anderen den Weg zeigen, und es ist ein ganz verkehrter Weg! Wie würden wir *zusammenzucken!* Wie würden wir uns genötigt sehen, zu überlegen, ob am Ende nicht etwas dran sei! Wie würden wir losbrechen gegen den Angreifer, natürlich mit den Worten: Ich habe ein gutes Gewissen!, und doch eben gar nicht in Ruhe, sondern jedenfalls innerlich in großer Unruhe. Jesus hat diese Ruhe. Er steht zum Vornherein über dieser Frage und Anklage. Man kann fast sicher sagen, daß er bei dieser Antwort *gelächelt* hat. Es *ist eben Hochzeit,* hohe, festliche Zeit, Freudenzeit, darum fasten meine Jünger nicht, hat er geantwortet. So konnte er die *Sonne aufgehen lassen* im Augenblick, wo man ihn in die Finsternis hinausstoßen wollte.

Das zweite Merkwürdige an diesem Wort liegt darin, daß es gar keine Rechtfertigung ist. Wir sind ja alle von Natur Künstler darin, uns zu *entschuldigen,* wenn man uns anklagt. Der Heiland hätte sich auch entschuldigen können. Er hätte auch die Wahrheit sagen können: auch meine Jünger *fasten manchmal,* ich selber habe *in der Wüste 40 Tage gefastet* [Mk. 1,13 par.], und wenn wir nicht soviel fasten wie ihr, so tun wir *andere gute Werke,* die ihr nicht tut und die mehr wert sind als Fasten. Er hätte darauf hinweisen können, daß seine Jünger bei ihm *eine Gerechtigkeit lernten,* die besser war als die der Pharisäer und Johannes-Jünger [vgl. Mt. 5,20–48]. *Nichts von alledem* bringt er vor. Er nimmt den *Konkurrenzkampf* der Frömmigkeit und Moral gar nicht erst auf. Er stellt sich *wehrlos* dem Hieb, der gegen ihn geführt wird. Er *gibt's zu:* ja, es wird im Ganzen nicht gefastet bei uns. Er *gibt damit* unausgesprochen auch viel Anderes zu, was man bei ihm vermißte. Er *gibt's eigentlich zu:* ja, ich bin kein frommer Mann! Und das mit so heiteren Worten! Er liefert ihnen noch *neuen Stoff* zur Anklage: da seht, er ist im Stande, bei den ernsten Dingen zu lächeln. So hat er sich gewehrt, *ohne sich zu wehren.* So hat er das Rätsel, das man ihm so übel nahm, mit *neuen Rätseln* beantwortet. Er hatte *keine Verteidigung* nötig.

Das Dritte, was wichtig ist an dieser Antwort, liegt darin, daß er das, was den Leuten bei ihm fehlte, gerade heraus Traurigkeit nennt. Die Hochzeitleute können nicht Leid tragen. Also *Fasten ist Leid tragen,* eine traurige Pflicht, wie man sie etwa bei Begräbnissen auf sich nimmt. Das war jenen Kreisen sicher etwas *Neues.* Sie haben zwar manchmal ein saures Gesicht gemacht zu ihrem Fasten, wie es in der Bergpredigt heißt [Mt. 6,16], aber sicher nicht darum, weil sie dabei traurig waren. Sie hatten ja das Bewußtsein, ihre Pflicht zu tun. Dabei macht man vielleicht ein ernstes, wichtiges, amtliches Gesicht, aber man ist nicht traurig dabei. Sie fasteten mit Überzeugung, mit Eifer, mit *Begeisterung.* Und nun müssen sie hören: Eure Begeisterung ist eigentlich eine Traurigkeit. Euer Fasten ein Leidtragen. Der Heiland hat tief in sie *hinein gesehen,* wie eben nur er in die Menschenherzen hinein sieht. Der Ernst und die Wahrheit sind in euch *erwacht,* will er ihnen sagen. Ihr habt *Gottes Ruf* gehört, ihr seid aufgefahren, um zu gehorchen. Und da seid ihr gewahr geworden, daß euch fehlt, was ihr dazu bedürft. Ihr habt gesehen, daß ihr etwas furchtbar *Schweres* auf euch genommen habt, daß ihr euch in einen *Kampf* verwickelt habt, dem ihr nicht gewachsen seid. *Das Göttliche* läßt euch nimmer los, es ist vor euch und lockt euch, es ist hinter euch und treibt euch. Aber immer ist's euch ein *Ansporn* im Gewissen und fernes, hohes *Ziel*, nie Kraft und Liebe, immer nur *Gesetz* wie die Luft, in der ihr lebt. *Darum fastet ihr. Darum* ist euch der Sabbat so wichtig. *Darum* brennt euch das Geld in den Fingern, daß ihr Almosen geben müßt. *Darum* erfüllt ihr so peinlich eure Glaubens- und Gebetspflicht. *Darum* seid ihr so unerbittlich, so verzehrend leidenschaftlich, so eifrig, so gewissenhaft. *Darum* so ernst und fromm. *Darum* nehmt ihr's mit dem Kleinen so genau, weil ihr das Große, das den Menschen nun gegeben werden kann, noch nicht kennt. *Darum* bringt ihr Gott Opfer, weil ihr Gottes Erbarmen noch nicht erfahren habt. *Darum* bereitet ihr dem Reich Gottes so eifrig den Weg mit Schaufel und Hacke, weil es noch nicht zu euch gekommen ist. *Darum* muß es Propheten und Pharisäer geben, weil der Gott, den sie suchen, noch nicht gefunden ist. *Darum* muß es Adventszeit sein mit all dem Ernsten, Strengen, was dazu gehört, weil noch nicht Weihnacht ist. Aus *diesem großen Leid*, aus dieser *schmerzlichen Entbehrung heraus kommt ein Fasten* und all das Andere, was euch so wichtig ist, daß ihr mich deshalb verdammt. Aus der großen *Not der Menschheit, die nur das Menschliche kennt,* nur das eigene Wollen und Laufen [vgl. Röm. 9,16], nicht aber den Heiland Gottes, kommt eure *Frömmigkeit.* O, ihr habt für euch wohl *recht zu fasten. Geht ihr nur euren Weg,* solange ihr müßt, aber *wehrt denen nicht,* die ihn nicht mehr gehen müssen, weil das Leid und die Not von ihnen genommen sind.

Denn hier siegt [?] er, und nun bricht wieder die große Botschaft und Einladung hervor, hier bei mir und um mich herum ist's Hochzeit, Freudenzeit. Nicht daß meine Jünger *die besseren Menschen wären* als ihr. Wir wollen nicht streiten darüber. Wir nehmen diesen Konkurrenzkampf nicht auf. Aber *hier ist die Not nicht,* die euch drückt. Hier ist nicht nur Erwachen, sondern *Aufstehen.* Nicht nur Gottes Ruf, sondern *Gottes Gegenwart.* Nicht nur Kampf, sondern *Sieg.* Nicht nur Opfer, sondern *Erbarmen,* das alles Denken übersteigt[2]. Hier *ist*

---

[2] Strophe 2 des Liedes Nr. 229 «Ich habe nun den Grund gefunden» von J. A. Rothe:

> Es ist das ewige Erbarmen,
> Das alles Denken übersteigt ...

(GERS [1952] 262; EG 354).

Gottes Reich. Hier *ist Kraft und Liebe.* Hier ist *das Göttliche als Luft,* in der man lebt. *Hier wird nichts vermißt,* nichts bloß gesucht, bloß angestrebt, bloß gewußt und gesagt. Das Unaussprechliche, hier wird's *Ereignis*[3]. Hier hat sich *Gott der Menschen angenommen* und gibt ihnen, was niemand sich nehmen kann. Die hier stehen, stehen auf der göttlichen, der *himmlischen Seite* des Lebens. *Darum* müssen sie nicht fasten. *Darum* müssen sie nicht fromm sein. *Darum* dürfen sie in göttlicher Heiterkeit und Freiheit einen neuen Weg gehen. Euch sei nicht zu nahe getreten, euch sei euer Ruhm gelassen: Unter allen, die von Weibern [geboren sind, ist nicht aufgekommen, der größer sei denn Johannes der Täufer,] *aber der Kleinste* im Himmelreich ist größer denn er [Mt. 11,11]! *Macht euch keine Sorgen um uns,* solange euch eure eigene Gerechtigkeit keine Sorgen um euch selbst bereitet, solange ihr die Not, die Verlegenheit nicht merkt, in der ihr steckt. *Gottes Erbarmen* kennen ist mehr als Opfer [vgl. Mt. 12,7], und *Gottes Reich* ist mehr als Frömmigkeit. Urteilt über mich, wie ihr wollt, aber *gebt mir den Weg frei,* mir und den Meinen, den wir gehen müssen, denn hier ist mehr denn Elias[4]. Und *wenn ihr's einst merken* werdet, daß hier Gott ist, der der Not ein Ende macht, dann werdet ihr aufhören, mich anzuklagen, um mit mir diesem Gott Lob und Preis zu sagen.

7. Jesus hat noch etwas hinzugefügt; ein wehmütiges Wort: *Es wird aber die Zeit kommen* [, daß der Bräutigam von ihnen genommen wird; alsdann werden sie fasten], also eine Zeit und ein Zustand, wo *die Not und das Entbehren,* von dem die Propheten und Pharisäer gedrückt waren, wieder vorherrschen wird, wo *auch den Christen* nichts Anderes übrig bleiben wird, als im Großen und Ganzen den Weg der Propheten und Pharisäer zu gehen. Es wird wohl so sein, daß Jesus damit die lange Zeit gemeint hat, *in der wir jetzt stehen.* Es ist *eine unnatürliche Zeit,* denn es ist etwas Unnatürliches, Seltsames, daß der Bräutigam den Hochzeitsleuten wie durch Räubergewalt entris-

---

[3] Vgl. J. W. von Goethe, *Faust II*, V. 12106f. (5. Akt, Bergschluchten):
     Das Unzulängliche,
     Hier wird's Ereignis ...
[4] Kombination von Mt. 11,9 (mehr denn ein Prophet), 11,14 (er ist Elia) und 12,41 (mehr denn Jona).

sen wird. *Die Christenheit steht nicht mehr* im Reich, in der Kraft, in der Liebe Gottes, in der die Jünger des Heilands gestanden sind. Es ist *eine große Pause* [?] eingetreten in der Freude, die dort von Gott für die Menschen bereitet wurde. Gott ist wieder ein *Fremdling* geworden im Lande [vgl. Jer. 14,8]. Darum *muß jetzt vieles sein,* was eigentlich nicht zum Heiland gehört und ins Christentum, sondern zu den Pharisäern und Propheten. Aber wir wollen uns wenigstens Mühe geben, den Heiland nicht zu vergessen, nicht zu vergessen, daß das, *was man jetzt Christentum nennt, nicht das Wahre* ist, und wenn es noch so schön wäre, sondern nur ein dürftiges Ersatzmittel, nicht zu vergessen, *daß wir eigentlich keine Knechte sind,* sondern berufen zur Freiheit der Kinder Gottes [vgl. Gal. 5,13], nicht zu vergessen, daß es *etwas gibt, was noch ernster* ist als unser größter Ernst! Und wenn wir im Großen Ganzen den Weg der Pharisäer und Johannes-Jünger gehen müssen, so wollen wir doch *auf die Seite der Johannes-Jünger treten,* die das Mißtrauen gegen den Heiland endlich überwunden haben, und nicht aufhören, *zu bitten und zu flehen,* es möchte nach der langen Johanneszeit eine neue hohe, festliche *Heilandszeit* eintreten, die uns mit dem Heiland selbst statt allen Menschenwesens die Freude und die Freiheit von Gott her, vom Himmel herab wiederbringt, die uns jetzt genommen sind.

Lieder[5]:
Nr. 30 «Herzlich lieb hab ich dich, o Herr» von M. Schalling (RG [1998] 651; EG 397)
Nr. 159 «Fahre fort, fahre fort» von J. E. Schmidt (GERS [1952] 351; EKG 213)

[5] Strophenangaben fehlen.

Matthäus 9,16–17

*[Niemand flickt ein altes Kleid mit einem Lappen von neuem Tuch;
denn der Lappen reißt doch wieder vom Kleid, und der Riß wird ärger.
Man faßt auch nicht Most in alte Schläuche; sonst zerreißen die Schläuche, und der Most wird verschüttet, und die Schläuche kommen um.
Sondern man faßt Most in neue Schläuche, so werden sie beide miteinander erhalten.]*

1. Jesus hat in diesen Worten *gewarnt,* nicht vor der Sünde, nicht vor
der Welt, nicht vor dem Teufel, sondern vor sich selbst, vor dem Gottesreich, vor dem neuen Licht, der neuen Kraft, der neuen Liebe, der
neuen Weltordnung, die er gebracht hat. Man soll es mit diesem Neu-
en *ja nicht halten wie einer,* der töricht von einem neuen Kleid ein
Stück abschneidet, um ein altes damit zu flicken, *oder wie einer,* der
jungen gärenden Most in alte abgenutzte Weinschläuche faßt. Sonst
gehe das Neue *zu Grunde* und das Alte, das man damit in Verbindung
gebracht, *erst recht.* Lieber solle man die Finger *ganz lassen* vom Neu-
en, lieber *sich begnügen* mit dem alten ungeflickten Kleid, *lieber verzichten* auf den jungen Most!
    Das sind notwendige Worte bis auf den heutigen Tag. An wen mag
Jesus sie gerichtet haben? Man kann an Verschiedene denken.
    a) Vielleicht waren es solche, die wie der reiche Jüngling
[Mk. 10,17–22 par.] und Andere *in einer gewissen Begeisterung* zu ihm
kamen, weil sie das Neue in seiner Botschaft und Person *wohl erkannten* und danach begehrten, es sich *anzueignen* und in ihr Leben *her-
überzunehmen.* Weil ihnen etwas fehlte, wozu sie im Evangelium die
willkommene Ergänzung fanden. Jesus kam ihnen gerade recht mit
seiner Botschaft für die Bedürfnisse ihrer Seele. Etwa wie wir in die
Kirche kommen in der Absicht, uns von da etwas *mitzunehmen,* etwas Trost oder Ermutigung oder ernste Gedanken für unser Leben. – [1]
Ihnen antwortet Jesus: ja kommt nur!, aber *habt Respekt* vor meinem
Neuen. Es ist *nicht vom gleichen Stoff* und von der gleichen Art
wie euer Leben und [eure] Seele. Es ist das Göttliche. Das Göttliche
kann man *sich nicht aneignen,* herübernehmen, mitnehmen, das Gött-

---

[1] Abschnittsmarkierung durch einen dicken senkrechten Blaustiftstrich.

liche will *uns* aneignen, herübernehmen, mitnehmen. Das Göttliche will nicht dienen, sondern *herrschen.* Wenn man das nicht versteht, wenn man vom Göttlichen verlangt, es müsse uns dienen, wenn man sich davon losschneidet, soviel einem paßt, um sein altes Kleid damit zu flicken, dann *ist's nicht mehr das Göttliche,* dann geht's zu Grunde. *Lieber hört mich gar nicht,* wenn ihr nur die Hälfte oder ein Viertel oder ein Achtel hören wollt von dem, was ich euch von Gott zu sagen habe. Denn *Gott ist heilig.* Lieber wartet Gott, als daß er aufhört, ein heiliger Gott zu sein.

b) Vielleicht waren die, die Jesus mit diesen Gleichnissen warnte, seine *eigenen Jünger,* die von *heiligem Eifer erfaßt* waren, sich nach allen Seiten zu ergießen, das Neue, das sie bei ihm gefunden, *auszubreiten* und an den Mann zu bringen, die bei jeder Gelegenheit brannten zu *zeugen:* wir wissen etwas, was ihr noch nicht wißt, empfehlend *hinzuweisen* auf ihre Sache als auf das Heilmittel für alle Schäden des Lebens und der Weltverhältnisse oder doch darüber zu *diskutieren* mit Andersdenkenden: mit den Pharisäern, mit Heiden, mit den Jüngern des Johannes [vgl. Mt. 9,14]. Etwa wie *noch heute für das Christentum* Propaganda gemacht wird, wie es auch uns etwa treibt, *herauszuwirken*[?] mit unserer besseren Überzeugung, mit unserem großen Frieden, wie es auch uns oft gelüstet, *Händel* anzufangen im Namen des lieben Gottes, etwa mit Ungläubigen oder Halbgläubigen, etwa mit solchen, die altmodischer oder neumodischer sind, als wir es für christlich und recht ansehen, etwa mit solchen, die an einem bestimmten Punkt nicht begreifen, was das recht verstandene Christentum heute fordert. Gerne denken und sagen wir denen: der Glaube ist doch für *jeden Menschen* das Rechte, für *jede Lebenslage* eine Hilfe und Lösung, für *alle Fragen* eine Antwort. –[2] |

Jesus hat seinen Jüngern geantwortet: Ja, *es ist recht,* gehet hin in alle Welt und verkündiget [das Evangelium aller Kreatur (Mk. 16,15)]. Lasset euer Licht leuchten [vor den Leuten (Mt. 5,16)], aber *tragt Sorge zu meinem Neuen*. Denkt immer daran, daß es das Neue ist und bleiben muß. Der Glaube ist durchaus nicht *jedermanns Ding* [2. Thess. 3,2]. Es gibt Menschen, die das Göttliche, wenn man es ihnen anpreist, vielleicht annehmen, aber unweigerlich sofort in ihr Eigenes, ins allge-

---

[2] Abschnittsmarkierung durch einen dicken senkrechten Blaustiftstrich.

mein Menschliche *übersetzen und umwandeln,* und dann hört es auf, göttlich zu sein. Solchen Menschen preist man es *besser nicht an.* Das Reich Gottes schafft *neue Menschen,* oder es ist nicht mehr das Reich Gottes. Das Christentum paßt auch daher [?] nicht in alle Lebenslagen. Es gibt Verhältnisse, in denen man nur dann christlich reden und handeln kann, wenn man zuerst *vom Christentum 99 % abzieht:* Was hat das heutige Geschäftsleben, was hat das Militär, was hat die heutige Politik, was haben die Gesinnungen und Gewohnheiten ganzer Familien mit dem Christentum zu tun? Es kann nur verlieren, wenn man es damit in Verbindung bringt. Jesus hat gewußt, was er sagte, als er dort antwortete: Mensch, wer hat mich zum Erbschlichter unter euch gesetzt? [Lk. 12,14]. Das Reich Gottes schafft *neue Verhältnisse* und Lebenslagen, oder es ist nicht mehr das Reich Gottes. Und so gibt es Fragen und Sorgen, auf die es schlechterdings keine vernünftige göttliche Antwort gibt, denen gegenüber die Wahrheit einfach verstummen muß, wenn sie die Wahrheit bleiben will, [3]z.B. wie kann ich ein *ernster Mensch* sein, ohne doch innerlich einmal ganz ernst zu werden?, wie kann ich *meinem Gewissen* folgen, ohne u. U. mit meinem Nächsten in Konflikt zu kommen?, wie kann ich *Pfarrer sein,* ohne einem Teil meiner Gemeinde Anstoß zu geben?, wie kann man *den Armen helfen* oder den Krieg unmöglich machen, ohne die heutigen Verhältnisse von Grund aus anzugreifen und umzugestalten?[3] Auf solche Fragen gibt die Wahrheit nur dann Antwort, *wenn sie lügen kann,* d. h. aber, an solchen Antworten geht sie notwendig zu Grunde. Das Reich Gottes schafft *neue Fragen,* oder es ist nicht mehr das Reich Gottes. Darum aber hat Jesus seine Jünger gewarnt: Tragt Sorge zu meinem Neuen! Wenn ihr nicht Sorge dazu tragt, so ist euer Eifer *umsonst,* ja *sogar schädlich.* Schüttet den neuen Wein nicht in alte Schläuche, sonst geht er *doch nur zu Grunde.* Jesus hat diese Warnung an seine Jünger ein andermal noch viel schärfer ausgesprochen: Ihr sollt das *Heiligtum* nicht den Hunden geben, und eure *Perlen* sollt ihr nicht vor die Säue werfen [Mt. 7,6]. Er meint das Gleiche damit: Das Reich Gottes paßt durchaus *nicht für Alle und für Alles.* Es geht seinen *eigenen Weg.* Lieber wartet es, als daß es darauf verzichtet, seinen eigenen Weg zu gehen. Das Reich Gottes *paßt sich uns nicht an,* sondern wir müssen

---

[3-3] Von Barth in eckige Klammern gesetzt.

uns ihm anpassen. Lieber steht es ruhig und geduldig still *vor unserer Tür,* als daß es sich uns anpassen würde,

c) Vielleicht hat Jesus seinen Jüngern mit diesen Gleichnissen auch geantwortet *auf bestimmte schlimme Erfahrungen,* die sie mit dem Reich Gottes gemacht haben. Schlimme Erfahrungen mit dem Reich Gottes, ist das möglich? Bringt denn das Christentum nicht unter allen Umständen Segen, Klarheit und Frieden? Nein, nicht unter allen Umständen.

Nur da, wo das Christentum das *neue Kleid* ist, das die Menschen anziehen, nur da, wo es ganz *sein kann,* was es ist, nur da, wo das Reich Gottes seinen *eigenen Weg* gehen kann, nur da, wo das Göttliche sich *frei* entfalten kann, nur da, wo die Menschen nicht nur dies und jenes Neue und Göttliche annehmen und ergreifen, sondern das Neue, *das Reich Gottes selbst,* wo sie sich *hinstellen* auf den neuen Boden und *hinein* in die neue Luft, nur da macht man gute Erfahrungen mit dem Reich Gottes, *da ist es* dann allerdings der Weg, die Wahrheit und das Leben [vgl. Joh. 14,6], *da bringt es* uns Lichter, Kräfte, Lösungen, Gaben, alle Tage und in jeder Beziehung neue. Da *wird es* zu einem Strom von Erfahrungen, die uns vorwärts führen.

Im anderen Fall aber, wenn wir zum Göttlichen *nicht Sorge* tragen, wenn wir von ihm verlangen, daß es sich uns und der Welt *anpasse,* wenn wir nicht *wissen, was wir tun,* wenn wir sein Licht leuchten lassen, dann müssen wir schlimme Erfahrungen damit machen. Das törichte Losschneiden vom neuen Kleid, um damit das alte zu flicken, *verdirbt nicht nur das neue, sondern auch das alte.* Je schöner der Flick[4] ist, um so weniger schön macht er sich als Flick. Je *fester* er ist, um so größer wird das Loch sein, das er ins alte Kleid macht. «Der Riß wird ärger».

Die Jünger werden solche Erfahrungen gemacht haben. Wir haben's den Leuten *bezeugt:* Suchet Gott, so werdet ihr leben [Am. 5,6]!, aber sie sind alle nur um so trotziger und selbstgefälliger auf ihren gottlosen Wegen weitergegangen. Wir haben's *verteidigt* gegen die Pharisäer, daß der Menschen Sohn Herr ist auch über den Sabbat [Mk. 2,28 par.] und über das Fasten [Mk. 2,19 par.], und sie haben nur um so stärker beharrt auf ihrer menschlichen Gerechtigkeit. Wir sind wie du

---

[4] = der Flicken.

zu den *Zöllnern und Sündern* gegangen und haben mit ihnen gegessen, und das Ergebnis war, daß sie sich in ihren Sünden noch bestärkt fühlten. Wir haben *den Reichen* gesagt, daß man nicht Gott dienen kann und dem Mammon [Mt. 6,24], und die Folge war, daß sie sich beleidigt von uns abwandten und ihrem Götzen nur noch andächtiger dienten. Wir haben *einige Kranke* gesund gemacht [vgl. Mt. 10,8 par.], und die Not aller ungeheilten Kranken schreit nur um so lauter zum Himmel. Wir haben *einen Teufel* ausgetrieben, und siehe, sieben andere haben das leere Haus besetzt [vgl. Mt. 12,45 par.]. Wir haben unser *Licht leuchten* lassen, und um so dunkler wurde das Dunkel um uns.

Und nun könnten wir im Namen des *Christentums unserer Zeit* fortfahren und zu Jesus sagen: Wir haben dich *gepredigt und angepriesen,* und immer deutlicher wird es, daß die Welt ihren eigenen Gang geht ohne dich! Wir treiben *Fürsorge* für Arme und Kranke, und immer gewaltiger wird der böse Riß, der durch unsere Gesellschaft geht! Wir *bekehren* einige Trinker, und um so mehr rafft die taumelnde Genußsucht im Ganzen! Wir bauen und schmücken *Kirchen,* wir gründen immer neue *Gemeinschaften,* eröffnen immer neue christliche *Stiftungen,* und die große Mehrzahl läßt es lachend geschehen, weil sie sich um so sicherer fühlt vor uns, solange wir so gut beschäftigt sind. Wir erreichen es im besten Fall, daß *Einige* dem Wort Gehör geben und auch diese Einigen nur *mit Auswahl,* soweit ihr Charakter, ihre Familien, die ganze Lebensrichtung, in der sie stehen, es ihnen zugibt, und um so deutlicher wird es, daß der Mensch als Ganzer dir nicht Gehör geben will noch kann. Daß das Kleid, das er jetzt trägt, alt und verschlissen und unbrauchbar ist, *das wissen* wir wohl, *das weiß* der Mensch, aber wir, deine Jünger, *wir haben* trotz aller Anstrengung nicht, womit wir seine Blöße bekleiden könnten. «*Der Riß wird ärger»,* was wir auch versuchen.

Auf solche bösen, schmerzlichen Erfahrungen mit dem Reich Gottes wird unser Text *die Antwort* sein. Ja, seht ihr, antwortet er seinen betrübten Jüngern, das ist nun eben *die große Frage,* ob es das Reich Gottes selbst ist, was ihr vertretet und verkündigt. Es wird *schwerlich* das Reich Gottes selbst sein; das könnte den Riß nicht ärger machen, denn das ist *ein neues Ganzes* aus einem Stück; das könnte *nicht Verwirrung* und Ärgernis anrichten, das könnte die *Gegensätze nicht ver-*

schärfen und vergrößern, denn das ist die Herrschaft Gottes, der allen Widerspruch, alle Gegensätze und Gegenwirkungen aufhebt. Mit dem Reich Gottes macht man *keine schlimmen Erfahrungen.* Wohl aber macht man die, wenn man *nur mit einem Fetzen* vom Reich Gottes arbeiten und helfen will, und wenn's gleich noch so ein schönes Stück wäre. Wenn's immer *nur ein Teil* des Göttlichen sein soll, ihr Christen, der Teil, der euch gerade zusagt oder erreichbar zu sein scheint, ein Teil *ohne den anderen Teil,* ohne das Ganze, dann wirkt das Göttliche gefährlich, das wirkt wie Sprengpulver, wo und wie man es auch anwendet. *Freiheit* ohne Heiligkeit, Heiligkeit ohne Erbarmen, Erbarmen ohne Kraft, Kraft ohne Licht, Licht ohne Weisheit, Weisheit ohne Eifer, Eifer ohne Herzlichkeit, Herzlichkeit ohne Gerechtigkeit und weiter: die *Kirche* ohne die Welt, die Welt ohne die Bibel, die Bibel ohne deine eigene Seele, deine eigene Seele ohne die Not und Hoffnung der menschlichen Gesellschaft, die Menschheit ohne Gott, Gott ohne den Heiland, der Heiland ohne ein freudiges, volles, unbedingtes Ja – reißt *Fetzen heraus,* wo ihr wollt, aus dem wunderbaren, neuen Kleid des Gottesreiches; solange ihr nur Fetzen habt, kann das alles nur *zersetzen,* zerstören, auseinanderreißen, den Riß ärger machen. Verwundert es euch, wenn ihr's erfahren müßt, daß es so ist? Habe ich es euch nicht gesagt, daß es im Dienst des Gottesreiches *nie nur auf das Eine ankommt,* sondern immer auch auf das Andere? daß man das Göttliche *nicht teilen* kann, weil jeder Teil sofort nach dem Ganzen strebt? Seid klug wie die Schlangen *und* [ohne Falsch wie die Tauben! (Mt. 10,16)]. Habt Salz bei euch *und* habt [Frieden untereinander! (Mk. 9,50)]. Das Reich Gottes kommt nicht mit äußerlichen Gebärden, man wird auch nicht sagen [: Siehe, hier! oder: da ist es! Denn sehet, das Reich Gottes ist inwendig in euch (Lk. 17,20f.)]. Ein guter Mensch bringt Gutes hervor aus seinem guten Schatz des Herzens! [Mt. 12,35]. So schaue darauf, daß nicht das Licht in dir Finsternis sei! [Lk. 11,35]. Noch einmal: Ist es *das Reich Gottes,* mit dem ihr böse Erfahrungen gemacht habt, oder ist's nicht *das Licht,* das *in euch* zur Finsternis geworden, weil ihr eigenmächtig, träge, untreu damit *umgegangen* seid? Dann müßt ihr eben *das Licht wieder Licht* werden lassen in euch, müßt *euch bekehren* von einem Fetzen zum wunderbaren Ganzen des Gottesreiches, müßt aus eurer Erstarrung wieder erwachen zur Lebendigkeit und Beweglichkeit, und der

Segen, die Klarheit und der Friede werden nicht ausbleiben. *Wollt ihr das nicht,* gefallen euch eure Fetzen so gut, daß ihr euch nicht mehr zum Ganzen bekehren könnt, dann *laßt lieber* auch noch von den Fetzen, es würde für euch und die Menschen besser sein, wenn ihr nicht ferner Verheerungen damit anrichten würdet!

d) Vielleicht wenden sich diese Worte aber auch noch nach einer anderen Seite. Wir wissen aus der Lebensgeschichte Jesu in den Evangelien, daß er je länger je mehr umgeben war von *furchtsamen und mißtrauischen Seelen,* die in ihm einen *Zerstörer der bisherigen göttlichen und menschlichen Ordnungen* sahen. Die Einen warfen ihm vor, er untergrabe die Grundlagen des *Staates,* die Anderen klagten ihn an, er diskreditiere und verunmögliche die Stellung der *Kirche* im Volksleben. Die Pharisäer hatten es gegen ihn, weil er die *Moral* auf den Kopf stelle und die *Frömmigkeit* erschüttere. Aus nächster Nähe mußte er es hören, daß er auch das *Familienleben* nicht wert halte [vgl. Lk. 12,53 par.]. Eine bekannte Rede gegen ihn war die, *daß er das Volk aufwiegle* [Lk. 23,5]. Heutzutage könnte man wohl noch viel geläufiger reden darüber, wie schlimm das sei, daß das Reich Gottes das Gute, Alte so aufhebe und umkehre. Von allen Seiten müßten wir das Geschrei hören: *o unsere lieben alten Schläuche,* er zerreißt sie, er zerreißt sie, der junge Most! Es muß einem doch auffallen, daß der Heiland sich *nicht energisch gegen solche Anklagen gewehrt* hat. Er hat zwar *nirgends zugegeben,* daß es seine *Absicht* sei, alte Ordnungen zu zerstören; es *war* auch nicht seine Absicht. Der Zweck des neuen Weins ist ja wirklich nicht der, die alten Schläuche zu zerreißen! Er hat es auch deutlich genug gesagt für Alle, die hören wollten, daß er *nicht zerstören, sondern bauen wolle* [vgl. Mt. 16,18], daß das Reich Gottes neue Ordnungen, bessere Ordnungen schaffe [vgl. Mt. 5,20], daß die Liebe nicht die Aufhebung, sondern die Erfüllung des Gesetzes sei [vgl. Mt. 5,17; Röm. 13,10]. Er hat den besorgten Kirchenmännern gesagt: Reißet diesen Tempel ab, und in drei Tagen [will ich ihn aufrichten (vgl. Joh. 2,19 par.)]. Denen, die um die Erhaltung der Staatsordnung zitterten: Gebet dem Kaiser [, was des Kaisers ist, und Gott, was Gottes ist! (Mk. 12,17 par.)]. Er hat die Frommen auf die Gerechtigkeit des Himmelreichs verwiesen, die besser [ist als die der Schriftgelehrten und Pharisäer (vgl. Mt. 5,20)], und seinen entrüsteten Familienangehörigen hat er sagen lassen, daß das Reich Gottes eine neue

Familie baue: Die den Willen [Gottes] tun [, sind mein Bruder und meine Schwester und meine Mutter (Mk. 3,35 par.)]. Das alles war deutlich.|

Aber freilich: *Jesus hat nie bestritten,* daß die alten Ordnungen eben dadurch, daß etwas Besseres an ihre Stelle kommt, *außer Kraft* gesetzt werden. *Der Most* sprengt nun einmal die alten Schläuche. Er will es nicht. Aber weil er Most ist, so gärt er. Und weil er gärt, so sprengt er, was alt und morsch ist. So *das Reich Gottes.* Es hat keine besondere Freude am Umsturz, es ist nicht seine Absicht umzustürzen, aber es läßt sich auch nicht leugnen, daß es tatsächlich den Umsturz bedeutet für alle bloß menschlichen oder menschlich verderbten Gottesordnungen. Es stürzt freilich auf *seine eigene Weise,* nicht mit der äußerlichen Gewalt von Stimmenmehrheit oder gar von Maschinengewehren, sondern mit der innerlichen Gewalt, mit der das Tannenwürzelchen im Felsenspalt, wenn es wächst, zuletzt den Felsen zerbricht. Aber es läßt sich nicht leugnen: *es stürzt,* es zerbricht, es ist nichts, gar nichts Altes, Menschliches sicher vor dem Gottesreich. «Er übet Gewalt mit seinem Arm und zerstreuet, die hoffärtig sind in ihres Herzens Sinn. Er stößt die Gewaltigen vom Stuhl und erhebt die Niedrigen. Die Hungrigen füllet er mit Gütern und läßt die Reichen leer» [Lk. 1,51–53]. Davon redet Jesus auch in unserem Text ganz unzweideutig. Diese Worte vom Most, der die alten Schläuche zerreißt, sind eine *Warnung vor dem Reich Gottes,* vor dem Christentum, eine *Warnung* an die Adresse derer, denen das Alte, das Menschliche so lieb ist, daß sie unter keinen Umständen davon lassen können. Er sagt ihnen: *wenn es so steht mit euch,* dann muß ich eure Furcht vor mir allerdings bestätigen. Dann *hütet euch* vor dem Gottesreich! Dann *wahret* eure heiligsten Güter! Dann laßt euch ja nicht ein auf das Christentum, sondern haltet es euch mit aller Kraft *vom Leibe!* Hütet euch vor diesem Feuer, kommt schnell, es *zu löschen,* wenn ihr könnt.|

Man kann einen doppelten Sinn finden in dieser Warnung. Sie ist einerseits eine *freundliche Fürsorge* für jene ängstlichen und mißtrauischen Seelen: Seht, sagt er ihnen, ich möchte euch davor bewahren, daß ihr *immer so überrascht* seid, wenn im Evangelium der Angriff auf die alten Ordnungen zum Vorschein kommt. Ich sage es euch nun ein für allemal: dieser Angriff ist im Evangelium *tatsächlich vorhanden* und wird immer wieder an den Tag kommen, einfach darum, weil es wirklich die Botschaft von einer *neuen Ordnung* ist. Und alt und neu *reimen sich nun einmal nicht*, das Göttliche *verdrängt nun einmal* das Menschliche. Ist euch das so *unangenehm*, daß es so ist, so haltet euch die Ohren zu, wenn ihr könnt, aber *wundert euch nicht mehr* darüber, daß es so ist. Andrerseits ist diese Warnung gerade damit, daß das so ruhig und freundlich festgestellt wird, eine unverkennbare *Herausforderung:* Macht mit mir, *was ihr wollt,* ihr Ängstlichen und Mißtrauischen. Ihr könnt die Natur des Gottesreiches nicht verändern und mich auch nicht. Und wenn ihr *euch noch nicht verändern* könnt, dann müßt ihr allerdings *gegen mich* sein. «Wenn jemand nicht von neuem geboren wird, kann er das Reich Gottes nicht sehen» [Joh. 3,3]. Wer *gebunden ist* an das Alte, der *kann* das Christentum nicht ertragen, der *muß* sein Feind sein. Wenn ihr euch die Ohren nicht wirksam *zuhalten könnt,* wenn es euch nicht gelingt, mich *einfach zu überhören,* wenn ihr nicht damit über das Reich Gottes triumphieren könnt, daß ihr sagt: es *geht mich nichts an!,* dann muß ein *Kampf* auf Leben und Tod das Ende sein. Ihr könnt wählen zwischen beidem. Und es steht euch auch noch immer der *dritte Ausweg* offen, Gott die Ehre zu geben, von den alten Schläuchen zu lassen und nach neuen zu greifen, um den jungen Most zu fassen. Wie sollte euch dieser Ausweg nicht offen sein? Aber ihr seid *gewarnt,* ihr wißt, wie ihr mit dem Christentum dran seid.

2. Wir haben diese Worte nun *nach allen Seiten,* gleichsam nach allen vier Himmelsrichtungen reden lassen. Die Einen von uns werden hier, die Anderen dort davon berührt worden sein, je nachdem wo wir stehen. Irgendwo stehen wir ja alle: Entweder bei denen, die gern etwas vom Christentum *annehmen,* oder bei denen, die es gelüstet, ihr Christentum eifrig zu *zeigen und zu betätigen,* oder bei denen, die damit schon schlimme *Erfahrungen* gemacht haben, oder bei denen, die etwas gewittert haben, daß das Christentum dem jetzigen Weltleben *gefährlich* werden könnte. Aber wo wir auch stehen, nicht wahr, das haben wir gemerkt, diese seltsamen Worte des Heilands stellen uns alle vor eine große *Entscheidung.* Sie sagen uns, daß er nicht mit sich *markten* läßt. Sie sagen uns: *Alles oder nichts!*[5] Ja oder Nein! Sie war-

---

[5] Die Parole «Alles oder nichts» stammt aus H. Ibsen, *Die Kronprätenden-*

nen uns vor allen Versuchen, das Alte und das Neue zu *vereinigen.* Sie laden uns freundlich ein, es mit dem Neuen zu *wagen.* Sie laden uns aber ebenso bestimmt ein, wenn wir's nicht wagen, auf das Neue ganz zu *verzichten.* Der Evangelist Lukas hat in dieser Hinsicht noch ein heiteres Wort Jesu überliefert: «Niemand ist, der vom alten Wein trinkt und wolle bald des neuen; denn er spricht: *der alte ist milder*» [Lk. 5,39]. Jesus *versteht uns* also, wenn uns das alte Kleid und die alten Schläuche wohl gefallen. Aber wir müssen *die Wahl treffen* zwischen ihm und diesen alten Dingen. *Vereinigen* sollen wir sie nicht. Das sei gefährlich für das Neue *und* für das Alte. Wenn wir das deutlich gehört haben, *daß wir wählen müssen,* dann haben wir für heute genug gehört.[6]

Lieder:
Nr. 40 «Gott des Himmels und der Erden» von H. Albert, Strophen 1–3 (RG [1998] 566; EG 445, jeweils mit Textabweichungen)
Nr. 177 «Jehovah. Jehovah, Jehovah», Strophen 1–2, Str. 1 von G. K. Pfeffel (1736–1809).

ten (4. Aufzug, 3. Auftritt nach der Verwandlung; Skule), in: ders., Sämtliche Werke in deutscher Sprache, 1. Reihe, 3. Bd., Berlin 1898, S. 314.
  [6] Auf der unteren freien Hälfte der letzten Manuskriptseite finden sich Abdrücke, vielleicht eines Kinderfußes. Barth hat neben einem darauf zeigenden Pfeil geschrieben: «Fuß! Matth. 5,13».

Safenwil, Sonntag, den 23. Februar 1919

Matthäus 9,20–22

[Und siehe, ein Weib, das zwölf Jahre den Blutgang gehabt, trat von hinten zu ihm und rührte seines Kleides Saum an. Denn sie sprach bei sich selbst: Möchte ich nur sein Kleid anrühren, so würde ich gesund. Da wandte sich Jesus um und sah sie und sprach: Sei getrost, meine Tochter; dein Glaube hat dir geholfen. Und das Weib ward gesund zu derselben Stunde.]

1. Das Reich Gottes, das Jesus verkündigt und offenbart hat, ist *etwas Ganzes.* Jesus hat die Menschen vor eine Wahl, vor eine *Entscheidung* gestellt: Ja oder Nein! Alles oder nichts![1] Wenn das, was *heutzutage* in Kirche und Kapelle[2] gepredigt wird, wirklich Jesus ist, dann kann es auch heute nicht anders sein. Wenn wir es nicht merken, daß es ums Ganze geht und daß wir vor eine Wahl gestellt sind, dann ist's ein Zeichen dafür, das wir noch etwas Anderes predigen als das, was Jesus gepredigt hat, oder aber ein Zeichen dafür, daß wir die Ohren noch nicht haben, um das wirkliche Wort Jesu zu hören. Wir können das Reich Gottes *nicht halb verstehen,* wir verstehen es ganz oder dann gar nicht. Wir können Jesus nicht halb annehmen; wir nehmen ihn ganz an oder dann gar nicht. Die Tür ist entweder offen oder geschlossen; etwas drittes gibt es nicht. Wir können das Himmelreich *nicht verbinden* mit irgendwelchen irdischen Anschauungen, Gewohnheiten und Verhältnissen. Wie man's auch ansehen mag, das Göttliche entweicht dabei immer, und was zurückbleibt, ist immer etwas sehr Menschliches. Wir haben volle *Freiheit,* die Finger zu lassen vom Göttlichen, und sind nicht notwendig schlechtere oder unglücklichere Menschen, wenn wir von dieser Freiheit Gebrauch machen. Wir haben aber nicht die Freiheit, das Göttliche uns anzupassen, denn es will sich selber[3] sein und seinen eigenen Weg mit uns gehen. Das Reich Gottes drängt sich uns nicht auf, es läßt aber auch nicht mit sich markten. Wir machen uns selbst und die Welt *nicht im geringsten besser,* wenn wir aus dem neuen Kleid des Gottesreiches ein Stück, das uns paßt, herausschneiden, um unser altes Kleid damit zu flicken. Und

[1] Siehe oben S. 77, Anm. 5.
[2] Vgl. oben S. 51, Anm. 1.
[3] = es selber.

wir leisten Gott nicht den geringsten Dienst, wenn wir den neuen Wein seiner Wahrheit in alte Schläuche gießen.[4] Im Gegenteil: das Vermitteln, das Ausgleichen, das Anpassen und Verbinden schadet uns, vermehrt die Verwirrung in der Welt, macht Gott Unehre, und wenn wir die beste Absicht dabei hätten. Wie es in dem Liede heißt: Wir spinnen Luftgespinste und suchen viele Künste und kommen weiter von dem Ziel![5]

2.   Wenn wir uns das haben sagen lassen, dann können wir uns jetzt auch etwas Anderes sagen lassen. Jesus hat das Reich Gottes mit Vorliebe mit kleinen, feinen, *unscheinbaren Dingen verglichen:* nicht mit einem Bergsturz, der auf einmal kommt und Alles zudeckt, nicht mit einem Wolkenbruch, der einem nur die Wahl läßt, durch und durch naß zu werden oder in ein Haus zu flüchten, nicht mit einem Meteorstein, der aus einer unbekannten Sternenwelt auf die Erde gesaust kommt: So da bin ich, macht mit mir, was ihr wollt – sondern mit ein wenig Salz [vgl. Mt. 5,13], mit einem Lichtlein, das in einem dunklen Hause scheint [Mt. 5,15], mit einem Stück Sauerteig mitten in drei Scheffel Mehl [Mt. 13,33 par.] und besonders gern mit dem Samenkörnlein, das still unter der harten Erde auf seine Stunde wartet [Mk. 4,31f. par.; Mk. 4,26–29]. Und auch in unserem Text hören wir von einem kleinen, feinen, *unscheinbaren Auftreten* des Gottesreiches, von der kranken Frau, die von hinten an Jesus herantrat und den Saum seines Kleides anrührte, und die von Jesus nicht eine Anklage hören muß wegen ihrer Schwachheit oder Halbheit oder Unentschiedenheit, sondern das schöne, hilfreiche Wort: Sei getrost (eigentlich: Sei mutig! Sei stark!), meine Tochter, dein Glaube hat dir geholfen!

Da lernen wir nun *etwas Neues.* Das Reich Gottes, das mit seinem entschiedenen: Alles oder Nichts! so gewaltig seinen eigenen Weg geht, ist doch zugleich etwas *Barmherziges,* Geduldiges, Feines. Es ist *gewaltig,* aber nicht grob. Es ist *kriegerisch,* aber nicht zänkisch. Es ist so *hoch* über uns wie der Himmel über der Erde [vgl. Jes. 55,9], aber ist nicht vornehm und unhöflich wie manche Leute, denen es zu wohl ist.

---

[4]   Vgl. die Predigt Nr. 456.
[5]   Aus Strophe 4 des Liedes Nr. 52 «Der Mond ist aufgegangen» von M. Claudius (RG [1998] 599; EG 482).

Es *paßt sich uns nicht* an, aber es kommt uns entgegen, es geht auf uns ein. Es stellt uns vor eine Wahl, aber es *preßt uns nicht an die Wand*, und es setzt uns nicht den Revolver auf die Brust. Es will uns in eine *Bewegung* versetzen, aber damit verlangt es nicht etwas Unnatürliches von uns, sondern im Gegenteil, daß wir ganz natürlich seien. Alles Gewaltsame, *Erzwungene*, Gemachte, Künstliche ist ihm im Tiefsten zuwider, und wenn es noch so schön wäre. Man kann das Reich Gottes nicht schlimmer *mißverstehen*, als wenn man meint, man müsse allerlei Gedanken annehmen, die man nicht für wahr hält, man müsse allerlei tun, von dessen Richtigkeit und Notwendigkeit man doch gar nicht überzeugt ist, man müsse allerlei Gefühle, Erfahrungen und Erlebnisse haben, die einem im Grunde fremd sind. Das Reich Gottes kommt zu uns mit einer wahrhaft *mütterlichen Schonung*. Von neuem geboren [Joh. 3,3]! Wie die Kinder [Mt. 18,3]![6] Es läßt jedes Menschenkind mit seinem Charakter und in seinen Verhältnissen und mit seinem besonderen Lebenslauf durchaus *gelten*. Es verlangt nicht von uns, daß wir *Purzelbäume* schlagen und den Hochstand machen. Es verlangt nicht von uns, daß wir unser Leben *umkrempeln* in ein schnurstracks göttliches Leben voll Glaube, Liebe und Hoffnung [vgl. 1. Kor. 13,13] und unsere Welt in eine schnurstracks göttliche Welt voll Freiheit, Gleichheit und Brüderlichkeit[7]. So tönt es freilich in manchen Bekehrungspredigten, und so versuchen sie jetzt in Rußland und da und dort in Deutschland, das Reich Gottes aufzurichten[8]. Da ist allerdings das Alles oder nichts! des Gottesreiches bis zu einem gewissen Grad verstanden. Aber gerade das Freie, Natürliche, Gütige des Gottesreiches wird da nicht verstanden. Im Neuen Testament geht es entschieden *anders zu* als bei den geistlichen Erweckungsbewegungen und bei den weltlichen Revolutionsbewe-

[6] Die beiden biblischen Anspielungen hat Barth nachträglich als Stichworte eingefügt.

[7] Liberté, égalité, fraternité! war die Devise der französischen Revolution; vgl. Büchmann, S. 647.

[8] Im November 1918 hatten sich in ca. 50 deutschen Städten als oberste politische Organe Arbeiter- und Soldatenräte gebildet; Ph. Scheidemann hatte in Berlin, K. Eisner in München die Republik ausgerufen. Die Revolution hatte in Deutschland allerdings keine Chance. Bereits im Januar 1919 wurden die Führer der KPD, K. Liebknecht und Rosa Luxemburg, im Februar K. Eisner ermordet.

gungen. Jesus wirft den Menschen nicht um. Er ist *zufrieden,* wenn nur ein *wenig* Salz, ein *kleines* Licht, ein *kleiner* Same da ist. Die kranke Frau *bekommt Recht,* obwohl sie nur von hinten den Saum seines Kleides berührt. Das ist nicht viel, das ist schwach, ängstlich, ein wenig abergläubisch. Keine Bekehrung, kein Glaubensbekenntnis, keine Heilserfahrung, kein moralischer Aufschwung! Sie berührte den Saum seines Kleides. Für Jesus ist das genug.

Wir sollen offenbar ins Reich Gottes, das uns etwas so absolut Neues bringt, nicht hineingeworfen werden wie Buben, die man schwimmen lehren will, sondern wir sollen die Freiheit haben, einmal einen Anfang zu machen, einen *schüchternen,* verlegenen, furchtsamen, ungeschickten Anfang, wenn's nur ein Anfang ist. Wir haben volle Freiheit anzufangen, *wo wir wollen,* bei einer eigenen Not oder bei der Not Anderer, im inneren Leben oder im äußeren, bei der aufmerksamen Betrachtung der Bibel oder bei der ebenso aufmerksamen Betrachtung der Weltereignisse, beim Beten oder beim Arbeiten, es ist alles recht, wenn's nur ein Anfang ist. Wir können's bei solchem Anfang auch *ganz natürlich* halten, wie es uns entspricht, der eine stürmischer und der andere gemächlicher, der eine mehr in seinen Gedanken, der andere mehr durch frisches Tun – wenn's eben nur ein Anfang ist. Wir werden darum nicht gescholten, weil es nur ein Anfang und *nicht das Ganze* ist. Wenn's ein rechter Anfang ist, dann ist's eben doch der Anfang des Ganzen. Es sind ja alles *nur Säume* am Kleid des Heilands, die wir jetzt anrühren, einerlei, wenn's nur der Heiland ist, dann gehört auch der Saum zu ihm, und indem wir ihn anrühren, wird uns geholfen. *Es kann in einem ganz kleinen* Verstehen das große, volle Verstehen stecken und in einem kleinen Annehmen das große, ganze Annehmen, wie eben im Samen verborgen ein ganzer Baum mit hunderten von Früchten stecken kann. *Wenn wir dieses Kleine haben,* in dem das Große enthalten ist, so kann sofort auch zu uns gesagt werden: Sei getrost, dein Glaube hat dir geholfen! Und *niemand ist zu schwach,* niemand zu alt, niemand zu unverständig, niemand zu ungläubig, um dieses Kleine zu haben. Es wird wohl von Gott aus betrachtet nicht anders sein, als daß *wir alle nur ein solches Kleines* haben. Wir wollen froh sein, daß wir darum nicht verworfen, sondern mit diesem Kleinen angenommen sind. Das ist die Barmherzigkeit, die Geduld, die Langmut des Gottesreiches.

3. Aber bei dem *Ja oder Nein!*, Entweder – Oder! des Heilands muß es darum doch bleiben. Es bleibt dabei: die Tür ist entweder offen oder zu, ein drittes gibt es nicht. Wir dürfen schamhaft, hilflos, unklar anfangen und sind alle darauf angewiesen, daß wir das dürfen. Aber wir müssen anfangen. Es kann sich *nicht wieder darum handeln,* daß wir eben doch vom Heiland, vom Christentum, von der Wahrheit nehmen, was gerade uns paßt. Sondern *darum handelt es sich,* daß er uns vorläufig soviel geben kann, als er gerade uns geben kann. Wir können nicht gleich die ganze *Wahrheit* erkennen und unser Leben danach gestalten, niemand verlangt das von uns. Wohl aber müssen wir einmal erkennen, merken, zugeben, daß die Wahrheit die Wahrheit ist.

Wir müssen merken, daß es nur *eine* Quelle gibt, die unseren Durst, und nur *ein* Brot, das unseren Hunger stillen kann. Wir müssen merken, daß es nur *einen* Gott gibt. *Wieviel wir trinken* von diesem Wasser und essen von diesem Brot, wie stark oder schwach wir glauben an diesen *einen* Gott, darauf kommt so viel zunächst nicht an. Wohl aber müssen *wir es lassen, daneben* immer noch anderes Brot zu essen, Wasser zu trinken, Götter anzubeten. Es darf z. B. nicht sein, daß wir neben der erkannten Wahrheit dann noch eine *eigene Meinung* haben, so schön das sonst ist, sonst haben wir eben die Wahrheit nicht erkannt. Es geht nicht an, daß wir neben der Weisheit Gottes auch noch eine besondere *Zeitungsweisheit* anerkennen, sonst haben wir eben Gott nicht verstanden. Es geht nicht an, daß wir auf Gott vertrauen und ungefähr ebenso stark auf unsere gesicherte *finanzielle Stellung,* sonst vertrauen wir eben nicht auf Gott. Es geht nicht an, daß wir das Christentum eine schöne, ernste Sache sein lassen und uns daneben imponieren lassen von *Büchern und Tagesgrößen,* die bei Lichte besehen oft gerade das Gegenteil des Christentums vertreten. Wie wir Stellung nehmen wollen zu dem *Einen,* was wir nötig haben, darin haben wir weiteste Freiheit, aber es muß einmal die *Erkenntnis in uns durchbrechen,* daß wir nur *Eines* nötig haben, nur auf *Eines* hoffen können [vgl. Lk. 10,42]. Wenn wir neben dem Einen immer auch noch etwas Anderes haben wollen, dann haben wir das Eine sicher nicht. Man kann und darf ein sehr unvollkommener Christ sein, aber man kann *nicht zwei Herren dienen* [Mt. 6,24 par.]. Sonst sind wir eben draußen und nicht drinnen.

Wenn wir das einmal gemerkt haben, ich muß drinnen sein, ich muß von dem Einen Alles erwarten und Alles von dem Einen, dann ist's ganz *unmöglich,* daß wir vom Christentum fernerhin[?] so naschen und pflücken mögen, was uns paßt, dann sind wir *in der Lage,* von Gott zu empfangen, soviel er gerade uns gerade jetzt geben kann. In dieser fruchtbaren[?] Lage war aber *jene kranke Frau.* «Sie sprach bei sich selbst: Wenn ich nur sein Kleid anrühre, so werde ich gesund werden.» Das war ihre offene Tür. Sie hat sich von dem Vielen abgewandt und dem Einen zugewandt. Im Markusevangelium lesen wir von ihr: «Sie hatte viel erlitten von vielen Ärzten und hatte all ihr Gut darob verzehrt und half ihr nichts, sondern vielmehr ward es ärger mit ihr» [Mk. 5,26]. Ja, so kann es einem gehen mit den Herren Ärzten, aber nicht nur mit den Ärzten, sondern überhaupt mit den anderen Meinungen, Weisheiten und Wahrheiten, die *neben* der einen etwas sein und gelten wollen. Und da besteht nun das Entweder – Oder des Gottesreiches darin, daß wir das Vielerlei einmal von Herzen *satt bekommen* und zu uns selbst sprechen: Ich bin *schwach* und dumm und ungeschickt, und in weiter, weiter *Ferne* nur sehe ich den Heiland und Erlöser der Welt, so daß ich *Mühe habe,* auch nur den Saum seines Kleids zu berühren, aber das alles soll mich nun *nicht mehr abhalten,* Alles hinter mich zu werfen und es auf ihn allein abzusehen! *Ich habe viel* von mir selbst erwartet, viel von den Menschen, viel von meiner Familie und von meinen Gesinnungsgenossen, viel vom natürlichen Fortschritt und von glücklichen Zufällen. Ich habe viele Hoffnungen kommen und wieder gehen sehen. Ich bin nun eigentlich *auf dem Punkt,* zu versinken in dumpfer Enttäuschung oder in einer ebenso dumpfen, faulen Zufriedenheit. Nun aber will ich's *mit Gott wagen* und mit dem, den er gesandt hat, Jesus Christus [vgl. Joh. 17,3], will Alles darauf *abstellen,* daß bei ihm Licht ist und Kraft ist und daß am Ende der Welt er stehen wird als der Sieger und so auch am Ende meines Lebens, und wenn's so ist, so kann und will ich ihm mein Leben jetzt schon anvertrauen, obwohl ich's nicht verdiene, eine der Seinigen zu sein. Verdient oder unverdient, würdig oder unwürdig, bei ihm werde ich gesund werden! Seht, so kurz[?] und direkt und kühn hat die kranke Frau ihre Augen auf den Heiland geworfen: *Das* ist mein Mann! *Das* ist der *Eine,* der mir helfen kann. Sie war *schwach,* abergläubisch, töricht – was man will, aber es war in ihren Gedanken

und in ihrem Herzen ein *freies,* verwegenes Stürmen des Himmelreichs [vgl. Mt. 11,12], ähnlich wie bei jenem Aussätzigen (Wenn du
willst [, kannst du mich wohl reinigen (Mk. 1,40 par.)].) und beim
Hauptmann von Kapernaum (Sprich nur ein Wort [, so wird mein
Knecht gesund (Mt. 8,8 par.)].), nur wahrscheinlich viel direkter und
persönlicher noch als bei jenen, weil sie eine Frau war.

Das heißt Anfangen mit dem Reich Gottes. Wir dürfen anfangen. Wir
sollen gar nicht mit der Tür ins Haus fallen. Nicht dazu sollen wir uns
entscheiden, *vollkommen* zu werden, aber dazu, einmal anzufangen.
Nicht dazu, *fromm* zu werden, aber dazu, Christen zu werden, d. h.
Christusleute, Leute, die in Christus die eine Wahrheit und Hilfe erkannt haben. In dieser Hinsicht bleibt's also dabei: *Ja oder Nein!* Alles
oder nichts! Die Geduld und Güte Gottes, die unsere Schwachheit
erträgt, darf uns nicht vergessen machen, daß eben sie uns *zur Buße
leiten* will [vgl. Röm. 2,4] und nicht in eine andauernde Verstocktheit
hinein.

Denn bemerken wir wohl: nicht der Schwachheit und Torheit und
nicht dem Aberglauben dieser Frau hat Jesus Recht gegeben, nicht das
hat er an ihr *gerühmt und anerkannt,* daß sie nur den Saum seines
Kleides berührte und sich nicht getraute, sich frei und offen an ihn zu
wenden. Sondern das hat er gerühmt an ihr, was nicht Schwachheit
und Furcht war, das bißchen *Glauben,* das sie trotz Allem hatte, das
Energische, Entschiedene, Einseitige an ihr, das sich ihm zuwandte. Er
hat ihre *Unvollkommenheit* übersehen und geschont, aber er hat ihr
nicht gesagt: deine Unvollkommenheit hat dir *geholfen,* sondern: dein
Glaube hat dir geholfen! Ein *wenig Salz* genügt, aber es muß Salz sein
und nicht Sand oder Sägmehl. Ein *kleines Licht* genügt, aber es muß
ein Licht sein und nicht Finsternis. Ein *Samenkörnlein* genügt, aber es
muß lebendiger Same sein und nicht ein Kieselsteinchen. *Glaube wie
ein Senfkorn* genügt, aber es muß Glaube sein [vgl. Mt. 17,20 par.].
Die Masse tut's nicht, die Größe, die Hitze, die Gewalt des Geistes
tut's nicht, aber es muß *lebendiger Geist* sein und nicht totes Fleisch,
was in uns ist. Gott ist *zufrieden,* wenn er jenes Kleine bei uns findet.
Aber nicht darum ist er damit zufrieden, *weil es klein ist,* sondern weil
es *das Große in sich enthält.* Wenn es das Große nicht enthält, dann ist
alle Barmherzigkeit, mit der Gott uns schont und aufnimmt und trägt,
vergeblich.

4. Zum Schluß einige Worte über *die Kraft Gottes in Jesus. Sei getrost, meine Tochter!* Sei kühn, sei mutig, sei stark! Da sehen wir's, *er verachtet sie nicht* wegen ihres schwachen Benehmens, wie wir uns verachten müssen gegenseitig wegen unseres Benehmens. Ja, wir *müssen.* Wir stehen unter einem unglückseligen Zwang, daß wir einander nicht verstehen, daß wir so oft *nicht sehen,* wie in dem Kleinen, das wir aneinander wahrnehmen, das Große verborgen ist. Wir sehen und hören *nur das Stammeln und Stolpern* der Anderen und *trauen ihnen nicht zu,* daß so ein lebendiger Anfang zum Gottesreich in ihnen verborgen sein könnte. Darum bleibt denn so viel Göttliches, Zukunftsvolles *verborgen* in den Menschen. Wir sollten uns *helfen,* es an den Tag zu bringen, statt uns zu verachten. Jesus hat der Frau auch helfen müssen. Das war seine *Gotteskraft,* daß er durch die Hülle von Schwachheit hindurchbrechen und ihr helfen konnte, obwohl sie schwach und töricht war.

Aber eben, *er läßt sie auch nicht* in der Schwachheit, er billigt es durchaus nicht, wie sie sich benimmt, er stellt sie auf einen *anderen Weg.* Wir bringen's noch etwa so weit, daß wir einander verstehen, aber dann lassen wir uns *erst recht sitzen* in unserer Schwachheit. Er ist einmal so, man muß es ihm lassen! Das ist nicht die Barmherzigkeit des Gottesreiches. Wir sollten uns nicht nur dulden und ertragen, wir sollten uns gegenseitig *auf die Füße helfen.* Jesus hat das Benehmen [?] dieser Frau *nicht als etwas Definitives* anerkannt, er hat ihr gesagt: Das Beste, das in dir ist, das du *im Grunde hast, muß* nun hervorbrechen, das Große aus dem Kleinen, die Fortführung aus dem verheißungsvollen Anfang. *Sei nur, was du im Grunde bist*[9], nimm ihn ernst, deinen Glauben! Solches Reden miteinander wäre Gotteskraft, wenn wir's könnten.

Dein Glaube! Es war der Frau sicher *etwas Neues,* daß das, was in ihr war, Glaube sei. Es ist noch anderen Leuten so gegangen: sie hörten es zuerst aus dem Munde Jesu, daß sie gläubig seien [vgl. Mk. 10,52; Lk. 7,50 u. ö.]. Es muß über sie gekommen sein wie die große *Überraschung, wie ein Geschenk:* Wahrhaftig, er sagt: ich glaube! Ich hätte mich gar nie getraut von mir aus, dieses Kühne und doch so Furchtsame, dieses Freie und doch so Verborgene da in mir Glauben zu

[9] Vgl. oben S. 22, Anm. 5.

heißen. Es *war auch ein Geschenk*. Sie hatte sich nicht *vorgesetzt:* ich will glauben! Sondern der Glaube war in ihr *geschaffen* worden, sie mußte glauben. Ihr Verdienst war nur der [?], daß sie sich *nicht wehr- te,* als sie glauben mußte. Denken wir daran: die Kraft *Gottes* schafft den Glauben. Ein Glaube, den wir uns selbst machen, ist nicht Glau- be. Wenn wir glauben, so ist's eine *Gabe Gottes,* die da ist, *bevor* wir den rechten Namen dafür wissen, und wenn wir ihn wissen, werden wir uns nichts darauf einbilden. Es ist eine sehr ernste Frage, ob Jesus von *dem, was in uns ist,* sagen würde: dein Glaube; dein Glaube *hat dir geholfen*. Es ist eine *Treue Gottes,* eine Gnade, eine Barmherzigkeit, wenn ein Mensch glaubt. *Eben darum,* weil Gott dabei die Hauptsa- che ist und nicht der Mensch, hilft der Glaube. Er hat schon geholfen. Es ist eine neue *Lage* geschaffen, wo man glaubt. Wenn geglaubt wird auf der Erde, kann Gott *vom Himmel her wirken*. Nicht durch Sug- gestion oder Magnetismus[10], nicht durch heftiges Beten, sondern da- mit, daß er *Gott ist auf Erden* wie im Himmel. Wo geglaubt wird, da kann Gott auch Verderbensmächten wie einer solchen Krankheit *Halt gebieten*. Diese Mächte gehören nicht notwendig zur Welt, nur zur Welt ohne Gott. Wenn Gott *wieder zu seinem Recht kommt* in der Welt, wird ihnen ein Ziel gesetzt. Solange wir sie ohne Ziel und Schranken wüten sehen, müssen wir denken, daß es mit dem, was Jesus Glauben genannt hat, *auch nicht weit her* sein kann unter uns. Wenn wir die Kraft Gottes einmal wieder erkennen würden, wird sie *nicht nur Glauben* in uns schaffen, sondern durch den Glauben *auch Hilfe,* Gesundheit, Freude. Doch wir wollen nicht mit einem *Seufzer* schließen, sondern uns *freuen* darüber, daß diese Gotteskraft einmal auf der Erde erschienen ist und uns gezeigt hat, *wohin der Weg führt*. Wollen uns freuen über jeden *Lichtstrahl,* der von dort her auch zu uns dringt, und in Aufrichtigkeit das Unsere tun, daß ihrer *mehrere* wer- den können.

[10] «Magnetismus animalis» nannte der Arzt Fr. A. Mesmer (1734–1815) sein stets umstrittenes, aber teilweise erfolgreiches Heilverfahren, dessen Wirkung auf einem universellen, von Mensch zu Mensch mit Hilfe von Magneten oder magnetisierten Gegenständen übertragbaren Fluidum beruhen sollte. Mesmer gilt als Vorläufer der Hypnotherapie.

Lieder:

Nr. 147 «O heiliger Geist, o heiliger Gott» von A. E. Fröhlich (1796–1865),
Strophen 1–3 (RG [1998] 507, 1–2)

Nr. 352 «Ich hab von ferne, Herr, deinen Thron erblickt» von J. T. Hermes
(1738–1821), Strophen 1.2.5 (Reichs-Lieder 565)

Matthäus 9,18–19. 23–26

[Da er solches mit ihnen redete, siehe, da kam der Obersten einer und fiel vor ihm nieder und sprach: Herr, meine Tochter ist jetzt gestorben; aber komm und lege deine Hand auf sie, so wird sie lebendig. Und Jesus stand auf und folgte ihm nach und seine Jünger. Und als er in des Obersten Haus kam und sah die Pfeifer und das Getümmel des Volks, sprach er zu ihnen: Weichet! denn das Mägdlein ist nicht tot, sondern es schläft. Und sie verlachten ihn. Als aber das Volk hinausgetrieben war, ging er hinein und ergriff es bei der Hand; da stand das Mägdlein auf. Und dies Gerücht erscholl in dasselbe ganze Land.]

1. Der Tod hatte angeklopft an der Tür des Synagogenvorstehers Jairus in Kapernaum. Hoffnungslos krank lag sein Kind danieder. Unaufhaltsam rückte das bittere Ende näher und näher. Vielleicht war es schon eingetreten, als der Vater sich angsterfüllt mit einer letzten Hoffnung Jesu zu Füßen warf. Es scheint, daß er selber damit gerechnet hat, daß es so sei, noch bevor er es genau wußte: Herr, meine Tochter ist jetzt gestorben! Vielleicht erinnern wir uns aus unserem eigenen Leben an *solche Augenblicke* furchtbaren Drucks, wo wir Schrecken und Verderben über uns und unsere Lieben unwiderstehlich hereinbrechen sahen. Vielleicht ist es schon geschehen!, dachten wir. Und in dem «Vielleicht» schlummerte drohend das «Schon». Aber wichtiger als solche persönlichen Erinnerungen wäre heute die Erkenntnis, daß *unsere ganze Zeit und Lage* unter solchem Druck steht. Es kann heute kein Zweifel mehr darüber bestehen, daß *die ganze Entwicklung,* in der wir uns befinden, sehr schweren und schmerzlichen Ereignissen und Verhältnissen entgegentreibt. Sie werden *um so schmerzlicher sein,* je weniger wir uns darauf gefaßt machen, je gedankenloser wir uns von der Entwicklung bloß treiben lassen. Sie können vielleicht noch einige Zeit *auf sich warten* lassen, um dann nur um so unwiderstehlicher über uns hereinzubrechen. Es kann aber geradeso gut sein, daß sie schon *unmittelbar bevorstehen,* ja vielleicht, ohne daß wir's ahnen, schon eingetreten sind wie der Tod des Kindes des Jairus.

---

[1] Barth hielt sich vom 28.2. bis zum 4.3.1919 in Basel auf. Am 2. März hat Barth deshalb nicht gepredigt, sondern sich – durch wen, ist nicht bekannt – vertreten lassen.

In der Bibel heißen solche schmerzlichen Ereignisse und Verhältnisse «Gerichte». Es ist mit diesem Ausdruck gemeint, daß sie nicht von ungefähr kommen, nicht nach bloßer Naturordnung und auch nicht bloß infolge einzelner Torheiten und Bosheiten der Menschen, sondern gleichsam als reife *Früchte* eines langen Wachstums, als Rechnungs*abschlüsse*, wie sie eben von Zeit zu Zeit gemacht werden müssen über Soll und Haben, als *Urteils*sprüche über lange, verwickelte Prozesse, die niemand überhören kann, weil sie nicht in Worten, sondern in Tatsachen erscheinen.|

So war's auch im Falle des Jairus. Auch *Krankheit und Tod* im Leben des einzelnen Menschen sind nicht Zufälle, nicht Naturnotwendigkeiten, sondern eben göttliche Gerichte, die auf lange böse Entwicklungen zurückweisen, auch wenn die in den meisten Fällen äußerlich nicht erkennbar sind. Heute aber sind es nicht Einzelne nur, sondern *ganze Völker und Klassen*, über die das Gericht hereinbricht. Eine Woge von Unordnung, Gewalt und Schrecken wälzt sich von Osten her über Europa, und sie steht jetzt dicht vor der Tür des Schweizerhauses. Wollte Gott, wir würden merken, was die Stunde geschlagen hat. Ob wir das, was jetzt in Rußland und Deutschland geschieht[2], *billigen* oder mißbilligen, ist sehr gleichgültig. Ob wir uns bemühen, die *Kanäle,* durch die die böse Flut auch zu uns hereindringen will, künstlich zu verstopfen oder künstlich zu vergrößern, kommt fast aufs Gleiche heraus, sie kommt mit oder ohne Kanäle, sie ist schon da. Wichtig wäre jetzt nur eins, nämlich die *Erkenntnis,* daß das, was jetzt kommen will, das Ergebnis einer langen Rechnung ist. Wir *ernten jetzt* die bitteren Früchte, die zur Zeit unserer Großväter und Väter und in unserer eigenen Lebenszeit gewachsen sind. *Die Wege* der Völker Europas, über deren Richtung uns der Weltkrieg vor Türschluß noch einmal unzweideutige Klarheit gegeben hat, führen unaufhaltsam diesem Ziel entgegen, und so sehr wir auf den bisheri-

---

[2] Die «Basler Nachrichten» berichteten aus Rußland z. B. am 5.3.1919 vom Bürgerkrieg vor allem in Petersburg und am 8.3. von einem Appell der Sowjetregierung: es würde binnen eines Monats zur Katastrophe kommen, weil jeden Tag tausende von Arbeitern die Hauptstadt verließen, ohne sich um die Interessen des Landes zu kümmern. Aus Deutschland brachten sie z. B. am 5.3. und 6.3. Meldungen über Straßenkämpfe und Plünderungen in Berlin und Halle, am 8.3. über schwere Kämpfe und zunehmende Plünderungen in Berlin.

gen alten Wegen weitergehen, so sehr werden wir jenes Ziel, vor dem uns mit Recht schaudert, erreichen. Es kann aber auch sein, daß es zu spät ist umzukehren, weil das Ziel schon erreicht ist. Es gab in der Geschichte des Volkes Israel *solche Augenblicke,* wo die Propheten nach langen vergeblichen Warnungen sagen mußten: nun ist's zu spät! nun kommt, was kommen muß, und niemand wird es aufhalten [vgl. z. B. Amos 9,1–6]. Ich bin kein Prophet. *Ich sage nicht:* es ist zu spät. Aber ich sage: es könnte heute bereits zu spät sein für uns.

2. Zu spät! Nämlich zu spät für alle menschlichen Versuche, dem Unheil zu wehren. Wie es für den *Jairus* zu spät war, sein Kind durch bessere Nahrung oder durch einen Ferienaufenthalt oder durch Zuziehung anderer Ärzte oder durch eine Operation am Leben zu erhalten. Das alles hätte *früher* geschehen müssen. Jetzt war der Tod *schneller* als der besorgte Vater. Er war schon da. So könnte es heute zu spät sein für allerlei Menschlichkeiten, zu spät für den Acht-Stunden-Tag, zu spät für die Altersversicherung, zu spät für wohlgemeinte Fürsorgebestrebungen, zu spät für das Bekenntnis: Ich bin ja im Grunde auch sozial gesinnt! Warum ist nicht vor fünf, vor drei Jahren, vor einem Jahr *so geredet* und vor Allem danach gehandelt worden? Jetzt steht *der Tod vor der Tür,* und der Tod heißt heute Bolschewismus, Spartakus[3] oder wie man das unaufhaltsame östliche Ungetüm nennen mag. Ich bin der Überzeugung, wir würden besser tun, uns wie Jairus *einzurichten, als ob* es für alle menschlichen Abwehr- und Hilfsversuche bereits zu spät wäre. Das will nicht sagen, man solle die Hände in den Schoß legen, wie man ja auch an einem Sterbebett bis zum letzten Augenblick *Alles versucht,* um den immer dünner werdenden Lebensfaden nicht abreißen zu lassen. Aber *rechnen* sollten wir heute mit dem Tode des Patienten, und stellen sollten wir uns heute der Frage: *Was dann?* Was dann, wenn das Unheil kommt, wenn die Flut auch zu uns hereinbricht und neben vielem, was den Einzelnen jetzt lieb und teuer ist, auch die edelsten Güter unseres Volkes *hinwegschwemmt,* unsere gei-

---

[3] Nach dem römischen Sklavenführer Spartacus († 71 v. Chr.) nannte sich die innerhalb der SPD entstandene Gruppe um Rosa Luxemburg, K. Liebknecht und Fr. Mehring. Die Spartakisten stritten für eine radikale sozialistische Demokratie, beteiligten sich an den Aufständen im Dezember 1918 und gründeten nach dem Bruch mit der USPD am 30.12.1918 die KPD.

stige und moralische Kultur um Jahrhunderte *zurückwirft.* Es wäre uns besser, wir würden uns diese Frage: Was dann? ernsthaft stellen. Denn es ist *nicht sehr wahrscheinlich,* daß diese Flut, die das starke, geistig so hoch stehende Deutschland bereits überschwemmt hat, vor den dünnen Wänden unseres Schweizerhäusleins endgültig Halt machen wird. *Was dann?,* wenn es heute für die bestgemeinten menschlichen Hilfsversuche – denn von den Christen wollen wir gar nicht reden! – bereits *zu spät* sein sollte?

3. Dann müßten wir mit Jairus *vordringen* zu der weiteren Erkenntnis, daß es für die Hilfe, die im wörtlichen, buchstäblichen Sinn von Gott, von oben kommt, nie zu spät ist. Von Gott, von oben, ist *die* Hilfe, die uns zuteil wird, wenn wir uns ohne Vorbehalt eingestehen, daß *das Gericht, das uns trifft,* gerecht ist, wenn wir uns eingestehen, daß der Weg, den wir bisher gegangen sind, *zu diesem Ziel führen mußte,* daß es sich in keiner Weise darum handeln kann, diesen Weg fortzusetzen, sondern darum, einen *neuen Anfang zu machen.* Alle Versuche, uns an dieser Einsicht vorbeizudrücken, sind menschlich, von unten. Sie werden uns gerade in der heutigen Lage nicht mehr lange helfen. Jairus war demütig und mutig genug, als der Tod schon da war, die Augen und Hände zu *erheben* nach einem solchen ganz neuen Anfang. Es braucht Beides dazu: Demut und Mut. Diese *zwei Eigenschaften* gehören überhaupt zusammen. Nur wer von Herzen demütig ist, kann wirklich Mut haben. Aber wer demütig ist, der hat dann auch Mut. Es braucht *Demut* dazu, diese Wendung zu nehmen nach der Hilfe, die von Gott kommt. Denn es liegt davor eben das *Eingeständnis:* die Hauptsache hat uns bis jetzt *gefehlt,* wir sind im Ganzen bis jetzt einen *verkehrten* Weg gegangen, wir haben es *verdient,* da zu stehen, wo wir stehen. Es ist dem *Jairus,* der als Synagogenvorsteher einer der angesehensten und wohl auch religiösesten Leute von Kapernaum war, sicher nicht leicht gefallen, mit diesem stillen Eingeständnis zu Jesus zu gehen. *Andere,* die mit solcher Bitte zu Jesus kamen, wie etwa der arme Aussätzige [Mt. 8,2 par.] oder der heidnische Hauptmann [Mt. 8,6 par.] hatten es darin viel leichter, weil sie nicht wie Jairus so viel hatten, auf das sie sich etwas einbilden konnten, weil sie zum vornherein geistlich ärmer waren. Es ist auch heute so, daß gerade *alle Tüchtigen,* rechtlich Denkenden, Gebildeten, religiös Gesinnten es besonders schwer haben, sich einzugestehen: Wir empfangen, was unsere Taten wert sind [Lk. 23,41], wir waren auf einem Holzweg, wir müssen ganz vorne anfangen, auf eine innerste, letzte Verteidigungslinie uns zurückziehen. Gerade solche *Menschen, die etwas sind und haben* im besten Sinn, können es heute meist gar nicht fassen, daß an unserem bisherigen Wesen wirklich nichts zu retten ist, daß nur Eines uns helfen kann. Wir können aber gerade an Jairus sehen, daß es auch einem ehrenhaften, frommen Menschen *möglich ist, diesen neuen Weg anzutreten.* Du kannst demütig werden, wer du auch seist, wenn du's nur merken willst, daß Demut die einzig mögliche Antwort ist auf die jetzt unmittelbar drohende Gerichtszeit.|

Es braucht freilich auch *Mut* dazu, in solcher Lage, wo alles Alte zusammenzubrechen droht, unverzagt *an ein Neues zu glauben.* Aber eben: *wo Demut ist,* da ist dann von selber auch Mut. Wenn es heute *so wenig Menschen* gibt, die mit wirklichem Mut in die Zukunft blicken, so kommt es sicher davon her, weil es so wenig wirklich demütige Menschen gibt. Vielleicht müßte man schon zu Leuten gehen, die vom Leben ganz tief gebeugt und niedergedrückt, die gleichsam von Natur demütig sind, um diesen Mut zu finden. Wir anderen sind wohl alle noch *viel zu gescheit* oder zu fromm oder zu reich dazu, um wirklich mutig zu sein. Man muß eben *ganz fertig sein* mit dem alten Wesen, um den Mut für die Zukunft doch aufzubringen. Es brauchte etwas für *Jairus,* sich mit dem sicheren Tode seines Kindes abzufinden und sich dann doch an Jesus zu wenden als an den Schöpfer eines neuen Lebens. In den Worten: Aber komm und lege deine Hand auf sie, so wird sie lebendig! liegt eine *Mannestat* sondergleichen. Es war eine Tat wie die Abrahams, als er dem Ruf Gottes gehorchte: Zieh aus aus deinem Vaterland [... in ein Land, das ich dir zeigen will (Gen. 12,1)]. Es war nicht selbstverständlich, daß er gehorchte. Es war auch nicht selbstverständlich, daß er als Hundertjähriger noch Bäume pflanzte zu Beerseba, von denen *er* jedenfalls keine Frucht mehr erwarten durfte [Gen. 21,33]. Mit allen Patriarchen und Propheten und Adventsmenschen hat Jairus den großen *Sprung ins Ungewisse* gewagt und getan. *Wenigen* von denen, die mit solcher Bitte zu Jesus kamen, wurde es so schwer zu glauben wie gerade ihm, weil bei Wenigen die offenkundige Wirklichkeit in so starkem Widerspruch stand wie bei ihm zu dem, was er glaubte.|

Wir haben es heute vielleicht auch besonders schwer zu glauben. *Neues Leben,* wo der Tod sein Regiment schon aufgerichtet hat? Eine *bessere Zukunft,* wo Umwälzungen drohen, die nach den bisherigen Erfahrungen überhaupt Alles zu vernichten drohen? *Gerechtigkeit und Frieden,* wo der unverhüllte Zorn und Gewaltgeist die Menschheit erst recht zu erfassen scheint? *Brüderlichkeit und Hilfe* in einem Augenblick, wo Alles schreit: Hassen, hassen wollen wir! *Arbeit und Aufbau,* wo die Freude am Vernichten über Millionen von Menschen gekommen ist und wo wir von dem allem sagen müssen: es ist *nicht unbegreiflich,* nicht unverdient, nicht ungerecht, es ist nur zu verständlich nach Allem, was in den letzten hundert Jahren geschehen ist, daß das das Ende ist? *Hoffen* in der heutigen Lage? *Wissen,* daß wir an einem Haus bauen, das für den Abbruch reif und bestimmt ist und an dem sehr wahrscheinlich alle Reparaturen umsonst sind, und ruhig ausschauen nach einem neuen Bauplatz und neuem Baumaterial? *Glauben,* im Ernst an das Gute glauben im Jahr 1919, – das kann nur, wer eben mit Jairus an Gott glaubt. *Wohl verständlich,* daß Viele heutzutage Augen und Hände müde sinken lassen. Der Glaube ist nicht jedermanns Ding [2. Thess. 3,2]. Aber das soll uns Jairus doch sagen, daß es *möglich ist,* auch wenn man wie er vor einer Mauer steht, zu glauben. Es ist möglich, mutig zu sein. Wir können ja damit anfangen, was wir wollen, aber das müssen wir uns von ihm sagen lassen: es ist möglich.|

Und das wollen wir uns auch von ihm sagen lassen: Wenn es heute zu spät sein sollte für allerlei Hilfsversuche und Auswege, so ist es jedenfalls für die Hilfe, die von Gott, von oben kommt und nur von dort, nicht zu spät. Es ist auch heute nicht zu spät, rein und göttlich und himmlisch *auszuschauen* und uns auszustrecken nach der Welt, der kein Tod, kein Weltkrieg, keine Revolution etwas anhaben kann. Wenn wir das tun, dann fällt doch *ein großes Licht* auf unsere Gegenwart und Zukunft. Wir können an Vielem, an Allem *zweifeln,* was wir jetzt sind und haben und tun, und es wäre gut, wenn wir einmal gründlich zu Zweiflern würden, aber verzweifeln können wir nicht. Wir können den *Untergang* erwarten von Allem, was jetzt groß ist in der Welt, aber wir können an kein Vergehen glauben von dem, was wirklich groß ist. Wir können *das Gericht* kommen sehen, aber keine Vernichtung von dem, was nach seiner Natur nicht vernichtet werden kann. Wir können uns beugen vor der eintretenden *Majestät des Todes*, aber es gibt keinen ewigen Tod, dem wir uns beugen könnten. Was dann?, fragten wir uns. Was dann, wenn das Schlimmste eintreten sollte und vielleicht schon in Bewegung ist wie in der Geschichte des Jairus? Dann muß *das Verwesliche* anziehen die Unverweslichkeit, und das Sterbliche muß anziehen die Unsterblichkeit [1. Kor. 15,53]. Wir wissen aber, so unser irdisch Haus zerbrochen wird, daß wir *einen Bau* haben, von Gott erbauet, nicht mit Händen gemacht, der ewig ist, im Himmel [2. Kor. 5,1]. Das ist nicht nur vom Leben der Seelen nach dem Tode gemeint, das will auch leiblich und irdisch und diesseitig *wahr werden*. Die Erfahrung des Jairus zeigt es uns. «Meine Tochter ist jetzt gestorben, aber komm und lege deine Hand auf sie, so wird sie lebendig!» O wir ahnen noch gar nicht, was wir *machen könnten* in dieser Zeit, wo niemand weiß, was er machen soll, wenn wir nur so glauben und so reden würden!

4. Dazu brauchte es nun freilich schon damals eine große Rücksichtslosigkeit, nämlich gegenüber den Pfeifern und dem Getümmel des Volkes, das das Haus des Jairus mit seinen Totenklagen erfüllte. Von allen *Hindernissen des Reiches Gottes* sind die Klageweiber, die männlichen und die weiblichen, eines von den schlimmsten. Man muß sie sich mit aller Energie *vom Leibe* halten, denn wo sie sind, da kann man nicht glauben, da geschehen keine Wunder. Sie machen es sich zum Beruf, überall das Irdische, das Menschliche, *das Diesseitige zu betonen* an den Ereignissen und Verhältnissen. Solange der Himmel blau ist, leben sie friedlich und gedankenlos wie alle Anderen, wenn aber der böse Winter da ist, dann erheben sie ihre Stimmen: *Wir haben es immer gesagt! So geht es! So sind die Menschen! So ist die Welt! Sie glauben grundsätzlich nicht an Gott,* obwohl sie oft und viel von ihm reden, sie glauben an den Tod! Es ist ihnen ein wahres Fest, zu *klagen und zu schelten,* und nur dabei werden sie vollkommen ernst. So sind sie gleichsam die *Nachteulen und Unken und Krähen* des lieben Gottes, die seine Gerichte mit ihrem unvermeidlichen, lauten Gekrächz begleiten. Man muß sehr *freundlich* und schonend umgehen mit diesen Leuten, besonders wenn man gemerkt hat, daß wir alle, heutzutage besonders, manchmal in Versuchung sind, zu den Klageweibern und Pfeifern zu gehen und Trauerlärm zu machen. Aber man muß ihnen

bestimmt und rücksichtslos begegnen: Ich weiß so gut wie ihr, daß Unheil Unheil ist und Unrecht Unrecht und Tod Tod, aber ich *erwarte nichts davon*, diese Tatsachen zu bejammern. *Ich danke* für eure feierlichen Andeutungen und Fingerzeige. Wenn ihr mir nicht helfen wollt zu glauben, so *hindert mich wenigstens nicht*, wenn ich es tun möchte. *Weichet!* Man sollte das heute laut herausrufen in die Welt und hinein in so manche Häuser und Herzen: Weichet! *Haltet euch still* und macht euch unsichtbar, wenn ihr nur klagen und schelten wollt. Ihr mit eurem Kopfschütteln und eurem Seufzen, ihr mit euren unerlösten Redensarten vom Schicksal und von der menschlichen Unvollkommenheit und von den unerforschlichen Ratschlüssen Gottes, ihr seid's, die ihr Gott im Wege steht! Wir sollten alle darin *viel strenger werden auch gegen uns selbst*, daß wir es uns nicht alle paar Wochen leisten, in Stimmungen zu versinken, wo wir nur noch zu seufzen wissen: Ja, nun ist es aber so! Was soll das heißen? *Nur ohne Gott* ist es so und bleibt es so. Mit Gott wird es anders. Gott hat dem Tode nicht dazu Macht gegeben, damit die Klageweiber Arbeit haben, sondern damit wir uns nach dem Leben ausstrecken sollen.

5. Das Mägdlein ist nicht tot, sondern es schläft! Das war das Wort, das Jesus dem Geschrei und Getue der Klageweiber entgegenstellte. Und dafür mußte er sich von ihnen *auslachen* lassen. Sie waren doch so viel *klüger* als er. Sie *wußten:* Tot ist tot, aus ist aus! Sie nahmen die Welt, *wie sie ist,* und verhielten sich danach; er aber war ein Schwärmer und Phantast. In der Tat ein *merkwürdiges* Wort. Jesus hat ein andermal die Lebendigen Tote genannt: «Laß die Toten ihre Toten begraben» [Lk. 9,60]! Diesmal nennt er das tote Kind lebendig. Wir sind immer in Versuchung, bei solchen Bibelstellen zu denken: ja das sind *schöne Gedanken, schöne Worte.* Wir sollten uns das abgewöhnen. Wenn das nur schön gedacht und schön geredet war von Jesus, dann war es Spielerei. Dann wollte ich es mit den Klageweibern halten, die Alles nehmen, wie es ist, und das Übrige[?] verlachen[?]. Aber Jesus hat mit diesem Wort nicht etwas Schönes sagen wollen, sondern *etwas Wahres.* Er hat nicht eine tiefe Idee ausgesprochen in einem seltsamen Wortspiel, sondern er hat sehr nüchtern *eine Handlung* damit eröffnet. Er hat wieder einmal ausgesprochen, *was werden sollte.* Er hat *an Gott* gedacht. Und das heißt bei ihm: er hat an *sein eigenes Leben* gedacht und an seine

Aufgabe, zu suchen und zu retten, was verloren ist [Lk. 19,10 par.]. Er hat an Alles gedacht, was er schon *getan* hatte und was er *noch tun* wollte in der Erfüllung dieser Aufgabe. Das ist *zweierlei:* schöne Gedanken und Worte und eine solche Reihe von göttlichen Taten. Für Jesus gehörte das tote Kind bereits hinein in die Reihe der göttlichen Taten, in sein eigenes Heilandsleben. Er stellte es mitten hinein durch sein Wort. Und darum konnte er es *schon nicht mehr tot* nennen. In Gott ist kein Tod, sind keine Toten. Ihm leben sie alle [Lk. 20,38].|

Das war eben das *große Licht,* das der Erkenntnis des Jairus, seiner Demut und seinem Mut antwortete. Wenn wir seine Erkenntnis teilen würden, dann würden uns heute auch Bolschewismus und Spartakismus und wie diese Todeserscheinungen einer untergehenden Weltperiode heißen mögen, *in dieses große Licht treten.* Schöne Gedanken und schöne Worte lassen sich freilich nicht darüber machen. Häßlich ist häßlich, und schrecklich ist schrecklich, und Tod ist Tod. Wohl aber könnten auch die Gerichte, denen wir heute wahrscheinlich entgegengehen, *hineingestellt werden* in die große Reihe göttlicher Taten, die auch heute noch nicht zu Ende ist. Sie könnten einen anderen Sinn und einen *anderen Inhalt* bekommen. Was jetzt Unrecht ist, könnte *höchstes Recht,* was jetzt Leid ist, könnte *Freude,* was jetzt Verderben ist, könnte *Heil,* was jetzt Untergang ist, könnte zum *neuen Werden* sich gestalten. Denn auch die großen Gerichte, die über die Menschheit gehen, sind *nicht das Ende* der Wege Gottes, so wenig der Tod des einzelnen Menschen das Ende der Wege Gottes mit ihm ist: Das Ende ist immer Gnade und Leben. Dieses Ende könnte *sichtbar* werden, so daß wir angesichts des großen Jammers, des blutigsten Unrechts sagen dürften: Das Mägdlein ist nicht tot, sondern es *schläft nur.* So könnte es sein, so wahr Gott lebt, wenn Gott heute *unserem Glauben antworten* könnte, wenn der Heiland heute *aussprechen* könnte, was werden soll. Wenn wir heute *dazu verurteilt* sind, in dem, was kommt, nur Unheil und Verderben zu sehen, dann aus dem einen Grunde, weil wir *nur noch so schwach* in dem Heilandsleben, in der Heilandsbewegung drin stehen, die das Gericht in Gnade verwandelt. Ist es aber so, dann können wir heute vielleicht hilflos, aber *nicht ratlos* sein. Wir können wissen, was uns nötig ist. *Warum rufen wir nicht* lauter, nicht sehnsüchtiger, nicht ernsthafter nach dem Strom des Geistes von oben, der den Tod in Leben, den Untergang in Auferstehung verwandelt? Warum liegen und sitzen und stehen wir, wo wir uns mit dem Heiland *bewegen sollten?* Warum lassen wir's nicht zu, daß er uns wieder *mitnehme auf seinen Wegen?* Wir würden dann heute schon zu sehen bekommen, daß in Gott keine Toten sind. Denn alle Dinge sind möglich dem, der glaubt [Mk. 9,23].

Lieder:

Nr. 4 «Ich singe dir mit Herz und Mund» von P. Gerhardt, Strophen 1–3.12.13 (RG [1998] 723; EG 324)

Nr. 344 «Jesus, meine Zuversicht» von O. von Schwerin, Strophen 1.6.7 (RG [1998] 478,1.3.4; EG 526,1.6.7; jeweils mit Textabweichungen in der mittleren Strophe)

Safenwil, Sonntag, den 16. März 1919

Matthäus 9,27–31

[Da Jesus von dannen fürbaß ging, folgten ihm zwei Blinde nach, die schrieen und sprachen: Ach, du Sohn Davids, erbarme dich unser! Und da er heimkam, traten die Blinden zu ihm. Und Jesus sprach zu ihnen: Glaubt ihr, daß ich euch solches tun kann? Da sprachen sie zu ihm: Herr, ja. Da rührte er ihre Augen an und sprach: Euch geschehe nach eurem Glauben. Und ihre Augen wurden geöffnet. Und Jesus bedrohte sie und sprach: Sehet zu, daß es niemand erfahre! Aber sie gingen aus und machten ihn ruchbar im selben ganzen Lande.]

1. Wenn das *Reich Gottes den Menschen nahe kommt,* dann müssen sie aus ihrer tiefen Not heraus *reden* von ihrem Leid und von ihrer Sehnsucht. Vielleicht ist es nicht immer *schön* und erfreulich, das anzuhören, denn es kommt oft heraus wie das Heulen eines Sturmwinds oder wie das Todesgeschrei eines verwundeten Tieres. Aber es entspricht einer höheren[?] Notwendigkeit, daß es kommt. Man darf sich nicht aufhalten über das Schreckliche, das es an sich hat, man muß an seine tiefste *Ursache* denken. Wenn das Reich Gottes den Menschen nahe kommt, dann wird es ihnen eben *bewußt,* daß ihre Not nicht Ordnung ist, sondern Unordnung, nicht Recht, sondern Unrecht. Sie erkennen in einem dumpfen Instinkt die Möglichkeit einer *Hilfe.* Sie strecken sich in wildem Begehren *aus* nach dem Helfer. Diese ganze innere Bewegung, die ihren Grund hat in einer Bewegung Gottes selbst, kommt dann heraus in einem *lauten Rufen,* wie hier in der Geschichte der zwei Blinden: Ach du Sohn Davids, erbarme dich unser! Oft auch in etwas anderen Worten. Oft ist etwas mehr Jammer dabei, oder Zorn oder Enttäuschung, oder auch Hoffnung und Freudigkeit. Aber wir sollten uns *darüber* nicht mehr täuschen: wenn die Not der Menschen so zum Reden oder zum Schreien kommt, dann ist das Reich Gottes nahe. Sie würden nicht reden, sie würden schweigen, wenn das Reich Gottes ihnen ferne wäre.

Es gibt freilich auch ein *schweigendes Elend,* ein schweigendes Zukurzkommen, ein schweigendes Unrechtleiden, und es läßt sich viel Schönes darüber sagen. Es hat auch *etwas Göttliches,* wenn die Leidenden und Benachteiligten das, was sie drückt, in schweigendem Heldenmut ertragen können und wenn die menschliche Gesellschaft in ihrer Arbeit und Fortentwicklung nicht gestört wird durch das Seufzen und Hilferufen derer, die dabei unter die Räder kommen. Menschlich geredet sind das die *schönen Zeiten* und Zustände. Gott tut uns oft den Gefallen, wenn man's so nennen darf, uns solche Zeiten und Zustände zu schenken. Aber wir sollten sie *nicht zu laut* rühmen und nicht zu heftig verlangen, es dürfe und dürfe nichts Anderes geben als dieses schweigende Elend. Wie viele Jahre mögen die *blinden Bettler,* von deren Schreien uns unsere Geschichte erzählt, geschwiegen haben. Gott war auch dabei, aber es war doch etwas Unnatürliches und Unheimliches. Ich sah diese Woche die Gefangenen in *Lenzburg*[1]; sie machten gerade ihren Mittagsspaziergang Einer hinter dem Anderen, die Köpfe gesenkt, die Hände auf dem Rücken zusammengelegt, immer und immer wieder im Kreis herum, schweigend, bis ihre Zeit um war. Es wird wohl so sein, daß Gott irgendwie damit einverstanden ist, daß es so sein muß, aber es ist etwas Grauenhaftes um dieses Schweigen unglücklicher Menschen. Die Völker *Rußlands* haben auch geschwiegen tausend Jahre lang unter dem Druck, unter dem sie standen.[2] Gott war auch dabei, wie sollte er nicht, und es wohnte doch das Entsetzen in diesem Schweigen.

Wir *dürfen aber nicht verwechseln* das, was Gott bloß zuläßt, und das, was er eigentlich will. Es gibt Zeiten und Zustände, da geschieht Alles bloß unter *göttlicher Zulassung,* nicht ohne Gott, unter seinem Regiment, aber doch sozusagen in seiner Abwesenheit, hinter seinem Rücken. Nur sehr von weitem ist er dabei, nur als Zuschauer gleichsam, ohne daß er die Verantwortung übernimmt für das, was geschieht, ohne daß seine Absichten dabei in Erfüllung gehen. Dieser Haltung Gottes in solchen Zeiten mag das schweigende Elend entsprechen. Es hat seine Schönheit und seine Notwendigkeit, aber das Höchste ist es nicht. Es gibt demgegenüber andere Zeiten und Zustände, da kündigt sich an und bricht hervor, *was Gott eigentlich will.*

[1] In dem Städtchen Lenzburg befindet sich die 1868 neu gegründete kantonale Strafanstalt des Aargaus.

[2] Die altrussische Chronik läßt die Geschichte Rußlands mit dem Kiewer Reich der Waräger-Fürsten beginnen. Im Jahre 882 n. Chr. soll Fürst Oleg mit seinem Zug nach Kiew die nördlichen und südlichen Herrschaftsbereiche vereinigt haben. Bis zur Februarrevolution von 1917 wurde das russische Volk stets autoritär regiert.

Gott hat einen Grimm gegen Sünde und Tod und Alles, was dazu gehört. Gott will heben[?], helfen, befreien, erlösen, gutmachen[?]. Wenn Gott den Menschen nahe tritt, wenn er ihnen sein Angesicht zuwendet, so daß sie wieder merken, was er will, dann müssen sie reden und vielleicht schreien in ihrer Not. Von diesen Zeiten und Zuständen redet *die Bibel*. Von den anderen redet sie nicht. Die Bibel schweigt vom Schweigen. Sie ist die Geschichte von Menschen, die nicht mehr schweigen konnten von der Not der Welt. Sie mußten es der großen Nähe Gottes wegen aussprechen, was fehlt, und sie mußten nach Hilfe rufen. Im heiligen Mittelpunkt der Bibel, in der Leidensgeschichte, heißt es nicht: Und Jesus schwieg und starb!, sondern: und Jesus schrie laut und verschied [Mk. 15,37 par.], als ob er mit diesem Schrei die Not und die Sehnsucht der ganzen Menschheit hätte zusammenfassen und zum Ausdruck bringen müssen. Menschlich betrachtet würde uns vielleicht das Andere besser gefallen. Aber Gott hat seine eigenen Gedanken und Wege [vgl. Jes. 55,8f.].

Wir sollten *den Wink, den uns die Bibel* gerade in dieser Beziehung gibt, wohl beachten. Er könnte uns lehren die Zeichen der Zeit verstehen. Wenn es vom Schweigen zum Reden und vielleicht zum Schreien kommt, dann ist schon die Hilfe und der Helfer nicht fern. *Wäre Christus* nicht Gottes Sohn gewesen, dann hätte er schweigend sterben können wie Millionen Andere. Ohne den Heiland hätten die *zwei Blinden* vielleicht noch ihr Leben lang schweigen können. Wenn das, was *heute auf uns wartet*, nur Gericht und Finsternis wäre, dann würde jetzt dumpfes Schweigen regieren in der Menschheit. Danken wir Gott dafür, daß dem nicht so ist. Freuen wir uns darüber, daß die Not heute zu schreien anfängt. Wenn solches anfängt zu geschehen, so seht auf und erhebt eure Häupter, darum daß sich eure Erlösung nahet [Lk. 21,28].

2. Wenn die Menschen nicht mehr schweigen können von ihrer Not und Sehnsucht, dann ist immer auch ein wenig *Glaube dabei*. Und wenn nun das Reich Gottes ihnen nahe tritt, dann muß auch ihr Glaube reden, bekennen, sich einen Ausdruck verschaffen. Glaube ist die *Zuversicht*: es gibt ein Können, eine Kraft, eine Macht, die helfen muß und helfen wird. Die zwei Blinden haben geglaubt: du bist der Sohn Davids, der Messias. Ja, Herr, haben sie Jesus geantwortet auf seine

Frage: wir glauben, daß du uns solches tun kannst. Sie haben sich darauf *gestützt* und verlassen, daß eine entscheidende Wendung geschehen sei zu Gunsten der armen Welt. Sie haben sich *ausgestreckt* nach einem vorhandenen[?] Trost und Heil. Sie haben *appelliert* an den im Himmel gefaßten Beschluß, daß es nun auf der Erde vorwärts gehen solle. Sie haben den großen *Schritt getan,* zu rechnen mit einem göttlichen Wirken, Handeln und Eingreifen. Sie haben also nicht nur gejammert, geklagt und getrotzt. Das alles ist an sich unfruchtbar und tot. Es war nicht nur ein Nein, sondern *ein Ja* in ihrem Reden und Schreien. Dieses Ja ist der Glaube. *Er muß heraus,* er muß sich aussprechen. Denn damit, daß auch er nicht schweigt, sondern redet, zeigen wir, daß es uns Ernst ist mit unserer Not und Sehnsucht, daß wir nicht bloß ein gefühlvolles[?] Spiel damit treiben.

Es gibt freilich auch einen *schweigenden Glauben,* einen schweigenden Mut, eine schweigende Entschlossenheit, und auch darin ist etwas Göttliches. Es gibt eine wohlbegreifliche Scheu vor der *Sicherheit* des Glaubens, die sich mit dem Bekenntnis auch ans Licht wagt, eine keusche Scheu, den *Namen Gottes* in den Mund zu nehmen, bevor man es darf, eine vorsichtige Scheu, mit dem *Göttlichen zu rechnen* als mit einem sicheren Posten, bevor er sicher ist. Es gibt Zeiten[?] und Zustände, wo der Glaube überhaupt erst reifen, wachsen und *werden* muß, wo es klar werden muß, ob es *nicht bloße Worte* sind, wenn wir sagen: ich glaube an das Gute, ich glaube an Gott, ich glaube an Gottes Macht auf der Erde, wo es sich zeigen muß, ob es uns *eigentlich ernst* ist mit unserer Not und Sehnsucht, so ernst, daß wir wirklich unser Anliegen auf Gott, den lebendigen Gott, werfen können und dürfen [vgl. Ps. 55,23]. Jesus hat diese Scheu *anerkannt* als berechtigt und notwendig. Er hat jene Blinden nicht sofort veranlaßt, sich auszusprechen. Er hat sie mit Absicht warten lassen. Es wäre uns wohl gerade in der heutigen Zeit gut, wenn wir uns das sagen würden, daß der Glaube, den wir ja alle haben möchten, einer *Wartezeit* und Reifezeit bedarf, bevor er sich als wirklicher Glaube hinstellen und bekennen darf. Wir würden dann weniger Enttäuschungen erleben.

Aber wir sollten auch in dieser Beziehung *das Schweigen nicht für das Höchste* halten. Man sollte *nicht sagen,* das Göttliche sei so hoch und heilig, daß man gar nicht davon reden dürfe. *Gott erlaubt es uns* vielleicht lange, lange, zu schweigen, unsicher und schwankend zu sein, sogar zu zweifeln. Gott ist auch mit den Zweiflern auf seine Weise. Aber das kann doch nur ein *vorläufiger Zustand* sein. Gott erlaubt uns auch Manches, was er eigentlich nicht will. Wir dürfen nicht schwanken und zweifeln *wollen*. Wir dürfen nicht einen *Genuß* und eine Befriedigung sehen in einer gewissen Unsicherheit. Und darum dürfen wir auch nicht ewig schweigen wollen. *Der Weg* muß vorwärts gehen vom Schweigen zum Reden, von der Unsicherheit zur Sicherheit, vielleicht langsam, aber doch vorwärts. *Stillstand* liebt Gott nicht. Wenn sein Reich uns nahe tritt, können wir nicht stillstehen. Wenn es uns ernst ist, müssen wir es *zeigen und sagen und betätigen*, daß es uns ernst [ist]. Der Glaube, der in der Stille entsteht, muß einem Augenblick *entgegen wachsen*, wo er sich nicht mehr scheut, wo wir uns gleichsam binden und festlegen durch entschlossene Worte und entschiedene Stellungnahmen. Mit ewig unsicheren Leuten, mit Leuten, die sich immer Alles noch offen lassen wollen, kann Gott nichts anfangen. «Was ich euch sage in der Finsternis, das redet im Licht; und was ihr hört in das Ohr, das predigt auf den Dächern» [Mt. 10,27 par.].

3. Und so steht es nun doch auch mit den *Erfahrungen von Heil und Erlösung,* die man in der Nähe des Reiches Gottes machen kann. Solche Erfahrung haben die *zwei Blinden* machen dürfen, weil sie nicht nur geschrien haben von ihrer Not und Sehnsucht, sondern auch geglaubt an eine Hilfe, die den Menschen entgegenkommt von oben. «Er rührte ihre Augen an, und ihre Augen wurden geöffnet». Es geschehen eben tatsächlich *neue Dinge* in der Nähe des Reiches Gottes. Denen, denen es ernst ist, geht da ein *Licht* auf und kommt eine Kraft zu. Unmögliche Dinge werden *möglich.* Eine große *Verwandlung* und Erneuerung hebt an. So war es wenigstens damals in jener großen Gotteszeit. Wir wissen noch wenig davon, aber es kann und soll auch wieder dazu kommen. Solche Erfahrungen drängen dann von selbst *ans Licht.* Sie haben den Trieb in sich, sich der Welt bekannt zu geben, denn sie sind ja ihrer Natur nach nicht nur für Einzelne, sondern für die ganze *Welt* bestimmt. So kann es uns nicht wundern, daß wir hören: sie gingen hin und *machten ihn ruchbar* im ganzen Lande. *Gegen das ausdrückliche Verbot* Jesu. Er hat seine Gründe gehabt dafür. Es ist gefährlich, wenn man aus solchen Erfahrungen und Bewährungen, innen und außen, *ein Wesen macht.* Es ist gefährlich, das Göttliche Menschen *anzupreisen und zu zeigen,* die es vielleicht noch gar nicht als Göttliches fassen können. Es ist gefährlich, das Göttliche mit *dem Menschlichen* zu vermischen, wie es dabei fast notwendig geschieht. Gar leicht vergißt man das und vergessen die Anderen den Zweck solcher Erlebnisse, der ja nur darin bestehen kann, auf viel Größeres aufmerksam zu machen und hinzuweisen. Das Göttliche verlangt eine gewisse *Schonzeit,* damit wir und die Anderen *begreifen* können, um wie Großes es sich dabei im Grunde handelt. Wir würden gut tun, uns dem Verbot Jesu sozusagen unbedingt zu unterwerfen, wenn wir überhaupt von solchen Erfahrungen etwas wissen. Es stünde anders um das Reich Gottes, wenn die Christen nicht so plaudersüchtig wären.

Aber auch da wird *das Schweigen nicht das Höchste und Letzte sein.* Die zwei Blinden werden *nicht getadelt* und gestraft wegen ihres Ungehorsams. Sie mußten vielleicht ungehorsam sein. *Wes das Herz voll ist* [, des geht der Mund über (Mt. 12,34 par.)]. Es kann die Stadt [, die auf einem Berge liegt, nicht verborgen sein (Mt. 5,14)]. Gott gebe uns ein volles Herz, Gott mache uns zur Stadt auf dem Berge, Gott mache uns zum Licht im Hause [vgl. Mt. 5,15]. Gott gebe uns Erfahrungen, die danach drängen, zu leuchten und bekannt zu werden. Dann *darf es auch sein,* dann ist auch da die Zeit des Schweigens vorbei.[3]

---

[3] Zu dieser Predigt gibt es keine Liedangaben.

Matthäus 26,47–56

*[Und als Jesus noch redete, siehe, da kam Judas, der Zwölf einer, und
mit ihm eine große Schar mit Schwertern und Stangen von den Hohenpriestern und Ältesten des Volks. Und der Verräter hatte ihnen ein
Zeichen gegeben und gesagt: Welchen ich küssen werde, der ist's; den
greifet. Und alsbald trat er zu Jesu und sprach: Gegrüßet seist du,
Rabbi! und küßte ihn. Jesus aber sprach zu ihm: Mein Freund, warum
bist du gekommen? Da traten sie hinzu und legten die Hände an
Jesum und griffen ihn. Und siehe, einer aus denen, die mit Jesu waren,
reckte die Hand aus und zog sein Schwert aus und schlug des Hohenpriesters Knecht und hieb ihm ein Ohr ab. Da sprach Jesus zu ihm:
Stecke dein Schwert an seinen Ort! Denn wer das Schwert nimmt, der
soll durchs Schwert umkommen. Oder meinst du, daß ich nicht könnte
meinen Vater bitten, daß er mir zuschickte mehr denn zwölf Legionen
Engel? Wie würde aber die Schrift erfüllet? Es muß also gehen. Zu der
Stunde sprach Jesus zu den Scharen: Ihr seid ausgegangen wie zu einem Mörder mit Schwertern und Stangen, mich zu fangen. Bin ich
doch täglich gesessen bei euch und habe gelehrt im Tempel, und ihr
habt mich nicht gegriffen. Aber das ist alles geschehen, daß erfüllet
würden die Schriften der Propheten. Da verließen ihn alle Jünger und
flohen.]*

1. Das Leben Jesu war die Geschichte einer großen *Erscheinung und
Entfaltung von himmlischen Kräften.* Immer wieder lesen wir in den Evangelien den Ausdruck: sie erstaunten [z. B. Mk. 6,2], sie entsetzten sich
[Mk. 2,12], sie priesen Gott, der solche Macht den Menschen gegeben
[Mt. 9,8]. Schon damals haben also die Leute den Eindruck gehabt,
daß es da mit Gott in einer ganz besonderen, ungeahnten Weise *ernst
werde,* ernster als bei den Frömmsten und Besten, die man kannte,
ernster als in der ganzen, mit tiefer Ehrfurcht studierten Geschichte
Israels. Das Göttliche *verlor seine Ferne* und Höhe, es war nicht mehr
so geistig und unnahbar, es trat zum Greifen deutlich und sichtbar ins
Leben hinein. Noch war es freilich *nicht das Allgemeine,* nicht die
Luft, in der jedermann lebte. Man konnte sich ihm fernhalten, sich
ihm widersetzen. Aber es stand doch unmittelbar *vor der Tür* für
jedermann. Es konnte jeden Augenblick eintreten. Man mußte beständig damit rechnen als mit etwas durchaus Möglichem und Wahr-
scheinlichem. Eine Macht wurde die *Wahrheit,* nicht ein bloßer Ge-

danke; es war offenkundig, wie sie wirkte, wie sie die Grundlagen des menschlichen Gemeinschaftslebens berührte und bewegte, wie sie Einzelne gänzlich aus ihrer alten Bahn[?] rief und in neue Richtungen trieb. Eine Macht wurde *das Gute* aus einem bloßen Ziel, es konnte nicht mehr geleugnet werden, wie es sich regte und lebendig wurde auch in Solchen, die ihm am fernsten waren, die am tiefsten standen auf der moralischen Stufenleiter. Eine Macht wurde die *Hilfe* aus bloßem Wünschen und teilweisen Unternehmungen; es war klar, daß Jesus die Wurzeln des Leidens und des Todes überwand und angriff und auszureißen vermochte. Wie von einem geheimnisvollen Mittelpunkt aus *strahlen da* nach allen Seiten Kräfte, Vergebungen, Erlösungen, Erneuerungen.

2. Die Leidensgeschichte führt uns in diesen *Mittelpunkt hinein.* Wenn wir sie verstehen, so können wir die *Nähe Gottes,* die damals stattfand, begreifen. Bekommen eine *Erklärung* für die außerordentlichen Wirkungen, die damals von dieser Gottesnähe ausgegangen sind. Bekommen einen *Maßstab,* an dem wir diese Wirkungen unterscheiden können von anderen unechten, falschgöttlichen Wirkungen, wie sie auch vorgekommen sind und noch vorkommen. Bekommen einen Begriff, warum *unsere Zeit so arm* ist an echten himmlischen Kräften. Bekommen vielleicht auch eine Andeutung darüber, was *geschehen müßte,* damit diese Kräfte für uns in unserer Zeit wieder lebendig werden.

Wenn man die Evangelien oberflächlich liest, so ergreift einen eine große *Enttäuschung* von der Stelle an, wo Jesus sagt, daß er nun nach Jerusalem gehen müsse, um zu leiden und zu sterben [Mt. 16,21 par.]. Es kommt einem vor, das sei ein *Widerspruch* zu allem Vorangehenden. Man erwartet nach all den Kraftwirkungen des Reiches Gottes in Worten und Taten, daß es *immer schöner* und besser hätte werden sollen. Statt dessen kommt der Tod. Man hat schon gesagt, auch Jesus selbst habe sich zwar gottergeben, aber doch nicht ohne leise *Bitterkeit* in diese Wendung gefunden. In Wirklichkeit kommen wir gerade bei dieser Wendung *an die Quelle,* aus der Alles, was vorher geschah, geflossen ist. *Die Evangelisten des Neuen Testaments* jedenfalls haben den Tod Jesu nicht als eine störende Veränderung, ein Rätsel, ein bedauerliches Mißgeschick aufgefaßt, sie sind über dieses Ereignis *nicht* *hinweg*gegangen, sondern haben es mit liebevoller Aufmerksamkeit in allen Einzelheiten geschildert, als ob sie uns sagen wollten: Seht, nun kommt die *Hauptsache,* der Grund und die Erklärung von Allem. Es ist merkwürdig genug, aber es ist so: Im Leben Jesu ist das Spätere im Grunde *das Frühere,* das Erste, die Ursache. Die Kraft seines Lebens ist sein *Tod.* Seine Siegesgeschichte wurzelt in seiner *Leidens*geschichte. Der Evangelist Matthäus z. B. sagt einmal ziemlich am Anfang seiner Erzählung von Jesus: «er trieb die Geister aus durch das Wort und machte allerlei Kranke gesund, auf daß erfüllt würde [, was gesagt ist durch den Propheten Jesaja, der da spricht:] Er hat unsere Schwachheiten auf sich genommen, und unsere Krankheiten hat er getragen» [Mt. 8,16f.], wie wenn er zum vornherein feststellen wollte: seht, der Mann, der so Großes vollbracht hat, ist *der Knecht Gottes,* der die Last und das Leiden der Welt nicht umgangen, sondern mit Wissen und Wollen auf sich genommen hat. Ich glaube, er hat Jesus nicht schlecht verstanden. Vielleicht würde man die Evangelien am besten *rückwärts lesen:* zuerst die Auferstehungsgeschichte, um uns sagen zu lassen, daß es sich um ein Neues, Göttliches, Himmlisches handelt bei Jesus, dann die Leidensgeschichte, um zu begreifen, wie dieses Göttliche auf der alten Erde Fuß fassen und Wurzel schlagen konnte, zuletzt die Taten und Worte Jesu, um den Baum in seinen Früchten kennen zu lernen [vgl. Mt. 7,17–20]. Die Leidensgeschichte ist jedenfalls *der Schlüssel,* ohne den wir es nicht machen können, wenn sich uns das Geheimnis des nahe herbeigekommenen Gottesreiches erschließen soll.

3. Wir wollen nun unseren Text, die Erzählung von der Gefangennahme Jesu, für sich selber reden lassen. Gerade sie zeigt uns auf den ersten Blick einen *starken Gegensatz* zu der vorhergehenden Kraft- und Siegesgeschichte. *Wo ist* der Mann, dessen Wort erst Entsetzen und Anbetung erwirkte, der Mann, in dessen Nähe die Blinden den Messias, den Davidssohn, erkannten [Mt. 9,27], der Mann, der die Gesetze der Naturgewalten in sich trug, so daß sie ihm gehorsam waren [Mk. 4,41 par.]? Hier sehen wir ihn auf einmal *nichts wirken,* nichts ausrichten, überhaupt nichts tun, nicht einmal den Versuch dazu machen, nur leiden, nur annehmen, nur mit sich geschehen lassen. Der große Feind, die *Sündenfinsternis der Welt,* der er im Namen seines

Königs und Vaters so oft den Krieg angesagt, steht riesengroß da – und er nimmt den Kampf nicht auf, sondern läßt sie gewähren. *Judas,* diese schreckliche Mischung von Mammonssünde und frommer Heuchelei[1], darf seinen dunklen Weg zu Ende gehen – und kein Wort fällt, um diesen bösen Geist auszutreiben und sein Werk zu zerstören. Mit Schwertern und Stangen dürfen sie kommen und *Hand an ihn legen* – und kein Zeichen geschieht, um diesen plumpen Gewaltigen zu bedeuten, daß hier hohe Interessen auf dem Spiel stehen. Vor Verzweiflung *fliehen alle Jünger,* entsetzt nicht sowohl über das hereinbrechende Unglück selbst als darüber, das Jesus selbst offenbar das Spiel verloren gab, entsetzt über sein furchtbares Wort: Es muß also gehen! – und kein Versuch ward gemacht, sie zurückzuhalten, sie aufzuklären, einsam bleibt der Heiland zurück in der Hand seiner Feinde. Hinter all dieser Finsternis aber steht *der Tod,* das Gericht, das nach göttlichem Urteil der Sünde folgen muß. Gewinnt es die Sünde, so gewinnt es auch der Tod. Wie hatte Jesus darum gerungen in seiner Kraft- und Siegeszeit, dieses Urteil aufzuheben, Gott in den Arm zu fallen zugunsten der sündigen Menschheit. Der Tod muß es nicht gewinnen, hatte er so oft verkündigt in Worten und Taten. «Gott leben sie alle» [Lk. 20,38], hatte er gerufen über den Gräbern. Nun mußte der Tod doch sein. Er selbst ging ihm inmitten seiner Häscher festen Schritts geradeswegs entgegen. Ist das nicht der Verzicht, der Rückzug, die Niederlage? Wo sind die strahlenden Kräfte Gottes hingekommen?, möchten wir fragen.

Eine direkte Verbindung besteht jedenfalls zwischen der Leidensgeschichte Jesu und seiner Siegesgeschichte. Sie ist ausgesprochen gerade in dem Wort: *es muß also gehen!,* das die Jünger so schaurig berührt hat, daß sie darum die Flucht ergriffen haben, überhaupt in

---

[1] Die Gestalt des Judas hat Barth fast Jahr für Jahr beschäftigt; vgl. Predigten 1913, S. 108 «die scheue, verlogene, unglückliche Gestalt des Judas»; Predigten 1916, S. 149 «der finstere Wahnsinn des Judas»; Predigten 1917, S. 109 «Armer Judas!» 1940/41 wird Barth in einem großen Judas-Exkurs schreiben: «Judas ist neben Jesus selbst in gewissem Sinn die wichtigste Figur des Neuen Testamentes», weil er in «durch und durch sündigem Handeln» aktiv tätig war «in der Vollstreckung dessen, was Gottes Wille war», des Gottes, der seinen Sohn für uns alle dahingegeben hat [Röm. 8,32] (KD II/2, S. 508–563; Zitate S. 558f.).

der Auffassung Jesu, es müsse sich auch jetzt nur erfüllen, was Gott beschlossen und wovon die Propheten geredet. Diese Auffassung hatte er *immer gehabt,* auch in seiner Kampf- und Kraftzeit. Wir sehen daraus, auch wenn es uns schwer fällt, das Warum? zu begreifen, daß Jesus sein Leben und sein Sterben, sein Siegen und sein Unterliegen unter die gleiche *Gottesordnung* gestellt hat. Wir müssen aber noch weiter gehen. Die strahlenden *Gotteskräfte* sind auch in der Nacht von Gethsemane nicht ganz verschwunden. Sie sind zurückgehalten, unter Verschluß gelegt, aber sie sind da. Das zeigt sich an der Art, wie der Verräter *Judas behandelt* wird. Es ist schwer zu sagen, warum Judas seinen Meister gerade mit einem Kuß verraten hat. Jedenfalls wollte Judas damit tun, als ob nichts wäre, der bösen Sache den guten Schein geben, als ob er nur als Jünger den Meister begrüße wie einst und immer. Eine *Lüge* auf alle Fälle. Sie *hält nicht Stand* vor Jesus. Judas darf nicht meinen, es sei ihm gelungen zu lügen. Freund, wozu du gekommen bist, das tue! *Sei, was du bist*[2], sei's im Bösen, wenn du's nicht im Guten sein kannst, aber sei's! Wolle nicht etwas anderes sein, als du bist! Das Gericht, das in dieser Abfertigung lag, war auch Gottes Kraft, wenn auch zurückgehaltene. Das zeigt sich noch deutlicher in dem merkwürdigen Wort von den *zwölf Legionen Engeln,* die ihm zu Hilfe eilen könnten, wenn es jetzt sein sollte. Warum sollte es nicht sein? Offenbar hat Jesus eine *noch wichtigere Aufgabe* gekannt, als die ihm anvertrauten Gotteskräfte spielen und wirken zu lassen. Er stand jetzt vor dieser wichtigeren Aufgabe. Aber sie standen ihm auch in diesem Augenblick *zur Verfügung.* Es war sein *freier Wille,* keine Notwendigkeit, kein Schicksal, wenn er jetzt nicht Gebrauch machte davon.|

Und nun stehen wir schon unmittelbar vor *der Sache selber.* Jesus hat sich hingegeben. Das Unheil ist *nicht über ihn gekommen* als etwas Stärkeres – gegen das Stärkere hätte er eine noch stärkere Gegenwehr erheben können –, er hat es in *Freiheit* auf sich genommen. Gerade in unserem Text steht Jesus frei da, königlich. Obwohl er nur leidet – er ist's, der *handelt.* Er handelt, indem er leidet. Er ist nicht von einem bösen Zufall überrumpelt worden, er selbst ist der *Angreifer.* Der Tod überfällt ihn nicht, er ist's, der *den Tod überfällt:* da

---

[2] Vgl. oben S. 22, Anm. 5.

bin ich, da hast du mich! Triumphierend kann er es seinen Feinden vorhalten: ich bin täglich bei euch gesessen und habe gelehrt im Tempel, und ihr habt mich nicht gegriffen! *Ihr konntet nicht, ihr durftet nicht!* Nun könnt ihr und dürft ihr. Nun habt ihr freien Lauf mit euren Stangen und Schwertern. Aber nicht weil ihr es jetzt wollt, sondern *weil Gott es jetzt will*, weil ich selbst es jetzt will. Jesus hat sich den Folgen der menschlichen Sünde persönlich nicht entzogen; er hat sich ihnen unterzogen. Sein Bild ist das eines Menschen, der *nicht nach einem Ausweg* sucht vor der drohenden Last des Weltlebens. Er sieht sie *auftauchen*, ihm näher und näher kommen. Er will *nicht vergessen*, übersehen, sich betäuben, sich erleichtern, sein Teil Anderen zuschieben oder klein machen, ausweichen auf Nebenwege, wo das Leid nicht so groß, das Gericht nicht so scharf ist. Er will *nicht alle die Künste* anwenden, die wir anwenden, wenn es uns klar wird, daß das Leben ohne Gott eine Last ist. Er will nur eines: *tragen*, tragen! Er hat *schwer genommen*, was schwer ist, und darum hat er es nicht unter Lächeln getan, sondern unter Tränen, aber er hat es genommen. Er hat *sich gebeugt* wie noch Keiner, er hat sich zunichte machen lassen. Er ist *dem Leid auf den Grund gegangen*, er hat den bitteren Kelch ausgetrunken bis auf die Neige [Mt. 26,42 par.]. Ein Volk hat sich verirrt im Urwald, kann nicht mehr vorwärts noch rückwärts. Nun macht sich Einer auf und geht den *Leidensweg rückwärts*, fürchtet sich nicht vor Sümpfen, Gestrüpp, Schlangen und wilden Tieren, die so manchem zum Verderben geworden, geht rückwärts *bis auf den Anfang*, bis auf den Punkt, wo der Irrtum anfing und mit dem Irrtum der Leidensweg. Vor dem Irrtum aber war die *Wahrheit*. Von der wiedergefundenen Wahrheit aus kann *der rechte Weg gesucht* und gefunden werden. Der Leidensweg des Einen wird *die Vielen* auf den rechten Weg führen. Diese freie, persönliche, völlige Hingabe Jesu war *das Geheimnis seiner Kräfte*. Diese Hingabe war *Gottes Wille*. Jesus war Gott gehorsam. Gottes Wille geschah in seinem Sterben. Darum war Gott der Welt damals *so nahe*. Darum war das Göttliche damals beinahe *etwas Gewöhnliches*. Darum gab es damals *Mächte der Wahrheit*, Mächte der Güte, Mächte der Hilfe. Es strömten alle diese lebendigen Wasser aus der tiefen *Quelle der Hingabe* Jesu. *Weil er litt* unter der Folge der Sünde, konnte er sie vergeben. *Weil er der Not* der Welt den Lauf ließ, konnte er ihr einen Damm entgegenstellen. *Weil er starb,* konnte er das Leben ans Licht bringen. Diese Hingabe kann man *nicht nachmachen.* Man kann zwar Vieles unternehmen gegen den Bösen und gegen das Leid in der Welt, aber wenn es nicht aus dieser Quelle kommt, so kann es keine Dauer und Kraft haben. Und wenn eine Zeit, ein Geschlecht *Mangel leidet* an echtem Leben, am Sieg des Göttlichen, dann wird es auf die Dauer keine andere Auskunft geben, als daß es wird in das Licht dieses Sterbens, dieser Niederlage treten.

4. Das blitzende Schwert, mit dem Petrus seinem Herrn zu Hilfe kommen wollte, mußte Jesus ablehnen. An sich ist zwar dieses Schwert *keine unerfreuliche Erscheinung* in der Leidensgeschichte. Nicht nur darum, weil es zeigt, daß es den Jüngern Jesu wenigstens an *Mut* und an ehrlicher Entrüstung und an Energie nicht gefehlt hat. Es beleuchtet auch die *Lage,* es nennt Lüge Lüge, Roheit Roheit. Es spricht es aus, daß nach menschlichem Ermessen die Lage verdorben ist, so verdorben, daß nur noch Gewalt helfen kann. Jesus hat nicht vor der *Gewalt an sich* einen Abscheu gehabt. Er hat gewußt, daß es Lagen gibt im irdischen Leben, wo Gewalt *notwendig* wird, er hat sogar selbst einmal *Gewalt geübt:* als er die Krämer und Wechsler mit einer Geißel aus Stricken aus dem Tempel trieb [Joh. 2,15]. Die menschliche *Torheit und Bosheit* schafft sich selber Verlegenheiten, wo gar nichts Anderes möglich ist, als [daß] ein Mensch durch die Anderen Strafe erleiden muß. Es ist dann ein *göttliches Gericht,* was ihm an Leiden, Demütigungen oder Beleidigungen durch die Anderen widerfährt. In diesem Sinn hat dort auch Petrus *erst [?] für* Gott das Schwert gezogen und geschwungen.

Aber wo das geschieht, da *geschieht es doch immer* auf einer niederen Stufe. Gott mag es *zulassen,* Gott mag es sogar wollen nur in einer gewissen Verlegenheit, aber *näher* kommt er den Menschen nicht dadurch, daß sie sich gegenseitig strafen für ihre Sünden. Die Menschen sind dabei sozusagen *unter sich.* Das Göttliche steht still und *wartet.* Himmlische *Kräfte* sind noch nie davon ausgegangen, daß man einander geschlagen hat, sei's nun in Gedanken, Worten oder Taten. Kriege und Revolutionen, Wahlen und Abstimmungen, Strafen und Machtbeweise jeder Art der einen Menschen über die anderen sind unvermeidlich, aber nur als göttliche Gerichte. *Quellen der Erlösung sind* solche Ereignisse nicht. Sie *vermehren* das Leiden der Menschheit, sie führen tiefer und tiefer in den Urwald der Not hinein, nicht rückwärts zurück auf den Irrtum, der die Not verursacht, und darüber hinaus in die Wahrheit hinein. «Wer das Schwert nimmt, wird durch das Schwert umkommen.» Darum hat Jesus *das Schwert des Petrus abgelehnt.* «Stecke es an seinen Ort!» Es handelt sich jetzt nicht darum, das Gericht Gottes walten zu lassen, sondern seiner *Gnade Raum zu geben.* Der Gnade Gottes ist die Gewalt, die wir gegeneinander brauchen, *im Wege.* Das Schwert des Petrus war eine *fremde,* störende, ungehörige Erscheinung in dem Augenblick, wo es sich darum handelte, durch freie, persönliche, völlige Hingabe die Nähe Gottes zu suchen, den himmlischen Kräften den Zugang frei zu machen auf der Erde. Dreinschlagen ist *etwas anderes* als sich hingeben. Jesus hat sein Heiligtum, das Heiligtum der Menschheit, die *Quelle der Kraft, gehütet,* indem er sich nicht wehrte für sich und auch anderen nicht erlaubte, sich für ihn zu wehren. Wir wollen ihm *dankbar* sein dafür. Es war der *größere Sieg,* als wenn er [und] die Jünger es im Kampf mit den Knechten der Hohepriester gewonnen hätten. Durch das, was er getan hat, indem er gelitten hat, statt zu schlagen, ist der *Sieg von oben möglich* geworden, ohne den alle Siege, die von unten erfochten werden können, die Not doch nur vermehren können. Indem er gelitten hat ohne Widerrede und Widerstand, bekam das Göttliche *Spielraum.* Es war ein *neues Verhalten* auf der alten Erde. In diesem neuen Verhalten lag das Geheimnis einer *besseren Zukunft.* Es wird an uns sein, uns durch das unschuldige Leiden Christi das *Vertrauen* stärken zu lassen auf die bessere Zukunft, die aus diesem *neuen* Verhalten wächst.

Lieder[3]:

Nr. 117 «O Lamm Gottes, unschuldig am Kreuzesstamm geschlachtet» nach N. Decius (RG [1998] 437 mit teilweise abweichendem Text; vgl. zu Strophe 1 EG 190. 1)

Nr. 10 «Lobe den Herren, o meine Seele» von J. D. Herrnschmidt (RG [1998] 99; EG 303)

---

[3] Strophenangaben fehlen.

Matthäus 26,57–68

*[Die aber Jesum gegriffen hatten, führten ihn zu dem Hohenpriester
Kaiphas, dahin die Schriftgelehrten und Ältesten sich versammelt hatten. Petrus aber folgte ihm nach von ferne bis in den Palast des Hohenpriesters und ging hinein und setzte sich zu den Knechten, auf daß
er sähe, wo es hinaus wollte. Die Hohenpriester aber und Ältesten und
der ganze Rat suchten falsch Zeugnis wider Jesum, auf daß sie ihn
töteten, und fanden keins. Und wiewohl viel falsche Zeugen herzu-
traten, fanden sie doch keins. Zuletzt traten herzu zwei falsche Zeugen
und sprachen: Er hat gesagt: Ich kann den Tempel Gottes abbrechen
und in drei Tagen ihn bauen. Und der Hohepriester stand auf und
sprach zu ihm: Antwortest du nichts zu dem, was diese wider dich
zeugen? Aber Jesus schwieg still. Und der Hohepriester antwortete
und sprach zu ihm: Ich beschwöre dich bei dem lebendigen Gott, daß
du uns sagest, ob du seist Christus, der Sohn Gottes. Jesus sprach zu
ihm: Du sagst es. Doch sage ich euch: Von nun an wird's geschehen, daß
ihr sehen werdet des Menschen Sohn sitzen zur Rechten der Kraft und
kommen in den Wolken des Himmels. Da zerriß der Hohepriester
seine Kleider und sprach: Er hat Gott gelästert! Was bedürfen wir
weiteres Zeugnis? Siehe, jetzt habt ihr seine Gotteslästerung gehört.
Was dünkt euch? Sie antworteten und sprachen: Er ist des Todes schuldig! Da spieen sie aus in sein Angesicht und schlugen ihn mit Fäusten.
Etliche aber schlugen ihn ins Angesicht und sprachen: Weissage uns,
Christe, wer ist's, der dich schlug?]*

1. Wir sind beim Anhören dieser Geschichte in Versuchung, über die
ungerechten Richter des Heilands ein zu scharfes Urteil zu fällen. Es
waren *keine gottlosen Menschen;* sie waren auf ihre Weise *auch von Gott
bewegt* und getrieben, nicht ausgeschaltet, nicht auf die Seite geworfen. Im Gegenteil: Sie nahmen in Gottes Gedanken und Plänen eine
besonders *schöne und ehrenvolle Stellung* ein: sie waren ja die Hohepriester, Schriftgelehrten und Ältesten des Volkes Israel. Es war
ihnen viel anvertraut, und es wurde viel von ihnen erwartet. Er hat sie
auch dann nicht einfach und endgültig verworfen, als sie ihr ungerechtes Urteil schon gefällt hatten und als es vollzogen war, sonst hätte
Jesus nicht noch in letzter Stunde gerade für sie gebetet [Lk. 23,34].
Die Menschen können heute stehen und morgen fallen, Gott behält
sich uns allen gegenüber *die Freiheit* vor, uns doch noch zu gebrauchen
zu seiner Ehre und in dieser Absicht immer wieder bei uns anzuklop-

fen, viel länger, als wir es ihm zutrauen. Wir können aus dieser Geschichte nur das sehen: es ist durchaus *möglich, daß Menschen,* die direkt unter den Augen Gottes leben und wirken, doch einmal in ganz falsche, verkehrte Stellungen zu Gott geraten können. Davor ist allerdings kein Mensch ganz sicher. Man kann viel Gnade haben und kann sie wieder verlieren. Man kann auf den rechten Weg gestellt sein und kann sich an der entscheidenden Stelle doch irren. Aber daß *Gottes Geduld* weitere Grenzen hat als die unsrige, das sollten wir nicht vergessen. Wir würden sonst uns selber treffen; denn wir hätten auch unter jenen ungerechten Richtern sein können.

2. *Bei Gott ist kein Ansehen der Person* [2. Chr. 19,7 u. ö.]. Gott geht wohl mit einzelnen Menschen, auch wohl mit ganzen Völkern und Gruppen von Menschen eine Zeitlang, solange es ihm möglich ist. Aber er hat keine *Lieblinge* ein für allemal, keine *Partei* oder Richtung, der er sich unauflöslich verschreiben würde. Es gibt keine menschliche *Gerechtigkeit,* die ewig und absolut darauf gehen könnte: ich bin göttliche Gerechtigkeit. Auch in dieser Beziehung behält er [sich] seine *Freiheit* vor. Wenn es sich darum handelt, zu wissen, wer wir sind, so müssen wir antworten: wir sind *Sünder,* mit kleinen Unterschieden gewiß, aber nicht mit solchen, die vor Gott wichtig sind. Und wenn wir wissen wollen, was wir brauchen, so müssen wir wissen, daß wir alle etwas *Neues* brauchen, eine erlösende Gewalt, die von oben kommt, daß wir werden müssen, was Gott aus uns macht, nicht was wir aus uns selbst sind und aus uns selbst machen können.

Die *Ungerechtigkeit der Richter des Heilands* war, menschlich betrachtet, höchste Gerechtigkeit. Die *Entrüstung* des Hohenpriesters, der sein Kleid zerriß, war echt. Das allgemeine *Entsetzen* über die vermeintliche Gotteslästerung Jesu war aufrichtig. Sogar die *Schmach und Verhöhnung,* die sie ihm zuletzt antaten, kam nicht einfach aus Gemeinheit, sondern aus ehrlichem Zorn über das Böse. Denn das Gute lag ihnen am Herzen. Die *Gründe,* die sie gegen Jesus vorbrachten, waren nach ihrer heiligen Überzeugung ernste, wichtige, schwerwiegende Gründe, nicht falsche Zeugnisse, sondern Wahrheit; es hätte andere Augen gebraucht, als sie hatten, um ihre Fadenscheinigkeit zu durchschauen; wir an ihrer Stelle hätten sie wohl auch nicht erkannt. Oder welcher wohlmeinende Mensch hätte noch nie nach Gründen gesucht und sich Gründe gemacht, wenn er keine hatte? Sie hatten auch *keinen persönlichen Haß* gegen Jesus; sie waren ganz sachlich, sie waren sich bewußt, als Vaterlands- und Volksfreunde zu handeln: Es ist besser, daß ein Mensch sterbe für das Volk, denn daß das ganze Volk verderbe [Joh. 11,50]! Und ihr innerster Grund war ihr *Eifer um Gott*. Sie wollten nichts für sich selbst, Alles für Gott. Und nun war diese ihre Gerechtigkeit doch ganz offenkundig *Ungerechtigkeit*. Mit all ihrer Ehrlichkeit und Überzeugung und eifrigen Sachlichkeit haben sie das reine Göttliche, *das* Göttliche, das von Gott kommt, abgelehnt und verworfen. Diese Geschichte ist wie ein *Abschluß* aller menschlichen Gerechtigkeit. Auf ihrem Gipfel, über den wir auch nicht hinauskommen werden trotz aller vermeintlichen Fortschritte, kommt sie gerade so weit, um zu Gott *Nein!* zu sagen. Das ist wie eine *Mahnung an alle Starken* im Glauben und in der Tugend: Was du bist und denkst und tust, das rettet dich nicht! Mit Gott gehen heißt alle Tage einen neuen Anfang machen in tiefster Demut. Es ist aber auch eine *Ermutigung an alle Schwachen:* Deine Ungerechtigkeit und Unehrlichkeit und Feigheit soll dich nicht verdammen. Du darfst und kannst mit allen Frommen und Gerechten dort einen neuen Anfang machen, wo es nichts, gar nichts zu rühmen gibt.

3. *Gottes Sache im Leben der Menschen* ist eben eine eigene Sache, eine besonders große Angelegenheit für sich. Sie läßt sich *nicht verwechseln* noch vermischen mit menschlichen Sachen, heißen sie wie sie wollen. *Gottes Reich* ist weiter und höher als alle menschlichen Absichten und Pläne. *Gott gehorchen*, das ist mehr als alle menschliche Größe. *Gottes Geist* ist ein anderer Geist als der edelste Menschengeist. Das ist auch wieder etwas von der göttlichen *Freiheit*, die uns Menschen zugute kommt, wenn wir offen sind. Das Göttliche läßt sich *nicht einkapseln*, so daß man sagen könnte: Nur hier oder nur da ist es. Man kann es nicht auf die Dauer *einschließen* und gefangennehmen in irgendwelchen menschlichen Formen. Man hat es oft *versucht*, aber es sprengt sie; es ist zu groß dazu. Die Menschen, die Gott so einfangen wollen für ihre eigenen Gedanken, Pläne, Taten und Gewohnheiten, müssen alle früher oder später, ohne es zu wollen, an irgend einem Punkte in Widerspruch zu Gott geraten, und dann *trennt eben Gott seinen Weg* von ihren Wegen und geht in freiem Lauf weiter zu Anderen, die vorher teilnahmslos abseits standen. Nur indem man *sich ganz beugt* vor der heiligen Eigenmacht Gottes, bleibt man in seiner Gemeinschaft. Aber das ist etwas Großes.|

Daran hat es offenbar den Juden gefehlt. *Sie priesen Gott zu laut* als ihren Gott, sie riefen zu laut und zu sicher: Hier ist Gott, und Gott ist mit uns [vgl. Jer. 7,4]! Und nun geschah das Merkwürdige, daß sie *an Gott zuschanden* wurden gerade in dem Augenblick, als er ihnen ganz nahe trat im Heiland. *Gerade weil es* das rein Göttliche war, das ihnen hier begegnete, entging es ihnen. Hätte Jesus etwas *Kleineres vertreten* als Gottes Reich, sie hätten ihn nicht verurteilt. Hätte Jesus *weniger gewollt* und verlangt als Gehorsam gegen Gott, sie hätten ihn schweigend anerkannt. Hätte Jesus einen gemäßigteren, *beschränkteren Geist* gezeigt als den göttlichen Geist, sie hätten ihn mit Freuden willkommen geheißen. *Sie glaubten an Gott,* sie verstanden Gott. Aber weil sie heimlich ihren Gott aus ihm gemacht hatten, glaubten und verstanden sie nun einen gemischten, verwässerten, vermenschlichten Gott. Über *den Gott, der heilig* und lebendig, gerecht und barmherzig ist, erschraken sie, als er ihnen nahe trat. Den *Gott, der eine alte Welt stürzt,* um eine neue zu schaffen, konnten sie nur hassen. *Den Gott, der neue Herzen* in neuen Menschen haben will, erkannten sie nicht als ihren Gott. Als Jesus ihnen einmal im Namen dieses Gottes gesagt hatte: mag euer Tempel zerfallen, ich will ihn wieder bauen in drei Tagen [Joh. 2,19]!, da konnten sie diese Worte nur als ein Attentat auffassen auf Alles, was ihnen lieb und teuer war. Und als Jesus ihnen jetzt auf ihr dringendes Fragen Bescheid gab: ich *bin* Christus, der Sohn Gottes, da konnten sie darin nur eine Beleidigung sehen gegen *ihren* Gott. Denn *ihr* Gott hatte *keinen Sohn* auf der Erde, *ihr* Gott wurde *nicht Mensch, ihr* Gott rührte *die Welt* nicht an, sondern wohnte in sicherer Ferne, *ihr* Gott tat *keine Wunder* und verlangte nichts Unmögliches, ihr Gott verlangte nur, daß man an ihn *glaubte* und über ihn predigte und den Anstand wahrte, *ihr* Gott *war schön,* erhaben, friedlich, gnädig, aber nicht so unheimlich lebendig, wahr, revolutionär. In *Jesus begegnete ihnen* gerade dieses Lebendige, Vollkommene, etwas, das ihnen eine neue Welt verkündigte, etwas, das sie vor eine Entscheidung stellte. Das konnten sie nicht als Gott anerkennen. Sie konnten es nur *entrüstet verwerfen* als eine Lästerung *ihres* Gottes. Sie hätten sich jetzt *frei machen* sollen für den wirklichen

Gott. Sie hätten jetzt dem *Wink,* den ihnen das Leben gab, folgen sollen. Sie hätten sich jetzt *beugen sollen* vor der heiligen Eigenmacht Gottes. Dann wäre Alles gut geworden. Man kann sich ja irren und krank werden. Man kann aber auch seinen Irrtum einsehen und wieder gesund werden. Leider waren sie *schon zu fest* und zu sicher. Sie konnten nicht mehr neu anfangen. Er ist *des Todes schuldig!,* urteilten sie und sprachen ihr eigenes Urteil. Nun mußte *Gott seinen Weg trennen* von ihren Wegen. Nun wurde Gott frei für andere Menschen. Die Zeit der Heiden brach an. Es geht immer wieder so. Was ist das Judentum für Gott und was das Christentum? Was Kirche und was Religion?, wenn die Menschen sich doch lauter eigene Götter machen nach ihrem Bilde und dabei beharren und ihn selbst nicht mehr verstehen? Wo *Sinn* und Gefühl ist für ihn selbst, *da* ist Gott und fragt nicht, wer die Menschen sind noch wie sie heißen. «Unter allerlei Volk, wer ihn fürchtet und recht tut, der ist ihm angenehm» [Act. 10,35].

4. *Jesus aber schwieg.* Die Gerechtigkeit der Menschen mit ihren Mißverständnissen und Blindheiten, mit ihren Scheingründen und falschen Anklagen brauste an ihm vorüber. Er trat nicht darauf ein. Er ließ sich auf kein Gefecht ein. Er schwieg. *Nicht aus* Befangenheit oder Unsicherheit. Auch *nicht aus* Hochmut und Verachtung. Auch nicht aus dem modernen Vorurteil, daß man über Gott doch nicht streiten, doch nichts Rechtes sagen könne. Es wäre im Gegenteil sehr viel Gutes und Notwendiges zu sagen gewesen in jener dunklen Stunde. Aber *nicht Alles,* was allenfalls gesagt werden könnte, muß immer und überall gesagt werden. *Gott hat seine besonderen Stunden,* Stunden des Redens und Stunden des Schweigens [vgl. Pred. 3,7] und vielleicht neue Stunden des Redens, jedes zu seiner Zeit und nach seiner Ordnung. Das ist wiederum Gottes *Freiheit.* Jesus war ganz durchdrungen und beherrscht von dieser göttlichen Freiheit. Er hatte vorher geredet, und er redete später wieder. *Jetzt* konnte er schweigen. *Die Gerechtigkeit* der Menschen und die Sicherheit, mit der sie verharrten bei *ihrem* Gott, hatten eine Höhe erreicht, daß der lebendige Gott nur schweigen und warten konnte. Sie mußte ihren *Lauf nehmen,* sich erfüllen, sich ausleben[?] und auswirken, um schließlich sich selbst zu richten. Jesus *folgte Gott,* darum schwieg und wartete

auch er. Freilich *zog er dabei den Kürzeren.* Er mußte *leiden,* weil er sich nicht verteidigte. Er mußte den bösen *Schein* auf sich nehmen, indem er gegen die Torheit und Bosheit seiner Gegner nicht antwortete. Er zog sich *den Tod zu,* indem er sich nicht wehrte, wie es in solcher Lage üblich ist. *Gott selbst* sollte jetzt das Wort führen. Das *Gericht* sollte nicht aufgehalten werden. Es *war Alles so weit,* daß die Menschen ihren Willen haben mußten, und wenn es ihn das Leben kostete. Wenn sie ihren Willen hatten, konnte das geschehen, was ihren Willen brechen sollte. Es konnte in jener Stunde *der Sache Gottes* nicht wirksamer gedient werden als durch das Schweigen und Leiden Jesu.

5. *Im Sterben Jesu lag das Geheimnis seiner Kraft.* Welch ein *Widerspruch* in jener Stunde! Seine ungerechten Richter sahen nur *seinen Tod* voraus, der bei ihnen beschlossene Sache war, er aber die größte Vermehrung und Entfaltung und Wirkung seines Lebens. Sie dachten: nun sind wir *fertig mit ihm!* Er dachte: nun fängt's an. Sie *triumphierten* über seine Schwachheit, die ihnen einen leichten Sieg ermöglichte, er triumphierte über den Sieg Gottes, der durch diesen Sieg der Menschen zustande kam. *Sie waren Viele,* er nur Einer. Sie hatten für sich das ganze Recht und die ganze Kraft des *Augenblicks und des Augenscheins.* Er sah hin auf das Recht und die Macht, die die Zukunft ihm geben sollte: Von nun an [wird's geschehen, daß ihr sehen werdet des Menschen Sohn sitzen zur Rechten der Kraft und kommen in den Wolken des Himmels]! *Was bedürfen wir* weiter Zeugnis?, haben die ungerechten Richter darauf geantwortet. Für sie war Alles klar und entschieden: Frevelhaft war sein Anspruch, nichtig seine Hoffnung. Wir müssen uns noch einmal ehrlich gestehen, daß wir uns höchstwahrscheinlich auch auf ihre Seite geschlagen hätten. *Gott aber* stand in großer Freiheit auf der anderen Seite. Das Sterben des Heilands war *stärker* als das gesunde Leben seiner Feinde, sein Schweigen *stärker* als ihre vielen Worte, seine Niederlage *stärker* als ihr Sieg. Was sie getan haben, war *schließlich dasselbe,* was die Menschen immer getan haben. Es braucht keine besondere Weisheit und keinen besonderen Heldenmut, um Gott jenes Nein! entgegenzuschreien, das in ihrem Urteil über Jesus lag. Sie haben damit nur ausgesprochen: Da endigt der Mensch, auch der fromme, der gerechte Mensch, daß er vor Gott, vor Gott selber erschrickt und sich gegen ihn wehrt. Jesus aber hat in

seinem Sterben *die Quelle eröffnet,* aus der etwas Neues gekommen ist ins Menschenleben. Er hat den *Gehorsam* bewiesen, den die Anderen verweigerten. Dieser sein Gehorsam wurde von nun an eine *Macht Gottes auf der Erde,* eine Macht der Vergebung für alle die Ungehorsamen. Es gibt einen neuen *Anfang* für Gerechte und Ungerechte. Es gibt eine große *Gelegenheit,* Gott zu fürchten und Recht zu tun, für Alle ohne Ausnahme [vgl. Act. 10,35]. Es gibt eine *Gerechtigkeit* Gottes, auf die man zurückkommen kann, wer man auch sei, wenn man der menschlichen Gerechtigkeit müde geworden ist. Die Menschen wollten zerstören, Gott aber *schuf und baute.* Sie wollten löschen, er aber zündete sein *Feuer an* [vgl. Lk. 12,49]. Sie gedachten es böse zu machen, er aber hat es *gut gemacht* [vgl. Gen. 50,20]. Wir wollen uns getrost zu jenen Menschen stellen, im Bewußtsein, daß dort gerade das kräftige *Wort der Erlösung* gesprochen worden ist, von dem alle Dinge von nun an getragen sind [vgl. Hebr. 1,3].

Lieder:
Nr. 111 «Herzliebster Jesu, was hast du verbrochen» von J. Heermann, Strophen 1–3 (RG [1998] 440,1.3.4; EG 81,1.3.4)
Nr. 162 «Wach auf, du Geist der ersten Zeugen» von K. H. von Bogatzky, Strophen 1.2.8 (RG [1998] 797,1.2.7; EG 241,1.2.8; jeweils mit Textabweichungen)

Matthäus 26,58. 69–75

*[Petrus aber folgte ihm nach von ferne bis in den Palast des Hohen-
priesters und ging hinein und setzte sich zu den Knechten, auf daß er
sähe, wo es hinaus wollte. Petrus aber saß draußen im Hof; und es trat
zu ihm eine Magd und sprach: Und du warst auch mit dem Jesus aus
Galiläa. Er leugnete aber vor ihnen allen und sprach: Ich weiß nicht,
was du sagst. Als er aber zur Tür hinausging, sah ihn eine andere und
sprach zu denen, die da waren: Dieser war auch mit dem Jesus von
Nazareth. Und er leugnete abermals und schwur dazu: Ich kenne den
Menschen nicht. Und über eine kleine Weile traten hinzu, die dastanden, und sprachen zu Petrus: Wahrlich du bist auch einer von denen;
denn deine Sprache verrät dich. Da hob er an, sich zu verfluchen und
zu schwören: Ich kenne den Menschen nicht. Und alsbald krähte der
Hahn. Da dachte Petrus an die Worte Jesu, da er zu ihm sagte: «Ehe
der Hahn krähen wird, wirst du mich dreimal verleugnen», und ging
hinaus und weinte bitterlich.]*

1. Jesus hat einsam gelebt und ist einsam gestorben. Keiner ist mit
ihm seinen Weg gegangen. Keiner hat mit ihm seinen Kampf ge-
kämpft, Keiner hat mit ihm seine Not gelitten. Wenn wir *erkennen*
wollen, daß durch dieses Leben und Sterben etwas für uns geschehen
ist, daß es eine Veränderung hervorgebracht hat in der Welt, daß es der
Welt eine Hoffnung gegeben hat, dann müssen wir uns *beugen* unter
die schwere Wahrheit, daß Keiner mit ihm war und Keiner mit ihm ist.
Auch Petrus war nicht mit ihm, sondern hat ihn verleugnet vor einer
Magd, vor den ersten Besten. Petrus war der Fels, auf den Christus
seine Gemeinde bauen wollte [Mt. 16,18]. Wir wollen uns nicht einbilden, wir seien fester, reiner, treuer als Petrus. Es ist bald gesagt: Wir
wollen *Jesus nachfolgen!* Das können nur die, die die bittere Einsicht
gemacht haben, daß sie Jesus nicht nachfolgen. Es ist nicht gut, sich
allzu nahe an Jesus heranzudrängen, allzu laut davon zu reden, daß er
uns der Weg, die Wahrheit und das Leben geworden sei [vgl. Joh. 14,6]
und daß wir uns ihm übergeben haben, allzu schnell unsere Schwierigkeiten und Leiden mit seinem Kreuzesweg zu vergleichen. Das
Wort von der *Versöhnung* wird auf diese Weise zu einem kirchlichen,
sonntäglichen, religiösen Wort, das man hört, an das man mehr oder
weniger glaubt, das man aber nicht eigentlich ernst nimmt und das

darum auch nicht schafft, was es schaffen könnte. Es war darum keine gute Stunde, als man anfing, die an Jesus Gläubigen *«Christen»* zu nennen [Act. 11,26], von «christlichem» Glauben und «christlichen» Werken zu reden, als aus dem Reiche Gottes, dessen Nähe Jesus verkündigte, das «Christentum» wurde, wie es einen Buddhismus und Mohammedanismus, ein Luthertum und einen Calvinismus gibt, je nach dem Religionsstifter, um den sich da und dort die Menschen geschart haben. Es steckt in diesen Bezeichnungen der große Irrtum, als ob man sich auch um Christus *nur so scharen* könne, wie es auch Petrus wollte: Und wenn ich mit dir sterben müßte, so will ich dich nicht verleugnen [Mk. 14,31 par.]!, als ob Christus *unseresgleichen* wäre, dem man sich ohne weiteres zugesellen könnte, als ob es *Menschen gäbe,* die mit mehr Recht als Andere sich mit ihrem Denken und Tun auf ihn berufen könnten, während er doch gerade als der Einsame, der er ist, aller Menschen Heiland ist. Diese Überhebung hat sich alsbald gerächt in einem großen *Mangel an Leben und Kraft,* an dem wir bis heute zu tragen haben. Wenn wir in unserer heutigen Zeit wieder wahrhaft *hungern und dürsten* nach Leben und Kraft, dann müssen wir uns vor Allem von dieser Überhebung frei machen. Petrus wurde der Fels der Gemeinde erst damit, daß er *aufhörte,* sich so keck auf die Seite seines Meisters zu stellen. Christen werden wir erst damit, daß wir gewahr werden, daß wir *keine Christen* sind. Wir müssen es, der sicheren und leichtsinnigen Art des Kirchen- und Kapellenchristentums[1] zum Trotz, wieder lernen, *Abstand* zu nehmen von Christus, Ehrfurcht zu haben vor seinem besonderen Weg, Verständnis für sein einzigartiges Wesen. Sonst hängt die Versöhnung, die uns durch ihn gegeben ist, in der Luft und wird nicht zur Wirklichkeit.

2. Es war etwas *menschlich Schönes und Großes an Jesus,* das hatte mit so vielen Anderen auch *dem Petrus Eindruck* gemacht, das hatte ihn veranlaßt, Jesu Jünger zu werden. Sein tiefer, majestätischer Ernst, verbunden mit seiner merkwürdigen Heiterkeit, Freiheit und Freundlichkeit, seine unbedingte Herablassung zu allen Niedrigen und sein rücksichtsloser Mut gegen alles, was hoch ist vor den Menschen, seine

---

[1] «Kapelle» meint hier die Versammlungsräume der freikirchlichen, meist pietistischen Gemeinschaften.

vorsichtige, ungekünstelte Demut und seine geheimnisvoll stolze Macht über die Menschen und über die Naturkräfte, das Gewinnende seiner Persönlichkeit und die Gewalt seines Wortes, das alles waren Dinge, die einem offenen Herzen etwas sagen mußten. Diese Strahlen *leuchten uns bis heute,* und wir lassen sie uns gern gefallen. Da kann jeder etwas finden, was er braucht: klare Einsichten in die Zusammenhänge des Lebens der Eine, eine einfache, strenge Moral der Andere, tiefe, herzbewegende Gefühle des Friedens und der Freude der Dritte. Die verschiedenen christlichen Kirchen preisen und predigen dieses menschlich Schöne und Große an Jesus als die wahre, göttlich geoffenbarte Religion, und es wird ihnen ganz unmöglich je an Abnehmern und Gläubigen fehlen, weil es tatsächlich etwas Großes, Tröstliches, Hilfreiches ist, was sie damit vertreten. Sogar der Staat wird nie ganz auf diese Grundlage verzichten, weil er wohl spürt, daß seine Ordnungen und Fortschritte ohne sie nicht bestehen können. Und es hat auch nie eine religiöse, politische oder geistige Gruppe, Richtung oder Partei gegeben, die nicht den Versuch gemacht hätte, sich irgendwie wenigstens mit einem Splitter von der Herrlichkeit Jesu zu schmücken und zu rechtfertigen. Jesus ist so *wunderbar reich und vielseitig,* daß auch alle die einseitigen Auffassungen, die ihm zuteil geworden sind, seinem Glanz nicht haben schaden können. Etwas von der Größe und Schöne seiner Person und seines Einflusses bleibt immer und überall übrig. Was sich heute Christentum nennt, das lebt irgendwie von den Strahlen dieser menschlichen Größe und Schönheit Jesu. Aus ihr[?] ist immer etwas darin[?]. Es gibt eine christliche Kultur, und es gibt christliche Kreise, es gibt einen christlichen Sozialismus[2] und eine christliche Wissenschaft[3]. Es gibt eine treue christliche Glaubenskraft und eine bewußte christliche Liebes-

[2] Über die Begegnungen zwischen Christentum und Sozialismus sowie über die Positionen und Organisationen der dabei entstandenen Gruppen unterrichten folgende Artikel in RGG[3]: E. Wolf, «Christlich-sozial» I, Sp. 1740–1743; E. Wolf, «Evangelisch-sozial» II, Sp. 793f.; K. Kupisch, «Kirchlich-sozial» III, Sp. 1622f.: A. Rich, «Religiös-sozial» V, Sp. 957f.; H. H. Schrey, «Sozialismus II. Religiöser Sozialismus» VI, Sp. 181–186.
[3] Die auf Mary Baker Eddy zurückgehende «Christian Science» (vgl. H. D. Reimer, Art. «Christian Science» in: RGG[3] I, Sp. 1732–1736) hatte nach 1900 auch in der Schweiz Fuß gefaßt; vgl. Barths Stellungnahme in: Predigten 1915, S. 279.

tätigkeit. Das alles hat sein gewisses Recht. Das ist alles auf seine Weise etwas Bedeutsames, Segensreiches und auch Hoffnungsvolles. Wenn *Petrus einfach ungehindert* in Dankbarkeit und Verehrung immer weiter hätte gehen können im Licht dieser Strahlen von der Herrlichkeit seines Meisters, er hätte ihn nie verleugnet. Und wenn dieses menschlich Große und Schöne Alles wäre an Jesus, wir kämen nie in den Fall, uns zu fragen, ob wir denn wirklich Christen sind, ob es so etwas wie Christentum überhaupt gibt. Petrus hätte dann gar *keinen Anlaß* gehabt zur Verleugnung, er wäre nur immer unter dem Glanz und unter dem Segen seines Meisters gestanden, und es wäre immer schöner und besser mit ihm geworden. Und auch wir könnten mehr oder weniger *getrost antworten:* Ja, wir sind Christen, könnten uns auf all das Christliche berufen, das wir sind, haben und tun in der Hoffnung, daß es damit immer schöner und besser würde.

3. Aber nun trat ein Hindernis ein auf dem Wege des Petrus, und dieses Hindernis steht auch auf unserem Wege. Es ist noch *etwas Anderes an Jesus* als das, was dem Petrus Eindruck machte. Was Petrus sah, das war ja nur der *Abglanz an Jesus,* nicht das Licht selbst, nur die Anzeichen und Spuren von dem, was er wollte, nicht seine Arbeit selbst. Ja, Jesus *redete gewaltig,* aber das Gewaltige lag nicht in seiner Rede, sondern in dem, was er sagte. Er war *ernst,* aber das Eigentliche an seinem Ernst lag nicht im Einzelnen seiner Worte und seiner Haltung, sondern in seiner ganzen Richtung. Er war *frei,* aber das Wesen seiner Freiheit lag nicht in seiner Unabhängigkeit im Äußeren, sondern in seiner inneren Überlegenheit. Er war *gütig* und freundlich, aber eigentlich nicht gegen die Menschen, sondern gegen etwas Höheres, das er unsichtbar hinter den Menschen sah. Er vollbrachte *Taten,* die Staunen und Entsetzen erregten, aber seine Kraft erschöpfte sich nicht darin, sie lag in etwas Kommendem, von dem jene Taten nur Vorboten waren. Er *kämpfte* für die einen Menschen gegen die anderen, und doch eigentlich für Alle gegen niemand. Er war eine *Persönlichkeit* voll Licht und Macht, und es war doch nicht sein Persönliches, was leuchtete und mächtig war, sondern etwas Größeres, von dem sein Persönliches nur Echo und Widerschein war. *Das Wesen des Heilands* ist nicht in den Wahrheiten, die er ausgesprochen, nicht in der Moral, die er gelehrt und vorbildlich betätigt hat, nicht in den stürmischen und doch so tief friedlichen Empfindungen, die in ihm waren und die er bis zu diesem Tag immer wieder erregt hat, sondern in dem Ursprung in Gott, den das Leben bei ihm wieder bekommen hat. *Das Wesen des Heilands* ist nicht der Strom der Liebe und Gerechtigkeit, der von ihm ausgegangen ist zum Staunen des Petrus und eigentlich aller Menschen, sondern die Quelle, die er gegraben und erschlossen hat und weiter graben und erschließen will. *Das Wesen des Heilands* liegt nicht in dem, was wir menschlich an ihm bewundern, von ihm erfahren, bei ihm empfangen können, so groß das ist, sondern in dem Geheimnis der oberen Welt, das er auf der Erde offenbart hat und für das wir erst wieder Augen zum Sehen und Ohren zum Hören bekommen müssen, weil wir nur an künstliche Lichter gewöhnt sind und das Licht der Sonne noch nicht zu ertragen vermögen. *Das war das Wesen* Jesu, das göttlich Große und Schöne an ihm, diese Gottessonne, die einst über der Schöpfung geleuchtet, wieder aufleuchten zu lassen unter den Menschen.|

Um dieses Anderen willen, das Petrus nicht sah und das auch wir erst zum kleinsten Teil sehen, wegen dieser Aufgabe, eine neue Welt zu begründen inmitten der alten, mußte Jesus leiden. Denn die Menschen, auch die wohlwollenden und empfänglichen Menschen, mußten *diese Neuigkeit [?] ablehnen* und ihren Träger hassen, weil sie sie zu tief demütigte. Und Gott seinerseits mußte zur Lösung dieser Aufgabe einen *ganzen Gehorsam verlangen* von dem, der sie auf sich genommen. So *kam Jesus ans Kreuz:* durch die Menschen, die das, was er im Wesen war, Gottes Sohn, verwarfen, und durch Gott, der von seinem Sohn Treue bis in den Tod forderte. Wir hörten es am letzten Sonntag: *Wäre Jesus* weniger gewesen als Gottes Sohn, hätte er weniger gewollt und gebracht als die Offenbarung der neuen, der oberen Welt, hätte er nur einen menschlichen Vordergrund gehabt und nicht diesen göttlichen Hintergrund, er wäre nicht verworfen worden, er hätte nicht leiden müssen. Das Kreuz wäre ihm und uns *erspart* geblieben.[4] Ihm und uns. Denn was für ihn der schwere Endkampf seines Lebens war, das ist naturgemäß für uns der Anstoß und das Ärgernis. *Das Hindernis auf dem Wege des Petrus war das Kreuz.* Es kam nun eben davon[5], weil Jesus noch etwas Anderes war, als Petrus sah und

[4] Vgl. oben S. 116.
[5] Könnte auch «aber darum» heißen.

124

dachte, *nicht immer schöner und besser,* so daß er freudig und dankbar hätte folgen können. Der Glanz und der Segen, die von Jesus ausgegangen waren, *nahmen nicht zu,* sondern ab. Es wurde *stiller* und armseliger um Jesus her. Es kam zu einer *Beraubung* und Entlarvung dessen, was Petrus mit so vielen Anderen als menschliche Größe und Schönheit Jesu angestaunt hatte. *Wo* war die Majestät und Überlegenheit Jesu, als er sich mit dem schrecklichen Wort: es muß also gehen [Mt. 26,54]! gefangen führen ließ? *Wo war* die Gewalt seines Mundes, als er schwieg und schwieg vor dem Gericht der Menschen und seine Ankläger nicht zunichte machte? *Wo war* seine Wunderkraft, als er sich verurteilen ließ? *Wo war* das Gewinnende, Bezaubernde seiner Persönlichkeit, als man ihm ins Angesicht speien durfte? O, Petrus hat seinen Herrn nicht aus Furcht und Schwachheit verleugnet, sondern aus *bitterer Enttäuschung* darüber, daß der wunderbare Eindruck, den ihm Jesus gemacht hatte, durch den Schatten des Kreuzes, der nun kam, zerstört wurde. Er hatte es *anders gemeint.* Er hatte nicht das Haupt voll Blut und Wunden[6] gemeint, sondern den Schönsten unter den Menschenkindern [vgl. Ps. 45,3], und diese Meinung war nun zerstört. Da hatte er auch *keinen Grund mehr,* sich zu Jesus zu bekennen. Diesen anderen Jesus, der da auftauchte, diesen unansehnlichen, leidenden, schwachen Jesus konnte und mußte er verleugnen beim ersten besten Anlaß.|

Das Kreuz ist das Hindernis auch auf unserem Wege. Das, was man heute Christentum nennt, und wir sogenannten Christen alle, wir meinen alle einen *anderen Christus* als den gekreuzigten. Wir meinen den Christus, für den man sich *erwärmen und begeistern* kann, bei dem man allerlei lernen kann, der einem allerlei praktische Winke gibt, der einem allerlei schöne Empfindungen einflößt. Auch dann, wenn wir ausdrücklich vom *Kreuz und vom Blut Christi* reden aus biblischer Gewohnheit, meinen wir nicht das, was diese Dinge in Wirklichkeit waren. Unter allen Malern, die das Leiden Jesu dargestellt haben, weiß ich nur einen[7], der es gewagt hat, nicht wieder etwas Schönes und

---

[6] Vgl. Lied Nr. 112 «O Haupt voll Blut und Wunden» von P. Gerhardt (RG [1998] 445; EG 85).

[7] Gemeint ist Matthias Grünewalds Kreuzigungsbild auf dem Isenheimer Altar; vgl. Römerbrief 1, S. 164. Eine Reproduktion dieses Bildes hing seit 1919 stets über Barths Schreibtisch. Vgl. R. Marquard, *Karl Barth und der Isenheimer Altar* (Arbeiten zur Theologie, Bd. 80), Stuttgart 1995.

Großes daraus zu machen, sondern die ganze furchtbare Wirklichkeit des Lebens wiederzugeben, die tatsächliche Beraubung und Entlarvung alles dessen, was uns an Jesus groß und schön erscheint. Von dem Augenblick an, wo wir gewahr werden, daß Jesus *nicht etwas Schönes und Großes* brachte, sondern Gott, *nicht eine Ausschmückung* und Verbesserung unserer Welt, sondern die Begründung einer anderen Welt, überhaupt *nicht etwas für uns,* sondern einen neuen Anfang des Lebens für Gott, und daß Jesus, weil er diese Quelle eröffnete, *leiden,* abnehmen, sterben mußte in dem, was uns an ihm wohlgefällt, von dem Augenblick an wenden wir alle, die frommen und die weltlichen Christen, uns ab von ihm. Die *Kirchen* und Kapellen alle, sie wollen triumphieren mit dem Christus, den sie predigen und preisen. Der *Staat* verlangt eine starke, gesunde Haltung von den Religionen, denen er seinen Schutz gewährt. Die *Gebildeten* suchen nach etwas Gescheitem, Einleuchtendem, Geistreichem und die *Ungebildeten* nach etwas Einfachem, Faßlichem, Nutzbarem. Die *Parteien,* Richtungen und Unternehmungen alle, die sich irgendwie auf christliche Grundsätze und Gedanken berufen, sie wünschen von Jesus ein starkes Ja zu hören zu dem, was sie gerade denken und anstreben. Und wenn wir nun gewahr werden, daß wir mit dem allem Jesus erst *halb verstanden* haben, daß ihm Alles am Licht liegt und sehr wenig an den Strahlen, Alles an der Quelle und sehr wenig an dem von uns bewunderten Strom, wenn wir gewahr werden, daß *sein Ziel* nicht die Verschönerung unseres alten Wesens ist, sondern die Erschaffung eines neuen, eine Revolution der Welt von oben her, und *sein Weg* dazu nicht der Erfolg und nicht der Fortschritt und nicht die Entwicklung vorwärts und aufwärts, wie wir es uns so gerne denken, sondern das gehorsame Abbrechen aller menschlichen Größe, damit Gottes Größe ans Licht treten kann – ja, dann wird uns eben dieses Ziel und dieser Weg zum *Ärgernis und zur Torheit,* wie Paulus gesagt hat [1. Kor. 1,23]. |

So haben wir's nicht erwartet und nicht gemeint, als wir uns mit Christus einließen!, möchten wir rufen. Dieser Christus *nimmt uns* zu viel und gibt uns zu wenig. An diesem Christus *haben wir nichts.* Diesen Christus *verstehen wir nicht.* Diesen Christus *lehnen wir ab.* Er ist *nicht unser Christus.* Israel, hebe dich zu deinen Hütten [2. Sam. 20,1]! «Und er hob an, sich zu verfluchen und zu schwören: Ich kenne den Menschen nicht!» *Es braucht nicht viel,* sondern wunderbar wenig, um uns so weit zu treiben. Ein kleiner Anlaß nur, wo es sich zeigen mußte: ein Geschwätz, ein Mißverständnis, eine Verwicklung, eine Geduldsprobe, eine kleine oder große Aufgabe, eine Gelegenheit, wo wir warten sollten, statt zu eilen, oder eilen, statt zu warten, schweigen, statt zu reden, oder reden, statt zu schweigen, und sofort *ist's am Tage* wie bei Petrus, daß wir Christus, den Sohn Gottes, den gekreuzigten Christus, nicht verstanden haben. Wir meinten den anderen. Und dann verleugnen wir kalten Herzens. *Unser Leben,* auch unser christliches Leben, ist eine lange Geschichte von Verleugnungen. Und die *Geschichte des Christentums* ist eine lange Verleugnungsgeschichte, zum ersten, zum zweiten, zum dritten Mal. Und unterdessen ist Jesus einsam.

4. «Und alsbald krähte der Hahn. Da dachte Petrus [an die Worte Jesu, da er zu ihm sagte: ‹Ehe der Hahn krähen wird, wirst du mich dreimal verleugnen›,] und ging hinaus und weinte bitterlich.» Seht, nun *hat's Petrus gemerkt,* daß auch er, gerade er, *Jesus allein* gelassen hatte, daß er kein Christ war, daß auch er Abstand nehmen mußte von seinem Meister. Hat's gemerkt: *ich war eifrig,* ich war treu, ich war gläubig, ich habe sogar das Schwert gezogen und geschwungen für meinen Christus, aber ich meinte einen anderen Christus und unterdessen habe ich den wirklichen verleugnet. *Er dachte an das,* was Jesus ihm gesagt hatte. *Die Augen gingen ihm auf* für das, was Jesus war und was er nicht verstanden hatte. Es war ein schmerzliches, aber *heilsames Merken.* Er *sah jetzt* das Licht selbst, sah die Quelle, sah das Wesen des Heilands. Indem er merkte und sah, war ihm schon *geholfen.* Indem die Einbildung zusammenbrach, trat die *Wahrheit* in Kraft. Indem er erkannte, daß er eine *Versöhnung* nötig hatte, war sie auch schon da. Denn *dazu hat Christus gelebt und gelitten,* damit eine göttliche Versöhnung, eine Versöhnung von oben da sei, wenn die menschlichen Versöhnungen zusammenbrechen. *Es war Alles bereit* für Petrus, und Petrus kam. Es ist *auch für uns Alles* bereit. Aber wir dürfen nicht damit anfangen, daß wir uns auf das, was christlich ist in uns und um uns, berufen. Wir müssen es merken und sehen, daß *Christus und wir zweierlei sind*[8], daß wir mit unserem Christentum am Sohn Gottes,

---

[8] Mskr.: «ist»; Korr. vom Hrsg.

am gekreuzigten Christus vorbeigegangen sind. Wer den *Abstand wahrnimmt,* dem ist geholfen. Mit dem kann *Gott reden* von dem, was er getan hat und noch tun will. Wir zweifeln oft an uns selbst. Wir fühlen uns unsicher in dem, was wir unseren Glauben und unsere Rechtschaffenheit nennen. Durch unsere ganze Zeit geht die Frage, ob das, was man heute Christentum nennt, etwas wirklich Wertvolles und Göttliches sei. Es ist recht so. Wir wittern überall etwas von der *großen Verleugnung Jesu,* deren wir uns schuldig machen, wir ahnen wieder, daß er uns mehr zu sagen und zu geben hat, als wir bis jetzt hören und annehmen wollten. Wir müssen wieder an ihn denken, wer er in Wirklichkeit war, und er sieht uns an [Lk. 22,61]. Möchten wir *gründlich zweifeln,* stark unsicher werden, unermüdlich und rücksichtslos fragen lernen. Möchte es unter uns heutigen Christen zu dem *bitterlichen Weinen* kommen, in dem Petrus die Versöhnung, die Wahrheit gefunden hat. Möchten wir uns *nicht fürchten* vor dem großen Nein, das wir unter dem Kreuz des Heilands zu uns selbst sagen müssen. Denn die *göttliche Traurigkeit* wirkt zur Seligkeit eine Reue, die niemand gereut [2. Kor. 7,10].

Lieder:

Nr. 113 «O Welt, sieh hier dein Leben» von P. Gerhardt, Strophen 1–3 (RG [1998] 441,1–3; EG 84,1–3)

Nr. 214 «Aus tiefer Not schrei ich zu dir» von M. Luther, Strophen 1–3 (RG [1998] 83,1–3; EG 299,1–3; jeweils mit Textabweichungen in Strophe 1)

Matthäus 27,1–2.11–31

[Des Morgens aber hielten alle Hohenpriester und die Ältesten des Volks einen Rat über Jesum, daß sie ihn töteten. Und banden ihn, führten ihn hin und überantworteten ihn dem Landpfleger Pontius Pilatus. Jesus aber stand vor dem Landpfleger; und der Landpfleger fragte ihn: Bist du der Juden König? Jesus aber sprach zu ihm: Du sagst es. Und da er verklagt ward von den Hohenpriestern und Ältesten, antwortete er nichts. Da sprach Pilatus zu ihm: Hörst du nicht, wie hart sie dich verklagen? Und er antwortete ihm nicht auf ein Wort also daß sich auch der Landpfleger sehr verwunderte. Auf das Fest aber hatte der Landpfleger die Gewohnheit, dem Volk einen Gefangenen loszugeben, welchen sie wollten. Er hatte aber zu der Zeit einen Gefangenen, einen sonderlichen vor andern, der hieß Barrabas. Und da sie versammelt waren, sprach Pilatus zu ihnen: Welchen wollt ihr, daß ich euch losgebe? Barrabas oder Jesus, von dem gesagt wird, er sei Christus? Denn er wußte wohl, daß sie ihn aus Neid überantwortet hatten. Und da er auf dem Richtstuhl saß, schickte sein Weib zu ihm und ließ ihm sagen: Habe du nichts zu schaffen mit diesem Gerechten; ich habe heute viel erlitten im Traum seinetwegen. Aber die Hohepriester und die Ältesten überredeten das Volk, daß sie um Barrabas bitten sollten und Jesum umbrächten. Da antwortete nun der Landpfleger und sprach zu ihnen: Welchen wollt ihr unter diesen zweien, den ich euch soll losgeben? Sie sprachen: Barrabas. Pilatus sprach zu ihnen: Was soll ich denn machen mit Jesu, von dem gesagt wird, er sei Christus? Sie sprachen alle: Laß ihn kreuzigen! Der Landpfleger sagte; Was hat er denn Übles getan? Sie schrieen aber noch mehr und sprachen: Laß ihn kreuzigen! Da aber Pilatus sah, daß er nichts schaffte, sondern daß ein viel größer Getümmel ward, nahm er Wasser und wusch die Hände vor dem Volk und sprach: Ich bin unschuldig an dem Blut dieses Gerechten; sehet ihr zu! Da antwortete das ganze Volk und sprach: Sein Blut komme über uns und über unsre Kinder! Da gab er ihnen Barrabas los; aber Jesum ließ er geißeln und überantwortete ihn, daß er gekreuzigt würde. Da nahmen die Kriegsknechte des Landpflegers Jesum zu sich in das Richthaus und sammelten über ihn die ganze Schar und zogen ihn aus und legten ihm einen Purpurmantel an und flochten eine Dornenkrone und setzten sie auf sein Haupt und ein Rohr in seine rechte Hand und beugten die Knie vor ihm und verspotteten ihn und sprachen: Gegrüßet seist du, der Juden König! und

---

[1] Am 13. April 1919 schrieb Barth an Thurneysen: «In den Predigten Erwägungen über Judas, Kaiphas, Petrus und Pilatus (ich lege sie gleich bei …)» (Bw. Th. I, S. 324).

spieen ihn an und nahmen das Rohr und schlugen damit sein Haupt. Und da sie ihn verspottet hatten, zogen sie ihm den Mantel aus und zogen ihm seine Kleider an und führten ihn hin, daß sie ihn kreuzigten.]

1. Was hat der Hohepriester Gottes, Kaiphas, *mit dem Heiden Pilatus zu schaffen?* – [2]Wie kommt es nur, daß die Kinder Gottes in Jerusalem, die ernstgesinnten, die frommen, die religiösen Kreise jener Stadt insgesamt auf einmal so geschlossen und dringend danach verlangen, mit dem *Weltmenschen* gemeinsame Sache zu machen? Wie ist's möglich, daß diese Gerechten auf einmal den *Ungerechten,* seine Staatsgewalt, sein richterliches Urteil, seine Kriegsknechte und Henker so nötig haben, so eifrig danach schreien und schreien, als ob es um das heiligste Gut ginge? Was soll man nur denken, wenn man sieht, wie sie ihn zu einem *ärgeren Tyrannen* machen wollen, als er es ohnehin schon ist, wie sie ihn zu einem Vorgehen antreiben, das *rücksichtsloser,* heidnischer, staatlicher ist, als er es selber gewöhnt ist, das *weltlicher* ist, als sogar er es vor seinem nicht eben zarten Gewissen verantworten kann? – Die Juden haben sonst diesen Mann *verachtet.* Gott und der Kaiser in Rom mit seinem Landpfleger, das waren Dinge, die für sie *weit auseinander* lagen. Alle Tage haben sie *gebetet um Erlösung* von der römischen Gesetzesgewalt und Schwertgewalt. Und nun diese Gemeinschaft, dieses Zusammenarbeiten, diese vertauschten Rollen!

2. Seht, da hat sich's zeigen müssen: *Es ist hier kein Unterschied,* sie sind allzumal Sünder und ermangeln des Ruhmes, den sie vor Gott haben sollten [Röm. 3,23]! – Jesus, gegen den sich dieses seltsame Bündnis richtete, hat *Klarheit* in die Welt gebracht. Das haben ihm ja die Guten in Israel am meisten *gezürnt* von Anfang an, daß er ihre Überlegenheit antastete, daß er die Scheidung von Gerechten und Ungerechten Gott gegenüber nicht anerkannte, daß er von ihnen, den Guten, verlangte, sie sollten sich als Brüder neben die Bösen stellen. Gerade darin sahen sie den Umsturz aller Moral und Frömmigkeit, [an] dem sie ihm schuld gaben, und gerade dagegen verwahrten sie sich aufs leiden-

---

[2] Hier und an den entsprechenden Stellen im folgenden markierte Barth sich die Stufen des Gedankengangs mit dicken senkrechten Blaustiftstrichen, die wir durch Gedankenstriche wiedergeben.

schaftlichste. – Und nun, als ihre Gegenwehr gegen diese Beleidigung, gegen dieses Attentat auf dem Gipfel war, da mußten sie selbst durch die Tat *beweisen,* daß er recht hatte. Jesus hatte nicht geträumt und keine Theorie gesponnen, sondern auf eine *Tatsache* hingewiesen, als er den Gerechten neben den Ungerechten, den Pharisäer neben den Zöllner, den Priester und Leviten neben den Samariter, den Juden neben den Heiden gestellt hatte. Die Tatsache wurde nun offenbar. *Wenn Gott* in Frage kommt, dann werden die Menschen, ob sie sich nun auf der höchsten oder tiefsten Stufe befinden, solidarisch, zusammengehörig. Solange dem Leben der Menschen die *Hauptsache fehlt,* sind alle noch so gewaltigen Unterschiede und Nebensachen nicht ernst, nicht wichtig, nicht bedeutsam. In der Welt ohne Gott, ohne Liebe, ohne Geist, in des *Menschen eigener Welt* kann alle sogenannte Gerechtigkeit von heute auf morgen heruntersteigen zur Ungerechtigkeit, wird die Ungerechtigkeit vergrößert, gekräftigt, überboten, zur schlimmsten Entfaltung gebracht durch die sogenannte Gerechtigkeit der Menschen. Dem Gott gegenüber, der eine *neue Welt* schafft, einen neuen Anfang setzt, gibt es keine menschliche Erhabenheit, keine Schönheit, keine Größe. Dem Gott gegenüber, der ein *neues Wort* redet und ein neues Hören verlangt, stehen die Ersten und die Letzten unter den Nicht-Hörenden nebeneinander, ja es können die Ersten hinter die Letzten zu stehen kommen [vgl. Mk. 10,31 par.], wenn es sich zeigt, daß sie[3] vielleicht noch weniger hören wollen und können als jene. – Bei Jesus *kam Gott in Frage,* Gottes neue Welt und Gottes neues Wort. Darum mußte ihm gegenüber bei den Menschen der alten Welt und der alten Taubheit die *Tatsache dieser Gleichheit* offenbar werden, diese Vermischung von Guten und Bösen, diese Verwirrung von Frommen und Gottlosen. Wollte Kaiphas nicht der Bruder des Pilatus sein im Gottesreiche, so mußte er nun sein Geselle und Kollege sein im Menschenreiche.

3. *Kaiphas hatte Pilatus nötig.* Er und alle seinesgleichen vertraten zwar *eine gute Sache.* Sie waren die Träger und Hüter einer hohen, edlen, reinen menschlichen Gerechtigkeit. Jerusalem hatte ein altes, wahres und wertvolles Gotteslicht. Aber Jesus hatte sie vor eine *schwere Fra-*

---

[3] Mskr.: «sich»; Korr. vom Hrsg.

ge gestellt: Wollt ihr erkennen, daß Gott eine *neue Zeit* hat anbrechen lassen, eine Zeit, die einen *Glauben* und einen Gehorsam verlangt, wie ihr sie bis jetzt noch nicht geübt habt, ein weites *Herz,* einen freien, beweglichen *Sinn,* einen rücksichtslosen *Mut?* Wollt ihr *demütig* werden, um diesen Mut zu bekommen? Wollt ihr *Buße* tun, um diese Freiheit zu gewinnen? Wollt ihr Alles, was ihr seid und habt, *dran geben,* um das Eine zu gewinnen: Gottes neue Gegenwart und Führung und Hilfe? – Jesus wollte sie *mitnehmen.* Um mitgenommen zu werden, mußten sie aber *gehen* und nicht stehen wollen. Wollten sie *nicht gehen,* sondern stehen, so war dieses Mitnehmen Jesu ein Raub, ein Attentat gegen ihre Stellung. Es lag nicht daran, daß Jesus *etwa zu schroff,* nicht gütig und geduldig genug aufgetreten wäre mit seiner Einladung. Wo man die Wahrheit nicht hören will, da mag sie noch so freundlich und friedlich ausgesprochen werden, sie wird eben doch beißen, weil sie die Wahrheit ist. Es lag auch nicht daran, daß sie *zu wenig hatten sehen* und merken können vom tatsächlichen Anbruch einer neuen Zeit. Wo man stehen bleiben will, da können alle Zeichen und Wunder den Haß nur vermehren gegen die Aufforderung, sich zu bewegen. Sie wollten *verharren in ihrer Stellung,* darum konnten sie in Jesu ganzer Person, Tätigkeit und Botschaft nur Feindschaft, Gegensatz, Angriff, Umsturz spüren. –|

Man kommt eben in eine *eigentümliche Lage,* wenn man nicht mitgehen will, wenn Gott ruft. Wenn man dabei *beharrt:* ich habe *schon gehört* und gehorcht! ich brauche *kein neues* Wort Gottes! ich habe mein *Schäflein* schon ins Trockene gebracht! Ich weiß und will *bereits das Gute* und brauche mir nichts mehr sagen zu lassen! ich bin *kein Kind* mehr und habe es nicht nötig, heute von vorn anzufangen! Man kommt in eine *merkwürdige Lage,* wenn man sich gegen Gott wehren will oder wehren muß mit der Begründung: Um meiner guten Sache willen, im Namen Gottes tue ich das! Da kommt man nämlich *sofort in die Lage,* daß man bei der höchsten Gerechtigkeit einen Bund schließen muß mit der Ungerechtigkeit. Da muß man auf einmal zu *Mitteln* und Methoden greifen, die man sonst verabscheut, da muß man plötzlich sehr weltliche, gewöhnliche *Wege* gehen. Da muß man plötzlich nach Bundesgenossen suchen, für die man sich sonst bedanken würde. Da muß Kaiphas zu *Pilatus* laufen. –|

Denn *mit Gott gehen* kann man nur, wenn man mit Gott einig ist. Und *mit Gott einig* sein kann nur, wer heute auf seine Stimme hört. Kaiphas und seine Freunde hatten viele Gottesworte von gestern in den Ohren; weil sie aber heute nicht hören wollten, kamen sie in *Widerspruch zu Gott* und konnten nicht mehr mit ihm gehen. So mußten sie nun *mit den Menschen gehen*, nach menschlicher Art und Weise dem entgegentreten, den sie für ihren Feind hielten. *Von Gott verlassen*, weil sie Gott verlassen hatten, konnten sie es auf einmal nicht mehr machen ohne Prozeß und Urteil und Hinrichtung, sahen in Pontius Pilatus mit seiner Garde ein notwendiges Werkzeug Gottes, mußten: Kreuzige ihn! kreuzige ihn! schreien, als ob sie am Ertrinken wären. – *So gerieten die Gerechten* in die Nachbarschaft und Kameradschaft der Ungerechten. Natürlich *nur für einen Augenblick!*, dachten sie. Nachher lösen wir das Bündnis wieder auf. Nachher werden wir wieder anständig und vornehm. Nachher kämpfen wir für das Gute wieder mit den Waffen des Guten. Nachher sind wir wieder weit weg von Pilatus. Und daher *merkten sie gar nicht*, daß sie mit ihren blinden, grundlosen Anklagen, mit der wilden Gleichgiltigkeit, in der sie den Mörder Barrabas Jesus vorzogen, mit dem Grimm, in dem sie nach dem Blut ihres Feindes trachteten, schon weit über Pilatus hinaus waren, *merkten gar nicht*, wie schwer, wie unmöglich es ist, sich nachher von der Ungerechtigkeit wieder frei zu machen, wenn man überhaupt auf die Ungerechtigkeit angewiesen ist. Das war eben *die Not und das Gericht*, in dem sie standen, daß sie weder vorher noch nachher die Wahl hatten, besser zu sein als Pilatus. Sie gehörten nun einmal in seine Gesellschaft von dem Augenblick an, wo sie sich gegenüber dem lebendigen Gott von heute die Ohren verstopft hatten.

4. Das ist sicher, daß *Kaiphas und die Seinen Jesus besser verstanden haben* als der Weltmensch Pilatus. Sie begriffen besser und tiefer, um was es sich handelte. Eben darum haben sie *sich so aufgeregt*, so unerbittlich, so widerwärtig hitzig benommen, während man an Pilatus verhältnismäßig den Eindruck eines ruhigen, überlegenen Mannes hat, der wenigstens gerecht sein wollte, wenn er es auch nicht ganz konnte. Pilatus konnte als ein solcher Mann dastehen, weil er nicht merkte, um was es ging. Wenn man die Leidensgeschichte Jesu als einen großen *Kampf zwischen der Menschheit und Gott* auffassen

will, so muß man jedenfalls sagen, daß die Juden die Sache der Menschheit tapferer und umsichtiger vertraten als der Heide, der nicht recht wußte, was er tat. – Ihnen war es wenigstens teilweise ganz klar, *was Jesus bedeutete* und wollte: eine Veränderung, eine Umwälzung, wie die Welt sie noch nie gesehen hatte. Wenn *Jesus Recht hatte,* dann hatten alle Menschen Unrecht. Wenn *Jesus die Wahrheit redete,* dann hörte alles weitere Reden und Predigen von Gott auf. Wenn *Jesus siegte,* dann konnte der Tempel abgerissen, die Bibel geschlossen werden. Wenn *Jesus gehört wurde* vom Volk – und es war nicht weit davon –, dann wurden die Menschen Brüder, alle von Gott selbst gelehrt [vgl. Jer. 31,34]. *Mose und die Propheten,* die vielgelesenen und vielgerühmten, waren dann wieder lebendig. *Gott redete* wieder mit den Menschen, wunderbar auf Erden war nun Alles. Wie eine verlassene *Ruine* stand dann ihre Frömmigkeit und Gerechtigkeit da, überflüssig, unnütz geworden, beschienen von der fröhlichen Sonne. Es gibt *keine Kirche mehr,* keine Pfarrer, keine abgesonderte Religion, keine Extramenschen mit Vorzugsstellungen, wenn der Messias das Reich Gottes aufrichtet. *Das verstanden Kaiphas und die Seinen* an Jesus. Sie verstanden zwar sein *eigentlich* Neues, die Liebe und die Kraft Gottes, die das alles möglich macht, nicht, denn wenn sie Gott verstanden hätten, hätten sie ihm auch Glauben geschenkt. Aber daß sein Neues das Alte *stürzen* oder vielmehr aufsaugen und zerschmelzen würde wie die Sonne einen Schneehaufen, das verstanden sie. Darum nannten sie ihn ja eben einen Gotteslästerer [Mk. 14,64 par.]. – |

Und *dieses Gefährliche an Jesus,* das sie verstanden hatten, suchten sie nun mit allem Eifer *auch dem Pilatus* klar zu machen. Sie verklagten Jesus, indem sie sich dem Verständnis des Pilatus anpaßten, er maße sich an, ein König, der König der Juden zu sein. Er predigt die Revolution!, würde man heute sagen. Sie wollten Pilatus zeigen: *auch auf dem Gebiet der Politik,* für das Römerreich, das du zu vertreten hast, ist dieser Mann eine Gefahr. Als getreuer Diener des Kaisers mußt du gegen ihn vorgehen! Laß ihn kreuzigen! So haben sie geschrieen *gegen ihre eigenen Hoffnungen und Gebete,* denn sie selbst hätten ja das Römerjoch lieber heute als morgen abgeschüttelt, wenn sie gekonnt hätten. Aber der Kaiser und sein Landpfleger schien ihnen auf einmal *die kleinere Not* gegenüber der Gefahr, die von Jesus drohte. *Mochte immer* der Kaiser Recht haben, solange der Kaiser Recht hatte, hatten sie auch Recht. *Nur das nicht,* daß Jesus Recht bekam und damit alle Menschen Unrecht! *Nur das nicht,* daß durch das Neue, das sie in Jesus witterten, *alles* Alte, Kirche und Staat, Moral und Gesellschaftsordnung, Thron und Altar ins Wanken käme! Nur dieses große *Neu!* nicht, das Jesus allem menschlich Großen entgegenstellte! Nur diese *neue Schöpfung* nicht, die von Jesus drohte. *Lieber* in Ewigkeit der Heiden Knechte! *Lieber* Barabbas los, was tut's, ob ein Schelm mehr oder weniger die Freiheit genießt, wenn nur das nicht kommt, daß Alles, Alles in Frage und Unruhe versetzt wird. *Lieber* die Verantwortung auf sich genommen für ein ungerechtes Urteil: Sein Blut komme über uns und unsere Kinder!, *nur das nicht,* daß es mit Gott so furchtbar ernst werde, wie es jetzt zu werden droht. – Man muß mit *Bewunderung* sagen, daß Kaiphas und seine Freunde ihren Standpunkt *meisterhaft* durchgeführt haben. Sie wußten, was sie wollten und warum sie es wollten.

5. *Pilatus steht kurzsichtig und schwächlich da neben ihnen.* Er *versteht im Grunde nichts* von Allem, was vorgeht. Er ist wie alle Leute, die nur politisch denken können, ein etwas beschränkter Kopf. – Er *hört nur die Anklage,* Jesus sei ein politischer Revolutionär, und von dem Augenblick an, wo er einsieht, daß es damit nichts sei, daß das nicht in Betracht komme, weiß er nur noch die Achseln zu zucken. Daß es *eine andere gefährlichere Macht* geben könnte als allenfalls die Macht eines aufständischen Judenkönigs, davon ahnt er nichts. Daß es *eine drohendere Umwälzung* geben könnte als die Empörungen, die er zu bekämpfen gewöhnt war, das entgeht ihm gänzlich. Er *begreift die Aufregung* der Juden, ihren Schreck und ihre Wut gegen Jesus durchaus nicht. «*Was soll ich denn* machen mit Jesu, von dem gesagt wird, er sei Christus?» Ja eben, was soll so ein Weltmensch machen, wenn er auf einmal entscheiden soll, ob das Göttliche vom Guten oder vom Bösen sei, das Göttliche, dem er weder im Guten noch im Bösen überhaupt beizukommen vermag? Er stand da wie die Wahrsager des Königs Nebukadnezar, die ihm einen Traum auslegen sollten, den er ihnen nicht sagen konnte [vgl. Dan. 2,1–12]. Er sollte Richter sein in einer Sache, die er nicht im mindesten überblickte. – Der *Blick für das menschlich Schöne* und Unschuldige an Jesus hat ihm zwar offenbar nicht ganz gefehlt. Er hätte es gern gesehen, wenn Jesus sich wir-

kungsvoll *verteidigt hätte*. Er sucht durch das kleine *Kunststück* mit Barabbas die Juden zu veranlassen, von ihrem Vorhaben abzustehen. Er *wäscht schließlich* feierlich seine Hände in Unschuld. Er hatte offenbar die Absicht, Jesus zu retten, und *seine Frau*, die vielleicht auch ein klein wenig weiter ahnte, bestärkte ihn darin. Er war offenbar der kleinere, viel *kleinere Feind* des Gottesreiches als Kaiphas. Wenig fehlte, und Jesus wäre durch ihn am *Leben erhalten* geblieben. –

Aber *das sollte nun nicht sein,* durch Gottes guten Willen nicht so sein. Jesus sollte sein Leben nicht der Kurzsichtigkeit und Schwachheit eines Pilatus verdanken. *Hätte Pilatus Jesus verstanden* wie Kaiphas, er hätte ihn ja sofort zum Tode verurteilt. Nun mußte er es *tun, ohne ihn zu verstehen.* Jesus hat *keinen Freispruch* von ihm begehrt. Er ist ihm mit keiner Entschuldigung oder Rechtfertigung *entgegen* gekommen. Er hat den *Schein eines Empörers* diesem Mann gegenüber ruhig auf sich genommen: Du sagst es!, ganz recht, *ich bin der Gefährliche,* als den man mich bei dir verklagt hat. Er hat ihm durch sein bedeutsames *Schweigen* auf alle weiteren Fragen allen Anlaß gegeben, tiefer über ihn nachzudenken wie Kaiphas und sich auf die Seite seiner Ankläger zu stellen. Ein *Wunder hätte geschehen müssen,* damit Pilatus Jesus verstanden und ihm – anders als Kaiphas – Glauben und Gehorsam geschenkt hätte. Das Wunder geschah nicht. *Nicht jeder Zöllner* ist auch ein Sünder, der nach Gnade begehrt. – Pilatus *konnte auch nachgeben,* wenn es denn sein mußte, und er gab nach, nicht Gott, sondern den Menschen. Es war viel *natürlicher* für ihn so. Mehr als einen *Schwärmer* sah er ja doch nicht in[4] Jesus. Er konnte den Schwärmer auch preisgeben zur Geißelung, zur Kreuzigung. In diesem Nachgeben kam's zum Vorschein, daß auch er *im Widerspruch war zu Gott.* Das Todesgeschrei der Juden zeigt, wie man sich Gott widersetzen kann in fanatischer *Frömmigkeit.* Die Verhöhnung Jesu durch die Soldaten des Pilatus beweist, daß man dasselbe auch mit behaglichem *Grinsen* tun kann. Das Eine ist gescheiter, das Andere ist dümmer. Man kann streiten darüber, was schlimmer ist.

6. *Jesus selber sehen wir auch in dieser ganzen Geschichte nur schweigen, nur tragen.* Das ist das Erlösende an dieser Geschichte. – Er *wundert*

---

[4] Mskr. «ihn»; Korr. vom Hrsg.

sich nicht über Kaiphas und nicht über Pilatus. Er wundert sich nicht über den *Bund,* den die menschliche Gerechtigkeit mit der menschlichen Ungerechtigkeit schließt gegen ihn, und nicht darüber, daß die Ungerechtigkeit nun wirklich *Ungerechtigkeit* ist und bleibt und daß in dieser Beziehung kein Wunder geschieht. Er wundert sich nicht darüber, daß er *neben Barabbas* gestellt und daß ihm dieser vorgezogen wird, und nicht über die grausamen *Gemeinheiten,* die die Garde des Pilatus mit ihm treibt. Er *widerspricht nicht.* Er wehrt sich nicht. Er sucht sich nichts zu erleichtern. *Es muß Alles so sein.* Es entspricht das alles der *Lage.* Es entwickelt sich das alles mit einer gewissen *Notwendigkeit.* In der *Welt,* die Gottes neuen Schöpferruf noch nicht gehört, in der Gottes Reich noch nicht unzweideutig und endgültig triumphiert hat, muß es ungefähr so gehen. *Die Frommen,* die Gott verstehen, um ihm nicht zu gehorchen, und die *Gottlosen,* die ihn nicht verstehen, um ihm auch nicht zu gehorchen, die *Kirche,* die von Haus [aus] das Gute will, um dann doch noch das Böse zu tun [vgl. Röm. 7,19], und der *Staat,* der von Haus aus das Böse will, um dann rüstig auch das Böse zu vollbringen, die merkwürdige *Einigkeit* der ganzen menschlichen Gesellschaft, wenn es sich darum handelt, an der Hauptsache vorbei zu gehen, das alles ist soweit in der Ordnung. – Jesus *unterwirft sich dieser Ordnung. Er unterwirft sich ihr, um sie zu durchbrechen.* Das ist der Sinn der Leidensgeschichte. Er hat die alte *Welt ertragen,* damit eine neue werden kann. Er ist Gott im *jetzigen Menschenwesen* getreu gewesen und geblieben, damit das zukünftige Gestalt gewinnen kann. Er hat die Not und das Gericht, unter dem wir stehen, *erduldet,* damit der Segen Gottes reifen kann. Er hat den Fanatismus und die Beschränktheit des heutigen Menschen *walten lassen* gegen sich, damit der kommende Mensch geboren werde. Er hat sich *gebeugt* unter die Notwendigkeit, damit Freiheit entstünde. Er hat *gelitten* unter der jetzigen Ordnung, damit wir nicht mehr darunter leiden müßten. So hat er auch für Kaiphas und Pilatus gelitten und für uns alle, die wir ihresgleichen sind. – |

In diesem Schweigen und Tragen liegt *die Kraft des Heilands,* die Erlösungskraft, die Auferstehungskraft, die uns nicht ganz fremd ist. Wir können den Heiland *nicht nachahmen* wollen in diesem Schweigen und Tragen. Wir können uns nur dankbar freuen, daß er es *vollbracht* hat [vgl. Joh. 19,30], daß diese Kraft *nun da ist* und daß sie uns alle, während wir tausendfach auf den Wegen des Kaiphas und Pilatus gehen, tausendfach über die Welt der Kaiphas und Pilatus hinaushebt. Können uns nur freuen darüber, daß *gerade das,* was Kaiphas verstand und Pilatus nicht verstand, das große Werk der Erneuerung der Welt durch Gottes Willen und Geist tatsächlich im Gang ist und daß kein Jerusalem und kein Rom sich schließlich diesem Werk widersetzen kann. In dieser *Freude* über das, was durch Jesus geschehen *ist* und geschehen *wird,* wollen wir *Ostern* feiern.

Lieder:

Nr. 124 «Marter Jesu, wer kann dein vergessen» von Chr. R. von Zinzendorf, Strophen 1.2.4 (GERS [1952] 155,1.2.4)

Nr. 142 «Jesus Christus herrscht als König» von Ph. Fr. Hiller, Strophen 1–3 (RG [1998] 492,1.3b.4b.5; EG 123,1.3b.4b.5)

Karfreitag

Lukas 23,33.39–43

[Als sie kamen an die Stätte, die da heißt Schädelstätte, kreuzigten sie ihn daselbst und die Übeltäter mit ihm, einen zur Rechten und einen zur Linken. Aber der Übeltäter einer, die da gehenkt waren, lästerte ihn und sprach: Bist du Christus, so hilf dir selbst und uns! Da antwortete der andere, strafte ihn und sprach: Und du fürchtest dich auch nicht vor Gott, der du doch in gleicher Verdammnis bist? Und wir zwar sind billig darin, denn wir empfangen, was unsre Taten wert sind; dieser aber hat nichts Ungeschicktes getan. Und er sprach zu Jesu: Herr, gedenke an mich, wenn du in dein Reich kommst! Und Jesus sprach zu ihm: Wahrlich ich sage dir: Heute wirst du mit mir im Paradiese sein.]

1. Christus ist bei den Sündern und nicht bei den Heiligen. Das ist die unzweideutige Wahrheit des Karfreitags. Rechts und links die Übeltäter, in der Mitte er, mit ihnen in gleicher Verdammnis und Not. Das ist's. Wer sich daran stoßen will und muß, der stoße sich. Wer aber Ohren hat zu hören, der höre [Mk. 4,9 par.]. Ob er wohl reich war, ward er doch arm um unsertwillen, auf daß wir durch seine Armut reich würden [2. Kor. 8,9]! Es ist in diesem völligen Armwerden des Heilands *eine Gottesordnung,* die wir immer aufs neue lebendig begreifen müssen. Denn die Erlösung, die uns der Heiland bringt, das Licht, das er verbreitet, die Kraft, die er schenkt, ist selber etwas Lebendiges, Besonderes. *Sie kommt nicht* zu uns wie Regen und Schnee vom Himmel, gleichgiltig wo wir stehen, sondern an einer ganz bestimmten Stelle des Menschenlebens, dort nämlich, wo die Schuld, die die Menschheit trägt, als Schuld erkannt, und die Strafe, die auf ihr liegt, als Strafe ertragen wird. Solange die Menschen *sich noch rühmen* können: ich bin gerecht! ich bin glücklich!, solange kann sie nicht kommen. Solange wir uns in dieser jetzigen Welt noch sicher und *wohl fühlen* können, kann die zukünftige Welt für uns nicht anbrechen. Solange wir uns irgendwie auf der *Höhe des Lebens* aufhalten wollen, kann Gott nicht mit uns reden von dem, was er im Sinn hat, und nicht an uns tun, was wir nötig haben. Denn das Göttliche ist *etwas Neues.* Es kann nur da eintreten, wo man mit dem Alten fertig ist. *Jesus ist von*

Anfang an zielbewußt dieser scheinbar so dunklen Stelle des Menschenlebens, der wir so gerne ausweichen würden, entgegen gegangen. Dort hat er *angeklopft*. Dort, unter den Zöllnern und Sündern, hat er seine *Gesellen* gesucht und gefunden. Dort, unter den Armen, Kranken und Leidenden hat er seine Herrlichkeit *offenbart*. Dort hat er den *Hebel* angesetzt, um freien Durchgang zu schaffen zwischen Gott und den Menschen. Schritt für Schritt vorwärtsgehend hat er alle Befriedigten und Satten *hinter sich zurück*gelassen, zuletzt auch seine eigenen Jünger, bis er ganz allein war, rechts und links die gekreuzigten Übeltäter, er selbst gekreuzigt, ausgestoßen, dem Tode überliefert. *Dort, wo Alles zu Ende war,* was wir Gerechtigkeit und Glück, Erfolg und Hoffnung nennen, hatte das Königreich der Wahrheit seinen Anfang und Ursprung. *Die Menschen haben auch helfen müssen,* diese Gottesordnung zu vollziehen, indem sie ihn zu den Übeltätern und in den Tod stießen. In unserer jetzigen Welt kann der Reichtum des Heilands nur als *Armut* auftreten. Seine Frömmigkeit mußte sich von den Menschen *Gotteslästerung* heißen lassen [Mk. 14,64 par.] und seine Gerechtigkeit *Aufruhr* und Empörung. Sie waren aber das *Neue*. Das Alte mußte das Neue hassen und verurteilen. Die Feinde Jesu mußten auf ihre Weise auch *Ja sagen* dazu, daß Christus zu den Sündern und Leidenden gehört.

2. Es fragt sich nun nur, ob man dazu nicht auch auf eine andere Weise Ja sagen könnte. Es ist etwas in uns, *das sich dagegen wehrt,* vom Kreuz her, aus dieser Tiefe des Lebens, aus dieser größten Armut und Demut heraus Hilfe und Gotteskraft und Leben zu erwarten. Zweifel [?]: *Etwas Starkes,* Großes und Glänzendes, das uns wohl gefallen würde und an dem wir uns halten könnten, wäre uns lieber. Wenn wir Christus so ansehen in der Gesellschaft der Übeltäter und in der gleichen Not mit ihnen, so möchte uns der Gedanke kommen, *ob er denn wirklich Christus,* ein Helfer und Heiland für uns sei. Wir kommen oft unwillkürlich auf *ähnliche Gedanken, wie sie die Feinde* Jesu bewegt haben, die ihn zu den Sündern stießen, nachdem sie gemerkt hatten, daß er wirklich zu den Sündern gehen wollte. Es graute ihnen eben vor dem *Neuen,* das da anfängt, wo unser ganzes altes Wesen zu Ende ist. Es graute ihnen vor dem *Gott,* der erst zu den Menschen kommt, die mit sich selbst fertig geworden sind. Es graute ihnen vor der Über-

macht der *Gnade,* die unsere ganze Welt sündig und tot nennt, um sie ganz zu erneuern und zu beleben. Sie sahen darin nur die große, zweifelnde *Frage,* die er an sie alle richtete, die *Erschütterung* alles Bisherigen, die diese Frage mit sich brachte, die *Unruhe,* die ihnen in ihrer Ruhe bereitet wurde. Sie sahen an ihm selbst nur seine merkwürdige *Schwachheit,* das Kleine an ihm, das Fehlen aller menschlichen Größe. Darum *haßten* und verachteten sie ihn. Darum gaben sie ihn *dem Tode preis* als einen Feind der Welt und des Menschengeschlechts[1].|

So hat offenbar auch *der eine der beiden Übeltäter* von Christus gedacht. «Bist du Christus, so hilf dir selbst und uns!» Ihn ärgerte der große *Anspruch,* den dieser Mensch stellte, verglichen mit der großen Schwachheit, in der er ihn sah. Wenn er Kaiphas oder Pilatus gewesen wäre, er hätte ihn *auch zum Tode gebracht.* Er fühlte sich auch *beleidigt* durch die zweifelnde [?] Frage ...[2] Er sah *aber auch aus* nach etwas Gewaltigem, Wohlgefälligem und fand es nicht bei Jesus. Er ist *ein Beispiel* dafür, daß man mit Christus gekreuzigt sein kann, ohne darum mit Christus zu leben. – Man kann in der *Tiefe* des Lebens sein, ein Sünder unter Sündern, ein Kranker unter Kranken, ein Sterbender unter Sterbenden und dabei immer noch beharrlich *vorbeisehen* an der Gottestüre [?], die sich gerade in dieser Tiefe öffnen könnte. – Man kann durch alle Lebensumstände und Zeitzustände *getrieben* und gezwungen sein zur Demut und immer noch sich *ärgern* an der Demut Christi, immer noch sich *wehren* dagegen, selber demütig zu werden. – Es kann einem alles Alte, alle eigene Gerechtigkeit, alle eigene Hoffnung *genommen* sein, und die Möglichkeit ist vorhanden, daß man sich immer noch *wehrt* gegen das Eingeständnis, daß das Alte wirklich vergangen ist, daß ein Neues nun tatsächlich werden muß [vgl. 2. Kor. 5,17]. – Wir können mit vollständig *leeren Händen* dastehen und doch noch immer *nicht merken* wollen, daß wir leer sind und leer bleiben werden, wenn wir nun nicht Gott die Ehre geben. – Wenn wir *in diesem trotzigen Irrtum,* in dieser Abscheu vor der Demut verharren wollen, dann müssen wir uns endgiltig *abwenden* von dem Jesus, der

---

[1] Laut Tacitus war das «odium generis humani» der Christen hauptsächlicher Grund für ihre Verfolgung im Römischen Reich (*Annalen* XV,44).

[2] Der nachträglich hinzugefügte Satz verweist, wenn die Entzifferung zutrifft, auf «die große, zweifelnde Frage», von der im vorangehenden Absatz die Rede ist.

der Zöllner und Sünder Geselle [Mt. 11,19], der Ausgestoßenen und Geächteten mitleidender Bruder gewesen ist. Ich brauche nicht erst zu sagen, wie viel an unserem heutigen sogenannten *Christentum* bei aller Verherrlichung, die man Christus zuteil werden läßt, einfach darin besteht, daß man über diese *Demut Jesu hinweggeht*, als ob sie nicht vorhanden wäre.

3. Aber, liebe Freunde, dieser *Irrtum ist nicht notwendig* und unvermeidlich. Wir müssen nicht durchaus Nein sagen zu dem Jesus, der zu den Sündern gegangen ist und mit den Sündern wie ein Sünder gelitten hat. Er selbst kann uns noch etwas Anderes sagen. Ich meine jetzt nicht das, daß wir mit den Kindern[?] *Mitleid* mit ihm haben können und sollen wegen der Leiden, die er durchzumachen hatte. Und auch das nicht, daß wir ihn *bewundern* wegen des Heldenmuts, den er dabei gezeigt hat. Er braucht unser Mitleid und unsere Bewunderung nicht, und beides hilft uns auch nicht. Sie sind keine Antwort auf die Frage des Karfreitags. Wir könnten aber auf den Gedanken kommen, daß gerade in diesem Herabsteigen Jesu in die tiefste Tiefe des Lebens etwas unvergleichlich *Starkes* liegt, eine Tat, die viel bedeutsamer und folgenschwerer ist als alle Kriegstaten, Erfindungen und Entdeckungen, alle gescheiten Gedanken und tugendhaften Handlungen, alle Gebete und Predigten und was uns sonst immer als glänzend und wohlgefällig erscheinen mag. Denn wir können es ja doch nicht leugnen, daß *diese Tiefen des Lebens* tatsächlich da sind; nur, wenn wir ganz unaufrichtig sind, können wir uns über den [...][3] darüber hinwegsetzen. Die Sünde ist eine *Tatsache*, die Krankheit ist eine Tatsache, der Tod ist eine Tatsache. Es ist *keine Sekunde und kein Ort*, wo nicht gefehlt, gelitten, geseufzt, gestorben wird. Wenn's nicht uns angeht, so geht's zufällig jetzt andere an, was tut's, es ist doch unser und ihr gemeinsames Leben, morgen, heute, noch in der nächsten Stunde kann es uns selbst angehen. *Was hilft uns alle Schönheit* und Vernunft, wenn da beständig ein Rätsel auf uns wartet, das wir nicht zu lösen vermögen? *Was helfen uns die Höhen* des Lebens, wenn diese Tiefen immer dicht daneben sein dürfen ohne Licht, ohne Erklärung, ohne Grund und Sinn? (Wir können es fertig bringen, das *lange zu übersehen*, und uns

---

[3] Ein Wort wegen Beschädigung des Manuskriptblattes unleserlich.

immer noch in einer gewissen Zufriedenheit und Hoffnung bewegen. Man kann am Rande des Grabes stehen, man kann sozusagen über dem Abgrund wandeln und das immer noch übersehen.) Wer es einmal gemerkt hat, der weiß, daß von diesen unerklärlichen Tatsachen der Sünde und des Todes aus ein *Schatten auf das ganze Leben,* auf die ganze jetzige Welt fällt. Wer diesen Schatten einmal gesehen hat, der vergißt ihn nicht wieder, der kann *nicht wieder froh* werden. Er weiß, *was der Mensch ist* und was das Leben. Er weiß zu viel, um wieder froh zu werden. In der Tiefe, in die er hineingesehen, ist ihm *das Ganze* der Welt und des Lebens und des Menschenwesens fraglich, rätselhaft, unheimlich geworden. Er *glaubt nicht mehr* an das, womit man sich gewöhnlich aufmuntern, trösten, beruhigen will. Es beruhigt ja Alles nur teilweise, nur vorläufig, nur augenblicklich. Gibt es keine ganze Ruhe?|

Wem diese *Frage* nach dem Ganzen des Lebens einmal gekommen ist, der sieht sich dann unwillkürlich um nach *einem, der neben uns* stünde in der Tiefe und uns da gerade die Hoffnung mehren könnte. *Neben uns müßte er stehen,* in der Sünde und im Tode müßte er bei uns sein; denn was hilft uns alles das, was nur auf die *Sonnenseite* des Lebens paßt, was helfen uns alle Erinnerungen an eine *Gerechtigkeit und an ein Glück,* an das wir nicht mehr glauben können? Aber *Hoffnung* müßte er uns machen gerade in der Tiefe, *sündlos* müßte er sein in der Sünde, *Leben* müßte er uns offenbaren im Tode, *Herrlichkeit* in der Schande, *Macht* in der Schwachheit, ein *Neues* müßte er uns offenbaren im Zusammenbruch des Alten, ein *wirklich* Neues, ein Neues, das nicht wieder alt werden kann. Ein *Licht* müßte er uns leuchten lassen, aber nicht eins von den Lichtern, die verlöschen, sondern ein ewiges Licht, das Leid und Freude, Himmel und Hölle umfaßt und umstrahlt. Von *Gott* müßte er uns reden, aber nicht von dem Gott der braven[?], zufriedenen Leute, die das Leben nicht kennen, sondern von dem lebendigen Gott, der die Welt richtet, weil er die Welt lieb hat. Das wäre die *starke, die stärkste Tat,* nach der uns eines Tages der Hunger und der Durst kommen könnte. *Warum sollten sie uns nicht kommen?|*

Dem anderen Übeltäter am Kreuz sind sie gekommen, der *Hunger und Durst* und – die Erfüllung damit. Ihm *graute es nicht vor Jesus,* weil er ein anderes Leben ankündigte und von den Menschen verlangte, denn ihm war dieses jetzige Leben auch fraglich geworden. Er *wehrte sich nicht gegen den Gott,* vor dem alle Menschen Sünder sind, denn er meinte keinen Augenblick, etwas Anderes zu sein. Er *verabscheute die Demut nicht* mehr, denn er hatte in der Demut die einzige, die letzte mögliche Sicherheit gefunden. Er *entrüstete sich nicht mehr* über das Neue, denn auch er war mit dem Alten fertig geworden. – Er *verstand Gott,* in der Tiefe seiner Not verstand er ihn, darum fürchtete er ihn, setzte ihm keinen Widerspruch mehr entgegen. Er *verstand seine eigene Verdammnis,* darum erwartete er keine kleine Hilfe und Errettung mehr wie sein Gefährte, nur noch die Erlösung von der Verdammnis selbst. Er *verstand sich selber,* darum gab er sich selbst unrecht: wir empfangen, was unsere Taten wert sind. – Eben darum nahm er auch *nicht Anstoß* an der Schwachheit und Niedrigkeit Jesu. Er *erschrak über die Welt,* die Jesus dahin gebracht hatte, obwohl er nichts Ungeschicktes getan, aber nicht darüber, das Jesus das hatte geschehen lassen. Das mußte so sein. *Hier gerade,* in der Schwachheit und Niedrigkeit konnte er an ihn glauben, dem, der *zu ihnen,* den Sündern und Sterbenden gekommen, der *versucht* war wie er [vgl. Hebr. 4,15], der *seines*gleichen geworden, dem konnte er es *abnehmen* und glauben, daß die Hoffnung kein leerer[?] Wahn ist, daß es ein anderes Leben, eine Gotteswelt gibt. – *Wie weit* ist dieser Mensch gekommen in kürzester Frist, *weiter* als Alle, die ihn als Verbrecher verurteilt und verabscheut hatten, *weiter* als die Frommen in Israel alle, *weiter* als die Jünger Jesu selbst. Er wagt es, *Jesus zu erkennen,* wo alle ihn mißverstehen mußten. Er wagt es, seine Finsternis *Licht* zu nennen, seine Schande *Herrlichkeit,* seine Schwachheit *Kraft.* Er wagt es, seine Not und die Not Jesu und die Not dieses ganzen jetzigen Lebens zu *übersehen und zu vergessen* und Jesus einen König zu nennen: Jesus, gedenke an mich, wenn du in dein Reich kommst! Es ist *merkwürdig,* überaus merkwürdig, dieses Verstehen, dieses Anrufen, dieses Suchen, Bitten und Anklopfen, dieser neue Weg, der in letzter Stunde in der tiefsten Tiefe eingeschlagen wird. Über was wollen wir uns mehr *verwundern:* über die große Frage, die in diesem Menschen entstanden ist, oder über die große Antwort, die er gefunden hat? Wir wollen uns nicht damit aufhalten, uns zu verwundern über dieses *Bild eines Menschen, der Gott gefunden in Christus.* Wir wollen es nur *anschauen* und uns freuen darüber, daß es offenbar *möglich* ist, sich nicht zu irren Jesus gegenüber, zu sehen, was kein Auge gesehen, und zu hören, was kein Ohr gehört, was Gott denen schenkt, die ihn liebhaben [1. Kor. 2,9; vgl. Röm. 8,28].

4. *Es lohnt sich,* mit diesem Übeltäter zu *hungern* und zu dürsten und satt zu werden. Es lohnt sich, mit diesem Ausgestoßenen *Nein* zu sagen nach der einen Seite und Ja nach der anderen. Es lohnt sich, das *Leben mit seinem Auge* zu betrachten. Wir brauchen ihn *nicht zu loben* wegen seines aufrichtigen Nein, und wir brauchen ihn auch *nicht zu bedauern* wegen des schmerzlichen Loses, das er danach zu tragen hatte bis zum bitteren Ende. Er braucht unsere Gefühle nicht. Es handelt sich um *Größeres.* Sein Leben hatte in diesen paar letzten bösen Stunden seiner qualvollen Todesstrafe den *wichtigeren, wertvolleren Inhalt* als so viele, viele gesunde, ehrbare Menschenleben in dreißig oder siebzig Jahren. Denn dieses Sünderleben und Leidensleben [?], das bereits von der Finsternis des Todes umgeben war, hatte nur *eine Hoffnung,* ein Ziel, eine Bestimmung. «Heute noch wirst du mit mir im Paradiese sein.» Das ist's! *Darum ist Christus* in die Finsternis dieser Welt hineingegangen, um den Menschen, die da wohnen, die Hoffnung zu geben. Wir müssen es nur *aufrichtig bekennen,* daß wir da wohnen, dann gibt er sie uns, dann haben wir sie schon. Wer die ganze Not der Welt und das ganze Licht des Heilands *erkannt* hat, der hat sie. Wer *aus der Wahrheit* ist und sich nicht irren will, der hört dann seine Stimme [vgl. Joh. 18,37]. Es gibt hinfort *keine Tiefe des Lebens* mehr, in der diese Stimme nicht zu hören wäre. Keinen, gar *keinen gottlosen Höllenwinkel* des Menschenlebens soll es hinfort mehr geben, in dem das nicht zu hören wäre: heute noch sollst du mit mir im Paradiese sein! *Das Paradies* ist das vollendete Gottesreich, die Vergebung der Sünden, die Auferstehung der Toten, das ewige Leben.[4] – Auf dieses Kommende *warten,* das heißt ein gerechter [?], lebendiger Mensch sein. Denn dieses Kommende wirft sein *Licht* voraus, macht seine *Wirkungen* im Voraus geltend, wirft einen *Abglanz* auch auf das, was jetzt ist. Wer in diesem Abglanz des Zukünftigen *steht,* in diesem Morgenglanz der Ewigkeit[5], der kann nicht *mehr*

---

[4] *Symbolum Apostolicum*, BSLK 21.
[5] Lied Nr. 43 (RG [1998] 572; EG 450).

begehren, der kann nicht gerechter, nicht glücklicher sein, und wenn er ein sterbender Sünder wäre. – |

Sind wir nicht Sünder? Sind wir nicht Sterbende allesamt? Wollen wir nicht *hineintreten* in dieses Licht? Ist der kostbare Preis des Blutes Christi nicht *bezahlt* dafür, daß wir da hineintreten und auf das Künftige hoffen dürfen? O daß wir gerade heute *ein Christentum bekämen,* das den großen Ruf *Vorwärts!* wieder hören würde, der vom Kreuze Christi her in unsere Finsternis hinein ertönt! Ein Christentum, das weniger von Christus redet und besser auf seine Stimme *hört.* Ein Christentum, das *wahrhaftig und demütig* genug ist, Christus zu sehen, wie er gewesen ist. Ein Christentum, das *Gott die Ehre gibt,* um dafür jetzt schon, heute noch etwas zu schauen von den vorlaufenden Strahlen seiner Herrlichkeit. Aber ein solches Christentum können wir uns nicht nur wünschen, wir müssen es auch *wollen,* im Ernst wollen. Denn an *Gott,* von dem alle gute und vollkommene Gabe kommt [Jak. 1,17], kann es nicht fehlen, wenn wir es noch nicht haben. Ihm sei *Dank,* der uns den Sieg gegeben hat in Jesus Christus [1. Kor. 15,57].[6]

Lieder:
Nr. 112 «O Haupt voll Blut und Wunden» von P. Gerhardt, Strophen 1–3 (RG [1998] 445,1–3; EG 85,1.2.4 mit Textabweichungen)
Nr. 3 «Sollt ich meinem Gott nicht singen» von P. Gerhardt, Strophen 1.3.9 (RG [1998] 724,1.3.8; EG 325,1.3.8; jeweils mit geringen Textabweichungen)

---

[6] Auf der leeren Rückseite des Manuskriptblattes sind drei Zahlen notiert: wohl die Nummern der Lieder 112 (s. Liedangaben), 225 («Ist Gott für mich, so trete») und 258 («Dir will ich danken bis zum Grabe»), die Barth vielleicht in die engere Auswahl für den Karfreitagsgottesdienst genommen hatte.

Safenwil, den 18. April 1919
Konfirmation

1. Thessalonicher 5,24
Getreu ist, der euch ruft; er wird's auch tun!

1. Der liebe *Gott hat euch gerufen.* Schon in der Taufe, und das ist tröstlich, er ist größer als unser Bitten und Verstehen. Er wird es auch weiter tun, und das ist wieder tröstlich, er gibt es nicht auf, und es gibt keinen Ort und keine Gelegenheit, wo sein Rufen nicht vernehmbar wäre. Und jetzt hat er auch *in der Unterweisung* gerufen. Nicht wahr, ihr habt *nicht nur* mich gehört, sondern durch meine Worte hindurch etwas viel Größeres, das ich kaum aussprechen konnte. Etwas, das uns oft *bewegte* wie nichts Anderes. Etwas ganz *Wichtiges,* das uns oft tief beschämte und auch wieder große Freude machte. Etwas, das wir hätten halten mögen und von dem wir fühlen: daraus muß noch etwas *werden.* Etwas wie das Angebot eines großen *Geschenks,* nach dem wir jetzt neu greifen möchten. Das war der Ruf Gottes.

Wir wollen jetzt noch einmal hören, wie das ist, wenn Gott uns ruft. Paulus sagt: Gott ist getreu!, und er wird es auch tun! D. h.: *Es ist dem, der euch gerufen, Ernst.* Uns ist's vielleicht oft *nicht Ernst* mit dem Hören. Wir waren vielleicht in der Unterweisung oft *untreu* im Aufnehmen, und vom Danach-*Tun* wollen wir nicht reden. Wir wollen uns sagen, daß das nur auf *unserer Seite* so ist. Gott war's und ist's immer Ernst. Er ist treu, und er tut's auch. Ich erinnere euch an das, was ihr alle gehört habt, an das *Leiden Jesu.* Wer das gehört hat, der kann nicht denken, es sei Gott nicht ernst. Gott *hat eine Absicht, einen Gedanken* bei seinem Rufen. Er ruft nicht *ins Leere,* nicht zum Zeitvertreib, zu unserer Unterhaltung. «*Die Kirche* ist ein gefährlicher Ort»[1], weil wir da von den höchsten Dingen reden und hören und leicht meinen: Das gilt nicht so, wie es gemeint ist, das ist nur in der Kirche so gesagt. Heute [möchte ich] noch einmal sagen: es ist *gerade so* gemeint, wie ihr es gehört habt! Gott hat einen *Plan* mit der Welt

---

[1] Barth spielt auf einen der Leitsätze an, die er im Konfirmanden-Unterricht 1918–1919 diktiert hatte. «Die Kirche ist ein schöner, aber auch ein gefährlicher Ort ...» (KU 1909–1921, S. 263).

und so auch mit euch. Gott hat von jedem einen besonderen *Gedanken,* der wahr werden soll. Und das soll nun euer [?] *Leben* sein. In seiner Arbeit, in seinem Kampf sollt [ihr] ihm *helfen,* jedes auf seine Weise. Und dabei wartet viel Freude und Hilfe [?] auf euch. Das ist *fein und freundlich,* das denken zu dürfen: Gott denkt immer auch an mich bei seinen großen Gedanken, nichts will er ohne mich machen, und Alles, was mich angeht, geht ihn auch an. Das muß uns aber auch *sehr aufmerksam* machen, daß wir an den Gedanken Gottes nicht vorbeileben, seinen Plan nicht stören, sondern ausführen lassen. Gott *will ihn ausführen,* es ist ihm wahrhaftig ernst. Er hat seine Absicht auch mit uns *aus ganzem Herzen* gefaßt. Was er tut, tut er recht und ganz. Es ist nicht so, als ob er uns heute riefe, um morgen wieder *etwas Anderes* von uns zu denken. Nicht denken: übers Jahr, wenn ich zwanzig bin, fort von Safenwil, ist das *nicht mehr wahr,* was ich jetzt von Gottes Meinung mit mir gehört. Es ist heute und gestern wahr und morgen und in Ewigkeit. Gott *ist nicht wankelmütig.* Wenn er uns ruft, so will er uns *ganz haben,* uns Alles geben, Alles an uns ausführen, was er mit uns im Sinn hat. Und wenn wir ihn hören, dürfen wir Alles nehmen, wie *wenn wir es schon hätten,* auch wenn es viel zu groß für uns wäre, einfach weil wir es von Gott gehört haben. Mit Gott kann man *zum Voraus rechnen* für sein ganzes Leben. Wenn es dann nicht kommt, wie es soll, so ist der *Fehler nicht auf seiner Seite,* und immer dürfen wir in solchem Falle darauf zurückkommen, daß *er seine Absicht mit uns hat* und nicht aufgibt. Ich möchte, daß ihr *mit dieser Einsicht* die Unterweisung verlaßt: daß es *Gott ernst ist* mit euch, nicht weil ihr so ernste Buben und Mädchen seid, sondern weil er *Gott ist.* Weil Gott gar *nicht anders kann* als treu sein und tun, was er gesagt hat.

2. *Er wird's auch tun!* Das gibt einem eine große Festigkeit und Hoffnung und Ruhe, wenn man das packt [?]. Aber nun haben wir gehört: Wenn wir *an Gott* denken, müssen wir sofort auch *an uns selbst* denken. Gott tut *nichts ganz ohne* die Menschen. Er will uns *dabei* haben. Gott möchte viel mehr tun, aber dann sind wir so oft nicht dabei, und es kann nicht geschehen. Wenn wir hören: *er wird's tun,* dann müssen wir sofort denken: also kann und will ich jetzt auch etwas tun. Wenn wir hören: Es ist Gott *ernst* mit uns!, müssen wir gleich fortfahren: und nun soll's mir *auch ernst* werden! *Dazu ist Gottes Sohn ein Mensch*

geworden, damit wir verstehen sollen, daß das Göttliche und das Menschliche von nun an *zusammengehen* sollen auf der Erde. Wir dürfen uns also nicht damit begnügen, daß wir *das nun packen* [?] wollen: der liebe Gott macht's gut [mit] mir!, sondern wir [müssen uns][2] selber *davon packen lassen:* Gott macht's! Das ist die *Gnade Gottes,* die wir haben im Heiland, daß wir uns Gott jetzt nicht mehr vorstellen als einen großen Mann, der weit weg von uns etwas macht ohne uns, das uns dann auf die Köpfe regnet, wie es eben trifft, sondern daß uns dieses: Gott macht's! als eine Kraft ins Herz und in alle Glieder fährt, daß wir's auch machen. Gott sagt *nicht:* ich will *noch ein wenig warten,* ich will diesen jungen Menschen laufen und zappeln lassen, bis er fünfzig oder sechzig Jahre alt ist und zur Vernunft kommt. Sondern heute schon ruft er dich und hat dich gestern schon gerufen und will schon in deiner Jugendzeit an dir wahr machen, was er von dir denkt. Also wollen wir auch nicht warten, vernünftig zu werden. Gott *ist aufrichtig,* er sagt uns ganz genau und ohne Hintergedanken, wie es in seinem Herzen aussieht. Also müssen wir in Gottes Namen auch aufrichtig werden und ihn in alle unsere Sachen, auch die verborgensten, hineinsehen lassen. Gott sagt nicht *heute ja und morgen nein,* sondern er bleibt bei seiner Meinung, also dürfen wir ihn nicht zu einem wankelmütigen Ja-und-Nein-Gott machen, dürfen nicht heute ein ernstes Konfirmationsgesicht machen und morgen wieder das gewöhnliche langweilige, trotzige Werktagsgesicht, sondern heute und morgen ein Gesicht, das zu seinem lieben Gesicht, mit dem er uns ansieht, paßt. Wir dürfen m. a. W. nicht nur genießen wollen, einen treuen Gott zu haben, der über uns wacht, sondern wir müssen uns zu ihm stellen und ihm recht geben und mit ihm auf der Wache sein. Wenn wir es *anders ansehen,* wenn wir denken könnten: das kann oder will ich nicht!, so wäre ja der *Heiland umsonst* gestorben, von dem Paulus ein andermal gesagt hat, daß er aus zwei Menschen einen neuen gemacht habe [Eph. 2,15]. Mit diesem einen *neuen Menschen* muß es also Ernst werden, wie es Gott ernst ist mit uns. Sonst würden wir *Gott wieder im Stich lassen* bei seiner Arbeit und dürften uns nicht wundern, wenn er auch an uns nicht fertig bringt, was er im Sinn hat. Und das wollen wir doch nicht.

[2] Textausfall durch Beschädigung des Manuskriptblattes.

3. Nun könntet ihr mich freilich fragen: Ja, werden wir denn auch *immer ein Gefühl davon haben,* daß wir so mit Gott verbunden sind durch den Heiland, daß wir bei ihm Ruhe und von ihm Kraft haben? Werden wir immer dazu diese *Freude und den Mut empfinden* in uns, den man in diesem Bund mit Gott doch haben sollte? Darauf möchte ich euch antworten: Ihr werdet es *nicht immer* so fühlen und empfinden wie vielleicht in diesen letzten Wochen. Ihr werdet *nicht immer* diesen lebhaften Eindruck vom Göttlichen haben wie etwa heute. Es werden *Zeiten der Armut* und der Leere kommen für euch wie für uns alle. Aber dann sollt ihr *nicht erschrecken* und irre werden. Seht, das ist's gerade: Nicht darauf kommt's an, daß man's fühlt und empfindet, sondern daß man's *erkennt* und dann tief *im Herzen hat,* ob man's nun fühlt oder nicht. Gott ist getreu, und Gott wird es tun, auch wenn die Empfindungen auf- und abgehen. *Achtet nicht zu viel* darauf, nehmt sie nicht allzu wichtig. Wir sind und bleiben mit Gott verbunden, solange wir *wachsen in der Erkenntnis,* und was wir dazu tun können, das wißt ihr: dazu redet Gott immer wieder mit uns durch sein Wort, und dazu müssen wir ihn hören und verstehen.

Ihr könntet mich aber noch etwas fragen: Werden wir denn nicht *Fehler begehen, Torheiten und Sünden,* werden wir nicht unwissentlich und leider auch oft wissentlich auf falsche Wege geraten und dadurch abkommen von Gottes Gedanken und von dem, was er an uns tun will? Darauf antworte ich auch wieder: Ja, *das werdet ihr!,* ganz sicher sogar, so gut wie wir alle. Wißt ihr noch Petrus? Ehe der Hahn kräht, wirst du mich dreimal verleugnen [Mk. 14,30 par.]! Und damit werdet auch ihr Gott *sein Werk schwer machen.* Aber das möchte ich dazu sagen: Gottes Werk an euch wird *nicht verhindert* werden, solange euer Herz auch in solcher Lage *offen bleibt.* Nun *nur dabei bleiben:* so bin ich nun, und so steht's nun mit mir! Nur *nie fest und sicher* werden auf so einem krummen Weg! Nur immer die *Freiheit behalten,* sich selber zu beschuldigen und zu verurteilen! Nur immer wenigstens *den Willen* rein behalten, auch wenn wir ins Böse hineingeraten sind und fast keinen Ausweg wissen. Solange ein Mensch sich selber *verurteilt,* verurteilt ihn Gott nicht. Solange ein Mensch das Bessere *wenigstens will,* will auch Gott immer noch das Bessere mit ihm. Wenn man das einmal gemerkt hat, dann weiß man, warum man *beten* muß, denn diese innere Freiheit muß Gott selbst alle Tage neu in uns schaffen.

4. So ist's, wenn Gott uns gerufen hat. Er stellt sich zu seinem Wort und macht es wahr. Gott sprach: es werde Licht, und es ward Licht! [Gen. 1,3]. Wenn ein Mensch Gott findet, dann fängt damit etwas an, das nun einfach *fortgeht* seinem Ziel entgegen. Es wird da etwas geboren, das *nicht sterben* kann. Es kommt etwas in Bewegung, das nicht *mehr stillstehen* wird. *Freut euch* darüber, daß ihr Gottes Stimme gehört habt und hören werdet, wenn ihr fernerhin hören wollt. *An ihm liegt's* sicher nicht, wenn nicht Alles, Alles wahr wird. Denn der in euch *angefangen* hat das gute Werk, der wird es auch vollenden bis auf den Tag Jesu Christi [Phil. 1,6].[3]

Lieder:

Nr. 4 «Ich singe dir mit Herz und Mund» von P. Gerhardt, Strophen 1.2.11–13 (RG [1998] 723,1.2.11–13; EG 324,1.2.11–13)

Nr. 23 «O Höchster, deine Gütigkeit», Ps. 36, Zürich 1886 nach älteren Übertragungen, Strophen 1.3 (RG [1998] 27,1.3)

Nr. 237 «Wie schön leucht't uns der Morgenstern» von Ph. Nicolai, Strophen 6. 7 (RG [1998] 653,6.7; EG 70,6.7; jeweils mit Textabweichungen)

[3] Ans Ende des Predigtmanuskripts hat Barth geschrieben: «Vgl. *J. Chr. Blumhardt*, Hausandachten II S. 301!» Er verweist damit auf die Auslegung von 1. Thess. 5,24 in: J. Chr. Blumhardt, *Hausandachten für alle Tage des Kirchenjahres*, 2. Teil: Betrachtungen nach neutestamentlichen Texten (Gesammelte Werke, 1. Bd., 2. Teil), Karlsruhe 1886, S. 301f., die ihm wichtige Anregungen bot.

Ostern
Auferstehung[1]

Lukas 24,2–3[a]
[Sie fanden aber den Stein abgewälzt von dem Grabe und gingen
hinein und fanden den Leib des Herrn Jesu nicht.]

Die[b] Bibel redet offen, ehrlich und deutlich von Gott. Sie kann jedenfalls nichts dafür, wenn wir uns von Gott unklare, widerspruchsvolle
Begriffe machen. An ihr liegt's nicht, wenn Gott in unseren Gedanken
und darum dann auch in unserem Leben in einen gewissen Nebel von
Unbestimmtheit[c] gehüllt ist, so daß man nie ganz sicher weiß: gilt's
eigentlich oder gilt's nicht? Sie ist nicht Schuld daran, wenn wir von
Gott nur so geheimnisvoll zu flüstern wagen, obwohl[d] wir gerne an
ihn glauben würden[e]; wenn wir uns fast genieren, mit[f] ihm zu rechnen
als mit einer Tatsache, obwohl wir es doch so gerne[g] möchten; wenn

---

[a]   Der Predigttext ist im Mskr. nicht ausgeschrieben.
[b]   Vor dem Abschnitt im Mskr.: «*1.*»
[c]   Mskr.: «in einen gewissen unbestimmten Nebel».
[d]   Mskr.: «wagen, wenn wir nicht recht wissen wohin mit ihm, obwohl».
[e]   Mskr.: «wir eigentlich an ihn glauben».
[f]   Mskr.: «ihn ernst zu nehmen und mit».
[g]   Mskr.: «Tatsache von ganz besonderer Art, obwohl wir es eigentlich
gern».

[1]   Otto Herpel, der Initiator der Tambacher Konferenz (vgl. oben S. IX),
hatte Barth um Mitarbeit an der von ihm und E. Arnold herausgegebenen,
vierzehntäglich erscheinenden Zeitschrift «Der christliche Demokrat» gebeten (Bw. Th. I, S. 336 mit Anm. 1). Unter der Überschrift «Auferstehung» veröffentlichte Barth die Osterpredigt von 1919 in der inzwischen umbenannten
Zeitschrift «Das neue Werk. Der Christ im Volksstaat», Jg. 2 (1920/1921),
Nr. 1 vom 11.4.1920, S. 1–7. Bei der Anfertigung der Reinschrift für den Druck
unterwarf Barth seinen Manuskripttext zahlreichen Veränderungen. Daß diese
umfangreicher sind als in anderen Fällen, mag mit dem zeitlichen Abstand
zwischen beiden Texten zusammenhängen, vielleicht auch mit besonderer
Aufmerksamkeit Barths auf seine deutsche Leserschaft. Wir folgen der Druck-
fassung, weisen aber die Abweichungen vom Manuskript vollständig nach.
Reine Erweiterungen sind in ⌜ ⌝ gesetzt, sonstige Veränderungen sind in einem
ersten, durch Buchstaben gekennzeichneten Apparat festgehalten. Die Seiten-
zahlen der Zeitschrift werden zwischen | |mitgeführt. Vernachlässigt sind Un-
terstreichungen im Manuskript.

unser Reden von ihm fast immer ein so hohles, erkenntnisarmes Dröhnen ist, obwohl wir es doch so gut und ernst meinen. Die Bibel schenkt uns klaren Wein ein darüber, wie *sie* es[h] meint, wenn sie von Gott redet. Wir haben volle Freiheit, es anders zu meinen[i] ⌐ , *auch* gut und ernst, aber anders als die Bibel ⌐. Aber wenn wir bei diesen unseren anderen Meinungen in Verwirrung und auf allerlei Sandbänke von Unbefriedigung geraten, wollen[j] wir uns wenigstens in Erinnerung rufen, daß in dem Bilde, das uns die Bibel von Gott gibt, diese Verwirrung, dieses Unbefriedigende nicht[k] vorhanden ist. Wir haben bei dieser Erinnerung noch einmal[l] volle Freiheit, trotzdem bei unseren Meinungen zu bleiben. Aber wir tun das dann auf unsere eigene Verantwortung und müssen die Folgen[m] , die das für unser Leben hat, selbst tragen. Denn es hat Folgen für unser Leben, wenn wir mit Gott nicht aus noch ein[n] wissen ⌐in unseren Gedanken⌐. Und es hat ebenfalls Folgen für unser Leben, wenn wir eine klare, deutliche Erkenntnis Gottes[o] bekommen.[p] |2|

«Sie[q] fanden den Stein abgewälzt von dem Grabe und gingen hinein und fanden den Leib des Herrn Jesu nicht.» *Das* ist offen, ehrlich[r] ⌐und deutlich⌐ geredet von Gott. «Da müssen die Hüter alle vom Grabe hinweg; flugs in das römische Reich hinein gegriffen, daß sich nicht einer mehr da durfte sehen lassen. Also kann Gott ⌐auch⌐ wohl heutigen Tages noch tun, wenn man ihm nur vertraute. Dünkt es dich unmöglich, schadet nicht; nein, der[s] Glaube muß gleich ein trunkener Gedanke sein, den die Welt verachtet, als würde nimmer nichts draus. Aber laß dich nur nicht anfechten, so sollst du sehen und erfahren, daß

---

h   Mskr.: «was sie».
i   Mskr.: «dabei etwas Anderes zu meinen».
j   Mskr.: «und auf allerlei Unbefriedigendes kommen, so wollen».
k   Mskr.: «daß in der Meinung, die die Bibel von Gott hat, keine Verwirrung und nichts Unbefriedigendes».
l   Mskr.: «Wir haben ja auch dann noch».
m   Mskr.: «auf unsere eigene Rechnung und Gefahr. Und wir müssen dann auch die Folgen».
n   Mskr.: «ein noch aus».
o   Mskr.: «Erkenntnis von Gott».
p   Im Mskr. folgt der Satz: «Solche klare, deutliche Erkenntnis könnten wir aber bekommen.»
q   Vor dem Abschnitt im Mskr.: «*2.*».
r   Mskr.: «Das nenne ich offen und ehrlich».
s   Mskr.: «denn der».

ein solcher Gedanke, ob er gleich närrisch scheint, den größten Trost mit sich bringen soll». Das sind Worte aus einer Osterpredigt von Martin Luther.[2] Mag man[t] den Kopf schütteln, das muß man ihm lassen, daß er das offene, ehrliche Reden der Bibel gehört und verstanden[u] hat. Darum ist er Luther[v] gewesen. Es hat eben Folgen gehabt für sein Leben ⌐und für die Welt⌐, daß er den Begriff, den die Bibel von Gott hat, ⌐wenigstens teilweise⌐ gefaßt und sich zu eigen gemacht hat.

Die Bibel behauptet durchaus nicht, daß Gott und [w] die göttlichen Taten ohnehin bekannte oder ohne weiteres verständliche Dinge seien. Sie sagt nirgends, daß der Glaube jedermanns Ding sei [vgl. 2. Thess. 3,2]. Ja, die Welt des Sichtbaren und des Unsichtbaren ist ein Ganzes, ein einziges unteilbares Gewebe.[w] ⌐Aber in diesem Gewebe ist Zeddel nicht Einschlag und Einschlag nicht Zeddel.[3] Zeit ist nicht Ewigkeit und Ewigkeit ist nicht Zeit.⌐ So weist uns die Bibel[x] ganz unmißverständlich darauf hin, daß Gott zu unseren Anschauungen von Natur und Geschichte[y] nicht passe. Was wir in Natur und Geschichte anzuschauen vermögen, das ist eine Welt für sich, eigenen Rechtes in ihren Ordnungen und Verhältnissen, unwiderruflich und unvermeidlich beschränkt und belastet durch den Tod.[z] Gott aber schickt sich – nach dem, was uns die Bibel über ihn mitteilt, – nicht in diese unsere Welt. ⌐Sie ist Zeit, nicht Ewigkeit.⌐ Sie hat ihre Grenzen. [aa] Die Gesetze der Natur und der Geschichte können nicht mehr, als

[t] Mskr.: «Man mag darüber».
[u] Mskr.: «gehört und sich darüber gefreut».
[v] Mskr.: «ein Luther».
[w-w] Mskr.: «die göttlichen Taten zu dem gehören, was uns ohnehin bekannt und verständlich ist. Sie sagt nicht, daß es leicht und bei einigem Nachdenken selbstverständlich sei, an Gott zu glauben. Sie macht aus Gott nicht einen Faden im Gewebe des gewöhnlichen Menschenlebens, wie wir es immer so gerne möchten.»
[x] Mskr.: «Sie weist vielmehr».
[y] Mskr.: «von der Natur und vom Menschenleben».
[z] Mskr.: «Was wir da so anschauen, das ist allerdings eine Welt für sich mit bestimmten Ordnungen und Verhältnissen und Gewohnheiten. Dazu gehört vor Allem das Böse und der Tod.»
[aa-aa] Mskr.: «Sie ist mitsamt ihren Ordnungen durchaus nicht ewig. Sie ist, von

[2] *Predigt über Mk. 16,1–8* (1530), WA 32,49,5–11.
[3] Zeddel und Einschlag = Kette und Einschuß: die beiden Fadensysteme, die im Webstuhl zusammengefügt werden.

eben die Grenzen der Welt, die wir anschauen, bezeichnen. Was aber Grenzen hat, das hat auch ein Jenseits. Ein Jenseits, das wir nicht anzuschauen vermögen, das aber nichtsdestoweniger ein notwendiger Teil des Ganzen ist, nicht als Zeddel, aber als Einschlag im Gewebe. Es gibt kein Diesseits ohne Jenseits, wie es kein Gewebe gibt, das nur Zeddel wäre. Diesseits ohne Jenseits, Zeit ohne Ewigkeit ist höchste Zweifelhaftigkeit, Fraglichkeit, ist das Sterbliche, das Verwesliche, das Vergängliche. Eben darum ist Ewigkeit ein Neues, ein ganz Anderes, das in die Zeit hinein kommen muß. Dieser letzte Einschlag in die Zeit ist der Inhalt der Bibel. Eine andere, eine neue, eine obere Welt mit neuen, anderen Ordnungen und Verhältnissen, eine Welt, in der der Tod nicht mehr ist, tritt ein in |3| unsere Welt, um sie in sich zu verschlingen, damit das Ganze werde. Wenn wir in der Bibel von Gott und göttlichen Taten lesen, muß uns immer das in den Ohren tönen: eine andere Welt! Das Wort «Gott» ist in der Bibel nie anders gemeint.

Wenn Gott etwas sagt oder tut, dann wird damit so oder so in der alten Welt etwas sichtbar von der neuen.[aa] Es kommt gleichsam zu einem Durchbruch aus der Ewigkeit in die Zeit[ab], aus dem Jenseits ins Diesseits[ac]. «Flugs in das römische Reich hinein gegriffen», wie Luther gesagt hat. *Wunder* ist alles, was von Gott kommt, weil es so wie so zu unserer Anschauungswelt nicht paßt.[ad] Nur daß wir uns nicht ⌐so sehr⌐ darüber wundern sollten, weil es, als von Gott kommend, zu unserer Welt nicht passen *kann*[ae]. Gott ist eben nie ein anderer[af] als der *Schöpfer,* als der er auf der ersten Seite der Bibel[ag] beschrieben ist. Wo

Gott aus betrachtet, etwas höchst Fragliches, Zweifelhaftes. Jenseits ihrer Grenze ist eine andere Welt mit anderen Ordnungen, Verhältnissen und Gewohnheiten. In dieser anderen Welt kommt jedenfalls das Böse und der Tod nicht vor. Wenn wir in der Bibel das Wort ‹Gott› lesen, muß uns immer das in die Ohren kommen: eine andere Welt – denn in der Bibel ist dieses Wort jedenfalls immer so gemeint. Und wenn uns nun die Bibel von Gott erzählt, so ist der Sinn immer der, daß von dieser anderen Welt etwas sichtbar wird in unserer Welt.»

[ab] Mskr.: «Zeitlichkeit».

[ac] Mskr.: «ins Diesseits hinein».

[ad] Mskr.: «Die Taten Gottes sind also alles Wunder, von unserem Standpunkt aus betrachtet, weil sie zu unseren Anschauungen nicht passen.»

[ae] Mskr.: «weil sie als Taten Gottes nicht zu unseren Anschauungen passen können».

[af] Mskr.: «ist nach der Meinung der Bibel nie etwas Anderes».

[ag] Mskr.: «als eben der Schöpfer, als der er schon auf den ersten Seiten dieses Buches».

nichts ist, da läßt er *etwas*[ah] ⌐, wo nur *Tod* ist, da läßt er *Leben*⌐ werden. Das Alte wandelt er in ein Neues, in ein ganz Anderes,[ai] ⌐ohne es zu zerstören, aber indem er es in einen ganz neuen Zusammenhang versetzt. ⌐ Mitten in unserer Welt läßt er da und dort[aj] ein Stücklein von seiner ewigen Welt erscheinen, zur Erinnerung an das, was er ist, und[ak] zum[4] Vorgeschmack dessen, was er im Sinne hat. Immer geschieht es dem Tode[al] zum Trotz, immer ist's etwas Wunderbares für unsere Begriffe. Immer wieder zeigt Gott, daß er sich in unsere Welt nicht schickt ⌐, daß das Jenseits das Diesseits nicht in Ruhe lassen kann⌐. Seine Güte ist alle Morgen *neu* [vgl. Klagel. 3,22f.].[am] Das Ziel aber ist eine gänzliche[an] Neuschöpfung und Verwandlung dieser unserer jetzigen Welt. Das Fragliche, Zweifelhafte, das unserem jetzigen Dasein[ao] anhaftet, ist dann aufgehoben und beseitigt. Unsere Anschauung wird dann den Dingen auf den Grund gehen und nicht mehr so beschränkt sein wie jetzt. ⌐Der Erdenrest[5] wird dann fallen.⌐ Gott wird dann[ap] Alles in Allem sein [vgl. 1. Kor. 15,28]. [aq]Dieses «dann» ist aber kein Augenblick *unserer* Zeit, sondern der erste Augenblick der Zeit *Gottes.*[aq]

Man kann sich an diesem Bilde Gottes, das kein Bild ist[ar], stoßen. Man kann aber gerade so gut dazu kommen, sich zu sagen, daß es eigentlich viel vernünftiger, natürlicher, zusammenhängender ist als

---

[ah] Mskr.: «immer wieder etwas».

[ai] Mskr.: «Und das Alte verwandelt er unaufhörlich [?] in ein Neues, in ein ganz Anderes. Seine Güte ist alle Morgen neu!»

[aj] Mskr.: «läßt er durch innere und manchmal auch durch äußere Ereignisse».

[ak] Mskr.: «und gleichsam».

[al] Mskr.: «geschieht's dem Bösen und dem Tod».

[am] Das Bibelzitat steht im Mskr. weiter oben, s. Anm. ai.

[an] Mskr.: «große».

[ao] Mskr.: «und Zweifelhafte, das dem jetzigen Menschenleben».

[ap] Mskr.: «Gott aber wird».

[aq] Mskr.: «So meint es die Bibel, wenn sie von Gott redet, vom 1. Buch Mose bis zur Offenbarung des Johannes.»

[ar] Mskr.: «das uns da geboten wird».

---

[4] Im Druck irrtümlich «vom»; korr. nach Mskr.

[5] Vgl. J. W. von Goethe, *Faust II*, V. 11954f. (5. Akt, Bergschluchten):
Uns bleibt ein Erdenrest
Zu tragen peinlich…

die Bilder[as] , die wir uns sonst ⌐und selbst⌐ von Gott machen. Es beruht auf der einfachen Einsicht, daß Gott eben – Gott ist. Es ist freilich ein großes, kühnes Wagnis, das einzusehen, daß Gott Gott ist. ⌐Eben dieses Wagnis ist nicht jedermanns Ding.⌐ Ist es aber einmal gewagt, so ist es doch[at] wieder etwas Einfaches.

Es hat wohl jeder Mensch Zeiten, wo er sich stößt an den Wundergeschichten[au] der Bibel und besonders[av] an der Ostergeschichte von der Auferstehung Jesu von den Toten. ⌐Es muß auch immer etwas in uns übrig bleiben, das sich daran stößt.⌐ Es wäre gar nicht gut, wenn wir uns nicht stoßen würden daran; denn das wäre |4| nicht ein Zeichen von Glauben, sondern nur ein Zeichen davon, [aw]daß wir noch nicht gemerkt, um was es sich beim Glauben handelt. Der Zweifel ist der bessere Weg zur Erkenntnis Gottes als das blinde, sichere, begeisterte Annehmen. Ja, ein solches Annehmen ist überhaupt kein Weg. Die Jünger Jesu haben auch gezweifelt [Lk. 24,11 u. ö.]. Vom Zweifel aus kommt man vorwärts durch die Überlegung[aw], daß Alles, was wir überhaupt von Gott wissen, fassen und erfahren können, ein Stücklein Wundergeschichte ist. ⌐Von da aus fragt man sich dann unwillkürlich, warum wir so wenig von Gott wissen und erfahren, obwohl wir doch mitten in Gottes Schöpfung leben, begreift, daß es Unterschiede gibt im Verhältnis der Zeit zur Ewigkeit: *Offenbarungszeit* und gewöhnliche Zeiten wie die unsrige, begreift, daß die Schöpfung – die seufzende Kreatur und wir mit ihr [Röm. 8,19–23] – auf *Erlösung* wartet.⌐ Von da aus kann man dazu kommen, froh zu werden über[ax] die sogenannten Wundergeschichten in der Bibel und vor allem über ⌐ihren Mittelpunkt,⌐ die Ostergeschichte, weil sie eine so besonders deutliche Mitteilung ist[ay] über Gottes Wesen und Gedanken[az] und Absichten, und läßt sie sich nicht mehr ⌐ganz⌐ nehmen, auch wenn

[as] Mskr.: «als die Meinungen».

[at] Mskr.: «auch».

[au] Mskr.: «den sogenannten Wundergeschichten».

[av] Mskr.: «speziell».

[aw] Mskr.: «daß wir noch nichts gemerkt haben von dem Gegensatz, in dem Gott zu unserem jetzigen Wesen steht. Man kann dann aber von diesem Zweifel aus auch weiterkommen und gewahr werden».

[ax] Mskr.: «Dann wird man froh über alle».

[ay] Mskr.: «über die Ostergeschichten, weil sie so bes. deutliche Mitteilungen sind».

[az] Mskr.: «Art und Gedanken».

einem immer wieder Zweifel dagegen aufsteigen. Man *freut* sich dann geradezu^ba über dieses offene, ehrliche Reden von dem Stein, der abgewälzt war vom Grabe, und von dem Leib des Herrn Jesu, der dort nicht mehr gefunden wurde, weil Gott ihn nicht im Tode ließ, sondern mit einem neuen ⌐Leib und⌐ Leben, dem ⌐Leib und⌐ Leben ⌐der erlösten Schöpfung,⌐ der ewigen Welt ausgestattet und überkleidet hatte. ⌐Zeit war eben geworden wie Ewigkeit, zur Verkündigung an das, was *ist* am Ende aller Zeiten.⌐ Tod, wo ist dein Stachel? Hölle, wo ist dein Sieg [1. Kor. 15,55]? Wenn Gott Gott ist, kann es dann *anders* sein?^bb

Ich meine das nicht so^bc, als ob es so etwas wie einen Zwang gäbe, die^bd Ostergeschichte ⌐und die anderen Wundergeschichten, die ja nur ihre Strahlen sind,⌐ als wirklich und wahr zu glauben^be, als ob es ein Zeichen hervorragender Gottesgemeinschaft, ein besonderes Verdienst wäre, das zu tun^bf, oder als ob man ⌐auch nur⌐ ein ⌐Fünklein von⌐ Mißtrauen haben dürfte gegen Menschen, die diesen Mitteilungen der Bibel stutzig, fragend^bg oder sogar offen ablehnend ⌐und mißbilligend⌐ gegenüberstehen und dagegen protestieren^bh. ⌐Nun ja, in der Tat, wir protestieren! Es ist in uns allen, es war auch in Luther etwas, was protestierte, und es ist nichts als in der Ordnung, wenn das da und dort laut herauskommt.⌐ Nur in voller^bi Freiheit ⌐und im vollen Bewußtsein des Protestes, der dagegen im Menschen steckt,⌐ kann^bj man dazu kommen, von dieser Geschichte zu ⌐denken und gar zu⌐ sagen, sie sei^bk wahr. Und wenn man dazu kommt, so ist's kein Verdienst, sondern^bl eine weitere Klarheit ⌐in der Erkenntnis⌐, die

^ba Mskr.: «gerade».
^bb Mskr.: «mußte es ja einfach so sein.»
^bc Mskr.: «3. Ich meine das nun aber nicht etwa so».
^bd Mskr.: «als ob es gleichsam einen Zwang gäbe, diese».
^be Mskr.: «als wörtlich wahr anzunehmen».
^bf Mskr.: «oder als ob es ein bes. Verdienst, ein Zeichen hervorragender Gläubigkeit wäre, wenn man das tut».
^bg Mskr.: «die diesem Bericht der Bibel von Gottes Taten noch stutzig und zweifelnd und fragend».
^bh Mskr.: «und nicht Ja dazu sagen können».
^bi Mskr.: «völliger».
^bj Mskr.: «kann und darf».
^bk Mskr.: «sie ist».
^bl Mskr.: «sondern nur».

einem geschenkt wird, [bm]mit der man sich aber vor solchen Protestierenden ge-|5|rade *nicht* absondern und scheiden wird. Der Unglaube solcher eifriger Meinungen verdient gewöhnlich mehr Vertrauen, ist hoffnungsvoller und fruchtbarer als der Glaube der eifrigen Jasager, weil jene gewöhnlich besser einsehen, um was es sich eigentlich handelt, als diese.[bm] Ich muß das laut aussprechen, gerade weil ich für meine Person doch Ja[bn] sage. Ich möchte damit nicht den geringsten Druck ausüben auf Andere, weil ich aus Erfahrung weiß, daß einem das nicht im mindesten hilft, wenn man mit den[bo] Wundergeschichten gedrückt wird. Dieser Zwang, dieses vermeintliche Verdienst, dieses Mißtrauen sind[bp] ganz einfach Götzendienst und Unglaube. Denn wer wirklich glaubt, der glaubt ja nicht an die Wundergeschichten, auch nicht an die Ostergeschichte, sondern an[bq] den lebendigen Gott selbst ⌐, der glaubt nicht an einen Glauben, sondern an Gottes ohne alles Verdienst erziehende Gnade, der glaubt nicht *gegen* die Zweifler und Protestler, sondern zweifelnd und protestierend *mit* ihnen. «Ich glaube, lieber Herr, hilf meinem Unglauben!» [Mk. 9,24]⌐. Der Ehre Gottes, auf die es allein ankommt, dienen wir ja doch nicht mit unseren Ansichten, sondern mit der Treue, mit der Aufrichtigkeit, mit der Sachlichkeit, die allenfalls hinter unseren schlechteren oder besseren Ansichten steht.[br]

Nur das möchte ich sagen, daß es jedenfalls doch möglich ist[bs], diese Ostergeschichte von der Auferstehung[bt] Jesu und vom leeren

[bm-bm] Mskr.: «Und was jenes Mißtrauen betrifft, das sich bes. eifrige Christen gern gegen andere erlauben, so ist zu sagen, daß sehr oft der Glaube solcher, die vorläufig Nein sagen zu dieser Geschichte, viel mehr Vertrauen verdient gerade wegen seiner Aufrichtigkeit als der Glaube solcher, die überlaut Ja dazu sagen.»

[bn] Mskr.: «auch Ja dazu».

[bo] Mskr.: «diesen».

[bp] Mskr.: «Dieser Zwang und … und … ist».

[bq] Mskr.: «Unglaube, denn wer überhaupt glaubt, der weiß, daß man nicht an Geschichten glauben kann, und wenn es biblische Geschichten wären, sondern nur an».

[br] Mskr.: «Alles Übrige sind Ansichten, in denen der Eine vielleicht weiter, der Andere vielleicht weniger weit ist, die aber vor Gott, der die Herzen kennt, nicht in Betracht kommen.»

[bs] Mskr.: «daß es jedenfalls durchaus nichts so Unmögliches, nichts so Absurdes ist, wie man heutzutage leicht denkt».

[bt] Mskr.: «Auferweckung».

Grab ruhig ⌐und wörtlich so⌐ anzunehmen, wie sie dasteht. ⌐Als letzter Ausblick ist auch das möglich.⌐ Mir scheint das von Jahr zu Jahr einfacher^bu , als wenn man sie nur deutet, als wenn^bv man an den Ostern über den Frühling ⌐oder über die Revolution⌐ predigt, die uns ja allerdings auch etwas zu sagen haben^bw von den Taten Gottes, aber doch nur dann, wenn wir irgend vorher^bx einen starken, deutlichen Begriff davon haben, wer und was Gott ist.

Man sagt oft, daß es uns Menschen der heutigen welterfahrenen Zeit besonders schwer falle, das wirklich^by so anzunehmen, daß Gott einen Toten zu neuem Leben erweckte, sein Grab öffnete und ihn sichtbar und leiblich unter den Lebenden erscheinen ließ^bz . Denn wir haben heute mehr als frühere Geschlechter einen starken Sinn für den Zusammenhang, für die eiserne und ausnahmslose^ca Notwendigkeit, die in unserer jetzigen Welt^cb regiert. ^cc Dieser Sinn für die Welt könnte uns aber den Sinn für Gott ebenso gut öffnen wie verschließen. Wer so genau unterrichtet ist über die schrankenlose Herrschaft des Todes, wie wir es dank der neueren Natur- und Geschichtsforschung sind, der müßte eigentlich mit der Zeit dazu kommen, die ebenso schrankenlose Herrschaft des Lebens, um deren Aufrichtung es sich in der Bibel handelt, ebenso begreiflich zu finden. Kann die eine mehr sein

---

^bu Mskr.: «viel einfacher».

^bv Mskr.: «als wenn man sie umdeutet in einen bloßen Gedanken oder in ein bloßes inneres Erlebnis, das die Jünger gemacht haben sollen – niemand weiß warum und wieso? – oder als wenn».

^bw Mskr.: «der ...... hat».

^bx Mskr.: «irgend woher».

^by Mskr.: «Dieser starke, deutliche Begriff von Gott steckt aber gerade in der Ostergeschichte, wenn man sie wörtlich nimmt. Es mag ja freilich uns Menschen der heutigen Zeit bes. schwer fallen, das wörtlich».

^bz Mskr.: «erweckte, so daß er sein Grab verließ und sichtbar und leiblich – wenn auch in einer anderen höheren Leiblichkeit – seinen Freunden wieder erscheinen konnte».

^ca Mskr.: «wir haben heutzutage eine bes. lebhafte Vorstellung von der eisernen, ausnahmslosen».

^cb Mskr.: «Welt des Bösen und des Todes».

^cc-cc Mskr.: «Aber eigentlich haben wir darin einen Vorzug, und wir wollen der Naturforschung und Geschichtsforschung, die uns diese Notwendigkeit anschaulich machen, nur recht dankbar sein dafür. Wir verstehen das Wesen dieser jetzigen Welt besser, als es frühere Geschlechter verstanden. Wir schauen klarer. Je mehr man uns beweist, daß es in dem, was wir jetzt Natur und Geschichte nennen, keine Ausnahme gibt, desto besser».

als ein Gleichnis der anderen? *Müssen* wir notwendig |6| im Gleichnis stehen bleiben? *Muß* uns das Gleichnis ein Hindernis werden, zur Sache voranzudringen? Beweist uns nur, daß es in dem, was wir Natur und Geschichte nennen, keine Ausnahme, keine Sprünge gibt! Um so besser^cc verstehen wir, daß Gott sich in diese Welt nicht schickt. Und das ist's ja eben, was die Bibel auch behauptet. ^cdIst die Welt Welt, so ist Gott Gott. Hat die Welt ihre Eigenart, so hat Gott die seinige.^cd Den Gesetzen der Natur und der Geschichte entsprechen die Gesetze des Himmelreiches.^ce Hängt hier Alles ausnahmslos zusammen, so ist auch dort ein lückenloser, grenzenloser Zusammenhang. Heißt's hier^cf unerbittlich: Tod!, so heißt's dort^cg ebenso unerbittlich: Leben! ^ch Warum ist uns die Erforschung und Gestaltung und Verschönerung der leiblichen Seite des Daseins so wichtig geworden? Warum ist gerade innerhalb der Christenheit der Sozialismus aufgekommen? Weil uns dieses unerbittliche: Leben! sehr wohl bewußt ist, weil uns bewußt ist, daß es kein Leben gibt ohne Leiblichkeit. Woher andrerseits die verbissene Begeisterung, mit der wir den Tod als das oberste Gesetz alles leiblichen Lebens verkündigen und glauben? Warum ist der Materialismus gerade innerhalb der Christenheit möglich geworden? Weil wir uns der Begrenztheit, der Diesseitigkeit alles dessen, was wir

---

^cd Mskr.: «Aber wenn nun die Welt ihre Eigenart hat, so hat Gott seine Eigenart. Ist die Welt Welt, so ist Gott Gott.»

^ce Mskr.: «Hat die Natur ihre Gesetze und die Geschichte ihre Gesetze, so hat das Himmelreich die seinigen.»

^cf Mskr.: «auf dieser Seite».

^cg Mskr.: «auf der anderen Seite».

^ch-ch Mskr.: «Ich meine, gerade unsere Zeit bekommt dafür wieder ein Verständnis, gerade unsere Zeit hat wieder einen Hunger und Durst nach dem Ganzen, auf beiden Seiten. Es wird sich nun nur fragen, auf welcher Seite wir stehen; und auf die Seite Gottes zu treten, das fällt uns nicht leichter als früheren Zeiten, das wird immer das gleiche große Wagnis sein. Aber warum sollen wir uns immer auf die Seite der Welt, wie wir sie jetzt haben und anschauen, stellen, gegen Gott? Es spricht doch in uns allen und in der ganzen jetzigen Lage etwas dafür, daß es etwas Größeres, Stärkeres, Wahreres gibt als diese unsere jetzige Welt. Wir könnten es ebenso gut wagen, Gott einmal Recht zu geben. Haben wir es aber einmal gewagt, haben wir einmal die Übermacht des Gottesreiches über die Weltreich erkannt, dann befinden wir uns auf einem Wege, der uns weiter führt, als wir denken. Das ist ja das Wesen dieser großen Entscheidung, die in uns selbst einmal fallen muß, daß wir von da an unaufhaltsam Gott recht geben müssen, dem Neuen gegenüber dem Alten, dem Zukünftigen gegenüber dem Jetzigen, dem Ewigen gegenüber dem Zeitlichen.»

als Leben und Leiblichkeit kennen, bewußt sind und es nicht lassen können, gerade *nach der Grenze*, nach dem hin zu blicken, was wir bei unserer stürmischen Frage nach dem Leben eigentlich meinen. Wir widersprechen uns und widersprechen uns doch nicht. Wir *meinen* eben das *ewige* Leben. Wir müßten nur besser wissen, was wir tun, wir modernen Menschen. Der Ausblick auf die leibliche Auferstehung liegt uns näher, als wir meinen.

Wissen, was wir tun, ist freilich eine große Sache. Das heißt *Gott* erkennen, und das ist nie leicht, sondern immer ein Wagnis. Es sei denn, daß jemand von neuem geboren werde [Joh. 3,3]! Wagen wir uns nicht zu schnell vor – in Gedanken! Aber ob wir uns schnell oder langsam vorwagen: indem wir anfangen, Gott zu erkennen, kommen wir auf einen Weg, der uns weit führt. Der Ausblick mindestens wird sehr weit. Es entsteht auf diesem Weg unvermeidlich ein Übergewicht des Rechtes Gottes gegenüber dem noch so wohlverstandenen Rechte der Welt, des Neuen gegenüber dem Alten, des Zukünftigen gegenüber dem Jetzigen, des Ewigen gegenüber dem Zeitlichen.[ch] Auf diesem Wege begegnet uns früher oder später auch einmal die Ostergeschichte und wird uns dann nicht mehr absolut unbegreiflich sein.[ci] Von einer Ausnahme in der Natur werden wir dann wahrscheinlich nicht reden, aber vielleicht von einer Regel der Schöpfung, der Gotteswelt. Gott ist nicht ein Gott der Toten, sondern der Lebendigen [Lk. 20,38]![cj] Der lebendige Christus, leiblich auferstanden – ein Märlein, wenn wir's zunächst ansehen[ck], so haben es ja die Jünger zuerst auch genannt[cl] [Lk. 24,11] |7| – aber Wahrheit, Sinn und Verstand, wenn wir weiter schauen, wenn uns Gott daraus anschaut[cm].

---

^{ci} Mskr.: «werden wir dann früher oder später auch einmal der Ostergeschichte begegnen, und sie wird uns dann vielleicht nicht mehr so absolut unbegreiflich sein.»

^{cj} Mskr.: «Wir werden dann nicht sagen: das war eine Ausnahme in der Natur, sondern wir werden sagen: es war die Regel, das Gesetz der Gottesnatur, die da erschienen ist. In Gott ist kein Tod. Ein toter Christus, das ist das Unmögliche, das Unnatürliche, das Unfaßbare, der lebendige Christus, das ist die Ordnung, das hat Sinn und Verstand.»

^{ck} Msrk.: «von uns aus gesehen ein Märlein».

^{cl} Mskr.: «so haben's auch die Jünger zuerst genannt, als man es ihnen erzählte».

^{cm} Mskr.: «– von Gott aus betrachtet die Wahrheit! Und wir können es lernen, solche Dinge von Gott aus zu betrachten.»

Gott der Schöpfer! Das ist's![cn] Nicht nur die Natur, wie wir sie begreifen, nicht nur das Gute, das wir zu fassen und zu tun vermögen, nicht nur der wohlbekannte Menschengeist in uns, sondern der Schöpfer eines neuen Wesens.[co] So ist er in Jesus Christus[cp] erschienen, nicht erst in der Ostergeschichte, sie war nur das Tüpflein aufs I, sondern in jedem Wort, in jeder Tat seines Lebens ⌐; auch die Bergpredigt ist voll leiblicher Auferstehung⌐. So will Gott[cq] auch heute und unter uns Gott sein und werden. [cr] Alles Große, das sich uns heute im Geist ankündigt, jedes wirkliche Vorwärts, jeder wirkliche Trost, jede ernsthafte Hilfe und Sicherheit, die uns werden, – sie sind neues Wesen, sie sind nicht das Resultat einer Entwicklung, sondern das Resultat einer Schöpfung, einer Osterauferstehung. Sie wollen auch nicht Geist bleiben, sie fragen nach Körpern. Sie kamen und kommen und werden kommen,[cr] weil Gott spricht und trägt alle Dinge durch sein kräftiges[cs] Wort [Hebr. 1,3]. ⌐Das Ende der Wege Gottes aber ist die Leiblichkeit.[6]⌐

[cn] Mskr.: «4. Aber das alles möchte ich nur zur Aufklärung sagen, zur Zerstreuung von Mißverständnissen, damit wir alle recht frei uns freuen können über das, was der Ostertag uns zu sagen hat. Aber die Hauptsache ist ja auch am heutigen Tag nicht die Ostergeschichte, sondern mit oder ohne Ostergeschichte die Erkenntnis, daß Gott ein Schöpfer ist,»

[co] Mskr.: «nicht nur der Natur, ..., nicht nur des Guten, wie wir es ..., nicht wie der wohlbekannte Menschengeist ... Wesens. So tritt er hinein in unser Leben und in die Weltverhältnisse, wenn wir ihn hineintreten lassen.»

[cp] Mskr.: «er uns gerade in Christus»

[cq] Mskr.: «er».

[cr-cr] Mskr.: «Nicht das Resultat einer Entwicklung ist das Göttliche im Menschenleben. Denn es kann sich nichts entwickeln, was nicht zuerst etwas ist, wohl aber zeigt es sich immer wieder im Menschenleben, daß da etwas ist, das sich nicht entwickelt hat, sondern das ist, weil es geschaffen, von Gott geschaffen ist durch Auferweckung von den Toten, durch sein Machtwort: es werde Licht [Gen. 1,3]! Der Römerbrief des Paulus hat sich nicht entwickelt, der Glaube Luhers hat sich nicht entwickelt, der Schrei nach Freiheit, Frieden und Gerechtigkeit, der durch das Chaos der heutigen Zeit hindurchgeht, hat sich nicht entwickelt. Und so ist auch jedes wirkliche Vorwärts!, das in unserem persönlichen Leben auftaucht, jeder wirkliche Trost, jede wirkliche Sicherheit, jede wirkliche Kraft, die wir haben, nicht etwas, das nur so gekommen ist, weil es mußte, sondern das alles kam und kommt und wird kommen,».

[cs] Mskr.: «mit seinem kräftigen».

[6] Vgl. Fr. Chr. Oetinger, *Biblisches und Emblematisches Wörterbuch, dem Tellerischen Wörterbuch und Anderer falschen Schrifterklärungen entgegen*

Wir wollen uns in Freiheit darin üben und daran gewöhnen, von Gott das Größere, von der Welt das Kleinere zu denken.[ct] Wir wollen uns mit Ohren, Herz und Mund[cu] einlassen auf das Neue, das Gott[cv] im Wesen ist ⌐, es ist uns neu, aber nicht ferne¬. Wir wollen die Augen öffnen für die lebendige Bewegung der kommenden Welt, deren Ordnungen wir doch schon kennen, deren Kräfte uns doch schon spürbar sind.[cw] [cx]Das Reich Gottes ist nahe herbeigekommen [Mk. 1,15 par.]. Entscheidende Schritte von Gott aus sind geschehen. Sie rufen nach Entscheidungen, nach neuem Mut und Verständnis auf unserer Seite. Sie rufen nach unserer Erkenntnis, nach unserem Bekenntnis, daß das Alte vergangen ist [2. Kor. 5,17]. Denn der Christus stirbt hinfort nicht mehr [vgl. Röm. 6,9].[cx7]

Lieder:
Nr. 132 «Jesus lebt, mit ihm auch ich» von Chr. F. Gellert, Strophen 1–3 (RG [1998] 482,1.2.–; EG 115,1–3)
Nr. 9 «Sei Lob und Ehr dem höchsten Gut» von J. J. Schütz, Strophen 1–3 (RG [1998] 240,1–3; EG 326,1–3)

[ct] Mskr.: «Das ist's, was wir heute hören müssen. Wir sollen von Gott immer das Große und nicht das Kleine denken.»

[cu] Mskr.: «Wir sollen uns mit den Ohren und mit dem Herzen und mit dem Leben».

[cv] Mskr.: «Gott selbst».

[cw] Mskr.: «Wir sollen uns hineinziehen lassen in die lebendige Bewegung der anderen Welt, deren Ordnungen und Kräfte uns doch beständig spürbar sind.»

[cx-cx] Mskr.: «Gott hat den entscheidenden Schritt gewagt zu uns hin, hinein in die Welt, in der das Böse und der Tod unumstritten regierte. Das Reich Gottes ist im Gang, es ist nahe herbeigekommen. Nun müssen wir es auch wagen, unsrerseits uns zu entscheiden. Denn nachdem Christus auferstanden ist, haben wir nun das Wort. An uns ist's, Gott nun verstehen zu wollen und die rechte Antwort zu geben: Das Alte ist vergangen, siehe, es ist Alles neu geworden!»

gesetzt, o. O. 1776, S. 407: «Leiblichkeit ist das Ende des Werkes GOttes, wie aus der Stadt GOttes klar erhellet Offenb. 20.»

[7] Die Predigt wurde von Karl Barths Bruder Heinrich kritisiert: «... er ... nennt meine Auferstehungspredigt ... ‹eine nicht gerade glaubwürdige Verkündigung von diesem Ereignis›, was ich ihm nur bestätigen konnte.» (Bw. Th. I, S. 404).

Lukas 24,36–43

[Da sie aber davon redeten, trat er selbst, Jesus, mitten unter sie und
sprach zu ihnen: Friede sei mit euch! Sie erschraken aber und fürch-
teten sich, meinten, sie sähen einen Geist. Und er sprach zu ihnen: Was
seid ihr so erschrocken, und warum kommen solche Gedanken in euer
Herz? Seht meine Hände und meine Füße: ich bin's selber. Fühlet
mich an und sehet: denn ein Geist hat nicht Fleisch und Bein, wie ihr
sehet, daß ich habe. Und da er das sagte, zeigte er ihnen Hände und
Füße. Da sie aber noch nicht glaubten vor Freuden und sich verwun-
derten, sprach er zu ihnen: Habt ihr hier etwas zu essen? Und sie legten
ihm vor ein Stück von gebratenem Fisch und Honigseim. Und er
nahm's und aß vor ihnen.]

1. «Er selbst, Jesus, trat mitten unter sie und sprach zu ihnen: Friede
sei mit euch!» So läßt Gott sein *Licht* triumphieren über allen irdischen Dämmerungen. So richtet er sein *Recht* auf und verteidigt es
gegen die verkehrten, traurigen Anschauungen der Menschen. So be-
stätigt und *erfüllt* er das Tiefste, was als Ahnung und Sehnsucht doch
auch im Menschen lebt. So setzt er das *Ende* einer alten Ordnung und
den Anfang einer neuen. So offenbart er in unserer Welt der Sünde, des
Jammers und der Sterblichkeit seine *Wahrheit*, die im Ursprung war
und die zuletzt allein Wahrheit sein wird. So spricht er ein neues Mal:
es werde! und es wird [Gen. 1,3], es wird eine neue Kreatur, Schöpfung, Welt, ein neuer Mensch mit neuen Augen und Ohren, ein neuer
Himmel und eine neue Erde, nicht wie die vorigen waren [vgl.
Jes. 65,17], sondern von oben her das alles, reine, volle, ganze Gottesgedanken und Gottestaten und Gottesworte. So beweist und bewährt
Gott, daß er *Gott* ist. Morgenglanz der *Ewigkeit*[2] geht auf über denen,
die da saßen in Finsternis und Schatten des Todes [vgl. Lk. 1,79]. *Jesus,*
auferstanden von den Toten, er zeigt das alles, er bringt es, er setzt es in
Kraft und Wirksamkeit, *er ist es*. Er erklärt und beschreibt es nicht
nur, er verheißt und verkündigt es nicht nur, *er ist es* . Denn die Welt
Gottes mit ihrem Frieden und ihrer Klarheit *hilft uns nicht,* solange sie

---

[1] In Leutwil vertrat Barth seinen Freund Thurneysen (Kanzeltausch?); in
Seon, ca. 5 km nördlich von Leutwil, vertrat er den von beiden Freunden sehr
geschätzten Pfarrer Max Dietschi (vgl. Bw. Th. I, S. 18, Anm. 1).

[2] Eingangslied; s. unten.

nur beschrieben und verkündigt wird. Das ist der Jammer der Kirche, daß wir hier immer noch so tief im bloßen Beschreiben und Verkündigen drin stecken. Die Welt Gottes *hilft uns* von dem Augenblick an, wo sie nicht nur besprochen und gemalt und gefühlt wird, sondern ist und wirkt als sichtbares, greifbares Leben. Denn *die Wahrheit* hat es an sich, daß sie sich nicht begnügen kann mit Worten und Bildern, sondern nach dem Leben drängt. *Bevor* das geschieht, bleibt sie uns verborgen, können wir zweifeln, zaudern, schwanken, irren. Die Erkenntnis der Wahrheit ist *Lebensoffenbarung.* Jesus, er selbst, mitten unter den Menschen, mit seiner Friedensbotschaft, wie er am Ostertag unter seine Jünger trat, ist *Lebensoffenbarung. Leiblich auferstanden,* bewies und bewährte er die Herrlichkeit Gottes. Darum ist Jesus die *Hilfe* für die Menschheit. Er ist es, indem er in der Kraft Gottes ein *Neues* schafft und setzt.

2. Ich brauche es wohl kaum erst auszusprechen, daß Jesus uns Menschen von heutzutage *erst zum allerkleinsten Teil* das ist, was er eigentlich ist, die Kraft Gottes, die eine neue Kreatur hervorbringt. Wir *stehen insgesamt noch tief* in den Ordnungen und Kräften einer alten Welt, die er überwunden und erledigt hat. Bei uns steht Alles *erst im Werden,* im Kommen, im Zukünftigen. Wir sind im besten Fall *in Bewegung* gesetzt, der großen Lebensoffenbarung entgegen. Wir leben davon, daß wir *in Bewegung gesetzt* sind. Jesus ist *auferstanden.* Das Ziel ist uns gegeben, dem wir entgegengehen, und der Anlauf ist uns gegeben, daß wir ihm wirklich entgegengehen. Weil Jesus lebt, darum *fehlt es auch uns nicht* ganz an Lebenskräften des Mutes, der Liebe, der Geduld. Es gibt sogar *Augenblicke und Lagen,* da wird dieses Jesusleben in der Menschheit jetzt schon so stark, daß im kleinen Kreis und für eine kurze Zeit etwas fast Vollkommenes entsteht, ein Stücklein Himmel auf Erden. Wir müßten nur besser die Augen auftun, so würden wir merken, daß dieses «Jesus mitten unter uns» auch uns gar nichts so Fernes und Unmögliches ist. Aber es ist doch *immer nur ein Stücklein,* ein Teil von dem «Jesus selbst», wie er dort unter seine Jünger getreten ist. Wenn wir das Ganze unseres Lebens ansehen, müssen wir uns gestehen, daß uns *das Ganze des Jesuslebens,* das dort erschienen ist, noch fremd ist. Die kleinen Lichter, die uns etwa aufgehen, können uns doch nur sehnsüchtig [machen] nach dem

großen Licht, dem *Licht vom unerschaffnen Lichte*[3]. Tausende von Konfirmanden haben jetzt Jesus kennen, vielleicht sogar lieben gelernt, aber was *Jesus eigentlich ist,* das muß er ihnen und uns allen erst werden. Ostern liegt hinter uns, das große Ostern, das über die Jünger Jesu kam wie Erdbeben und Sonnenaufgang, und die Osterfeier, in der wir uns alljährlich dankbar jenes Ereignisses erinnern, aber *die Auferstehung liegt nicht hinter uns,* sondern vor uns. Die Hauptsache der Ostergeschichte kommt erst.

Die Gefahr ist immer vorhanden, daß sie vielleicht nicht kommt. Wir müßten viel mehr erschrecken über die Möglichkeit, daß uns auch Ostern wieder ein *Wort und Bild* wird, wo es doch Ereignis und Leben sein will. –[4] Was hilft uns die schönste Erinnerung an Jesus, wenn sie uns *nicht vorwärtsführt,* wenn wir uns begnügen lassen an dem, was wir vielleicht vom Jesusleben schon kennen und haben? Es liegt Alles, Alles daran, daß die Bewegung, die dort angehoben, *weitergeht.* Das Stücklein, das wir jetzt haben, strebt nach dem Ganzen. Das Fünklein, das jetzt glüht, will zum Feuer werden. Das Bächlein, das jetzt fließt, eilt dem Meer entgegen. –[5] *So stehen wir heute da,* dankbar und doch sehnsüchtig, befriedigt und doch ungenügsam, reich und doch arm, in der Erkenntnis der Klarheit Gottes im Angesichte Christi [vgl. 2. Kor. 4,6] und doch voll Verlangen nach einer vollendeten und abschließenden Erscheinung des Heilands. Wir haben etwas gehört von seiner Botschaft: Friede sei mit euch!, aber nicht wahr, wir möchten und wir müssen und wir werden das ja noch einmal ganz, ganz anders hören.

3. Unterdessen wollen wir uns freuen darüber, daß wir in einer Zeit leben, in der von Jesus, von seinem Kreuz und seinem Leben, wenigstens wieder geredet wird. Das war ja *das Hoffnungsvolle* in der Lage auch jener Jünger, bevor er selbst mitten unter sie trat: sie *redeten davon.* Dieses Reden war durchaus nicht umsonst. Damit machten sie es ihm gewissermaßen möglich, in ihre Mitte zu treten, und bereiteten sich selbst darauf vor, ihn zu sehen, wenn auch das, was sie dann zu sehen bekamen, viel größer und schöner war als das, was sie darüber

---

[3] Aus der ersten Zeile des Eingangsliedes.
[4] Markierung durch senkrechten Blaustiftstrich.
[5] Markierung durch senkrechten Blaustiftstrich.

gedacht und gesagt hatten. Ein *aufrichtiges, ernstes Reden* und Hören von Jesus im Gedanken an seine Auferstehung ist mehr als bloße Worte. Wir können daran denken, wie in der ersten Zeit durch das Aussprechen des Namens Jesu Wunder und Zeichen getan worden sind [Act. 3,6]. *Jesus bekennt* sich eben zu denen, die von ihm reden müssen, weil sie keine andere Wahl haben, weil sie außer ihm keinen Trost, keine Hilfe, keine Hoffnung haben [vgl. Act. 4,20]. Wo man das Wenige, das wir von der Auferstehung erkennen, *bewegt in seinem Herzen,* da wird fortzu[6] Vieles daraus, und die Bahn wird frei, daß einmal ein Ganzes daraus werden kann. Das ist das Hoffnungsvolle an unserer Zeit, daß *von Jesus wieder geredet wird* in weitesten Kreisen. *Vielleicht nicht so,* wie wir es in der Kirche gewohnt sind, aber eigentlich nur um so stärker, aufrichtiger, ernster. Unsere Zeit hat im Gegensatz zu früheren wieder ein starkes Empfinden für die Not der Welt, für die *Gottverlassenheit* des Menschen, wie er jetzt ist. Sie läßt sich nicht mehr so schnell darüber hinweg *trösten,* sie spürt, wie *unerträglich* eigentlich Alles ist, was der Mensch zu seiner eigenen Erlösung unternimmt und unternehmen muß. Wo man von dieser Not ehrlich, ganz *ehrlich redet,* da redet man doch von Jesus, gleichviel ob nun sein Name dabei genannt wird oder nicht. Unsere Zeit ist der bloßen Worte müde geworden und will Taten sehen und Taten tun[7]. Mögen wir uns *irren* in dem, was wir tun möchten, mögen wir vielfach aus alten nur wieder in *neue* Worte hinein geraten. All dieses Reden aus der Sehnsucht nach Kraft und Leben, das heute hörbar durch die Welt geht, ist recht verstanden ein *Reden von dem,* der eben die Lebensoffenbarung ist, von Jesus. Unsere Zeit hat wieder Sinn und Gefühl für das Ganze, das Vollkommene. *Warum* kann die Menschheit nach den furchtbaren Anstrengungen und Leiden der letzten fünf Jahre nicht zur Ruhe kommen, *warum* zieht sie es vor, sich selber noch ganz aufzureiben und zu zerfleischen an fast wahnsinnigen Gedanken und Taten?[8]

[6] = immerfort.
[7] Vgl. J. W. von Goethe, *Faust I,* V. 214f. (Vorspiel auf dem Theater):
Der Worte sind genug gewechselt,
Laßt mich auch endlich Taten sehn!
[8] Es ist beispielsweise an die wiederholten Unruhen in Deutschland zu denken (6./7. April 1919: Ausrufung der Räterepublik Bayern in München) und an die wachsende Zentralisierung in Rußland nach dem 8. Parteitag der KPR (18.–23.3.1919).

Schrecklich das alles, ja wohl, aber doch auch nur ein Anzeichen dafür, daß der heutige Mensch beim Halben, Teilweisen, Vorläufigen *nicht stehen bleiben* möchte. Zu tief ist er *erschrocken* über sich selbst, *zu groß* ist die Hoffnung, die in ihm lebt. Wahrhaftig, wer, von dieser Hoffnung *bewegt, heute reden* muß, der redet von Jesus, und wenn er dem sogenannten Christentum noch so fern stünde.|

Unsere Zeit weiß aber auch dies, daß das, was ihr fehlt und wonach sie sich sehnt, *etwas Persönliches, Lebendiges* sein muß, nicht nur eine neue Idee, nicht nur eine bessere Ordnung, nicht nur andere Verhältnisse, sondern ein *Mensch* wie wir, aber ein ganz *anderer* Mensch, ein Mensch voll *Geist und Kraft,* ein Mensch, der sagen könnte, was wir alle nicht sagen können, und geben, was wir alle nicht geben können, ein Mensch, der in der Not unserer Welt drinstünde und doch aus ihr herauszuführen die Macht hätte. Es ist merkwürdig, wie davon heute eigentlich überall *geredet wird:* bei den Gelehrten, bei der Jugend, bei den Künstlern, bei den Arbeitern: *Einer, Einer sollte jetzt kommen,* einer, der mehr wäre als Luther und Napoleon, einer, der von oben her das wäre, was Lenin von unten her sein möchte[9], ein Reformator und Revolutionär und Organisator, ein Denker und Prophet in einer Person. Einer, der alledem, was uns jetzt als Hoffnung bewegt, greifbar, sichtbar *Gestalt gäbe.* Von was reden sie denn anders, sie alle, die jeder auf seine Weise von diesem Einen reden, der jetzt nötig wäre, als eben *von Jesus,* der es ja verheißen hat, daß er erscheinen werde, sein Werk zu vollenden. Mögen sie ihm jetzt in der Verwirrung auch andere Namen geben, es ist doch im Grunde *sein Name,* der heute auf allen Lippen liegt. Wir wollen uns auch darüber freuen, daß in unserer Zeit auch *in der Kirche* wieder ehrlicher und deutlicher von Jesus geredet wird und daß das Gehör und die Aufmerksamkeit dafür *im Wachsen* begriffen ist. Viel Feierliches und Rührendes aus früheren Zeiten mag uns darüber abhanden gekommen sein, und dem mögen nun Manche nachweinen, dafür fangen wir aber, ehrlicher, an, deutlicher zu verstehen, um was es sich *handelt,* wenn wir am Sonntag hier zusammenkommen, haben wieder einen gewissen Sinn bekommen

---

[9] Am 13. April schrieb Barth an Thurneysen: «Dazu eine Serie von Bolschewiki-Abenden im Arbeiterverein mit Betrachtungen über die Lenin'schen Vorder- und Hintergründe». Barths Manuskripte dazu werden in Abteilung III der Gesamtausgabe veröffentlicht werden.

für das *Neue*, Ewige, Umwälzende im Christentum, eine Offenheit für das eigentliche *Jesusleben*, um das es sich ja handelt, wenn das Göttliche zur Sprache kommt. Ist es das *Verdienst* der Gemeinde oder das Verdienst der Pfarrer, oder ist's nicht *Jesus selber*, der uns nötigt, in dieser neuen Weise von ihm zu reden und zu hören? Könnten wir es tun, wenn wir es nicht *müßten*, wenn es nicht in der *Luft läge*, in der offenen Bibel sowohl wie in der allgemeinen Weltlage, daß heute von Jesus, von den Gottesgedanken, Gottestaten und Gottesworten in Jesus wieder offen und freudig und dringlich geredet würde?

4. Daß es *nicht beim Reden bleibt*, dazu müssen wir nun freilich Sorge tragen. Wir wissen ja: *Reden an sich* hilft uns nichts. Reden an sich ist die *Verborgenheit* der Wahrheit, ist das *verschlossene* Grab, mit Siegeln verschlossen, von den Heiden bewacht. Reden an sich ist sogar *gefährlich*. Es hat schon oft solche hoffnungsvollen *Zeiten* gegeben wie die heutige, und dann wurde den Menschen das Reden so wichtig, daß sie die Hoffnung selbst vergaßen und den Fortgang der Bewegung vernachlässigten und die neue Erscheinung des Heilands unmöglich machten. Es kam jedenfalls schon dort bei den Jüngern am Abend des Ostertages *sehr darauf an,* wie und was sie von Jesus redeten. Wir hören ja, wie allerlei in ihnen war, was der Erscheinung des Auferstandenen stark *zuwider* war: Furcht und Schrecken und Gedanken, die in ihren Herzen aufstiegen, wie es heißt. *Wäre das alles noch stärker* in ihnen gewesen, etwa so wie jetzt auch bei uns, so wäre es auch dort beim bloßen Reden geblieben, und Jesus hätte nicht in ihre Mitte treten können. Es muß aber trotz Allem *etwas Offenes in ihnen* gewesen sein, das stärker war als ihre teilweise Verschlossenheit, und dieses Offene ermöglichte es Jesus, unter sie zu treten. Diese *Offenheit wieder zu bekommen*, wird die Hauptaufgabe für unsere Zeit sein, wenn es uns ernst ist mit unserem Reden von Jesus. *Nicht das Reden tut's,* sondern daß wir durch das Reden immer *merkiger*[10] und gelehriger werden für Jesus selbst, immer *bereiter*, empfänglicher, empfindlicher für sein bevorstehendes neues Auftreten, immer *erwartungsvoller* für seine Lebensoffenbarung. Ihr Reden von ihm kann uns darin sogar hindern und damit auch ihm selbst im Wege stehen, wenn wir nicht Sorge

---

[10] = aufmerksamer.

tragen. Wir müssen uns aber darüber klar sein, daß *die Vollendung des göttlichen Werkes* auf Erden durch die neue Erscheinung des Heilands zwar eine *plötzliche Tat* Gottes sein wird, die zur bestimmten Zeit eintreten wird, wenn Alles reif dazu ist, gerade wie die Auferstehung Jesu selbst. Sie wird aber uns nicht plötzlich zum Bewußtsein kommen, sondern *nach und nach* wird das neue Jesusleben, das von oben kommt auf den Wolken des Himmels, wie es im Neuen Testament heißt [vgl. Mk. 13,26 par.], sich auf der Erde geltend machen in Taten und Ereignissen, in Befreiungen und veränderten Verhältnissen. Jesus wird *nicht da oder dort* sein [vgl. Mk. 13,21 par.] wie etwa Calvin in Genf[11] oder Wilson in Paris[12], um seine Rolle zu spielen nach Menschenart. Sondern *hier und dort wird er sein* als lebendige, persönliche, göttliche und doch menschliche Macht, die die Menschen angreift, beunruhigt, erleuchtet und umgestaltet und ihr Leben damit. Bis sie alle so weit sind, daß sie ihn sehen können, wie er ist.|

Es wird also *Alles darauf ankommen, daß wir offen sind* zu merken, daß er selbst es ist, der da kommt in neuer Macht vom Himmel her. Dieser Offenheit stand schon damals viel im Wege und so erst recht bei uns. Die Jünger haben wohl etwas von ihm gesehen und gehört, aber sie *meinten, es sei ein Geist.* Sie hatten vielleicht schon etwas zu viel von ihm geredet und waren nun nur auf etwas *Geistiges* gefaßt, merkten nicht, daß es *ernst* wurde. Wie es etwa uns geht, wenn wir aus einer schönen *Predigt* nach Hause kommen und vor lauter Geist gar nicht merken, daß es nun ernst wird. Wo man *zu viele Worte* macht und sich zu sehr verliert und begeistert daran, verliert man leicht den *Geschmack* für das Wirkliche. Wir sind *heute ziemlich sehr in der Gefahr,* daß wir bei den vielen und schönen Worten, die wir jetzt haben, uns doch nur auf *etwas Geistiges* gefaßt machen, auf neue Gedanken, neue Theorien, eine neue Religion und wie diese Gespenster alle heißen.

---

[11] J. Calvin, im April 1538 vom Rat der Stadt ausgewiesen, folgte im September 1541 nach längerem Widerstreben den dringlichen Rufen der Genfer, die ihm mit weitgehenden Zusicherungen für die Gestaltung der Kirchenordnung entgegenkamen.
[12] Woodrow Wilson, von 1913 bis 1921 Präsident der USA, formulierte 1918 ein amerikanisches Friedensprogramm und war an der Abschwächung der französischen Forderungen im Versailler Friedensvertrag von 1919 wesentlich beteiligt.

Nicht umsonst redet heute schon das einfältigste Zeitungsblatt von dem neuen Geist, der jetzt nächstens kommen müsse. Wir könnten über diesen schönen geistigen Erwartungen leicht *die Hauptsache vergessen* und verkennen, die persönliche, lebendige Macht Jesu selbst, die sich da und dort, hier so, dort anders sichtbar und greifbar geltend machen wird, wenn es Zeit ist, und für die dann offene Augen und Ohren nötig sein werden. Vielleicht, daß *Jesus in seiner Herrlichkeit uns schon viel näher ist,* als wir denken. Als er am Abend des Ostertages unter seine Jünger trat, da zeigte er ihnen seine Hände und Füße, da aß er mit ihnen. Er wird auch zur Vollendung seines Werkes ebenso *menschlich, irdisch* und lebendig in unsere Mitte treten. Nicht als neuer Geist, sondern in lauter neuen *Lebenserscheinungen.* Gerade darin, daß er uns so leiblich, lebendig, wirklich, praktisch begegnen wird, wird er sich *unterscheiden* von den falschen Christussen, an denen es bis ans Ende nicht fehlen wird [vgl. Mk. 13,6 par.]. Selig sind, die dann *nicht an ihm vorbeisehen,* sondern ihn *suchen* dort, wo er zu finden ist. Denn *zu denen,* die dann *offen* sein werden, nicht nur für Gedanken und Religionen, sondern für seine wachsende Macht im Leben, wird er sagen und sagt es schon heute: Ich bin's selber!

Lieder:
Nr. 43 «Morgenglanz der Ewigkeit» von Chr. Knorr von Rosenroth, Strophen 1.4.5 (RG [1998] 572,1.4.5; EG 450,1.4.5)
Nr. 163 «Eine Herde und ein Hirt» von Fr. A. Krummacher, Strophen 2.5.6 (GERS [1952] 385,2.5.6; EKG 220,2.5.6)[13]

---

[13] Unter die Liednummern hat Barth mit Bleistift geschrieben: «162,2,8». Möglicherweise ließ er im Nachmittagsgottesdienst in Seon statt des Morgenliedes Nr. 43 das Lied Nr. 162 «Wach auf, du Geist der ersten Zeugen» von K. H. von Bogatzky und A. Knapp, Strophen 2 und 8 singen (RG [1998] 797,2.7; EG 241,2.8; jeweils mit Textabweichungen).

Epheser 1,1–14

Paulus, ein Apostel Jesu Christi durch den Willen Gottes, an die Heiligen in Ephesus und Gläubigen in Christo Jesu. Gnade sei mit euch und Friede von Gott, unserem Vater, und dem Herrn Jesu Christo.

Gelobt sei Gott, der Vater unseres Herrn Jesu Christi, der uns mit dem ganzen geistlichen Segen der himmlischen Welt gesegnet hat in Christo.

In ihm hat er uns erwählt, ehe der Welt Grund gelegt war, daß wir sollten sein heilig und untadelig in ihm. In Liebe hat er uns dazu ausersehen, daß wir durch Jesum Christum seine Kinder sein sollten nach dem Wohlgefallen seines Willens zum Lob der Herrlichkeit seiner Gnade, mit der er uns begnadigt hat in seinem Geliebten.

In ihm haben wir die Erlösung durch sein Blut, die Vergebung der Sünden nach dem Reichtum seiner Gnade, welche uns reichlich geschenkt ist als vollkommene Weisheit und Klugheit. Er hat uns wissen lassen das Geheimnis seines Willens, nach seinem Wohlgefallen zur Durchführung in der Fülle der Zeiten, wie er es sich vorgenommen, alle Dinge in Christo wieder zusammenzufassen, die himmlischen und die irdischen in ihm.

In ihm sind wir Erben geworden, wir, die wir dazu ausersehen waren nach dem Vorsatz dessen, der Alles nach seines Willens Ratschluß bewirkt, so daß wir zum Lob seiner Herrlichkeit zuerst auf Christum hoffen durften.

In ihm seid auch ihr, die ihr das Wort der Wahrheit gehört, das Evangelium von unserer Errettung, durch den Glauben an ihn versiegelt worden mit dem Geist der Verheißung, der das Angeld unseres Erbes ist, zur schließlichen Einlösung unseres Eigentums zum Lob seiner Herrlichkeit.

1. Das lebendige Wort Gottes und der lebendige Glaube an dieses Wort, sie bringen eine *Veränderung* in das Dasein der Menschen. Wir *können es nicht* in Gedanken ermessen und nicht in Worten ausspre-

---

[1] Der Epheserbrief war Barth in jenen Jahren besonders wichtig: 1918 versuchte er eine kursorische Lektüre mit seinen Konfirmanden (Bw. Th. I, S. 268); in seinem ersten Göttinger Semester 1921/1922 hielt er eine einstündige Vorlesung über Eph. 1–2 (Bw. Th. II, S. 741; vgl. Busch, S. 142). Über die Predigtreihe selbst schreibt Barth am 21.5.1919: «... es geht immer nur in den größten Linien zu, alle Sonntage eigentlich das gleiche, noch ausgesprochener, als wir es ohnehin tun. Die Exegese kostet mich viel Mühe, doch lohnen sich die breiten Flächen, die dabei sichtbar werden» (Bw. Th. I, S. 328).

chen, wie gründlich, wie weitgreifend, wie folgenschwer diese Veränderung ist. Wir können nur die Tatsache *entdecken* und anerkennen,
daß da eine Macht ist, die uns führt und bewegt und trägt, ohne daß
wir ein Ziel und eine Grenze zu sehen vermöchten. Wir können nur
dankbar *staunen* darüber, wie wir doch eigentlich alle von dieser
Macht getragen sind, und *Leid tragen* darüber, daß wir uns nicht noch
ganz anders, viel williger, freudiger, völliger von ihr tragen lassen. Wir
können nur *feststellen,* daß alle menschlichen Gedanken und Unternehmungen, Ideen und Revolutionen, so groß und radikal sie uns
erscheinen mögen, klein und harmlos und bescheiden sind gegenüber
der Veränderung, die durch diese Macht hervorgebracht wird. Wie
seltsam verkehrt unsere *gewöhnliche Auffassung* vom Leben! Wir *sehnen
uns ja alle* nach Veränderung unseres Daseins. Viel zu deutlich sehen
wir seine *Schranken,* seine Irrtümer, seine Rätsel, viel zu eng sind wir
alle von Haus aus *mit Gott* verbunden, als daß wir zufrieden sein
könnten mit dem, was jetzt ist. Aber nun sehen und *erwarten wir diese
Veränderung* so seltsam töricht und kurzsichtig und oberflächlich gerade da, wo es keine Veränderung gibt noch geben kann. Wir werden
älter. Wir lernen *neue Dinge* und Menschen kennen. Wir kommen
weiter in der Welt. Immer neue *Wünsche* tauchen in uns auf und werden erfüllt, ganz oder teilweise. Neue *Ideen* brausen durch die Welt
wie Sturmwind und reißen uns mit, dahin und dorthin. Das Bild der
Verhältnisse um uns her verändert sich nach und nach, aber unaufhaltsam, und so verändern wir selbst uns, unsere Meinungen, unsere
Empfindungen und Neigungen, unser Charakter und unser Weg.
Ein bunter, beweglicher *Strom* des Lebens aus tausend eilenden Wellen, in dem wir oft begeistert, oft mühsam schwimmen. Woher?
Wohin? Ist das das Leben, dieses Eilen und Fließen und Drängen und
Sich-Vorschieben[?] von der Wiege bis zum Sarge? *Ist das* die Verän-
derung, nach der wir uns sehnen? *Und das Wort Gottes?* Und der
Glaube? Wie seltsam diese Ausdrücke im Strom des Lebens! Wenn
das, was wir gewöhnlich das Leben nennen, der *Strom* ist, das Be-
wegliche, die Veränderung, ja dann ist offenbar das Wort Gottes das
Stillstehende, das Unbewegliche, das Tote, dann ist der Glaube die
Ruhe, der Aufenthalt, die Pause gleichsam, wo nichts geht, als daß
man ein wenig Kräfte sammelt zum neuen Weiterrennen, für neue
Entdeckungen und Entwicklungen. Ist es nicht so? Was halten wir

von der *Bibel*? Das alte, alte Buch, nicht wahr, dessen großer Vorzug darin besteht, daß es uns in Ruhe läßt, weil es mit der Zeit und dem Leben, das uns so müde macht, nichts zu tun hat. Was halten wir von unserem *Christentum*? Ein Ruhehafen[?], nicht wahr, in den alle die von Herzen gern einmünden, die des Treibens ganz oder vorläufig müde[2] geworden sind und die sich nach etwas Unbeweglichem sehnen. Was halten wir von der *Kirche*? Eine Anstalt für die Müden, die Enttäuschten, die Unbefriedigten und für die, die es morgen sein werden, eine kurze Station zur Beruhigung, die sich auch die Welt gern gefallen läßt, um nachher um so munterer ihren eigenen Gang weiterzugehen. *Ist's nicht so?* Ist das nicht die *allgemeine* Auffassung, so allgemein, daß wir fast unmöglich davon lassen können: hier *bei uns* das Leben, die Bewegung – dort bei Gott der Stillstand, der Tod. Kommt's nicht auf das heraus, was die berufensten *Vertreter* der Religion selbst von ihrer Sache sagen? Und ist's dann ein Wunder, wenn gerade die lebendigsten Menschen *keine Zeit*, keine Lust, kein Interesse haben für Bibel, Christentum und Kirche? Wir sind noch nicht müde, sagen sie, wir glauben noch an das Leben, später vielleicht, vielleicht auch nicht! *Wer will* sie verklagen? Wer ihnen Unrecht geben?

Aber *wie seltsam eigentlich,* daß der Mensch es fertig gebracht hat, die Dinge so vollständig auf den Kopf zu stellen! Es ist eben einfach nicht wahr, daß *das sogenannte Leben uns die Veränderung bringt,* die wir eigentlich meinen. Sie *fehlt uns,* wir sehnen uns nach ihr, darum müssen wir sie *suchen* auf tausend Wegen, und so gibt allerdings auch unser gewöhnliches Leben mit seiner Unruhe *Zeugnis* von ihrer Wahrheit. Aber wir sind immer wieder die *Geprellten,* wenn wir sie dort suchen, wo wir sie jetzt suchen. *Älter* werden heißt nicht anders werden. *Neue Erlebnisse* sind noch nicht neues Leben. *Weiterkommen* heißt noch nicht über das Jetzige hinauskommen. *Andere Gedanken* sind nicht das Gleiche wie andere Menschen. *Bessere Verhältnisse* sind darum noch nicht gesunde, glückliche, gerechte Verhältnisse. *Die Welt* ist groß, und die Heimat, die wir suchen, ist weit. *Die Schritte,* die wir in dieser Welt tun können, sind klein, und das ver-

---

[2] Vgl. J. W. von Goethe, «Wanderers Nachtlied»:
  Ach, ich bin des Treibens müde…

meintliche Fortschreiten in dieser Welt ist fast immer ein Fortschreiten im Kreis herum. *Das Beste* an unserem Streben und Bewegen ist unser guter Wille und unsere Sehnsucht selbst, nicht das, was wir erreichen wollen und erreichen. O *wer das einmal entdeckt hat:* Die Welt *steht still,* das Leben steht still, wir selbst stehen still, unser ganzes Arbeiten, Eifern, Denken[?] und Kämpfen ist ein großes Stillstehen. Es ist immer *das Gleiche* mit mir, mit dir, mit unserem Glück und Unglück, mit dem Lauf der Welt und unseres Lebens, heute, morgen, wie gestern, wie vor zehn oder tausend Jahren, wenn nicht – ja eben wenn da nicht etwas *Anderes* wäre, das Veränderung wirklich bringt, weil es Leben und Bewegung in sich selbst ist.|

Ja, wer das einmal entdeckt hat: unsere große Unruhe ist nur die Ruhe der *Ohnmacht,* unser Unfriede ist der Friede des *Friedhofs,* unser vermeintliches Leben ist *Tod,* wenn nicht ein *Anderes* dazukommt, das wir immer suchen und nie finden, weil wir es am falschen Ort suchen; wer das entdeckt hat, der hat etwas Großes entdeckt. Denn seht, auch das Zweite ist eben einfach nicht wahr, daß das *Göttliche das Unbewegliche,* das Stillstehende sei, der Ruhepunkt, zu dem man nur zurückkehrt, wenn's absolut *nicht mehr anders* geht, wenn man alles Anderen *überdrüssig* geworden ist. Ja, *so machen wir es* freilich, oder so wollen wir's doch machen, so versuchen wir Menschen immer wieder, Gottes Wort und den Glauben in etwas Träges, Totes zu verwandeln. Aber es *gelingt uns eben nicht,* sowenig es uns gelingt, in der Welt das Lebendige zu finden, nach dem wir hungern und dürsten. Das hat schon Mancher fast zu seinem Schaden *erfahren müssen,* wenn er im Ernst anfing, Gott zu suchen. Er *suchte Ruhe,* und siehe, nun kam eine Unruhe über ihn, gegen die alle Unruhe der Welt Kinderspiel ist. Er öffnete die alte, *alte Bibel,* und siehe, ihm begegnete darin das Neueste vom Neuen. Er wollte ganz gemächlich *ein Christ sein,* und siehe, das Christentum wurde ihm zu einem Angriff gegen ihn selbst, aber auch gegen die menschliche Gesellschaft, wie sie jetzt ist, gegen die Gerechtigkeit, die jetzt so heißt, gegen den Frieden, den man jetzt so nennt; zu einem Angriff, der ihn stärker erschütterte als Alles, was er an Veränderungen, Zweifeln, Umwälzungen und Neuerungen im sogenannten Leben der Welt vorher erlebt hatte. Er hatte sich schon *damit abgefunden:* es ist immer das Gleiche und bleibt immer das Gleiche, abgefunden damit, daß das

Leben den Menschen müde macht und nicht frisch, abgefunden mit
der Sünde und dem Leid der Menschen, abgefunden mit sich selber,
abgefunden mit dem Tod, und als er Gott begegnete, da wurde
ihm zum ersten Mal ganz klar: Nein, es bleibt gerade nicht alles gleich,
sondern es gibt einen Fortschritt, eine Erneuerung, eine Umkehrung
aller Dinge, eine Veränderung vor Allem der Menschen selbst in
einem Maß, daß auch unsere kühnsten Erwartungen und Hoffnungen
dahinter zurückbleiben.|

Das ist dann *die zweite, noch größere Entdeckung,* wenn Einer das
entdeckt: *die Welt* steht still, aber das Christentum ist eigentlich der
Triumph des ungeahntesten, kühnsten Fortschritts. *Das Leben* da
draußen am Werktag mag ruhig und gelassen und dumpf sein, aber
was uns hier in der Kirche bewegt – wenn es uns bewegt – das ist
Feuer, Sturm, Erdbeben. Zeitung – Bibel[3]. Es gibt nichts Bewegteres
als einen Menschen, der mit Paulus sagen kann: *Durch den Willen
Gottes bin ich,* was ich bin. Es gibt nichts Stärkeres zu sagen als das
alte, scheinbar so kühle[?] und lahme Wort: *Gnade sei mit euch* [und
Friede von Gott, unserem Vater, und dem Herrn Jesus Christus!]. Es
gibt nichts, was das Leben eines Menschen stärker angreifen und beeinflussen könnte, als wenn er zu der Erkenntnis kommt: *Gott hat
mich erwählt,* ehe der Welt Grund gelegt war! *Erlösung durch das Blut
Christi,* Vergebung der Sünden, die vollkommene Weisheit und Klugheit, die Gott gibt, seht, das *ist sie* eigentlich, die große Veränderung,
nach der wir suchen, ohne sie zu finden; wir müßten es nur wieder
merken, daß es das ist. Die *Wieder-Zusammenfassung aller* jetzt zer-
sprengten, zerrissenen und zerstreuten Dinge in Christus, das ist's,
was *wir meinen,* wenn wir träumen von einem vollkommenen Leben,
gesunden Seelen in gesunden Körpern[4], von einer Ordnung und Vernunft, die unser Dasein bekommen müßte, vom Himmel, der auf die
Erde kommen, und von der Erde, die ins Licht des Himmels treten
sollte; wir müßten es nur wieder merken, daß wir tatsächlich das meinen. Wir Menschen *Erben einer erneuerten Welt,* Erben, die doch
schon einen Anfang, ein Angeld ihres Erbes empfangen haben, den

---

[3] Die beiden Stichworte stehen am unteren Rand des Mskr.-blatts und sind
durch ein Zeichen hierher verwiesen.
[4] Vgl. das auf Juvenal zurückgehende Sprichwort «mens sana in corpore
sano» (Büchmann, S. 581).

heiligen Geist, in dem tatsächlich schon etwas, wenn auch vielleicht noch sehr, sehr wenig neu geworden ist, seht *darum*, weil wir eine solche Hoffnung haben und ein solches Unterpfand, müssen wir so unruhig fragen und drängen und suchen, gerade in unserer Zeit, nach einer besseren Zukunft, allen Zweifeln und Bedenken, allen unseren eigenen Fehlern und Irrtümern zum Trotz. Wenn wir uns nur selbst verstehen würden, verstehen würden, daß *Gottes* Reich das ist, was wir eigentlich erhoffen. Wir *müssen es einmal verstehen*. Denn solange wir es nicht verstehen, kann es auch nicht in Erfüllung gehen. Unterdessen steht Gott doch auch schon hinter unserer Unruhe und Sehnsucht, *bereit*, unendlich bereit, uns zu segnen mit dem ganzen geistlichen Segen der himmlischen Welt. Der geistliche Segen ist das *neue Leben*, das uns zuteil werden soll. Die himmlische Welt ist die *neue Welt*, die unter uns erscheinen will. O nein, *Gott ist nicht der Unbewegliche, der Stillstand*. Wer es so auffaßt, der *kennt ihn nur noch nicht*, versteht sich selbst noch nicht recht. Das muß auf einer *Verwechslung* beruhen von Gott und Tod. Dem Tod ist aber die *Macht genommen* [vgl. 2. Tim. 1,10], wo Gott das Wort ergreift und Glauben findet. Von Gott her ist Alles *in Fluß* und Bewegung. Gott ist immer und in Ewigkeit der *Schöpfer*, immer und in Ewigkeit der, der spricht: Siehe, ich mache Alles neu! [Apk. 21,5], und was aus Gott geboren ist, das *überwindet* die Welt [1. Joh. 5,4]. Und sein Reich steht nicht, sondern es *kommt* [vgl. Mt. 6,10 par.].

2. Veränderung durch das lebendige Wort Gottes und durch den lebendigen Glauben – *das ist das Evangelium*. Wir haben aus unserem Text gehört, wie Paulus sich gar nicht genug tun konnte, diese Veränderung nach allen Seiten zu *entfalten* und ans Licht zu stellen. Wenn man sich Alles genau überlegt, so sieht man, daß er *kein Wort zu viel* gesagt hat. Es hat Alles seinen Sinn und seine Beziehung zur *Hauptsache*. Von dieser Hauptsache aber kann man gar nicht zu viel sagen. Es würde uns zu weit führen, ihm heute ins Einzelne zu folgen. Es ist schließlich auch Alles, was er uns zu sagen hat, kurz und bündig und einfach *enthalten* in den beiden immer wiederholten Wörtlein: *in ihm*. In ihm, in Christus, will er sagen, ist die Veränderung. Wir müssen nur Christus anschauen, dann können wir *Gott nicht mehr* mit dem Tod verwechseln, dann *erkennen wir ihn* als den Lebendigen, den

Schöpfer, den Beweger. *Christus spricht* das lebendige Wort und *weckt* den lebendigen Glauben. Gott selbst ist's, der da in der Fülle der Zeiten, als es genug war des Stillstands und des Friedhofswesens in der Menschheit, *zur Tat geschritten* ist. Diese Gottestat war *Jesus*, der Menschensohn und Gottessohn, sein Leben, sein Sterben, sein Auferstehen von den Toten. In ihm hat er uns *gesegnet* und will er uns segnen mit dem ganzen geistlichen Segen der himmlischen Welt. *Die Veränderung,* die uns widerfährt, wenn wir durch ihn das Wort der Wahrheit hören und durch ihn zum Glauben erweckt werden, ist so gründlich als möglich. Wir bekommen einen *neuen Boden* unter die Füße. Nicht wir sind's, die unser Leben machen. Nicht die anderen Menschen können uns beeinflussen. Nicht die Verhältnisse können uns bestimmen. Die ganze jetzige Welt versinkt und mit ihr unser Hochmut und unsere Angst. Gott allein bleibt übrig. Er allein ist's, der uns nach seinem freien Wohlgefallen erwählt und beruft und macht zu dem, was wir sind. Wir kommen unter eine *neue Ordnung.* Nicht uns selbst gehören wir, Gott sind wir geheiligt. Nicht nach unseren Begriffen können wir die Welt verstehen, Gott gibt uns die Weisheit dazu und die Klugheit, uns danach zu richten. Nicht wir selbst können uns sicher und gewiß machen, Gott versiegelt uns durch seinen Geist, daß wir im Bund mit ihm stehen. Wir bekommen ein *neues Ziel.* Nicht die Welt haben wir zu verbessern. Nicht den Menschen haben wir zu dienen und zu helfen. Nicht wir selbst können unser Lebenszweck sein, auch nicht unsere Heiligung und Seligkeit. Wohl aber muß Alles, was an uns und durch uns geschieht, geschehen zum Lobe seiner Herrlichkeit. Wir leben zur Ehre Gottes. Das ist *der neue Mensch* in ihm, in Christus. Dieser neue Mensch verändert Alles. Vor ihm ist nichts sicher. Er fürchtet nichts, er kann Alles. Er macht Alles neu im Himmel und auf Erden. Dieser neue Mensch ist *Christus selbst.* Wir sind es *auch,* sofern wir Christus hören und ihm glauben. Wir sprechen also *die große Frage und die große Antwort* unseres Lebens aus, wenn wir es wagen, diese zwei Wörtlein: in ihm, in Christus, der Bibel nachzusprechen. Die große *Antwort,* denn nicht wahr, wir hören ja, wir glauben ja, wer wollte denn das Gegenteil von sich sagen? Aber auch die große *Frage,* denn nicht wahr, das fragt sich doch alle Tage wieder, ob wir wirklich hören und glauben, was Christus uns von Gott und seiner Welt zu sagen hat. Wir sprechen diese zwei Wörtlein nach: in ihm, in Christus, und *sprechen damit* aus, was wir sind und nicht sind, haben und nicht haben, unseren Reichtum und unseren Mangel, unsere Gegenwart und unsere Zukunft. Wir können doch *nichts Besseres* tun, als diese zwei Wörtlein «in ihm» dankbar und demütig nachsprechen und Alles, was sie enthalten, aufmerksam und aufrichtig nachdenken, immer mit dem Willen und der Sehnsucht, Ja dazu zu sagen: Ja, der neue Mensch *in ihm* – und *wir auch* neue Menschen in ihm – und *durch* den neuen Menschen in ihm und in uns der ganze Segen der himmlischen Welt in unser Leben hinein! Durch solches Jasagen werden die zwei Wörtlein und ihr Inhalt allmählich *wahr*. Paulus selbst hat es ja nicht anders gemeint, als daß sie allmählich wahr werden müssen im Leben der Christen und der Christenheit. Aber das darf uns *nicht beruhigen* darüber, daß sie an uns so unendlich langsam wahr werden. Das muß uns auffordern, viel ernster zu hören, viel williger zu glauben als bisher. Es muß auch in uns etwas *beweglich* werden, wenn wir verstanden haben, was für ein großer Beweger aller Dinge Gott ist in Christus. Also, Mensch Gottes, muß uns das sagen, Gott *wartet,* du aber mußt *eilen*[5]. Laß wahr werden, was wahr ist.

Lieder:
Nr. 12 «Womit soll ich dich wohl loben» von L. A. Gotter, Strophen 1.2.6 (RG [1998] 727,1.2.5 mit Textabweichungen in Str. 5)
Nr. 190 «Walte, walte nah und fern, allgewaltig Wort des Herrn» von J. Fr. Bahnmaier, Strophen 1–5 (RG [1998] 257,1–5)

---

[5] Vgl. 2. Petr. 3,12. Die «immerwährende Bewegung zwischen Warten und Eilen» bezeichnete Barth als «Blumhardts Geheimnis» (*Vergangenheit und Zukunft. Friedrich Naumann und Christoph Blumhardt* [1919], in: Anfänge I, S. 48).

Epheser 1,15–23

Darum, nachdem ich vernommen von dem bei euch vorhandenen
Glauben an den Herrn Jesus und von eurer Liebe zu allen Heiligen,
höre ich nicht auf, zu danken für euch und euer zu gedenken in meinen
Gebeten, daß der Vater unseres Herrn Jesu Christi, der Vater der
Herrlichkeit, euch gebe den Geist der Weisheit und der Offenbarung
in der Erkenntnis Gottes, die Erleuchtung der Augen eures Herzens,
daß ihr wisset, was für eine Hoffnung euch durch seine Berufung ge-
geben ist, was der Reichtum der Herrlichkeit seines Erbes ist für seine
Heiligen und was es ist um die überwältigende Größe seiner Kraft für
uns, die wir glauben, in der Betätigung der Macht seiner Stärke.
   Diese hat er betätigt an Christus, indem er ihn von den Toten auf-
erweckte und ihn zu seiner Rechten setzte in der himmlischen Welt
über allen Ursprüngen und Gewalten und Kräften und Herrschaften
und über Alles, was nur einen Namen haben kann nicht nur in dieser,
sondern auch in der zukünftigen Welt, und hat ihm Alles zu Füßen
gelegt und hat ihn als Haupt über Alles der Gemeinde gegeben, welche
sein Leib ist, die Erfüllung dessen, der selbst Alles in Allen erfüllt.

1. Gott lebt. Und Gott ist's, der regiert.[1] Das ist *keine religiöse Be-*
hauptung. Kein Glaubenssatz. Keine kirchliche Lehre. Das ist die
Wahrheit, die allen menschlichen Anschauungen von Gott und vom
Leben schon vorausgeht. Man kann sie weder beweisen noch widerlegen. Wer einen menschlichen Gedanken von Gott *beweisen* und
begründen will, stützt sich immer schon auf die Wahrheit Gottes
selbst. Was Wahres daran ist, das ist wahr, weil Gott selbst lebt. Es gibt
keinen ehrlichen Glauben ohne Gott selbst. Und wer einen solchen
menschlichen Gedanken von Gott *widerlegen* und zunichte machen
will[?], was ja auch manchmal nötig ist, stützt sich auch auf die Wahrheit Gottes. Er kämpft gegen die Unwahrheit, weil Gott selbst lebt. Es
gibt auch keinen ehrlichen Unglauben ohne Gott selbst. Gott selbst ist
immer der *Anfang.* Wenn man das merkt, wird man *ruhig* und zuver-
sichtlich gegenüber der Verschiedenheit der menschlichen Gedanken.
Sie können Gott nichts anhaben. Denn sie wären gar nicht da ohne
Gott. Man wird aber auch *demütig* und vorsichtig. Gott ist immer

---

[1] «Gott ist's, der regiert» von S. Wolf (1752–1810) nach Psalm 97 (GERS
[1891] 22; GERS [1952] 24).

noch größer als das Wahrste, was wir von ihm denken können. Was echt und ehrlich ist in unseren Gedanken, das hat Gott selbst zum Anfänger. Wir können nicht ohne Gott denken. Wir können nur fortsetzen und weiter bauen auf dem gelegten Grunde. Dem Anfänger allein gebührt die Ehre.

2. Die *Welt hat kein eigenes Leben*, ohne Gott, getrennt von Gott. Es ist immer schon unsere eigene *Verkehrtheit*, Unvorsichtigkeit und Stümperhaftigkeit, wenn uns Beides so *auseinanderfällt:* Gott und die Welt, wenn wir Gott *nicht mehr begreifen* als den Schöpfer und Erlöser der Welt, sondern nur noch als fernes, hohes Gedankenwesen, wenn wir uns *die Welt erklären* ohne Gott, durch allerlei tote Begriffe wie die Natur, das Schicksal, die Geschichte, das Leben, statt zu erkennen, daß nicht viele Namen, sondern nur ein Name über Allem ist. Die Welt ist durch Gott und in Gott, von Gott her und zu Gott hin [vgl. Röm. 11,36]. Er ist das Leben ihres Lebens, die Kraft ihrer Kräfte, der Grund ihrer Gründe. Was wir sonst sagen können, sagen wir nur, weil wir *zuerst Gott gesagt* haben. Wir sagen immer zuerst Gott, ob wir's wissen oder nicht wissen, wollen oder nicht wollen. Wenn wir nachher so anders fortfahren und die Welt und das Leben ansehen, als ob Gott nicht wäre, nicht lebte und regiere, so *verstehen wir uns selbst falsch,* werden uns selbst untreu. Wir haben dann die Folgen zu tragen, und es sind bitter schmerzliche Folgen, aber die Wahrheit, die am Anfang steht, heben wir damit nicht auf, ihr können wir damit nichts antun, sie ist dann eben ohne uns Wahrheit. *Heidentum,* Götzendienst, Gottlosigkeit, Weltsinn sind schlimme Finsternis, aber auch die Finsternis gibt Zeugnis dem Lichte; denn ohne Licht wäre keine Finsternis. *Sünde* ist Abfall, und es ist schaurig[?] wahr, daß wir im Großen und Kleinen immer wieder abfallen von der Wahrheit in die Lüge, von der Kraft in die Schwachheit, von der Liebe in die Kälte, aber indem wir abfallen vom Leben, geben wir Zeugnis, daß wir einst im Leben gestanden sind. Das *Leid* des Lebens bringt uns hart zum Bewußtsein, wie verkehrt unser Zustand ist, aber indem wir leiden, seufzen, klagen, uns nicht ergeben können und wollen, anerkennen wir, daß es etwas Unverkehrtes gibt, daß das Leid nicht unser Anfang ist, sondern eine verkehrte, unrechtmäßige Folge. *Der Tod,* der ans Ende unseres Lebens ein großes Nichts setzt, ist darum so

finster und unerklärlich, weil nur das Leben, der Sinn, die Ewigkeit klar ist und klar sein kann. Für das Nichts aber, für die Auflösung, für die Verwüstung haben wir von Haus aus keinen Begriff, kein Verständnis; nur mit größter Mühe können wir uns an den Gedanken gewöhnen, daß es wirklich aus sein soll mit uns. Nie wird es uns ganz gelingen, uns damit auszusöhnen; wir haben eben immer im Anfang Gott gesagt. Das Geheimnis des Lebens besteht nicht darin, ob es einen Gott gibt über der Welt und den Menschen. Diese Frage ist *entschieden,* bevor sie aufgeworfen ist. Gott selbst ist *nicht geheimnisvoll,* nicht verborgen, nicht tief. In ihm *leben,* weben und sind wir [Act. 17,28]. – Aber geheimnisvoll ist die Frage, wie wir *zu Gott stehen,* wie wir *fortfahren* mit dem, was sowieso unser Anfang ist, ob wir zu Gott *Nein oder Ja* sagen. Nein heißt Heidentum, Sünde, Leid und endlich Tod. Ja heißt Wahrheit, Friede und Freude, ewiges Leben. An Gott entscheidet es sich *immer,* das Geheimnis besteht darin, *wie* es sich entscheiden soll, *was* wir von Gott ergreifen und erfahren wollen.

3. Aber *nicht wir sind's,* die Gott *erwählen,* sondern er ist's, der uns erwählt zur Wahrheit und zum Leben. *Nicht er tritt* auf unseren guten Weg, sondern wir müssen auf seinen Weg treten. *Nicht in uns liegt* die Sicherheit des guten Weges, sondern in ihm. *Nicht wir können uns* bewegen auf diesem Weg, wir können uns nur leiten lassen von ihm. – Wir *sind* nur, weil Gott ist. Wir *leben* nur, weil wir in ihm leben. Wir können nur *Ja sagen* zu seiner Regierung. Er ist immer der *Erste,* nicht nur einmal, sondern immer wieder. – Ein *eigenes Sein,* Leben und Leiten des Menschen ist schon der Irrtum, die Verkehrtheit. Gerade damit werden wir uns selbst untreu, verstehen wir uns selbst falsch, daß wir *selbst etwas machen* wollen, statt immer wieder zuerst Gott zu sagen. – Wir können nicht ernst genug machen damit, daß *Gott unser Anfang* ist. An dem Tag, wo Gott *uns nicht neu* ist, wo wir bereits eine Sicherheit und Gewöhnung Gott gegenüber in uns selbst haben, ein «Ich weiß schon», «Ich bin schon», «Ich habe schon», an dem Tag irren wir uns an Gott und verkehren die Wahrheit in Ungerechtigkeit [vgl. Röm. 1,18]. Darum das Merkwürdige in unserem Text, daß Paulus den Ephesern schreibt, *er danke* Gott unablässig für ihren Glauben und ihre Liebe, und dann doch fortfährt: ich gedenke euer in meinem Gebet, daß der Vater [der Herrlichkeit] *euch gebe* den Geist der Weisheit und der Offenbarung in der Erkenntnis Gottes, als ob ihr Glaube und ihre Liebe noch *gar nichts* wären, als ob ihnen die Hauptsache noch *fehle,* als ob zu dem Großen und Schönen, das sie schon hätten, noch etwas ganz *Anderes,* Neues hinzukommen müsse. Und gerade das meint er in der Tat. Paulus hat eben *Gott verstanden.* Ein *Pfarrer* von heutzutage würde wahrscheinlich gesagt haben: euer Glaube und eure Liebe müssen noch wachsen, noch mehr und immer noch mehr Glauben und Liebe müßt ihr haben, weiter und weiter müßt ihr gehen auf dem eingeschlagenen guten Weg, noch viel inniger, eifriger, ernster und tätiger müßt ihr werden! So sind wir's gewöhnt aus tausend Predigten und Andachtsschriften. So redet man auch außerhalb der Kirche: noch ernster muß man's nehmen mit seinen Pflichten, noch geduldiger im stillen Tragen des Leides, noch mehr Aufklärung müssen wir bekommen, noch mehr Fortschritte erzielen. *Paulus aber* freut sich zwar über das, was schon da ist an Göttlichem in seinen Freunden, dann aber stellt er es doch ganz deutlich auf die Seite, redet nicht mehr davon, schlägt einen ganz neuen, feierlichen Ton an von *Gott, dem Vater* [der Herrlichkeit], als ob sie, die guten Christen in Ephesus, das zum ersten Male hörten, sagt kein Wort von: noch mehr!, sondern verweist sie auf etwas ganz Neues und Anderes, auf etwas, das von einer ganz anderen Seite komme als ihr Glaube und ihre Liebe, auf einen neuen Anfang. *Das Vorwärts,* das er ihnen offenbar zurufen will, heißt nicht: vorwärts auf eurem guten Weg!, sondern: vorwärts von Gott her! Er ermahnt sie nicht im Christentum, wie wir uns immer ermahnen und ermahnen lassen wollen in dem, was wir in uns selbst sind und von uns aus denken und treiben. Er sagt ihnen: ich gedenke euer in meinem Gebet, er *betet für sie* um das, was nur Gott selbst von sich aus tun kann. Er sagt ihnen nicht: denkt etwas! tut etwas!, sondern er stellt sie vor die Tatsache, daß ihnen etwas *gegeben werden könne* und müsse. Dieses Gegebenwerden, um das man nur beten kann, ist *das Neue.* Hier fängt Paulus an, von Gott zu reden. Euer Glaube und eure Liebe ist jetzt schon das Alte. Es ist euer eigener Glaube und eure eigene Liebe. Gottes Güte habt ihr dieses Eigene zu verdanken, gewiß. Aber Gottes Güte ist alle Morgen neu [vgl. Klagel. 3,22f.]. Bleibt nicht dabei stehen. Gott ist ein Gott von heute. Heute müßt ihr seine Stimme hören [vgl. Ps. 95,7]. *Der Geist* in der Erkenntnis Gottes, das ist's!|

Der Geist ist das Göttliche. Der Geist ist aber nicht euer Geist, sondern Gottes Geist, Gottes eigene Macht, Gottes eigener Weg, Gottes eigenes Ziel, Gottes eigenes Reich. Mit Gott wird's dann ernst, wenn der Mensch über sein Eigenes hinauskommt, und das ist auch für den gläubigsten und liebevollsten Menschen das Neueste vom Neuen. Ein *Geist der Weisheit* ist dieser Geist, weil er uns unterscheiden lehrt, unerbittlich zurückstellen das Menschliche hinter dem Göttlichen. Und ein *Geist der Offenbarung,* weil er uns ein Zutrauen gibt, uns die Sinne öffnet für das Göttliche, das sich alle Tage gerade im Menschlichen zeigen kann. *Erkannt* will Gott sein, erfaßt als der, der noch nicht von uns erfaßt ist, ein Schritt will getan sein von ihm zu uns, immer neue Schritte. *Erleuchtet* müssen die Augen unseres Herzens werden durch das Licht selbst, denn was sind Augen ohne Licht? Das Licht ist zuerst und dann die Augen! So rückt Paulus *Gott selbst* in den Vordergrund, seine Erwählung, seine Schöpfung, seine Größe und Barmherzigkeit. Was wir schon verstanden haben, was wir schon glauben und wissen, tun und denken, sind und haben, das ist noch nicht Gott, ist heute nicht mehr Gott. Gott ist der, der alle Morgen zu uns sagt: *Ich, ich allein,* nicht ihr! Was wir sind, das fließt aus diesem: Ich allein! Was wir sein werden, das muß wieder aus dieser Quelle fließen.

Paulus würde auch in der heutigen Zeit und zu uns nicht anders reden. Wir können auch heute aufrichtigerweise nichts Anderes in der Bibel finden als diesen dringenden Hinweis auf Gott selbst. Ich glaube *nicht, daß Paulus viel auszusetzen hätte* an unserem Glauben und unserer Liebe. Er würde wahrscheinlich viel mehr davon sehen als wir, viel mehr Echtes, Schönes, Wirksames, Lebendiges. Er würde wie damals Gott danken dafür. Er würde wahrscheinlich zu uns sagen, euer *Christentum,* eure Kirche, eure Frömmigkeit, auch eure sonstige *Haltung,* eure Moral und fortschrittliche Gesinnung ist ganz recht. Eure *Predigten* und euer Schulwesen und eure Fürsorgetätigkeiten, eure *Gemeinschaften* und eure Heilsarmee, euer *Genossenschaftswesen* und euer Sozialismus, das soll einmal klar anerkannt sein im Lichte des Gottes, der von niemand mehr verlangt, als er sein und geben kann. Es ist ja in dem allem viel Ernstes und Gutes. Gott sei gelobt dafür! Paulus hätte aber sicher *gegen uns,* daß wir eigentlich *stecken geblieben* sind in dem allem, statt darüber hinauszuschauen, uns darüber hinausführen zu lassen. Er hätte an uns *auszusetzen*, daß wir noch so befangen sind in der Meinung, wir bräuchten nun bloß immer noch ein wenig *weiterzukommen* in diesem Eigenen, Menschlichen von gestern her. Er hätte *uns zu fragen*, ob wir noch nicht gemerkt haben, daß Gott ein *Gott von heute* ist, ob wir noch nicht verstanden haben, daß unser Glaube und unsere Liebe von gestern, wenn es dabei bleibt, *endigen muß* mit Weltkrieg, mit Revolution, mit Friedenskonferenzen, die besser Unfriedenskonferenzen heißen würden[2], ob es uns noch nicht aufgegangen ist, daß das beste und edelste Wollen und Laufen des Menschen *nicht auf dem guten Weg bleiben kann* ohne die Erleuchtung der Augen unseres Herzens, die von der anderen Seite, von Gott selbst herkommt. Paulus würde *staunen* darüber, daß wir nicht mehr Bedürfnis und Freiheit und Lust haben, nach Gott selbst zu fragen, nach dem Geist der Weisheit und der Offenbarung, nach diesem Neuen, Anderen, von Gott uns zu Gebenden, durch das allein unser Glaube und unsere Liebe hoffnungsvoll, fruchtbar, zukunftsreif werden könnte. *Wißt ihr denn*, würde er uns fragen, was für eine Hoffnung euch durch Gottes Berufung gegeben ist, was der Reichtum der Herrlichkeit seines Erbes ist und was es ist um die überwältigende Größe seiner Kraft für uns, die wir glauben? *Wenn ihr's wißt*, warum *merkt* man euch nicht mehr an davon, noch in der Kirche und noch in den Kapellen, noch Gotteskindern und noch christlichen Weltkindern[3]? *Warum seid ihr* dann trotz allem Christentum so kühl, so unfroh, so unsicher, so unentschlossen, so eng, so trostlos? Warum *leistet* euer Christentum nicht mehr in der dunklen Welt? *Wenn ihr's aber nicht wißt*, warum merkt ihr nicht, was fehlt?, warum bleibt ihr so hartnäckig auf den alten Geleisen? Warum laßt ihr euch nicht weiterführen? Warum fragt ihr nicht ganz anders, viel hungriger und durstiger, viel ernster und aufrichtiger nach Gott selbst, nach dem leben-

[2] Die sogenannten Pariser Friedensverträge mit Deutschland (28.6.1919), Österreich (10.9.1919), Bulgarien, Ungarn und der Türkei verdienen den Namen «Verträge» nicht, weil die Verlierer von den Verhandlungen ausgeschlossen und die Bedingungen ihnen diktiert wurden.
[3] = weder in der Kirche noch in den Kapellen, weder [bei] Gotteskindern noch [bei] christlichen Weltkindern.

digen Anfang des Lebens, der das [?] Einzige wäre, was euch heute helfen könnte? Paulus würde auch für uns *um Erkenntnis bitten.* Denn von Gott selbst her muß es auch heute kommen, wenn Gott selbst wieder verstanden werden soll.

4. Es ist im Grund also *auch das kein Geheimnis,* ob es sich an Gott zum Ja oder zum Nein, zum Leben oder zum Tod entscheiden soll für die Welt und den Menschen, ob die Regierung Gottes uns zum Segen oder zum Fluch, zur Gnade oder zum Gericht ausschlagen soll. Die Frage kann für soundsoviel Menschen *in Dunkel gehüllt* sein, man kann aber die Augen dafür bekommen, daß sie beantwortet ist. Der gute Weg kann im Einzelnen *millionenfach verfehlt* werden, im Ganzen ist er eröffnet und gangbar. *Sonst hätte Paulus nicht* um Erkenntnis beten können für seine Freunde. Was man selber gar nicht kennt, darum kann man auch für Andere nicht bitten. Paulus kannte aber Christus. Wir spüren es seinen Worten noch heute an, daß Christus kennen etwas ganz Unermeßliches bedeutet. Christus ist *mehr als Glaube und Liebe,* mehr als Christentum und Fortschritt. Christus ist *das große Vorwärts* von Gott her. Christus ist *die Entscheidung* für den guten Weg, Gottes eigene Entscheidung. Christus ist das Ja, das Gott selbst gesprochen auf die Frage, ob die Welt und der Mensch Gnade und Segen von ihm empfangen sollen oder nicht. In Christus ist *die Betätigung der Stärke Gottes.* Gott ist kein bloßer Gedanke, nicht nur die letzte Einheit, der Hintergrund der Welt. Gott ist stark, er hat eine Kraft und braucht sie. Er tut etwas. Es gibt eine Geschichte Gottes. Es ist ein Entschluß in Gott, und dieser Entschluß bricht hervor, ist hervorgebrochen. Gott steht nicht über den Parteien zwischen Leben und Tod, er hat Partei ergriffen. Das Licht ist mehr als die Finsternis. Das Gute ist größer als das Böse. *In Christus ist aber auch der Sieg Gottes.* Ihm ist durch seine Auferweckung von den Toten eine Einführung in die himmlische Welt widerfahren, die unserer ganzen jetzigen Welt zu Gute kommt. In ihm hat es Gottes Kraft über alle widerstrebenden Kräfte gewonnen, und dieses Gewinnen macht sich weiter geltend unter uns. Durch ihn haben Sünde, Leid und Tod eine Widerlegung bekommen, die nicht mehr vergessen werden kann. Christus ist *der Anfang einer neuen Menschheit.* Wir sind jetzt schon erwählt, neu geschaffen, erlöst in ihm. Gott selbst ist in ihm herein-

getreten unter uns. Er bleibt nicht allein, er zieht uns hinein in das große göttliche Ja und Vorwärts. Er das Haupt und wir die Glieder[4]. Er der, der uns erfüllen will und kann, wir, die von ihm erfüllt werden sollen. Wir sind seine Gemeinde, aber nicht nur wir, Viele, Alle. Niemand ist draußen. Wir können zu niemand mehr Nein sagen, nachdem Gott in Christus Ja zu uns gesagt hat. Das ist die Wahrheit unseres Lebens. Verborgen und doch nicht verborgen. Die Erkenntnis, die uns fehlt und doch nicht ganz fehlt, ist die *Erkenntnis des Heilands*. Sofern sie uns nicht ganz fehlt, müssen wir mit Paulus helfen, füreinander *zu beten*. Sofern sie uns fehlt, müssen wir uns wenigstens *offen halten*, daß das Gebet Anderer für uns nicht vergeblich sei. Es handelt sich bei der Erkenntnis Gottes um ein ständiges Tragen und Getragenwerden unter den Christen. Wenn wir treu sind darin, kann es nicht vergeblich sein.

Lieder:

Nr. 20 «Singt, singt Jehovah neue Lieder», nach älteren Übertragungen zu Psalm 98, Strophen 1.2.4 (RG [1998] 55,1.2.4 «Singt, singt dem Herren neue Lieder»; ebenso EG 286,1.2)

Nr. 161 «Herz und Herz vereint zusammen» von N. L. von Zinzendorf / Chr. Gregor und A. Knapp, Strophen 4.5 (RG [1998] 793,4.6; EG 251,4.5)

---

[4] «Er das Haupt, wir seine Glieder»: aus der 1. Strophe des nach der Predigt gesungenen Liedes (s. Liedangaben).

Epheser 2,1–10

Auch ihr waret tot in euren Übertretungen und Sünden, in welchen ihr einst gewandelt seid nach dem Lauf dieser Welt, nach dem Fürsten, der in der Luft herrscht, nämlich nach dem Geist, der zu dieser Zeit sein Werk treibt in den Kindern des Ungehorsams. Unter welchen auch wir a l l e einst unsern Wandel gehabt haben in den Lüsten des Fleisches und taten den Willen des Fleisches und der Vernunft und waren auch Kinder des Zorns von Natur, gleichwie auch die anderen.

G o t t aber, der da reich ist an Barmherzigkeit, hat uns – um seiner großen Liebe willen, mit der er uns liebt, o b w o h l wir tot waren in den Übertretungen – s a m t Christo lebendig gemacht (durch Gnade seid ihr gerettet!) und hat uns s a m t ihm auferweckt und s a m t ihm in die himmlische Welt versetzt in Christo Jesu, auf daß er erzeigte in den zukünftigen Zeiten den überschwenglichen Reichtum seiner Güte gegen uns in Christo Jesu.

Denn aus G n a d e seid ihr gerettet worden durch den Glauben – und dasselbige nicht aus e u c h : G o t t e s Gabe ist es – nicht aus Werken, auf daß sich nicht jemand rühme. Denn wir sind s e i n Werk, geschaffen in Christo Jesu zu guten Werken, welche Gott zuvor bereitet hat, daß wir darin wandeln sollen.

1. Wir sind umschlossen, geführt, getragen und bewegt von einer Gottesmacht. «Von allen Seiten umgibst du mich und hältst deine Hand über mir» [Ps. 139,5]. Gott ist uns unendlich viel mehr als ein bloßer Gedanke, eine kirchliche Lehre, eine begeisterte menschliche Meinung. Wir sind *mißtrauisch* gegen alle bloßen Gedanken, sogar wenn es schöne, fromme Gedanken sind, und wir haben ganz recht. Aber wenn uns jemand sagen wollte, Gott sei ein bloßer Gedanke, so könnten wir alle ihm *antworten,* daß das nicht wahr ist. Wir könnten es, ohne auch nur einen Augenblick zu zögern oder uns zu besinnen. Denn wir wissen es. Ohne daß es uns jemand gesagt hat oder zu sagen brauchte, wissen wir, daß Gott *das Leben* unseres Lebens ist. *Wir können zweifeln,* gewiß. Aber es ist merkwürdig, wie wir, wenn wir nur ehrlich zweifeln, wenn es uns um die Wahrheit zu tun ist, wenn wir

---

[1] Der Gottesdienst «in Peters bernischem Tempel in Madiswil» (Bw. Th. I, S. 328) fand am Sonntag abend statt. Barths Bruder war von Laupen, obwohl dort im Frühjahr 1918 wiedergewählt, nach Madiswil übersiedelt, wo er bis zu seinem Tode 1940 amtierte.

unablässig uns mühend den Dingen auf den Grund gehen, *vorwärts* geführt werden, wie wir *nicht stecken* bleiben können im Nein, wie auch das Zweifeln und gerade das Zweifeln uns *helfen* muß zum schließlichen Jasagen. Dann spüren wir's, daß *Gott mehr ist* als unsere Gedanken, daß er der *Ursprung und das Ziel* unserer Gedanken ist, daß unsere Gedanken wohl *irren* und schwanken können in der Mitte [?] des Weges, um schließlich das Ziel doch nicht zu verfehlen, wenn sie nur dem großen, tapferen Vorwärts treu verbleiben, das ihnen mit auf den Weg gegeben ist. Es gibt Gotteszweifler, *Gottesleugner,* ja, Menschen, die mit ihren irrigen Gedanken scheinbar stehen bleiben dort, wo man nicht stehen bleiben sollte, beim Nein. Das ist ein großes *Rätsel,* daß das möglich ist. Aber es ist doch auch Tatsache, daß gerade solche Menschen dann oft durch ihr übriges Leben und Wesen *Zeugnis* ablegen müssen von Gottes Wahrheit und Liebe. Er ist der Gott auch der Gottesleugner. Er hat schon die größten, wichtigsten Dinge ausgerichtet gerade durch solche Gottesleugner. Wer Augen hat zu sehen, der sehe [vgl. Mk. 4,9 par.]. |

Wir können sündigen, das ist auch wahr. Aber auch wahr ist's, daß wir über die Sünde *seufzen* und uns ihrer schämen, wenn sie uns bewußt wird. Wir gehen oft lange, lange im Bann einer solchen Übertretung, aber nicht wahr, wie *sonnenklar* ist es uns im Grunde, daß es wirklich ein Bann, eine Gefangenschaft ist, in der wir sind, wie unmöglich ist es uns, das *Heimweh* nach der Freiheit loszuwerden. Wir sehen unsere Sünde, und wie lange müssen wir sie oft sehen und immer nur sehen, aber wir sehen sie doch eigentlich immer als etwas, was *nicht zu uns gehört, zusammengebunden* liegt sie zu unseren Füßen, da: mein Hochmut, meine Bequemlichkeit, meine Kleinlichkeit, mein jäher [?], ungöttlicher Eifer, aber *das bin nicht ich* – ein fremder Bestandteil ist's. Es ist auch die Gottesmacht über uns, daß wir das alles können. Wir können vor Allem *Gott nicht in Verbindung* bringen mit unserer Sünde. Gott will meine Frechheit, meine Übereilung [?], Gott macht mich lieblos und eitel! Das ist so unmöglich wie 2 x 2 = 5. Gott verbündet sich vielmehr immer *mit uns gegen* die Sünde. Er stellt sich *zwischen* uns und sie. Er ist's, der uns *sagt:* das bist nicht du, das kannst du nicht sein. Von ihm her heißt's immer: ihr waret tot in euren Übertretungen und Sünden. Gott aber, der da reich ist an Barmherzigkeit, hat uns lebendig gemacht. Dieses «Ihr waret» und dieses

«Gott aber», das wir nicht überhören können, ist die *Gottesmacht* auch in unserer Sünde.|

Wir können sterben, auch das ist wahr. Aber *warum wehrt sich* dann unser Körper und unsere Seele so leidenschaftlich gegen das Sterben, wenn es tatsächlich unser natürliches, letztes Los sein sollte? Warum *sträubt sich Alles* in uns gegen die Vorstellung, daß es mit dem Tode aus, tatsächlich aus sein sollte mit uns? Warum können wir nur mit *halbem Ohr* hören auf das, was da Weltweisheit und ein falsch verstandenes Christentum uns predigen, daß der Tod mit seiner Grabesruhe nicht nur das Schicksal, sondern sogar der Erlöser des Menschen sei? Warum klammern wir uns *an das Leben,* wenn es doch so vergänglich ist? Warum gibt's eine *Liebe über den Tod* hinaus, nicht nur auf den Grabsteinen, sondern als stärkste Tatsache in vielen, vielen vereinsamten Menschenleben? Warum suchen wir alle unserem Leben *so viel Inhalt* und Wert als möglich zu geben, wenn ja doch Alles für nichts ist, wenn wir ja doch nur in ein Gefäß ohne Boden schöpfen? Warum tun wir, mit anderen Worten, als ob *nicht Sterben, sondern Leben* die eigentliche Wahrheit wäre? Ahnen wir's etwa, haben wir etwa schon etwas davon gesehen auch in den erlöschenden Augen eines Sterbenden, daß *Sterben zum Leben* werden könnte, daß *ein anderes Leben ist,* an dem wir jetzt bauen im Verborgenen, bis von einer anderen Seite die Enthüllung kommt? Wie dem auch sei, wir stehen offenbar auch in dieser ernsten Beziehung *unter einer höheren Macht,* die irgendwie mit dem Leben gegen den Tod verbündet ist.|

Wir können uns dieser Gottesmacht scheinbar widersetzen durch *selbstbewußtes eigenes Tun* unter der Losung: nicht Gotteshilfe, *Selbsthilfe*[2]! Nicht die Mächte des Himmels, sondern des Menschen *eigene Kraft!* Nicht das Gute, das von Gott kommt und gefordert wird, sondern das Gute, das wir selbst in uns finden und das aus uns selbst *fließt!* Aber es ist doch merkwürdig, wie auch unter dieser jetzt so oft gehörten Losung der Mensch tatsächlich vor Allem glauben muß an etwas, das größer ist als er selbst, wenn er sie ernst nehmen will. Wie er *gehorchen,* sich persönlich unterwerfen muß alle Tage, wenn aus die-

---

[2] Die von Friedrich Naumann 1895–1919 herausgegebene Wochenschrift «Die Hilfe» trug den Untertitel «Gotteshilfe, Selbsthilfe, Staatshilfe, Bruderhilfe». Vgl. K. Barth, *Vergangenheit und Zukunft* (in: Anfänge I, S. 40).

sem Eigenen etwas werden soll. Und es ist vor Allem merkwürdig, wie das Gute, das die Menschen angeblich aus eigener Kraft anstreben, tatsächlich doch immer und *überall im Grunde das Gleiche ist*, wenn es wirklich das Gute ist. Wahrheit bleibt Wahrheit. Gerechtigkeit bleibt Gerechtigkeit, Liebe bleibt Liebe, gerade als käme das Gute eben doch von dem einen Himmel, der sich über allen Menschen wölbt, mögen sich die Einzelnen noch so trotzig auf ihre eigenen Ideen und Kräfte berufen. Deutlich erkennbar sind die Punkte, wo die verschiedensten menschlichen Bestrebungen, wenn sie lebendig sind, aus einer Quelle hervorgehen und einem Ziele schließlich zustreben. Alle ernsthaft strebenden Menschen *führen offenbar etwas aus,* was nicht aus ihnen selbst stammt, dessen sie sich nicht persönlich rühmen können, sondern das höher ist als sie, das ihnen sozusagen nur zur Ausführung vorgeschrieben ist. Davon haben ganz besonders die *Künstler,* die großen Musiker und die Maler aller Zeiten ein starkes Bewußtsein gehabt. Ganz wie Paulus es beschreibt in unserem Text, daß die guten Werke *zuvor bereitet sind* von Gott, daß wir darin wandeln sollen.|

Und gerade so ist es auch, wenn der Mensch in die schönste, aber auch gefährlichste Lage kommt Gott gegenüber, wenn er nämlich *fromm wird,* ein eigenes Erlebnis macht mit Gott und in ein besonderes Verhältnis zu ihm kommt. Das ist darum so schön, weil Gott *solche Menschen braucht* und immer wieder darauf wartet, daß es solche Menschen gibt, um durch sie zu den anderen Menschen zu reden, wie es in der Bibel oft beschrieben ist. Es ist aber darum so gefährlich, weil es so leicht geschieht, daß der Mensch gerade dann *Gott nicht dient,* sondern meint, Gott habe nun ihm zu dienen, und dann entstehen alle die Meinungen, Standpunkte, Glaubensrichtungen, Kirchen und Parteien, die für Gott ein so schweres Hindernis werden können und oft geworden sind. Aber man darf auch diese Gefahr nicht zu ernst nehmen. Es ist eben tatsächlich doch eine merkwürdige *Kraftäußerung Gottes,* daß in den verschiedensten Weisen und ohne daß man es äußerlich erklären kann, Menschen auf Gott in solch besonderer Weise *aufmerksam* werden und sich ihm zuwenden müssen, daß eigentlich alle Menschen gewissermaßen ein *Organ haben,* kraft dessen ihnen das eines Tages auch widerfahren könnte, daß tatsächlich aus jedem *Saulus auch ein Paulus* werden kann, und zwar ein brauchbares Werkzeug Gottes, nicht notwendig[?] ein Klotz, der dann Gott erst recht im Wege liegt, wie es allerdings leider vorkommt. Und es ist eine noch *merkwürdigere Kraftäußerung Gottes,* daß alle wirklich frommen Menschen in dem, was sie meinen, irgendwie *zusammen*kommen und sich verstehen können und jedenfalls, wenn auch als verschiedene Werkzeuge, in der gleichen *Arbeit* stehen. Da haben wir es ja: Und dasselbige nicht aus euch, Gottes Gabe ist es! Und daran dürfen wir uns durch keine religiösen Irrungen und Verwirrungen, die etwa vorkommen mögen, irre machen lassen, daß es doch *Gottes Macht* ist, die irgendwie das Ganze der Menschen umschließt und trägt.|

Und etwas davon können wir sogar sehen, wenn wir über das Persönliche hinweg *in die große Weltgeschichte* hinausblicken, etwa mit den Augen eines fleißigen Zeitungslesers. Da scheint einem allerdings auf den ersten Blick das *verständlich,* was Paulus vom «Lauf dieser Welt» schreibt oder von dem «Fürsten, der in der Luft herrscht», oder von dem «Geist, der zu dieser Zeit sein Werk treibt in den Kindern des Ungehorsams», z. B., wenn man an die Pariser Friedenskonferenz[3] denkt oder an das Verhältnis zwischen Bauern und Arbeitern, wie es bei uns in der Schweiz in den letzten Jahren geworden ist[4], oder an die große Sehnsucht ganzer Völker, die etwas so Tiefes, Vollkommenes meint und es doch nicht weiter bringt als zu wüsten, aufrührerischen Gewalttaten, die dann mit ebenso wüster Gewalt wieder niedergeschlagen werden müssen[5]. Da möchte man *sich nur schämen,* daß die Menschheit sich selber immer noch nicht besser verstanden hat, besonders wenn man sich aufrichtigerweise sagt, daß diese Menschheit nicht nur Andere sind, sondern zu einem Teil immer auch *wir selbst,* daß die Weltgeschichte, so weit weg sie geschehen mag, immer auch

---

[3] Vgl. oben S. 186, Anm. 2.

[4] Während der Kriegsjahre kam es dadurch zu Spannungen zwischen Arbeitern und Bauern, daß die Arbeiter den wirtschaftlichen Problemen viel stärker ausgeliefert waren (Teuerung, Aufhebung der Schutzbestimmungen des Fabrikgesetzes) als die Bauern, die «am wenigsten verloren», ja zu «Kriegsgewinnlern» wurden (*Handbuch der Schweizer Geschichte,* Bd. 2, Zürich 1977, S. 1127f.)

[5] Vor allem ist an den unter Einsatz des Militärs unterdrückten Generalstreik in der Schweiz im November 1918 zu denken (*Handbuch,* a. a. O., S. 1136–1140), aber auch an die revolutionären Unruhen und ihre Niederschlagung in Deutschland und Österreich.

unsere eigene Geschichte ist: «Unter welchen auch wir alle einst unseren Wandel gehabt haben nach den Lüsten des Fleisches und taten den Willen des Fleisches und der Vernunft und waren Kinder des Zorns von Natur, gleichwie auch die anderen». Aber gerade wenn wir von dieser großen Beschämung etwas empfinden, und man kann ihr ja fast nicht ausweichen heute, wenn man nicht ein ganz eitler, selbstgerechter Mensch ist, so ist darin doch auch wieder *etwas von der großen Liebe,* mit der Gott uns geliebt hat, obwohl wir tot waren in den Übertretungen. Das, was jetzt geschieht, könnte uns nicht so bewegen, wenn wir nicht *schon bewegt* wären davon, daß etwas Anderes geschehen könnte. Wir könnten uns nicht so erregen über das Böse, wenn wir nicht von Haus aus *auf die Seite* des Guten gestellt wären. Wir könnten nicht so mittrauern mit denen, die jetzt Sünde tun und Strafe erleiden, wenn wir nicht *Gott vor Augen hätten,* der auch nicht bloß Zuschauer ist, sondern diese unsere ganze böse Welt mitleidsvoll auf dem Herzen trägt. Und so ist's überhaupt in dieser Welt der Menschen: wir beten so viele Götzen an, weil wir überall den *lebendigen Gott suchen.* Wir stürzen uns in so tiefe Nöte, weil uns *so hohe Dinge ins Herz* geschrieben sind. Wir sind so ratlos gegenüber den tausend Fragen, die sich in der heutigen Lage aufdrängen, weil wir mit unserer eigenen Weisheit zu Ende sind, weil Alles heute auf einen *neuen Anfang* hindrängt. Sie sind wahr, die Worte, mit denen ein Schriftsteller unserer Tage sein Buch überschrieben hat, das die Greuel des Krieges schildert: *Der Mensch ist gut!* [6] Nicht weil er aus sich selbst gut ist, aber weil er gegenüber allen Greueln, die er tut und leidet, immer und immer wieder getrieben wird von der Macht des Guten, von der Macht Gottes selbst.

Gott ist die Macht, die über uns ist. Es sind noch andere Mächte über uns, aber Gott ist der erste auf dem Plan, das entscheidende, das nachdrückliche [?], *das letzte Wort* wird überall von ihm gesprochen. – Sein Wort ist nicht nur in *der Bibel.* Oder vielmehr: die Bibel erklärt uns nur das Wort Gottes, das wir in unserem Leben tatsächlich hören. – Wir staunen darüber, wie wunderbar dieses Gotteswort überall in

[6] Leonhard Frank, *Der Mensch ist gut*, Zürich / Leipzig 1917. Der Novellenzyklus des 1915 in die Schweiz emigrierten Autors wurde bei seinem Erscheinen in Deutschland sogleich verboten. Für sein Manifest gegen den Krieg wurde er 1920 mit dem Kleistpreis ausgezeichnet.

unser Leben hineingreift, aber noch bevor wir gestaunt haben, ist es bereits *wahr geworden*. Wir stehen verwundert über das Neue, das es uns verkündigt, und stehen doch selber *in diesem Neuen* schon drin. Wir begreifen nicht und *sind doch schon ergriffen*. Wir sind befremdet, zurückhaltend und können es doch nicht hindern, daß wir in Gott *leben, weben und sind*, wie es Paulus ein andermal vor den heidnischen Athenern gesagt hat [vgl. Act. 17,28]. – «Aus Gnaden seid ihr gerettet». Das ist kein schöner Bibelspruch, das ist die tiefste *Lebenswahrheit*. Diese Errettung ist jetzt an allen Punkten das *Verborgene*, das ans Licht muß, *das Vergessene*, dessen wir uns wieder erinnern müssen, *das Unaussprechliche*, für das wir die rechten Worte erst wieder finden müssen, das *Vernachlässigte*, das wieder Geltung bekommen muß. Aber diese Errettung ist *geschehen*, sie ist im Gang. Gott ist keine Frage, sondern *unsere Antwort*. Wir sind nicht draußen, sondern drinnen. Wir können suchen, denn wir haben auch schon *gefunden*. Wir können bitten, denn wir können nicht sagen, es werde uns nicht *gegeben*. Wir können anklopfen, denn wir wissen von Türen, die bereits *aufgetan* sind [vgl. Mt. 7,7 par.]. Wir können hören, wenn uns volle Freiheit verkündigt wird, denn das Wörtlein ist *gesprochen*, durch das der Fürst, der in der Luft herrscht, gebunden ist. Die Rechte des Herrn *behält* den Sieg [Ps. 118,15].

2. *Die Macht Gottes ist Jesus*. Nicht das Christentum. Nicht der christliche Glaube. Nicht die christliche Liebe. Nicht die christliche Kirche. Nicht die christliche Kultur. *Jesus selber*. «Am dritten Tage auferstanden von den Toten, aufgefahren gen Himmel, sitzend zur Rechten Gottes, des allmächtigen Vaters, von dannen er kommen wird, zu richten die Lebendigen und die Toten». [7] – Er ist's, der *hinter uns* und über uns steht. Er ist die *treibende Gewalt* unseres Lebens. Er ist unsere *Ruhe* und unsere Unruhe. Er hat uns unseren Ursprung und unser Ziel in Gott *gegeben*. Er ist das entscheidende *Übergewicht* für Gott, das wir nirgends ganz verkennen können. Er ist das große *Vorwärts* von Gott her!, das uns von allen Seiten entgegentritt. Er ist's, in dem unsere *Errettung verborgen* ist, die Gemeinschaft der Heiligen, die Vergebung der Sünden, die Auferstehung des Leibes[8], die

[7] *Symbolum Apostolicum*, BSLK, S. 21.
[8] Ebd.

neue, die ewige Welt, von der einst alle Dinge ausgegangen sind, um dereinst in sie zurückzukehren. Verborgen und doch *nicht unwirksam*, sondern gegenwärtig. – Denn er ist's, durch den wir uns selbst und die Welt schon [?] jetzt *verstehen* können, wenn wir uns die Augen unseres Herzens öffnen lassen [vgl. Eph. 1,18]. Er ist's, durch den Gott jetzt allen Menschen an allen Enden gebietet, *Buße zu tun* [Act. 17,30], das Größere zu erkennen, dem Großen gehorsam zu werden, in dem sie leben und weben und sind durch seine Gnade. *Samt ihm* sind wir lebendig gemacht, samt ihm auferweckt, samt ihm versetzt in die himmlische Welt. – In diesem «samt ihm» ist die *Hand des lebendigen Gottes,* der seine Macht größer machen will, als sie jetzt ist. Darin liegt die *stärkste Aufforderung* an uns, Ja zu sagen zu Gottes Macht, damit sie auch durch uns wachsen kann. Darin liegt die *Bewegung, die Gottes Werk* weiterführen will an allen Punkten. – Gott sucht *Verstand und Gehorsam* auf Erden, um weiterzumachen, um jenes Haus, das nicht von Händen gemacht ist, das ewig ist, im Himmel zu vollenden und zu enthüllen [vgl. 2. Kor. 5,1]. Unser dumpfes, unbewußtes Wesen ist's, was ihm *im Wege* ist.

> Jesu, gib *gesunde Augen,* die was taugen,
> rühre unsre Augen an.
>
> Denn das ist die größte Plage, wenn am Tage
> man das Licht nicht schauen kann![9]

Jesus ist's, der *hervortreten muß* aus der Verborgenheit, in der er jetzt steht, um uns Verstand und Gehorsam zu geben. Aber immer heißt's für uns ihm gegenüber «samt ihm», und so müssen auch wir *verstehen und gehorchen wollen* kraft der Klarheit, die er uns jetzt schon gibt. Immer aber *ist er es und wird er es sein,* durch den Gott uns bezeugt, daß er der Schöpfer und Erlöser und Vollender ist, in ihm [sind] Erfüllung und Verheißung und neue Erfüllung, auf daß Gott erzeige in den zukünftigen Zeiten den überschwenglichen Reichtum seiner Güte gegen uns. Wir stehen tief in den Anfängen. Jesus aber lebt. *Ihr* sollt ihn *hören.*

---

[9] Letzte Strophe des Liedes «Hüter, wird die Nacht der Sünden» von Chr. Fr. Richter (GERS [1952] 308,8; EKG 266,7). Im Original: «... meine Augen» und «... nicht sehen kann».

Lieder:

Nr. 11 «O daß ich tausend Zungen hätte» von J. Mentzer, Strophen 1.7.11 (RG
[1998] 728,1.–. 10; EG 330,1.5.7 mit Textabweichungen)

Nr. 1 «Allein Gott in der Höh sei Ehr» von N. Decius, Strophen 2.3.4 (RG
[1998] 221,2.3.4; EG 179,2.3.4 mit Textabweichungen)

Epheser 2,11–22

Darum gedenket daran, daß ihr, die ihr einst nach dem Fleisch Heiden gewesen seid und Unbeschnittene genannt wurdet von denen, die Beschneidung genannt sind (nach dem Fleisch, die mit Händen gemacht ist!) – daß ihr zu jener Zeit außer Christus waret, ohne Anteil an der Bürgerschaft Israels und ohne Anrecht auf die Testamente der Verheißung, ohne Hoffnung und ohne Gott in dieser Welt.

Jetzt aber, in Jesus Christus, seid ihr, die ihr einst f e r n e waret, n a h e geworden durch das Blut Christi.

Denn er ist unser Friede. Er hat aus den Getrennten Eins gemacht und den Zaun, der dazwischen war, der Feindschaft, niedergerissen. Er hat in seinem Fleische das Gesetz der in Satzungen gebrachten Gebote abgetan, damit er als Friedensstifter aus z w e i e n e i n e n neuen Menschen schaffe in ihm selber und die Getrennten als ein Leib versöhne mit Gott durch das Kreuz. Er hat die Feindschaft getötet durch sich selbst.

Und so ist er gekommen und hat Frieden verkündigt euch, die f e r n e waren, und Frieden denen, die n a h e waren. Denn durch ihn haben wir, die bisher Getrennten, den Zugang zum Vater in e i n e m Geist.

So seid ihr nun nicht mehr Gäste und Fremdlinge, sondern seid Bürger mit den Heiligen und Hausgenossen Gottes, erbaut auf dem Grunde der Apostel und Propheten, da Christus Jesus der Eckstein ist. In ihm wächst Alles, was darauf gebaut ist, zusammengefügt zu einem heiligen Tempel im Herrn. In ihm werdet auch ihr gebaut zu einer Behausung Gottes im Geist.

1. In Gott sind wir einig. Wir müssen es nicht erst werden, wir *sind* es schon. In Gott sind wir nicht nur Viele, sondern in der Vielheit der Glieder *ein Leib.* Von Gott sind wir bei aller Verschiedenheit *gemeinsam* getragen und bewegt. Im Lichte der Wahrheit Gottes betrachtet, stehen wir alle, wo wir auch stehen mögen, an der *gleichen Sache,* in der gleichen Not, aber auch in der gleichen Hoffnung. Und in der Kraft Gottes verstehen wir einander, freuen wir uns übereinander, *helfen* wir einander. In Gott ist *Friede* auf Erden – *ist* Friede, hört ihr's, so gewiß eben Gott ist und so gewiß die Erde des Herrn ist und was darinnen ist [Ps. 24,1].

Gott weiß nichts von den Gegensätzen, die uns trennen, und sofern wir in Gott sind, wissen auch wir nichts davon. Sie betreffen nicht Gott und nicht das an uns, was aus Gott geboren ist. *Wir haben verschie-*

dene Meinungen, Standpunkte, Ideen und Interessen. Das ist wahr, und das läßt sich nicht wegwischen. Es ist ein unerhörter Reichtum oder auch ein verwirrendes Durcheinander an verschiedenen Wahrheiten, von dem wir Menschen erfüllt und umgetrieben sind. Das wird in der heutigen Zeit deutlich offenbar, sogar in einer kleinen Gemeinde wie der unsrigen, oft in der gleichen Familie, oft zwischen den nächststehendsten Menschen. Junge Leute möchten sich freuen über den Reichtum und die Bewegung, ältere möchten eher seufzen über das Durcheinander, aus dem man nicht mehr drauskomme. Es ist jedenfalls so. Die Verschiedenheiten sind vorhanden. Aber es ist *nicht* wohlgetan, *in Gott getan,* wenn wir uns um der Verschiedenheiten willen voneinander trennen, uns fallen lassen und abstoßen. In Gott sind wir einig. In Gott meinen wir bei allen Verschiedenheiten das Gleiche. Denn wenn wir uns fragen, woher sie eigentlich kommen, so können wir schwerlich auf etwas Anderes kommen, als daß es *Gaben Gottes* sind, die wir *entweder* rechtmäßig empfangen haben von ihm durch seine Güte *oder* die wir uns übermütig genommen haben durch unsere Frechheit und Voreiligkeit, – Lichtstrahlen aus dem Schatz seiner Herrlichkeit, *entweder* direkte, reine Strahlen *oder* aber gebrochene und getrübte durch das schmutzige Glas unserer Herzenshärtigkeit. – Es kommt alles Eigene, was wir sind und haben, *entweder* aus Gottes Gnade *oder* aus unserem Abfall von Gott. – Es ist uns geschenkt, *oder* es ist von uns geraubt. Es gibt im Grunde *nichts Eigenes.* Um das, was uns nicht gehört, können wir *aber nicht streiten.* Es kommt von Gott. In Gott *aber ist kein Streit.* Alle menschliche *Größe,* die echte und die unechte, alle menschliche Wahrheit, die reine und die verkehrte, alle menschliche *Gerechtigkeit,* die wahre und die eingebildete, sie ruhen im Frieden seiner Hände[1]. Er weiß nichts von unseren Streitigkeiten. Und *unser Herz* weiß auch nichts davon. Es ist bei allen Gegensätzen, die uns bewegen, etwas in uns, das nicht mitstreitet, das nicht hineingezogen sein will in die Gegensätze. Unser Herz steht über den Parteien. In unseren Herzen sind wir *einig.* Unser Herz ist *still* zu Gott, der uns hilft [vgl. Ps. 62,2].

---

[1] Vgl. J. W. von Goethe, *Westöstlicher Diwan* I,4, «Talismane»:
   Gottes ist der Orient!
   Gottes ist der Okzident!
   Nord- und südliches Gelände
   Ruht im Frieden seiner Hände.

Was wird in Gott aus unseren Gegensätzen? Wollen wir etwa die *faule Parole* ausgeben, unsere Verschiedenheiten seien gleichgültig? *Gleichgültig,* ob wir *gläubig* seien oder ungläubig, *frei* oder gefangen, *ernst* oder leichtfertig, *offen* oder borniert, *verständnisvoll* oder verständnislos gegenüber den Zeitereignissen? Tue recht und scheue niemand![2] Wollen wir die Grundsätze der Grundsatzlosen verherrlichen, die Partei der Parteilosen, den Standpunkt derer, die überhaupt nirgends stehen? Dann wollen wir *uns wohl hüten,* den Gott des Friedens zum Schanddeckel unserer Geistesschwachheit und Unaufrichtigkeit zu machen, die gut und böse, schwarz und weiß am liebsten ununterschieden lassen möchte. *Das hat Paulus* in seiner Beschreibung des Friedens, der durch Christus gestiftet ist auf der Erde, auch nicht getan. Er hat die Juden und die Heiden miteinander verglichen und keinen Augenblick daran gezweifelt, daß *die Juden tausendmal mehr* und die Heiden tausendmal weniger göttliches Recht und göttliche Wahrheit auf ihrer Seite hatten. Er hält das den Heiden auch ganz offen vor: Ihr waret weit weg, sagt er ihnen, während jene nahe waren. *Es gibt Recht* und Unrecht, Wahrheit und Irrtum, Gottesgemeinschaft und Gottlosigkeit, und das verteilt sich nicht etwa gleichmäßig auf alle Menschen, so daß man nach bequemer Art sagen könnte: Alle haben Recht und alle haben Unrecht. Nein, es gibt *eine Partei,* die mehr, und eine andere, die weniger das Richtige trifft, es ist hier mehr Gnade und dort mehr Abfall. Es sind hier *mehr reine* und dort mehr getrübte Strahlen vom anfänglichen Gotteslicht. Aber nicht wahr, fährt er dann fort, nun ist ja *etwas anders geworden* zwischen euch Juden und euch Heiden, zwischen euch Rechthabern und euch Unrechthabern. *Was waret ihr,* fragt er die Heiden, und sie müssen ihm antworten: außer Christus, ohne Anteil an der Bürgerschaft Israels, ohne Anrecht auf die Testamente der Verheißungen, ohne Hoffnung und ohne Gott in dieser Welt. Das ist wenig, das ist nichts, das ist ein scharfes Urteil über sie. Aber *was seid ihr nun?,* fragt er weiter, und sie können antworten: Nicht mehr Gäste und Fremdlinge, sondern Bürger mit den Heiligen und Gottes Hausgenossen. Das ist viel, das ist Alles, da stehen sie auf

---

[2] 1911 hatte Barth im Genfer Gemeinde-Blatt eine kleine Abhandlung über dieses «Sprüchlein» geschrieben in: *Vorträge und kleinere Abhandlungen 1909–1914* (Gesamtausgabe, Abt. III), Zürich 1993, S. 288–292.

einmal in einem ganz neuen, erfreulichen Lichte. Das ist's, *was in Gott wird aus unseren Gegensätzen.* Das Verhältnis der Rechthaber und der Unrechthaber wird ein anderes. Es gehen unsichtbare Türen auf zwischen ihnen. *Abraham* ist nicht nur der Juden Vater, sondern auch der Heiden, die in die Nachfolge seines Glaubens eintreten wollen. [vgl. Gal. 3,7–9]. Die *Wahrheit* gehört nicht nur denen, die sie erkannt haben, sie haben sie nur in Aufbewahrung übernommen auch für die, die sie jetzt noch nicht erkennen. Das *Recht* ist nicht das Eigentum derer, die Recht haben, sie verwalten es nur für die, die jetzt noch nicht Recht haben. Eine *gute Sache* kann gar nicht Parteisache bleiben, sie hat den Drang in sich, die Sache aller Menschen zu werden. – In Gott wird aus den Gegensätzen unserer Verschiedenheiten ein *Teilnehmen.* – Die Heiden bekommen *Anteil* an Israels Segen und Verheißungen. Die Armen dürfen sich zu den Reichen stellen und ihren Reichtum *mitgenießen.* Die Unrechthaber treten frank und frei an die Seite der Rechthaber und haben *auch Recht.* Die Irrenden werden die Brüder derer, die die Wahrheit kennen, denn es ist auch *ihre Wahrheit.* – Die vorher Getrennten stehen nicht mehr da, die hier, die dort, sie sind in gemeinsame *Bewegung* gekommen. Sie sind *noch, was sie sind,* Juden und Heiden, Rechthaber und Unrechthaber, und doch in dieser gemeinsamen Bewegung auch schon etwas Drittes, Höheres. Sie können wohl *noch streiten,* aber nicht mehr im Ernst, nicht mehr mit Trennungsgedanken, sondern wie im Spiel, zur Erklärung, zum gemeinsamen Fortschreiten. Die *Verschiedenheit* ist nicht beseitigt, wie die Verschiedenheit von Mann und Frau in der Ehe nicht aufhört, aber aus der Verschiedenheit wird nun etwas Neues, Besseres erzeugt und geboren, dem wenn nicht die Gegenwart, so doch die Zukunft gehört. Die *Verschiedenheiten* lösen sich nicht auf, sie werden aber zu Bausteinen an der Behausung, die Gott bei den Menschen, nicht nur bei einzelnen, sondern im Ganzen des Menschheitslebens haben will. Die gegensätzlich gestellten Menschen *trennen sich nicht mehr;* sie wachsen miteinander in das hinein, was größer ist als beide Teile.

Aber *wie ist ihnen das möglich,* wie kommen sie dazu? *Nicht damit,* daß sie zueinander sagen: Wir müssen auszukommen suchen, weil wir aufeinander angewiesen sind. Das ist gegenüber den ernsten Gegensätzen, von denen wir z. B. heute bewegt sind, eine ganz unzulängliche Weisheit. Sondern *im Geist,* sagt Paulus, wird's wahr, daß wir einig sind. Der Geist ist die *Macht Gottes.* Wenn die Macht Gottes *durchbricht* bei den Menschen, wenn die Menschen *erkennen, woher* sie ihre Ideen und Meinungen haben, die wahren und die falschen, wenn sie wieder *verstehen, wo das Gute,* das mehr und das weniger Gute, seinen Ursprung hat, wenn die Rechthaber nicht mehr hochmütig sind, sondern nur noch *dankbar* und die Unrechthaber nicht mehr blind, sondern nur noch *erschrocken* und Beide nur noch demütig, wenn es hüben und drüben *klar wird,* daß die Verschiedenheiten der Menschen *Stücklein* sind vom Gewande Gottes, geschenkt hier, geraubt dort, vollkommen hier, unvollkommen dort – dann wird *Friede gestiftet,* dann öffnen sich die unsichtbaren Türen zwischen den Parteien, dann kommt's zum *Geben und Nehmen,* zuerst zwischen den Reichen und Armen und dann zum gemeinsamen *Weiterfortschreiten,* dann kommt das *Herz zu seinem Recht,* das Herz in uns, das immer weiter sucht als alle unsere Gerechtigkeit und Weisheit, das Herz, das auch in den größten Rechthabern und Unrechthabern nicht streiten, sondern lieben möchte. Der Geist *des Lebens* ist's, der dieses Wunder fertig bringt. Der Geist macht's eben wahr, daß wir *in Gott sind* und in Gott *einig* sind.

2. Es ist *ein Wunder,* darüber wollen wir uns nicht täuschen. Dieses «in Gott sein» und «in Gott einig sein» gegensätzlicher Menschen ist ein unerhörtes, unerwartetes, über alle Maßen einschneidendes und entscheidendes Ereignis. Wir können das nicht nur so sagen und annehmen: in *Gott sind wir einig,* so wahr es ist. Es ist nicht ein Gemeinplatz, kein Kalendersprüchlein wie unsere menschlichen Friedensweisheiten. Es bedeutet die ungeheuerste *Wendung,* wenn die bisher Getrenntstehenden bewegt werden sollen zu gemeinsamer *Arbeit,* wenn das, was *zwischen* den Menschen steht, weggenommen werden soll, wenn es zu jenem *Geben und Nehmen* kommen soll zwischen denen, die mehr und die weniger Recht und Wahrheit haben. Der *Geist* versteht sich nicht von selbst. Die *Demut* versteht sich nicht von selbst, weder bei den Rechthabern noch bei den Unrechthabern. *Meinen* Frieden gebe ich euch; nicht gebe ich euch, wie die *Welt* gibt [Joh. 14,27]! Dazu hat Christus sterben müssen. In diesem Sinn müssen wir *an Gott denken,* wenn wir das sagen und annehmen, daß wir in Gott einig sind. Ohne diesen mächtigen und lebendigen Sinn ist's

nämlich *nicht wahr,* daß wir einig sind. Denn ohne das *sind wir gar nicht* in Gott.

Ohne Gottes Wunder *sind wir uneins,* müssen es sein, müssen *immer uneiniger* werden. Wenn wir's vergessen, daß unser Verschiedenes von Gott kommt und solange wir uns nicht daran erinnern wollen, wird unser Verschiedenes *immer gegensätzlicher.* Die Juden werden immer jüdischer und die Heiden immer heidnischer. Die Rechthaber bekommen immer mehr Recht und die Unrechthaber immer mehr Unrecht. Die Gläubigen versteifen sich immer mehr in ihrem Christentum und die Ungläubigen immer mehr in ihrer Weltlichkeit. Das, was zwischen den Menschen und Parteien steht, ist dann *furchtbar ernst.* Die *Wahrheit,* die die Einen haben, treibt sie rücksichtslos immer weiter und weiter in ein gesetzliches, fanatisches, ausschließliches Wesen hinein. Und die *Unwahrheit,* in der die Anderen sich befinden, treibt sie ebenfalls weiter und weiter in den Leichtsinn, in die Faulheit, in die Gier hinein, nur schon den Anderen zum Trotz. *Der unerlöste Mensch* ist notwendig entweder ein Pharisäer oder ein Weltkind, entweder ein Eiferer oder ein Oberflächlicher, entweder ein Dränger und Treiber oder ein Schläfer. Und zwischen beiden ist *Feindschaft,* muß es sein. Das *Göttliche selbst,* ohne Gott, ohne Gottes Kraft und Wunder, scheidet sie. Es entwickelt sich dann auf der einen Seite eine *Gottlosigkeit im Bösen,* im Mammon, in der sinnlichen Lust, in der Eitelkeit, auf der anderen Seite ebenfalls eine *Gottlosigkeit – im Guten*[3], in der Gerechtigkeit, in der Frömmigkeit, im Fanatismus jener schrecklichen Parteimenschen, die nur mit einem Auge die Welt anzuschauen scheinen. Aber Gottlosigkeit hüben und drüben, in der Kapelle und im Wirtshaus, bei den Ernsten und bei den Ausgelassenen, bei den Freisinnigen und bei den Sozialisten. Wenn wir *darauf angewiesen wären,* einig zu werden, ohne uns zu Gott zu kehren, so müßte man zum vornherein prophezeien, daß wir nicht einig werden können, daß alle vorhandenen Gegensätze noch viel schrecklicher ausbrechen werden. *Das Herz,* das lebendige Herz des Menschen, das nach dem Frie-

---

[3] «Von der Gottlosigkeit des Menschen im Bösen» und «Die Gottlosigkeit des Menschen im Guten» heißen die Überschriften der Erklärungen zu Röm. 1,19ff. und Röm. 2,1ff. in: H. Kutter, *Das Bilderbuch Gottes für Groß und Klein, I. Römerbrief Kapitel 1–4,* Basel 1917. Die beiden Kapitel wurden 1918 auch als «Sonderdrucke» herausgebracht.

den fragt, wird ungestillt bleiben, und das *Bild der Welt* wird immer gleich grausig sein. Wenn nicht alle Zeichen täuschen, haben wir *ein großes Beispiel* dieser gänzlich unfruchtbaren Art der Friedensstiftung vor uns in dem, was heute in Paris geschieht[4]. Die *Gegensätze* von Recht und Unrecht, Wahrheit und Unwahrheit sind zu ernst, als daß der Mensch ohne den Geist, ohne die Demut, ohne Gottes Macht und Wunder darüber hinwegkäme. Daran scheint auch die Tatsache *nichts zu ändern*, daß Präsident Wilson ein fleißiger Bibelleser und Predigtbesucher und Beter[5] und Lloyd George sogar Anhänger einer besonders strengen Sekte[6] ist. Auch die eifrigsten Christen können eben *nicht Friedensstifter* sein ohne den Geist und ohne die Demut. Wir können gerade an diesem Beispiel sehen, was uns allen mangelt.

3. Aber auch das, was fehlt: *Christus selbst.* «*Durch ihn haben wir,* die Getrennten, den *Zugang* zum Vater in einem Geist.» Da kommt die Stimme des *Herzens,* die in uns allen ist, zu ihrem Recht. Da erscheint die *neue Welt,* in der die Guten nicht mehr ohne die Bösen sind, die Bösen nicht mehr ausgeschlossen von den Guten. Er geht *den Weg des Guten,* reiner, vollständiger, konsequenter als je ein Eiferer es sich hat träumen lassen. Und er erleidet den *Fluch des Bösen,* schwerer, schrecklicher, als je ein Weltmensch unter seiner Lage gelitten hat. Er lebt in voller *Gemeinschaft mit Gott,* aber er nimmt die *Gottlosen mit,* er trägt sie, er vergibt ihnen, er versöhnt sie, er hilft ihnen. Er hat

[4] Vgl. oben S. 186, Anm. 2.

[5] Vgl. Kl. Schwabe, *Woodrow Wilson, Ein Staatsmann zwischen Puritanertum und Liberalismus,* Göttingen / Zürich / Frankfurt 1971, S. 8.18: «Wilson bekannte sich damit zu einem religiös-moralischen Rigorismus, der leicht den Charakter starrer Selbstgerechtigkeit annehmen und der vor allem leicht mit dem liberalen Credo in Konflikt geraten konnte, das Wilson dann als Politiker angenommen hat. ... An der täglichen Ausübung seines Glaubens durch Bibellesungen hielt er streng fest. ... Das Wort Gottes und das von diesem abgeleitete Vermögen, moralische Urteile zu bilden, sah er als Hauptquelle politischen Denkens an. Ohne Gott als ‹Steuermann unserer Seelen› konnte er sich die demokratische Selbstbestimmung des Volkes nicht vorstellen.»

[6] Lloyd George, selber religiös nicht engagiert, wurde zuerst dadurch weithin bekannt, daß er für die Rechte der «Nonconformists» oder «Dissenters» eintrat, d. h. insbesondere radikaler Gruppierungen außerhalb der Kirche von England.

Recht, aber er kann auch Unrecht haben. Die Guten haben ihm ihre Gemeinschaft mit den Bösen beweisen müssen, und die Bösen haben ihm gegenüber gezeigt, daß auch sie vom Guten nicht loskommen. «*So ist er gekommen* und hat uns Frieden verkündigt.» Er ist unser Friede. In seinem Leibe sind die Getrennten *vereinigt.* Sie können sich alle in ihm *wiedererkennen.* Er geht sie *alle an.* Das Kreuz Christi ist *das Ende der Parteien* und Gegensätze. Nur das Kreuz. Aber das Kreuz ist das Ende. Hier bricht der Geist durch. Hier ist die *Erinnerung an den Ursprung* und die gemeinsame Heimat für die Gerechten und für die Ungerechten. Hier kommt Gott selbst zur Geltung als der *Herr* über Alle, die ihn anrufen, über denen, die ferne, und über denen, die nahe sind. Zu *rühmen* hat sich Keiner [vgl. Eph. 2,9]. Es kann aber auch jeder *teilnehmen* am Werk Gottes. Das Werk Gottes wird für alle wichtig und groß. Darum können sich die getrennten Menschen hier wieder *finden.* Das ist die Macht, die Wende Gottes in ihm. Die *Versöhnung mit Gott* versöhnt auch die Menschen, sie schafft eine neue Menschheit. Und so ist's das Aufmerken auf diese Versöhnung mit Gott in Christus, von der wir Hilfe zu erwarten haben. Was daran *vorbeigeht,* das kann nicht Frieden stiften. Was *Forschen und Fragen,* Bitten, Suchen und Anklopfen ist an diesen Türen [vgl. Mt. 7,7 par.], das wird uns den Frieden bringen. Es handelt sich um die große *Wendung,* daß wir uns in Christus zu Gott kehren und Gott die Ehre geben. Sofern wir in dieser Wendung stehen, ist der Zaun auch für uns niedergerissen, heute schon.

Lieder:
Nr. 148 «Komm, o komm, du Geist des Lebens» von H. Held, Strophen 1–3 (RG [1998] 509,1.2.–; EG 134,1.2.–)
Nr. 166 «Der du in Todesnächten» von Chr. G. Barth, Strophen 1.2.4 (GERS [1952] 362,1.2.4; EG 257,1.2.–)

Himmelfahrt

Epheser 3,1–13

Darum bin ich, Paulus, der Gefangene Christi Jesu für euch Heiden.
Ihr habt ja gehört von dem A u f t r a g, den ich an euch habe durch
die mir gegebene Gnade Gottes: wie mir durch Offenbarung das Ge-
heimnis bekannt geworden, von dem ich eben in Kürze geschrieben.
Wenn ihr das lest, so könnt ihr merken, daß ich das Geheimnis Christi
weiß, das in anderen Geschlechtern den Menschenkindern n i c h t so
bekannt gemacht worden ist, wie es j e t z t im Geist offenbart ist seinen
heiligen Aposteln und Propheten: daß nämlich die Heiden M i t e r b e n,
M i t g l i e d e r, M i t t e i l h a b e r der Verheißung sind in Christo Jesu durch
das Evangelium.
Sein D i e n e r bin ich geworden durch die Gabe der Gnade Gottes,
die mir durch Betätigung seiner Kraft gegeben wurde. M i r, dem Ge-
ringsten unter allen Heiligen, ist diese Gnade gegeben, den Heiden
den unausforschlichen R e i c h t u m C h r i s t i zu verkündigen und
a n s L i c h t zu bringen, wie es steht mit jenem Geheimnis: welches von
Ewigkeit her v e r b o r g e n war in Gott, dem Schöpfer aller Dinge,
damit j e t z t den Mächten und Gewalten der himmlischen Welt durch
die Gemeinde b e k a n n t würde die mannigfaltige Weisheit Gottes,
nach dem ewigen Vorsatz Gottes, den er ausgeführt hat in Christo
Jesu, unserem Herrn.
In ihm haben wir freien Mut und vertrauensvollen Zugang (zu
Gott) durch den Glauben an ihn. Darum bitte ich euch, nicht zu ver-
zagen wegen der Bedrängnisse, die ich für euch leide, welche für euch
eine Ehre sind.

1. *Der Mensch ist Gottes*[1]. Das ist die einfache, die große, die direkte
Wahrheit. Das ist das *Evangelium.* Das ist die Sache, die Jesus seinen
Jüngern hinterließ bei seiner Himmelfahrt. Dazu sollten sie Stellung
nehmen, das begreifen, aus dem heraus denken und leben lernen, das
verkündigen. Denn das war die *Sache Jesu selbst.* Das *Resultat* seines
Daseins als Mensch unter Menschen. Die *Errungenschaft* seines Lebens, Sterbens und Auferstehens. Ein neuer *Abschnitt* fing nun an in

---

[1] Vgl. den besonders für die dritte Periode im Leben Chr. Blumhardts cha-
rakteristischen Ausruf «Ihr Menschen seid Gottes!», den R. Lejeune dem 3.
Band der von ihm herausgegebenen Auswahl aus Chr. Blumhardts *Predigten,*
Andachten und Schriften (Zürich / Leipzig 1928) zum Titel gegeben hat.

der Geschichte des Heilands und der Welt. *Er trat* für seine Person wieder zurück in die Verborgenheit Gottes. In der *Welt* aber war nun das Neue ausgesprochen, das ausgesprochen werden mußte: Der Mensch ist Gottes. Das muß sich nun in der Welt *bewähren,* entfalten und durchsetzen, bis die Dinge reif sind zu einer neuen, entscheidenden Wendung von Gott her. Das ist *das Christentum,* wenn man es so nennen will, in kürzesten Worten.

2. *Der Mensch* ist Gottes. Nicht der religiöse, der kirchliche Mensch. Nicht der gute, der edle Mensch. Sondern der Mensch als Mensch, der Mensch als solcher, du und ich. Der Jude *und* der Heide, der Gläubige *und* der Ungläubige, der Gerechte *und* der Ungerechte. Diese *Unterschiede* sind nicht gleichgiltig, nicht unwichtig. Aber Gott hat sie durchbrochen. Er hat Beschlag gelegt auf etwas *Erstes,* Ursprüngliches, Unmittelbares im Menschen, das noch nicht gut und böse ist, auf ihn selber. Diese *Hand Gottes,* die auf den Menschen gelegt ist, ist nun das Wichtigste. Sie ist das *Licht,* in dem er eigentlich steht, die *Macht,* von der er eigentlich geführt, getragen und bewegt wird. Sie ist sein *Wesen.* Sie ist die *Lebenswahrheit,* die nun vor Allem berücksichtigt werden muß, weil sie tatsächlich am meisten Bedeutung hat. Es gibt noch *andere* ernste Lebenswahrheiten, aber es kann keine ernster sein als diese.|

Der Mensch hat z. B. *seine Gerechtigkeit.* Wir alle *haben sie.* Guter Charakter, lustige Gesinnung, fortschrittliche Ideen, inneres Leben, christliche Gedanken und christlicher Eifer, respektable Arbeit, die wir leisten, guter Einfluß, den wir haben, das ist unsere Gerechtigkeit, unser Judentum. Wir wollen *dankbar* sein dafür, wir wollen Tag für Tag daraus zu machen suchen, was wir nur können. Aber unsere Gerechtigkeit ist *nicht der Mittelpunkt* unseres Lebens, wir leben nicht von ihr, sie ist nicht das Licht, das uns leuchtet, und nicht die Macht, die uns bewegt. Wir können uns ihrer *nicht rühmen.* Wenn wir es doch tun, wenn wir sie mit Gott verwechseln, erleben wir die bittersten Enttäuschungen. Sie kann uns nicht verhindern, daß wir bei aller Vortrefflichkeit im Einzelnen im Ganzen einen *verkehrten Weg* einschlagen (davon haben wir gerade in der Gegenwart gewaltige Beispiele), nicht verhindern bei allem Guten, was wir im Sinn haben, *Unheil anzurichten,* nicht verhindern, uns bei den besten Absichten mit den Menschen *zu entzweien und zu verfeinden,* nicht verhindern, beim besten Willen *müde, mutlos und alt* zu werden. – Was den Menschen auf den *rechten Weg* stellt, zum wirklichen Segen macht, mit den anderen Menschen *einigt* und ihn selbst *aufrecht* hält, das ist nie seine Gerechtigkeit, sein Judentum, sondern immer *Gott selbst,* wenn er den Ruf und die Botschaft hört von der anderen Seite, daß er Gottes ist.|

Und so hat der Mensch auch seine *Ungerechtigkeit.* Unsere Charakterlosigkeit, unsere Sinnlichkeit und Gesinnungslosigkeit, unsere Faulheit und Nachgiebigkeit und Eigenliebe, das Tierische und Giftige in uns. Das ist unser Heidentum. Wir wollen alle Tage aufs Neue *erschrecken* über die Finsternis, in der wir wandeln, wir wollen uns aufrichtig *sagen lassen,* was dazu zu sagen, und ehrlich dagegen *tun,* was zu tun ist. – Aber *nicht unsere Ungerechtigkeit* ist's, die uns ins Verderben bringt. Es gibt eine *Finsternis,* die größer ist als diese Finsternis. Sie kann uns bei aller Verstocktheit, in der wir sind, nicht hindern, *zu seufzen* über uns selbst, sie kann uns bei aller Schande, in der wir sitzen, nicht hindern, uns unserer Sünde *zu schämen.* Sie kann uns nicht hindern, *zu schauen* nach dem Guten, das uns so ferne ist. Sie kann *die Liebe* nicht abtöten. *Unser Herz* bleibt unruhig in uns[2]. – Was uns verdammt und verdirbt, ist nicht unsere Ungerechtigkeit, unser Heidentum, sondern *Gott selbst,* wenn wir uns die Ohren verstopfen und die Botschaft nicht hören wollen, daß wir Gottes sind.|

So treffen Gerechte und Ungerechte, *Juden und Heiden zusammen* in dem Punkt, daß bei beiden Alles auf Gott selbst *ankommt.* So sind beide *in seiner Hand.* Er nimmt uns *nicht an* um unserer Gerechtigkeit willen, und er *verwirft uns* nicht um unserer Ungerechtigkeit willen. Und er steht doch auch *nicht unparteiisch* und leer zwischen drin, um den Menschen sich selbst zu überlassen. Denn eben *weil er Gott ist,* will er nicht verdammen und verderben, sondern helfen und erretten. *Sein Ruf,* der an uns ergeht, ist mächtiger als die Taubheit der Gerechten und der Ungerechten. Er läßt sie nicht, wie sie sind, er schafft aus zweien *einen neuen* Menschen [Eph. 2,15], über den Trümmern zweier alter Welten *eine neue,* seine Welt. Gerechtigkeit ist nun *nicht mehr,*

---

[2] Vgl. A. Augustinus, *Confessiones* I,1, CSEL 33, S. 1, Z. 8f.: «... inquietum est cor nostrum, donec requiescat in te.»

was von unten, sondern was von oben kommt, *nicht mehr das, was wir machen* und bauen[?] können, sondern was von selbst wächst, wo man's versteht, daß Gott Sieger ist, versteht, daß Gerechte und Ungerechte sich nur in Demut beugen können vor ihm, *nicht mehr das alte Wesen,* das von unserem Glauben und guten Willen abhängig ist, sondern das neue Wesen, das Gott selbst, der Schöpfer aller Dinge, hervorbringt in uns und durch uns, das Haus, das nicht mit Händen gemacht ist, das ewig ist, im Himmel [2. Kor. 5,1].|

Seht, *dort sind wir zu Hause.* Dieser durchdringende *Ruf Gottes* selbst ist's, der uns im Innersten bewegt. Dieser *Sieg Gottes* ist's, von dem wir heimlich leben, ob wir's wissen oder nicht, von dem alle wirklich guten Kräfte, alle tatsächlichen Segnungen, die wir jetzt schon erfahren, ausgehen. Diese *neue Gerechtigkeit* Gottes ist's, die uns *beunruhigt* und beruhigt, die uns *straft* und begnadigt, die uns *treibt* und stille macht, die unsere heutige Welt im Innersten *erschüttert* und gleichzeitig zusammenhält. – *Weil Gott gerecht* ist, darum muß die Menschheit hungern und dürsten nach der Gerechtigkeit [vgl. Mt. 5,6] und trägt sie doch schon in sich. Muß sie *das Böse hassen* und bekämpfen und weiß doch schon, daß es gerichtet ist. Muß sie *den Frieden suchen* und ist ihm doch schon so unendlich nahe. *Der Mensch ist Gottes.* Wir sprechen damit wieder Alles aus, was wir *sind* und nicht sind, was wir *haben* und was uns fehlt, unsere *Größe* und unseren Jammer, was wir schon *gehört* haben und was wir noch hören müssen, und doch über allem Hin und Her, Auf und Nieder auch das, was uns in entscheidender Weise *vorwärts führt,* das Wort des *Lebens* und der Hoffnung, die Botschaft *des Heils,* die nicht verziehen kann und nicht verziehen wird, sich zu *erfüllen.* Gott sei Dank, der uns den Sieg *gegeben* hat [1. Kor. 15,57].

3. Aber *das ist ein Geheimnis.* Paulus hat zwar gesagt, er habe *Kunde* davon und es sei sein von Gott gegebener *Beruf,* es auch Anderen zu verkündigen. Er spricht es auch *ganz offen aus,* um was es sich handelt: «daß nämlich die Heiden Mit-Erben, Mit-Glieder, Mit-Teilhaber der Verheißung seien in Christo Jesu durch das Evangelium». Aber er nennt es doch immer wieder ein *Geheimnis.* Er will offenbar, daß die, die das lesen oder hören, sich zu dem, was da gesagt wird, verhalten, wie man sich eben *zu einem Geheimnis verhält,* nämlich fragend, überlegend, forschend, suchend, bittend, anklopfend [vgl. Mt. 7,7 par.]. Ein Geheimnis ist ein heimlicher *Schatz,* der nicht gehoben werden muß. Eine *Tür,* die nicht aufgehen soll. Eine *Entdeckung,* die noch nicht gemacht ist. Von einem Geheimnis soll man nicht tun, als ob man es schon *wüßte.* Ein Geheimnis soll man nicht behandeln, als ob man damit *fertig* wäre. Ein Geheimnis soll man nicht *ausplaudern,* nicht breittreten, wenn man etwas davon gemerkt hat. Nicht zu rasch *kleine Münze* machen aus dem bißchen Gold, das vielleicht schon am Tage ist. Nicht zu rasch *ausbrechen* in allerlei Gedanken, Pläne, Unternehmungen und Worte, wenn man etwas verstanden hat. Es muß immer dabei bleiben: die Hauptsache ist *noch nicht da,* noch nicht erschienen. Es kommt erst. Es wird erst. Mit einem Geheimnis muß man *respektvoll,* keusch umgehen. Und vor Allem mit aufmerksam gespannter *Erwartung.* Aber mit einer tätigen, eifrigen, bewegten Erwartung, mit einer Erwartung, die eindringen und immer weiter eindringen möchte.|

Paulus zielt offenbar auf das hin, was er im Epheserbrief öfters *Erkenntnis* nennt. Zur Erkenntnis sollen die Christen kommen. Am Anfang des Briefes hat er ihnen gesagt, daß er sich über ihren Glauben und ihre Liebe *freue,* daß er aber *darum* bete, daß Gott ihnen gebe den Geist der Weisheit und der Offenbarung zur Erkenntnis Gottes, Erleuchtung der Augen ihres Herzens [1,15–18]. Das ist ein *wichtiger Schritt* vom menschlichen Glauben und Lieben zur Erkenntnis Gottes. *Das eigentlich Göttliche* ist und bleibt immer ein Geheimnis, das erkannt sein will. Man kann es zwar *aussprechen,* ganz einfach aussprechen: die Heiden sind Miterben, Mitglieder, Mitteilhaber der Verheißung, der Mensch ist Gottes – aber *fasse es, wer's fassen* kann [Mt. 19,12], ein Gemeinplatz, eine Alltagsweisheit, eine schöne Kanzelrede ist das nicht. Billig ist das nicht zu haben.|

Es ist darüber *eine große Blindheit* in unserer heutigen Kirche und Christenheit, auch unter den Wohlmeinenden und Eifrigen. Man redet vom *Reich Gottes,* als ob das das Selbstverständlichste von der Welt wäre. Man macht den großen Schritt der *Erkenntnis* so klein, daß er eigentlich gar kein Schritt mehr ist. Man nimmt das Wort des Lebens und der Hoffnung *in den Mund* und macht damit, was einem gerade einfällt. Man hat es damit erreicht, daß das Salz ziemlich dumm geworden ist [vgl. Mt. 5,13]. Der unerforschliche *Reichtum Christi* hat sich verwandelt in die unerforschliche Armut des heutigen Christentums. Die Welt muß es *erst wieder lernen,* das Göttliche ernst zu nehmen. Es ist aber *dafür gesorgt,* daß sie es wieder lernen wird. Das Neue Testament sorgt immer wieder selbst dafür. Die Botschaft, daß Gott allein gerecht ist, daß die Gerechten Buße tun müssen und daß den Ungerechten ihre Sünden vergeben sind, diese Botschaft erregt doch immer und überall wieder *Staunen und Anstoß* und gibt den Ehrlichen *Anlaß zum Fragen* und Suchen, und Beides ist recht so. Es bleibt doch immer wieder dabei: *Wer Ohren hat* zu hören, der höre [Mk. 4,9 par.]! Es gibt Ohren, die das Gleichnis vom Pharisäer und Zöllner [Lk. 18,9–14] hören, und solche, die es nicht hören. Im *Geheimnis* will Gott erkannt werden, und im Geheimnis will Gott *erkannt* werden. Es ist eben ein Geheimnis, daß der Mensch Gottes ist.

4. Ich möchte euch darauf hinweisen, mit welchem Nachdruck und Gewicht in unserem Text von dieser einfachen Wahrheit geredet ist. Paulus nennt sich selbst den *Gefangenen Christi Jesu für euch Heiden.* Die einfache Wahrheit, daß der Mensch Gottes ist, die in Christus offenbar geworden, hat ihn also gefangen genommen, gebunden, *gefesselt.* Sie ist also, wenn wir sie verstehen, eine *Macht,* die uns beherrscht. Wir können dann also *nicht mehr viel Anderes* erwarten und wollen außer diesem Einen, daß es immer wahrer würde. Die alleinige Gerechtigkeit Gottes zieht immer mehr *alle unsere Sinne und Gedanken auf sich,* man sieht unwillkürlich Alles immer mehr in diesem Lichte, und man verliert allmählich den Geschmack an all dem, was von dieser Hauptsache ablenkt. Es wäre *kein gutes Zeichen* für unsere Erkenntnis Gottes, wenn wir von dieser immer kräftigeren Richtung auf die Hauptsache nichts wüßten. Paulus sagt, *durch Offenbarung* sei ihm das Geheimnis bekannt gemacht worden. Damit ist gesagt, daß dieses Verstehen *etwas Neues* ist, das im Menschen auftaucht, ein Schritt, den er tut, ein Ereignis, das sich an ihm vollzieht. Eine alte Verfassung ist erledigt und abgetan, und nun geschieht etwas wie eine *Schöpfung.* Das kann uns nicht wundern. *Die Einsicht,* daß Gott der Herr ist, der selbst regiert, ist eben nicht nur eine andere, sondern eine uns ganz neue Einsicht. Sie braucht nicht plötzlich aufzutauchen, sie kann uns ganz *allmählich* kommen. Aber darüber dürfen wir uns nicht täuschen, daß die Erkenntnis Gottes nicht nur ein Deckel [?] ist über unsere gewöhnlichen Erkenntnisse, sondern daß mit ihr eine von der bisherigen gänzlich *verschiedene Richtung* unseres Lebens angetreten wird. Paulus sagt aber auch, daß diese einfache Wahrheit einen großen *Schnitt mache zwischen einst und jetzt*. Frühere Geschlechter haben nicht gewußt, was uns jetzt offenbar ist. Es hat freilich *immer Menschen gegeben*, die es wußten, daß der Mensch Gottes ist, vielleicht waren es sogar zu allen Zeiten gleichmäßig Viele oder Wenige, und diese waren dann zu allen Zeiten öffentlich oder im Verborgenen die Träger des lebendigen Wortes. Aber einmal ist das, was sie wußten, sichtbar und greifbar *wahr geworden auf der Erde,* einmal ist das Wort Fleisch geworden [Joh. 1,14], und dieses Ereignis, diese große Offenbarung in der Welt, teilt nun nicht nur unsere Lebensgeschichte, sondern die Weltgeschichte in *zwei Teile.* In der alten Welt kämpfen die Gerechtigkeit und die Ungerechtigkeit der Menschen, in der neuen führt Gott selbst das Wort. Wir *helfen* alle entweder alte oder neue Weltgeschichte machen. Es ist also eine große *Verantwortlichkeit* dabei, ob wir Gott erkennen oder nicht erkennen.|

Von der Kraft, sich für die neue Weltgeschichte zu entscheiden, sagt Paulus, sie sei eine *Betätigung der Kraft Gottes*. Das ist eine andere Seite der Sache. *Gott selbst ist am Werk,* wo ein Mensch zur Erkenntnis Gottes kommt. Es handelt sich nicht um unser Klügeln und Studieren[3]. *Gott selbst ist das Licht,* das das Auge erleuchtet, so daß es das Licht sehen kann. Ohne Licht kein Auge. Es handelt sich nur darum, daß das Auge sich nicht eigenwillig schließe vor dem Licht, das da ist. *Es ist aber Gottes Sache,* wann und wo er für die einzelnen Menschen da sein will mit seinem Lichte. Er geht in der Betätigung seiner Kraft *seinen eigenen Weg,* und darum müssen wir auch warten können auf das volle Klarwerden und ja nichts übereilen und vorausnehmen. Daß durch diese einfache Wahrheit, daß in Christus der Mensch Gottes ist, sogar den *Mächten und Gewalten der himmlischen Welt* die mannigfaltige Weisheit Gottes bekannt gemacht wird, das ist ein besonders großer und kühner Gedanke. Es gibt eben im Himmel und auf der Erde nicht nur trotzige und verzagte Menschenherzen [vgl. Jer. 17,9], die sich dem Siege Gottes noch widersetzen, sondern auch mehr *unpersönliche Geisteskräfte,* Ideen, Bewegungen, die einst vom Menschen aus-

---

[3] = Grübeln, Nachdenken.

gegangen sind und nun den Menschen ihrerseits wieder beherrschen. *Die Zahl* dieser Herrschaften ist viel größer, als wir denken. Wenn wir sie *sehen könnten,* wir würden erschrecken darüber, wieviel Fremdartiges da ist, von dem wir abhängig sind. Wenn der Mensch wieder Gottes wird in Christus, so ist das nicht nur eine Veränderung seines Herzens, sondern ein *Triumph* der *Weisheit Gottes.* Denn Gott möchte mit diesem Fremdartigen einmal aufräumen. Es paßt nicht zu seinen Gedanken, daß wir so beherrscht und abhängig sind. Auch *für die himmlische, die unsichtbare Welt* hat Gottes Gerechtigkeit ihre entscheidende Bedeutung. So hat die Umwälzung in uns durch die Erkenntnis Gottes die weitesten Folgen.|

Auf der Erde aber und in unserem sichtbaren Leben dürfen wir uns unterdessen *nicht wundern und aufhalten über das Leiden,* das mit der Wahrheit Gottes immer verbunden ist. So *bequem und glatt* kann's nicht zugehen, wenn Gottes Gerechtigkeit an den Tag kommt. Das erfordert *Geburtswehen,* die nicht umgangen werden können. Die Gerechtigkeit und die Ungerechtigkeit der Menschen *setzen sich zur Wehr,* wenn ihnen durch den Heiland das Ende angekündigt wird. Je größer die Erkenntnis Gottes, um so größer die *Widrigkeiten und Bedrängnisse,* die sich dabei in den Weg stellen. Man kann dazu nur das sagen, daß der *Mut und der Zugang zu Gott* dabei immer noch ein wenig größer sind bei Menschen, die diesen Weg trotzdem weitergehen wollen.

5. Seht, das ist die Sache Jesu, die Sache, die er selbst auf Erden *bewegt* hat und die er den Seinigen auf Erden zur weiteren Bewegung hinterlassen hat. Sie muß *bewegt* werden, darum ist sie ein Geheimnis für die, die sich noch nicht bewegen wollen. Den *Ruf Gottes hören* heißt sich mitbewegen, mitarbeiten, mittragen an dieser Sache. Es soll *durchgekämpft* werden, was er ans Licht gebracht, daß der Mensch Gottes ist. Das Beste daran ist, daß es *seine* Sache ist. *Er* treibt sie. *Wir* führen nur aus. Er ist zur Rechten Gottes, sein bewegender Arm, kraft dessen es vorwärts geht, kraft dessen auch wir vorwärts kommen. Das Geheimnis wird immer größer und herrlicher, das Erkennen immer reicher, je deutlicher uns das wird: es ist *seine* Sache. Jesus selbst, der Anfänger und Vollender der einfachen Lebenswahrheit [vgl. Hebr. 12,2]. Unterdessen mag's heißen:

Ich auch *auf der tiefsten Stufen,*
Ich will glauben, zeugen, rufen,
Weil ich doch nur Pilgrim bin[4].

Das Neue, das er gebracht hat und das seiner vollen Enthüllung[?] entgegengeht, *umgibt uns doch schon* auch auf der tiefsten Stufen. Wir atmen *die neue Luft.* Wir haben Hoffnung. Er ist *nicht umsonst* über die Erde gegangen.

Lieder:

Nr. 142 «Jesus Christus herrscht als König» von Ph. Fr. Hiller, Strophen 1.2.11 (RG [1998] 492,1.3b.4b.11; EG 123,1.3b.4b.11)

Nr. 162 «Wach auf, du Geist der ersten Zeugen» von K. H. von Bogatzky / A. Knapp, Strophen 1.2.8 (RG [1998] 797,1.2.7; EG 241,1.2.8; jeweils mit Textabweichungen)

[4] Aus der letzten Strophe des Eingangsliedes «Jesus Christus herrscht als König» (s. Liedangaben).

Pfingsten

Epheser 3,14–21

Darum beuge ich meine Knie vor dem Vater, von welchem Alles, was Kinder heißt im Himmel und auf Erden, den Namen hat:
    er möge es euch nach dem Reichtum seiner Herrlichkeit geben, durch seinen Geist am inwendigen Menschen stark zu werden an Kraft, Christum wohnen zu lassen durch den Glauben in euren Herzen, in der Liebe gewurzelt und gegründet zu werden, ihr möchtet fähig werden, zu begreifen mit allen Heiligen, welches da sei die Breite und die Länge, die Höhe und die Tiefe, und zu erkennen die Liebe Christi, die doch alle Erkenntnis übertrifft, ihr möchtet erfüllt werden zu der ganzen Gottesfülle!

Dem aber, der überschwenglich viel mehr tun kann, als wir bitten oder verstehen, nach seiner Kraft, die in uns tätig ist, – ihm sei Ehre in der Gemeinde und in Christo Jesu für alle Zeiten von Ewigkeit zu Ewigkeit. Amen.

1. Wir *können Gott nicht verleugnen.* Wir können ein Netz von tausend Spinnfäden an *Zweifeln* und Fragen aufziehen, wir können ganze Schutthaufen von *Sorgen* und Klagen und Ängsten aufhäufen, wir können einen tiefen Graben von *Gedankenlosigkeit* und schlechtem Willen entstehen lassen zwischen ihm und uns, wir tragen doch seinen Namen wie Kinder den Namen ihres Vaters, das Tiefste und Höchste in uns ist doch das Göttliche. *Nicht das Eigene,* das Persönliche, in dem wir gefangen sind, *nicht das Irdische,* Oberflächliche, an das wir uns unbesonnen immer wieder verlieren, *nicht das Teuflische,* dem wir uns in unserem Wahnsinn so oft hingeben, ohne es zu merken. Wir *denken und tun* das Ungöttliche, weil wir uns selbst noch nicht verstehen. Aber irgendwo, vielleicht in einer Ecke unseres Herzens, haben wir wie die Athener den *Altar des unbekannten Gottes* [vgl. Act. 17,23], den wir respektieren, obwohl er uns unbekannt ist. Wer uns *den wirklichen Gott* zeigen könnte, der würde uns offenbar machen, was wir

---

[1] Am Sonntag, den 1. Juni 1919 predigte in Safenwil ein Missionar, während Barth mit einigen Gemeindegliedern nach Madiswil fuhr und dort am Gottesdienst mit Predigt seines Bruders Peter teilnahm.

selbst eigentlich meinen und suchen. Und wer uns lehren würde, uns *selbst recht* zu verstehen, der würde uns vor den wirklichen Gott stellen. Es ist *ein großer Irrtum* über uns, der hindert uns, uns selbst und Gott zu verstehen. Aus diesem Irrtum kommt es, daß das Göttliche in unserem Leben so verborgen, so begraben ist und daß uns Gott so fern und fremd vorkommt. Aber das ist eben nur der Irrtum, nicht die Wahrheit unseres Lebens. *Wir selbst* meinen und suchen das Göttliche, uns selbst ist Gott immer nahe. Unsere Sünde und unser Unglaube beweisen nichts dagegen. Das Licht ist stärker als die Finsternis. Wir stehen in einem ursprünglichen und unzerreißbaren Verhältnis zu Gott. *Nicht nur wir.* Gott hat im Himmel und auf Erden noch andere Kinder. Wenn wir offene Augen hätten, wir würden auch in der leblosen und belebten *Natur,* in den uralten, natürlichen *Lebensordnungen,* unter denen wir stehen, z. B. der Familie, der Arbeit, der Volksgemeinschaft, den göttlichen Ursprung wiedererkennen, den Sinn und Namen, den er allen Dingen gegeben, dieses natürliche und kindschaftliche Verhältnis zwischen ihm und Allem, was lebt und webt, wir würden weit darüber hinaus wenigstens *etwas ahnen* von dem einen großen Zusammenhang, der durch Alles hindurchgeht. Wenn wir es vielleicht *stark verlernt* haben, so hindurchzuschauen durch die Schöpfung zum Schöpfer, wenn wir den Zusammenhang der Welt aus den Augen verloren haben und nur noch ein wüstes Trümmerfeld sehen, wenn uns überall in der Welt nur das Materielle, das Äußere, das Gottlose, das Zerstörte vor Augen tritt, wenn es uns angst und bang wird vor diesem seltsamen Getriebe zwischen Himmel und Erde, wenn uns die Lust anwandelt, in grimmiger Enttäuschung Gott zu leugnen – wohl, es mag so sein. Aber es ist doch das alles wieder nur *der Irrtum,* der uns die Wahrheit verdeckt, nicht die Wahrheit selbst. Wir selbst sind unbeteiligt, auch wenn wir Gott verleugnen. Wir selbst *können* Gott nicht verleugnen.

2. Seht, *das ist Pfingsten.* Das ist der heilige Geist, den Jesus den Seinigen gibt, wenn die *Wahrheit,* die Lebenswahrheit, die Weltwahrheit zum Vorschein kommt, wenn es sich zeigt, daß der *Irrtum* eben nur Irrtum ist, wenn die Menschen selbst es *begreifen* und einsehen, daß sie Gott nicht verleugnen können. Der heilige Geist ist etwas ganz *Neues* für uns und doch eigentlich gar nichts Neues, sondern das Allerälteste:

unser ursprüngliches Verhältnis zu Gott. Etwas ganz *Überraschendes* und doch eigentlich nur das, worauf wir alle warten. Etwas ganz *Hohes,* Überlegenes und doch eigentlich das Allernaheliegendste, was jedem Kind, jedem Knecht, jeder Magd zugänglich und bestimmt ist: eine verborgene *Quelle,* die aufbricht, eine verschlossene *Tür,* die aufgeht, eine lang entbehrte *Heimat,* die plötzlich nahe und offen vor uns liegt. *Jesus selbst* ist nichts Anderes. Er ist nicht mehr und nicht weniger als die Wahrheit, der Sieg der Wahrheit. Pfingsten war nur die Fortsetzung von Jesus: es waren *Menschen da,* denen er geben konnte, was ihm selbst gegeben war, die älteste Gemeinde der Christen. In diesen Menschen kam es *zum Durchbruch,* was in ihm immer offenbar gewesen war, das Große und doch so Einfache, das Neue und doch so Selbstverständliche: die *Macht Gottes,* die größer ist als die Mächte des Irrtums. So haben sie selbst Pfingsten und den heiligen Geist aufgefaßt: Die *Herrlichkeit Gottes,* die gestört und zerstört war auf der Erde, leuchtet nun wieder. Der *Alpdruck* von Verständnislosigkeit und Gottesfremde, der auf dem Leben der Menschen lag, ist weggenommen. Die *verschlossenen Augen,* die vorher nur Tod und Finsternis sahen in der Welt, blicken nun mutig und hoffnungsvoll. Frei dürfen die Menschen aufatmen, weil Gott wieder Gott ist: ihm sei Ehre in der Gemeinde und in Christo Jesu von Ewigkeit zu Ewigkeit! Daß diese Veränderung keine sektenhafte *Einbildung* war, sondern ein ganz allgemein einleuchtendes Ereignis, das zeigte sich an dem Verständnis, das in weitestem Kreise sofort dafür bekundet wurde. Und daß in diesem Ereignis keine *Selbsttäuschung* war, das zeigte sich darin, daß etwas anders bei ihnen wurde gerade im heikelsten Punkt des ganzen Lebens, nämlich im Geldpunkt: ob sie gerade geteilt haben, ist sehr fraglich, aber jedenfalls war der Mammon nicht mehr der respektierte Mittelpunkt ihres Lebens, sie lebten nicht mehr für das Geld, sondern für das Leben, sie konnten geben, ohne zu rechnen. Und daß *nicht nur die Menschen* anders geworden, sondern die ganze finstere Irrtumswolke, die über der Welt liegt, ins Weichen gekommen war, das zeigte sich an der heilenden Macht, die diesen Menschen auch im Natürlichen, Körperlichen, gegenüber den Krankheiten gegeben war. Es wurde in jeder Beziehung Ernst: Gott kam wieder zu Ehren auf der Erde.

3. Der heilige Geist ist *die Kraft Gottes,* die in den Menschen tätig wird, heißt es mehrfach in unserem Text. *Kraft* ist das, was bewegt. Wir können vom *Irrtum* bewegt sein und sind es tausendfach. Das Geld hat Kraft, die Leidenschaft hat Kraft, der Neid hat Kraft, sogar die Dummheit und Faulheit haben ihre Kraft. Wir wollen das Ungöttliche nur anschauen, wo es sich regt und bewegt und uns treibt und führt. Wir können an ihm lernen, was Kraft ist. Wir können aber auch von der *Wahrheit* bewegt werden, und dann ist auch die Wahrheit eine Kraft in uns. Sie kann uns erschrecken oder erfreuen, sie kann uns zu Taten antreiben oder in die Stille führen, sie kann über uns kommen wie ein stürmisches Gewitter, oder sie kann uns nur leise anwehen. Es kommt darauf nicht viel an. Wenn wir nur *einmal bewegt* werden und aus der Ruhe herauskommen, wenn wir nur *erwachen,* nur erschüttert und ergriffen und nicht mehr losgelassen werden von dem Verborgenen, das nicht Irrtum ist, sondern Wahrheit. Dann tritt *Gott auf den Plan* und spricht: Ich bin! Dann tritt *seine Kraft in Kampf* und Konkurrenz mit den anderen Kräften. Dann wird unser Leben irgendwie eine *Fortsetzung* dessen, was Jesus auf der Erde begonnen. Worte, Gedanken, Ideen, Gewohnheiten, so schön und groß sie sein mögen, machen keine Geistesmenschen. Das *Bewegtwerden* macht sie. Der heilige Geist ist *die Gegenwart Jesu.* Wir sagten es eben: «daß Christus wohne durch den Glauben in euren Herzen», wünscht Paulus seinen Lesern. In Jesus *war einst* die Fülle der göttlichen Kraft und Energie, die die Wahrheit über den Irrtum triumphieren ließ. Aber sie war nicht nur, *sie ist.* Er ist kein Vergangener, sondern ein *Gegenwärtiger.* Die Bewegung, die von ihm ausgegangen ist, *geht weiter.* Es ist in der Welt ein *fortlaufendes Offenbarwerden* der verborgenen Wahrheit. Sie *sucht* offene, aufmerksame Herzen. Wo sie sie *findet,* da kehrt sie ein, da wird sie heimisch, da entzündet sich an dem großen Feuer ein neues, selbständiges Wahrheitslicht. Menschen, die empfänglich und aufrichtig genug sind, daß diese jetzt noch verborgene Jesusbewegung in ihr Leben eintreten kann, die werden dann sozusagen *Träger seiner großen Sache.* Das bedeutet eine große Ehre und Verantwortung. Durch sie redet und zeugt Jesus selbst weiter. Er *erwählt sich dazu* mit Vorliebe scheinbar widersinnige, weit abseits stehende Leute, die aber einen ausgesprochenen Sinn für das Wahre und Wirkliche haben. Er hat sie oft schon erwählt, lange bevor sie selbst es merken und wissen. *Wer nur aufrichtig ist,* darf sicher darauf rechnen, einmal ein solcher Träger der Sache Jesu zu werden. Er ist es vielleicht schon und kann es immer mehr werden, wenn er sich sauber[?] erhält und ohne Nebengedanken seinen Weg geht. Wir dürfen nur *nicht erwarten,* von dieser Gegenwart Jesu immer ein Gefühl zu haben. Man hat viel zu viel darauf gedrungen, daß man es fühlen müsse, und hat so der Unaufrichtigkeit und damit doch wieder dem Irrtum geholfen. Jesus macht es gerne ohne unsere Gefühle. Er *braucht nur den Glauben.* Der Glaube ist aber ein sehr schlichtes, gefühlloses Jawort. Man glaubt mit dem Herzen und nicht mit den Nerven.|

Der heilige Geist ist ein *Eingewurzelt- und Gegründetwerden in der Liebe.* Paulus braucht nicht umsonst so starke, merkwürdige Worte. Liebe ist ja *in der Tat das,* was wir alle am meisten entbehren und am meisten suchen. Wir ahnen, daß Liebe das heimliche *Band ist,* das die Welt zusammenhält, und haben vor Augen, wie es geht, wenn dieses Band nicht hält. *Gott* ist die Liebe, wenn wir in der Liebe leben würden, bräuchten wir nach Gott nicht zu fragen; denn die Liebe *ist* Gott [vgl. 1. Joh. 4,8.16]. Aber gerade darum ist Liebe etwas *Tiefes* und Besonderes. Wir nennen gar Manches Liebe, was mit dem wirklichen Leben in der Liebe nur die entfernteste Ähnlichkeit hat. Liebe ist etwas sehr Radikales, Weitgehendes, von dem oft die größten scheinbaren Geistesmenschen keine Ahnung haben. Ohne Liebe gibt es aber *keine wirklichen* Geistesmenschen. Lieben heißt sich nicht mehr *abgrenzen,* abheben, absondern wollen von den Anderen, weder allein noch in Gruppen. Liebe heißt sich durchaus dagegen wehren, daß das Göttliche zu einer *Privatsache* oder Parteisache, zu einer Kirchensache oder Vereinssache werde. Liebe heißt aufhören mit dem *Unterschiedmachen:* «Ich» oder «wir» und «der Andere», unsere Sache[?], unsere Gerechtigkeit, unsere Art, unsere Bestrebungen, unser Geist! Zum Wort «*Geist*» paßt kein solches Fürwort. Das alles ist Finsternis und nicht Licht. Es mag uns manchmal unvermeidlich sein, uns so zu halten, aber wir müssen dann darüber trauern, daß wir offenbar den Geist noch nicht oder nicht mehr haben. Wo der Geist ist, ist eine große *Offenheit.* Der Geist zersprengt alle Absonderungen und Zusammenrottungen. Der Geist *verleidet es uns,* einsam oder gemeinsam abseits zu gehen. Wenn er es uns noch nicht verleidet hat, wollen wir es als Zeichen nehmen, daß wir noch keine Geistesmenschen sind, und wenn wir allen Glauben und alle Liebe hätten, Liebe heißt *an die Menschen glauben,* so gut wir an Gott glauben, daran glauben, daß sie auch die Wahrheit entbehren und suchen wie wir selber, daß sie auch Gott nicht verleugnen können. Liebe heißt *einander aufnehmen,* mitnehmen, tragen, bedenken, aufeinander warten. Liebe heißt mit den Anderen zuerst *gemeinsame Sache* haben. Man kann dann *immer noch* streiten, schelten, kämpfen miteinander, das ist oft auch nötig in der Liebe, aber zuerst die gemeinsame Sache, *zuerst* die tiefe Einsicht: wir verstehen uns ja, wir meinen ja im Grunde das Gleiche, wir trauen es ja einander zu, daß wir's aufrichtig meinen. Liebe heißt *einander halten* und einander doch ganz frei geben. Es braucht tiefe Wurzeln und einen festen Grund, um so zueinander zu stehen. Wo man so zueinander steht, da ist der heilige Geist. – Die bewegende *Kraft Gottes* macht uns zu *Trägern* der Sache Jesu, Jesu Sache kann nicht anders getragen werden als in der *Liebe.* So greift Alles ineinander. Eins kann nicht sein ohne das Andere, der heilige Geist ist etwas Ganzes, wie Gott selber ganz und völlig ist.

4. *Der heilige Geist ist mehr,* ist etwas Anderes als Religion, Christentum und Kirchenwesen, und wenn es damit tausendmal besser stünde als bei uns. Es handelt sich nicht um das uns gewohnte und zugängliche christliche Wesen, sondern um das Begreifen des Unbegreiflichen, um das Glauben des Unglaublichen, um die Erkenntnis der Liebe Christi, die doch alle Erkenntnis übersteigt. Es handelt sich um Gott selbst. Paulus hat die Epheser *gelobt* wegen ihres Glaubens und ihrer Liebe, und er hat ihnen doch vom Geist geredet als von etwas ganz *Anderem,* das sie ganz neu begreifen müßten [1,15–18]. Alles christliche Wesen, auch das schönste, kommt *von der Erde,* der heilige Geist kommt mit Brausen vom Himmel [Act. 2,2]. Beim christlichen Wesen handelt es sich um eine *besondere Seite* und Angelegenheit des Lebens, beim heiligen Geist handelt es sich um das Leben selbst. Das christliche Wesen wird immer die Sache *Einzelner* sein, der heilige Geist ist die Menschheits- und Weltsache. Das christliche Wesen *findet sich in der Welt,* freut sich, wenn es von der Welt anerkannt wird, und dankt ihr damit, daß es auch die Welt gehen läßt, wie sie will, der heilige Geist greift die Welt an, legt ihr Fragen vor, gibt

ihr zu denken, übt einen stillen, aber starken Einfluß aus auf sie. Christliches Wesen ist immer ein *Werk der Menschen,* der heilige Geist ist die Hand Gottes selbst. Christliches Wesen *beseitigt* den großen Irrtum, den Lebens- und Welturrtum nicht, der heilige Geist hebt ihn auf, er ist die Wahrheit selber, das Licht, das die Finsternis verschärft. Christliches Wesen führt uns auf die *höchste Höhe* der Menschheit, der heilige Geist eröffnet uns den Ausblick auf die ganze Fülle Gottes. Wir wollen *dankbar und treu* umgehen mit dem, was wir an wirklich christlichem Wesen haben, aber *es gibt etwas,* das geht über unser Bitten und Verstehen, und das ist's, was uns eigentlich hält und trägt und bewegt und von dem wir mehr erwarten, Alles erwarten können für die Zukunft, *das, was aus der Höhe kommt* und kommen will, wenn *Menschen da sind,* die nach diesem Großen *verlangen* und ihre Knie beugen wollen vor dem Vater, *damit es* komme.

5. *Wir verlangen ja eigentlich alle* nach diesem Großen. Vielleicht stehen wir dem christlichen Wesen etwas *mißtrauisch* und ablehnend gegenüber und haben das Gefühl: das genügt nicht! Vielleicht stehen wir *eifrig und ernst* mitten drin und haben doch im Stillen auch manchmal das Gefühl: das genügt eigentlich nicht! In diesem Gefühl könnten wir uns eigentlich alle *finden.* Wo ist die Kraft Gottes? Wo ist die Gegenwart Jesu? Wo ist die weite, die freie, die tragende Liebe? Wenn wir *gemeinsam so fragen,* können wir auch gemeinsam die Antwort hören, die uns Pfingsten gibt, daß der heilige Geist das alles ist und bringt und schafft. Damit er aus uns und unserer verworrenen[?] Zeit *sein und bringen und schaffen* kann, dazu müssen wir dann allerdings sowohl das Mißtrauen als die Selbstgerechtigkeit *ganz aufgeben* und tun, was Paulus getan hat: ich beuge meine Knie vor dem Vater! *Ich sehe* dieser gemeinsamen Not, daß es noch nicht weiter ist mit dem Geist, aufrichtig ins Gesicht. Ich will sie ganz *auf mich nehmen* und auf keine Ausrede sinnen. Ich will sie *bewegen und bewegen* in meinem Herzen und alle andere Sorge darüber vergessen. – *Ich sehe* aber auch geradeaus auf das Hoffnungsziel, daß es mit dem Geist und im Geist weitergehen wird und muß. Ich will ein *offener* Mensch werden, der dieser Hoffnung würdig ist. Ich will mich *freuen* an dieser Hoffnung wie über nichts Anderes. Solche Menschen, die auf den Geist vertrauten und sich vor Gott beugten, waren die ersten Christen. Der

Tag der Pfingsten war die göttliche *Antwort*, die ihnen wurde. Solche Antwort wird *uns auch* werden. Wir werden mehr und *Besseres sehen*, als wir jetzt sehen, bald und in Vollkommenheit, wenn wir uns entschließen, *ihren Weg* zu wählen.

Lieder:

Nr. 146 «Komm, Schöpfer Geist, kehr bei uns ein» von A. E. Fröhlich nach Hrabanus Maurus, Strophen 1–4 (RG [1998] 499,1–4; vgl. EG 126)

Nr. 6 «Lobe den Herren, den mächtigen König der Ehren» von J. Neander, Strophen 1.4.5 (RG [1998] 242,1.4.5; EG 317,1.4.5 mit teilweise abweichendem Text)

Epheser 4,1–6

*So ermahne ich euch nun, ich Gefangener in dem Herrn: wandelt
würdig der Berufung, zu der ihr berufen seid, mit aller Demut und
Sanftmut, mit Geduld! Ertraget einander in Liebe! Seid fleißig, die
Einheit des Geistes zu bewahren im Bande des Friedens!*

*Ein Leib und ein Geist, wie ihr ja auch durch eure Berufung zu
einer Hoffnung berufen seid! Ein Herr, ein Glaube, eine Taufe! Ein Gott und Vater Aller, der da ist über Allem und durch
Alles und in Allem.*

1. Es gibt nur *eine wichtige Frage.* Es fragt sich nämlich, ob wir's schon
gemerkt haben, daß das *Leben selbst* eine herrliche, heilige, verantwortliche Sache ist. Eine Sache, die unendlich viel *größer* und höher ist
als unser kleines Dasein und die uns doch unendlich viel mehr angeht
als alles Andere, und wenn es uns noch so heftig brennte und bewegte.
Eine Sache, die unserem Herzen und unserem Verstand zunächst
kaum faßbar erscheint und die uns doch sofort ganz verständlich
wird, wenn wir einmal auch nur auf einen Augenblick um die Ecke
gesehen haben. Eine Sache, die ihren *eigenen Weg* vorwärts geht und
bei der wir doch absolut dabei sein müssen mit ganzer Seele. Eine
Sache *ganz für* sich, die man mit keinen anderen Angelegenheiten
vermischen kann und um die es doch beständig geht im Großen wie
im Kleinen bis in die kleinsten Entscheidungen des Alltags hinein. Das
ist *das Leben.* Nicht das Familienleben, nicht das Berufsleben, nicht
das persönliche Leben, nicht das politische und nicht das religiöse
Leben und doch auch wieder das alles miteinander und Alles, was wir
nur Leben heißen mögen – das Leben selbst, das Leben, das da ist über
Allem und durch Alles und in Allem. Und das ist eben die allein
wichtige Frage, *ob wir's gemerkt haben,* daß das Leben *so ernst* ist wie
nichts Anderes und so freudig wie nichts Anderes. Wir stehen auf dem
Boden des Lebens, sicherer, als daß wir auf dem Erdboden stehen. Wir
atmen das Leben, sicherer als die Luft. Wir *nähren uns* vom Leben,
sicherer als vom Brot. Was uns *fehlt,* ist das Leben, und wenn das
Leben uns nicht fehlte, würde uns nichts fehlen; alles Andere, wonach
wir seufzen und schreien, sind nur kindliche, unvollkommene Ausdrücke für das Leben. Wir *leben* um des Lebens willen, alle anderen

scheinbaren Lebenszwecke sind nur Seitenwege, wie man eben einmal einen Ausflug macht zwischen der Arbeit, wir müssen doch immer wieder zur Hauptsache zurück. Das Leben verlangt unsere *Aufmerksamkeit*, unsere Teilnahme, unsere Mitarbeit. Es will im tiefsten Grunde *das Einzige* sein, über das wir trauern und über das wir jubeln. Es hat uns in Beschlag genommen, es will uns immer mehr in *Anspruch* nehmen, es will uns ganz haben. Es will immer mehr über Allem und durch Alles und in Allem sein, was wir Leben heißen.

2.   O, fragt mich doch nicht: *was ist das, das Leben?* Sagt mir doch nicht: *wir wissen nicht*, was das ist, wir verstehen dich nicht! Es ist ja wahr, daß wir die *rechten Worte nicht haben* dafür, daß wir alle in Verlegenheit kommen, wenn wir vom Leben reden hören oder gar selber reden möchten. Aber das kann doch niemand sagen, daß er noch gar nichts *gemerkt* hat von dieser Sache des Lebens im Leben, dieser verborgenen Hauptsache des Lebens, die so unvergleichlich drängt und treibt und beunruhigt und doch auch wieder so unvergleichlich friedlich, still und selig ist. *Wir haben's* doch gemerkt. Wir sehen doch alle irgendwo *die große Not*, den wunden *Punkt*, das Rätsel, das Hindernis, gegen das wir anstürmen und vor dem wir nicht weiterkommen. Der Eine *sieht's* in seiner Familie, der andere in den politischen und wirtschaftlichen Zuständen, der andere an einem bestimmten Mitmenschen, der andere in seinem eigenen Charakter und vielleicht noch tiefer in sich selbst. Aber wir *sehen* es. Es *beschäftigt*, betrübt und bedrückt uns alle irgendwie etwas ganz Großes. Wir sehen aber auch alle irgendwo *die große Hoffnung*, eine Art *Antwort* und Auflösung, eine schöne *Möglichkeit*, die aus der Verwirrung und Dunkelheit herausführen könnte. Es kommt jetzt nicht so viel darauf an, wie wir uns das *vorstellen*, wie wir das sehen. Unsere Hoffnungen mögen so verschieden sein wie unsere Nöte. Aber wir *sehen auch* eine Hoffnung. Irgendwo ist etwas, das uns trotz Allem noch *freut*, tröstet, ermutigt, mit Zuversicht erfüllt.|

Und nun sehen wir noch etwas Drittes neben der Not und der Hoffnung. Wir sehen alle, daß *die Hoffnung größer ist* als die Not. Ich sage das auch von denen und zu denen, die die Lage als ganz bedrohlich ansehen, die über ihre Mitmenschen und vielleicht auch über sich selbst ein ganz scharfes Urteil fällen, die ganz tief betrübt und bedrückt sind von ihrer besonderen oder von einer mehr allgemeinen Not. Nicht wahr, die Hoffnung, die ihr seht, ist doch immer noch *ein wenig größer* als die Not. Nicht wahr, eigentlich, im Ernst, im tiefsten Grunde kann gar *niemand behaupten,* daß Heil und Unheil, Segen und Fluch ungefähr gleich stark seien, sich die Waage halten, oder gar, daß die Finsternis stärker, größer sei als das Licht. Nein, das wissen wir ganz gut, das kleine Pünktlein Hoffnung in uns hat *mehr Recht und mehr Kraft* als das ganze Meer von Not, das auch in uns sein mag. Das *Zünglein der Waage* geht auf diese Seite. Die Vorberge sind groß, aber *die Alpen* sind noch größer. *Vielleicht* freuen wir uns nicht genug darüber. Vielleicht nehmen wir es nicht ernst genug damit. Vielleicht machen wir ein Gesicht und führen Worte, als ob wir keine Hoffnung hätten. Vielleicht haben wir manchmal Lust, alle Hoffnung zu verleugnen. Aber *wir können nicht.* Unser Herz ist nicht dabei. In dem Augenblick, wo wir aufrichtig sind, wo wir ganz uns selbst[1] sind, fühlen wir uns vorwärts gewiesen.|

Seht, *das ist das Leben.* Wie sollten *wir*[2] davon nichts wissen? Wir stehen in einem scharfen, schweren Gericht. Aber es ist auch Gnade mit uns und über uns. Und die Gnade geht hell und froh auf wie der *Morgenstern* und verkündigt den vollen Tag. Das ist das Leben, so berührt es uns alle. – *Wir müssen*[3] den tiefen *Jammer,* der da irgendwo vorhanden ist auch für uns, einsehen und anerkennen, nicht sagen: es ist nicht so gefährlich, es geht mich nichts an! Wir müssen dem wunden Punkt nachgehen, müssen uns erschrecken, erschüttern lassen davon, daß dieses Hindernis da ist. Wir müssen aber auch auf *das Gute* sehen, das jetzt schon da ist und sich uns anbietet, müssen uns trösten und ermutigen lassen, wo Trost und Ermutigung ist, müssen an die bessere Möglichkeit glauben, wo sie sich auftut. Wir sind gesegnet, wir müssen uns segnen lassen. Und darüber hinaus: wir müssen *uns schon[?] führen lassen,* müssen das Zünglein der Waage nicht hindern, den Morgenstern nicht aufhalten wollen in seinem freudigen Lauf, müssen allmählich ehrlich eingestehen können, daß die Alpen wirklich höher sind als die Vorberge, müssen uns immer bereit halten,

---

[1] = wir selbst.
[2] 3 Worte sind mit Wellenlinie unterstrichen.
[3] 2 Worte mit Wellenlinie unterstrichen.

wieder einen Schritt zu tun, müssen bald wartend und bald eilend von ganzem Herzen, von ganzem Gemüt und aus allen unseren Kräften [vgl. Mk. 12,30] dabei sein, wenn das Licht über die Finsternis Meister wird. – *Das ist das Leben*[4], wir sind alle daran beteiligt, an seiner Bewegung, an seinem Fortschreiten, an seinen Kämpfen und Siegen. Und das eben ist die allein wichtige Frage, ob wir *im Ernst* und mit Freude daran beteiligt sind, ob wir das alles recht *klar vor Augen* und recht tief im Herzen haben, ob wir *bewegte Menschen* sind. Die große Sache des Lebens, von der wir da reden, ist aber *die Sache Gottes*. Und die Lebensfrage ist eigentlich die *Gottesfrage*. Und wenn uns diese Sache wichtig wird, dann werden wir *von Gott berufen* in seinen Dienst und zu seinem Reich. Und wer das Leben ergreift an irgend einem Punkt, der wird eben damit *von Gott ergriffen*. Und wenn ihr mich fragt, woher ich das alles weiß, so antworte ich: das ist die Lebenswahrheit, die uns *im Heiland* offenbart ist und die wir bei ihm immer wieder suchen müssen.

3. Und nun hören wir in unserem Text, darin liege das *Geheimnis der Einheit*, des Friedens, der Liebe unter den Menschen, daß wir von der Sache Gottes bewegt werden. *Steht es* mit dieser Bewegung, wie es soll, dann sind [wir] einig. *Bewegte Menschen* sind friedliche Menschen. Je *weiter es mit uns* kommt im Merken dieses Einen, was not tut [vgl. Lk. 10,42], desto lieber können wir einander haben. Wenn Paulus recht hat, dann hängt also *die Liebe* aufs engste mit dem Leben zusammen. Wo man das *Leben versteht* [?], dem Leben sich hingibt, wo man Gott gehorsam wird, da kommt die Liebe von selber. *Im Dienst der Sache Gottes* werden wir einig. Denn *da heißt es:* ein Leib und ein Geist (nämlich der Leib und Geist des Heilands) – eine triumphierende Hoffnung, zu der wir berufen sind, ein Herr, ein Glaube, eine Taufe, ein Gott und Vater über Allem. Das *Reich Gottes* ist in sich einig und unteilbar. Es gibt nur *ein Leben*, in das wir durch den Heiland hineingestellt werden. Und so betreten wir hier *das Gebiet*, wo es möglich und sogar notwendig ist, einig zu sein und sich lieb zu haben. *Wenn wir* dieses Gebiet wirklich betreten, wenn wir uns *im Ernst* und mit Freude hingeben an die Sache des Lebens, wenn wir

---

[4] 4 Worte mit Wellenlinie unterstrichen.

würdig *wandeln* der Berufung, mit der wir berufen sind, sind wir einig, haben wir uns lieb.

Einheit ist eine große Sache. Man hört jetzt oft davon reden mit einem gewissen seufzenden *Verlangen.* Man liest sogar in den *Zeitungen* davon, der Krieg hat das Verlangen nach Einheit allgemein gemacht. Da ist Einer, der seufzt nach mehr Einheit in seiner *Familie,* zwischen Mann und Frau, zwischen Eltern und Kindern. Da klagt ein Anderer über die verloren gegangene Einheit in unserer *Gemeinde.* Dort ruft man nach Einheit im *Vaterland* und dort nach der Einheit unter den *Völkern,* die immer nicht kommen will. Auch solche *rufen mit,* die selber vielleicht die größten Sonderlinge und Streithähne sind, die mit niemand auskommen. Es hat etwas *Ergreifendes* und Rührendes, wie Alles so nach Frieden und Einheit ruft, und es ist ein großes Zeugnis für die Wahrheit, daß es geschieht. Wir bekennen uns damit zu Gott, ohne daß wir's wissen und wollen, denn in Gott ist Einheit.

Wir müssen uns nur klar werden darüber, daß Einheit *auch nur von Gott* zu uns kommen kann, nämlich dadurch, daß *wir es merken,* was die Lebensfrage ist, dadurch daß wir uns in den *Dienst Gottes* stellen, und zwar ernsthaft und freudig.

[5]*Solange wir uns darüber nicht klar sind*[6], gehen alle unsere Seufzer und gegenseitigen Ermahnungen in die Luft. *Ohne Gott* können wir uns nicht lieb haben, nicht einmal wirklich zusammenhalten. *Ohne diese Hingabe* an die Sache des Lebens muß Streit und Auflösung sein. Alles, was so entsteht in scheinbarer Einheit, trägt den *Todeskeim in sich,* muß sich auflösen. Wie der Friede vor dem Weltkrieg und der Friede, den man jetzt in Paris schließen möchte[7], wie es in mancher Familie gegangen ist nach jahreund jahrzehntelangen Friedenszeiten, wie es in mancher Freundschaft erlebt worden ist. Es ist dann *immer viel besser,* wenn der Riß kommt in solche Einheiten, die doch nur auf Täuschung beruhen. Es ist zum Beispiel nie ein Unglück, wenn *ein Verein,* und wäre es der schönste, zerfällt und sich auflöst. Es ist das nur ein Zeichen der Wahrheit, daß am Leben gefehlt hat. Und der

---

[5-5]Von Barth in eckige Klammern gesetzt.

[6] 4 Worte mit Wellenlinie unterstrichen.

[7] Am 16. Juni forderten die Alliierten Deutschland ultimativ zur Unterzeichnung des Friedensdiktates auf. Wegen der drohenden Gefahr eines Einmarschs ins Reichsgebiet gab die deutsche National-Versammlung unter Protest ihre Zustimmung.

Wahrheit muß man die Ehre geben. *Menschen, die noch nie erschüttert und erschrocken* sind über die Welt und über sich selbst und über den Menschen, können gar nicht Frieden halten, sie sind dazu viel zu sicher und selbstgerecht. Aber auch solche *Menschen, die gar keine Hoffnung haben* und Alles grau in grau sehen, können nicht Frieden halten; viel zu viel Gift und Säure ist [in] ihnen angesammelt. Und wenn die *Hoffnung nicht länger[?] das Größere und Stärkere* ist, das uns bewegt, so ist noch einmal kein Friede und keine Liebe möglich, denn Liebe ist ein Sieg über die Finsternis, und wenn man an den nicht glaubt, so kommt er auch nicht.[5]

Wir müssen willig[?] *hineinstehen in die Bewegung des Lebens*[8], dann geht's. Man kann also der Wahrheit auch so die Ehre geben. Es gibt *keine Ehe,* die eine unglückliche Ehe sein und bleiben müßte, *keine Verlobung,* die durchaus notwendig aufgehoben werden müßte, keine *Eltern und Kinder,* die sich unter keinen Umständen mehr verstehen könnten, keine *Partei- und Klassenkämpfe,* die verewigt werden müßten, keine *Völkergegensätze*[?], die alle Verbindungen unmöglich machten. Es gibt nichts, was den Menschen *absolut vom Menschen trennen* kann. Es muß nur *das «ohne Gott» aufgehoben* werden, es muß nur die *Einheit des Geistes* eintreten, es muß nur der *Friede von oben* möglich werden. Er wird möglich, wo *die Menschen bewegt* sind oder wieder bewegt werden vom Leben, von der großen Not und der großen Hoffnung. Dazu müssen freilich die vielen *Schwätzer einmal still werden,* die den Frieden immer wieder auf die andere, die irdische Weise machen möchten. Man muß nüchtern und keusch genug sein, *ihn wachsen zu lassen.* Er *wächst aber wirklich,* wo man aufrichtig nach Gott fragt und sucht. Wenn wir's doch *merken würden, wie einfach* auch sehr schwierige Verhältnisse sich lösen könnten, wie lieb wir einander haben könnten, wenn wir mit unserem Verlangen nach Frieden und Einheit *nicht so vorbeirennen*[?] würden an Gott selber, wenn wir eine *Gemeinde Jesu* wären, die sich ernsthaft und freudig für das Leben im Leben interessiert.

[8] 6 Worte mit Wellenlinie unterstrichen.

4. Ich will nach den Worten unseres Textes noch Einiges nennen, *was bewegten Menschen möglich wird* in dieser Beziehung. Sie können *demütig* sein. Demut ist etwas sehr Starkes. Demut heißt, sich selber unten anstellen können. *Scheinbar* müßte ein Mensch, dem etwas so Großes gelungen ist wie das, das Leben selbst ernst zu nehmen, hochmütig und eingebildet werden. Die Gefahr ist vorhanden. Aber wenn er's *wirklich ernst* nimmt, ist sie nicht vorhanden. Es ist etwas gar Großes, um das es sich handelt, da wird der *Mensch von selbst klein,* der es begriffen hat. Das Gericht und die Gnade Gottes und die zukünftige Herrlichkeit sind zu große Dinge, als daß der Mensch neben ihnen *auch noch groß* sein könnte. Er *interessiert sich* einfach nicht mehr so stark für sich selbst. *Auch nicht* für seine Familie, seinen Verein, seine Partei oder was da sein mag, auf das man stolz sein kann. Es ist ihm in dem allem nur noch *um die Sache* zu tun, nicht mehr darum, recht zu haben. Er kann gerne auch unrecht haben. Wenn man ihn *schilt und kritisiert,* so rennt man offene Türen bei ihm ein, denn er hat sich schon selbst gescholten und kritisiert. Er hat sich *schon gebeugt.* Darum kann, muß er nicht mehr gebrochen werden. In dieser Demut lebt und wirkt *der Geist.* Solche demütigen Menschen werden immer wieder auch die *Einheit* hervorbringen, nur sie können es.|

Sie können auch *sanftmütig* sein. Auch Sanftmut ist etwas Starkes. Wenn wir meinen, Sanftmut sei schwach, wissen wir nicht, was Sanftmut ist. Sanftmut ist *das Gegenteil* von einem herrenmäßigen, brüsken Wesen, mit dem man imponieren möchte. Sanftmut ist das, was Paulus ein andermal *Lindigkeit* genannt hat [Phil. 4,5]. Wenn man's gemerkt hat, wie man von Gott *vorwärts geführt wird* wie mit weisen Mutterhänden[9], wenn man sich dieser Führung anvertraut und hingegeben hat, dann möchte man das auch gegen Andere *zum Vorschein* bringen, und es kann nicht anders sein: es kommt mit der Zeit etwas zum Vorschein. Vielleicht *nicht sofort.* Man versucht's noch eine Weile im Scharfen [?], indem man laut und bös auf das Böse hinweist und steif und gerecht auf das Gute wie ein Wegweiser, der immer nur nach zwei Seiten zeigen kann mit seinen hölzernen Armen, dann wird *etwas weich [?] in einem,* und man verlegt sich auf das mehr milde,

[9] Vgl. die 5. Strophe des Chorals «Sei Lob und Ehr» von J. J. Schütz (GERS [1891] 9; RG [1998] 240; EG 326).

freundliche Führen, wie man selber von Gott freundlich geführt ist. Diese *Milde*, hinter der aber die ganze unheimliche Gewalt des Himmelreichs verborgen ist, das ist Sanftmut. Solche Sanftmut ist auch wieder *Geist*, und solche Menschen *schaffen* für den Frieden.|

Sie können auch *geduldig* sein. Auch Geduld ist etwas Starkes, wenn es die wirkliche, lebendige Geduld ist. Geduld im Verkehr mit den Menschen ist das Hoffen. Sie ist das eigentümliche Tragen, das überall im Evangelium als das eigentlich *göttliche Tun* zum Vorschein kommt. Gott trägt die Menschen mit ihren Sünden und Fehlern. Menschen, die sich von Gott tragen lassen, können auch andere tragen. Das ist das ganze Geheimnis, aber es ist groß. *Geduld hast du* mit mir, wenn du *keine Grenze* ziehst zwischen dir und mir. Wenn du daran glaubst, daß ich *auch mit möchte* im Dienst Gottes, in der Bewegung des Lebens. Wenn du mir *Freiheit lässest*, so mitzukommen, wie ich muß und kann. Wenn du auf mich *wartest*, auch wenn ich mich in unbegreiflicher Weise versäume oder abseits gerate. Wenn du immer wieder *bereit bist* für mich, um Seite an Seite mit mir weiterzugehen. Wenn du mir das Vorwärtskommen *nicht sauer* machst durch die ewige Versicherung, daß du Recht habest und ich Unrecht, auch wenn es wahr ist. Wenn ich dir so recht anspüre, daß es dir weder um dich noch um mich zu tun ist, sondern *um etwas Höheres*, das es unter allen Umständen gewinnen muß. Das ist Geduld. Wenn man Geduld hat miteinander, *darf man* verschiedene *Ansichten* und Charaktere und Temperamente haben. Man darf *die Freunde* haben oder auch andere. Man darf *zur Kirche* halten oder auch zur Kapelle oder auch zur Heilsarmee. Man darf *freisinnig* sein oder auch Sozialdemokrat. Du darfst und ich darf. Es macht nichts. Wir geben uns darum nicht auf. Man redet darum doch miteinander, und man glaubt aneinander. Es ist doch Friede. Mit der Geduld geht's. Denn die Geduld ist *der Geist*. Und im Geist ist *Freiheit* [vgl. 2. Kor. 3,17].

Da wäre noch Vieles zu sagen. Wir wollen aufhören für diesmal. Das *Kurze und Lange* ist immer das: Wenn wir vom Leben *bewegt* sind, im *Dienst* Gottes stehen, wenn Gott uns *zerknirscht* und klein macht und andrerseits *aufrichtet* und groß macht, wenn es uns einmal um ihn zu tun ist, dann seufzen wir *nicht mehr umsonst* nach Einheit und Frieden. Sie sind dann *unterwegs,* auch wenn sie noch nicht da sind. Die *Ermahnung:* Ertraget einander in Liebe, geht dann nicht mehr in die Luft, sondern findet fruchtbaren Boden. Wäre es nicht *der Mühe wert,* nur schon um dieses Einen willen mit ganz anderer *Energie* an die heilige, verantwortliche Sache des Lebens heranzutreten?

Lieder:

Nr. 187 «Wort aus Gottes Munde» von H. C. Hecker (1699–1743), Strophen 1–3 (GERS [1952] 263,1–3 mit abweichendem Text)

Nr. 168 «O daß doch bald dein Feuer brennte» von G. Fr. Fickert, Strophen 5–8 (RG [1998] 816,5–8; EG 255,5–8)

Epheser 4,7–16

Einem Jeden von uns ist die Gnade in dem Maß gegeben, als sie ihm in **Christus geschenkt** *ist. Darum heißt es: Er ist aufgefahren in die Höhe und hat das Gefängnis gefangen genommen und hat den Menschen Gaben gegeben. «Aufgefahren» – was heißt das Anderes, als daß er auch niedergefahren ist in die Tiefe der Erde. Der niedergefahren ist, ist derselbe, der auch aufgefahren ist über alle Himmel, auf daß er Alles erfülle.*

Und derselbe ist's, der die Einen als Apostel, die Anderen als Propheten, die Anderen als Evangelisten, die Anderen als Hirten und Lehrer gegeben hat – Alles, um die Heiligen zuzubereiten zu ihrer Dienstleistung am Bau des Leibes Christi – bis wir alle **hinankommen zur Einheit** *im Glauben und in der Erkenntnis des Sohnes Gottes, zum vollkommenen Mannesalter nach dem Maßstab der Fülle Christi, so daß wir nicht mehr unwürdig sind, geschaukelt und umhergeworfen von jedem Wind der Lehre durch das Spiel, das die Menschen treiben in ihrer Schlauheit, im Dienst trügerischen Irrtums, sondern der Wahrheit dienen in Liebe und so wachsen in allen Stücken an dem, der das Haupt ist, Christus.*

Von ihm aus kann der ganze Leib, zusammengesetzt und zusammengehalten durch den Dienst aller Gelenke, **unter bestimmter Betätigung jedes einzelnen Teiles** *wachsen und so sich selbst auferbauen in der Liebe.*

1. «Der Mensch ist frei geboren, ist frei, und wäre er in Ketten geboren!»[1] Nicht nur die Gedanken sind frei[2] – das ist nur der unvollkommene Anfang der Freiheit – *der Mensch selbst ist frei.* Er darf sich *selber*[3] sein. Er darf seinen eigenen *Weg* gehen. Es ist in Jedem etwas *Besonderes,* dieses Besondere darf sich zeigen, sich erfüllen und ausleben. Es hat Jeder seine *Bestimmung* ganz für sich, dieser Bestimmung darf er treu sein. Kein Mensch hat das Recht, andere Menschen daran zu *hindern. Kein Mensch hat das Recht,* dich oder mich mit

[1] Fr. von Schiller, «Die Worte des Glaubens»:
>   Der Mensch ist frei geschaffen, ist frei,
>   Und würd' er in Ketten geboren.

[2] «Die Gedanken sind frei»: «Lied der Verfolgten im Turm» eines unbekannten Verfassers in: *Des Knaben Wunderhorn. Alte deutsche Lieder*, gesammelt von L. A. von Arnim (1781–1831) und Cl. Brentano (1778–1842).

[3] = er selber.

Mißtrauen oder Verachtung zu behandeln aus dem Grunde, weil wir nicht sind, was er und wie er ist. Weder großer Besitz, noch große Klugheit und Erfahrung, noch große Frömmigkeit geben dir die Erlaubnis, zu einem Anderen zu sagen oder auch nur von ihm zu denken: du solltest *dich mir anpassen,* dahin stehen, wo ich stehe! Weder die Rücksicht auf Familienzusammengehörigkeit noch die besten Erziehungsabsichten, weder die Aufrechterhaltung der besten Ordnung noch die Erzielung des größten Fortschritts geben uns die Erlaubnis, *die Freiheit Anderer zu bedrücken* [?]. Wir dürfen sie dem Anderen *unter keinem Vorwand* nehmen wollen, und wir dürfen sie uns selbst unter keinem Vorwand nehmen lassen. Was gegen die Freiheit des Menschen geht, *ist Sünde,* und wenn es die größte Gerechtigkeit wäre. Denn *in Gott ist Freiheit.* Gott will freie Menschen. Gott will in freien Menschen zu Ehren kommen auf der Erde. Es ist eine *direkte Beziehung* zwischen Gott und jedem einzelnen Menschen, die duldet keine Störung, keine Einmischung, keinen Zwang. *Ihre Engel* im Himmel sehen allezeit das Angesicht meines Vaters! Das hat Jesus von den Kindern, von den Geringsten gesagt [Mt. 18,10]. Es hat also allgemeine Geltung. Wir haben nicht nur das Recht, sondern die Pflicht, diese direkte Beziehung *rein zu halten,* unsere eigene und die anderer. Es handelt sich um etwas, mit dem wir um Gottes Willen *mit Respekt* umgehen müssen. Freiheit ist nicht nur Menschen-Recht, sondern *göttliche Gerechtigkeit* für den Menschen. Wer sich danach sehnt, sich dafür wehrt, darum kämpft, meint *im Grunde das Richtige,* auch wenn er vielleicht im Übrigen mit allerlei Irrtümern belastet ist.

2. «Einem Jeden von uns ist die Gnade in dem Maß gegeben, als sie ihm in Christus geschenkt ist.» Ich möchte diese Worte den *Geburtsschein der Freiheit* nennen. Wer die Freiheit nicht *versteht,* wem es schwer fällt, mit seiner eigenen Freiheit und der Anderer einmal *ernst* zu machen, wer sich nicht getraut, an die Notwendigkeit und an den Triumph der Freiheit zu *glauben,* der sollte immer wieder diese Worte lesen und überdenken und sich fragen, ob es ihm nicht doch möglich wäre, zu verstehen, wie es gemeint ist. Diese Worte sind *eine Siegesbotschaft.* Man sieht ja im Leben Vieles, was Einem an der Freiheit *irremachen* könnte. Man sieht Millionen Menschen, die *unfrei sind* und nicht einmal frei werden wollen. Man sieht die großen *Gefäng-*

nisse und Knechtungen, unter denen sich die Menschen befinden, ohne es zu wissen, z. B. das Geld. Man sieht die großen *moralischen Unterschiede* zwischen den Menschen, man sieht, wie der Gedanke der Freiheit in der Welt *mißbraucht* wird, wie man von Freiheit redet, wo es sich nur um Torheit und Selbstsucht handelt. Man sieht in sich selber eine so große *Schwachheit,* ein so großes Bedürfnis, sich anzulehnen und leiten zu lassen. Das alles kann einen in Versuchung führen, die Freiheit zu *verdächtigen* als etwas Gefährliches und Unmögliches, uns darein zu *ergeben,* daß wir selbst und Andere ohne Druck und Zwang nicht auskommen, die Freiheit als ein hohes *Vorrecht* einzelner edler Seelen zu betrachten. *Aber die Bibel* ist nicht dieser Meinung. «Einem Jeden von uns ist die Gnade gegeben». Da haben wir die *direkte Beziehung* von Gott zu jedem Einzelnen. Es ist ein *Durchbruch* geschehen durch alle Arten von Unfreiheit hindurch. Es ist eine *göttliche Erlaubnis* gegeben: Du darfst dich selber sein! und ein *göttlicher Befehl:* Du sollst auch die Anderen sich selber sein lassen! Es ist von Gott in Christus *Jedem Gnade* gegeben. Es mag Alles wahr sein, was man gegen die Freiheit des Menschen einwenden kann, aber *in Christus hat sich Alles gewendet.* Der Mensch ist Allem zum Trotz doch frei in Christus. *Wer diesen göttlichen Sieg begreift* und sich auf diesen Boden stellt, der muß an die Freiheit glauben und Freiheit betätigen. Alles, was er *dagegen sagen und tun* könnte, ginge ja an Christus und an seinem Sieg vorbei, es würde gleichsam im Schatten geschehen, wo das Licht noch nicht hingedrungen ist. Er verehrt die Freiheit als *das große göttliche Wunder* und macht eben darum keine Vernunftgründe mehr dagegen geltend. Er *seufzt zum mindesten darüber,* wenn er teilweise noch nicht frei ist und wohl auch Anderen noch nicht Freiheit lassen kann. Es kann ihm *nicht wohl sein* beim Zwängen und Drängen, sondern er schreit in seinem Inneren zu Gott um mehr Gnade, mehr Freiheit für sich und die Anderen. Er *fürchtet sich nicht* mehr vor der Freiheit, sondern er sagt Ja dazu aus ganzem Herzen und ohne Mißtrauen. Er wagt es, *den Anderen immer ein wenig voran* zu sein im freien Denken, freien Reden und freien Handeln, im Freigeben auch seiner Mitmenschen, und wenn man ihn darum einen Toren nennen würde. *Wer das weiß,* daß Freiheit ein Geschenk ist, ein Wunder, ein Sieg Gottes, der wird keinen Anfang damit und keine Befreiungen [?] verachten. Was man als *göttliches Geschenk* bekommt und versteht und annimmt und gebraucht, das muß zum Segen ausschlagen.

3. Die Freiheit ist für alle Menschen. Wenn wir unseren Text lesen, bekommen wir den Eindruck, als ob tausende und *tausende von Türen* aufgingen von Gott her gegen die Menschenwelt hin. Da ist *Keines, für das sich nicht* eine Tür öffnete vom Himmel her. Es ist wohl wahr, daß es Menschen gibt, die *in einer so grausigen Tiefe* von Sünde und Not leben, daß es fast wie ein Hohn aussieht, zu ihnen zu sagen: auch du bist ein freier Mensch, frei in Gott. Aber es ist *noch wahrer*[4], daß das Wort Gottes, das Wort der Erlösung *an alle Menschen gerichtet* ist, an die auf der Höhe und an die in der Tiefe. *Mit Menschenaugen* betrachtet mag es unerreichbare, unerlösbare, hoffnungslos unfreie Menschen geben, *vom Standpunkte Gottes* aus gibt es nichts Unerreichbares [?]. *Christus ist niedergefahren* zur Hölle und aufgefahren gen Himmel.[5] Er ist *der Heiland* der Sünder und der Gerechten, der Blöden und der Klugen. Im Reich Gottes herrscht in diesem Sinn *volle Demokratie.* Wenn wir es damit ernst nehmen würden, so würden wir sehen, wie wahr das tatsächlich ist.|

Auch das ist wahr, daß *wir alle in Gefängnissen* sind, die es uns *verleiden* möchten, an die Freiheit des Menschen zu glauben. *Muß man nicht* fast an die Notwendigkeit von Zwang und Gewalt glauben, wenn man etwa an einem Wilson[6] sieht, wie abhängig auch die besten Menschen von Anderen sind, von Mächten, gegen die sie nichts vermögen? Aber es ist auch da *noch wahrer*[7], daß das *Urteil* über alle solche Abhängigkeiten von Gott gesprochen ist, wir würden sonst nicht so darunter *leiden,* wir würden es gar nicht *merken,* wir wären nicht so *enttäuscht* über diesen Mann, nachdem wir so viel von ihm erwartet haben. Das Gefängnis ist *gefangen* genommen!, sagt Paulus. Es geht ein Hauch von *Freiheitsluft* durch alle die Löcher, in denen wir uns befinden. Wir *müßten nicht* in diesen Löchern sein, niemand müßte. *Niemand* ist ausgeschlossen. Wir müßten auch das nur ernst nehmen, um schon zu sehen, wie wahr es ist.|

[4] Die beiden Worte «noch wahrer» sind durch einen Bogen unterstrichen.
[5] *Symbolum Apostolicum*, BSLK, S. 21.
[6] Vgl. oben S. 204, Anm. 5.
[7] Die beiden Worte «noch wahrer» sind durch einen Bogen unterstrichen.

Auch das ist wahr, daß es *unter den Menschen so große Unterschiede* der Richtung und des Charakters gibt, daß man *das Schlimmste befürchten* müßte, wenn jeder die Erlaubnis bekommt, sich selber zu sein und in Gottes Sonne seinen eigenen Weg zu gehen. Aber *noch wahrer*[8] ist's, daß der *Irrtum* gerade da sein Spiel treibt, wo man die Freiheit nicht versteht, wo man sich nicht getraut, geradeaus zu gehen und andere geradeaus gehen zu lassen. Wenn dagegen die Freiheit kommt, dann *kommt mit ihr die Wahrheit,* dann *dienen die Menschen* von selbst der Wahrheit, und zwar in Liebe, wie es in unserem Text so schön heißt. Das «Geschaukelt- und Umhergeworfenwerden von jedem Wind der Lehre» *hört auf,* wenn der Mensch auf seine eigenen Füße zu stehen kommt. Der Betrug liegt immer darin, daß man *nach dem Anderen schielt.* Würde nur ein Jedes *aufrichtig sich selber suchen und finden,* würde man nur ganz ernst damit machen, so würden wir gerade damit aus dem Durcheinander und den Trennungen *heraus*kommen und es lernen, einander *wirklich* zu dienen. Denn dienen kann man einander nur mit der *Wahrheit.* Die Wahrheit aber gedeiht nur in der Luft der *Freiheit.*

4. Seht, das ist gerade das Große, daß die *Freiheit der Friede* ist, daß die Freiheit den Streit und die Gegensätze aufhebt. Man kann nur solange *zanken,* als man die Freiheit noch nicht verstanden hat. Es sind tausend und tausend von *verschiedenen* Türen, große und kleine, enge und weite, schöne und weniger schöne, die sich von Gott her öffnen gegen die Menschenwelt. Es ist in der Gnade und im Dienste der Wahrheit ein unendlicher *Reichtum* von Möglichkeiten. Im Reich Gottes gibt es keine öden *Uniformen* und keine langweiligen *Fabrikwaren,* wo ein Stück dem anderen gleichen muß. Hier darf man *ungleich* sein. Hier darf man seine *Meinung* haben und seinen Weg gehen. Hier hat man's nicht wie in gewissen *Vereinen,* wo man sich das Wort gibt: von dem und dem wird bei uns nicht geredet, weil wir sonst doch nur auseinander kommen. Im Reich Gottes kann man von Allem reden und kommt doch nicht auseinander, im Gegenteil: *je aufrichtiger* und tapferer jedes seinen Weg sucht und findet und geht, *um so sicherer* kommt das Ganze zueinander, wie es beim Singen darauf

---

[8] Die beiden Worte «noch wahrer» sind durch einen Bogen unterstrichen.

ankommt, daß jede Stimme ihren eigenen Ton trifft und sich nicht durch die anderen verwirren läßt. Denn *Gott ist's nicht leid,* daß du so bist und du so und ich so, sondern er *will gerade das haben,* er hat mit *Absicht* jedem seinen Ton gegeben, und nun kommt es nur darauf an, daß wir ihn mit aller Treue *sicher und fest* halten. Dann können wir sicher sein, daß es im Ganzen *stimmt* zueinander. Ich möchte als größtes Beispiel *die Bibel selbst* nennen mit ihrer wahrhaft erstaunlichen Mannigfaltigkeit. Es ist *Alles Wort Gottes,* gerade darum darf es so mannigfaltig sein. Und gerade in seiner *Mannigfaltigkeit* redet es um so deutlicher und kräftiger von dem Einen. «Derselbe ist's, der die Einen als Apostel, die Anderen als Propheten, die Anderen als Evangelisten, die Anderen als Hirten und Lehrer gegeben hat.» Es haben alle Platz *nebeneinander,* gerade darum, weil sie eigentlich nicht nebeneinander stehen in ihrer Verschiedenheit, sondern miteinander an der großen, gemeinsamen Sache Gottes. Und sie können die *gemeinsame Gottessache* vertreten, weil sie auch wieder ruhig nebeneinander stehen können in ihrer Verschiedenheit. Wo es sich um die *Wahrheit* handelt, da waltet Freiheit. Und wo *Freiheit* ist, da gerade kommt auch die Wahrheit zu Ehren, und das eben in der Liebe, im Frieden, in der Einheit.|

Wenn jeder *einzelne Teil* seine bestimmte Tätigkeit hat, dann wächst *der Leib Christi,* sagt Paulus. Er will uns auffordern, doch endlich einmal *Vertrauen zu fassen zu dem Ganzen,* zum Zusammenhang, in dem wir stehen – und dann auch zu uns selber – und dann auch zu den Mitmenschen. Sind wir in Christus, so wagen wir es, uns selbst ganz *ernst zu nehmen,* unseren eigenen Weg nicht mehr als einen Zufall aufzufassen, sondern als eine hohe Berufung, der wir folgen müssen. Sind wir in Christus, dann nehmen wir aber *auch die Anderen ganz ernst,* trauen es ihnen zu, daß auch sie nicht nur aus Laune oder Bosheit ihren Weg gehen, glauben ihnen, daß auch sie ihre Berufung haben, und freuen uns, wenn sie ihr folgen, und helfen ihnen dazu aus allen Kräften. Sind wir in Christus, dann *verlieren wir die Angst,* als ob der Mangel an Uniform, der Mangel an Friedhofsfrieden ein Unglück sei, dann suchen wir das, was uns und die Anderen zusammenhält, zusammenbringt, zusammenführt dem gleichen Ziel entgegen. Sind wir in Christus, dann brauchen wir die faule Ermahnung zur sogenannten *Toleranz nicht.* Toleranz heißt: sich gehen lassen. Wir sollen uns nicht gehen lassen, wir sollen miteinander gehen, und zwar in Gott miteinander gehen, und dazu muß man wissen, was man will, muß man eine feste Wahrheit vor Augen haben. Sind wir in Christus, dann wird doch *kein Zank daraus,* sondern man geht respektvoll und zart miteinander um, man schont sich, man trägt sich, man hilft einander. Wenn wir doch Vertrauen fassen wollten, *Vertrauen zu Gott,* der dein und mein Herr ist und der Herr aller Menschen! Es ist ja doch nur ein Mangel an Gottvertrauen, wenn wir so unfrei sind. Ein starker Glaube lebt in einer großen Freiheit. Wem es *ernst wird* mit dem Leben, der steht und geht auf *seinen* Füßen. Wer *Gott versteht,* der wird demütig, sanftmütig, geduldig [vgl. Eph. 4,2]. Nur *ohne Gott* sind wir abhängig, furchtsam, auf Andere angewiesen. Nur *ohne Gott* können wir Andere bedrängen, knechten, meistern. In Gott gibt es *nichts Steifes,* Gefrorenes, Hölzernes. In Gott ist Alles *lebendig,* ein jegliches nach seiner Art [vgl. Gen. 1,21.24f.]. Und daß *das Böse,* die Lüge, das Unrecht sein Gericht finde, dafür ist gerade in Gott gesorgt. Es hat jetzt seine Zeit, aber es wird mit Feuer verbrannt, wenn seine Stunde da ist [vgl. Mt. 13,40]. Wir aber sollen *Gottes klaren Willen* ernster nehmen als das Böse, das ihm entgegensteht. Laß dich nicht vom Bösen überwinden, sondern überwinde du das Böse *mit Gutem* [Röm. 12,21]!

5. *In Gott ist Freiheit.* Paulus hat nicht von schönen Idealen geredet, sondern von dem, was *in Gott* wahr ist und wirklich wird. Wir wollen nicht heimgehen und sagen: ja, das ist schön, so sollte man sein!, um dann seufzend zu erkennen, daß wir doch nicht so sind. Sondern wir wollen heimgehen und uns fragen, *wie wir zu Gott stehen. Ohne Gott* ist keine Freiheit. *Ohne Gott* müssen wir die schwersten Bedenken haben gegen die Freiheit. *Ohne Gott* sehen wir überall die Schranken, die uns und Anderen die Freiheit unmöglich machen. Ohne Gott fällt Alles auseinander: die Freiheit der Welt ist der Krieg Aller gegen Alle[9]. Aber *es muß ja nicht sein,* daß wir «ohne Gott in der Welt» [Eph. 2,12] stehen. Wir können auch *ernsthaft* werden. Wir können

[9] Vgl. Th. Hobbes, *Elementa philosophica de cive*, Paris 1642, Amsterdam 1647, S. 12f.: der Zustand der Menschen außerhalb der Gesellschaft war kein anderer als ein «bellum omnium contra omnes».

auch *glauben*. Wir können auch *Verständnis* und Zutrauen gewinnen zu Gott. Wir können auch, statt lahm und tot und abgeschnitten zu sein, *wachsen* in allen Stücken an dem, der das Haupt ist, Christus. Wir können uns auch *bekehren* zu dem, der uns geschaffen und erlöst hat. Dann wird Alles anders. Auf den *Bergen* ist Freiheit.[10] Wir sind *noch nicht* auf den Bergen. Aber wir können unsere *Augen erheben* zu den Bergen, von denen uns Hilfe kommt [Ps. 121,1].

Lieder:
Nr. 33 «Sieh, hier bin ich, Ehrenkönig» von J. Neander, Strophen 1–3 (Reichs-Lieder 513,1–3)
Nr. 159 «Fahre fort, fahre fort» von J. E. Schmidt, Strophen 1.4.5 (GERS [1952] 351,1.5.6; EKG 213,1.5.6)

---

[10] Fr. von Schiller, *Die Braut von Messina*, V. 2586.

Tertullian![1]

Epheser 4,17–24

So sage ich nun und bezeuge es in dem Herrn, daß ihr nicht mehr wandeln könnt, wie es die anderen Heiden tun, leer in ihrer Vernunft, verfinstert in ihren Sinnen, entfremdet dem Leben, das aus Gott ist, weil Unwissenheit in ihnen ist und Verstockung in ihren Herzen, welche sich stumpfsinnig der Genußsucht ergeben haben, um habgierig alles Unreine zu tun.

Ihr aber habt Christus nicht so erfaßt. Ihr habt ihm ja Gehör geschenkt und seid in ihm belehrt worden, wie die Dinge stehen in Jesus: daß ihr den der früheren Richtung entsprechenden alten Menschen, der an der betrügerischen Begierde zu Grunde geht, ablegt, – daß ihr neu werdet durch den Geist in eurer Vernunft und anziehet den neuen Menschen, der Gott entsprechend geschaffen ist in wahrhafter Gerechtigkeit und Heiligkeit.

1. Es ist eine bedenkliche und folgenschwere Sache, *sich mit Gott einzulassen.* Ein wichtiger *Gedanke* folgt dem anderen, ein ernster *Schritt* zieht den anderen nach sich bei den Menschen, denen das widerfahren ist. Da sind *Fragen* und Aufgaben, da sind *Veränderungen* und Umwälzungen, da tun sich sehr unerwartete *Aussichten* auf, da kommt man auf sehr seltsame Wege. *Die Menschen, die sich* mit Gott eingelassen haben, werden, wenn sie dieser Sache im Ernst nachgingen, alle merkwürdig *verwandelt,* entweder mächtig umgetrieben oder ganz in die Stille geführt, aber immer verwandelt [?], zerknirscht, gebeugt, geprüft. *Ihr Leben* wurde ganz anders, als sie gemeint hatten. Es wurde vielleicht schöner und inhaltsreicher, aber jedenfalls nicht leichter, nicht angenehmer. *Auch die,* denen es noch nicht ganz ernst

---

[1] Am 26. Juni 1919 schrieb Barth an Thurneysen: «Ich las dieser Tage ... von Tertullian ‹De resurrectione carnis›: mit der Ahnung, daß in den Kirchenvätern jedenfalls Bedeutendes zu holen wäre zur Verbreiterung und Festigung unserer Basis.» (Bw. Th. I, S. 334) Barths Text – in der von seinem Vater geerbten editio minor von Fr. Oehlers Ausgabe der *Opera omnia* Tertullians (Leipzig 1854) S. 925–999 – weist zahlreiche Unterstreichungen und Anstreichungen auf. Im Blick auf die vorliegende Predigt hat sich Barth aber offenbar mehr von der theologischen Haltung Tertullians als von einzelnen Aussagen beeinflussen lassen.

ist oder nicht mehr ganz ernst, tragen wenigstens Spuren davon, daß sie in Arbeit genommen sind. Wenn wir mehr daran denken würden, daß Gott uns in Arbeit hat, wir würden viel Eigentümliches, Trauriges, Schroffes, das wir aneinander wahrnehmen, viel besser verstehen. Und so ist's auch mit der *Menschheit im Ganzen.* Sie hat sich einmal mit Gott eingelassen. Die Weltgeschichte würde sehr *anders aussehen* ohne Gott. Daß der Mensch von Gott nicht lassen kann, weil Gott vom Menschen nicht lassen will, das hat *seine Folgen.* Durchaus nicht nur angenehme und erfreuliche Folgen. Wenn ein Kranker sich in die Hände des Arztes gibt, so hat das zunächst auch gar keine angenehmen und erfreulichen Folgen. *Die nächsten Folgen* der Verbindung zwischen Gott und den Menschen sind immer die, daß Fragen auftauchen und Veränderungen sich anbahnen. Wenn wir überhaupt *wählen könnten,* ob wir uns mit Gott einlassen wollen oder nicht, wenn uns das nicht ungefragt und ungesucht widerfahren würde, so müßte man *den Rat erteilen: Besinne dich* zweimal, bevor du es mit Gott wagst. Wenn du ihm den *kleinen Finger gibst,* so nimmt er deine Hand, und wenn er deine Hand hat, so will er dich ganz haben. Es wäre dir vielleicht *besser,* dein kleines Leben zu leben, deine kleinen Gedanken zu denken, deinen kleinen Interessen nachzugehen ohne Gott. Deine Freude wäre *ungetrübter,* dein Leid kleiner, dein Schlaf ruhiger ohne Gott. Es wäre deiner Gesundheit und deinem Gemütsleben *zuträglicher,* ohne Gott zu sein. Aber man kann diesen Rat *nicht geben,* denn wir haben uns schon mit Gott eingelassen, und die Folgen sind da.|

Man möchte sich manchmal auch *die Geschichte der Menschheit denken* ohne diese Verbindung mit Gott. Es stünde dann in der Menschen-Welt, wie es in der *Welt der Tiere und Pflanzen* steht. Gutes und Böses, Freude und Leid, Leben und Tod gibt es ja offenbar auch dort, aber es scheint dort keine eigentliche *Beunruhigung* zu geben über diese Gegensätze. Sie werden nie *so groß* und brennend wie bei uns. Es ist *kein Fragen* da, *kein Ringen* nach Veränderung, *kein Schmerz* über das Unvermeidliche, abgesehen von jenem dumpfen Seufzen der Kreatur, von dem Paulus einmal geredet hat [Röm. 8,19–22]. Es steht Alles still, seit Jahrtausenden, seit Jahrmillionen. Die Tiere und Pflanzen und Steine *haben es gut.* Sie haben keine Reformation, keinen Sozialismus, keinen Weltkrieg, keine Revolution, keinen Versailler

Frieden. Sie sind *nicht von dem bewegt,* was uns bewegt. Sie *haben Gott nicht.* Gott hat auch sie, aber ihnen ist's unbewußt. Sie haben sich mit Gott nicht eingelassen. *Nur wir, wir Menschen.* Das ist unsere Größe und unser Elend. *Wollten wir,* daß es anders wäre? Da ist nun eben nichts zu wollen. Die Menschheit *hat* sich mit Gott eingelassen. Wir können nicht mehr zurück. Es kann sich *nur das Eine* fragen, ob wir mit Gott vorwärts wollen.

2. Zuerst sieht es ja immer ganz harmlos aus, als handle es sich nur darum, *Gott zu verstehen.* Das Evangelium Jesu, die frohe Botschaft, daß der Mensch Gottes ist[2], zu hören, aufzunehmen, zu begreifen, Ja dazu zu sagen, wie man eben Ja sagt zu dem, was wahr ist. *Wie einfach* scheint das zu sein, neben all dem Anderen, was wir verstehen, auch noch ein wenig Gott zu verstehen. Man redet, man hört, man denkt ein bißchen, man weiß. Das ist so leicht, so freundlich. Man lebt weiter. Nichts wird anders. Nichts muß anders werden. *Wie einfach* scheint die Tatsache, daß neben allem Anderen, was in der Welt ist, auch die Botschaft von Jesus da ist. Nach wie vor die Erde unter uns und der Himmel über uns. Nach wie vor die irdischen Notwendigkeiten, die menschliche Unvollkommenheit, die unerreichbare[?] Ferne und Höhe aller Ideale. *Die Kirche* ist ja auch im Ganzen höchst bescheiden, höchst zurückhaltend mit Gottes Wort, sie gibt sich schnell zufrieden, wenn es von möglichst Vielen verstanden, vielleicht von Zeit zu Zeit in einer neuen Weise verstanden wird. Wer es nicht sonst weiß, könnte schwerlich auf den Gedanken kommen, daß das, was wir Pfarrer alle Sonntage verkündigen, *etwas Bedenkliches* ist für Alles, was jetzt groß und mächtig ist in der Welt. Es ist eine eitle Selbstüberhebung, wenn Viele meinen, es werde nun bald zu einer Christenverfolgung kommen. Man verfolgt nur das, was gefährlich ist. Die Welt hat keine Ahnung davon, daß das Christentum gefährlich sein könnte. Die deutsche Revolution hat die Kirche ruhig anerkannt.[3] Das heutige Christentum *ist* eben auch nicht gefährlich. Wir

---

[2] Vgl. oben S. 206, Anm. 1.
[3] Vgl. S. Grundmann, Art. «Kirchenverfassung VI», in: RGG[3] III, Sp. 1582: «Mit dem Ende der Monarchie in Deutschland (1918) schwand auch das landesherrliche Kirchenregiment dahin. Die Rechte des Summus Episcopus gingen nach einigen Versuchen der neuen staatlichen Machthaber, sie für sich

stecken eben noch *tief im bloßen Verstehen drin.* Es ist überraschend, an sich selbst und Anderen zu beobachten, wie rasch der Mensch eigentlich *bereit ist,* Gott zu verstehen, wenn man es ihm nicht allzu schwer macht. Oft *scheint es wirklich ernst* zu werden bei uns, wirklich tief zu gehen, nach kurzer Zeit aber wird's deutlich, daß wir *doch nur wieder etwas verstanden* haben. Das scheint wirklich eine *leichte, billige* Sache zu sein. Merkwürdig ist's nur, daß *ein Mann Gottes wie Mose* vierzig Jahre alt werden mußte, bis er *anfangen* konnte, Gott zu verstehen, um dann noch einmal vierzig Jahre in der Wüste zu warten, bis ihm Gott *seinen Namen* kund tun konnte, erst seinen Namen! [vgl. Num. 14,33f.;Dtn. 34,7;Act. 7,30]. Und als er sich mit Gott einlassen sollte, da wollte er zuerst lange nicht. *Er scheute sich* [Ex. 3,11]. Wir scheuen uns nicht vor Gott; es scheint uns höchst einfach, mit Gott in Verbindung zu kommen. *Ihm schien es schwer,* uns scheint es leicht, oder wir möchten doch, daß es uns leicht falle, Gott zu verstehen. Es ist offenbar *nicht ganz das Gleiche,* was Mose Gott nannte und was wir so nennen.

Was wollen wir dazu sagen? Es ist wahr, es handelt sich ja nur darum, Gott zu *verstehen.* Gott verstehen ist das ganze Christentum. *Aber eben Gott* verstehen! *Gott ist nicht nur wahr,* sondern *wirksam,* lebendig, kräftig, gewaltig. Wo Gott verstanden wird, da wird ein *Keil* angesetzt und durchgetrieben. Da ist ein Salz, das greift an und dringt durch. Da wird ein Strom eingeschaltet, der wirkt. *Die Blumen im Garten* und die Tannen im Wald verstehen Gott vielleicht auch, aber *wenn der Mensch Gott versteht,* dann kommt's zu Fragen, zu Aufforderungen, zu Anstößen. Wenn der Mensch versteht, daß Alles unter einer hohen *Führung und Leitung* steht, dann kommt die Frage über ihn: aber wie stelle ich mich denn zu dieser göttlichen Führung? bin ich denn ein von Gott geleiteter Mensch? will ich's auch nur sein? Wenn der Mensch versteht, daß Gott *die Welt richtet mit Gerechtigkeit,* dann kommt die Frage über ihn mit Furcht und Zittern: aber wie soll denn ich mit meinem Leben, mit meinem Beruf, in meiner Stellung der göttlichen Gerechtigkeit gerecht werden? Wenn der Mensch

selbst zu beanspruchen, auf die K[irchen] selbst über. ... Die staatliche K[irchen]hoheit hingegen blieb nach herrschender Meinung erhalten. Das wurde mit dem Status der Religionsgesellschaften als Körperschaften des öffentlichen Rechts begründet.»

versteht, daß es *ein ewiges Leben nach dem Tode* und über dem Tode gibt, dann kommt die Aufforderung an ihn mit aller Dringlichkeit, dieses ewige Leben jetzt schon zu leben, damit einst im Sterben etwas da sein kann, das nicht sterben muß. Wenn der Mensch versteht, daß *ein guter Wille Gottes vorhanden ist,* der geschehen müßte, dann bekommt er einen entscheidenden Anstoß, sein Leben und das der Seinen diesem guten Gotteswillen zur Verfügung zu stellen, ihm nicht mehr durch Gedankenlosigkeit und Frechheit im Wege zu sein, sondern ihm durch die Tat recht zu geben, damit *er* geschehen kann auf Erden wie im Himmel [vgl. Mt. 6,10]. *Nicht, daß er sofort* lauter Schönes und Tugendhaftes denken und tun wird. Er wird sich irren. Er wird Fehler begehen. Er wird allerlei Rückwege einschlagen. Aber es kommt darauf nicht an. Wenn der Mensch Gott versteht, *Gott* versteht als das Größte und Wichtigste, dann *kehrt sich jedenfalls etwas um.* Es ist *nicht mehr Alles* nach wie vor. *Die Waage* neigt sich nach der anderen Seite. *Das Herz* nimmt eine neue Richtung. Ist Gott *das Größte,* so ist das, was in der Welt groß ist, nicht mehr ganz groß. Ist Gott *wichtig,* dann sind die Wichtigkeiten der Welt weniger wichtig. Ist Gott der *Herr,* dann muß sich die Welt nach ihm richten und nicht umgekehrt. Der Mensch *glaubt* dann im Leben an das, woran er vorher gezweifelt hat, und zweifelt an dem, woran er vorher geglaubt hat. Er sieht die *Fülle* dort, wo die Welt das Leere sieht, und sieht *Finsternis* dort, wo sie das Licht sucht. Er hat andere *Augen,* darum hat er andere *Gedanken,* darum gehen seine *Füße* andere Wege, darum tun seine *Hände* andere Arbeit, darum führt sein *Mund* andere Reden. Das Andere ist nicht das Vollkommene, aber das, was *von Gott aus* nach und nach notwendig und auch möglich wird.

Das ist einfach so. Es ist *Gottes Natur* so: wo er verstanden wird, da muß der Mensch, durch ihn bewegt, ein *Anderer* werden. Das Verstehen ist von selbst ein *Vergehen und ein Auferstehen. Paulus* hat *darum* die Christen in Ephesus gar nicht extra aufgefordert zu dieser Veränderung, er hat ihnen nicht Moral gepredigt. Er hat nur *ausgesprochen,* wie es mit der Natur Gottes steht, damit sie und wir uns nicht täuschen sollten. Wo Gott verstanden wird, *da ist Moral,* da *kehrt* sich der Grund um im Menschen, sonst ist Gott nicht verstanden. «*Ich bezeuge euch* in dem Herrn, daß ihr nicht mehr wandeln *könnt,* wie es die anderen Heiden tun.» Das ist mehr eine *Mitteilung* als eine Predigt. Und nachher: «Ihr habt Christus ja Gehör geschenkt und seid in ihm belehrt worden, *wie die Dinge stehen in Jesus,* daß ihr den alten Menschen ablegt und neu werdet und anziehet den neuen Menschen.» Das ist einfach eine *Beschreibung* der Ordnung Gottes, auf den sie sich eingelassen haben. Das ist der *Grund,* auf dem ihr steht, will er ihnen sagen, die *Luft,* in der ihr atmet, das *Wasser,* in dem ihr schwimmt. Wenn ein Mensch Gott versteht, dann *entscheidet er sich,* Gott auch gehorsam zu werden. Wenn ein Stein in einen Teich fällt, dann sinkt er in die Tiefe, er *zieht aber auch Wellenkreise* auf der Oberfläche. Es kann nicht anders sein.

Auf zwei Punkte möchte ich an Hand unseres Textes noch besonders hinweisen. Paulus sagt den Ephesern: Ihr könnt nicht mehr wandeln, *wie die anderen Heiden tun!* Damit ist gesagt, daß die Menschen, die Gott verstehen, gleichsam *ausgeschieden werden* von den anderen Menschen, denen sie bis dahin gleich waren. Das Verständnis Gottes *fängt damit an,* daß man sich den anderen Menschen absolut gleichstellt und um keinen Preis besser sein will als sie. Es *fährt aber damit fort,* daß man auf besondere Weise geführt wird und sich um keinen Preis den Anderen gleichstellt. Diesen Weg müssen wir immer wieder gehen. Es ist das Eine so wahr wie das Andere. Gott kann nur die *Niedrigen* gebrauchen, aber unter den Niedrigen nur die, die sich auf die *Höhe* wollen führen lassen. Wer Gott versteht, ruft *aus der Tiefe* zu ihm mit dem aufrichtigen Verlangen, *nicht in der Tiefe* bleiben zu müssen [vgl. Ps. 130,1]. Wo ein Mensch Gott versteht, da will Gott ein *Licht anzünden,* das leuchtet zu seiner Ehre. Die anderen Menschen *warten darauf,* etwas Neues zu sehen an solch einem Menschen. Das ist das eine Bedenkliche, das wir uns vor Augen halten müssen, wenn wir uns mit Gott einlassen.

Das Andere ist das, was Paulus sagt vom Ausziehen des alten und vom *Anziehen des neuen Menschen.* Das will sagen, daß ein solcher verständiger Mensch nicht nur anders wird als Andere, sondern auch *anders als er selber.* Die Welt ist so stark gegen uns, weil wir *selber auf der Seite* der Welt stehen. Alle Lüge und Verkehrtheit der Welt, über die wir seufzen und schelten, sind gewiß *in uns selber.* Allem Ungöttlichen, das wir an Anderen wahrnehmen, entspricht etwas *Ungöttliches in uns selbst.* Alles Eifern und Kämpfen, alles Denken und Forschen, alles Glauben und Beten hilft nichts, wenn wir *selber nicht anders* werden. Das ist eine letzte und tiefste *Frage der Aufrichtigkeit,* die wir an uns selbst richten müssen, nicht nur einmal, sondern auch das immer wieder: Wer sind wir? Wo stehen wir? Ist's Ernst damit, daß das Herz die neue Richtung genommen hat? Der alte Mensch ist *der ganze Mensch* nach Leib und Seele, wie er aussieht und wandelt, wo Gott nicht verstanden oder nur zum Schein verstanden ist. Der neue Mensch ist wieder *der ganze Mensch,* wenn's in die andere Richtung geht, vom Verstehen Gottes zum Gehorsam. So kommt der Mensch *in Streit* mit sich selber. Durch diesen Streit, wenn er ehrlich durchgeführt wird, will ihn Gott zu seinem *Werkzeug* machen.

So muß ein Christ dastehen, wenn er ein Christ ist. Er ist ein von Gott *umgekehrter* Mensch. *Einsam* unter den Anderen, in fortwährender lebendiger *Wandlung* in sich selbst. «Auswendig Streit, inwendig Furcht», wie Paulus ein andermal gesagt hat [2. Kor. 7,5]. *Bedenklich* wird es immer sein, so dazustehen. Wenn die Christen es wieder wagen werden, so dazustehen, dann wird das Christentum wieder eine *gefährliche Sache* werden. Wenn die Kirche es wieder wagen wird, es laut zu sagen, daß es sich im Christentum um diese große Frage und Veränderung handelt, wenn die Menschen selber es stürmisch verlangen werden von den Pfarrern, das und nur das zu hören in der Kirche, dann wird Verschiedenes, was jetzt groß und sicher ist in der Welt, *ins Wanken* kommen. Das Verstehen Gottes wird dann nicht mehr eine so leichte, *wohlfeile* Sache sein. Die Kirche wird dann nicht mehr so ruhig *anerkannt* werden. Die *römischen Kaiser* wußten, was sie taten, wenn sie die Christen verfolgten. Als der Heide *Sokrates* den Athenern aufdeckte, daß das Göttliche im Leben der Menschen diese Frage und Veränderung bedeute, da mußte er zur Strafe sofort den Giftbecher trinken. Und als *Gott dem Mose seinen Namen* offenbarte: Ich bin, der ich bin!, da scheute sich Mose, in seinen Dienst zu treten, denn er dachte an die Frage und an die Veränderung, die ihm aus diesem einfachen: Ich bin, der ich bin! erwachsen könnte [Ex. 3,11–14]. In jenem Haß der Athener und in dieser Scheu des Mose lag ein echtes *Verstehen Gottes.* Es geht um große *Entscheidungen,* wenn es um Gott geht.

3. *Wir können nicht rückwärts. Wir können nicht wieder heraus* aus der Hand Gottes, nachdem wir uns mit ihm eingelassen haben. «So wie

die Dinge stehen in Jesus», *können* wir nicht. *Jesus lebt!* Das ist das große Hindernis. *Der große Schlaf,* der jetzt noch über Kirche und Christentum liegt, ist ein vorübergehender Zustand. Er wird ein Ende nehmen. *Wir wollen es doch nicht* anders, als daß Gott uns in Arbeit habe. Wir wollen *lieber* das Bedenkliche als das Unechte, lieber das Gefahrvolle als das Faule, lieber die Frage und die Veränderung als den Stillstand und den Tod. Wir fliehen vor dem Ernst des Göttlichen, und wir *suchen ihn doch* heimlich mit um so größerem Eifer. Wir *sagen heimlich Ja* zu dem, vor dem wir erschrecken und über das wir uns schon entrüstet[?] haben. Wir wären sonst vielleicht nicht hier. Wir sagen Ja dazu, *weil wir wissen,* daß es die Wahrheit ist. Und so bleibt uns nichts übrig, als nur *mit Gott vorwärts* zu gehen vom Verstehen zum *Gehorchen,* von der Einsicht zur *Entscheidung,* von der Ahnung zur *Gegenwart.* Das Leben bietet uns allen Gelegenheiten genug, zu *zeigen, wie ernst* es uns damit ist. Die nächsten Zeiten mit den großen Fragen, die sie uns allen bringen werden, werden es *offenbar machen, wieviele Menschen* jetzt schon da sind, die in der Wendung vom alten zum neuen Menschen begriffen sind. *Über Allen aber,* die es gewagt haben, wagen und wagen werden, wacht[4] der Friede Gottes, der höher ist als alle Vernunft [vgl. Phil. 4,7].

Lieder:
Nr. 10 «Lobe den Herren, o meine Seele» von J. D. Herrnschmidt, Strophen 1–3 (RG [1998] 99,1–3; EG 303,1–3)
Nr. 237 «Wie schön leucht't uns der Morgenstern» von Ph. Nicolai, Strophen 3.5 (RG [1998] 653,3.5; EG 70,3.5; jeweils «Wie schön leuchtet...» und mit Textabweichungen)

---

[4] Könnte auch «ruht» heißen.

Epheser 4,25 – 5,2

Darum leget die Lüge ab und redet die Wahrheit, *ein jeder mit seinem Nächsten, weil wir miteinander Glieder sind.*

Zürnet *und sündiget doch nicht! Die Sonne soll über eurem Zorn nicht untergehen, und ihr sollt dem Teufel keinen Raum geben.*

Wer gestohlen *hat, der stehle nicht mehr, sondern gebe sich Mühe, durch seiner Hände Arbeit etwas Gutes zu schaffen, damit er dem Bedürftigen etwas zu geben habe.*

Was faule Reden *sind, sollen aus eurem Munde nicht kommen, sondern wenn ihr redet, dann sei es etwas Gutes, das zum Aufbau beiträgt, damit es denen, die es hören, Anteil an der Gnade gebe. Und betrübet nicht den heiligen Geist Gottes, mit dem ihr für den Tag der Erlösung versiegelt seid.*

Alles Bittere, Wütende, Zornige, Lärmende *und* Lästerliche *sei mit dem Bösen überhaupt ferne von euch. Werdet dafür gütig gegeneinander, barmherzig und vergebt einander, wie auch Gott in Christus euch vergeben hat. Tut es ihm also nach als seine geliebten Kinder und wandelt in der Liebe, wie auch Christus euch geliebt hat und hat sich selbst für uns dahin gegeben, eine Gabe und ein Opfer, dessen Duft Gott angenehm ist.*

1. Die Menschen, die Gott ein wenig verstanden haben, *müssen mit dem, was sie haben,* sehr treu und fein umgehen. Alles, was lebendig ist, und wenn es nur ein Kindlein wäre oder eine Blume, verlangt Sorgfalt von uns, damit es wachsen und sich entwickeln kann. Es ist gar schnell etwas vernachlässigt, gestört und vielleicht vernichtet. Das Göttliche aber ist das Allerlebendigste, was uns gegeben werden kann. Wem es gegeben ist, dem kann man nichts Dringenderes zurufen als immer wieder dies Eine: hab Sorge! Sonst wird eigentlich gar nichts von ihm verlangt. *Gott ist ihm wichtig geworden.* Er hat lange ratlos *geseufzt* unter den vielen Fragen, die einem aufsteigen [?], wenn man sich selber und die Welt besser kennen lernt. Er hat schließlich *gemerkt,* daß es nicht viele Fragen gibt, sondern nur eine und auch nur eine Antwort. Aber diese eine Antwort ist etwas *ganz Großes,* eine Hilfe von Grund aus, eine Veränderung, die alles Denken übersteigt. *Es ist noch nicht da,* es kommt erst, es bahnt sich erst an. Was jetzt da ist und wenn es das Schönste wäre, das ist nur etwas Vorläufiges. Und was da kommt, das ist ernster, radikaler, vollständiger als Alles, was der Mensch sonst wünscht, hofft, erstrebt, es *kommt von oben,* von der anderen Seite, es ist ein neuer Tag, der anbricht, anders, ganz anders als der heutige Tag, ein «Tag der Erlösung», wie es in unserem Text heißt. Und indem es kommt, wirft es doch auch schon ein *helles Licht in die Gegenwart,* es ist das Ziel, dem die Stunden des heutigen Tages entgegeneilen, die Hoffnung und die Sehnsucht, die unser jetziges Leben bewegt, die Kraft, die den jetzigen Zustand der Dinge erschüttert, und doch auch immer das Band, das Alles zusammenhält, bis die Ernte reif ist.|

Der Mensch aber, der diese Antwort hört und dieses Licht sieht, kommt in einen ganz *neuen Zustand,* er wird sehr anders. Er wird höchst *friedlich,* gerade dadurch, daß er sehr beunruhigt wird. Die *Last der Sorge* wird ihm abgenommen, gerade dadurch, daß ihm die Last einer großen Verantwortung auferlegt wird. Er wird sehr *frei und selbständig* den Anderen gegenüber, gerade dadurch, daß ihm das ans Herz gelegt ist, was alle Anderen ebensowohl angeht wie ihn selbst. Er wird *sehr sicher,* gerade dadurch, daß ihm der sichere Boden, auf dem die Menschen sonst stehen, unter den Füßen weggezogen ist. Er *sieht sehr weit,* gerade darum, weil er sich ganz unter die Niedrigen gestellt hat. Das ist *kein vollkommener* Zustand. Es ist da sehr viel Dunkles, Fragliches dabei, viele Widersprüche. Es kann jetzt nicht anders sein. Aber es ist doch ein großes *Vorwärts!* hineingekommen in dieses Jetzt. Es vollzieht sich ein *Übergang.* Der alte Mensch wird abgelegt, der neue angezogen [Eph. 4,22–24]. Das Ablegen ist nicht fertig und das Anziehen erst recht nicht, aber Beides ist im Gang. Das Leben steht nicht mehr still. Es wird ein bewegtes Leben. Das ist das Einzige, was von einem solchen Menschen verlangt ist, daß er *diesem Vorwärts! treu bleibe.* Es ist ihm eine *Arbeit anvertraut,* die jetzt um Gottes Willen getan werden muß, und dieser Arbeit muß er sich stellen. Er muß *sich hergeben,* nicht widerstehen, nicht ausweichen, *nichts Fremdartiges* sich einmischen lassen in den stillen Gang der göttlichen Dinge, der da angefangen hat. Denn die *Verwandlung,* die mit ihm vorgeht vom alten zum neuen Menschen, ist nicht in erster Linie seine persönliche, sondern *Gottes* Angelegenheit. Es ist Freude *im Himmel* über das, was da vorgeht [vgl. Lk. 15,7]. Und die ganze *Welt* hat ein Interesse daran. Denn *Gott braucht* solche Menschen, die in dieser Verwandlung stehen, um seinen Tag und sein Reich näher zu bringen.|

Geht's bei einem solchen Menschen sauber und ehrlich und glück-lich vorwärts, so dient das nicht nur zu seiner persönlichen Seligkeit, sondern es bedeutet einen Fortschritt der Sache Gottes auf Erden. *Kommt's bei ihm* zu Unreinlichkeiten und Stockungen und Verwir-rungen, so leidet nicht nur er darunter, sondern Gottes Werk auf Er-den ist aufgehalten. Darum aber kann man ihm nicht genug zurufen: *Trag Sorge* zu dem, was du hast! *Es hängt* viel, viel mehr davon ab, als du denkst! Geh *ganz behutsam* deinen Weg! *Alles Andere* ist nicht so wichtig. Das Göttliche, das dir anvertraut ist, *sorgt schon für sich selber,* es wehrt sich, es dringt vor, es macht sich geltend und behauptet sich und vermehrt sich, wenn es nur *Raum hat,* wenn es nur wachsen und wirken kann. Deine *Schwachheiten* und Unfähigkeiten werden ihm nicht im Wege sein, die *Beschränktheit* der Leute auch nicht, die *Ge-brechlichkeit* der christlichen Kirche und die Unvollkommenheit der Christen auch nicht. Die großen *Meinungsverschiedenheiten* auch nicht zwischen den Gutgesinnten auch nicht, die *Fehler der Sozialisten* auch nicht, die ganzen schweren *Gewitterwolken* des sogenannten Frie-dens von Versailles[1] auch nicht. Es macht Alles nichts, wenn nur die Bewegung der Menschen, die Gott verstanden haben, *weitergeht,* wenn das Göttliche nur ungestört bei ihnen wirken und wachsen kann. *Aber das muß es können.* Es wird gar oft *gestört* bei ihnen. Darum geht es denn auch im Ganzen nicht recht vorwärts. Sie haben eine große *Verantwortlichkeit.* Der *heilige Geist* will nicht betrübt sein, haben wir gelesen. Es ist, wie wenn ein *hoher Gast* bei solchen Men-schen eingekehrt wäre, um da eine wichtige Arbeit auszuführen. Er darf bei dieser Arbeit *nicht unterbrochen* werden. Der Aufenthalt darf ihm *nicht verleidet* werden. Solche Menschen können nicht genug Achtung geben, daß das Allerlebendigste bei ihnen *wirklich leben* kann. Wenn es das kann, so ist Alles gut.

2. Darum sagt Paulus den Christen von Ephesus: *leget die Lüge ab und redet die Wahrheit,* ein jeder mit seinem Nächsten, weil ihr untereinan-der Glieder seid. *Nicht darum,* weil Lügen böse und die Wahrheit Reden gut ist. Das Lügen *liegt uns jetzt so nahe* und die Wahrheit so ferne, daß uns das wenig hilft. *Wir werden jetzt doch immer* wieder

[1] Vgl. oben S. 186, Anm. 1, und S. 227, Anm. 7.

lügen, und die Wahrheit wird uns jetzt doch immer zu hoch sein. Aber *wenn jenes göttliche Vorwärts* in unser Leben gekommen, dann wird das anders. Bei diesem Vorwärts bleibt die Lüge von selbst *zurück* und kommt die Wahrheit an den *Tag.* Wenn wir diesem Vorwärts treu bleiben, dann *können* wir nicht mehr lügen, dann *müssen* wir die Wahrheit reden. *Die Lüge ist* der schöne, aber *falsche Schein,* den wir uns geben, solange wir Gott nicht verstehen. Wir möchten *groß dastehen* und nicht klein, und darum geben wir uns als etwas aus, was wir nicht sind. *Der eine* lügt Vornehmheit, der andere Tugend, der andere Christentum, der andere soziale Gesinnung, der andere Bildung. Jeder möchte *etwas darstellen,* je nach seinem Geschmack, und hängt ein Fähnlein aus: da, das bin ich!, rechtschaffen, fromm, begeistert, wohltätig – er *wehrt sich* dafür, daß man es ihm glaube, und nur er weiß das *Geheimnis:* ich bin im Grunde nicht das, als was ich mich ausgebe! Wir stürzen uns so in die größten *Verwicklungen* und Verlegenheiten. Wir *mißtrauen* einander alle ein wenig, weil wir uns selbst nicht trauen. Es ist eine *große heimliche Qual* in der menschlichen Gesellschaft, und die heißt Lüge.|

Wenn wir Gott verstehen, brauchen wir *nicht mehr* zu lügen. Wer Gott versteht, der begreift, daß *darauf gar nichts* ankommt, ob man groß oder klein *dasteht.* Man kann nur etwas *sein.* Und zwar kann *jeder nur das* sein, was *er* ist. Wir sind untereinander *Glieder* an einem Leib. Wir haben gemeinsame Sache, die gemeinsame Not und Hoffnung. Diesem Gemeinsamen ist *nur damit gedient,* daß jeder Einzelne ehrlich seinen Weg geht. Das Leben ist kein *Theaterspiel.* Wer von Gott bewegt ist, der steht unter einer *Notwendigkeit:* er muß in jedem Augenblick etwas ganz Bestimmtes sein und nichts Anderes daneben. Zu dem, was du bist, *mußt du dich bekennen,* und wenn es dich noch so genieren würde[2]. Du kommst dann vielleicht weiter, aber *im jetzigen Augenblick* darfst du *nicht seitwärts* schielen auf den Weg Anderer, die weiter sind, darfst *keine Früchte* an dich reißen, die für dich noch nicht gewachsen sind, darfst auch *nicht wehmütig* dich zurücksehnen nach etwas, was du nicht mehr bist. *Redet die Wahrheit!* Bleibt

---

[2] Im Mskr. ursprünglich: «Zu dem, was er ist, muß er sich bekennen, und wenn er sich noch so genieren würde.» Barth hat den Satz dann unvollständig in die 2. Pers. Sing. übertragen; der Hrsg. hat dies ergänzt.

in der Reihe! Wagt es, vorbehaltlos zu sagen, zu tun, was gerade jetzt gerade für euch ehrlich, ernst und notwendig ist. *Alles Andere* sind faule Künste. Alles Dastehenwollen bringt Verwirrung in das Werk Gottes. *Wo die Wahrheit geredet* wird, da freuen sich die Engel im Himmel, und wenn es vor den Menschen eine noch so traurige und unangenehme Wahrheit wäre. Nicht wahr, weil die Verwandlung vom alten Menschen zum neuen bei euch im Gang ist, darum könnt ihr nicht anders.

3. Darum, sagt Paulus: *Zürnet und sündiget doch nicht,* die Sonne soll [über eurem Zorn nicht untergehen]. Das scheint auch bald gesagt: man solle seinem Zorn Schranken setzen, wenn man nicht recht weiß, warum. *Warum soll ich nicht* zürnen bis morgen oder übermorgen, wenn ich Grund und Recht dazu habe? Wir sind gewiß alle schon in Lagen gewesen, wo wir erst recht zornig geworden wären, wenn man uns gepredigt hätte: die Sonne soll... *Wenn wir aber wissen,* daß wir etwas Heiliges zu hüten und zu verwalten haben in unserem Leben, dann sieht die Sache doch anders aus. *In der Tat,* wir müssen oft zornig werden. *Paulus hat das* mitnichten verboten. Er hat auch zürnen können, lest nur einmal den Galaterbrief! Wer nicht zürnen kann, der ist ein Lump. Gerade *gegen die Lüge* z. B. gibt's nichts Anderes als Zorn, wenn sie uns begegnet. Wer es *mit Gelassenheit* ertragen kann, mitanzusehen, was der Größenwahn der Menschen für Verheerungen [?] anrichtet, der hat jedenfalls nichts Heiliges zu hüten. *Zorn ist Ablehnung,* Widerspruch, entschiedenes Nein, und das mit Leidenschaft, aus vollem Herzen. *Gott braucht* diesen gerechten Zorn, wie man ein scharfes Messer braucht oder ein gefährliches Gift in der Medizin *(Jesus hat gezürnt,* als er eine Geißel machte aus Schnüren und die Wechsler aus dem Tempel trieb [Joh. 2,15]. Paulus hat einmal sogar vom *Zorn Gottes selbst* geredet: Gottes Zorn ist geoffenbart... [Röm. 1,18].) Aber eben: *Gott braucht den Zorn,* solange es sein muß, dann legt er ihn weg wie ein Werkzeug. «Er wird nicht immer hadern, noch ewiglich Zorn halten» [Ps. 103,9]. Das Werkzeug ist *nicht über den Meister.* Das heilsame Messer und das heilsame Gift, *sie könnten ja auch töten,* wenn ein Pfuscher damit umginge. Das *darf nicht sein. Gott will nicht* den Tod des Sünders... [vgl. Hes. 18,23; 33,11]. Der Zorn ist *nur etwas* in Gott. Wer nur zürnen kann, wer *nicht aufhören kann* zu zürnen, der hat mit Gott nichts zu schaffen. Leidenschaft *müssen* wir gelegentlich haben, aber wenn die Leidenschaft *uns hat,* dann ist es um das Heilige getan. Der Teufel bekommt dann Raum, wie es hier heißt, es steht dann das Böse gegen das Böse. Der Böse triumphiert hier merkwürdigerweise gerade damit, daß wir's *mit dem Guten übertreiben.* Der Teufel bekommt Raum, wenn wir *allzu hoch steigen* in unserer Gerechtigkeit. Wir übersehen es gar leicht, daß nicht unsere Leidenschaft das Böse überwinden kann, sondern *nur Gott* selbst. Wir dürfen ihm nicht ins Handwerk pfuschen, sondern müssen uns selbst *Schranken setzen.* Es gibt im Zorn einen Punkt, wo es heißt: *jetzt ist's genug!,* kein Wort weiter, sonst ist's ohne Gott getan, und wenn's der ernsteste Zorn wäre. Wenn wir über diesen Punkt *hinausgehen,* sündigen wir. Wer Gott ein wenig verstanden hat, der *hält inne* an diesem Punkt. Dieses Innehalten ist viel mehr als die sogenannte Selbstbeherrschung. Es ist vielmehr eine Art *Ehrfurcht* vor dem heiligen Geist, der nicht betrübt werden darf.

4. Und darum, sagt Paulus: *wer gestohlen hat, der stehle nicht mehr,* er gebe sich aber Mühe… Es mag uns merkwürdig vorkommen, daß er hier die Christen, denen er doch viel Gutes zutraut, vor etwas so Grobem wie dem Stehlen warnt. Aber Paulus hätte vielleicht Manches *Diebstahl genannt,* was wir ganz anders nennen. *Der Gegensatz* vom Stehlen ist für ihn nicht das Zufriedensein mit dem, was man hat, sondern das Geben, das Austeilen. Er will offenbar sagen, daß die Menschen, die von Gott bewegt sind, auch *in Bezug auf das Eigentum* auf einen neuen Weg kommen. Man kann offenbar hier zwei verschiedene Richtungen einschlagen. Am Anfang der einen Richtung steht der Grundsatz: *Was mein ist, das gehört mir!* Das ist der alte Weg. Auf diesem Weg geht es anfangs sehr anständig zu, da heißt's einfach Besitz, Verdienst, Erwerb, Gewinn; dann nennt sich das Ding auf einmal Profit, und jeder Geschäftsmann weiß, daß die Sache von da an zweifelhaft wird. Am Ende dieses Weges ist Diebstahl, zuerst der feine und dann der grobe, vor dem wir uns behüten. Die wenigsten Menschen kommen bis an dieses Ende. Aber es ist ein gerader Weg, der von hier nach dort führt, und wer kann von sich sagen, daß er diesen Weg nicht kenne? Am Anfang der anderen Richtung steht der Grundsatz:

Was mein ist, das gehört Gott! Das ist der neue Weg. Auch da ist zuerst der Besitz. Aber dann kommt eine Freiheit: man kann auch nicht besitzen, man kann auch geben, man will auch geben, man tut es auch; das Ende dieses Weges ist vielleicht das von Paulus gezeichnete[?]: man arbeitet nicht mehr, um etwas an sich zu raffen, sondern um etwas zu haben für Andere. Mögen auch hier wieder jetzt nur wenige dieses Ziel erreichen, das ist jedenfalls die Richtung. *Zwischen diesen zwei Richtungen* haben wir zu wählen. Entweder es geht gegen das Stehlen hin oder gegen das Austeilen. Wir gehen wahrscheinlich alle in beide Richtungen zugleich. Aber bei diesem Ausgleich kann es nicht bleiben zwischen Nehmen und Geben. *Bei den Menschen, die von Gott bewegt sind,* wird das Geben das Stärkere. Man hat noch nie gehört, daß solche Menschen darum zu Faulenzern[?] geworden wären, sie werden vielmehr die Tüchtigsten sein, aber der Gedanke des Eigentums *weicht gleichsam auf,* sie sind nicht mehr so stark *interessiert,* die geballten Hände gehen langsam *auf,* die *Befangenheit* schwindet. Es kommt nur auf die Richtung an. Seht in diese Richtung kommt ihr[?], sagt Paulus, nicht aus Abscheu vor dem Diebstahl, nicht einmal direkt aus Nächstenliebe, sondern einfach, weil *Geben göttlicher ist als Nehmen* [vgl. Act. 20,35] und darum auch naheliegender. Als Gottes liebe Kinder müßt ihr es ihm *nachtun.* Aus *Respekt* vor seiner Sache, die euch anvertraut ist, müßt ihr den alten Weg allmählich dahinten lassen.

5.   Darum sagt er: *was faule Reden sind, soll aus eurem Munde nicht kommen,* sondern wenn ihr redet, dann sei es etwas Gutes... Faule Reden sind alle Reden, bei denen man *eigentlich über nichts redet,* zum Beispiel so ziemlich Alles, was über *Persönlichkeiten,* ihren Charakter, ihre Fehler geredet wird. Alles, was man nur mit dem heimlichen Wunsch sagt, sich selber *wichtig zu machen,* alles *Witzemachen,* das nur den Zweck hat, die Leute zum Lachen zu bringen, gleichgiltig über was, Alles, was man sagt, nur damit *überhaupt etwas gesagt* werde. Das alles kommt sogar in den besten Familien und Gesellschaften vor, und das ist eben – nichts. Aber wir müssen auch hier wieder wissen, *warum* nichts. Paulus sagt: Weil *es faul ist.* Das heißt, es wächst nichts daraus, es stirbt ab, noch bevor es da ist, es ist den Schall der Stimme nicht wert. Reden miteinander ist eben eine *ernste Gelegen-*

heit, vorwärts zu kommen miteinander. Menschen, die ein Vorwärts in sich haben, möchten auch mit anderen Menschen, denen sie begegnen, vorwärts kommen. Sie sehen *immer weniger* Befriedigung darin, nutzlos zu plaudern. Ein rechtes Gespräch sollte immer ein *kleiner Schritt* sein, durch den man ein wenig weiter kommt. Wir haben es *sehr nötig,* miteinander zu reden. Wir haben uns *sehr viel* zu sagen. Man sollte es aber auch tun. Wenn wir *das Ernste nicht sagen,* das uns eigentlich bewegt, und dafür immer nur das Andere, das Sinnlose, so betrüben wir den heiligen Geist. Er wartet darauf, daß wir mit unseren Worten *bauen helfen.* Das rechte Reden ist ein *Mitteilen* von Gnade an die, die es hören. Und Menschen, die das göttliche Vorwärts in sich haben, werden von selbst vom faulen Reden zu *dieser rechten Rede hingedrängt.*

6. Darum, sagt Paulus: *alles Bittere, Wütende, Zornige, Lärmende, Lästerliche* sei mit dem Bösen überhaupt ferne von euch, werdet aber gütig gegeneinander... Die Welt ist voll von ernsten Gegensätzen zwischen den Menschen. Wir stehen mitten drin in diesen Gegensätzen. Zwei Arten, sich zu verhalten: das Bittere – das Freundlich*werden.* Das erste ist *Schwachheit,* auch wenn es sehr stark auftritt. Das zweite ist *Kraft,* auch wenn es schwach erscheint. Warum freundlich sein? *Weil Gott* uns vergibt und uns liebt. *Weil Christus* sich nicht verloren hat in Bitterkeit, sondern sich hingegeben in Liebe. Das ist das Göttliche. Das ist unsere Sache. Sorgfalt. Treue. Dann erfahren wir auch die Treue Gottes.

Lieder:
Nr. 41 «Wach auf, mein Herz, und singe» von P. Gerhardt, Strophen 1–4.8 (RG [1998] 568,1–4.8; EG 446,1–4.8; jeweils mit geringen Textabweichungen)
Nr. 174 «Gott ist gegenwärtig» von G. Tersteegen, Strophen 1.6.8 (RG [1998] 162,1.5.7; EG 165,1.6.8; jeweils mit geringen Textabweichungen)

Epheser 5,3–14

Unzucht aber und alle Unreinheit oder Habsucht soll, wie es sich Hei-
ligen geziemt, nicht einmal in euren Worten vorkommen, auch kein
Geschimpfe und weder grobes noch feines Geschwätz, weil das für
euch nicht paßt – wohl aber das Danken. Denn das merkt euch
und begreift es: kein Unzüchtiger, Unreiner oder Habsüchtiger, wel-
cher ist ein Götzendiener, hat Anrecht am Reiche Christi und Gottes.
   Da soll euch Keiner darüber täuschen mit schönen Redensarten:
Wegen solcher Dinge kommt der Zorn Gottes über die Kinder des
Ungehorsams. Werdet nur nicht ihre Genossen! Denn ihr waret einst
Finsternis, jetzt aber seid ihr Licht in dem Herrn. So wandelt als Kin-
der des Lichts – das Licht hat seine Früchte in Allem, was gut, recht und
wahr ist – und bekommt ein Gefühl für das, was dem Herrn
wohlgefällig ist.
   Und nehmt nicht Teil an dem unfruchtbaren Tun der Finsternis,
weist es vielmehr offen zurück! Was im Verborgenen von
ihnen getrieben wird, ist ja wohl schandbar, auch nur zu sagen. Aber
wenn es offen zurückgewiesen wird, so wird es vom Lichte aufgehellt –
und Alles, was aufgehellt wird, wird damit selbst Licht. Darum heißt
es: Wache auf, du Schläfer, und steh auf von den Toten, so wird dich
Christus erleuchten!

1.   Wenn wir's anfangen zu merken, daß *Gott ein strenger Herr* ist, so
wollen wir uns darüber freuen als über eine große Gnade. Peinlich
ist's, wenn wir *das Leben* für eine höchst einfache Sache halten und gar
nicht gewahr werden, in welcher Finsternis wir uns eigentlich befinden – wenn dagegen Licht in unsere Augen kommt, so daß wir wenigstens gewahr werden, daß unser Leben wirklich Finsternis ist,
dann ist das nicht peinlich, sondern sehr erfreulich. Ein Unglück ist's,
wenn *unsere Gerechtigkeit* noch steif und gerade dasteht und wenn
wir darum meinen, mit etwas Verstand und gutem Willen oder auch
mit einigen frommen Gedanken und Rührungen könnten wir unseren
Weg getrost gehen – wenn uns dagegen das Rückgrat einmal gebro-
chen wird und wir merken müssen: Alles, Alles, was ich gedacht und
getan habe und denke und tun werde, das genügt nicht, das befriedigt
nicht, das führt zu keinem Ziel, dann ist das kein Unglück, sondern
das größte Glück, das uns widerfahren kann. Schlimm ist's, wenn wir
denken, es sei leicht, *es Gott recht* zu machen. Gott sei ja doch nur ein

klein wenig mehr als das, was man sonst Anstand und Moral heißt, und soviel würden wir schon auch fertig bringen, – wenn wir dagegen gewahr werden, wie groß Gott ist, wie unendlich weitgreifend seine Sache, wie hoch seine Ziele, wie wichtig unsere treue und exakte Mitarbeit, wenn wir gewahr werden, was das eigentlich heißt: Gott treu sein, und darüber erschrecken, dann ist das nicht schlimm, sondern sehr hoffnungsvoll. Wir sollten Gott loben und preisen, wenn wir einmal um diese Ecke gesehen haben. *Es ist schade,* daß wir uns so gewaltig dagegen *sträuben,* uns dahin bringen zu lassen. Es ist schade, daß wir uns oft, wenn wir schon dort waren, so unaufrichtig die Augen *verschlossen* vor der Wahrheit und dann natürlich nicht sahen, was dort zu sehen war. Es ist schade, daß so *viele Betrübte,* Gedrückte, Kranke, die eigentlich dieser Gnade ganz nahe waren, sich so gar nicht wollen sagen lassen, daß jetzt ihre gute Stunde angebrochen sei. Es ist schade, daß wir so oft schon *ganz tief beunruhigt,* ergriffen, erschüttert waren, ganz voll von der heilsamen Frage nach Gott – daß wir es dann doch wieder fertig brachten, auf irgend einem Weg oder Weglein zurückzufliehen in die vorige Sicherheit und Bequemlichkeit und Einfachheit. Es ist schade, nein, es ist nicht nur Schade, sondern es ist ein großer *Jammer,* daß es so ist. Denn das ist das große Hindernis *zwischen uns und Gott,* das viele Klarheiten, viele Hilfen, Erleichterungen und Siege, die wir jetzt schon haben könnten, unmöglich macht. Das ist auch das große Hindernis *zwischen Gott und der Welt.* Gott wollte und könnte unserer armen Welt ganz anders der barmherzige, starke, bewegende Gott sein. Aber einer Welt voll ungebrochener, unerschütterter, unzerknirschter Menschen kann er es immer noch nicht sein. Wenn wir's merken und aufrichtig dabei bleiben, daß *Furcht und Zittern* das uns Geziemende ist dem Leben und Gott gegenüber, dann *fängt das Leben* an. Wenn du mich demütigst, machst du mich *groß* [Ps. 18,36], und: welchen der Herr *lieb* hat, den züchtiget er [Hebr. 12,6].

Menschen, die in großer *Gottesferne* sind, können es leicht nehmen. Menschen, die *Gott nicht brauchen kann,* können es sich mit Gott bequem machen. Menschen, die *vor dem Licht und vor der Kraft Gottes sicher* sind, können ihre Sicherheit haben und behalten. Wir sollten sie *nicht* beneiden. Wir sollten *Gott danken,* wenn wir diesen Vorzug nicht mehr haben. – Wenn uns *das Leben schwer* wird, so ist es ein Zeichen der Barmherzigkeit Gottes, der sich uns zuwendet. Wenn wir *ratlos und verlegen* dastehen vor der Heiligkeit und Erhabenheit des Guten, so ist es ein Zeichen, daß Gott etwas mit uns im Sinn hat. Wenn *viel von uns gefordert* wird, so ist es ein Zeichen, daß uns viel gegeben ist [vgl. Lk. 12,48]. Wenn *wir seufzen,* wenn gerade wir heute seufzen müssen: wie soll es nur möglich sein, daß es für uns, für unser Geschlecht, für unsere Zeit und nächste Zukunft Licht geben soll nach all dem Dunkel, Heil in all das Unheil hinein, wenn wir klagen möchten, daß wir überall nur das Unmögliche sehen, so ist das ein Zeichen, daß gerade uns und unserem Geschlecht und unserer Zeit der Schatz der göttlichen Wahrheit und Liebe näher gelegt ist als mancher früheren, damit wir treu und sorgfältig damit umgehen, wie wir's am letzten Sonntag gehört haben[1]. Paulus hat davon so *ernst und streng mit den Ephesern geredet,* weil er sie als Leute ansah, die in dieser besonderen Gnade Gottes stehen. Wenn er *nicht so groß* von ihnen denken würde, wenn er es ihnen *nicht zutrauen* würde, daß sie schon in die Hand Gottes gefallen seien, dann würde er vielleicht weniger scharf mit ihnen reden. Wenn man in Gott miteinander verbunden ist, *dann kann man eben* scharf miteinander reden. Darum haben schon die Propheten Israels streng und hart mit ihrem Volk geredet, während die Heiden einander immer merkwürdig zahm angefaßt haben. Im Frieden Gottes kann man *offen und unzweideutig miteinander* sein; wenn wir das noch nicht können, so ist es nur ein Zeichen, daß wir den Frieden Gottes noch nicht recht kennen. Im Frieden Gottes *muß man sogar so* streng reden, wie Paulus hier und andere Male getan hat. Denn da *handelt es sich um Gott* und nicht um die Menschen. Auf ihn muß man Rücksicht nehmen und nicht auf sie. Er will rein sein bei den Reinen und heilig bei den Heiligen, darum darf man da *kein Blatt vor den Mund* nehmen, sondern muß Alles beim Namen nennen, die Unzucht und das Geschwätz und die Habsucht und die Finsternis, und es wird doch *kein Zank* und kein Rechthaben daraus. Denn alle die Menschen, die sich das sagen lassen müssen, werden doch *vor Allem zu Gott gerechnet,* bevor sie getadelt und gewarnt werden, und alles Tadeln und Warnen ist gleichsam *eingebettet in die Gnade Gottes,* in der sie alle stehen, der Apostel *und* die Epheser. Er sagt ihnen

[1] Vgl. oben S. 248.

nichts Fremdes, sondern nur ihr Eigenes. *Nichts gegen sie,* sondern Alles für sie. *Nichts, das ihren Herzen weh* tun könnte, sondern Alles aus ihren eigenen Herzen heraus. Und so ist's bei allem Ernst doch eine ernste *Freundlichkeit* und ein *freundlicher* Ernst, in dem Alles gesagt ist. Wenn wir uns vor Gott beugen, können wir es auch fassen und uns sagen lassen.

2. Es ist z. B. *ernst und streng* geredet, wenn Paulus sagt, daß *kein Unzüchtiger,* Unreiner und Habsüchtiger Anrecht habe am Reich Christi und Gottes. Es ist streng geredet, wenn er *die Habsucht* noch besonders hervorhebt und Götzendienst nennt, als ob er darauf hinweisen wollte, daß es sich da um etwas in der Welt sehr Anständiges und Anerkanntes handle, das aber durchaus gegen Gott sei. Es ist streng geredet, wenn er fordert: Diese Sünden sollen *nicht einmal in euren Worten* vorkommen. Es ist streng geredet, wenn er *alles Geschimpfe* und alles grobe und feine Geschwätz rundweg verbietet. Da *erschrickt* man und denkt: wer kann da selig werden [vgl. Mk. 10,26 par.]? Da möchte man sich seine *Freiheit* nehmen, das Böse nicht ganz so bös zu nennen. Da möchte man sich die Erlaubnis sichern, wenigstens *ausnahmsweise* einen kleinen Ausflug in das Reich des Bösen unternehmen zu dürfen, wenn es sich schickt. Da möchte man sich verwahren dagegen, daß *Habsucht Götzendienst* sei, wo man doch überall die Habsucht am Werke sieht. Da möchte man *disputieren und fragen,* was denn gerade auf dem schwierigen Gebiet zwischen Mann und Weib gut und böse, erlaubt und unerlaubt sei. Da möchte man sich mindestens *das Recht sichern,* das Böse wenigstens in der Form zu genießen, daß man daran denkt und darüber redet und reden hört, wie Andere es tun. Da möchte man sich wenigstens das *unreine Geschwätz,* mit dem ja noch nichts Unreines getan ist, nicht verbieten lassen. Paulus hat *auf das alles nichts* zu antworten – und dies ist eben der Ernst der Lage zwischen ihm und den Christen in Ephesus – nur das Eine: *es paßt nicht* für euch, es ziemt sich nicht für Heilige. Das ist *hart und scharf* abgeschnitten. Der Weg des Guten geht geradeaus. Links und rechts sind Mauern, wer ausweichen will, der rennt an. Nicht wahr, wir spüren es, wie wir hart anrennen, eigentlich fast in allen Punkten. *Als Außenstehende* möchten wir in einem gewissen lüsternen Freiheitssinn, der dem eigenen Gutdünken und Willen die

Zügel schießen lassen möchte, fragen: *Warum* paßt es für uns nicht? *Darum,* antwortet Paulus, darum, weil ihr *Heilige seid,* nicht Vollkommene, nicht Vortreffliche, Sünder sogar, höchst Unvollkommene, aber Heilige, Menschen, die Gott lieb hat, erwählte und berufene Menschen, Menschen, mit denen sich Gott eingelassen, denen er etwas anvertraut hat. *Weil ihr seid, was ihr seid,* darum paßt es nicht für euch. Ihr seid eben keine Außenstehenden, ihr könnt *keine eigene Sache* mehr haben neben der Sache Gottes, *keinen eigenen Willen* neben seinem Willen. *Eure Freiheit* heißt Gehorsam, *euer Recht* ist das Gute, *eure Freude* das Gesetz eures Herrn. *Ihr könnt* nicht das Böse wollen. Ihr seid dagegen wie [?] *abgesperrt* und abgeriegelt. Das Böse ist euch in jeder Form etwas *Unmögliches.* Tut nicht das Unmögliche! Sollte ich euch *zu nahe treten,* etwas Unmögliches von euch fordern, wenn ich euch sage, ihr sollt nicht tun, was euch unmöglich ist? Seht, so ist das Ernste und Strenge, was er ihnen sagt, zugleich das *Allerfreundlichste,* was er ihnen sagen könnte. Er will es ihnen eben *einfach nicht zutrauen,* daß sie von sich aus das Böse wollen könnten, er sieht sie sofort und zuerst *mit Gott in Verbindung.* Darum redet er ihnen so scharf über das Böse, von dem sie die Finger lassen müßten. Und das ist zwischen ihnen *keine Phantasie, keine Übertreibung.* Gott ist eben zwischen ihnen *gegenwärtig.* Er müßte Gott einen Lügner heißen, wenn er anders mit ihnen reden wollte. So macht er sie im Namen Gottes *groß,* indem er sie demütigt, und fügt darum das schöne Wort hinzu, daß sie statt allem Geschimpf und Geschwätz doch *lieber danken sollten,* danken dafür, daß Gott so groß ist, danken dafür, daß sie sind, was sie sind, danken dafür, daß durch den Heiland so ein starker Riegel gegen das Böse geschoben ist. *Das Danken wäre* die stärkste Waffe gegen die Sünde und gegen unsere listigen Gründe, vom geraden Weg abzuweichen. Danken heißt *sich erinnern* an das, was wir haben und sind. Das *schützt uns* gegen die Versuchung und gegen die Meinung, Gott sei zu streng und verlange zu viel. Lobe den Herrn, meine Seele, und vergiß nicht, was *er dir* Gutes getan hat [Ps. 103,2].

3. Auch das ist *streng geredet,* wenn es uns da so strikt verwehrt wird, mit den Kindern des Ungehorsams *Gemeinschaft* und Genossenschaft zu pflegen, am gleichen *Seil* zu ziehen, die gewöhnlichen *Wege*

und Methoden der Welt mitzumachen. Es ist streng geredet, wenn wir da so eindringlich gewarnt werden vor den schönen *Redensarten,* mit denen wir nur wieder unter den Zorn Gottes kommen. Denn die *schönen Redensarten,* die er da meint, sind wirklich schön. Sie lauten etwa so: Man muß doch, weil man in der Welt lebt, sich auch der Welt *anpassen.* Wenn man z. B. sieht, daß Alle ein wenig *lügen,* so muß man auch ein wenig mitlügen, nicht gerade mehr als die Anderen, aber doch soviel, um nicht in Nachteil zu kommen. Wenn man sieht, daß fast niemand ganz ehrlich *versteuert,* muß man's auch nicht tun. Wenn man sieht, daß man nicht gehört und verstanden wird, wenn man fein und bescheiden redet, muß man auch *grob* werden und auf den Tisch schlagen. Wenn man sieht, *wie schlau* die Leute sind, muß man auch schlau werden. Und dann läßt sich ja das Göttliche immer noch mit dem Weltlichen *vereinigen,* indem man ihm neben den vielen anderen Halbheiten auch noch irgendwo einen halben Platz in seinem Leben einräumt. Man könnte das alles auch schön sagen, aber das sind die schönen Redensarten, die Paulus gemeint hat. Er hat *auch darauf nichts zu antworten.* Vielleicht würde er antworten: *Es mag wohl sein,* daß man sich anpassen muß, oft gar nicht anders kann, oft ganz willenlos, fast unwissentlich mittreibt in der Genossenschaft der Kinder des Ungehorsams. Aber das *geht uns hier nichts an!,* würde er fortfahren. *Es bleibt dabei:* um solcher Dinge willen kommt der Zorn Gottes auf sie – und auf euch, wenn ihr es ihnen gleich tut. Um solcher Dinge willen ist *kein Friede* und keine Freude in der Welt. Um solcher Dinge willen haben wir es *so schwer* im Leben. Es bleibt dabei, und es trifft auch euch, ob ihr's nicht anders wollt oder nicht könnt bei eurem Mitmachen. Rechnet damit, daß man auf den Weltwegen und mit den Weltmethoden immer *ins Unheil* läuft. |

Aber *etwas Anderes geht uns hier an.* Neben dem, daß ihr auch noch Finsternis seid und in der Finsternis wandelt, *seid ihr doch schon auch Kinder des Lichts.* Das Licht besteht darin, daß man mit Gott *immer auch anders kann,* anders als die Anderen. Vielleicht nur *ein klein wenig anders,* versucht's nur einmal damit, nehmt nur das einmal ernst. Redet nicht so viel und so wichtig über das, *was ihr müßt von der Welt* aus, sondern besinnt euch einmal ernstlich über das, *was ihr könnt von Gott aus.* Wandelt als Kinder des Lichts! Seht, wie da wieder aus dem Strengen, Ausschließlichen auf einmal *das Freundliche* wird. Es *handelt sich* gar nicht um das, was wir *allenfalls auch noch mitmachen müssen,* weil wir in der Welt sind, wie ja auch der Heiland gesagt hat: Gebt dem Kaiser, was des Kaisers ist! Es handelt sich um *das, was man schon kann:* Gott geben, was Gottes ist [Mk. 12,17 par.]. Ein *Gefühl bekommen* für den Willen Gottes, einen feinen Tastsinn und Geruchssinn, daß man's wagt, neben dem vielen mitlaufenden Weltlichen jedenfalls *auch einen eigenen neuen* Weg anzutreten, zu merken, *was nötig* ist und was man *unterlassen* kann und soll. Fragt nicht: wie weit kann ich gehen mit der Welt?, sondern: wie weit mit Gott? Ihr *könnt das.* Es ist etwas Eigenes, Neues schon in euch. Wagt es nur, damit anzufangen. Die Welt ist noch groß und stark genug in euch und um euch, ihr *braucht ihr nicht zu helfen,* sie nicht zu rechtfertigen. Wandelt ihr *als Kinder des Lichts,* die ihr seid und soviel ihr's schon seid. Wenn doch wir Christen nur schon *Christen wären,* so weit wir's aufrichtig sein können, es wäre schon Vieles geholfen.

4. Und noch einmal scheint es uns *streng geredet,* man müsse nicht nur selbst anfangen, anders zu sein als die Anderen, sondern es *auch bei den Anderen* offen zurückweisen, also den Kampf von Licht und Finsternis auch in der Welt *aufnehmen,* das Böse beim *Namen nennen* und dagegen protestieren und so eigentlich *Gott helfen* bei seiner Arbeit. *Wenn man daran denkt,* wie *schwierig* das ist, das in der rechten Weise zu tun, *wie ungern* man sich selber etwas sagen läßt, geschweige denn Andere, wie leicht man da durch eigene Ungeschicklichkeit Alles *verdirbt* beim besten Willen, dann steht man da erst recht vor der riesenhaft großen Aufgabe des christlichen Lebens. Da werden sich schon damals Manche gesagt haben: das ist *nichts für mich,* das mögen Andere tun, die es können und mögen und dürfen. Was gehen mich die Anderen an? Was geht mich die Welt an? Und wie *schwer es uns fällt,* dem Ernst dieser christlichen Pflicht nachzukommen, die Wahrheit zu sagen und zwar nicht nur, wie es uns paßt und wie wir damit groß tun können, sondern wie wir sie wissen und wie es nötig ist – das wißt ihr selbst. Nun, wir mögen auch hier unsere *Ausreden und Gründe aufeinanderbauen,* so hoch wir wollen, wir kommen dem Paulus gegenüber *doch nicht weiter,* als daß er uns sagt, daß *Licht Licht ist,* und Licht muß leuchten. Und wenn die Welt Ja sagt, so mußt du Nein sagen, und wenn sie Nein sagt, so mußt du Ja sagen, weil du bist, was

du bist, ein Erlöster Jesu Christi. Die *Forderung bleibt stehen* in ihrer ganzen Größe. Schweigende Christen sind keine Christen. *Sieh wohl zu, ob* die Gründe, die du zu deinem Schweigen hast, nicht sehr menschliche, weltliche Gründe sind! Du sagst: *man hört doch nicht auf mich!* Ja, hast du's denn schon versucht? Es ist merkwürdig, wie die Welt manchmal hört, wenn das Rechte gesagt wird, aber es muß eben gesagt werden. Du sagst: *ich bin nur eine Frau!* Ja, weißt du denn, was Frauen schon ausgerichtet haben, wenn sie ihren Männern in aller Liebe das Bessere sagten, das sie vielleicht wußten? Du sagst: *man wird doch nicht fertig!* Ja, aber das ist kein Grund, nicht trotzdem einmal anzufangen, Gott macht dann schon fertig. Wenn die Christen nicht so viel geschwiegen hätten, wo sie hätten reden sollen, Gott hätte längst fertig machen können. *Die Finsternis wartet* darauf, Licht zu werden. Es braucht oft wirklich nur ein offenes, ehrliches Wort, so wird sie es. *Wach auf, du Schläfer,* und steh auf von den Toten, so wird Christus dich erleuchten! So müßten die Christen zur Zeit und zur Unzeit [vgl. 2. Tim. 4,2] laut hineinrufen in die Welt. *Ob's vernommen wird* – wie's aufgenommen wird, das geht uns wiederum nichts an. Aber daß wir rufen müssen, das geht uns etwas an. Und auch da ist das Strenge gerade wieder das *Freundliche.* Freuen wollen wir uns darüber, daß *mehr von uns verlangt* ist als das Gewöhnliche. Wir sollen eben auch keine gewöhnlichen Leute sein. *Etwas Festliches* müßte man jedem Menschen anspüren, dem so Großes anvertraut ist. Du *bist nicht nur du,* du bist auch Licht, vielleicht ein kleines Licht, aber Licht, und das ist genug. *Freu dich darüber* und sei Licht! Die rechte Freudigkeit über das, was uns gegeben ist, gibt uns den Mut, die Wahrheit auszusprechen.

5. Seht, wir können nur durch den Heiland *glückliche* Menschen werden. So tief *gedemütigt* und so hoch erhoben. So *streng gehalten* und so freundlich geleitet. So *gefangen* und so frei. Wir müßten nur einsehen[?], wie immer *Beides zusammenhängt. Nicht stecken bleiben* im Einen, sondern uns führen lassen vom Einen zum Anderen. Dazu muß aber unser Herz weich und zerknirscht und beweglich werden. Es ist etwas Großes um einen folgsamen, lenksamen Geist! Dann geht uns *das Licht auf* in unserem Leben, und die dunkle Welt bleibt dann nicht dunkel. Denn die Christen sollten die Welt *nicht anklagen.* Die Welt *wartet auf die Christen.*

Lieder:

Nr. 40 «Gott des Himmels und der Erde» von H. Albert, Strophen 1–3 (RG [1998] 566,1–3; EG 445,1–3; jeweils mit Textabweichungen)

Nr. 298 «Mache dich, mein Geist, bereit» von J. B. Freystein, Strophen 1.3.6 (GERS [1952] 302,1.3.5; EG 387,1.–. 3)

Epheser 5,15–20

So gebt nun genau acht, wie ihr euren Wandel führt: nicht als Unweise,
sondern als Weise! Kaufet den rechten Augenblick aus, denn es sind
schlimme Zeiten. Darum werdet nicht unbesonnen, sondern lernet
verstehen, was jeweilen der Wille des Herrn ist.

   Und berauscht euch nicht mit Wein, denn darin ist etwas Heilloses,
sondern werdet des G e i s t e s *voll. Redet zueinander in Psalmen, Ge-*
sängen und Liedern, wie sie der G e i s t *eingibt, singet und musizieret*
in euren Herzen dem Herrn.

   Danket Gott, dem Vater immer und für Alles im Namen unseres
Herrn Jesu Christi.

1. Es ist *nicht leicht,* von der großen Lebensweisheit zu reden, die in
diesen Worten liegt, und es ist noch weniger leicht, sie sich anzueignen
und danach zu tun. Wir werden das noch deutlicher sehen bei den
nächsten Stellen, wo Paulus über das Verhältnis von Männern und
Frauen, Eltern und Kindern, Herren und Knechten redet. Das sind
Gedanken, und so auch die, die wir soeben gehört haben, die uns
zunächst nur von ferne grüßen und die sich sehr seltsam ausnehmen,
wenn wir sie auf unser jetziges Leben beziehen. Sie machen uns *aufmerksam* auf eine klare, lebendige Gottesordnung. Aber dann kommt
sofort ein großes *Wenn und Aber!* Man kann nicht nur heimgehen und
sich vornehmen: nun will ich leben und mich verhalten, wie es im
Epheserbrief beschrieben ist. Und man kann noch weniger hingehen
und Andere verurteilen, weil man sieht, daß sie auch nicht danach tun.
Es kommt sehr darauf an, wer man ist und wo man steht und wie es
überhaupt heutzutage steht zwischen Gott und den Menschen. Das ist
das große Wenn und Aber, das sich zwischen uns und den Ermahnungen des Paulus erhebt. Wir können nicht darüber hinweghüpfen.
Diese Ermahnungen sind *feine Blumen,* die nur auf einem ganz bestimmten Boden und in einem ganz bestimmten Klima gedeihen können. Paulus hat sie an Leute gerichtet, die er vorher eindringlich daran
erinnert hat, daß sie *«in Christus» seien,* in der großen neuen Schöpfung des Menschen und der Welt von Gott her. Es fragt sich, ob *wir*
uns daran auch schon haben erinnern lassen. Paulus hat ihnen zugerufen: *Leget den alten Menschen ab* und erneuert euch durch den
Geist in eurer Vernunft und ziehet den neuen Menschen an [4,22–24].

Es fragt sich, ob *wir* auch in dieser Verwandlung stehen. Paulus hat sie mit einem großen Zutrauen trotz ihrer Schwächen und Unvollkommenheiten *Kinder des Lichts* genannt [5,9]. Schwächen und Unvollkommenheiten haben wir freilich auch, es fragt sich aber, ob wir uns trotzdem zutrauen dürfen, uns Kinder des Lichts zu heißen, und jedenfalls dürfen wir uns nicht verwundern, wenn wir bei den Anderen das nicht finden, was eben von den Kindern des Lichts zu erwarten ist. Wenn wir das in einem gewissen christlichen Eifer *übersehen*, so gleichen wir einem Törichten, der ernten will, wo gar nichts gesät worden ist. Wir gleichen dann einem Schiff, das mit gespannten Segeln und eingelegten Rudern auf dem Sand am Ufer steht. Man kann nicht fahren, wenn man nicht im Wasser ist. Man kann die Lebensweisheit der Bibel nicht fassen, wenn man nicht *in der Lebensbewegung der Bibel* drin steht.|

Sie ist Weisheit für das Leben von Menschen, mit denen *sich Gott eingelassen* hat und sie sich mit ihm. Andere Menschen können nichts damit anfangen. Sie ist Weisheit für das Leben von Menschen, für die im Himmel gleichsam *ein Interesse vorhanden* ist, weil Gott etwas mit ihnen im Sinne hat, weil er sie in Arbeit genommen hat. Das sind Menschen, in denen *etwas weich* geworden ist, weil sie tief erschrocken sind über sich und über die Welt und sich erheben[?] durch ein Hoffnungslicht, das ihnen aufgegangen ist. Sie sind in ein sehr *ernstes Gericht* gekommen, das ihnen alle Einbildungen und Träume über ihr Verhältnis zu Gott genommen hat, und nun haben sie eigentlich Gott gegenüber nur noch Respekt, Scheu, höchste Aufmerksamkeit wie Mose, als er seine Schuhe ausziehen mußte, um mit Gott zu reden [Ex. 3,5]. Dafür ist ihnen Gott *etwas höchst Nahes*, Bestimmtes, Starkes geworden. Sie können nur noch Großes und Gutes von ihm erwarten. Sie stehen unter einer Gnade. Sie wissen, wie man zuletzt und *im Grunde mit ihm dran* ist: das Letzte, das Ziel ist ein göttlicher Sieg und Triumph. Auf diesen Sieg *warten* sie, und ihr Leben ist eine *Bewegung* nach diesem Ziel hin. Nicht als ob ich es schon ergriffen hätte, ich jage ihm aber nach [Phil. 3,12]. Der heilige Geist hat wenigstens Raum. Das heißt *in Christus sein*. Denn Christus ist der große unsichtbare Beweger und Träger dieser Menschen. *Für solche Menschen gelten dann* die Lebenseinsichten und Lebensregeln, die Paulus hier andeutet. *Gelten sie* für uns? Für die heutige Christenheit? Für die sogenannten[1] Christen in den Kirchen? Für die sogenannten Christen in den Kapellen[2]? Für die anderen sogenannten Christen, die weder von der Kirche noch von der Kapelle etwas erwarten? *Geht es uns an*, wenn Paulus uns hier anredet: gebt genau acht, wie ihr euren Wandel führt, ihr Christen, ihr in Christus? *Sind wir* in Christus? *Können wir* seine Winke und Weisungen gebrauchen, befolgen? Können wir auch nur von dieser Weisheit reden, sie hören, den Versuch wagen, danach zu tun? *Wenn diese Fragen* sich schmerzlich und unruhig[?] in uns hineinbohren, wenn sie uns zu schaffen machen, dann ist's recht. Sie sollen uns zu schaffen machen.

2. *So gebt nun genau acht*, wie ihr euren Wandel führt! *Calvin* hat zu dieser Stelle die Bemerkung gemacht, ein Christ stehe in der Welt wie ein Schauspieler auf der Theaterbühne. Jedes Wort, das er sagt, wird gehört, jeder Schritt, den er tut, jede Miene, die er verzieht, wird beobachtet. Alles, was er tut und nicht tut, ist wichtig. Alle Augen sind auf ihn gerichtet. Aber nicht die Augen der Menschen allein sind es, die freilich auch, vor allem aber die Augen Gottes und der Engel.[3] Der Ort, wo ein solcher Mensch oder solche Menschen stehen, ist gleichsam ein wichtiger Punkt auf der Landkarte des Reiches Gottes. An solchen Orten ist ja immer *die Möglichkeit* vorhanden, daß es mit der Sache Gottes *vorwärts* gehen könnte, daß der eigentliche große *Segen*, mit dem Gott die Erde noch segnen will, ein wenig weiter reichen, daß der *Tag Jesu Christi*, der die Vollendung bringt, um Einiges näher rücken könnte. Wenn solche Menschen recht weich und beweglich in Gottes Hand bleiben, dann tritt damit für die ganze Welt eine *Veränderung* ein. *Je tiefer* es bei solchen Menschen geht, um so größer kann die Veränderung werden. Es ist aber auch die *andere Möglichkeit* vorhanden, daß sie *einrosten*[?] und zurückkommen, daß ihnen das, was sie haben, wieder verloren geht. Die anderen Menschen

---

[1] Das Adjektiv «sogenannten» ist im Mskr. hier und in den beiden folgenden Sätzen zwischen den Zeilen nachgetragen.

[2] «Kapellen» meint hier die Versammlungsräume der freikirchlichen, meist pietistischen Gemeinschaften.

[3] J. Calvin, *Commentarius in Epistulam Pauli ad Ephesios*, in: Opera omnia, Vol. LI (CR LXXIX), Sp. 220: «Debent igitur [sc. fideles], ac si in celeberrimo theatro essent, vivere: quia sub conspectu Dei et angelorum vivunt.»

merken es vielleicht nicht, sie *freuen sich* vielleicht sogar darüber, wenn die Christen immer wieder gewöhnlich werden, aber Gott und alle Engel *trauern* darüber. Es geht dann nicht *vorwärts* in der Welt. Es kommt darauf an, daß die Christen genau acht geben, wie sie wandeln. «Nicht als Unweise, *sondern als Weise*», sagt Paulus hierzu. Solche Menschen haben ja eine gewisse Weisheit in sich: sie *kennen* das Ziel, dem Alles zustrebt und dienen muß, sie *wissen* auch im Einzelnen, was diesem Ziel jeweilen dient oder nicht dient. Sie müssen *sein, was sie sind.* Sie sind Weise. Sie müssen sich als Weise bewähren und nicht als Unweise. Darauf müssen sie genau acht geben.|

Dieses *Acht-Geben* ist nicht das, was man sonst so nennt. Wir geben z. B. sehr genau acht, uns durch das, was wir sagen und tun, *keine Nachteile* zuzuziehen, wir sind gewohnt, da sehr genau zu wachen. Aber das ist hier nicht gemeint. Als Christ muß man es wagen, manchmal einen offenkundigen Nachteil auf sich zu nehmen. Wir geben acht, *unsere Zwecke und Wünsche* möglichst vollständig zu erreichen. Mögen wir's tun, aber das ist hier nicht gemeint. Im Gegenteil, wir müssen es als Christen sehr oft riskieren, uns durch alle unsere Zwecke und Wünsche einen Strich machen zu lassen. Wir geben acht, *niemand vor den Kopf zu stoßen.* Das ist eine löbliche und vorsichtige Absicht, aber auch das ist hier nicht gemeint. Ein Christ muß manchmal durch das, was er sagt und tut, die Leute vor den Kopf stoßen und muß die Folgen hinnehmen. Es handelt sich um etwas Höheres. Wir können auch einmal das *Gleichnis vom Schauspieler* gebrauchen (es soll aber nur ein Gleichnis sein!): Es handelt sich darum, daß wir *die Rolle*, wie man dort sagt, die uns übergeben ist, genau und getreu durchführen. Uns *nicht stören lassen* durch das, was die Anderen spielen und nicht etwas zu spielen anfangen, was nur unserem eigenen Sinn und Geschmack entspricht, aber nicht zum Ganzen paßt. Wer auf dem Theater einen König zu spielen hat, darf sich nicht wie ein Bettler benehmen. Darin liegt die ganze Weisheit: *Wissen, was man* ist und was Einem aufgetragen ist, und dann sich selber und seiner Sache *nicht untreu werden.* Die Gefahr und die Versuchung ist nicht das Böse, nicht das Schlechte, aber *das Fremde,* das, was uns nichts angeht. *Holzwege* im Wald sind ja auch Wege, aber wer ein Ziel erreichen möchte und sollte, darf sich auf Holzwege nicht einlassen. *Das Fremde kann* von anderen Menschen zu uns kommen, oder es kann in uns selbst aufsteigen. Es ist und bleibt immer das Fremde, das, was zu dem Göttlichen, das uns aufgetragen ist, *nicht paßt* – was sich für Heilige nicht schickt, wie Paulus früher gesagt hat [5,3]. Es gibt eine gewisse Art, über Andere zu *denken*, eine gewisse Art, sich selbst zu *bedauern*, einen gewissen Ton zu *reden*, einen gewissen *Ausdruck* im Gesicht, einen gewissen *Eifer* und eine gewisse *Geduld*, eine gewisse *Zufriedenheit* und eine gewisse *Unzufriedenheit*, eine gewisse *Sicherheit* und ein gewisses *Schwanken*, die uns fremd sind, wenn wir in Christus sind. Wir *dürfen nicht in dieses Fremde verfallen*. Das Fremde liegt uns immer unendlich nahe, näher fast, als wir uns selbst sind. Eben darum heißt es genau acht geben. Unser Leben muß einen *reinen Ton* geben. Das Unnötige, das Unerleuchtete, das Zufällige, das Eigenwillige muß allmählich *zurücktreten*, und *hervortreten* muß das, was von oben her notwendig, hell, wichtig ist. Dazu müssen wir acht geben, genau acht geben, das heißt auf alles *Einzelne* acht geben, denn das Leben setzt sich aus Einzelheiten zusammen. Das ist das «*Wandeln als Weise*». Es ist *nicht jedermanns* Sache [vgl. 2. Thess. 3,2]. Wer Ohren hat zu hören, der höre [Mk. 4,9 par.].

3. «*Kaufet den rechten Augenblick aus,* denn es sind schlimme Zeiten. Darum werdet nicht unbesonnen, sondern lernet verstehen, was jeweilen der Wille des Herrn ist.» Da hören wir, daß die christliche Lebensweisheit etwas ganz besonders Merkiges[4], Gelehriges, Aufmerksames ist. Vor Allem müssen wir merken, daß die Zeiten im Allgemeinen *schlimme Zeiten* sind. Die Erde steht jetzt unter einem *Schatten*, unter einem Fluch. Der Mensch ganz besonders befindet sich in einer *Gefangenschaft*, die jetzt noch nicht aufgehoben ist. Die Befreiung bahnt sich erst an, die in Christus einst kommen soll. Gewisse kleine *Verbesserungen und Veränderungen* sind auch in diesen schlimmen Zeiten möglich. Aber *von dem Guten,* auf das ein Christ hofft, will sich oft während langer Stunden, Tage und Jahre nichts zeigen. Es ist und bleibt dann Alles irdisch unvollkommen. Man muß merken, daß das *so ist und so sein muß*. Alle christlichen Grundsätze und aller gute Wille kann nichts daran ändern, bis *der Tag anbricht,* an dem Gott an diesem Zustand etwas ändert. Unser Leben kann also nur

---

[4] = Waches, Wahrnehmungsfähiges.

ein *Hinzielen und Vorbereiten* auf diesen Tag der Veränderung sein, unterdessen ist es ein Tragen und Ertragen eines Zustandes, der nun eben durch Gott aufgehoben werden muß. *Im Winter* kann man mit seltenen Ausnahmen keine Blumen blühen sehen. Es *gibt aber solche Ausnahmen*, sagt Paulus. *Kaufet* den rechten Augenblick aus, gerade weil die Zeiten im Allgemeinen schlimm sind. Es gibt Augenblicke, die unterbrechen jetzt schon die Regel, die sind gleichsam *vorlaufende Strahlen* des kommenden großen Lichts. Es gibt Augenblicke, *da kann man* etwas verstehen, ein gutes Wort sagen oder hören, etwas Rechtes tun, was dann nicht nur eine kleine Verbesserung und Veränderung ist, sondern, wenn auch noch nicht das neue Haus, das unser wartet [vgl. 2. Kor. 5,1], so doch ein Steinlein dazu. *Unerwartet* kommen solche Gelegenheiten, rasch treten sie an uns heran, rasch gehen sie benützt oder unbenützt vorüber.|

Das ist das zweite, was wir merken müssen: daß es solche besonderen Augenblicke gibt mitten in den schlimmen Zeiten. Die müssen wir dann *auskaufen, das heißt, Alles dransetzen*, damit wir dann auch bekommen, was sie uns zu bieten haben. Wir sind wie *in einer belagerten Stadt*, wo man im Allgemeinen Hunger leiden muß. Dann und wann aber bietet sich eine günstige Gelegenheit. Dann muß man nicht länger geduldig warten, sondern rasch zugreifen. Wenn wir *merkiger wären* diesen vorlaufenden Strahlen Gottes gegenüber, in dieser Stunde, wo es gilt zuzugreifen, wir könnten *mehr ewiges Licht* haben schon im jetzigen Dunkel, wir würden uns dann auch ruhiger darein finden, daß das Dunkel wirklich *nur durch das ewige Licht* gehoben[?] werden kann. Und dann, in diesen besonderen Augenblicken *gilt es, besonnen zu sein* und zu verstehen, was da jeweilen der Wille des Herrn ist.|

Das ist das dritte, für das wir einen Merks[5] bekommen müssen. *Was dann nehmen*, wenn sich uns oft für einen Augenblick der ganze Reichtum Gottes auftut[6]? *Was dann sagen*, wenn einmal etwas gesagt werden könnte? *Was dann tun*, wenn wir merken: nun könnte einmal etwas getan werden? Gerade da fehlt man besonders leicht. Man ist zu *langsam* oder man fährt zu schnell zu. Man fährt *rechts*, wo man links

---

[5] = ein Gespür.

[6] Mskr.: «auftun»; Korrektur vom Hrsg.

fahren sollte. Man redet grob, wo man fein, und fein, wo man grob reden sollte. *Die Weisheit* besteht eben nicht nur darin, daß man schweigt und wartet, und nicht nur darin, daß man den Augenblick ergreift, wo es eine Ausnahme geben kann, sondern auch darin, in diesem rechten Augenblick *das Rechte zu ergreifen.* Denn *jeder Augenblick* hat seinen besonderen Sinn, seine besondere Bedeutung. Wer ein Christ ist, der kann dieses Besondere aus solchen Augenblicken *herausholen* und fährt nicht daneben. Wie es im Prediger Salomo beschrieben ist, cap. 3,1–8. Aber auch das alles: das *Ertragen* der schlimmen Zeiten, das Auskaufen des rechten Augenblicks, das gute *Treffen,* wenn ein solches Ziel sich bietet – auch das alles ist nicht für jedermann. Sondern wer Ohren hat zu hören, der höre.

4. Und so steht es wohl auch mit dem, was Paulus *über die rechte Freude* sagt: Berauschet euch nicht mit Wein... Es ist ganz natürlich und recht, daß *der Mensch sich freuen will.* Er soll es auch. Der Trieb, uns zu freuen, ist auch ein Zeichen, daß wir zu Gott gehören. Aber *in der Art,* wie wir uns freuen, kommt es zum Vorschein, wer wir sind und wie wir mit Gott dran sind. Die Freude *gehört* auch zum Leben, aber indem wir uns freuen, kommen wir *vorwärts oder rückwärts.*

Entweder man hat die *Freude nicht in sich,* weil man sich nicht in einer Lebensbewegung befindet, dann muß man den Freudenrausch irgendwo *außer sich* suchen. «Im Wein», sagt Paulus. Man könnte heute auch sagen: im Vereinsleben, im Kinematograph, auf der Reitschule. Das sind ganz natürliche, begreifliche Vorgänge: *was sie nicht haben, das müssen sie suchen.* Aber Paulus hat recht: «es liegt etwas Heilloses darin», nicht im Wein an sich, aber darin, daß man die Freude im Wein und in den anderen Zerstreuungen *suchen muß,* weil man sie nicht in sich hat. *Sie lachen,* weil sie nicht fröhlich sind, *sie schmücken* sich, weil sie nicht schön sind, *sie tanzen,* weil sie keine Bewegung haben. Dieser böse Ursprung in der Gottlosigkeit gibt Vielem, was sich Freude nennt, *so etwas Hohles,* Leeres, Künstliches, Unbefriedigendes. Es ist *keine Freude* in dieser Freude. Es ist etwas von Grund aus *Törichtes* darin, wie der Prediger Salomo ein andermal sagt: Das Lachen der Narren ist wie das Krachen der Dornen unter den Töpfen (7,6). Und auf den bösen Freudenrausch folgt die ebenso *bittere Ernüchterung.*

Es könnte auch anders sein: Man könnte *die Freude auch in sich haben.* Das ist *das Christliche.* Wer die Freude wirklich in sich hat, der ist eben darin auf dem christlichen Weg, auch wenn er es sonst noch nicht eben weit gebracht auf diesem Weg. Werdet des *Geistes voll!,* sagt Paulus. Das ist *auch ein Freudenrausch,* aber er kommt nicht von außen, sondern von innen, nicht grob, sondern fein, nicht aus der Welt, sondern aus der Tiefe Gottes. Wenn der *Geist Raum gewinnt* in uns, dann *drängt* er von selbst das Niedere, Dumpfe, Finstere zurück, das uns traurig macht, und tut die Quellen der Lust auf, die sonst nur verborgen in uns rauschen. Wer *mit Gott an der Arbeit ist,* nämlich an der Arbeit Gottes, der kann dann auch mit Gott feiern. Ein *Herz, das gehorsam geworden* ist, das kann dann auch spielen in Gott. *Es braucht nicht* zu laufen und zu kaufen [?], um Freude zu haben, *es hat* das Freudige-Schöne und Glänzende, *es macht* es sich selber. Es gibt manchmal solche Menschen, die es verstehen, sich und Anderen immer *Festlein zu machen* aus gar nichts, wie Gott die Welt geschaffen aus nichts. Die Kinder haben darin etwas besonders Christliches an sich, daß sie das können.|

«Redet zueinander… » Wir müssen dabei nun nicht gerade an das *Gesangbuch* denken. Es steht eben auch im Gesangbuch Vieles, was nicht gerade vom Geist eingegeben ist. Was aber *von Gott eingegeben* ist, was ein Mensch sagt oder tut, weil der Geist in ihm Raum hat, das ist Psalm, Gesang und Lied, das ist dem Herrn angenehm. Es *ist Freude* in dieser Freude. Man hat oft gesagt, *im Himmel* werde einmal ein ewiges Singen und Musizieren sein, und nur die Narren können behaupten, daß das langweilig werden könnte, weil sie nicht wissen, was schön und zwar ewig schön ist. *Christen wissen es,* und darum können sie sich schon jetzt und in der Trübsal von Herzen freuen. Wie merkwürdig können wir an diesen Freuden im Herzen vorbeilaufen [?], die uns so nahe liegen. *Werdet des Geistes voll,* dann *könnt* ihr lachen, dann *seid* ihr schön, dann *habt* ihr Unterhaltung, die nicht aufhört. Und noch einmal: Wer Ohren hat zu hören, der höre!

5. Das letzte Wort für heute ist das schwerste: *Danket dem Herrn immer und für Alles* im Namen unseres Herrn Jesu Christi! Nicht wahr, das ist *wirklich zu viel* für uns. Da merken wir gar zu deutlich, daß wir nicht die Leute sind, die sich von Paulus können ermahnen

lassen. Da *sehen wir aber auch,* wo Alles herkommt und wo Alles hin will: Das Achtgeben und das Warten und das rechte Sich-Freuen, von dem wir heute gehört haben. Es ruht eben Alles auf dem Grunde des Dankens. «*Immer und für Alles*», sagt Paulus. Das ist's eben, was wir nicht verstehen. Wir meinen, daß wir oft und für sehr Vieles nicht zu danken, sondern uns darüber *zu beklagen* haben. Wir fühlen uns oft so gefangen, so eingeschränkt, so unbefriedigend gestellt in unseren Verhältnissen, unter den Menschen, unter denen wir leben müssen, in unserem Beruf. Wir möchten mit den Wolken dann ziehen weit, weit weg von hier oder doch ein klein wenig in eine andere Lage, denken wir. Für was denn danken, wenn es uns doch nicht wohl ist? Da müßte es sich dann eben zeigen, *ob wir das Christentum begriffen haben. Es ist recht,* wenn wir die Gefangenschaft empfinden und eine brennende Sehnsucht nach Befreiung. Aber wir müssen die *große Sehnsucht* in uns aufnehmen an Stelle der kleinen Sehnsüchte. Bei allen Veränderungen, die wir jetzt fertig bringen, ist die *große Sehnsucht, die dahinter steht,* das Wertvolle; die Veränderungen selbst sind *alle klein,* und die Unzufriedenheit wird sich binnen Kurzem wieder einstellen, wenn wir nicht einmal zur Ruhe kommen in der großen Sehnsucht. Die große Sehnsucht nach dem ganz anderen Leben von Gott her bringt uns *mit Gott in Verbindung.* Mit Gott kann man aber nicht in Verbindung sein, *ohne ihn zu loben,* ihm Recht zu geben, auch *im Voraus,* auch ohne scheinbaren Grund. Gottes Liebe zu uns ist auch grundlos. Und er ist *auch jetzt schon Gott,* wo wir noch nicht im Himmel sind. Darum müssen wir ihn auch schon im Voraus loben. Danken heißt Gott loben im Voraus. Wenn wir das begreifen, können wir es auch. Im Namen unseres Herrn Jesu Christi können wir es. Er ist der offene Zugang zu Gott, immer und für Alles. Sollten wir wirklich nicht Ohren haben, das zu hören?[7]

---

[7] Auf dem freien Teil der letzten Mskr.-Seite findet sich folgende Bleistift-Notiz (Anlaß unbekannt):

Die Begründung des guten Willens

Der Ernst des Lebens

Die Weisheit der Zielbewußten

Lieder:

Nr. 6 «Lobe den Herren, den mächtigen König der Ehren» von J. Neander, Strophen 1.2.5 (RG [1998] 242,1.2.5; EG 317,1.2.5 mit Textabweichungen)

Nr. 175 «Die Gnade sei mit allen» von Ph. Fr. Hiller, Strophen 1–4.8 (Reichs-Lieder 640,1–3.–.6)

Epheser 5,21–33

Seid einander untertan in der Furcht Christi –
ihr Frauen euren Männern als dem Herrn: Denn der Mann ist das
Haupt der Frau, wie Christus das Haupt der Gemeinde. Er allein ist
freilich der Erretter seines Leibes, aber wie die Gemeinde Christo un-
tertan ist, so sollen es auch die Frauen allezeit mit ihren Männern
halten.
    Ihr Männer, liebet eure Frauen! Wie Christus die Gemeinde liebte
und hat sich selbst für sie dahingegeben, um sie zu heiligen durch die
Reinigung im Wasserbad durch das Wort und um sie für sich selbst
zuzubereiten: herrlich, ohne Flecken, Runzeln oder dergleichen, son-
dern heilig und makellos – so müssen auch die Männer ihre Frauen
lieben als ihre eigenen Leiber. Wer seine Frau liebt, liebt sich selbst. Nie
hat jemand sein eigenes Fleisch gehaßt, sondern er hegt und pflegt es,
wie es eben auch Christus hält mit der Gemeinde, denn wir sind seines
Leibes Glieder, von seinem Fleisch und von seinem Gebein.
    Darum wird der Mensch Vater und Mutter verlassen und seinem
Weibe anhangen, und die zwei werden sein ein Fleisch. Groß ist das
Geheimnis, ich deute es aber auf Christus und auf die Gemeinde.
Jedenfalls sollt auch ihr, jeder einzelne, seine Frau lieben als sich selbst;
die Frau aber fürchte ihren Mann.

1. In der Furcht Christi!, sagt Paulus, und dann sagt er uns, wie ein
Licht aufgeht über dem dunklen, schwierigen Gebiet der *Beziehun-*
gen zwischen Mann und Frau. Wenn wir verstehen könnten, was das
heißt: in der Furcht Christi, dann könnten wir das *Licht auch aufge-*
hen sehen über diesem dunklen Gebiet. Wir hätten es so nötig, nicht
wahr, gerade hier? Man kann ja ohne Übertreibung sagen: der aller-
größte Teil der Finsternis in unserem Leben besteht aus ungelösten
und oft scheinbar ganz unlösbaren Ehefragen und Frauenfragen. Man
redet ja nicht gern und nicht oft von diesen Fragen, aber es ist doch so.
Es gibt *andere* Knechtschaften der Menschen, wie z.B. der
unter das Geld, die viel deutlicher hervortreten, aber stärker und folgenschwerer ist doch eigentlich keine so wie die, die davon kommt,
daß es zwischen Mann und Frau nicht so steht auf der Erde, wie es
sollte. Wieviel *Anklagen und Gewissensbisse* gerade in diesen Bezie-

---

[1] Vom 20.7. bis zum 31.7. war Barth in den Ferien. So hat er am Sonntag,
dem 27. Juli, nicht gepredigt.

hungen haben tausende und tausende von Toten mit sich ins Grab genommen! Wieviel *Schuld und Jammer* gerade auf dieser Seite des Lebens verbirgt sich fast in jedem Haus, das man betritt! Wieviel *Gift* gerade aus dieser Quelle bedroht jetzt schon die kommenden Geschlechter! Wie selten sind *die Menschen,* die nicht gerade zu diesem Punkt irgend eine große Enttäuschung in sich herumtragen! Wie selten *die Ehen,* die einem den Eindruck machen, daß sie im Himmel geschlossen seien! Wie selten *die Ehegatten,* die einander aufrichtig in die Augen blicken und sich sagen dürften: Wir haben Freude aneinander, wir sehen dankbar in die Vergangenheit und mutig in die Zukunft, wir wollten keinen Augenblick einen anderen Weg gegangen sein und gehen als den, auf dem wir sind! Was für eine dumpfe *Unsicherheit* an so vielen Orten, ob es eigentlich recht steht, und was für ein furchtbares *Elend* an anderen, weil es sicher nicht recht steht. Möchte man nicht, wenn man an das alles denkt, beinahe in Versuchung kommen, *zu wünschen,* es möchte diese ganze Seite des Lebens gar nicht geben, wir möchten irgendwie davon erlöst sein können, Männer und Frauen sein zu müssen, wenn dann doch diese dunkle Wolke fast beständig und fast überall auftauchen muß, sowie es sich um die Beziehungen beider zueinander handelt?

2.   Und es *könnte doch recht stehen* unter uns, meine Freunde, auch auf diesem schwierigen Gebiet. Es könnte uns gerade da ein *besonders helles Licht* aufgehen. Kaum ein anderes irdisches Verhältnis wird in der Bibel mit so hohen und schönen Dingen verglichen wie die Ehe. Wir müssen an das Wort aus der Schöpfungsgeschichte denken, daß der Mensch zum Bilde Gottes geschaffen sei [Gen. 1,27], wenn wir hier von Paulus hören: der Mann und die Frau sind wie Christus und seine Gemeinde. In der Furcht Christi, sagt er, ist es so. Wir stehen hier wieder *vor der Tatsache,* die uns im Neuen Testament auf jeder Seite begegnet, daß alle Fragen in eine Frage zusammenlaufen. Eins ist not [Lk. 10,42]! Wenn das Eine in Ordnung ist, kommt Alles in Ordnung. Wenn das Eine fraglich ist, wird Alles fraglich. Dann gibt's Ehefragen, Frauenfragen, Erziehungsfragen, soziale Fragen, ein ganzer böser Irrgarten von Fragen, in denen man sich notwendig verirren muß, wenn man nicht weiß, woher sie kommen. Alle Fragen können gelöst werden, wenn das Eine in Ordnung kommt. Dieses Eine nennt

Paulus hier *die Furcht Christi*. Furcht bedeutet hier eine feine, scheue, gespannte *Aufmerksamkeit*, wie man sie jemandem schenkt, von dem Alles abhängt. Solche Aufmerksamkeit können wir Christus schenken. Wir müssen nicht, aber wir können. Wir können uns durch das, was er uns zu sagen hat, erschrecken lassen über uns selbst und über die Welt. Wir können uns aber auch mit Hoffnung erfüllen lassen durch das Ziel, das er uns zeigt. Wir können unser Herz und unseren guten Willen, mag er noch so klein sein, hergeben zum Dienst für seine Sache. Wir können wachsam werden und eifrig im Dienst dieser Sache. *Allein Gott* in der Höh sei Ehr!, haben wir vorhin gesungen. Darum handelt es sich. Wenn die Menschen das nicht nur sagen und singen mit ihrem Mund, sondern hören mit ihren Ohren, auf dieses Licht sehen mit ihren Augen, nach dieser Gabe greifen mit ihren Händen, an diese Bergluft sich gewöhnen mit ihrem Herz und ihren Lungen, auf diesem Boden stehen mit ihren Füßen, dann geschieht das Eine Notwendige. Etwas *völlig Neues* taucht da auf in dem Menschen, wenn er den Heilandsruf: Folge du *mir* nach [Joh. 21,22 par.]! hört und ihm gehorsam wird. Es handelt sich nicht ums Bravwerden und nicht ums Frommwerden. Es handelt sich nicht um den Anstand und nicht um die Arbeitsamkeit und nicht um irgendwelche guten Werke. Es handelt sich um den Sinn und Geschmack für Gottes eigene ewige Welt[2], die mit keiner menschlichen Sache oder Tugend eine Ähnlichkeit hat und die doch unter den Menschen erscheinen und sich offenbaren möchte. Es handelt sich um die *Sehnsucht nach ihr,* um das Hinschauen nach ihr hin, um das Wachwerden und Aufstehen, um sie zu begrüßen, um die Willigkeit, ihr nicht im Wege zu sein. Wenn diese Sehnsucht, dieses Wachwerden, dieses Hinschauen, diese Willigkeit über einen Menschen kommt, wenn seine Gedanken und danach leise und schüchtern auch sein Leben beginnt, sich zu sammeln, zu vereinfachen, zu ordnen, zu vertiefen in Gott und um Gott, das ist die Furcht Christi.

---

[2] Anspielung auf Schleiermachers Bestimmung der Religion als «Sinn und Geschmack fürs Unendliche» in der zweiten der Reden *Über die Religion* (Kritische Gesamtausgabe, 1. Abt., Bd. 2, Berlin / New York 1984, S. 212, Z. 31 f.)

Wenn wir in der Furcht Christi stehen, sagt unser Text, *dann kommt Licht* auch in die Ehefrage. Und das mit unbedingter *Sicherheit.* Paulus gibt uns über diese Frage nicht Vorschläge, die uns vielleicht helfen, vielleicht auch nicht helfen. Er teilt uns nicht Erfahrungen aus seinem Leben mit, die zu unserem Leben vielleicht stimmen, vielleicht auch nicht stimmen. Er drückt uns den Schlüssel in die Hand, der das Schloß unsichtbar öffnet. Das, was er uns da mitteilt, leuchtet als Hoffnungslicht über das ganze Männer- und Frauenelend. Es ist ein Wort, das ausnahmslos Alle angeht, die in dieser Beziehung schuldbeladen oder betrübt sind. Es gibt keine endgültigen, unverbesserlichen Fehler im Verhältnis von Mann und Frau. Es gibt keine hoffnungslose Enttäuschung. *Es gibt keine* Unmöglichkeit, sich zu finden und sich zu behalten. Es gibt keine Notwendigkeit, sich zu widerstreben, zu grollen, sich voneinander abzuwenden, sich äußerlich oder, was noch schlimmer ist, innerlich zu scheiden. Und wenn eine Ehe zur Hölle geworden wäre, sie muß es nicht bleiben. Und wenn die Verhältnisse hier und alle Sitten und Gewohnheiten dort die Ehe von Grund aus verdorben hätten, sie muß es nicht bleiben. Es gibt überall eine Möglichkeit, einen Weg, eine offene Türe.

3. Aber allerdings *nur diese eine:* In der Furcht Christi kann der himmlische Sinn des Verhältnisses von Mann und Frau wieder zu Ehren kommen. – *Alle Dinge und Verhältnisse* auf Erden haben einen irdischen und einen himmlischen, einen menschlichen und einen göttlichen *Sinn.* Unser Essen und Trinken, unser Arbeiten und Ruhen, unser Schlafen und Wachen, unser Leben und Sterben, unser ganzes Dasein hat auch eine andere *Seite* außer der, die wir zunächst beachten. Es trägt Alles ein göttliches *Geheimnis in sich,* wie Paulus hier sagt. – Aber das Himmlische kann vom Irdischen *nicht getrennt* bleiben, es *strebt ihm* entgegen, es will sich in ihm offenbaren, es überkleiden und verherrlichen, das Irdische in sich aufnehmen. Und so *hungert und dürstet* denn auch alles Irdische nach dem Himmlischen, durch das es erst ganz und klar und rein wird. Das ist das Seufzen der Kreatur nach Erlösung und unsere eigene Sehnsucht nach unserer himmlischen Behausung, von denen an anderen Stellen der Bibel die Rede ist [Röm. 8,19–22; 2. Kor. 5,2]. Wenn *der Mensch ohne Erkenntnis* Gottes ist, dann kommt diese Bewegung zwischen Himmel und

Erde ins Stocken. Dann wird das Leben auf der Erde trübe und verworren und zerrüttet. Dann bleibt das Himmlische unerreichbar hoch über ihm stehen wie der Stern über unseren Häuptern. Es wird dann zu einem Ideal, wie man sagt, zu einem schönen Gedanken, über den man mit ungläubigem Herzen allerlei liest und hört, von dem man vielleicht auch eifrig redet, über den man sich unter Umständen streitet und aufregt, der aber nicht Leben und Kraft gewinnen kann. *Durch die Erkenntnis Gottes* in der Furcht Christi wird das anders. Das Himmlische ist ja eben die ewige Welt Gottes, auf die man da aufmerksam wird. Und indem man darauf aufmerksam wird, kommt es in Bewegung, dem Irdischen entgegen. Es hört auf, bloß himmlisch zu sein. Man kann nicht mehr bloß damit spielen wie mit einem schönen Gedanken, es wird ernst, lebendig und kräftig; es leuchtet durch das Irdische hindurch und nimmt ihm Schritt für Schritt seine Schwachheit und Not. Die ewige Gotteswelt läßt sich finden, wenn man sie sucht. Und indem sie gefunden wird, wird die Menschenwelt an ihr gesund.

So ist's auch mit der Ehe. Sie ist ein ganz *starkes, großes und wichtiges Stück* des irdischen Wesens, der Natürlichkeit, der Menschenwelt. Aber sie hat einen himmlischen Sinn, der in ihr zur Ehre kommen kann und will. Ein ebenso großes Stück Gotteswelt möchte sich in ihr offenbaren. Aber die Gotteswelt muß auch hier gesucht werden. *Ohne die Erkenntnis Gottes* kann die Verklärung und Erlösung auch hier nicht kommen. Ohne die Erkenntnis Gottes muß das ganze Verhältnis von Mann und Frau das sein, was es für Millionen ist und für andere Millionen zu werden droht: ein dunkler oder sogar ganz dunkler *Höllenwinkel,* in dem sie in diesem und sicher auch noch weit ins jenseitige Leben hinein sitzen müssen. Es bleibt dann *der Mann,* stark und selbstsüchtig, was er ist, und *die Frau,* schwächer und überall benachteiligt, was sie ist. Es bleibt dann *die Ehe* eine Einsamkeit zu zweien, die nicht eine Einheit zu zweien werden kann. Es bleibt dann das ganze Verhältnis von Mann und Frau ein *Mißverhältnis* von zwei Teilen, von denen der eine nur Unrecht tun, der andere nur Unrecht leiden kann. Der Mann geht zu Grunde, indem er die Frau verdirbt, und die Frau geht zu Grunde, indem sie sich vom Mann verderben läßt. *Gegen diese fatale Entwicklung* hilft keine Liebe, keine Klugheit, kein noch so großer sittlicher Ernst, keine noch so nötigen und nützlichen Versuche, dem Mann seine Pflichten einzuschärfen und der Frau zu mehr Recht und Selbständigkeit zu verhelfen. Alles, was in dieser Richtung getan wird im Einzelnen und im Ganzen, kann wohl dazu dienen, die Ehenot zu bekämpfen, zum Bewußtsein zu bringen, nicht aber sie zu heilen. *Die unerlöste Natur* ist stärker als aller gute Wille und alle guten Absichten. *Das Irdische für sich* allein, ohne die Bewegung vom Himmel her, ist und bleibt Verworrenheit, Unrecht und Leiden. *Aus Tod* kann nicht Leben werden.|

Wohl aber *kann das Leben den Tod überwinden.* Mann und Frau oder auch nur eins von Beiden – es ist dann wenigstens für dieses Eine von beiden genug[?] – können die Entdeckung machen, *daß sie noch mehr sind* als Mann und Frau. Sie können *den Ruf vernehmen,* als Mann oder als Frau: Folge du *mir* nach! (So kann *die Hand des Schöpfers* wieder bewahren[?], der das, was er erschaffen hat, auch erhalten[3] und zu Ehren bringen will.) Dann neigt sich die ewige Gotteswelt *ihnen entgegen* und mit ihr[?] die himmlische Ordnung und Gestaltung der Ehe, die Verklärung und Erlösung der Ehe von oben her, nach der sie, solange sie das Eine nicht haben, vergeblich seufzen und suchen müssen. Dann wird die Ehe zu einem Stück *Kampf und Wanderschaft,* das seine große Verheißung hat. Es fehlt ihr zwar auch dann nicht an Fragen und Rätseln, an Todeserscheinungen, es eröffnet sich aber die Aussicht auf die Auferstehung, es bahnt sich ein Weg, auf dem die Antworten und Kräfte je länger desto weniger ganz fehlen. *Es kann der Mann* über seine selbstsüchtige Stärke hinweg lernen, liebzuhaben und weniger Unrecht zu tun. Und es kann die Frau über ihre Schwäche hinweg lernen, stark [zu] werden im *Dienen* und weniger Unrecht zu leiden. Dem Manne, der liebt, kann die Frau gehorchen, und die Frau, die dient, kann den Mann lieben.

[4]Das *Untertansein der Frau* wird dann nicht mehr eine Folge ihrer Schwäche sein, ein hilfloses Nachgeben und Sich-Fügen unter den Launen und Einfällen der Männer, sondern in ihrer Weise auch etwas

---

[3] 3. Strophe des Liedes Nr. 9 «Sei Lob und Ehr dem höchsten Gut» von J. J. Schütz (RG [1998] 240; EG 326):

> Was unser Gott geschaffen hat,
> das will er auch erhalten ...

[4–4]Der Abschnitt ist im Mskr. am Ende des 3. Teiles nachgetragen und hierher verwiesen.

Starkes. Ihr Respekt vor dem Mann wird dann willig und freudig sein und sie selbst nicht entwürdigen. Und so wird das *Liebhaben des Mannes* nicht mehr eine fatale[?] Laune des Starken sein, sondern ein Tragen und Mitnehmen des schwachen Teiles. Und die Überlegenheit, die er in Anspruch nehmen darf, wird etwas im Grunde Demütiges sein. Der *Vergleich mit Christus* ist für den Mann kein Anlaß, sich zu rühmen, denn Christus ist gekommen, um aller Diener zu sein und sich selbst hinzugeben [vgl. Mk. 10,45 par.]. Und der *Vergleich mit der Gemeinde,* die von Christus erlöst ist, hat für die Frau nichts Beschämendes, denn die Gemeinde wird ja durch die Hingabe Christi herrlich und heilig gemacht. So kann sich das, was in der Ehe der Einheit widerstrebt, auflösen, und es entsteht doch kein ekles[?] Einerlei.[4]

Das *Unmögliche wird möglich.* Die *Ungleichheit* der Kräfte und der Aufgaben ist keine Gefahr und kein Verhängnis mehr in der Erkenntnis Gottes. Der *Schöpfer,* der den Mann als Mann und die Frau als Frau geschaffen, findet seine Rechtfertigung, indem er sie erlöst. Es ist *kein Fehler* in der Natur, wenn die Natur wieder richtig verstanden wird. Ehe heißt dann *Einheit, Verständnis, Hilfe.* Die größte Hilfe, die ein Mensch dem anderen sein kann. Ehe heißt dann ein gemeinsames *Tragen und Getragenwerden,* nicht mit gleichen Aufgaben und Kräften, aber in der Verbundenheit durch das gleiche Ziel, in der Gemeinschaft, die aus zwei Menschen wirklich einen macht.

4. Die Frage, vor der wir in dieser Sache stehen bleiben müssen, ist die, ob wir von der *Furcht Christi bewegt* und erfüllt und getrieben sind. Das ist die Frage, die brennend werden muß überall, wo man empfindet, daß es zwischen Mann und Frau nicht steht, wie es sollte. Wir können die Ehefrage nicht allein und für sich lösen. Sie kann uns, wenn sie uns aufgeht, nur *tiefer hineintreiben* in das Bitten, Suchen und Anklopfen [vgl. Mt. 7,7 par.] um die Antwort, die Licht in alle Fragen bringt. Wenn es uns so stark fehlt an Kräften der Erlösung auf diesem Gebiet, so liegt es nicht daran, daß es hier keine Erlösung und Hoffnung gebe, wohl aber daran, daß wir noch nicht wissen, was Bitten, Suchen und Anklopfen ist, daran, daß wir dem Ruf: Folge du *mir* nach! noch nicht getreu und gehorsam geworden sind. Warum sollten wir's nicht werden? Und dann wird dem Irdischen die heilende Kraft des Himmlischen zugute kommen.

Lieder:

Nr. 1 «Allein Gott in der Höh sei Ehr» von N. Decius, Strophen 1–3 (RG [1998] 221,1–3; EG 179,1–3 mit Textabweichungen)

Nr. 163 «Eine Herde und ein Hirt» von Fr. A. Krummacher, Strophen 2.3.6 (GERS [1952] 385,2.3.6; EKG 220,2.3.6)

Epheser 6,1–4

Ihr Kinder, seid gehorsam euren Eltern im Herrn; denn das ist recht!
Ehre deinen Vater und deine Mutter! Dies Gebot liegt am nächsten
und hat die Verheißung, daß es dir wohl gehe und du lange lebest auf
Erden.
  Und ihr Väter, verbittert eure Kinder nicht, sondern erzieht sie
durch die Bildung und Ermahnung des Herrn!

1. Eltern und Kinder, Väter und Söhne, Erzieher und Zöglinge, Alte
und Junge, das ist eine von den Menschheitsfragen, an denen es sich
immer wieder zeigt und entscheidet, *wie es steht* zwischen Himmel
und Erde, zwischen Gott und den Menschen. Man kann von den
Elternfragen und Kinderfragen, von den Erziehungsfragen gar nicht
reden, ohne daß sich sofort *der Blick auftut* auf die Lage des Menschen
überhaupt, auf die größte Not und auf die größte Hoffnung des Menschen. Wie kommt es nur, daß die Erziehungsfrage so *unendlich ein-*
fach aussieht und in der Tat auch unendlich einfach ist und dann doch
auch wieder gar nicht einfach, sondern höchst verworren und schwierig? *Ihr Kinder,* seid gehorsam!, sagt Paulus und fügt als einzigen
Grund hinzu: denn das ist recht! und wir spüren's: ja, das *ist* recht.
Daran gibt's nichts zu deuten und zu rütteln. Damit ist Alles gesagt,
was gesagt werden muß: es ist eben recht, es entspricht einer schlich-
ten, notwendigen Natur- und Lebensordnung, daß die Kinder den
Eltern gehorsam sind. Sehen wir aber *ins Leben* hinein, so sehen wir,
wie dieses einfache «Es ist recht» überall in Bewegung und Auflösung
begriffen ist. Ja, es ist recht!, sagt *die Jugend,* aber habt ihr Alten das
Recht, das gegen uns geltend zu machen? Ist's wirklich natürlich und
notwendig, daß wir uns von euch leiten lassen? Ist unsere Freiheit
nicht auch ein Recht? und haben wir auf unseren Wegen nicht vielleicht mehr Recht als ihr Alten auf euren Wegen? Aber auch *die Alten*
kommen mit diesem einfachen «Es ist recht» nicht aus. Auch sie stützen sich den Jungen gegenüber nicht ohne weiteres auf das überlegene
Recht dieser natürlichen Wahrheit, sondern auf ihre Gewalt als Eltern

---

[1] In Madiswil (Kanton Bern) vertrat Barth den dortigen Pfarrer, seinen
Bruder Peter Barth.

und Erzieher, oder wenn sie weiter blicken, auf ihre kluge Erziehungskraft, mit der sie die Jungen zu leiten und zu gewinnen hoffen, ohne daß sie es merken. Woran liegt das nur, daß das Erziehen und Sich-erziehen-Lassen so einfach und doch auch so gar nicht einfach ist? Wie kommt es ferner, daß die Frage von Alten und Jungen jedem Geschlecht immer wieder so *merkwürdig neu* vorkommt? *So ist's noch nie* gewesen, klagen die Alten: Kein Gehorsam mehr, keine Autorität, kein Respekt! Und die Jungen antworten mit der Gegenklage: So ist's noch nie gewesen, man versteht uns nicht, man unterdrückt uns, einsam und trotzig müssen wir unsere neuen Wege gehen. Und es ist auch wirklich eine ganz neue Not, die jedes Geschlecht der Menschen da durchmachen und durchkämpfen muß. Wer aber die Vergangenheit kennt, der weiß auch, *wie alt diese Not* schon ist und wie es gar keine Zeit gegeben hat, in der nicht die Alten und die Jungen so übereinander geseufzt haben. Woran mag es liegen, dieses ewig Neue und doch so Alte der Eltern- und Kinderfragen? Wie kommt es endlich, daß die Meinungen so merkwürdig verschieden sind in der Frage, ob man in dieser Sache *etwas tun könne* oder nicht? Da hört man Eltern und Lehrer mit der *größten Zuversichtlichkeit* darüber reden, wie sie ihre Kinder zu tüchtigen, glücklichen Menschen erziehen wollen, es komme nur darauf an, ihnen die nötige Zeit zu widmen, die rechte Ernährung und Anleitung zu geben und später recht klug und unmerklich ihren Willen zu leiten. Andere aber *zucken die Achseln* und sagen: man kann aus keinem Kinde machen, was es nicht ist, und man kann keinem Kinde geben, was man selber nicht *hat.* Man erreicht mit aller Klugheit und Methode nicht viel, man kann ihnen im besten Fall ein Vorbild geben. Das Beste, fügen Manche hinzu, was man für die Kinder tun kann, ist, daß man für sie betet. Und ähnlich geht [es] dann den heranwachsenden Jungen den Alten gegenüber. Es gibt *auch hier solche,* die nicht davon ablassen, man könne mit den Alten schon auskommen, wenn man es an der nötigen Klugheit und Zurückhaltung nicht fehlen lasse. Und es gibt Andere, die *das Spiel verloren geben,* alle Erziehung hinter sich werfen und auf eigene Faust das Leben von vorne anfangen. Man kann mit den alten Leuten doch nichts anfangen! Oft sind's unter den Alten und Jungen *die gleichen Menschen,* die zuerst können und dann auf einmal nicht mehr können. Woran liegt es nur, daß auch da so ein merkwürdiger Gegensatz ist:

Können und Nicht-Können, eifrig allerlei versuchen und müde die Hände in den Schoß legen?

2. Ja, woran liegt's? Das ist sicher: eine Lebensfrage, bei der das Ja und das Nein so nahe beieinander liegen und sich so laut widersprechen, ist *eine ernste, tiefe Frage;* nicht eine kleine Verlegenheit, in der man sich nur ein wenig besinnen oder beim Nachbarn Rat holen müßte, sondern eine Frage, zu deren Lösung es große Entdeckungen und Wendungen braucht. *Paulus sagt von dem Gebot:* Ehre deinen Vater und deine Mutter!, es sei das Gebot, das am nächsten liegt, das *erste, das wichtigste,* das tiefste Gebot von den göttlichen Lebensgeboten, und fügt hinzu: es hat die *Verheißung,* daß es dir wohl gehe und du lange lebest auf Erden! Er meint offenbar, es ist *ein heiliges Gesetz,* daß immer die Kinder, die Jungen ehrfurchtsvoll den Segen in Empfang nehmen, den die Eltern, die Alten von ihren Eltern empfangen haben und weitergeben wollen. *Israel* soll gesegnet sein durch seinen Vater Abraham, den Gott gesegnet hat [Gen. 12,2], und so jeder Sohn durch seinen Vater. Wie ein Geschlecht dem anderen das leibliche Leben schenkt, das wir selbst von den früheren Geschlechtern empfangen, so soll die göttliche *Wahrheit und Kraft weitergehen* und wachsen von Geschlecht zu Geschlecht, von den Vätern zu den Söhnen, von den Müttern zu den Töchtern. Ein *lebendiger Zusammenhang* soll die Alten verbinden mit den Jungen, indem immer die Einen geben, die Anderen nehmen, bis sie selbst zu Gebenden werden dürfen. So soll das *Reich Gottes Gestalt gewinnen* auf der Erden, das das Ziel und der Abschluß der Menschen-Geschichte ist, das *Reich der Herrlichkeit,* das von Gott verheißen und von den Menschen immer ersehnt ist, *das Reich des Lebens,* in dem Himmel und Erde neu sein werden, in welchem der Tod nicht mehr sein wird, noch Leid, noch Schmerz, noch Geschrei, und alle Tränen abgewischt, denn das Erste ist vergangen [vgl. Apk. 21,1.4]. Darum darf der lebendige *Zusammenhang zwischen Alten und Jungen nicht verloren gehen.* Der göttliche Segen darf von den Alten *nicht vermindert* und verfälscht und von den Jungen *nicht verpaßt* und verschleudert werden, sonst steht die Weltgeschichte still, die Bewegung des Göttlichen auf der Erde verliert sich, und das Ziel des Ganzen bleibt in unerreichbarer Ferne. Es ist also nicht nur eine Menschensache, nicht nur eine Frage des

Anstands, der Tugend und des Glücks, sondern es ist *Gottes eigene Sache,* um die es sich handelt zwischen Alten und Jungen.

Sie brennt uns so, weil unser Herz unruhig ist, bis daß es ruht in Gott[2]. Sie ist *einfach* und doch nicht einfach, weil auch der Weg zu Gott das Leichteste und das Allerschwerste ist im Leben. Sie ist uns *neu* und doch alt, weil die Sache Gottes uns immer das Neueste vom Neuen ist, und gerade darum die älteste, die ewige Angelegenheit der Menschheit. Sie versetzt uns in das seltsame Schwanken von *Eifer und Müdigkeit,* weil wir mit Gott Taten tun könnten und möchten und sollten [vgl. Ps. 60,14 par.] und uns doch gestehen müssen, daß wir vor ihm Staub und Asche sind [vgl. Gen. 18,27]. Um was handelt es sich in der Erziehung? Es handelt sich darum, daß die *Erkenntnis Gottes* groß werde auf der Erde, damit die Erde in das Licht Gottes treten kann. Das ist die *Bestimmung* unseres Daseins. Dazu leben wir. Dazu sind wir jung und werden wir alt. Kein Wunder, wenn die Erziehungsfrage uns Menschen *beunruhigt* und umtreibt. Ist's wirklich *die göttliche Weisheit und Fülle,* die das heutige Geschlecht dem nächsten übergeben kann und will? Dann müßte das Erziehen und Sich-erziehen-Lassen *nicht schwer* sein. Wenn die Alten das wirklich Gute *zu geben haben,* dann brauchen sie nicht zu befürchten, daß es ihnen von den Jungen nicht dankbar abgenommen würde. Und wenn den Jungen die *lautere Wahrheit und Kraft begegnet,* dann kann es ihnen nicht schwer fallen, sie von den Alten demütig und ehrerbietig entgegenzunehmen. Und so gab es denn auch in der Tat Zeiten, wo die *Erziehung ein helles, schönes Gebiet* des Lebens war, weil Gott selbst durch seine wirkliche Gegenwart den Alten half zu erziehen und den Jungen, sich erziehen zu lassen. Es kann aber auch sein, daß der göttliche Segen, der groß werden sollte von Geschlecht zu Geschlecht, *gar nicht vorhanden* oder so verdunkelt und verdorben ist, als ob er gar nicht vorhanden wäre. Da wird dann das Verhältnis von Alten und Jungen etwas ganz *Äußerliches, Menschliches.* Das sind die Zeiten, wo mit der *Form Alles in Ordnung* ist. Die Alten erziehen und die Jungen gehorchen. Durch Strenge und Klugheit haben es die Alten und durch gedankenlose Ergebung haben es die Jungen dahin gebracht, daß Alles

---

[2] A. Augustinus, *Confessiones* I,1, CSEL 33, S. 1, Z. 8f.: «… inquietum est cor nostrum, donec requiescat in te.»

stimmt. Das sind die Zeiten, wo über Erziehung am meisten *geredet, geschrieben und gelesen* [?] wird. Das sind die eigentlich *gottlosen* Zeiten. Gott behüte uns vor diesen Blütezeiten der Erziehungskunst! Und wieder gibt es Zeiten, wo ein Geschlecht gewahr wird, daß dem Verhältnis von Alten und Jungen *der eigentliche Inhalt fehlt,* daß die Erkenntnis Gottes gar *nicht da ist,* die die Alten geben und die Jungen nehmen sollten. Das sind dann die Zeiten, wo die *Formen der Erziehung zerbrechen.* Unsicher und verlegen stehen jetzt die Alten den Jungen gegenüber, trotzig und rebellisch die Jungen den Alten. Autorität und Zucht *zerbrechen und zerbröckeln,* und kein Jammergeschrei kann diese böse Entwicklung aufhalten. Man hält solche Zeiten für *schlimme Zeiten,* und sie sind es auch, menschlich betrachtet, vom Himmel aus gesehen sind sie jedenfalls *hoffnungsvoller* als die Glanzzeiten der Autorität und der Musterknaben. Denn der Zusammenbruch der Lüge kann *Platz schaffen* für die Wahrheit. Ratlose Väter von rebellischen Söhnen können einen *Sinn bekommen* für die Hauptsache und für den Weg dazu. Menschliche Armut kann *der Boden werden* für das Hungern und Dürsten nach dem göttlichen Reichtum. Und so können denn Zeiten des Zusammenbruchs aller Erziehung *zur Vorbereitung werden* für neue Zeiten der Erquickung, des lebendigen Zusammenhangs zwischen Alten und Jungen.

Zu *allen Zeiten* aber ist die Erziehungsfrage enthalten in der Gottesfrage. Vom *Stand der Erkenntnis Gottes* hängt es ab, wie es gehen soll zwischen Eltern und Kindern. Von dorther kommt Klarheit und Verwirrung, Ruhe und Unruhe, Leben und Tod.

3. Darum ist Alles, was in unserem Text zur Erziehungsfrage gesagt ist, darin enthalten, daß Paulus von den Kindern *Gehorsam im Herrn* und von den Eltern Erziehung in der *Bildung und Ermahnung des Herrn* verlangt. Es muß über Eltern und Kindern *etwas Höheres* sein, etwas Größeres, etwas, bei dem die Alten ihr Alter und die Jungen ihre Jugend *vergessen können,* weil sie beide durch gemeinsame Arbeit davon ganz in Anspruch genommen sind, dann gelingt Beides: das Erziehen und das Gehorchen. Dieses Höhere ist *der Herr. Wir brauchen* eben zum Erziehen und zum Gehorchen wie zu Allem, was gelingen soll, einen Herrn. Man könnte auch sagen, wir brauchen *einen Zweck,* eine Aufgabe, einen Inhalt, eine Sache, der das Erziehen und Gehorchen dienen soll. Es ist aber deutlicher und wahrer, wenn wir mit dem Neuen Testament sagen: wir *brauchen einen Herrn!* oder vielmehr: es ist ein Herr da, der uns, die Alten und die Jungen, für seinen Dienst *brauchen will.* Denn wenn wir uns im Ernst fragen: wozu wir denn eigentlich erziehen und gehorchen sollen, dann können wir dazu kommen, einzusehen, daß es im Ernst nur *einen* Zweck, *eine* Aufgabe, *einen* Inhalt, *eine* Sache geben kann, und das ist eben die Sache *Gottes,* die durch den Herrn, durch den Heiland auf der Erde wieder in Fluß und Bewegung gekommen ist. *Alles Andere sind bloße Formen,* leere Gefäße, keine Inhalte. Wir haben aber *Inhalt nötig* zum Leben. *Liebe* ist z.B. noch kein Inhalt. Man hat Beispiele, daß Eltern und Kinder einander sehr lieb haben und doch ganz aneinander vorbeileben. Auch das ist kein Erziehungsinhalt, wenn den Eltern nichts Höheres vorschwebt, als ihre Kinder *glücklich, tüchtig oder selbständig* zu machen. Es fragt sich eben, was das ist: Glück, Tüchtigkeit, Selbständigkeit, und wenn man darauf keine klare Antwort hat, können die schmerzlichsten Unordnungen und Verwirrungen auch zwischen den besten Eltern und den hoffnungsvollsten Kindern nicht ausbleiben. Auch da fehlt der Inhalt, wenn die Eltern jenen *Traum träumen,* den Kindern einmal leiblich und geistig das Gute zuteil werden zu lassen, das ihnen in ihrem eigenen Leben abging. Es fragt sich eben, was dieses Gute ist, und wenn es nicht das Rechte[?] ist, so können die Kinder später mit ihren eigenen Kindern dasselbe Spiel von vorne anfangen. Es fehlt auch da am Inhalt, wo Eltern, die vielleicht selber *einen guten menschlichen Weg* eingeschlagen haben, z.B. in religiöser Hinsicht, es darauf absehen, ihre Kinder denselben Weg gehen zu lassen. Das hat schon die schmerzlichsten Enttäuschungen zur Folge gehabt. Die menschlichen Wege, die ein Geschlecht einschlägt, sind fast nie dieselben, die das vorangehende gegangen ist. Das alles *verbittert die Kinder,* wie Paulus sagt. Es verbittert, weil es nicht ein hoher Zweck ist, der über Eltern und Kindern steht, weil es nicht im Herrn geschieht, sondern die Eltern im Grunde an sich selbst denken, sich selbst an ihren Kindern vergrößern und verherrlichen wollen.

Und so ist auch *Vieles, was den Jungen vorschwebt:* Freiheit, eigene neue Wege, ungehindertes jugendliches Sich-Entfalten, eine bloße, *leere Form* ohne Inhalt. In was willst du frei sein, welche neuen Wege gehen, in was nicht gehindert sein? Wenn du das *nicht weißt,* so wirst du es nicht weiter bringen als bis zum öden, unfruchtbaren Ungehorsam. Auch du *denkst dann an dich selbst,* es ist *nicht im Herrn* getan, was du tust, und wenn du noch so schöne Gründe dafür hättest, und du darfst dich *nicht wundern,* wenn du mit deiner Rebellion keine Freude, keinen Erfolg davon trägst, sondern nur jene eigentümliche *Laune* und Unbefriedigung, die man immer davonträgt, wenn man etwas tut, das keinen Zweck hat. *Die Sache Gottes* aber ist ein *Inhalt* für das Leben, und für das Erziehen und Gehorchen. Man darf sie nur nicht mit irgend einer eigenen Sache oder Menschensache oder Geschmackssache oder Parteisache *verwechseln.* Es könnte an einem Ort Alte und Junge geben, die *sich selbst verstehen und begreifen,* daß sie zusammen auch so ein Geschlecht Abrahams bilden, in welchem man einen göttlichen Segen zu verwalten, weiterzugeben und zu empfangen hat. Es könnte geschehen, daß Alte und Junge gemeinsam darauf aufmerksam werden, daß es *nur eine wichtige und wesentliche Frage* gibt im Leben, die Frage: was tut Gott? und davon abhängig dann die Frage: was will er mit uns? Diese Frage hat der Heiland in entscheidender und allgemeiner Weise in die Menschheit geworfen. Es könnte geschehen, daß diese Frage uns einmal *brennend wird* über allen Fragen, die die Alten und die Jungen für sich selbst haben. Es könnte uns einmal aufgehen, wieviel wir eigentlich *versäumen und verschütten* [?], daß wir an dieser Frage des Heilands und an seiner Aufforderung: Folge du mir nach [Joh. 21,22]! so beständig vorbeigehen. Es könnte uns geschehen, daß sich einmal *unser ganzes Interesse,* unsere ganze Sorge, ja unser ganzer leidenschaftlicher Eifer statt um so viele Nebenpunkte sammelte um den einen Hauptpunkt, wir möchten doch dem Sieg und der Herrschaft Gottes, die sich im Heiland auf der Erde angebahnt hat, nicht mehr so sehr im Wege sein. Es könnte uns geschehen, daß wir einmal unverwandt anfangen müßten, auf den Heiland und auf seine Sache, die eben *Gottes Sache ist, zu sehen.* Ein jeder sein Gesichte [mit steter Wendung richte hin nach Jerusalem][3].

Das wäre auf einmal ein *Inhalt und keine Form.* Das wäre auf einmal ein *Zweck* der Erziehung. Das wäre auf einmal ein *Gegenstand*

---

[3] Aus Strophe 2 des Liedes Nr. 327 «Kommt, Brüder, laßt uns gehen» von G. Tersteegen (GERS [1952] 325 «Kommt, Kinder ...»; EG 393).

der Erziehung für die Alten und ein Gegenstand der Ehrfurcht für die Jungen!

Gehorsam *im Herrn!* Erziehung im Herrn! Laßt uns bitten, suchen und anklopfen [vgl. Mt. 7,7 par.], daß wir dieses «im Herrn» wieder fassen können, dann gehen auch in der Erziehungsfrage *die Türen* wieder auf, die jetzt so fest geschlossen scheinen, *langsam* vielleicht, unter Fehlern und Irrtümern und Mißgriffen, aber sie werden aufgehen und das göttliche, einfache: *So ist es recht!* wird zwischen Eltern und Kindern wieder zu Ehren kommen.

4. Ich möchte schließen mit der Erinnerung an einen Mann, an dem mir das *Geheimnis* der Erziehung anschaulich geworden ist, obwohl er kein Erzieher war. Er ist vor einer Woche gestorben, und es denken jetzt Viele an ihn, denen er ein *Vorbild in der Nachfolge Jesu* geworden ist: *Pfarrer Christoph Blumhardt* in Bad Boll.[4]

Die einzige Bedeutung dieses Mannes lag darin, daß er *nur ein einziges Anliegen* hatte: das Kommen des Reiches Gottes. Er gründete seine ganze *Freudigkeit und Hoffnung* darauf, daß Gott noch einmal Großes an uns Menschen tun will, wenn wir ihn darum bitten und wenn die Zeit dazu da ist. Und er *verstand alles Böse und alles Leid* auf Erden aus dem einen Grund, daß Gott jetzt noch nicht auf Erden herrschen kann in ganzer Herrlichkeit, weil seinem Willen noch zu viel geistige Hindernisse im Wege stehen. Es bleibt aber *unveränderlich das Ziel,* nein, es kommt näher und näher, daß Jesus siegt, und im Abglanz dieses kommenden Sieges stehen wir heute schon, mitten im Dunkel der Zeiten. In diesem einfachen Gedanken hat Blumhardt *ein Leben lang* in der Stille, nicht von Vielen gekannt und von Vielen mißverstanden, gelebt und gebetet.

---

[4] Chr. Blumhardt war am 2.8.1919 gestorben. Barth, der selber Chr. Blumhardt wesentliche Einsichten verdankte (vgl. Busch, S. 96–98), veröffentlichte in der Zeitung «Neuer Freier Aargauer» wenig später einen Nachruf: *Vergangenheit und Zukunft. Friedrich Naumann und Christoph Blumhardt*, nachgedruckt in: Anfänge I, S. 37–49.

Nachschrift[5]

Ich möchte schließen mit der Erinnerung an einen Mann, an dem mir dieses Geheimnis der Erziehung anschaulich geworden ist, obwohl er selbst kein Erzieher war. Er ist vor einer Woche gestorben, und es denken jetzt viele an ihn, denen er ein Vorbild in der Nachfolge Jesu und ein Vorbild in der Erkenntnis Gottes geworden ist: Pfr. Christoph Blumhardt in Bad Boll.

Die einzige Bedeutung dieses Mannes lag darin, daß er in seinem Leben ein einziges Anliegen hatte: Das Kommen des Reiches Gottes. Er gründete seine ganze Seligkeit und Hoffnung darauf, daß Gott nochmal Großes tun will an den Menschen, nein an der gesamten Welt, wenn wir Ihn darum bitten und wenn die Zeit dazu da ist. Und er erschaute alles Böse und alles Leid aus dem einen Grund, daß Gott jetzt noch nicht auf Erden herrschen kann in seiner ganzen Herrlichkeit, weil seinem Willen noch viele geistige Hindernisse im Wege stehen. Es bleibt aber unveränderlich das Ziel, nein, es kommt näher und näher, daß Jesus siegt, und im Abglanz dieses kommenden Sieges stehen wir heute schon, selig in Hoffnung, mitten im Dunkel der Zeiten. In diesem einfachen Gedanken hat Pfr. Blumhardt ein Leben lang in der Stille, von wenigen gekannt und von den meisten mißverstanden, gelebt und gebetet.

---

[5] Die hier folgende Nachschrift des Schlußteils der Predigt wird zusammen mit einer zweiten, an einigen Stellen verkürzten, sonst aber kaum abweichenden Nachschrift im Landeskirchlichen Archiv Stuttgart (D34, 78.4) aufbewahrt. Die beiden Nachschriften von unbekannter Hand fanden sich im Nachlaß von Pfarrer Eugen Jäckh, dem Vertreter bzw. Nachfolger Chr. Blumhardts in der Leitung von Bad Boll von 1911 bis 1920. Sie vermitteln einen Eindruck davon, wie Karl Barth seinen schriftlich vorbereiteten Text auf der Kanzel ergänzend, umstellend, abwandelnd vortrug.

Wie ein Priester stand er zwischen Gott und den Menschen. Der Blick war immer auf die *Zukunft* gerichtet, auf die Herrlichkeit Gottes. Immer sollte *das Göttliche* wichtiger sein, ernster genommen werden als das Menschliche, *die Vergebung* ernster als die Sünde, *das Kommende* ernster als das Gegenwärtige, *die Macht der Erlösung* ernster als das Leid, die *Herrschaft Gottes* in der gottlosen Welt ernster als die fragwürdigen Angelegenheiten und Erfolge der sogenannten christlichen Kirche, *das Leben* ernster als der Tod. Immer wollte er mit seinen Freunden sich mühen, *von oben, nicht von unten* her über die irdischen Dinge zu denken.

Er war auch *Seelsorger,* aber er hat nicht Gott zum Diener der Menschen gemacht, sondern die Menschen in den Dienst Gottes gerufen. Er hat sich liebevoll und eingehend mit der *Natur* und der Naturwissenschaft befaßt, aber nur, um Gott und seine überlegene Majestät um so ruhiger zu verehren. Er hat sich eine Zeitlang auch sehr ernsthaft in die *Politik* eingelassen und zwar als Sozialdemokrat, und das zu einer Zeit, wo das für einen Pfarrer noch unerhörter und schwieriger war als heute, aber er hat auch die politische Bewegung nur gebraucht, um sich und seine Freunde um so tiefer und aufrichtiger hineinzustellen in die Bewegung des Reiches, das nicht von dieser Welt ist [vgl. Joh. 18,36].

Gerade *durch dieses sein Wesen* und Leben in der Sache Gottes, das doch nach außen gar keine Wirkung und keinen Glanz hatte, ist er für Viele ein Führer geworden, *ein Alter,* bei dem die Jungen einmal nicht das Gefühl hatten, es mit einem Alten zu tun zu haben. An Gelehrsamkeit, an Frömmigkeit, an praktischer Tätigkeit, an allerlei persönlichen Eigenschaften ist er von hundert Anderen *übertroffen* worden. Durch die Gewalt des Inhalts, den sein Leben hatte, hat er denen, die Ohren hatten zu hören, einen Eindruck gemacht, der ganz *einzigartig* war. Er war selber der *Fortsetzer und Schüler seines Vaters,* der diesen Weg vor ihm angetreten hatte, ein seltenes Beispiel dafür, wie es stehen könnte zwischen Vätern und Söhnen; und so war auch um ihn herum die *Ehrfurcht, die Dankbarkeit, die Empfänglichkeit* der Jungen etwas Selbstverständliches, Natürliches. Man fühlte: *So ist es recht!* und beugte sich, nicht vor dem Menschen, aber vor dem, von dem der Mensch erfüllt und getrieben war.

Wie ein Priester stand er vor uns, zwischen Gott und den Menschen. Der Blick war immer auf die Zukunft gerichtet, und das hieß für ihn: Auf die Herrlichkeit Gottes. Immer sollte das Göttliche wichtiger genommen sein als das Menschliche, immer das Menschliche aufgenommen und eingetaucht in das Göttliche. Ihm war die Vergebung wichtiger als die Sünde, das Kommende wichtiger als Gegenwärtiges, die Wege Gottes in der gottlosen Welt wichtiger als die fragwürdigen Sorgen und Erfolge der sogenannten christlichen Kirche, die Macht der Erlösung wichtiger als das Leid der Erde, das Leben wichtiger als der Tod. Immer wollte er mit seinen Freunden sich darum bemühen, von oben, nicht von unten her über menschliche Dinge zu denken und zu reden.

Blumhardt war Seelsorger, aber er hat Gott nie zum Diener der Menschensachen gemacht, sondern ihnen damit geholfen, daß er sie in den Dienst Gottes gerufen hat. Er hat sich liebevoll und eingehend mit der Natur und der Naturwissenschaft befaßt, aber nur um Gott in seiner Majestät um so ruhiger zu verehren. Er hat sich auch sehr ernsthaft auf die Politik eingelassen und zwar als Sozialdemokrat und das zu einer Zeit, wo das für einen Pfarrer noch schwieriger und gefährlicher war als heute, und nahm es auf sich, daß ihm deshalb der Pfarrertitel abgesprochen wurde, aber er hat auch die politische Bewegung nur gebraucht, um sich und seine Freunde tiefer und aufrichtiger hineinzustellen in die Bewegung des Reiches, das nicht von dieser Welt ist.

Gerade durch dieses sein Wesen und Leben in der Sache Gottes allein, das doch nach außen kaum eine Wirkung und gar keinen Glanz hatte, ist er für viele ein Wegweiser geworden, ein Alter, bei dem die Jungen einmal nicht das Gefühl hatten, es mit einem Alten zu tun zu haben, ein «Erzieher» im «Herren», wie Paulus sagt. An Gelehrsamkeit, an Frömmigkeit, an praktischer Tätigkeit ist er viel von anderen übertroffen worden, die Gewalt des höheren Inhaltes aber, den sein Leben hatte, hat ihnen, die Ohren hatten zu hören, einen Eindruck gemacht, der ganz eigenartig war. Er war selber der Schüler seines Vaters, ein Fortsetzer des Weges, den dieser vor ihm gegangen war, ein seltenes Beispiel dafür, wie es stehen könnte zwischen Vätern und Söhnen. Darum war dann um ihn herum, als er selber älter wurde, die Ehrfurcht, die Dankbarkeit, die Empfänglichkeit der Jüngeren etwas Natürliches und Selbstverständliches. Man fühlte: «Das ist billig», wie es in unserem Text heißt, und beugte sich tief – nicht vor dem Menschen, aber vor der Autorität dessen, wovon dieser Mensch erfüllt und getrieben war.

Es ist also kein Traum und *keine Unmöglichkeit,* daß es zwischen Alten und Jungen anders stehen *könnte.* Aber dazu muß das *Feuer brennen,* das Jesus angezündet hat auf Erden [vgl. Lk. 12,49]. Dazu muß *das Ziel,* der Zweck, der Inhalt, die Hauptsache wieder auftauchen und groß werden vor unseren Augen. Dazu müssen wir wieder in das Licht *der Auferstehung und der Zukunft* des Heilandes treten, müssen uns *bewußt werden,* daß wir in diesem Lichte stehen. Gott gebe uns die *Augen,* die dazu nötig sind.

Lieder:

Nr. 25 «Großer Gott, wir loben dich» von I. Franz, Strophen 1–3 (RG [1998] 247,1–3; EG 331,1–3)

Nr. 345 «Ermuntert euch, ihr Frommen» von L. Lorenzen, Strophen 1.4.9 (GERS [1952] 381,1.–. 8; EG 151,1.4.8)

Es ist eben kein Traum und keine Unmöglichkeit, daß es zwischen den Alten und Jungen anders stehen könnte. Aber dazu muß das Feuer brennen, das Jesus angezündet hat auf Erden. Dazu muß das Ziel, der Zweck, der Inhalt des Lebens, die Sache des Reiches Gottes wieder auftauchen und groß werden vor unseren Sinnen. Dazu müssen wir wieder in das Licht der Auferstehung und der Zukunft des Heilandes treten – nein, uns bewußt werden, daß wir in diesem Lichte stehen. Gott gebe uns die Augen, die dazu nötig sind.

Epheser 6,5–9

Ihr Knechte, gehorchet euren irdischen Herren mit Furcht und Zittern aus aufrichtigem Herzen, als Christus selbst, nicht mit Augendienst, um den Menschen zu gefallen, sondern als Knechte Christi –
die den Willen Gottes aus eigenem Herzen tun,
die mit gutem Willen dienen, weil es dem Herrn geschieht und nicht den Menschen,
die wissen, daß jedem, der etwas Gutes tut, vom Herrn vergolten wird, er sei ein Knecht oder ein Freier.
Und ihr Herren, handelt ebenso gegen jene und laßt das Drohen, als die da wissen, daß ihr und euer Herr im Himmel ist und ist bei ihm kein Ansehen der Person.

Es trifft sich merkwürdig, daß uns nun gerade heute *gerade dieser Text* begegnen muß, nachdem am letzten Sonntag unsere Gemeindeversammlung so lebhaft bewegt worden ist von der Frage, um die es sich da handelt. Den *besonderen Anlaß* wollen wir nun freilich ruhen lassen.[2] Es war ja ganz natürlich und recht, daß dieser kleine Streit einmal ausgetragen wurde. Wir wollen aber die Sache nicht wichtiger nehmen, als sie ist. Sie ist ja nur eine kleine Spitze in dem großen Sturm unserer Zeit. Es ist damit nichts besser und nichts schlimmer geworden, es ist nur Einiges an den Tag gekommen. Die Spitze verschwindet, der Sturm geht weiter. Wohl aber können wir, weil es sich nun einmal so trifft, versuchen, zu sehen, wie in der Bibel *die Frage selbst*, die Hauptsache an der Sache, auf den rechten Boden gestellt wird, auf einen Boden, wo man nicht mit der Stange im Nebel herumfahren und sich gegenseitig anschreien muß, sondern freie Ausblicke bekommt nach allen Seiten.

---

[1] Am 17. und am 24. August predigte Barth auch im Nachbardorf Ürkheim in Vertretung des Ortspfarrers Paul Schild.

[2] Bei der Kirchgemeindeversammlung vom 10.8.1919 ging es vor allem um die Frage, ob das Budget mit einer Erhöhung der Pfarrerbesoldung genehmigt werden solle oder ob die Besoldung des Pfarrers «wegen seiner Amtsführung nicht zu erhöhen» sei, weil er «den Spartakismus und Bolschewismus» «verherrliche», «sozialistische Propaganda» treibe und «dadurch sein Amt als Seelsorger» «vernachlässige». Das Budget wurde schließlich mit der Besoldungserhöhung in geheimer Abstimmung mit 153 Ja- gegen 99 Nein-Stimmen angenommen (Protokoll im Protokoll-Buch der Kirchgemeinde Safenwil).

1. Das Verhältnis zwischen Herren und Knechten, oder wie man jetzt sagt, zwischen Arbeitgebern und Arbeitnehmern, selbständig und unselbständig Erwerbenden, ist heute in allen Teilen und *von Grund aus ein anderes* als das, das Paulus in unserem Text als die Regel aufgestellt hat. Das ist der erste Eindruck, den man beim Lesen oder Hören der Worte empfängt. Ohne Aufregung und Verwirrung reden und hören! Man würde sich aber schwer irren, wenn man darum sagen wollte: Der Epheserbrief *paßt eben nicht mehr* zu unserer Zeit! Gerade das Gegenteil ist wahr: unsere Zeit *paßt noch nicht* zum Epheserbrief! *Paulus beschreibt die Gottesordnung,* die in dieser Sache eigentlich gilt, *das Natürliche,* Einfache, Schlichte, Vernünftige, das in diesem Verhältnis walten sollte und könnte, den *Sinn und die Richtung,* die es vom Himmel her bekommt unter Menschen, die guten Willens sind [vgl. Luk. 2,14 Vg.]. *Unsere Zeit* aber hat auch in dieser Sache die Ordnung Gottes *noch nicht gefunden,* oder sie hat sie wieder verloren. Wir sind *weit weg* von dem, was natürlich und vernünftig wäre. Wir haben wohl auch Herren und Knechte, aber der *hohe Sinn in diesem Verhältnis fehlt* uns und muß erst wieder gefunden werden, wie wir es an den letzten Sonntagen von dem Verhältnis von Männern und Frauen, Eltern und Kindern gehört haben.

2. *Eine gestörte Gottesordnung,* darum handelt es sich in der sozialen Frage. *Darum brennt* und bewegt und beunruhigt sie uns so. Darum müssen sich alle lebendigen Geister der Menschheit auf sie *einlassen* und um sie mühen. Darum zieht sie so *weite Kreise,* daß man allmählich auch im hintersten Bergdörflein davon reden hört. Darum möchten wir sie so gerne *loswerden,* wenn wir nur könnten, und müssen doch immer wieder darauf zurückkommen. Darum alle die *Vorschläge und Versuche,* sie zu lösen, bald ruhig und behutsam, bald stürmisch und gewaltsam. Darum die tieferen, schneidenden *Gegensätze* mit all den schrecklichen und beklagenswerten Erfahrungen solcher Gegensätze unter den Menschen, die sie hervorruft. All diese Bewegungen, all dieser ziellose Widerstreit der Gedanken, all diese jähen Zuckungen des ganzen Körpers der menschlichen Gesellschaft, sie würden sich *gar nicht erklären* lassen, wenn es sich zwischen Herren und Arbeitern, Unabhängigen und Abhängigen wirklich nur um etwas Oberflächliches, Äußerliches handeln würde, wie manche meinen, und nicht um etwas höchst Tiefes und Bedeutsames. Häuser und Türme fallen nicht um, es geschehe denn ein Erdbeben; es geschieht aber kein Erdbeben ohne wichtige Vorgänge und Veränderungen im Inneren unseres Planeten. Weil eine Gottesordnung *verdunkelt* und verloren gegangen ist und unter Schmerzen wieder *gesucht* werden muß, darum macht uns die soziale Frage so zu schaffen. *Wenn man das weiß,* wird man *ernst und eifrig* in dieser Sache, zugleich aber auch ruhig und im Innersten friedlich. Man *weicht ihr dann nicht mehr aus,* sondern sieht ihr ins Gesicht und verliert sich doch nicht, als ob es nur diese Frage und keine andere gäbe. Man sieht dann nicht so sehr auf *die Menschen,* die heute zufällig auf der einen oder anderen Seite stehen, sondern auf die Sache, von der alle Menschen auf allen Seiten umgetrieben sind. Man achtet dann nicht nur *auf das Einzelne,* sondern bei allem Einzelnen auf das Ganze.

Das ist jedenfalls der zweite Eindruck und die zweite Mahnung, die uns unser Text gibt: es handelt sich auch in der sozialen Frage um *die Gottesfrage,* an die man *nicht eilfertig,* voreingenommen, geschwätzig und streitlustig herantreten kann, sondern mit der Ehrfurcht und Erschütterung, mit der man eben an das Göttliche herantreten muß. Und *dieser Standpunkt* ist nicht veraltet, sondern er ist, wenn wir ihn recht verstehen, das Allernötigste und Allermodernste, das wir für unsere Zeit wieder gewinnen müßten.

3. Also eine gestörte Gottesordnung, die wieder zurechtkommen muß. Wir dürfen uns *an dieser Erkenntnis nicht irremachen lassen* durch die allzu naheliegende *Behauptung,* daß die ganze Frage des Verhältnisses von Arbeitgebern und Arbeitnehmern ja doch nur eine *Magenfrage,* eine materielle Frage sei, auf die man sich besser nicht einlasse, weil man als Mensch und als Christ nach Höherem zu trachten habe. Dieses allzu schnelle Urteil gibt vielen ernsthaften Menschen *den Grund* und vielen weniger ernsthaften wenigstens *die Ausrede,* sich von dieser Frage im Innersten *nicht* bewegen zu lassen, weil sie eben das Innerste nichts angehe. So haben z. B. jüngst die Mitglieder der apostolischen Gemeinschaft in *Lenzburg*[3] den Beitritt zu einer

---

[3] Gemeint ist die neuapostolische Gemeinschaft, die im Aargau fast überall vertreten ist, wenn auch nur als kleine Minderheit.

Arbeiterorganisation verweigert mit der Begründung, sie seien im Himmel organisiert und hätten das nicht nötig. Wer mit den Gedanken der Bibel ein wenig vertraut ist, der weiß, daß dieser Gedanke schon wahr ist, aber eben doch nur *halb wahr*. Das ist ja eben *das Beunruhigende und zugleich Hoffnungsvolle* an unserer Lage, daß die Dinge, Verhältnisse und Ordnungen, die *im Himmel gelten,* nach und nach und schließlich im Ganzen auch auf der Erde *zur Geltung kommen* wollen. Himmel und Erde sind in Christus *keine völlig getrennten* Gebiete mehr, sondern der Himmel ist nun gleichsam in Bewegung der Erde entgegen, daß ein neuer Himmel und eine neue Erde werde [vgl. Jes. 65,17]. Ja, unser Leben ist jetzt *verborgen mit Christo in Gott* [Kol. 3,2], aber es will nicht immer verborgen bleiben, sondern was in Gott verborgen ist, das drängt bei uns zur Geburt. Wir sagen doch z.B. auch von der *rechten Ehe* und von der *rechten Erziehung* nicht, daß sie nur im Himmel möglich und wirklich seien und daß sie uns darum nichts angehen, sondern wenn wir aufrichtige Menschen sind, strecken wir uns danach aus, daß das Himmlische im Irdischen zu erscheinen beginne. Das Himmelreich, von dem es heißt: *mein Reich ist nicht von dieser Welt* [Joh. 18,36]!, ist als Same auf den Acker geworfen, von dem es heißt: *der Acker ist die Welt* [Mt. 13,38]!, und in der Welt, nicht im Himmel muß und wird er aufgehen. Und wenn nun gerade *in dieser Zeit* die ganz irdischen, materiellen Fragen, mag man sie denn Magenfragen heißen, stark in Bewegung kommen, so ist das nicht ein schlechtes, sondern ein gutes Zeichen für unsere Zeit. Es ist ein Zeichen dafür, daß es *anfängt, Ernst zu werden* mit der Bewegung des Himmels gegen die Erde hin. *Die Bibel* nimmt eben im Alten und Neuen Testament das Leibliche, das Alltägliche *viel ernster,* als wir es im Christentum gewohnt sind. Sie verkündigt uns *eine neue, andere Welt,* aber diese neue Welt schwebt nicht irgendwo über den Sternen, sondern sie fährt vom Himmel hernieder auf die Erde, als eine geschmückte Braut ihrem Mann, siehe, ich mache *Alles* neu!, wie es in der Offenbarung Johannes [21,2.5] heißt. Darum haben schon die Propheten des Alten Testaments z.B. *die Gerechtigkeit* zwischen Reichen und Armen höchst wichtig genommen als eine gar nicht weltliche, sondern sehr «religiöse» Angelegenheit [vgl. z.B.Jes. 10,1f.; Amos 8,4–7]. Darum hat der Heiland den Menschen den Samen des Himmelreichs gezeigt, nicht nur mit wunderbaren geistigen Bekehrungen – davon hören wir sehr wenig –, sondern mit vielen *leiblichen Heilungen* leiblich Kranker. Darum gehen die *großen letzten Verheißungen* der Bibel alle auf ein ewiges Leben, das nicht ein nebelhaftes geistiges Leben für sich ist, sondern ein durch den Geist geschaffenes, aus dem Geist erneuertes Leibesleben. *«Ist die Auferstehung der Toten nichts, so ist auch Christus nicht auferstanden»* [1. Kor. 15,13].|

Es gab nun *freilich lange Zeiten* im Christentum, wo man gar nicht merkte, wie weit man sich von Christus entfernte, indem man die leiblichen, irdischen Verhältnisse so gleichgiltig und vornehm ihren *eigenen Lauf nehmen ließ.* Man beschäftigte sich aufs lebhafteste mit den kirchlichen und später mit den politischen *Formen,* mit den Glaubens*lehren,* mit philosophischen *Gedanken,* mit den Fragen des persönlichen *inwendigen* Lebens, mit allerlei *Kunst* und *Wissenschaft.* Der Sauerteig des Evangeliums [vgl. Mt. 13,33] hat freilich auch da seine Wirkung getan, aber es war doch eine große *Versäumnis und Schuld* dabei, daß man das Geistige für sich so *ins Kraut schießen* ließ während all der Jahrhunderte, ohne zu beachten, wie unterdessen die irdischen Verhältnisse, an die man nicht im Ernst denken wollte, immer mehr in *Unordnung und Verwirrung,* in Lüge und Ungerechtigkeit hineingerieten. Diesen *Fehler wollen wir nun nicht verewigen,* sondern endlich einsehen und besser machen. Heute stehen nämlich die Dinge so, daß nun endlich einmal die leiblichen, irdischen Dinge *ernsthaft zur Sprache kommen.* Das allzulange Vernachlässigte *rächt sich nun* und verlangt stürmisch, berücksichtigt zu werden. Daß es dabei nicht eben lieblich, sondern eher *höllenmäßig* zugeht, darf uns nicht darin irremachen, daß es nun gilt, aufmerksam zu werden. Eine Explosion kann nichts Schönes sein, vernünftige Menschen lassen sich aber dadurch nicht abhalten, in Zukunft besser Acht zu geben. Auch das darf uns nicht veranlassen, gleichgiltig zu bleiben, daß die *Wortführer bei dieser Explosion* und die Massen derer, die dabei in Bewegung gekommen sind, nicht eben gute Christen und oft nicht einmal gute Menschen sind, ja daß es dabei glücklich[?] soweit gekommen ist, daß das Christentum mit einem gewissen Haß auf die Seite geschoben wird. Wer einmal gemerkt hat, wieviel *im sogenannten Christentum vergessen und versäumt* worden ist, der wird sich darüber nicht wundern, jedenfalls darüber nicht zum Pharisäer werden, sondern an die Buße denken, die uns allen not wäre. Es liegt eben doch *ein großes göttliches Vorwärts! darin,* daß es heute nicht mehr laue[?] geistige und religiöse Fragen sind, die uns beunruhigen, sondern die Frage, die für Christus, für seine Propheten und Apostel das Ziel und der Sinn aller Fragen war, die Erneuerung der Erde und ihrer Verhältnisse. Gerade *der entscheidende Punkt im Christentum,* der Punkt, in dem es sich von allen «Religionen» unterscheidet, nämlich die Auferstehung, der lebendige Gott, die Erlösung des ganzen Lebens, meldet sich heute zum Wort und will zu Ehren kommen. Es *kommt nur wenig darauf an,* ob wir uns zum Sozialismus bekennen oder nicht, das ist nur eine äußere Frage, in der nicht jeder die gleiche Stellung und Aufgabe hat. Wohl aber *kommt Alles darauf an,* daß wir jenes große göttliche Vorwärts einmal hören, das in aller Verwirrung unserer Zeit doch deutlich zu hören ist. Alle Verwirrungen können uns doch nur um so deutlicher sagen, daß die Welt und auch das Christentum an jenem entscheidenden Punkt im Rückstand sind und vorwärts sollten. Im gleichen Maß, als wir das hören, wird auch die Verwirrung sich mindern. Wir müssen einmal *weich, zerknirscht, bußfertig* werden gegenüber dieser ungeheuren ungelösten Frage, statt immer noch gerecht und stolz darüberzustehen, als hätten wir keine Verantwortung dafür, daß sie da ist.

4. Über die göttliche Ordnung der sozialen Verhältnisse und wie sie verloren gegangen ist, möchte ich an Hand unseres Textes nur wenig sagen. Das Göttliche und Vernünftige zeichnet sich vor Allem immer dadurch aus, daß sich nur wenig darüber sagen läßt, und auch das Ungöttliche und Unvernünftige ist bald beschrieben. *Das Göttliche und Vernünftige* besteht hier darin, daß Arbeitgeber und Arbeitnehmer darin *gleich sind,* daß sie miteinander das Gleiche wollen, nämlich leben, ihr täglich Brot haben – und darin *ungleich,* daß dabei der Eine vorangeht und befiehlt, der Andere nachfolgt und gehorcht. Ihr und euer Herr ist im Himmel, und bei ihm ist kein Ansehen der Person! Darin liegt die *Gleichheit,* und das sagt Paulus den Herren. Seid gehorsam mit Furcht und Zittern, aus aufrichtigem Herzen! Darin liegt die *Ungleichheit,* und das sagt Paulus den Arbeitern. Über den Herren und über den Arbeitern aber steht die Erkenntnis, daß die gemeinsame Arbeit *für den Herrn* geschieht. Sie ist *ein irdisches Abbild* eines

höheren Verhältnisses, wie die Ehe [vgl. Eph. 5,23]. *Christus befiehlt und sein Jünger gehorcht,* beides um Gottes willen. Wenn das irdische Abbild diesem höheren Verhältnis *gleicht,* dann ist's gut. Gott der Herr will, daß wir *leben.* Wollen wir leben, so müssen wir *arbeiten.* Arbeiten wir um des Lebens willen, dann ist's *natürlich und recht,* daß der eine übergeordnet, der andere untergeordnet ist, es ist keine Schmach dabei, es wird dabei kein Unrecht geschehen und kein gerechter Anlaß zur Auflehnung sein. Da *darf* man befehlen, und da *kann und muß* man gehorchen.|

Wir müssen sagen, daß sich dieses natürliche Verhältnis bis vor kurzem und zum Teil bis heute erhalten hat im *Bauernstand.* Und das ist ein ernster Grund, weshalb gerade die Bauern die Lage derer besonders gut und teilnehmend verstehen sollten, die nicht so gut dran sind. Denn im Ganzen ist nun eben dieses natürliche soziale Verhältnis *nicht mehr vorhanden.* Arbeitgeber und Arbeitnehmer wollen in unseren Verhältnissen *nicht mehr das Gleiche.* An die Stelle des lebendigen irdischen Herrn ist nämlich das tote *Geld* getreten. Das Geld ist ein überaus geschicktes *Werkzeug* für die Arbeit und darum für das Leben. Aber in unseren Verhältnissen ist es nicht Mittel und Werkzeug, sondern selbst *Ziel und Zweck,* und die Arbeit und das Leben müssen ihm dienen. Das Geld will sich *vermehren,* dem hat sich Alles unterzuordnen. Das Geld ist *selbst der Herr* geworden. Auch die sogenannten Herren müssen ihm dienen. Das ist das offenkundige Geheimnis des ganzen wirtschaftlichen Lebens. *Daraus entsteht die soziale Frage:* Das Geld möchte nur laufen und sich vergrößern wie eine Lawine. Der Mensch, und zwar der Herr und der Arbeiter möchten leben. Daraus entsteht der *Klassenkampf,* keine Sozialisten machen ihn, ganz von selbst ist er da zwischen denen, die dem *Gelde gern und mit Freuden dienen,* weil es ihnen immer noch erträglich dabei geht, und den Anderen, die ihm *ungern dienen,* weil sie *unter* der Lawine sind, weil sie am lebendigen Leib erfahren, wie hart, wie unbarmherzig, wie selbstsüchtig das Geld ist. Nun ist eben *keine Gleichheit* mehr da, kein Herr im Himmel, der über Herr und Knecht steht, weil das Geld selbst zum Herrgott geworden ist. Und wo die göttliche Gleichheit nicht mehr besteht, da kann *auch die göttliche Ungleichheit nicht Bestand* haben. Nun muß der *böse, nörgelnde Zweifel* auftreten, ob denn der Herr wirklich das Recht habe, den Herrn zu spielen, wo er gar nicht mehr der Herr ist, sondern seinerseits ein Sklave der Profitrate. Das Verhältnis eines heutigen Fabrikanten zu seinen Arbeitern ist eben wirklich nicht ein Abbild des Verhältnisses Jesu zu seinen Jüngern, sondern etwas total Anderes. Einem Menschen kann man sich *willig und freudig unterordnen,* aber wie kann man zufrieden sein, wenn man einmal gemerkt hat, daß es ja im Grunde doch nur um das goldene Kalb geht? Und nun *verschwindet aus diesem Verhältnis* Zug um Zug alles Freundliche, Gute, das es natürlicher Weise an sich haben könnte. Wer kann denn heute in abhängiger Stellung seine *Arbeit aus eigenem Herzen tun,* wie Paulus sagt, wenn er doch sieht, daß er als Mensch mit einem Herzen da gar nicht in Betracht kommt, sondern nur als ein Stück Maschine, das man heute ein- und morgen ausschaltet? Wie kann man in dieser Lage *mit gutem Willen arbeiten,* wo man doch nur den Götzen Mammon sich gegenüber hat, der sicher keinen guten Willen hat auch gegen seine eifrigsten Verehrer? Wie kann man im modernen Wirtschaftsleben *uneigennützig sein,* wo Alles auf den Eigennutzen eingerichtet ist und nach Eigennutzen verlangt, weil der Gott dieses Lebens der Eigennutzen selbst ist? Nun kehrt sich Alles um. Nun kann der Knecht *nicht mehr ohne weiteres gehorchen,* sondern muß darauf sinnen, seine eigene Sache zu führen gegen seinen Herrn statt mit ihm. Nun sind *die besten Knechte für den Herrn* gerade die, die das treiben, vor dem Paulus gewarnt hat, den Augendienst, um den Menschen zu gefallen, und umgekehrt *die besten, das heißt erfolgreichsten Herren* die, die es am besten verstehen zu drohen, wie Paulus das genannt hat, das heißt, die Knechte in möglichst stummer, bewußtloser Abhängigkeit zu erhalten.

Das ist das Verderben, unter dessen Herrschaft unsere Zeit steht. Das ist *das Gift,* das an unserem sozialen Körper frißt, *der Wurm,* der das Gebäude unternagt [?], in dem wir wohnen. Wir wollen jetzt nicht untersuchen, wie es so hat kommen können, und nicht beschreiben, was die Folgen davon sind. Genug, daß *es so ist* und daß wir es heute *verspüren* müssen, daß es so ist. Man hat *lange genug gesagt,* die irdischen Verhältnisse seien gleichgiltig, man kann auch sonst in den Himmel kommen. Man hat das solange gesagt, bis es *auf der Erde so aussah,* daß man an den Himmel gar nicht mehr recht zu glauben wagt.

5. Und wenn wir uns nun zum Schluß fragen, wie es zur *Wiederherstellung* jener Gottesordnung von Gleichheit und Ungleichheit kommen könnte, so können wir auch darüber nur Weniges sagen. *Jedenfalls nicht damit, daß* man denen *ihre Sünde vorhält,* die in der gegenwärtigen Lage die Meistbetroffenen sind. Sie können die Anklage zehnfach zurückgeben, und es wird dadurch nichts anders, und wenn man dann noch einmal zehnfach recht behielte gegen sie. Auch damit nicht, daß man darauf hinweist, daß es *doch immer noch Einzelne gibt,* Herren und Arbeiter, die sich trotz des allgemeinen Giftes im Ganzen gesund erhalten haben. Ausnahmen bestätigen die Regel. Ganz unberührt ist überdies niemand von der allgemeinen Unordnung, und wer bürgt uns dafür, wie die Söhne solcher Väter sein werden? Auch die *Fortschritte und Milderungen* helfen nicht, die im Einzelnen in diesem Verhältnis erzielt werden mögen, weder Lohnerhöhungen noch Arbeitszeitverkürzungen noch Arbeiterfürsorge. *Helfen kann allein das,* daß *die Dinge wieder umgekehrt werden,* wie sie eigentlich stehen sollten. Gut ist Alles, was dazu hilft, *die Menschen wieder stärker zu machen* als das Geld. Gut ist Alles, was *die Macht des Geldes schwächen kann,* was ihm einen Damm entgegensetzt. Gut ist Alles, was den Menschen wieder *verantwortlich macht für den Menschen.* Gut ist Alles, was *die Arbeit selbst und das Leben selbst wieder wertvoll macht* für den Menschen. Das sind keine politischen Ansichten, meine Freunde, das sind Notwendigkeiten, die heute einfach jedermann einsehen sollte. Aber damit dieses Gute kommen kann, muß *die Einsicht* kommen. Wir müssen das Alte merken [?], das zurückbleiben muß, und das Neue, das zu verstehen und zu tun ist. Wer sich heute über Bolschewisten und Spartakisten, über Revolution und Generalstreik[4] empört und entsetzt, soll sich fragen, ob [er] denn *schon hindurchgegangen ist* durch die enge Pforte dieser Einsicht in das, was vergangen ist und was kommen muß. Und den Arbeitern auf der anderen Seite ist zu sagen, daß sie vielleicht *ihre eigene Sache noch gar nicht verstanden* haben, weil nicht nur Einiges, sondern Alles

---

[4] Im November 1918 wurde in der Schweiz der Generalstreik ausgerufen. Auf das Gerücht hin, Barth habe den Generalstreik verherrlicht, demissionierten am 20.11.1918 vier der sechs Kirchenpfleger (= Presbyter). Noch im August 1919 mußte Barth sich gegen den Vorwurf verteidigen, sozialistische Propaganda getrieben zu haben (s. oben S. 296, Anm. 2; vgl. Busch, S. 118f.).

anders werden muß, wenn ihnen wirklich und nicht nur auf den Augenblick geholfen werden soll. *Einsichtige Menschen* braucht es heute auf allen Seiten. Das hat mit der Parteistellung gar nichts zu tun. Es braucht heute solche Menschen in allen Ständen und Parteien. Es ist aber ein *großes Erwachen* nötig, wenn es nun einmal zu dieser Einsicht kommen soll. Ja was ist nun gut? was böse?, fragt ihr. Ich will es euch sagen: *Gut ist Alles,* was uns da wirklich aufweckt und uns umtreibt, auch in dieser Sache zu Gott zu schreien. *Böse ist Alles,* was uns da wieder einschläfert und beruhigt und uns die Meinung gibt, wir könnten an Gott glauben, ohne diese Sache auf dem Herzen zu tragen. *Sollte uns wirklich* das Gute heute nicht näher liegen als das Böse?

Lieder:
In der einen Gemeinde Nr. 35 «Dir, dir, Jehovah will ich singen» von B. Crasselius, Strophen 1–3 (RG [1998] 243,1–3; EG 328,1–3 «Dir, dir, o Höchster...»)
Nr. 151 «O Gott, o Geist, o Licht des Lebens» von G. Tersteegen, Strophen 1–3 (RG [1998] 510,1–3 mit geringen Textabweichungen)

In der anderen Gemeinde Nr. 5 «Nun danket all' und bringet Ehr'» von P. Gerhardt, Strophen 1–5 (RG [1998] 235,1–5; EG 322,1–5)
Nr. 177 «Jehovah, Jehovah, Jehovah, deinem Namen sei Ehre, Macht und Ruhm», Strophen 1–2. Strophe 1 von G. K. Pfeffel (1736–1809)

Epheser 6,10–17

Endlich: werdet kräftig in dem Herrn und in der Macht seiner Stärke! Zieht die Waffenrüstung Gottes an, damit ihr euch halten könnt gegen die Schliche des Teufels. Denn unser Kampf geht nicht gegen Fleisch und Blut, sondern gegen die Mächte, gegen die Gewalten, gegen alles das, was in dieser Finsternis die Welt beherrscht, gegen die bösen Geister im Himmel. Deswegen greifet zur Waffenrüstung Gottes, damit ihr am bösen Tage Widerstand leisten und wohlausgerüstet das Feld behaupten könnt.

So stehet nun, eure Lenden umgürtet mit Wahrheit, angetan mit dem Panzer der Gerechtigkeit, an den Füßen geschuht mit Bereitschaft für das Evangelium des Friedens, zu dem allem aber ergreifet den Schild des Glaubens, mit dem ihr die feurigen Geschosse des Bösen löschen könnt, und empfanget den Helm des zukünftigen Heils und das Schwert des Geistes, das heißt das Wort Gottes.

1. Es gibt eine Wahrheit. Sie umgibt uns von allen Seiten. Wir leben von ihr. Die Welt kann sich nicht *irren*, ohne in all ihren Irrtümern immer auch ein Körnlein Wahrheit mit sich zu führen. Die Welt kann nicht einmal *lügen*, ohne bei der Wahrheit wenigstens ein schamhaftes oder heuchlerisches kleines Anleihen zu machen. Wir können das ganze Leben als einen wüsten, verworrenen *Traum* auffassen, es hat doch auch dieser große Traum wie jeder Traum sein Stücklein Wahrheit, durch das er mit der Wirklichkeit zusammenhängt. Vielleicht daß die Wahrheit in manchem Menschenleben *nur ein einziges Mal* in einer glücklichen Stunde aufleuchtet und dann sofort wieder verschwindet. Vielleicht daß ganze Familien, ganze Schichten der Menschheit, ganze Zeiten und Länder *nur eben von ferne* gegrüßt werden von der Wahrheit. *Wir leben* bei aller Verkehrtheit doch nicht von der Verkehrtheit selbst, sondern von dem in der Verkehrtheit, was Wahrheit ist. Auch die schwer Leidenden, auch die Irrsinnigen, auch die Verbrecher, auch die Selbstmörder *zehren heimlich* an einem verkümmerten, verdorbenen Restlein von Wahrheit, wie eben ein Verhungernder nimmt, was er findet, so übel es sein mag. Der Irrtum und die Lüge haben ihre *Kraft nicht aus sich* selbst, sondern aus jenem mitlaufenden Restlein von Wahrheit. *Wir alle wenden* uns unwillkürlich immer wieder der

---

[1] Siehe oben S. 296, Anm. 1.

Wahrheit zu, wissen, daß von dort eigentlich das Leben kommt. Es *blickt heimlich Alles* nach der Wahrheit aus, wie man eben nach etwas ausblickt, was einmal kommen sollte; es sehnt sich Alles nach ihr, es wartet Alles auf sie.

2. Das ist freilich *der Jammer und das Rätsel* unseres Lebens, daß uns die Wahrheit so verborgen ist. Nicht ganz verborgen freilich; denn die Wahrheit kann uns nicht ganz verborgen bleiben, aber doch *so verborgen* wie etwa das feurige Inwendige unseres Erdballs. Da und dort ein geheimnisvoll rauchender Berg, da und dort eine heiße Quelle, da und dort, wo menschliche Kunst und Arbeit bis in große Tiefen vorgedrungen ist, die Kunde von einer immer größer und schließlich unerträglich werdenden Hitze da unten. Dann und wann ein Erdbeben, dann und wann ein plötzlicher Ausbruch der unterirdischen Kräfte, der Felsen zerreißt und Berge zerbricht. Aber wer achtet auf die Zeichen? Wer denkt daran, daß Feuer und wieder Feuer unter unseren Füßen ist, daß unsere Erde vom gleichen Stoff gebildet ist wie die Sonne? So ist uns die Wahrheit nicht ganz verborgen und doch verborgen, *zu verborgen,* als daß unser Leben ist, was es sein könnte. Daran *leiden wir,* daß wir nur von den Trümmern, von den Spuren, von den Überresten der Wahrheit leben. Denn die Wahrheit *ist ein Ganzes* und möchte auch in unserem Leben als ein Ganzes auftreten. *Halbe* Wahrheiten, teilweise Wahrheiten sind Torheiten und Bosheiten, die wir zu büßen bekommen. Die verkümmerte, die *verdorbene Wahrheit* wird uns nicht zum Segen, sondern zum Fluch. «*Gottes Zorn* ist geoffenbart vom Himmel her», sagt Paulus im Römerbrief [1,18], «über alles gottlose und ungerechte Wesen der Menschen, die die Wahrheit in Ungerechtigkeit darnieder halten.» Und einen «*bösen Tag*», einen Tag des Gerichts und des Schreckens, einen Tag, da der Teufel große Gewalt bekommt, nennt er in unserem Text den Tag, wo die Wahrheit offenbar wird vor den Augen unvorbereiteter, ungeschickter, unreifer Menschen. Wir befinden uns auch heute unter den *Zeichen dieses bösen Tages.* Unter den *Erschütterungen* unserer Zeit sind viele alte *Irrtümer* morsch und zerbrechlich geworden, so daß sie als solche erkannt und überwunden werden könnten. Die Erkenntnis meldet sich an, daß die Menschheit den eigentlichen *Sinn des Lebens* im Ganzen bisher verfehlt hat und daß eben im Ganzen etwas *anders*

werden müßte, wenn wir wirklich anfangen wollen zu leben. Viele sind heute *erschrocken* über Dinge, auf die sie früher noch stolz waren, *unsicher* und verlegen in Gedanken, die ihnen früher fest standen. *Fragen* tauchen heute auf über den Zusammenhang der Welt und die Einrichtung des Lebenswegs des Einzelnen, an die noch vor wenig Jahren kein Mensch gedacht hat.|

Seht, das ist *die Wahrheit,* die da erscheinen und zu Ehren kommen will, das große, verborgene Feuer im Erdinnern, das sich da wieder einmal bemerkbar macht. Aber es scheint, *wir sind noch nicht* vorbereitet darauf. Die Einen wissen nun nichts zu tun, als vor der Wahrheit furchtbar zu *erschrecken* und sich die Ohren zuzuhalten, und da bleibt sie dann natürlich ein dürftiges Lichtlein, das nicht hell gibt. Die Anderen schenken ihr zwar Gehör, aber sie sind *zu leidenschaftlich* und wild, um wahr zu werden, und da wird sie dann zu einem bösen, verzehrenden Feuer. Die Einen haben den Mut und die Aufrichtigkeit nicht, zu erkennen, daß *der Weg nun vorwärts* gehen müßte vom Alten zum Neuen, und da bleibt dann die Wahrheit in den Gedanken und wird nicht zur Tat. Die Anderen haben die Weisheit und die Geduld nicht, *den Zusammenhang* zu erkennen, der vom Alten ins Neue hinüberführen muß, und nun tun sie zwar allerlei, aber was sie tun, ist nicht aus der hohen[?], ruhigen Einsicht in die Wahrheit geboren. So erliegen wir allseits den «Schlichen des Teufels», wie Paulus sagt. *«Der große Moment* findet ein kleines Geschlecht»[2]. *Wo sind jetzt* die Menschen, die zugleich weit sehen und das Nächste sehen, zugleich warten und eilen[3], zugleich beten und arbeiten[4] können. Kaum hat sich die Wahrheit ein wenig *frei* gemacht, wird sie auch schon wieder gefangen genommen. Kaum ist sie *erschienen,* verwandeln wir sie aufs neue in Irrtum und Lüge. Und so bereitet uns die Offenbarung der Wahrheit einen *bösen Tag* statt einen guten. Es fährt Alles *auseinander* und gegeneinander, statt daß wir zusammenkom-

---

[2] Fr. von Schiller, *Xenien,* «Der Zeitpunkt»:
  Eine große Epoche hat das Jahrhundert geboren,
  Aber der große Moment findet ein kleines Geschlecht.
[3] Anspielung auf 2. Petr. 3,12 und auf Chr. Blumhardt; vgl. oben, S. 180, Anm. 5.
[4] Vgl. den alten Leitspruch des Mönchtums «Ora et labora». Näheres bei Büchmann, S. 594.

men. Es *verliert sich* der ganze Strom der lebendigen Quelle in Millionen Tröpflein, die keines Menschen Durst stillen können. Wir erleben *Unfrieden* statt Frieden, Verwirrung statt Ordnung, Fluch statt Segen, weil wir nicht einfach, nicht nüchtern, nicht ehrlich genug sind, die ganze Wahrheit zu uns reden zu lassen. Wir möchten *beinahe wünschen*, Gott hätte seine Wahrheit für sich behalten und ließe uns ruhig weiterschlafen den alten Schlaf: die volle Wahrheit ist wohl[?] für ihn allein![5] Wir *fühlen's alle*, gemeinsam und jeder für sich: Die Wahrheit ist nicht verborgen und doch verborgen, wir haben sie und haben sie nicht, und dieser *Widerspruch rächt sich* alsbald in stärkeren Torheiten und kräftigeren Bosheiten, von denen die Welt nun voll ist zu unser aller Staunen und Schrecken. Immer noch und immer wieder ist der *Zorn Gottes* vom Himmel her offenbar über uns, weil wir immer noch und immer aufs neue die Wahrheit *darniederhalten* in Ungerechtigkeit. Das sind die Zeichen des bösen Tages, von denen Paulus geredet hat und von dem wir heute wieder etwas erleben.

3. Aber nicht wahr, das sehen wir ein: daß eine Zeit, in der sich die Wahrheit wieder meldet, uns eigentlich nicht zum bösen, sondern *zum guten Tag werden müßte*, nicht zum Gericht, sondern zur Gnade. Es ist doch etwas ganz *Großes* und Hoffnungsvolles, wenn man da dabei sein darf, wo die Wahrheit sich wieder meldet. Es liegt eine große *Verantwortung* und eine große Verheißung auf Menschen, die eine solche Zeit erleben wie die unsrige. Paulus stellt solche Menschen zum vornherein *unter das Zeichen des Sieges*. Werdet *kräftig* in dem Herrn!, sagt er, damit ihr euch *halten* könnt gegen die Schliche des Teufels, damit ihr am bösen Tage *Widerstand* leisten und das Feld behaupten könnt! Er will offenbar *nicht damit rechnen*, daß es den Menschen in einer solchen Zeit gehen kann, wie es uns jetzt geht. Er will *nicht daran glauben*, daß der große Moment notwendig ein kleines Geschlecht finden müsse. Er glaubt daran, daß es anders gehen

[5] Vgl. G. E. Lessing, *Eine Duplik*, Werke, Bd. VIII, hrsg. von H. G. Göpfert u. a., Darmstadt 1979, S. 33: «Wenn Gott in seiner Rechten alle Wahrheit, und in seiner Linken den einzigen immer regen Trieb nach Wahrheit, obschon mit dem Zusatze, mich immer und ewig zu irren, verschlossen hielte, und spräche zu mir: wähle! Ich fiele ihm mit Demut in seine Linke, und sagte: Vater, gib! die reine Wahrheit ist ja doch nur für dich allein!»

kann. Woher kommt das? *Sicher nicht davon, daß Paulus* ein glück-
seliger Optimist war, wie man heute sagt, ein Mensch, der Alles in
rosarotem Hoffnungsschein sieht und nichts so, wie es wirklich ist. Er
sah auch, *wie gefährlich* gerade solche bedeutsamen Zeiten sind, *wie
leicht und schnell* da die Wahrheit sich unter den Händen der Menschen wieder in ihr Gegenteil verkehrt. Er hat gerade in unserem Text
ernst genug von den unsichtbaren, unfaßbaren und doch vorhandenen *Hindernissen* geredet, die sich der Erkenntnis der Wahrheit entgegenstellen. Das ist's also nicht! Aber das ist's, daß Paulus *eine klare
Übersicht hatte* über die Lage zwischen Himmel und Erde, zwischen
Gott und den Menschen. Er betrachtete *seine Zeit von Gott aus,* darum konnte er die Menschen seiner Zeit glaubensvoll und zuversicht-
lich betrachten. Er sah *an den Weltereignissen* nicht ein sinnloses Wogen und Brausen unbestimmter Mächte, sondern er sah in ihnen und
über ihnen eine Lenkung, eine regierende Hand. Er sah *in der Erscheinung der Wahrheit* nicht etwas Zufälliges und Vorübergehendes,
nicht eine schöne Möglichkeit, zu der man sich so oder auch anders
stellen kann, nicht ein Ereignis, das man mit anderen Ereignissen vergleicht und dann höher oder niedriger einschätzt, mehr oder weniger
respektiert, er sah darin, nachdem er sie einmal gesehen, eine Wendung von entscheidender, bezwingender Kraft und Notwendigkeit.
Ihm war *die Wahrheit selbst* nicht etwas Ungefähres, Undeutliches,
Unsicheres, Unbestimmtes, Unpersönliches, er erkannte in der Wahrheit, die auch einmal über ihn kam wie jetzt über uns, den Herrn Jesus
Christus, das *ewige, kräftige Wort,* durch das alle Dinge getragen sind
[vgl. Hebr. 1,3], den *Heiland,* durch den der ganzen Menschheit Vergebung und Erlösung verkündigt ist [vgl. Eph. 1,7 par.], den treuen
Knecht Gottes, der in seinem Tode die Welt überwunden hat und der
seinem Vater nun alle Reiche der Welt übergeben will
[vgl. 1. Kor. 15,24].|

Daran freute sich Paulus und zweifelte nicht, wenn er die Menschen in das Licht der Wahrheit treten sah, darum getraute er sich,
diese Menschen ohne weiteres unter das Zeichen des Sieges zu stellen.
Werdet *kräftig in dem Herrn!* Im Herrn *wird* man kräftig. Im Herrn
fällt man nicht wieder zurück. Im Herrn verpaßt man die gelegene
Zeit nicht, sondern versteht und benützt man den Augenblick. Im
Herrn macht sich die Wahrheit ganz frei und gewinnt uns Menschen.

Für uns ist kein Grund da, *warum wir uns das nicht auch sollten sagen lassen,* warum sich der böse Tag nicht auch für uns zum guten wenden sollte. Warum sollte uns jene klare *Übersicht über die Dinge* unmöglich sein? Warum sollten wir durchaus genötigt sein, immer von unten *statt von oben her* zu sehen? Warum sollten wir immer nur die Welt und die Weltgeschichte und die Weltverhältnisse vor Augen haben und *nie die Regierung,* die durch den Gang der Welt hindurchgeht? Warum sollten wir nicht merken, daß die *Wahrheit notwendig,* respektabel und zwingend ist wie nichts Anderes? Warum sollten wir im Treiben und Wesen der Menschheit immer nur die Menschen suchen und *nie Christus,* seine Vergebungsmacht und Erlösungskraft, seinen Weg und seine Zukunft? Warum sollten wir nicht eines Tages *mit der vollen Wahrheit gesegnet* [sein], statt mit allen unseren halben Wahrheiten ewig verflucht zu sein? Sollte es denn ganz ausgeschlossen sein, daß wir einmal so einfach, so nüchtern, so vernünftig werden, in jene Bewegung und Wendung und *Entscheidung des Herzens und Gewissens* hineinzutreten, die Paulus meint mit den zwei Wörtlein «im Herrn»? Der Widerspruch zwischen der offenbaren und der verborgenen Wahrheit, das geheimnisvolle *Hindernis ist in uns,* und in uns könnte und kann es überwunden werden. Wir könnten *auch als siegreiche Leute* dastehen. Denn *Christus ist* auch unser Herr, und *Gott ist* auch unser Gott. Aber das will in *Aufmerksamkeit und Ehrfurcht* gehört, erkannt, erkämpft und angenommen sein.

4. Wir wollen nun zum Schluß aus unserem Text noch hören, *wie das aussieht, wenn die Menschen* am bösen Tage, in der schweren, gefahrvollen Lage, wenn die Wahrheit kommt und wieder gehen und uns ärmer als zuvor zurücklassen könnte – wenn Menschen in dieser Lage im Zeichen des Sieges stehen. Der *erste* Eindruck ist der, daß das für uns ganz zweifellos *einen Kampf bedeutet,* in den wir hinein müssen. Das ist für Viele von uns immer noch *etwas Neues* und Erstaunliches, wenn sie an sich und Anderen wahrnehmen, daß man in Bewegung und ins Gedränge kommt, wenn man sich mit Christus, dem König der Wahrheit [vgl. Joh. 18,37], auch nur ein wenig einläßt. Aber es ist doch so. *Jesus* hat seinen Jüngern nie ein ruhiges, friedliches, unangefochtenes Leben verheißen, sondern er hat sie in die Welt gesandt als auf einen Kriegsschauplatz. Das, was die Wahrheit darniederhält in

Ungerechtigkeit [vgl. Röm. 1,18], ist gerade *das Unlebendige in uns.* In den Erschrockenen und in den Leidenschaftlichen, in den Trägen und in den Übereifrigen, in all den verschiedenartigen Menschen, die die Wahrheit immer wieder erniedern[?], ist das Innerste dieses Unlebendige. *Sie schlafen.* Sie *schütteln das Alte* nicht von sich ab und reißen das Neue nicht an sich. Sie *verändern sich nicht,* sondern sie bleiben sich selbst gleich. Die *Wahrheit beschäftigt sich* wohl mit ihnen, aber sie beschäftigen sich nicht eigentlich mit der Wahrheit. Schlafend kann man aber nicht in das Reich Gottes eingehen. Schlafend bedeuten wir nichts für das Reich Gottes als ein Hindernis. *Wir müssen* erwachen, aufstehen, uns rüsten, uns vom Platz bewegen[?], angreifen, uns wehren. *Ich kann nicht!,* sagst du. Und *ich will auch nicht!* Im Herrn kannst du, kannst du sogar wollen. Werdet kräftig im Herrn!|

Das Zweite, was klar wird, ist das, daß es in diesem Kampfe *für Gott geht und gegen seine Feinde* und nicht für uns selbst oder überhaupt für Menschen gegen Menschen. Das *unterscheidet* diesen Kampf von jeder Sorte von Zank; wo gezankt wird, da geht es sicher nicht um die Wahrheit. Das macht diesen Kampf *groß und wichtig,* daß dabei das Persönliche nicht in Betracht kommt. Das macht, daß mitten im Kampf *der Friede größer ist* als der Streit. Wer im Herrn die Wahrheit erkennt, der bekommt eine gewisse *Selbstlosigkeit,* daß es ihm mehr um das Interesse der Wahrheit zu tun ist als darum, selber recht zu haben, einen gewissen *Weitblick,* daß er auch in den Menschen, die der Wahrheit zuleide leben, mehr die Werkzeuge als die Urheber des Bösen erkennt, eine gewisse *Offenheit* nach allen Seiten, daß er alle Menschen, auch die widerstrebenden, als Mitstreiter für die Wahrheit würdigt und gleichsam mitnimmt. «Unser Kampf richtet sich *nicht gegen Fleisch und Blut.*» Es kann sich nie darum handeln, Menschen anzuklagen, Menschen zu widerlegen, Menschen zu überwinden, und wenn es die schädlichsten und gefährlichsten Menschen wären. Wenn das manchmal *nebenbei* auch geschehen muß, so ist's doch immer Nebensache. Es geht eben «*gegen die Mächte,* gegen die Gewalten». Es sind eben *hinter und über den Menschen* Ideen, Gedanken, Kräfte, Verhältnisse, die der Wahrheit widrig sind; mögen die widrigen Menschen *im Frieden* ihres Weges ziehen, aber diesen widrigen Kräften und Gewalten können und dürfen wir *keine Ruhe* lassen. Es geht «gegen alles das, *was in dieser Finsternis* die Welt beherrscht». Wir dürfen also nicht denken, *es werde da so leicht gesiegt* wie dann, wenn wir für uns selbst Ruhe finden oder aber andere Menschen belehren und überzeugen wollen. Es ist nicht mehr und nicht weniger als die jetzige *Weltordnung* und Weltherrschaft, die der Wahrheit entgegen ist und gebrochen werden muß. Es geht «gegen *die bösen Geister im Himmel*». Das ist ein dunkles Wort. Also *auch im Himmel* ist noch nicht Alles in Ordnung, gibt es noch böse Geister, geschieht Gottes Wille noch nicht vollständig. Vielleicht müssen wir an all die *Verstorbenen* denken, die auch im jenseitigen Leben Gott noch zu schaffen machen, der Wahrheit widerstehen und deren Unvollkommenheit dann auch im Diesseits ein Hindernis bilden kann. Wenn man alles das weiß, wird man *bescheiden* und *rüstet sich* zugleich zu großer Anstrengung und großer Geduld. Es ist ein *weiter Kriegsschauplatz,* den wir betreten, wenn wir im Herrn streiten werden.|

Das Dritte ist, daß wir in diesem Kampf *von Gott selbst ausgerüstet werden* müssen. Es gibt auch eine *menschliche Ausrüstung,* die nicht zu verachten ist. Die heißt z.B. *Geduld* in Krankheit, *Verstand* in Unternehmungen, *Energie* bei der täglichen Arbeit, *Zähigkeit* gegenüber Widersachern, *Selbstbeherrschung* gegenüber den eigenen Leidenschaften, *Aufmerksamkeit* gegenüber den Versuchungen, *Begeisterung* für hohe Ziele. Das alles sollen und wollen wir brauchen, wenn wir es haben und wenn es nötig ist. Aber im *Kampf um die Wahrheit* können wir mit diesen Waffen nicht kämpfen. Wir können, mit all diesen Waffen versehen, doch auch Feinde der Wahrheit sein. Es gibt unter den Widersachern der Wahrheit ganz ausgezeichnete ernste, sogar fromme Menschen. Es gibt aber eine *Waffenrüstung Gottes,* ihr habt gehört, wie Paulus sie beschreibt. Die hat man nicht, die nimmt man sich nicht, die *bekommt* man. Es ist etwas Merkwürdiges um dieses Bekommen. Solange man's nicht versteht, meint man, das sei unmöglich, solchen Schutz und Trutz zu bekommen. Wir meinen immer, wir könnten nur haben oder uns nehmen und dann nichts mehr. Aber das Stärkste[?] im Leben ist gerade das, was wir nach und nach bekommen, wenn das Leben zu einem Dienst der Wahrheit wird. Diese Waffenrüstung Gottes hat es an sich, daß sie, wie Paulus sie beschreibt, *vollständig ist;* es fehlt nichts daran. Gerechtigkeit ist nicht ohne Frieden. Glaube ist nicht ohne Hoffnung, Hoffnung ist nicht ohne Geist. Wenn eins fehlte, würden alle fehlen. Eins ergibt sich aus dem anderen. Sie hat es an sich, daß *kein Stück davon bloß irdisch,* menschlich, gemein oder selbstsüchtig verwendet werden kann. Was von Gott kommt, kann auch nur im Sinn Gottes verwendet werden. Sie ist rein und ehrenhaft. Wenn wir auch nur ein Stück davon mißbrauchen würden, würden wir das Ganze verlieren. Je mehr wir uns ganz auf diese Waffen verlassen, um so mehr sind wir im Notfall vor Irrtum und Lüge geschützt. Sie hat es an sich, daß sie *genügt,* auch für den schwächsten Menschen genügt. Wenn du im Dienst Gottes stehst und das *brauchst,* was Gott selbst dir dazu darreicht, dann wirst du auch auf deinem Posten deine Sache recht machen. Du kannst dann vielleicht manches Menschliche *entbehren,* was andere haben, z. B. Gescheitheit, starker Wille, große Begeisterung. Sei du nur mit den Waffen Gottes gerüstet, *was du bist,* so bist du ein Kämpfer Gottes, der sich darf sehen lassen und der für das Reich Gottes etwas bedeutet, mehr als zehn Andere, die menschlich hundertmal gerüsteter sind. Das sei allen *Kleinen* gesagt, damit sie mutig, und allen *Großen,* damit sie demütig seien.

Seht, *so sehen Menschen aus,* die am bösen Tage unter dem Zeichen des Sieges stehen. *Kämpfer* sind sie, Gottes Kämpfer wie Jakob [vgl. Gen. 32,29], von *Gott ausgerüstete* Kämpfer. Solche Menschen *halten sich* gegen die Schliche des Teufels. Solche Menschen sind *das Morgenrot des Tages,* an welchem die Wahrheit nicht nur erscheinen und wieder verschwinden, sondern triumphieren wird. Wer hindert *uns,* im Herrn kräftig zu werden und uns in solche Menschen zu verwandeln? Siehe, ich stehe vor der Tür und klopfe an [Apk. 3,20]!

Lieder:
In der einen Gemeinde Nr. 3 «Sollt' ich meinem Gott nicht singen» von P. Gerhardt, Strophen 1–2 (RG [1998] 724,1–2; EG 325,1–2; jeweils mit Textabweichungen)
Nr. 83 «Zeuch an die Macht, du Arm des Herrn» von Fr. Oser, Strophen 1–2 (GERS [1952] 194,1. 3; EG 377,1–2 «Zieh an… »)

In der anderen Gemeinde Nr. 235 «Ich weiß, woran ich glaube» von E. M. Arndt, Strophen 1–3 (RG [1998] 278,1–3; EG 357,1.2.– mit Textabweichungen)

Nr. 225 «Ist Gott für mich, so trete» von P. Gerhardt. Strophen 1.3.4 (RG [1998] 656,1.3.4; EG 351,1.3.5b.6b; jeweils mit geringen Textabweichungen)

Epheser 6,18–20

Betet mit g a n z e m Fleiß und Verlangen, und das zu j e d e r sich bie-
tenden Zeit, und das im G e i s t e! Und dazu w a c h e t mit allen An-
liegen und Fürbitten für alle Heiligen. Und so auch für m i c h, daß mir
das Wort gegeben werde, g a n z offen zu reden und f r e u d i g das
Geheimnis des Evangeliums kundzutun, dem ich jetzt als Gefangener
diene – daß ich f r e u d i g werde in ihm, es auszusprechen, wie es s e i n
muß.

1. Es kann darüber heute kein Zweifel bestehen: die Welt wartet darauf,
das Evangelium zu hören. Wer die Zeit, in der wir leben, auch nur ein
wenig kennt und versteht, der kann jetzt ganz unmöglich nur den
wüsten Lärm der Sieger und der Besiegten, der Mächtigen und der
Schwachen hören. Auch nicht nur den *tollen Spektakel* einer gewissen
frechen Lebenslust, der sich die Menschen nun, da das eine Gewitter
vorüber ist und ein anderes droht, hinzugeben scheinen. Auch nicht
nur all die klugen und weniger *klugen Reden*, die nun gehalten werden
über das, was nun zur Verbesserung der Welt und der Menschen geschehen sollte. Wer unsere Zeit kennt, der hört durch all den Jammer
und all die Torheit hindurch *ein einziges großes Seufzen.* Es hat *tau-*
send Stimmen und Töne, es kommt zum Teil auf sehr *seltsame,* wüste,
befremdende Art zum Ausdruck. Es ist vielfach *nicht so ehrlich* und
tief gemeint, wie es aussieht. Aber *es ist da,* in allen Völkern, Ländern
und Klassen, auf allen Stufen der Bildung und der Standpunkte, es ist
auch in uns allen, in euch und in mir. Es ist überall *das Eine, das*
Gleiche gemeint, wo immer die Menschen jetzt, durch die große Erschütterung unseres ganzen Lebens bewegt, klagen, streiten, weinen,
hoffen, nachdenken, eifern. Wir müssen *die Unterschiede* der Art, in
der sich das bei den verschiedenen Menschen und an den verschiedenen Orten zeigt, nicht so ernst nehmen, sie sind viel weniger groß
als noch vor einigen Jahren. Immer deutlicher tritt heute der *eine* Zug,
die *eine* Richtung, der *eine* Sinn hervor in der Not und in der Hoffnung *aller* Menschen.

---

[1] Im Mskr. ursprünglich: «und Ürkheim»; dann durchgestrichen. Offen-
sichtlich entfiel die Vertretungspredigt.

2. Das, was uns allen fehlt und was Alle eigentlich hören und haben möchten, ist das, was in der Bibel *das Evangelium* genannt wird. Das heißt auf deutsch: die frohe Botschaft. Es ist merkwürdig, wie das, was die Bibel meint, wenn sie von der frohen Botschaft redet, übereinstimmt mit dem Einen, was heute uns allen fehlt und wonach wir alle uns sehnen. Wir sind heute aller *bloßen Ideen* und Meinungen, und wenn es die schönsten wären, *müde* geworden. Wir haben gegenüber den gewaltigen Ereignissen und Machtverhältnissen unserer Zeit ein *Mißtrauen* bekommen gegen alle Gedanken und Theorien, gegen die alten und gegen die neuen. Wir spüren, daß das, was uns helfen würde, *auch eine Macht,* eine Kraft sein müßte. *Das stimmt* zu dem, was *die Bibel*[2] als ihre «Frohe Botschaft» beschreibt, da ist auch eine Macht, eine Lebensmacht, nicht bloß eine gescheite Meinung. Wir sind dessen müde geworden, daß man uns immer sagt, wir müßten nur die rechte, ernste, tüchtige *Gesinnung* haben, durch *Charakterbildung* und Erziehung würde der Menschheit schon geholfen werden. Ach, es ist wenigstens in den letzten 200 Jahren *soviel versucht* und getan worden zur Erziehung des Menschengeschlechts! Wie ist es nur möglich, daß wir trotzdem in den *Abgrund* hineinlaufen konnten, in dem wir uns jetzt befinden? Liegt's nicht daran, daß man erzog und erzog, ohne recht zu wissen, *zu was denn* eigentlich die Menschen erzogen werden sollten, daß man so viel von Charakter und Persönlichkeit redete, ohne daran zu denken, daß *das Formen* sind, die vor Allem einen Inhalt haben müßten? Wenn das Leben *wieder einen Sinn* hätte, wenn wir seinen Sinn wieder ganz genau erkennen würden, dann würden wir wohl von selbst auch die rechte Gesinnung bekommen. Und gerade das meint auch das *Evangelium*[3], die frohe Botschaft: sie ist keine Predigt von Charakter und Tüchtigkeit, sie zeigt und gibt uns aber den Sinn des Lebens wieder.|

Wir sind auch mißtrauisch geworden gegen das viele Reden von der *Natur.* Ja, die Berge sind großartig, und der Frühling ist lieblich, und der Wald ist schön, aber wir werden wahrscheinlich in den nächsten Jahrzehnten von diesen Dingen *etwas stiller* werden. In dem, was wir in unserer Zeit mit der Menschheit erlebt haben, ist uns zu deutlich

---

[2] Hervorhebung durch einen Halbkreis.
[3] Hervorhebung durch einen Halbkreis.

der *Unterschied* zwischen uns und der Natur bewußt geworden, der durch kein noch so rührendes Singen und Sagen von Vogelsang und Blumenduft überbrückt werden kann. Das Geheimnis der Natur liegt eben nicht in dem, was wir an ihr bewundern und preisen, sondern *in dem, was sie hat* und wir nicht recht haben, in dem Freien, Lebendigen, Schöpferischen ihres Daseins. Davon kann man nicht viel reden, das muß man *haben oder bekommen.* Uns Menschen der heutigen Zeit macht die Natur *sehnsüchtig,* sehnsüchtig nach der Schöpfung, nach dem Leben. Und auch da begegnen wir uns mit dem *Evangelium*[4]. Es ist auch nichts zum Anstaunen und Genießen. Es ist Leben und will lebendig machen.|

Und ähnlich geht es uns mit der Bewunderung von den Leistungen und Fortschritten der menschlichen *Kultur.* Denkt daran, mit welcher *Ehrfurcht* man noch vor fünf Jahren auf der schweizerischen Landesausstellung[5] all die Maschinen und anderen Produkte betrachtet hat. Ich will nicht sagen, daß wir heute diese Ehrfurcht nicht mehr haben, aber es hat sich da doch etwas *umgedreht* in uns. Wir haben es unterdessen erlebt, wie der Mensch auf dem Gipfel der Kultur *zur Bestie* geworden ist und wie er die schönsten Fortschritte dazu verwendet hat, seinen Mitmenschen *Tod und Verderben* zu bereiten. Wir fragen heute unwillkürlich: Ja, aber was wird nun bei dem allem, was wir wissen und können, *aus dem Menschen?* Wird er besser, glücklicher, vernünftiger? Der Mensch ist doch nicht für den *Fortschritt* da, sondern der Fortschritt muß für den *Menschen* ein Fortschritt sein, sonst ist er ein Rückschritt. Und da ist wieder *das Evangelium*[6] und bestätigt uns: ja, eben der *Mensch,* der Mensch selbst, nicht die Sache, nicht das Geld, die *Befreiung* des Menschen von der Sklaverei unter das, was nicht er ist, nicht das Leben, sondern nur das Beiwerk des Lebens, *darum gerade* handelt es sich.|

Wir sind mißtrauisch geworden gegen alle Lehren, Ansichten und Vorschläge, die entweder nur das *Äußerliche,* Sterbliche, Materielle des

[4] Hervorhebung durch einen Halbkreis.
[5] Im Sommer 1914 hatte in Bern die «Schweizerische Landesausstellung» ihre Pforten geöffnet. Barth sah sie sich an und hielt dazu am 7. Juni eine Predigt, die in den «Neuen Wegen» abgedruckt wurde. Vgl. Predigten 1914, S. 287–314.
[6] Hervorhebung durch einen Halbkreis.

Menschenlebens in Betracht ziehen oder ebenso einseitig und unwahr nur das Seelische, das Geistige, *das Innere*. Wir empfinden wieder deutlich, daß der Mensch *ein Ganzes* ist, ein Ganzes mit zwei Seiten allerdings, aber nicht aus zwei Teilen zusammengesetzt, sondern in allen Beziehungen und Verhältnissen Leib *und* Seele, Geist *und* Materie und daß ihm nicht getrennt, sondern nur *im Ganzen geholfen* werden kann, wenn es überhaupt eine Hilfe gibt. Und *das Evangelium*[7] scheint nur darauf gewartet zu haben, daß wir zu dieser Einsicht kommen, denn wahrhaftig, die frohe Botschaft vom ewigen Leben kennt keine solchen Trennungen, sondern sie geht das ganze Menschenleben an.|

Weiter: Wir können heute nicht mehr recht mit, wenn man uns etwas anpreist auf irgend einem Gebiet, von dem wir das Gefühl haben, das ist ja *für Einzelne,* Wenige, Auserlesene, das ist nur für Vermögliche[8], *nur für* Fromme, nur für Gebildete, nur für die, die ein besonderes Interesse daran haben. Wir wittern da unwillkürlich *Sackgassen,* Nebenwege. Wir leiden darunter, daß sich die Interessen der Menschen so *zersplittern,* daß jeder immer noch mit seinem Fähnlein davonlaufen will in irgend einen Winkel. Was *etwas Rechtes ist,* das muß [und] kann nicht nur Einzelne angehen. Das muß irgendwie für Alle sein, an Alle sich richten. Und nun ist *das Evangelium*[9] gerade darin durchaus modern, daß es *nicht im geringsten* eine Privatsache, eine Spezialangelegenheit ist, sondern *hineingreift* in die Not und Hoffnung aller Menschen, *verstanden* werden könnte von Jedem, der verstehen will. Und wenn wir *scharfe Augen* bekommen haben für den Unterschied von Hauptsache und *Nebensachen,* wenn wir uns nicht mehr so *rasch begeistern* lassen für irgend eine Wahrheit, die nur eine halbe Wahrheit ist, wenn wir *etwas nüchterner* geworden sind in unserer Stellungnahme zu Fragen, die uns früher brannten und heute nur noch lau berühren, wenn wir dafür die Sehnsucht bekommen haben nach einer *Antwort,* die Alles beantwortet, nach einer *Hilfe,* die ganz hilft, so ist das, was *das Evangelium*[10] uns sagen will, ja gerade diese eine gesammelte *Antwort,* diese durchgreifende *Hilfe,* die Er-

---

[7] Hervorhebung durch einen Halbkreis.
[8] = Vermögende, Wohlhabende.
[9] Hervorhebung durch einen Halbkreis.
[10] Hervorhebung durch einen Halbkreis.

scheinung der *Hauptsache* mitten in dem Gewimmel der Nebensachen, deren wir müde sind.|

So stehen wir heute endlich auch dem *Christentum,* der Religion, der Kirche gegenüber. Wir empfinden heute stärker als je den *Widerspruch* zwischen diesen Erscheinungen[11] und dem, was eigentlich dahinter verborgen ist und an den Tag möchte. Könnten wir doch alle christlichen Worte drangeben gegen ein einziges wirklich *göttliches Wort,* alles religiöse Leben gegen eine Spur von wahrhaft *göttlichem Leben,* alle kirchliche Gemeinschaft gegen ein kleines Stücklein realer *Gemeinschaft mit Gott und in Gott.* Ja aber – *Gott,* dieses Große, das in allem christlichem Wesen ja immer nur gemeint und verborgen ist und das wir gerade da besonders schmerzlich *vermissen,* ist in diesem viel mißbrauchten Wort «Gott» nicht doch schließlich *Alles enthalten,* was wir überhaupt heute entbehren und suchen? *Gott* – das ist's ja, die *Kraft,* die nicht bloß Theorie ist, der *Sinn* des Daseins, der *Schöpfer* des Lebens, der *Erlöser* der Menschen, des *ganzen* Menschen, *aller* Menschen, die große *Hauptsache,* die einmal in die Mitte treten müßte und sollte – *Gott,* was sucht und meint der heutige Mensch auf allen seinen tausend Wegen im Grunde Anderes, was kann man Anderes suchen? Und wiederum, was ist denn *das Evangelium*[12] anderes, als eben die Botschaft von Gott, nicht von dem Gott, den alle *Kirchen und Gemeinschaften* immer nur im Verborgenen meinen und in machtlosen Worten beschreiben, nicht von dem Gott, den die Menschen *immer ernst* und doch nie ganz ernst nehmen, nicht von dem Gott, von dem *die Einen sagen,* er sei, und die Anderen, er sei nicht – das alles ist ja gar nicht Gott –, sondern die Botschaft von dem *lebendigen* Gott, an dem man *nicht zweifeln* kann, über den man *nicht verschiedener* Meinung sein kann, der *keine Fragen,* Sorgen und Bedenken übrig läßt, der die Menschen nicht auseinander, sondern *zueinander* bringt, der uns erkannt hat, *bevor wir* ihn erkannten [vgl. 1.Kor.13,12], und lieb gehabt, *bevor wir* ihn liebten [vgl. 1.Joh.4,10], Gott, der sich *finden* läßt von denen, die ihn von ganzem Herzen suchen [vgl. Jer.29,13f.], und den wir nicht suchen

---

[11] Im Mskr. ursprünglich: «zwischen dem, was». Barth hat dann aus «dem» ein «diesen» gemacht, aber versäumt, das Wörtchen «was» zu streichen.
[12] Hervorhebung durch einen Halbkreis.

würden, wenn wir ihn nicht *schon gefunden* hätten[13], Gott, offenbart *in Jesus Christus.* Seht, so nahe sind wir heute, wenn wir unsere Zeit und uns selbst verstehen, *das Evangelium wieder zu hören.*

3. Warum hören wir es dann nicht?, werdet ihr fragen. Warum sind wir Menschen der heutigen Zeit immer noch *bloß müde,* mißtrauisch, zurückhaltend nach allen Seiten? Warum sind wir nicht weiter, als daß wir angefangen haben, zu so und so vielen Irrtümern und Schwachheiten *Nein zu sagen?* Warum vernehmen wir *das große Ja* nicht? Warum sind wir nur immer im *Fragen und Suchen,* statt die Antwort zu vernehmen? Warum wird die dünne Wand, die uns vom Evangelium, von der frohen Botschaft trennt, *nicht durchgestoßen?* Warum wird uns diese Botschaft vom lebendigen Gott nicht *von allen Kanzeln* zugerufen? Warum drängt [?] es nicht in allen *Tageszeitungen* zur Aussprache dieses Einen, Aktuellen, Notwendigen? Warum redet man nicht *in allen Häusern* und auf allen Straßen von dem, was wir doch alle meinen und was uns ja in Christus gegeben ist? Warum nicht?

Seht, wenn euch dieses *Warum nicht?* jetzt so packen würde, daß *ihr alle aufstehen* und es mir von allen Seiten zurufen müßtet: Ja, warum nicht? wir wollen es wissen! Wenn ihr alle mir heute und morgen und übermorgen *das Haus überlaufen* müßtet, jedes mit der Frage: warum höre ich denn diese Botschaft von Gott, in der Alles enthalten ist, nicht? Warum sprichst du sie nicht aus? Wozu bist du der Pfarrer, wenn du *das,* dieses Eine, Einzige, nicht sagst? Wenn ihr *alle mit dem gleichen Ernst euch selber fragen* würdet: Ja, warum *hören* wir es nicht? Warum sind wir *draußen* statt drinnen? Warum *denken,* leben, laufen wir alle, ohne bis zum Ende, bis auf den Grund zu gehen? Warum tun wir den *Schritt* nicht von unseren Fragen zu der Antwort des Evangeliums? Und wenn dann [?] weiter *in Allem, was ihr denkt und miteinander redet,* diese Erschütterung, diese Unruhe wäre: wie kommt es nur, daß uns das *fehlt*[14], was uns doch nicht zu fehlen bräuchte, daß wir uns nach dem *sehnen* müssen, was wir doch haben, daß wir *fragen*

---

[13] Vgl. B. Pascal, *Pensées,* Fragment 553 (Brunschvicg): Le Mystère de Jésus. «Console-toi, tu ne me chercherais pas, si tu ne m'avais trouvé».

[14] Im Mskr. ursprünglich: «daß wir uns nach dem»; Barth hat dann «nach» gestrichen und «dem» in «das» korrigiert, aber vergessen, «wir» zu streichen.

und fragen müssen, wo doch die Antwort da ist? Wenn dieses große
«Warum denn nicht?» in *uns alle hineinführe* und – statt daß wir jetzt
hier in der Kirche ein bißchen darüber nachdenken – *die große Frage
und Sorge* und Angelegenheit würde, die uns Tag und Nacht nachgin-
ge, bei der Arbeit und bei Tisch und auf dem Felde, wenn das *unser
einziges starkes Anliegen* wäre, diese Mauer, die uns von Gott trennt,
müßte durchstoßen werden – *wenn das alles* oder auch nur etwas davon
geschehen, wirklich geschehen würde, *das wär's*, was Paulus in unserem Text von den Ephesern verlangte. Es ist *nichts Fernliegendes,*
Fremdartiges, was er von ihnen verlangt, es ist das Allernaheliegendste. Es ist die Frage und Bewegung, in die wir *sofort geraten müßten*,
wenn es uns klar würde: es *fehlt* uns etwas, wir *suchen* etwas, und
dieses Etwas kommt uns *entgegen, ist da, ist zu haben* – o nein, wir
haben es noch nicht.

4. *Betet!*, sagt er. Er erläßt gleichsam ein *Aufgebot.* Er steht an einer
Arbeit. Er *sieht* die Not der Welt, aber auch ihre Hoffnung. In den
Lauf der Geschichte, in das ganze irdische Treiben will das *Licht von
oben* fallen. In das Denken, Reden und Tun der Menschen will *Kraft
aus der Höhe* kommen. *Gottes Macht* will auf der Erde zur Geltung
kommen. *Gottes Herrlichkeit* will hier noch einmal leuchten. Das ist
Christus: diese *Begegnung Gottes mit den Menschen.* Es gibt genug
Menschen, die *im Menschlichen* irgendwie stecken bleiben. Es gibt
auch genug Menschen, die sich nur mit dem Göttlichen beschäftigen,
ohne den *Weg zu den Menschen* wieder zu finden. Die *Begegnung
Gottes mit den Menschen,* da ist der Heiland, darum zu *sinnen* [?],
dafür sich selbst zu *öffnen,* dafür *Wege* zu suchen, *nach Gott zu fragen*
im Gedanken an den Menschen und *unter den Menschen zu sein* im
Gedanken an Gott, das ist Heilandsarbeit, Apostelarbeit. Paulus *fühlte sich allein,* verlassen bei dieser Arbeit. Er ruft Alle auf, ihm zu
helfen. Betet!, sagt er. Beten heißt flehend und verlangend *an die
Schwelle treten,* wo jenseits des menschlichen Denkens und Wollens
und Fühlens das göttliche Licht leuchtet, die göttliche Macht wirkt.
Beten heißt sich bewußt und nie fertig *auf jene Mitte* hin richten, in
der die Strahlen des Lebens von allen Seiten zusammenlaufen. Beten
heißt *an Gott denken* und dabei die Sache der Menschen auf dem
Herzen tragen. Beten ist *nicht eine Flucht aus der bösen Welt* zu Gott,

sondern Beten heißt mitten im Leid und in der Unruhe der Welt Gott suchen, mitten in der Welt sich von Gott finden lassen.

Gott sucht gleichsam *Eingangspforten* in der Welt, Freistätten, Bauplätze, wo er das Neue beginnen kann, das er schaffen will auf der Erde. *Betende Menschen* sind solche Eingangspforten, Freistätten und Bauplätze. Beten ist *nicht eine Erleichterung,* die man sich verschafft, nicht ein Ausruhen, es ist nicht ein persönlicher Gewinn, der da zu erwarten, sondern ein Dienst, der da zu tun, ein Kampf, der da zu kämpfen ist. Für diesen Dienst und Kampf müssen *Menschen gewonnen werden,* Freiwillige, die daran gehen wollen, die Brücke zu bauen. Je deutlicher es wird, was die *Menschen ihrerseits* suchen und was *Gott seinerseits tun und geben* will, um so nötiger wird es, daß betende Menschen vorhanden sind, *priesterliche Seelen,* die die Sache Gottes und der Menschen als eine *persönliche Last* auf sich nehmen wollen.

5. Da liegt nun auch *die Antwort* auf die Frage, warum wir heute das Evangelium *noch nicht* oder noch nicht recht hören, warum es nicht mächtiger *hervorbricht* in jeder Predigt, aber auch in jedem Gespräch, in jedem Zeitungsartikel, überall, wo Menschen miteinander reden: *Gott in Jesus Christus* unsere Macht, unsere Sonne [?], unser Leben, unser Licht, unsere Freiheit. *Viele möchten es* aussprechen und Viele möchten es hören. Es ist aber ein *Geheimnis,* wie Paulus sagt, das nur unter besonderen Bedingungen, in einem besonderen Licht und [einer besonderen] Umgebung aus der Verborgenheit offenbar werden kann. Es ist *etwas ganz Besonderes,* etwas Neues, ein Ereignis, wenn der Mund sich findet, das Evangelium auszusprechen, und die Ohren, es zu hören. Man darf das Evangelium *nicht verwechseln* mit dem, was etwa sonst über das Menschenleben und auch über Gott geredet wird. Man kann ja *viel Schönes und Wahres sagen,* um das Fragen und Suchen der Menschenseele nach dem Mittelpunkt von allen Seiten vorwärts zu treiben auf den Mittelpunkt hin. Aber wenn wir so von der Welt ausgehen, bleiben wir immer wieder *gerne in der Welt stecken,* und der Mittelpunkt wird nicht sichtbar bei unserer Rede. Und man kann umgekehrt *viel Schönes oder Großes über Gott* und den Heiland oder auch über den Geist und die Ideale sagen, und es *wird* ja auch überall viel davon gesagt. Aber wenn wir so vom Göttlichen ausge-

hen, geschieht's gar leicht, daß wir die wirkliche Welt, *das Leben, den Menschen nicht erreichen,* daß all die hohen Wahrheiten keine Antwort sind auf unsere eigentliche Frage. Habt ihr nicht auch schon bemerkt dieses merkwürdige *Schwanken in dem, was die Menschen sagen,* in den Büchern und Zeitungen, die wir lesen, in den Predigten, die wir hören, auch schon in meinen Predigten: bald ist's zu niedrig, zu menschlich und erreicht jene Schwelle nicht, wo *Gott* zu den Menschen redet; bald ist's zu hoch, zu göttlich und steigt nicht herunter zu dem Punkt, wo Gott zu den Menschen redet. Und beidemal ist's *noch nicht das Evangelium,* noch nicht Gottes Wort, noch nicht Christus. Alles, was wir heute reden und schreiben und hören und lesen, *leidet unter diesem «Noch nicht»,* bald von dieser, bald von jener Seite. Es ist immer noch nicht, oder höchst, höchst selten ein wenig, Gottes Wort. *Christus selbst,* der die Welt mit Gott versöhnt [vgl. 2. Kor. 5,19]. Das ist das Geheimnis des Evangeliums.

6. Dieses Geheimnis kann sich nur öffnen dadurch, daß wieder Heilandsarbeit und Apostelarbeit getan wird, [daß] Menschen jenen Kampf und jenen Dienst *auf sich nehmen,* von dem in unserem Text die Rede ist. *Es geht Alle an,* die es merken, wie die Dinge stehen, Alle, die die Not und das Suchen der Menschen und der Liebe Gottes *verstehen,* Alle, die unter jenem «Warum nicht?» *seufzen* und leiden. *Wir Pfarrer* dürfen euch nicht anklagen, wenn ihr das Evangelium noch nicht hört. Und *ihr dürft auch uns* Pfarrer nicht anklagen, wenn wir euch das Evangelium noch nicht sagen können, wenn all unsere Worte entweder zu tief oder zu hoch gehen. *Niemand darf den Anderen* anklagen, weil das, was er sagt, noch nicht Gottes Wort ist. Niemand, der merkt, um was es geht, darf in dieser Sache *bloß Zuschauer* sein, der über Andere sein Urteil abgibt. Als *gemeinsame Last und Sorge* und Aufgabe müssen alle lebendigen Menschen diese Lage auf sich nehmen und in sich bewegen. *Beten müssen wir füreinander,* daß uns das Wort gegeben werde, ganz offen und freudig zu reden und so, wie es sein muß, nicht nur die Pfarrer, sondern Alle, Alle, welche – und wenn es nur unter vier Augen wäre – den Mund auftun. Denn *alles unser Reden miteinander* ist ein kümmerlicher Versuch, das große Geheimnis auszusprechen, vor dem wir stehen. Wenn wir dazu kommen, einander *gegenseitig zu tragen* durch Eintreten und Fürbit-

ten mit *ganzem* Flehen und Verlangen, dann werden die *Bedingungen* geschaffen zur Eröffnung des Geheimnisses, dann *bleibt es nicht* bei dem bloßen Versuchen, zu reden und zu hören. Dann *wird es ausgesprochen* werden ohne Irrtum und gehört ohne Mißverständnis, das Große, was jetzt noch nicht oder kaum ausgesprochen und gehört wird: Immanuel! Gott mit uns! [Jes. 7,14 / Mt. 1,23].

Lieder:
Nr. 83 «Zeuch an die Macht, du Arm des Herrn» von Fr. Oser, Strophen 1–2 (GERS [1952] 194,1.3; EG 377,1–2 «Zieh an...»)
Nr. 142 «Jesus Christus herrscht als König» von Ph. Fr. Hiller, Strophen 1.3.11 (RG [1998] 492,1.5.11; EG 123,1.5.11)

Epheser 6,21–24

Damit ihr nun auch erfahret, wie es um mich *stehet und was ich schaffe, wird euch Tychikus, mein lieber Bruder und Diener im Herrn, Alles mitteilen. Dazu schicke ich ihn zu euch, damit ihr hört, wie es um uns steht, und damit er eure Herzen stärke.*

Friede sei mit den Brüdern und Liebe und Glaube von Gott, dem Vater, und dem Herrn Jesus Christus. Die Gnade sei mit Allen, die unsern Herrn Jesus Christus lieb haben in seinem unvergänglichen Wesen.

1. Es gibt zuletzt *einen feinen Punkt,* wo es sich zeigt und entscheidet und bewährt, wie es steht zwischen Gott und den Menschen, *einen* Punkt, wo alle Not und Schwachheit unseres Lebens ihre Grenze und ihr Ende erreicht, *einen* Punkt, wo das Licht von oben stark und voll in unsere Welt eintritt. Vielleicht, daß kein Mensch ist, der in seinem Leben länger als durch einige *kurze Augenblicke* sich dieses hellen Punktes bewußt wird. Vielleicht, daß sich Millionen seiner *nie bewußt* werden. Man sagt von *Sterbenden,* daß sie in den letzten Sekunden ihres Daseins das sehen und haben, was sie sonst nie gesehen und gehabt haben; aber wer will darüber etwas Sicheres sagen? Aber *das ist sicher,* daß dieser Punkt da ist, oder wenn man an alle Menschen denken will, dieser rote Faden, der durch alle Lebensgeschichten aller Menschen, durch die ganze Weltgeschichte der Länge nach hindurchgeht. Es gibt ja auch *andere Fragen,* auf die wir früher oder später mit unserem Leben Antwort geben müssen und die sich in ähnlicher Weise durch das Ganze der Menschheit hindurchziehen. Ich möchte zum Beispiel für die Männer die Frage nennen, was sie im Grunde zum weiblichen Geschlecht für ein Verhältnis einnehmen wollen, oder für die Frauen die Frage, wie weit sie davon loskommen, sich immer mit sich selbst zu beschäftigen, oder für uns alle die Frage, was für eine

---

[1] Am 2. September 1919 schrieb Barth an Thurneysen: «Nun eröffnet sich die höchst seltsame Wendung, daß ... *ich* nach Tambach gehen und über den ‹Christen in der Gesellschaft› reden soll.» Am 11. September schrieb er: «Hier sende ich dir, was ich ... in ununterbrochener Tag- und Nachtschicht (vorläufig) für Tambach verfaßt habe.» (Bw. Th. I, S. 324f.) Die Predigten vom 7. und 14. September entstanden mitten in dieser Bedrängnis.

Stellung wir zum Geld haben. Das sind *dringende,* brennende Fragen, aber nicht letzte Fragen. Man kann nicht sagen, daß Alles darauf ankommt, wie sie beantwortet werden. Es gibt aber *eine letzte Frage,* es gibt einen *Ort* und an diesem Ort Etwas, da kommt nun Alles darauf an. Diese letzte Frage ist gleichsam die *Quelle,* aus der unser Leben fließt, so oder so. Von dort aus wird das *Urteil* über unser Leben, das wir alle empfangen müssen, gesprochen und zugleich vollzogen. Dort ist, wenn wir noch einmal an das Ganze denken wollen, der *Schlüssel zum Geheimnis* der ganzen Menschen- und Weltgeschichte; aber diesen Schlüssel kann freilich kein Einzelner wirklich in die Hände nehmen, kaum daß da und dort einer imstande ist, von dort aus das Nächste ein wenig zu überblicken und zu verstehen. Von dort aus *spricht Gott mit uns,* in seinem furchtbaren Ernst und in seiner barmherzigen Liebe, so wie er eben mit jedem sprechen kann. |

Paulus *schließt den Epheserbrief,* indem er ganz unvermutet noch einmal diese Frage aufgreift[?]. Die «Gnade sei mit Allen», sagt er, *«die unseren Herrn Jesus Christus lieb haben in seinem unvergänglichen Wesen».* «Unverrückt» hat Luther den letzten Ausdruck übersetzt. Paulus hatte vorher gesagt: «Friede und Liebe und Glaube sei mit den Brüdern von Gott, dem Vater, und dem Herrn Jesus Christus». Da kam es ihm offenbar vor, es könnte *zu wenig deutlich* und vernehmbar sein, was er damit sagen wollte. Es gab wohl schon damals Menschen, die gar nichts Rechtes mehr hörten, sondern nur so ein allgemeines, religiöses Summen und Klingen in der Luft, wenn man die Worte Friede, Liebe, Glaube, Gott Vater, Jesus Christus aussprach. Paulus wollte aber zum Schluß *noch einmal deutlich* gehört und verstanden sein.[2] Also noch einmal mit allem Nachdruck eine *Erklärung* dessen, was er seinen Lesern wünscht. Noch einmal die *Frage,* das Anklopfen, die Unruhe, die Pein[?], von denen nun auch wir im Lauf dieses Sommers Einiges wahrgenommen – oder auch nicht wahrgenommen haben. Also noch einmal mit aller Bestimmtheit den einen *Punkt* bezeichnet, auf den Alles ankommt: die Gnade sei mit Allen, die unseren Herrn Jesus Christus lieb haben in seinem unvergänglichen Wesen, unverrückt!

[2] Hier folgen im Mskr. einige zwischen den Zeilen eingefügte, nur schwer lesbare Wörter, möglicherweise: «Der ganze Brief an Gemeinde nach S[afenwil] gerichtet».

2. Man kann aber die Wahrheit Gottes, die in Jesus Christus offenbart ist, das Wesen des Heilands auch *mit anderen Augen anseh*en als mit den Augen des Paulus, wenn er sagt: Jesus liebhaben *in seinem unvergänglichen Wesen.* Die Wahrheit Gottes in Christus hat eben *auch ein vergängliches «Wesen»,* eine der Blindheit von uns Menschen angepaßte Erscheinungsform. Sie ist auch in dieser Form *nicht zu verachten,* sondern wir wollen dankbar sein für Alles, was wir auch in dieser Form an ihr haben und in der Menschheit wirksam sehen. Die Strahlen dieses Lichtes sind stark genug, um auch *durch die Mauer*n unseres Gefängnisses hindurchzudringen und da drinnen eine gewisse matte Helligkeit zu verbreiten. Diese matte Helligkeit ist etwa das, was man heute *Christentum* nennt und was es wohl schon damals gegeben hat. Man nimmt *von der Wahrheit Gottes das an,* was man versteht, was einem zusagt und was man brauchen kann. Es ist ja am Göttlichen Vieles, was uns unbedingt *zusagt,* was wir uns wünschen, wenn wir es nicht haben, über das wir uns freuen können, wenn wir es haben. Freilich greifen dann *nicht Alle nach dem Gleichen,* weil nicht Alle die gleiche Brille tragen, durch die sie sehen, und so entsteht eine ganze Menge von verschiedenen Christentümern. Wir sind es ja heute gewohnt, daß ungefähr *jeder Mensch sein eigenes Christentum* hat, und man rühmt es sogar als einen Fortschritt, daß heutzutage Jeder Gott auf seine eigene Weise erlebe. (Wenn es so ist, so kommt es davon, daß wir vergessen haben, daß eigentlich die Wahrheit selbst und nicht unser Bedürfnis entscheiden müßte.) Menschen von *weichem,* friedlichem Charakter werden z. B. gern danach greifen, daß Gott die Liebe ist [1. Joh. 4,8.16], und mit dieser Wahrheit ihr Herz ganz erfüllen. Menschen mit einem starken *Willen* und einem gewissen Eifer für das Gute werden sich darüber freuen, daß Gott ein Freund der Gerechten und ein Feind der Ungerechten ist [vgl. Ps. 146,8f. u. ö.], und werden sich durch den Gedanken an Gott in ihrem Willen und in ihrer Güte mächtig bestärkt fühlen. Menschen, denen die *Ruhe* und die Ordnung über Alles geht, werden sich daran halten, daß Jesus gesagt hat: Selig sind die Friedfertigen, denn sie werden Gottes Kinder heißen [Mt. 5,9]!, während *unruhige,* bewegte Geister ihr Wohlgefallen finden an dem Jesus, der im Tempel die Geißel gebraucht [Joh. 2,15] und gesagt hat; Ich bin nicht gekommen, den Frieden zu bringen, sondern das Schwert [Mt. 10,34]! *Verzagte,* müde

Naturen werden ihr Christentum zusammenfassen in die Worte: Vertrau auf Gott [vgl. Ps. 118,8f.]!, während frische, starke Naturen das Wesen des Christentums darin finden werden, daß man auf seinen eigenen Füßen stehen müsse [vgl. Hebr. 12,13]. Vielen *Enttäuschten* und Betrübten wird die Aussicht auf ein Leben nach dem Tode das Wichtigste im Christentum sein, während Hoffnungsfrohe[?] sich dafür begeistern, daß Gottes Reich zu uns kommen wolle. Einige werden kurzweg sagen: Christentum heißt eine *Herzenserfahrung* mit dem Heiland gemacht haben. Andere ebenso kurzweg: *Gutes tun,* wo man kann! Andere ebenso kurzweg: *natürlich und einfach* sein! Was wollen wir weiter aufzählen? Die Bedürfnisse und Anlagen sind ja tausendfältig und ebenso tausendfältig die Brillen, durch die man die Wahrheit ansehen kann. Es ist *ja immer die Wahrheit,* es ist ja immer etwas Schönes und Gutes, es ist ja immer ein Segen, eine Kraft, ein Licht an dem, was man durch irgend eine dieser Brillen ansieht.|

Aber *das «unvergängliche Wesen unseres Herrn Jesus Christus»* ist das *nicht.* Es ist unsererseits ein vielleicht sehr aufrichtiges und ernstes Liebhaben Jesu darin, aber das unverrückte *Liebhaben* ist das nicht, sondern wir *verrücken dabei* etwas von seinem Platze. Wir machen uns Jesus zurecht nach dem Muster unseres eigenen vergänglichen Wesens, und dann haben wir ihn lieb in *der* Gestalt, in der *wir* ihn haben wollen. Es ist die matte *Helligkeit des Gefängnisses,* die da entsteht, nicht das direkte Sonnenlicht der Freiheit. Denn täuschen wir uns nur nicht: Überall wo wir die Wahrheit Gottes so auffassen nach *unserem* Bedürfnis und unserer Anlage, überall wo die Pfarrer ihre Ehre und ihren Eifer *daran* setzen, diesen verschiedenartigen Bedürfnissen entgegenzukommen und genugzutun, da *geht etwas verloren, und zwar die Hauptsache.* Die Frage *muß* uns doch kommen, ob dazu, daß jeder seinen Weg geht nach seinem Charakter und Geschmack, eigentlich Jesus und seine Botschaft von Gott *nötig sei.* Wozu eigentlich die großen, *starken Worte* des Epheserbriefs und des ganzen Neuen Testaments von Christus, von seinem Tod und seiner Auferstehung, wenn Alles doch nur darauf hinausläuft, daß Jedes den Heiland und Gott hat, der ihm zufällig gerade entspricht? Heißt das nicht ein Pferd vor einen Puppenwagen spannen? Dürfen wir uns wundern, wenn Vielen von ihrem Christentum *überhaupt nur noch das übrig bleibt,* was sie ohnehin fühlen und meinen und wollen, wenn sie sich sagen: *das* können wir billiger haben, *dazu* brauchen wir keinen Epheserbrief, keine Bibel, keinen Jesus, keinen Gott! *Das* können wir wahrlich auch sonst haben, daß wir unsere Bedürfnisse irgendwie befriedigen. Aber auch wenn wir nicht so weit gehen, dürfen wir uns wundern, wenn wir es erleben müssen, daß der Segen, die Kraft und das Licht, die wir von der Wahrheit Gottes auf unsere Weise haben, *nicht unbegrenzt sind,* sondern in gewissen Lagen ins Stocken[?] kommen und versagen wie andere menschliche Fähigkeiten auch? Woher kommt es nur, daß wir uns eigentlich nie getrauen, *mit unserem Glauben wirklich* durch alle Leiden hindurchzugehen, wie wir es doch tun müßten, wenn es wirklich der Glaube wäre, der in der Bibel gemeint ist? Wie kommt es nur, daß wir manchmal von unserem eigenen Glauben in stillen Stunden *einfach ein wenig enttäuscht sind,* wie man eben gelegentlich auch sonst enttäuscht ist von dem, was man will und kann und tut und ausrichtet? Wie kommt es nur, daß gerade in den großen *gemeinsamen Nöten und Fragen der Menschen,* die die stärksten und schwersten sind, alle die verschiedenen Christentümer immer so hinterdrein kommen und eigentlich auch nur nebenbei in Betracht kommen? Wie kommt es, daß es heute die meisten Menschen einfach phantastisch und aberwitzig berührt, wenn man ihnen sagt, daß im Christentum eigentlich die *schöpferische, erlösende Gotteswahrheit* für alle Irrtümer und Übel der Welt ausgesprochen sei? *Das kommt offenbar davon,* daß unser Christentum gar nicht die schöpferische, erlösende Gotteswahrheit ist, von der in der Bibel mit so großen Verheißungen die Rede ist, sondern *nur das davon,* was wir durch unsere kleinen, gefärbten Brillen sehen wollen und können. Da können dann allerdings die Verheißungen *nicht eintreffen.* Wir haben uns an das vergängliche, menschliche, arme[?] Wesen Jesu Christi *gehalten,* an das von ihm, was uns allenfalls paßt. Nun müssen wir sehen, wie weit wir damit *kommen,* und dürfen nicht staunen, wenn wir *nicht eben weit* damit kommen. Du antwortest vielleicht im Stillen: ich für mich persönlich *brauche nichts mehr,* ich bin mit der matten Helligkeit des Christentums, wie ich es verstehe und auffasse, wohl zufrieden. Ich will dich jetzt nicht fragen, ob du ganz *ehrlicherweise* so reden kannst. Ich will dich jetzt auch nicht daran erinnern, daß noch nicht aller Tage Abend ist, daß du noch *lange Jahre* und Jahrzehnte vor dir haben könntest, wo es sich zeigen könnte, wie es ist, wenn die Hauptsache fehlt. Ich möchte dich nur das fragen, ob du denkst, damit sei nun *Gott gedient,* daß du weißt und hast, was du bedarfst, was dir entspricht. Daß du zufrieden bist, das ist am Ende vorläufig zu glauben, aber *ob Gott zufrieden* ist mit deinem Christentum, mit unserem Christentum, mit all den tausend Christentümern, in die wir uns zersplittern, weil wir nicht unverrückt den Herrn Jesus lieb haben, das ist eine andere Frage.

3. Sieh, *diese andere Frage,* das ist jener eine, feine Punkt, auf den Alles ankommt, von dem wir anfangs sprachen und auf den Paulus da zum Schluß noch einmal hinweisen wollte. *Hier fängt Christus an,* sein unvergängliches Wesen und das unverrückte Liebhaben unseres Herrn Jesus. Es fängt an mit der Frage: *Was sagt denn* eigentlich Gott dazu? Nicht: *was bedürfen wir?* was verstehen wir? was wollen wir?, sondern *was meint und was will Gott,* vielleicht ohne daß wir es zunächst verstehen und bedürfen, sondern er ohne uns und gegen uns, aber was meint und was will er, weil er Gott ist. Seht, *das ist ja eben der Heiland* im Gegensatz zu allen Religionsstiftern und Kirchenmännern, deren es auch zur Zeit des Paulus so Viele gab. Die ersannen auch allerlei Gedanken und schlugen allerlei Wege ein, wie sie den Menschen und ihnen selbst eben damals paßten. Eine gefärbte Brille um die andere wurde probiert, weggelegt, durch eine andere ersetzt. Mitten unter allen Religionen und Kirchen aller Zeiten ist das das *Neue,* was der Heiland war und brachte, daß er über die Menschen und über sich selbst hinweg rücksichtslos auf Gott sah. Bei ihm kam's zum Durchbruch und wurde ganz klar, was *ja eigentlich wir alle meinen,* wenn wir jeder so eifrig und sicher mit unseren verschiedenen Wahrheiten dreinlaufen[?]. Er konnte es den Menschen sagen, weil er selbst dessen ganz sicher war: ihr meint ja doch eigentlich nicht euch selbst, ihr wollt ja doch eigentlich gerade *über euch selbst hinaus,* ihr wißt ja: wer seine Seele, sein Leben sucht und gewinnt, der wird sie verlieren [vgl. Mk. 8,35 par.]. *Gott ist's ja, den ihr meinet,* und merkt es nur nicht, daß ihr ihn meinet! *Gott hat aber seine eigene Sache,* seinen eigenen Weg, seine eigenen Gedanken. Gott läßt sich nicht in Menschendienst nehmen! Gott will *uns* haben, unsere Aufmerksamkeit, unseren Eifer, unsere Treue, dann ist uns geholfen. Das ist das Evangelium, die frohe Botschaft, daß *die Sache Gottes jetzt wieder arbeiten* wird auf der Erde, daß das Göttliche nicht länger bloß eine matte Helligkeit sei auf der Erde, sondern wieder ein großes, starkes, feines [?] Licht werde. Darin war seine Stellung immer die eines *Anwalts der Sache Gottes.* Als die Jünger ihn fragten, *wie sie beten sollten,* antwortete er ihnen gleichsam ausschließlich im Interesse seines Vaters: dein Name werde geheiligt, dein Reich komme, dein Wille geschehe… [Lk. 11,1f.]. Alles andere kommt nachher und folgt nur diesem Einen. Es war ein ganz einseitiges, leidenschaftliches *Parteiergreifen,* niemandem zu lieb und niemandem zu leid und eben darum der ganzen Welt und allen Menschen zum Heil. Denn *das brauchte es und braucht es auch heute.* Damit kommt wirkliches Licht und wirkliche Kraft ins Leben, daß wieder nach Gott selbst gefragt wird statt nach all dem, was wir allenfalls verstehen und bedürfen. Alle Christentümer und Religionen helfen uns darum nichts, weil da überall, *gerade wie sonst in der Welt,* der Mensch *seinen* Weg sucht und geht. Es ist *nichts Neues,* nichts Anderes gegenüber der Torheit und dem Jammer der Welt. Es ist vergängliches Wesen wie die übrige Welt. *Nur Gott kann helfen,* wenn es uns einmal wirklich um Gott zu tun würde [?]. Seht, darum haben wir bei Jesus so einen überwältigenden Eindruck von der *Liebe Gottes,* weil die Liebe Jesu nicht seine eigene Weichheit und Sanftmut war, sondern seine Antwort auf den Ruf dessen, der die Liebe ist. Darum konnte Jesus so gewaltig *eifern um Gott,* weil sein Eifer nicht seine eigene Aufregung und Leidenschaft war, sondern ein Widerschein des göttlichen Zorns über alle Ungerechtigkeit und Gottlosigkeit der Menschen [vgl. Röm. 1,18]. Wenn er *Frieden* gebot und wenn er den *Krieg* erklärte, wenn er vom *kindlichen Vertrauen* redete und vom *Kommen des Himmelreichs,* wenn sein Blick sich in die bewegte *Zeit* und ins Menschenleben richtete oder hinaus in die *künftige Welt* der Herrlichkeit, wenn er *Hand anlegte,* um zu helfen, und wenn er vor den Menschen *floh* in die Einsamkeit [vgl. Mk. 6,46 u. ö.] – es war bei ihm Alles so *echt,* so notwendig, es war immer nicht *sein* Trieb, *sein* Bedürfnis, was ihn führte, sondern die Rücksicht auf das, was von Gottes Willen geboten war. Und darum war alles das, was bei uns so verschieden ist, so auseinanderfällt in tausend einzelne Wahrheiten, *ein Ganzes,* es war *die* Wahrheit. Es war immer *das Eine* dahinter. Darum *leuchtet* Jesus so merkwürdig. Darum ist er in Allen so *etwas ganz Neues,* ein unvergängliches Wesen. Um dieses Einen willen mußte er *sterben* und um dieses Einen willen ist er *auferstanden* von den Toten. Um dieses Einen willen waren die *Kräfte der zukünftigen Welt* mit ihm schon in der Gegenwart. Um dieses Einen willen hatte er so ein gütiges, eingehendes *Erbarmen gegen alle Menschen,* die Guten und die Bösen, weil er sie alle in der einen Not wußte und weil er den einen Vater kannte, zu dem sie ja alle, die guten und die bösen, zurückkehren müssen.

Wenn wir *dieses Eine begreifen* und sehen, wie da Jesus anders war als alle Anderen, *dann verstehen wir* den Epheserbrief und das Neue Testament. Dann wissen wir, wozu wir *Christus brauchen* mit seinem großen Ruf: Folge du mir nach [Joh. 21,22]! Dann sehen wir das vor uns, auch wenn wir es noch nicht haben, was uns *nicht im Stich lassen* wird. Dann hören die *Enttäuschungen,* die wir mit uns selbst immer und immer wieder erleben werden, auf. Dann können wir wieder *anfangen zu glauben* an das, woran wir glauben. Dann nähern wir uns der *siegreichen Wahrheit,* siegreich, weil es die ganze Wahrheit ist.

Und das heißt dann: *den Herrn Jesus lieb haben unverrückt,* wenn wir uns *zu dem stellen und bekennen,* was sein unvergängliches Wesen war, und wenn es noch so schüchtern und ungeschickt und unvollständig geschehen wird. Wir können ihn nicht anders lieb haben, als indem wir *ihm Recht geben,* uns von ihm wenden und kehren lassen. In seinem Kreuz und in seiner Auferstehung ist die große Wendung und Umkehr zu Gott hin. Wir müssen uns wieder *freuen* an dem, woran sich freute, *leiden* unter dem, worunter er litt, *wichtig* nehmen, was er wichtig nahm, *gering* werden, wie er gering wurde, *geduldig* sein, wie er geduldig war. Wir dürfen ihn *nicht so allein lassen* in dem, was sein Anliegen war. Wir müssen wieder mit ihm *Nein* sagen und mit ihm Ja sagen, mit ihm *hoffen* und mit ihm lieben, mit ihm *niederreißen* und mit ihm bauen [vgl. Jer. 1,10]. Wir müssen wieder [?] rechnen damit, daß er nicht einen gefälligen, sondern einen *notwendigen Weg* gegangen ist, daß das alles *so sein mußte* und auch heute so sein muß, vielleicht nicht von uns aus, aber von ihm aus, von Gott aus. Das heißt Jesus nachfolgen. Das heißt den Herrn Jesus liebhaben unverrückt.

4. *Hier ist der Punkt,* wo es sich entscheidet. Hier ist die Quelle unseres Lebens. Von hier aus empfangen wir unser Urteil. Hier ist das

Geheimnis der Weltgeschichte. *Kommen wir mit,* wenn der Weg sich wendet vom vergänglichen zum *unvergänglichen* Wesen Jesu Christi, vom Christentum zum *Reiche Gottes?* Das ist die Frage, mit der Paulus den Epheserbrief geschlossen hat. Und er hat gesagt: *Gnade* sei mit Allen, die hier mitkommen. Es ist ja etwas in uns, das mitkommt, nicht wahr? Es ist ja etwas in all unseren verschiedenen Christentümern, das auf das Reich Gottes hinzielt. Es ist ja etwas in der ganzen Menschheit, etwas Tiefes, Radikales, Brennendes, Sehnsüchtiges, das gerade da mitkommt. Wir müßten ja sonst sagen, daß das ewige Wort Gottes umsonst Fleisch geworden ist [vgl. Joh. 1,14]. *Aber es ist noch Vieles,* viel zu Vieles da, das noch nicht mitkommt, viel Sicheres, Unbewegtes, Unerschüttertes, viele große und kleine Christentümer, die sich vom Epheserbrief nicht fragen lassen wollen. Es ist soviel *Gnade mit uns,* als Erschütterung in uns ist. Und es ist soviel *Gnade auch über der heutigen Welt,* als Sehnsucht in ihr ist. Nicht mehr und nicht weniger. Wollten wir nicht alle, *es wäre mehr?* Warum kann jetzt nicht mehr Gnade mit uns und über uns sein? Bei Gott ist die Vergebung, daß man ihn fürchte [vgl. Ps. 130,4]. Werden wir nicht sein als wie die Träumenden, wenn der Herr die Gefangenen Zions erlösen wird? [vgl. Ps. 126,1].

Lieder:
Nr. 187 «Wort aus Gottes Munde» von H. C. Hecker. Strophen 1.3.6 (RG [1998] 233,1.3.6 mit erheblichen Textabweichungen)
Nr. 2 «Nun danket alle Gott» von M. Rinckart, Strophen 1–3 (RG [1998] 233,1–3; EG 321,1–3 mit geringen Textabweichungen)

Safenwil, Sonntag, den 14. September 1919[1]

Psalm 103,8–13

[Barmherzig und gnädig ist der Herr, geduldig und von großer Güte. Er wird nicht immer hadern noch ewiglich Zorn halten. Er handelt nicht mit uns nach unsern Sünden und vergilt uns nicht nach unsrer Missetat. Denn so hoch der Himmel über der Erde ist, läßt er seine Gnade walten über die, so ihn fürchten. So ferne der Morgen ist vom Abend, läßt er unsre Übertretungen von uns sein. Wie sich ein Vater über Kinder erbarmt, so erbarmt sich der Herr über die, so ihn fürchten.]

1. Wir Menschen *leben nicht von dem,* was wir denken, fühlen, reden, leisten und vollbringen. Wir *nähren* uns ja auch nicht von unserem eigenen Körper. Sondern fremde Stoffe müssen wir in uns aufnehmen und uns aneignen. Wir nähren uns von dem, was wir nicht sind. Das ist ein Gleichnis. Wir *leben* nicht von dem, was wir sind. Man müßte viel eher sagen: wir leben gerade von dem, was wir nicht sind. Das *wahrhaftige Leben,* von dem wir alle leben, ist uns ein solcher fremder Stoff. Wir *können nicht sagen:* ich habe es, ich bin es. Wir können es weder kennen noch fühlen. Es ist nicht in uns und aus uns. Es ist *ganz anders* als wir. Es ist heilig, wir aber sind unheilig, es ist von oben, wir aber sind von unten, es ist ewig, wir aber sind zeitlich. Es ist etwas *ganz* Großes, Starkes, Herrliches. Und weil es ganz groß ist, ist es zu groß für uns. Aber: *Gerade darum,* weil es uns so *fremd* ist, gerade darum brauchen wir es und leben wir davon. Gerade darum, weil es *ganz anders* ist als wir, müssen wir nach ihm fragen, nach ihm uns sehnen. Gerade darum, weil es uns *zu groß* ist, ist es unser Licht und unsere Kraft, hält und trägt und bewegt es uns. Wenn es uns *gleich* wäre, könnte es uns nicht halten, tragen und bewegen. Es ist uns aber nicht gleich, sondern höchst verschieden von uns. Und das ist *das Geheimnis* unseres Lebens. Es ist ein unbegreiflicher *Zusammenhang* da zwischen uns und dem, was ganz anders ist als wir. Unser Leben hat einen *Ursprung,* zu dem unser Leben gar nicht paßt. Etwas ganz *Fernes und Neues* ist uns zugleich das Allernächste und Bekannteste. Wir *haben* immer noch etwas, was *wir* nicht haben. Wir *sind* noch

---

[1] Vgl. S. 326, Anm. 1. Über den Tambacher Vortrag und seine Folgen vgl. Busch, S. 122–126.

etwas, was *wir* eigentlich nicht sind. Es ist noch etwas *in* uns, was doch gar nicht in *uns* ist. Das Geheimnis unseres Lebens ist die Barmherzigkeit Gottes.

2. Wenn wir *Gott und unser Leben verstehen* wollen, dann müssen wir die Barmherzigkeit Gottes begreifen; denn damit fängt Alles an und hört Alles auf. Wenn wir *zur Ruhe* kommen wollen, dann müssen wir in der Barmherzigkeit Gottes zur Ruhe kommen, denn sie ist das allein Feste und Gewisse in unserem Dasein. Und wenn wir *in Bewegung* kommen wollen, dann müssen wir uns durch die Barmherzigkeit Gottes bewegen lassen; denn sie ist das einzige wirklich Lebendige in unserem Dasein. Ja, von was lebst du eigentlich? Etwa davon, daß du *so aufrichtig* bist? Dessen *rühmt sich* ja Mancher. Aber daran könnte sich niemand halten. Aufrichtig sein, das würde doch heißen, die Wahrheit reden. Aber *kein Mensch* redet die Wahrheit. Die Wahrheit ist zu groß für uns. Auch in unserer aufrichtigsten Rede ist beständig $^9/_{10}$ Irrtum und Lüge. Es könnte aber sein, daß du die Wahrheit wenigstens meinst und suchst. Die Wahrheit ist nicht in dir, aber über dir. Es *schimmert* in deiner Rede etwas durch von der Wahrheit Gottes. Du darfst von ferne *teilnehmen* an dem, was nicht dir gehört, sondern ihm. *Halten* kannst du dich an nichts, aber du wirst gehalten. *Rühmen* kannst du dich nicht, aber du bist auch nicht ausgeschlossen vom Reich der Wahrheit, du *darfst mit* trotz deiner Irrtümer und Lügen. Oder lebst du etwa davon, daß du *das Rechte tust?* Das sagt freilich auch Mancher; aber diese Stütze könnte dir durch die Hand gehen [vgl. 2. Kön. 18,21 par.]. Denn *das Recht* ist etwas Großes. Wer es nicht ganz tut, tut es gar nicht. Es hat noch nie ein Mensch *das Rechte* getan. *Das Recht* ist wohl gerade das, was nie geschieht. Aber es könnte ja sein, daß gerade das dich *drängt* und treibt und beunruhigt, daß du tun möchtest, was niemand tut und was auch du nicht tust. Sieh, da *naht es sich dir wieder,* das Fremde, das Ungreifbare, der Schimmer von dem, was Gott ist und tut, der nun auch auf dein Leben fällt. Darauf könntest du dich nicht *stützen,* aber es stützt dich! In dir und deinem Leben ist es nicht. *Rühmen* kannst du dich nicht. Aber indem dir Gott begegnet, darfst du *teilnehmen* an ihm und seinem Leben, und alles Unrecht, das du tust, kann es nicht verhindern[?], daß er dir recht gibt. Oder willst du dich darauf verlassen,

daß du *Erfahrung hast* vom Göttlichen? Ja, davon reden Viele sehr schön. Aber Gott kann man *nicht nur so erfahren.* Dazu müßten wir die Sinne erst haben [?]. Niemand hat Gott je gesehen [Joh. 1,18]. Was man fühlen, sehen, hören kann, das ist *menschlich.* Menschlich ist auch unsere echteste Frömmigkeit, menschlich auch unsere tiefste Herzenserfahrung. Wer sich auf *Erfahrungen verläßt,* dem könnte der Trost einmal fehlen. Es könnte dir aber geschehen, daß dir etwas von dem widerfahren ist, *was kein Auge gesehen* und kein Ohr gehört hat [vgl. Jes. 64,3; 1. Kor. 2,9]. Es könnte sein, *daß du das suchst,* was größer ist als dein Herz [vgl. 1. Joh. 3,20]. Es könnte sein, daß etwas von *Gottes eigenem Licht* in deine Gedanken und in dein Herz gefallen ist. Und nun ist etwas nicht in dir, sondern *über dir,* nicht Erfahrung, sondern *Gnade.* Damit tröste dich! Tröste dich mit dem, was du nicht bist und nicht hast. Erfahre, fühle, besitze, soviel du willst, aber sieh das alles als *Spiel* an. *Ernst* ist nur die Gnade. Aus Gnade und nur aus Gnade bist du bei Gott trotz deiner Gottlosigkeit.|

Man redet von *bedeutenden Menschen,* von Meistern und Helden im Denken, in der Kunst, im öffentlichen Leben. Man *rühmt sie* wegen ihrer Persönlichkeiten und Leistungen. Aber gerade davon haben solche Menschen *nie gelebt,* und gerade das hat sie *nie groß* gemacht. Das Bedeutende an solchen Menschen lag nie in dem, was sie waren und erreichten, sondern eigentlich gerade in dem, was sie *nicht waren* und *nicht erreichten,* sondern nur wollten und anstrebten. Es gab solche Menschen, ich denke z. B. an Pestalozzi[2], deren ganzes Leben eine lange Reihe von *mißlungenen Versuchen* war, etwas zustande zu bringen, was ihnen nicht gelingen konnte, andere, die immer in *den Vorarbeiten* stecken blieben zu einem Werk, das nie fertig wurde, andere, die *immer nur gerungen* haben danach, etwas zu sagen und auszudrücken, was man überhaupt nicht sagen und ausdrücken kann. Und gerade die waren die wirklich Bedeutenden. *Vom unerreichbaren Ziel her* fiel ein helles Licht auf ihr Leben und ihr Werk. Sie nahmen wie

[2] Pestalozzis mit großem Engagement begonnene Unternehmungen, die Landwirtschaft auf dem Neuhof (1769–1774), die Armenanstalt ebda. (1774–1779), das Waisenhaus in Stans (1800), die Erziehungsanstalt in Yverdon (1804–1825), hatten allesamt keinen Bestand. Vgl. H. Horn, Art. «Pestalozzi, Johann Heinrich», in: TRE 26, S. 244–248; sowie die Monographie dess. *Glaube und Anfechtung bei Pestalozzi,* Heidelberg 1969.

Mose am Ende der Wüstenreise [Dtn. 34,1–5] teil an dem, woran sie nicht Anteil hatten. Und so ist es auch mit den großen *Bewegungen und Fortschritten* in der Geschichte, z. B. in der Reformationszeit. Das *Große lag nie in dem,* was in solchen Zeiten gesagt und getan und etwa erreicht wurde. Dem haftet immer soundso viel sehr Kleines, Törichtes an. Das war nur *das Bewegen der Blätter,* wenn der Wind durch die Bäume geht. Aber gerade das, was von *niemand gesagt* und *nirgends erreicht* wurde in solchen Zeiten, das, was Alle bloß meinten und suchten und vielleicht kaum wußten, daß sie es suchten – das macht solche Zeiten zu großen Zeiten. Es fiel dann ein *heller göttlicher Glanz* auf solche Bewegungen, der *leuchtete,* auch wenn nichts Großes dabei herauskam. Das Große ist *nie das, was herauskommt* in einer solchen Zeit, sondern das, was herauswill, das nur über den Menschen ist, gerade das, was den Menschen zu groß ist, als daß sie es herausbrächten.

Seht, das ist *die Barmherzigkeit Gottes,* diese leise, feine Berührung unseres Daseins mit seinem Dasein, das ganz anders ist. *Wir hören eine Stimme:* Du bist es nicht! Du hast es nicht! Du kannst es nicht! Das scheint eine furchtbare *Entmutigung* für uns zu sein. Aber das ist die *Stimme des Lebens,* der wir nun nachhören [?], da fängt das *wahrhaftige Leben* an. Wenn wir das hören und annehmen: *Ich bin's nicht!* Wir sind's nicht!, dann bekommen wir von Gott die neue Antwort: *Aber ich bin,* der ich bin [Ex. 3,14].

3. Warum ist denn nur die Welt so erfüllt von dem *Brausen und Tönen der Anklagen,* die wir Menschen gegen uns selbst und gegen andere erheben? Das *paßt so gar nicht* zur Barmherzigkeit Gottes. Das zeugt so gar nicht davon, daß wir das Leben und Gott *verstanden* haben. Dieses Anklagen ist vielleicht das schwerste *Hindernis* für das wahrhaftige Leben. *Unsere Beschränktheit* und Unvollkommenheit, unsere Sünde und Irrtum sind ja gewiß *schlimm.* Viel und oft greifen wir daneben in unseren Entscheidungen. Viele Verkehrtheiten leisten wir uns. Viel Zorn und Grimm richten wir an. Aber das alles wäre *nicht ganz schlimm,* so schlimm es ist. Es ist bei dem allen immer noch möglich, daß etwas von Gottes Barmherzigkeit *mitläuft,* daß gerade aus der Tiefe, in der wir uns befinden, ein unmittelbarer *Zusammenhang* zwischen Gott und uns sich ergibt. Es gibt sicher Millionen von

sehr törichten und verworfenen Menschen, denen *das zu Gute kommt,* wo es in aller Stille [?] heißt: Barmherzig und gnädig ist der Herr, geduldig und von großer Güte! *Nicht wegen* ihres Rechttuns und ihrer Einsicht, sondern gerade weil sie nicht recht tun und nichts einsehen, werden sie von Gott mitgenommen und nicht ausgeschlossen. *Er will einfach nicht* mit ihnen handeln nach ihren Sünden und ihnen nicht vergelten nach ihrer Missetat. Er ist *barmherzig* mit ihnen. *Mit dem ewigen Anklagen* aber, ob es sich gegen uns selbst oder gegen Andere richtet, machen wir es *Gott unmöglich, barmherzig* zu sein, und schneiden uns damit den letzten Lebensfaden ab. Wer sich *verrennt* darein, *sich selber anzuklagen* wegen seiner Schwachheit und seinem Irrtum, der verrennt sich, ohne es zu merken, in eine große Gottlosigkeit. Es hat ja scheinbar etwas *sehr Schönes* und Respektables, so mit sich selbst ins Gericht zu gehen, und es *muß auch sein,* aber nur bis auf einen *gewissen Punkt;* da müssen wir haltmachen, zu Gott aufschauen, uns seiner Gnade anbefehlen und dann das Seufzen lassen und mit neuem Mut dort anfangen, wo wir eben stehen, und wenn es auf der untersten Stufe wäre. Auch auf der untersten Stufe kann uns das Licht Gottes leuchten. Wenn wir aber hartnäckig *dabei bleiben,* uns selbst zu betrachten und über uns selbst zu jammern, dann zeigen wir damit, daß wir *noch nicht verstanden* haben, von was wir leben. *Meinst du etwa* doch wieder, du verdankest das bißchen Licht, das du hast, deinem Eifer, deinem Ernst, deiner Inbrunst, deinen guten Taten? *Meinst du etwa doch,* du kannst dir mehr Licht erzeugen aus dir selber? Sieh, du könntest dich ja *auf den Kopf stellen,* und nichts, gar nichts würde dadurch anders. Das *Beste in deinem Leben* ist ja doch darin, daß du sagen darfst: Was ich gelebt habe, decke zu – was ich noch leben soll, regiere du![3] An diesem Besten *rennst du aber vorbei,* wenn du mit deinem Seufzen über dich selbst zu keinem Ende kommen kannst. Du mußt im Gegenteil gerade deiner Selbstbetrachtung einmal *ein Ziel setzen,* denn es ist eine geheime Wichtigtuerei und Eitelkeit darin, und mußt Gott die Ehre geben. So muß man es auch mit dem *heiligen Abendmahl* halten.[4] Es ist nicht für die,

---

[3] Nach dem fälschlich dem Augustinus zugeschriebenen Dictum: «Quod vixi, tege, quod vivam, rege.»
[4] Am Sonntag vor dem eidgenössischen Dank-, Buß- und Bettag wie an diesem wurde in Safenwil das heilige Abendmahl gefeiert.

die selber immer höher klettern wollen an Tugend und Frömmigkeit, sondern für die, die ihre Schranken erkennen und zu Gott sagen wollen: Nicht ich, du bist's allein! *Das Himmelreich stürmen* [vgl. Mt. 11,12] heißt nicht immer hitziger und eifriger werden, sondern Schluß machen mit sich selber und mit Gott rechnen und damit rechnen, daß er uns erwählt hat und nicht wir ihn [vgl. Joh. 15,16]. So ist es auch mit dem *Beten:* es ist nicht die höchste Spitze eines Turms, den wir bauen [vgl. Gen. 11,4], sondern es besteht gerade in der Abwendung von der Beschäftigung mit uns selbst zu Gott hin in der Erkenntnis, daß ja doch er allein wichtig ist und nichts, gar nichts von dem, was wir allenfalls schaffen und erreichen können.|

Aus dem gleichen Grund sollten wir uns auch nicht so verrennen in unsere *gegenseitigen Anklagen.* Das ist ganz dasselbe Kapitel. Es ist auch die eigentliche *Gottlosigkeit,* mit der wir uns selbst und anderen den Lebensfaden abschneiden, statt uns und sie daran zu halten. Wir haben ja gewöhnlich *Recht* mit den Beschwerden, die wir gegeneinander auf dem Herzen haben. Mit den gleichen scharfen Augen, mit denen wir uns selbst betrachten und verurteilen, sehen wir auch ganz richtig die Schwachheiten und Verfehlungen der anderen. Und wieder steht's so, daß wir *bis zu einem gewissen Punkt* das Recht und die Pflicht haben, sie zu sehen und davon zu reden. Aber wir dürfen auch da nicht über diesen gewissen Punkt hinausgehen. Es muß bei Allem, was wir gegeneinander haben können, der Augenblick kommen, wo wir *an die Gnade Gottes denken,* die sicher auch [?] für die Anderen da ist. Die Anderen *leben ja auch nicht* von dem Unvollkommenen, was sie sind und reden und tun, sondern von dem vollkommenen Licht Gottes, das auf ihr unvollkommenes Dasein fällt. Auch sie *sind nicht selber richtig,* sondern Gott ist richtig für sie, ob sie es wissen oder nicht. Auch *sie können sich nichts erwerben,* sie können nur empfangen. Auch sie *könnten sich auf den Kopf stellen,* um es uns am Ende recht zu machen, Gott würden sie es auch damit doch nicht recht machen. Wir müssen sie also *zu Gott rechnen* und ihnen *im letzten Grunde* immer Barmherzigkeit widerfahren lassen, wie Gott es auch tut. Und nicht nur im letzten Grunde, sondern wir müssen immer wieder versuchen, *dort anzufangen,* bei dem, was nicht sie selber sind und sagen und tun, sondern was hinter und über ihnen ist. Man kann nicht zum heiligen Abendmahl gehen, wenn man diese letzte Ruhe nicht hat auch den Anderen gegenüber und den Mut, auch mit ihnen neu anzufangen. Man kann nicht *von Herzen beten,* wenn man nicht auch die Anderen von Herzen einschließt in die gleiche Gnade, die man selber braucht. Man kann nicht *ins Himmelreich* eingehen, ohne auch die Anderen dahin mitzunehmen, so gut man's kann.

Seht, das Anklagen, ob es gegen uns selbst oder Andere geht, ist immer ein *Mangel an Gottesfurcht.* Es heißt aber: er läßt seine Gnade walten über die, *so ihn fürchten.* Wo keine *Gottesfurcht* ist, keine Beugung vor dem, der allein weise, fromm und gerecht ist, wo die *menschliche Gerechtigkeit* immer noch dick und ungebrochen dasteht und sich Luft macht in allerlei Seufzen und Beschwerden, als ob es an den Menschen liege, da ist auch *keine Gnade.* Es liegt aber nicht an den Menschen. Es liegt an *Gott. Sein* Licht muß leuchten. *Seine* Kraft muß wirken. *Sein* Leben muß unser Dasein berühren. Mit allem Anderen bewegen wir uns im Kreis herum. Darum ist eben das *Anklagen schlimmer* als die Sünde. Sünde kann vergeben werden und wird vergeben. Mit den Anklagen aber streiten wir gerade *gegen die Vergebung,* nehmen sie nicht ernst, rechnen nicht damit, stellen uns nicht auf den Boden, der uns allein tragen kann. Die *Macht Gottes* auf der Erde ist gerade seine *Barmherzigkeit,* dieser *Zusammenhang* zwischen Gott und Welt, der über alle Sünde und Gottlosigkeit *hinweg*geht und *trotzdem* und dennoch besteht. *Scharfe Augen,* die die eigene und fremde Sünde und Gottlosigkeit sehen, gibt es genug. Es fehlt aber an Augen, die dieses «trotzdem und dennoch» sehen. *Anklagende* Menschen gibt es genug. Es fehlt aber an Menschen, die in Gottes Barmherzigkeit zur Ruhe gekommen sind, von ihr sich bewegen lassen. Denn Gottes Barmherzigkeit *will verstanden,* ergriffen, ausgeübt sein, sonst kann nichts Neues werden auf der Erde.

4. Wie ein ganz dünner Faden mag uns oft diese *Verbindung zwischen Gott und der Welt* vorkommen, der gerade darin besteht, daß wir leben von dem, was wir nicht sind. Aber dieser dünne Faden ist in Wirklichkeit *stärker* als lauter dicke Seile. Man muß ihn nur einmal *ergreifen.* Wenn wir die Barmherzigkeit Gottes begreifen, werden wir *umsichtig* und weitsichtig. Es *verwundert* und enttäuscht uns dann Vieles nicht mehr so sehr, was wir erleben. Die Erscheinungen des

Tages machen uns dann nicht mehr so schnell *irre und müde*. Wir verlieren das *allzu rasche* Uns-Freuen und das allzu rasche Betrübt-Werden. Wir sehen *das Lebendige und Hoffnungsvolle* nicht mehr so auf der Oberfläche. Wir fangen an, *Fragen* zu stellen, auf die es Antworten gibt, und *Antworten* zu bekommen, die wir nicht alsbald wieder fahren lassen müssen. Wir bekommen dann aber auch den rechten *Lebensmut*. Wer das *Fernste* sucht, der findet auch das Nächste. Wem es mit dem *Unsichtbaren* ernst geworden ist, der findet sich auch im Sichtbaren zurecht. Wer *Gott fürchtet*, der braucht den Menschen nicht mehr zu fürchten. Die *große* Ruhe macht uns ganz ruhig, die *große* Bewegung macht uns ganz bewegt. Es ist dann eben ein *wirkliches Licht*, in dem wir leben. Wollen wir nicht *hineintreten* in dieses Licht? Indem wir demütig und mutig hineintreten, beginnt es uns zu *leuchten*. Es muß Keines von uns ferne sein von diesem Licht.

Lieder:
Nr. 4 «Ich singe dir mit Herz und Mund» von P. Gerhardt, Strophen 1–3. 12–14 (GERS [1998] 723,1–3. 12–14; EG 324,1–3. 12–14)
Nr. 12 «Womit soll ich dich wohl loben?» von L. A. Gotter, Strophen 1–3 (GERS [1998] 727,1–3)

Psalm 84,10–13

*[Gott, unser Schild, schaue doch; siehe an das Antlitz deines Gesalbten!
Denn ein Tag in deinen Vorhöfen ist besser denn sonst tausend; ich will
lieber der Tür hüten in meines Gottes Hause, denn wohnen in der
Gottlosen Hütten. Denn Gott der Herr ist Sonne und Schild, der Herr
gibt Gnade und Ehre; er wird kein Gutes mangeln lassen den Frommen. Herr Zebaoth, wohl dem Menschen, der sich auf dich verläßt!]*

1. «Gott, unser Schild, schaue doch; siehe an das Antlitz deines Gesalbten!» Da hat in alter Zeit ein Mensch *nach Gott gerufen.* Er fühlte,
daß der Mensch *ungedeckt,* preisgegeben, verloren ist, darum nennt er
Gott unseren Schild. Er wußte, daß es nicht auf unser Wissen, Denken, Reden und Leben ankommt, sondern darauf, daß die *Augen Gottes* uns begleiten; darum bat er nur um Eins: Gott, schaue doch, schau
mich doch an! Er merkte, daß bei aller Verlorenheit und Tiefe, in der
sich der Mensch befinden kann, immer eine *Beziehung besteht* zwischen ihm und Gott; darum nannte er sich selbst einen Gesalbten,
einen Geweihten, der gleichsam das Recht hat, von Gott väterlich
angeschaut zu werden. Das heißt nach Gott rufen.

2. Das Rufen nach Gott ist immer und überall in den Herzen der
Menschen. Aber uns Menschen der heutigen Zeit *liegt es sozusagen auf
den Lippen.* Was sonst das Verborgenste ist, drängt heute zur *Offenbarung.* Längst Vergessenes, immer Übersehenes will endlich zur
Geltung kommen. Altes Unverständnis, alte Mißverständnisse sind
am *Verschwinden.* Wir *merken wieder,* wovon wir leben und woran es
uns fehlt. Wir können uns nicht mehr *ganz verlieren* im sorgenlosen
und gedankenlosen Genuß und Betrieb des Lebens. Wir können uns
auch nicht mehr *ganz sinken lassen* in trostloses Seufzen und Klagen.
Selbst wenn wir das noch Stunden und Tage tun, die Erinnerung stellt

---

[1] In der Morgenfrühe des Bettags, 21.9., an dem Pfarrer Grob aus Aarau
Barth vertrat – «welche Erleichterung, so einmal dem Bettag zu entrinnen!!»
(Bw. Th. I, S. 344) –, reiste Barth bis Frankfurt/Main, am 22.9. nach Tambach
(Thüringen), wo er am 25.9. den Vortrag «Der Christ in der Gesellschaft» hielt.
Am 26./27.9. reiste er zurück bis Basel, wo er am Sonntag, 28.9., eine Predigt
von Adolf Preiswerk hörte. Wer in Safenwil predigte, ist nicht ersichtlich.

sich rasch wieder ein, daß das ja nicht wahr und nicht möglich ist. Die *Oberflächlichkeit* ist gerichtet. Oberflächliche Freude und Friede und Ruhe und Christentum, das paßte vielleicht in die alte Zeit, aber diese alte Zeit ist vorbei und kehrt nicht wieder, und wenn wir es etwa versuchen, zu tun, als ob sie immer noch da wäre, so müssen wir mit Schmerzen erfahren, wie das ist, wenn man sich selber anlügt. *Der Boden*, auf dem wir einst standen und gingen, die Gedanken, die uns einst selbstverständlich waren, der Mantel der Gerechtigkeit, in den wir uns einst hüllten, die Götter, die wir einst anbeteten, das alles ist heute unterwühlt wie von einem Erdbeben, geborsten, niedergesunken, ein Trümmerfeld, in dem man nicht mehr wirklich wohnen kann. So ist uns das *Rufen nach Gott* auf die Lippen gelegt. *Es versteht sich freilich* nicht von selbst, daß wir ihm einen ehrlichen Klang, deutliche Worte, herzliche Kraft geben. Es kann auch *hinuntergeschluckt* werden. Es kann auch *ersterben* in einem feigen, unehrlichen Flüstern oder Brummen. Wir können auch heute uns selbst *anlügen, rückwärts* blicken statt vorwärts, uns *anklammern* an das, was vergehen will und vergehen muß, statt uns auszustrecken nach dem, was kommen will. Wir können uns auch heute als solche, die immer *zu spät* kommen, auf dem Trümmerfeld herumtreiben, lachend oder klagend, ruhig oder aufgeregt, friedlich oder streitsüchtig. Wir können auch heute tun, als ob es sich *nicht um Gott* handelte. Aber es muß nicht so sein. Wir stehen in einer Zeit großer *Möglichkeiten* und Gelegenheiten.

3. Wir stehen heute jedenfalls vor großen *Entscheidungen*. Angesichts des Vielen, was heute in Umwandlung und *Zusammenbruch* begriffen ist, müssen wir entweder zu der *schmerzlichen Erkenntnis* kommen, daß wir nichts sind, nichts haben, nichts ausrichten, oder aber uns dem *Einen zuwenden*, von dem uns Alles, was uns jetzt genommen wird und genommen werden kann, in neuer, tieferer, vollständigerer Weise wiedergegeben wird. Alles *drängt uns heute dazu*, entweder ganz ungläubig zu werden oder dann ganz gläubig. Mit dem *alten halben Glauben* geht es nicht mehr. Wir würden uns selbst den schlechtesten Dienst tun, wenn wir uns das verhehlen wollten. Wir haben wie der Psalmsänger *tausend Tage zugebracht* außerhalb der Vorhöfe Gottes. Wir haben ausgiebige *Erfahrung* von dem, was in den Hütten der Gottlosen zu sehen und zu erleben ist. Wir haben *lange geglaubt* an

die vortreffliche Natur des Menschen, an den sicheren, allmählichen Fortschritt, an unsere Tugend und Frömmigkeit, an unsere Kirchen und Kapellen[2]. Es geht *nicht mehr*. Wir sind *müde* und mißtrauisch geworden. Der *Sturm*, der durch die Welt geht, ist daran, diese alten Bäume zu entwurzeln, und dann werden[?] sie verdorren[?]. Es wird heute *Gericht* gehalten über Alles, was nicht ganz echt und wahr ist. Zahllos sind heute die Menschen, die heimlich oder offen an *gar nichts mehr* glauben. Man sollte das *nicht bedauern*.

Es muß so sein um der Entscheidung willen, in der wir stehen. Wenn der Mensch *anfängt* zu rufen: Gott, mein Schild, schaue doch!, wenn es *wahr wird*, daß ihm ein Tag in den Vorhöfen Gottes lieber wird als sonst tausend, wenn es *wahr wird*, daß er lieber der Tür hüten will im Hause Gottes, als wohnen in der Gottlosen Hütten, dann ist das etwas *Neues*, eine Entdeckung, ein Durchbruch. Er muß *in den Unglauben* hinein und durch den Unglauben hindurch, um Gott zu erkennen. Und durch die Erkenntnis Gottes wird er von allem anderen Glauben *frei-* und losgesprochen.

Wenn wir menschlich betrachtet *vor dem Nichts stehen,* dann kann es sein, daß wir eben damit endlich vor Gott gestellt werden. Wenn unsere alten *Götter ins Wanken* kommen, dann kann er zu Ehren kommen. Wenn die Menschen *unruhig fragen:* was hilft uns nun unsere Religion, unsere Tüchtigkeit, unsere Rechtschaffenheit, unser Christentum?, dann kann es sein, daß er hervortritt und uns antwortet: ich, ich allein bin es, der helfen kann und will. Wenn wir überall das *Ende unserer Wege* vor uns sehen, dann kann es geschehen, daß sich uns der Anfang der Wege Gottes auftut. Wenn uns *unsere alten Sachen,* auf die wir uns verließen, an denen wir uns freuten, die wir rühmten und für groß und ewig hielten, heute wie von einer starken Hand weggenommen und zum alten Eisen gelegt werden, so kann es sein, daß uns die Heilandsstimme vernehmbar wird, die uns sagt, daß es sich im Leben noch um eine ganz andere Sache handelt, als wir bisher dachten, daß es einen Dienst, eine Aufgabe, ein Ziel gibt, an denen wir bis jetzt achtlos vorbeigingen, weil wir sie ob all dem Anderen einfach nicht verstanden – die Heilandsstimme, die uns ruft: Folge du *mir* nach [Joh. 21,22]!

---

[2] Vgl. oben S. 51, Anm. 1.

Wir wollen also *nicht erschrecken* darüber, wenn wir heute Andere und uns selbst unsicher werden sehen. In Entscheidungszeiten *müssen die Menschen* unsicher werden. Es handelt sich um eine *Veränderung.* Wir können uns aber nicht verändern, wenn wir nicht zuerst *unsicher* werden.

4. Und nun wollen wir uns auch darüber nicht den Kopf zerbrechen, ob wir und die Anderen die große Möglichkeit und Gelegenheit, die jetzt vorhanden ist, denn auch *richtig erkennen und benützen* werden. O *unser Herz* erkennt sie, unser Herz hat schon *längst Ja* gesagt, unser Herz ist immer zum vornherein *auf Gottes* Seite. Es ist uns *nicht gleich natürlich,* auf der alten Oberfläche zu lachen und klagen oder nach Gott zu rufen. Es ist uns natürlicher, nach Gott zu rufen. Ja, *wir sind vielleicht noch sehr unsicher* mitten drin zwischen dem Trümmerfeld unseres bisherigen Lebens, unserer alten Welt und der Möglichkeit, es nun mit Gott zu wagen. Wir sind vielleicht kaum *erst unruhig geworden* in unserem tiefen Schlaf (wir hier in der Schweiz, die wir eigentlich gar nichts Schweres persönlich durchzumachen hatten, vielleicht noch besonders!³), wir *zweifeln vielleicht* mit gewissem Recht an dem Ernst und der Aufrichtigkeit unserer Zeitgenossen, wir stehen vielleicht *noch sehr abseits* von der großen Bewegung und Frage, die heute durch die Welt geht. Aber darum sollten wir weder uns selbst noch Andere davon ausschließen. Die Frage, ob denn heute die Menschen wirklich nach Gott rufen, kann man *nur damit beantworten,* daß man selbst damit den Anfang macht. *Gott ist uns nicht fremd.* Unsere Oberflächlichkeit ist uns fremd. Unsere alten Götter sind uns fremd. Alles das, was uns jetzt unsicher wird, ist uns fremd. Aber Gott, der uns heute ruft, damit wir nach ihm rufen sollen, ist uns nicht fremd. Es ist die *Heimat,* die uns ruft, wenn er uns ruft. Wir waren *zuerst bei ihm,* und dann erst kamen wir in alles das hinein, dessen Vergehen sich heute ankündigt. Wir *kommen von Gott her,* darum können wir heute weniger als je glauben an all das, was nicht wirklich zu ihm hinführt. O siehe, wie an allen Orten sich deiner Kinder *Herz und Sinn bewegt!*⁴ Es bewegt sich ja auch in uns. Und wie es sich in uns

³ Die besondere Situation der Schweizer aufzuhellen, gehört zu den Aufgaben des Bettags, dem Barth diesmal «entronnen» war; vgl. oben Anm. 1.
⁴ Aus Strophe 3 des Liedes 162 «Wach auf, du Geist der ersten Zeugen»

bewegt, so bewegt es sich auch in den Anderen. Wir müssen nur von innen heraus *mitfühlen* mit der Not und Sehnsucht unserer Zeit, statt sie von außen zu betrachten und kluge Gedanken darüber zu spinnen. *Es bewegt sich,* weil wir Menschen alle ursprünglich und anfänglich Gottes sind[5], seine verirrten Kinder, seines Geschlechts verlorene Angehörige [vgl. Act. 17,28], seines Reiches fremdgewordene Bürger. *Aber doch* immer noch Kinder, Angehörige, Bürger, Gesalbte Gottes, die nur darauf warten, daß Gott uns wieder anschaut. Laß leuchten dein Angesicht, so genesen wir [Ps. 80,4.20]! Das ist die tiefste Wahrheit über den heutigen Menschen. *O nichts Fremdes,* Unbekanntes, Fernes müssen wir begreifen, um Gott zu begreifen – nur uns selbst verstehen, uns selber treu werden, unser Herz, unser tiefstes Herz endlich reden lassen. *Nicht an unsere Gottlosigkeit* und [an] die Anderer zuviel denken, in der wir heute scheinbar mit Gott fertig sind, sondern an die Vergebung, von der wir auch in unserer Gottlosigkeit getragen sind und mit uns die vielen Anderen und die uns gerade heute die Macht gibt, mit Gott neu anzufangen. *Dann verstehen wir Gott, verstehen* unsere Zeit, *klagen nicht* mehr über das große Erdbeben, treiben kein törichtes *Spiel* mehr zwischen den Trümmern, *verlieren* keine Kraft mehr, zu halten, was doch nicht zu halten ist, verirren uns nicht mehr auf *sinnlose,* böse Wege, sondern brechen durch: Gott, unser Schild, schaue doch!

5. Aber darüber müssen wir uns klar sein, daß das *etwas Großes ist,* wenn Gott uns wieder anschaut. Wir müssen *wissen, was wir tun,* wenn wir nach Gott rufen. Wir kommen damit nicht mitten in die Seligkeit und Gerechtigkeit hinein, sondern auf einen *Wachtposten* gleichsam an einer Grenze. Nicht umsonst ist in unserem Psalm von den *Vorhöfen Gottes* die Rede, in die wir dann allenfalls zu stehen kommen, an die *Tür seines Hauses,* die wir dann allenfalls hüten dürfen. Wenn wir *mehr wollen,* erreichen wir weniger.

Wohl braucht es ein stürmisches *Wagen und Hindurchbrechen* zur Erkenntnis Gottes. Aber das Verhältnis, in das wir dann zu Gott kom-

---

von K. H. von Bogatzky (EG 241,3; die Strophe fehlt in den jüngeren schweizerischen Gesangbüchern).
[5] Vgl. oben S. 206, Anm. 1.

men, ist ein überaus *feines, zartes.* In aller *Ehrfurcht,* Aufmerksamkeit und Zurückhaltung müssen wir ihm gegenüberstehen. Da gibt's *nichts zu stürmen,* zu rauben, an uns zu reißen. Da können wir nur *lebendig werden* und dann wachsen und reifen. Auf einen *hohen Berggrat* sind wir gestellt[?]; da müssen wir wandeln[?], ein Abgrund zur Rechten, ein Abgrund zur Linken, und vorsichtig und fein unsere Schritte setzen[?]. Ein *kostbares Gefäß* ist in unsere Hand gegeben, mit erhobenen, festen Händen müssen wir es tragen, und kein Tropfen sollte verschüttet werden. Es liegt also auch wieder *ein gewisser Verzicht* darin, eine Einschränkung unserer Wünsche und Hoffnungen, wenn wir anfangen, nach Gott zu rufen. Wir müssen *warten können.* Das *weiß Mancher nicht,* der heute gerne von Herzen nach Gott rufen möchte. Er versteht das Feine daran nicht, den Respekt, das Warten, das dazu gehört. Wir dürfen z. B. nicht erwarten, daß wir mit Gott sofort große oder auch nur kleine *Wirkungen und Erfolge* erzielen werden. Ganz wird das ja nicht fehlen; aber das wird dann nur gleichsam *hinzugetan.* Damit rechnen dürfen wir nicht. Böse werden, wenn es uns nicht gelingen will, dürfen wir nicht. Die Erkenntnis Gottes wird uns vielmehr zunächst in Vielem die *Hände binden,* uns zu Vielem in einen gewissen *Abstand* bringen. Gott drückt uns nicht ein Rezept oder einen Fahrplan in die Hand für die Einzelheiten des Lebens, wir müssen es erst wieder lernen, *zum Ganzen des Lebens* ins rechte Verhältnis zu kommen. Darüber kann *lange Zeit* verstreichen, und unterdessen stehen wir oft recht ratlos da, ratloser als solche, die von Gott nichts wissen. Wir müssen es uns gefallen lassen, uns von ihnen überflügeln zu lassen. Wenn wir nur bei aller Ungeschicklichkeit und Erfolglosigkeit weiter *offen und bereit* bleiben zu lernen. Wir stehen eben *in den Vorhöfen,* aber ein Tag in den Vorhöfen ist besser denn sonst tausend.|

Wir dürfen auch das nicht erwarten, daß wir mit Gott gleich zu einer großen *Einigkeit und Gemeinschaft* mit anderen gleichgesinnten Menschen kommen werden. Man kann oft beobachten, daß *gerade Menschen,* denen es mit Gott ernst wird, gar nicht eins werden untereinander, während die Gottlosen ganz gut miteinander auskommen. Dabei dürfte es freilich nicht bleiben, aber es ist auch *nichts Schreckliches* dabei, sondern es hat etwas Natürliches. Wenn es uns mit Gott ernst wird, dann werden wir eben damit stark auf *uns selbst gestellt,* gegen andere Einflüsse abgeschlossen, zugespitzt gleichsam, d. h. auf ein Ziel gerichtet. Wenn wir dabei mit Anderen zusammentreffen, so ist das wieder eine glückliche *Zugabe,* für die wir dankbar sein wollen, aber es versteht sich nicht von selbst. Es ist besser, wir *rechnen damit, zunächst* einsam zu werden auch unter unseren Nächsten. Es ist darum ganz verfehlt, wenn die Menschen, sobald sie ein wenig erwacht sind, meinen, alsbald zusammenlaufen und einen Klumpen[?] bilden zu müssen. Damit wird die rechte Einigkeit *verdorben,* die in der Stille wachsen möchte. Wir müssen *warten und der Tür hüten* lernen, jeder seiner Türe zunächst; ich will aber lieber der Tür hüten in meines Gottes Hause als wohnen in der Gottlosen Hütten.|

Und so ist's sogar mit dem inneren *Frieden der Seele.*Man darf auch da nicht erwarten, mit Gott alsbald ein großes *inneres Licht,* eine große Freude und Freiheit zu bekommen. Etwas davon wird sich ja schon[?] *einstellen* mit der Zeit, aber es ist verdächtig, wenn es zu schnell kommt, und es ist besonders verdächtig, wenn man zu laut und sicher davon reden kann. Ein ruhiges Gewissen, ein getröstetes Herz, eine aufrichtige Zuversicht, eine klare, weise Einsicht ins Leben – das sind große Dinge, die man sich nicht nur so vom Baum reißen kann. Die Menschen, die es *ohne Gott machen,* kommen auch darin viel schneller weit, und wir dürfen uns dadurch nicht irre machen lassen. *Gott tut uns die Augen auf,* und da sehen wir in unserem Leben und in dem Anderer Vieles, was nicht geeignet ist, uns ruhig zu machen. Gott führt uns aus dem sicheren Hafen *aufs hohe Meer* heraus, und da sind Wellen und Stürme. Gott führt uns nicht breite, lichte, volle Straßen[6], sondern *schmale Wege* und durch enge Pforten [vgl. Mt. 7,13f.], und da geht es ohne Seufzen nicht ab. Es ist ein viel besseres Zeichen für unsere Gemeinschaft mit Gott, wenn wir tief innen in unserem Herzen noch unruhig sind und zu seufzen haben; es ist ein Zeichen dafür, daß Gott noch *etwas vor hat mit uns.* Wenn wir so ölglatt zufrieden und sicher geworden sind, könnte es das Zeichen sein dafür, daß Gott uns *bereits weggeworfen* hat. In den Vorhöfen ist unser *Platz,* Tür hüten ist unser *Amt,* freuen wir uns, wenn wir diesen

---

[6] Anspielung auf Strophe 2 des Liedes 250 «Wenn ich ihn nur habe» von Fr. von Hardenberg: ...

Lasse still die andern
Breite, lichte, volle Straßen wandern.

Platz und dieses Amt bekommen. Alles Andere sind *Übergriffe,* die uns nicht zustehen.

Das muß *heute gesagt sein,* wie es auch im Psalm gesagt ist. Denn wenn heute die *Gefahr* besteht, daß Viele nicht aufwachen, nicht merken, daß man jetzt nach Gott rufen müßte, so besteht gerade heute auch die *andere Gefahr,* daß Viele zu schnell, zu hitzig, zu aufdringlich werden und Gott zu nahe treten. Beides führt uns an Gott und am Leben vorbei. Gott will *in Ehrfurcht angerufen sein.* Das ist's, was heute zur Geltung kommen muß.

6. Wenn wir das begreifen und zur Geltung kommen lassen, dann *gehen wir sicher.* Wir brauchen dann *nichts zu befürchten:* weder den Sturm und Drang der Welt, der uns ängstigt, solange wir Gott *nicht erkannt* haben, noch die Erfolglosigkeit, die Einsamkeit, die Unruhe, in die wir hineinkommen, wenn wir Gott *erkannt* haben. Es handelt sich bei dem allem ja nicht um uns, sondern *um Gottes Ehre,* die an den Tag kommen will. Wenn wir uns diesem Gedanken hingeben, dann sind wir *geborgen.* Es wird uns dann Alles *wieder gegeben,* was uns jetzt scheinbar genommen wird [vgl. Lk. 18,29f. par.]. Es wächst und *kommt dann Alles,* was jetzt scheinbar nur in so nichtigen Anfängen vorhanden ist in uns. Wir müssen nur *treu* werden und treu sein, daran liegt Alles [vgl. 1. Kor. 4,2]. Darin erfüllt sich dann auch der *Sinn unserer Zeit.* Die neue Welt kommt, wenn wir treu werden und treu sind im Rufen nach Gott. Je weniger wir nach links und rechts und auf uns selber sehen, um so näher kommt die Erfüllung. Möchten sich heute Viele bereit machen, *unentwegt auf Gott* zu schauen, damit er auch uns wieder anschauen kann.

Lieder:
Nr. 168 «O daß doch bald dein Feuer brennte» von G. Fr. Fickert, Strophen 1–3. 6 (RG [1998] 816,1–3.6; EG 255,1–3.6 mit geringen Textabweichungen)
Nr. 294 «Mir nach! spricht Christus, unser Held» von J. Scheffler, Strophen 1.5.6 (RG [1998] 812,1.4.5; EG 385,1.4.5; jeweils mit Textabweichungen)

Matthäus 18,1–4

[Zu derselben Stunde traten die Jünger zu Jesu und sprachen: Wer ist doch der Größte im Himmelreich? Jesus rief ein Kind zu sich und stellte das mitten unter sie und sprach: Wahrlich ich sage euch: Es sei denn, daß ihr umkehret und werdet wie die Kinder, so werdet ihr nicht ins Himmelreich kommen. Wer nun sich selbst erniedrigt wie dies Kind, der ist der Größte im Himmelreich.]

1. Das Himmelreich *ist uns allen bekannt.* Wir sind in ihm geboren. Die Erinnerung daran lebt in uns. Wir können es nicht vergessen. Darum schwebt uns allen bestimmt oder unbestimmt *ein Bild* vor von einem Leben, das wir leben müßten und sollten, ein Bild von Liebe und Wahrheit, von Pflichten und Aufgaben, ein Bild eines Weges, auf dem wir uns selbst und alle Menschen gerne möchten gehen sehen. Aber das Himmelreich selbst ist allen denen, die etwas davon erfahren haben, doch immer wieder als *etwas ganz Neues* erschienen. Es ist *viel größer* als alle Bilder, die wir uns davon machen. Es geht *weit hinaus* über das, was wir uns denken bei unseren kühnsten Idealen und Hoffnungen, so weit, daß es uns tatsächlich als etwas Fremdes, als etwas Neues begegnen muß. Darauf müssen wir alle gefaßt sein: es geht *nicht einfach im Alten weiter,* sondern es fängt etwas für uns ganz Neues an, wenn wir ins Himmelreich kommen und das Himmelreich zu uns. *Umkehren!,* hat Jesus gerufen. Umkehren vom Alten, das ihr gedacht, gehofft, gewünscht, geträumt habt, umkehren zum Neuen, das ist. *Es sei denn,* daß ihr euch umkehrt, werdet ihr nicht ins Himmelreich kommen.

Man kann auch sagen, daß *wir alle das Himmelreich suchen.* Wir suchen ja scheinbar sehr *verschiedene* Dinge, wir Menschen. Geld und Gut die Einen, ein gutes Gewissen die Anderen, Ruhm die Einen, Kampf die Anderen, irdische Lust die Einen, himmlische Seligkeit die Anderen, Glanz und Ehre die Einen, stille Erkenntnis die Anderen. Aber *das Herz* ist in allen Menschen das Gleiche. Das Herz sucht immer das Himmelreich. *Alles Andere* sind Verwechslungen und Einseitigkeiten. Eben darum bleibt keinem Menschen, der, wenn auch vielleicht nur einmal, findet, was er eigentlich sucht, die Erfahrung erspart, daß das, was er findet, *etwas ganz Anderes* ist als das, was er gesucht hat. Wir dürfen ja doch *manchmal,* wenn auch nur für einen Augenblick, ins Himmelreich hineinsehen. Und es gibt Menschen, bei denen wird das allmählich das *Stärkste* und Wichtigste in ihrem Leben, daß sie so von Zeit zu Zeit ins Himmelreich hineinsehen dürfen, daß ihr Leben immer mehr zu einem *Finden* wird dessen, was sie immer gesucht haben. Aber dieses Finden, dieses Hineinsehen ins Himmelreich, ist immer eine *Überraschung,* etwas zum Staunen, zum Verwundern. Das, was wir da *zu sehen bekommen,* ist immer etwas ganz Anderes als das, was wir *zu sehen erwartet* hatten. *Noch nie* hat ein Mensch *das* gefunden, was er gesucht hatte; es war immer etwas ganz Anderes. Darum müssen wir bei all unserem Suchen, Fragen, Forschen *bereit sein,* uns plötzlich sagen zu lassen, daß wir *umkehren* müssen, umkehren auch von unserem aufrichtigen, ernsten Suchen, um *erst im Umkehren* zu finden, was wir eigentlich gesucht.

Man kann es auch so sagen: Es *liegt auf all dem, was die Menschen erstreben, ein Stücklein Glanz* vom Himmelreich. Es stammen ja alle Dinge, nach denen unser Herz begehrt, ursprünglich *aus dem Himmelreich,* aus Gottes Hand. Freilich mit dem *Unterschied,* daß viele von diesen Dingen durch uns Menschen schlimmer verdorben worden sind als die anderen. Aber es kann, mit Unterschied, *etwas vom Himmelreich* auch im Wohlstand sein und im Lebensgenuß, im Ehe- und Familienglück, in der Bildung, in der irdischen Rechtschaffenheit, im menschlichen Fortschritt, in dem, was zu erreichen ist in der Besserung der Verhältnisse der Klassen und Völker [?]. Nur müssen wir uns klar sein darüber, daß das Himmelreich dann immer noch *etwas für sich* ist, etwas abseits und jenseits von allen noch so hohen und schönen Zwecken, Zielen und Möglichkeiten, die wir erstreben und erreichen können. Das Himmelreich *leuchtet zwar über allen* unseren vielverschlungenen Wegen, hier stärker, dort schwächer, es leuchtet als große *Vergebung und Hoffnung* auch dort, wo wir es kaum denken, und wir *dürfen uns freuen,* wenn wir etwas von diesem Leuchten auch auf unseren Wegen und Weglein wahrnehmen dürfen. Aber es selbst, das leuchtende Licht, ist dann immer noch *etwas Eigenes* und nicht das, was wir meinen, wollen und machen, und wenn wir es noch so gut meinten. Wenn dieses Licht uns leuchten kann, so geschieht es gerade darum, weil es *hoch über unserem Weg steht* wie die Sonne über allen Erdenwegen. Das müssen wir wissen. *Wir hätten kein Licht,* wenn das

Himmelreich nicht etwas so ganz Eigenes, Jenseitiges, Überlegenes wäre. Und *wenn wir Licht haben wollen* auf unseren Wegen, müssen wir umkehren, umkehren zu dem, was *weit hinauslangt* über Alles, was wir uns denken und vornehmen können. Es sei denn, daß ihr euch [umkehret und werdet wie die Kinder, so werdet ihr nicht ins Himmelreich kommen].

Jesus rief ein Kind zu sich und stellte das mitten unter sie. Das ist das *Neue*, das *ganz Andere*, das *Jenseitige* des Himmelreichs.

2. *Werdet wie die Kinder!* Das ist *das Umkehren,* das nötig ist, damit wir ins Himmelreich kommen können. Nicht: Werdet Kinder! hat Jesus gesagt, sondern: Werdet *wie die Kinder!* Die Kinder sind ein *Gleichnis.* Wir sollen das Gleichnis verstehen, die Kinder verstehen und dann *tun, was die Erfüllung* des Gleichnisses ist.

Kinder stehen am Anfang des Lebens. *Unsere Fragen* bestehen für sie noch nicht. *Unser Sehnen, Suchen, Streben und Kämpfen,* unsere Sorgen und Hoffnungen sind ihnen noch fremd. Oder vielmehr: das alles ist in ihnen *noch ganz rein,* noch unentfaltet und unverbraucht, noch *verschlossen* in der bloßen Lebenskraft oder Lebensfreudigkeit, wie die kräftige Pflanze in der Lebenskraft des Keims enthalten ist. *Es ist alles noch Möglichkeit,* Erwartung, Hoffnung, Zukunft. Alles, Alles *kann noch werden.* [1]Bei uns älteren Menschen kann Vieles *nicht mehr werden.* Für uns alle, die wir hier sind, ist es nun für Vieles *schon zu spät,* ist nun Vieles *unrein,* das nicht mehr rein werden wird, wir haben uns alle schon mehr oder weniger *verrannt* und festgenagelt. Das gehört zum Schwersten an der *Unvollkommenheit* und Gebundenheit unseres jetzigen Daseins, daß wir in so Vielem nicht zurück können.[1] *Die Kinder* könnten es auch nicht. Sie sind darin nicht besser dran als wir. Aber sie brauchen es auch nicht. Sie *können noch vorwärts.* Das ist das goldene *Vorrecht* der Jugend. *Aus der Jugend,* von denen her, die noch nicht gelebt haben, die erst leben wollen, strömt der Menschheit fortwährend Geist und Kraft zu. Das ist das *Gleichnis.* Die *Erfüllung* kann nicht darin bestehen, daß wir auch wieder kindlich oder kindisch werden, das wäre ja nur noch einmal das Gleichnis. Die Erfüllung besteht darin, daß wir auch wieder *auf den*

[1-1]Der Passus ist von Barth in eckige Klammern gesetzt.

Anfang des Lebens zurückgehen, dorthin, wo *Lebenskraft* ist, dorthin, wo Alles noch *unverbraucht* und *rein, möglich* und *hoffnungsvoll* ist. In vielen äußerlichen und innerlichen *Dingen* können wir das nicht und wollen uns darüber nicht zu sehr bedauern. In der *Hauptsache* können wir es. Wir können *aufrichtig werden* gegen uns selbst. Wir können es lernen, uns selbst zu *verstehen.* Wir können uns fragen, was wir eigentlich *denken* bei dem Vielen, das uns durch den Kopf geht. Wir können uns fragen, was wir eigentlich *wollen* bei all dem, was wir so eifrig wollen. Wir können uns fragen, was denn eigentlich die *Begierde* unserer Begierden, die *Hoffnung* unserer Hoffnungen, die *Sorge* unserer Sorgen, das *Herz* unseres Herzens, das *Leben* unseres Lebens ist. Und da werden wir entdecken, daß wir alle ohne Ausnahme *einen Anfang,* einen Ursprung, einen Lebenskeim, eine Jugend in uns tragen, die viel besser und schöner ist als das, was nachher herauskommt.|

O wenn wir *es einmal lernen würden,* uns selbst an *die Wurzel* [zu] gehen. Das heißt nicht über *uns selbst studieren*[2], uns *selbst,* unseren *Charakter,* unsere *Fehler und Tugenden und was dazugehört beobachten und darüber grübeln.* Das sind wahre Teufelskünste, die wir ja nicht betreiben wollen, und wenn sie in noch so vielen religiösen Büchern beschrieben wären. Das, worüber man *noch studieren kann,* ist ja nicht die Wurzel, nicht der Anfang in uns. Die Wurzel in uns ist gerade das, worüber man *nicht mehr studieren kann,* das Lebendige, vor dem man nur noch *staunen* und anbeten kann. Unsere Wurzel ist *in Gott.* Unser aller Anfang ist *in Gott.* O *warum sind wir so harthörig* [?], daß wir das nicht vernehmen können? *Du bist nicht das, was du denkst.* Nicht *das, was du willst.* Nicht *das, was du aus dir gemacht hast.* Hinter deiner kleinlichen, engen *Liebe* zu deinem Nächsten steckt verborgen die große, milde Liebe Gottes. Hinter deiner steifen, stolzen *Gerechtigkeit* die große, lebendige Gottesgerechtigkeit. Hinter deiner eingebildeten *Klugheit* die große, lächelnde Weisheit Gottes. Hinter deinem blinden *Eifer* der große, ewige Krieg, den Gott führt. Hinter deiner ein wenig unwahren *Frömmigkeit* die große, wahre Sehnsucht, die Gott gerade nach uns armen Menschen hat. Ja, das sind freilich lauter böse, harte *Schalen,* die sich da um das Leben-

---

[2] = nachdenken.

dige in uns gelegt haben. Das ist *das Alte,* das über uns gekommen ist. Aber nicht wahr, das wissen wir doch: Diese Schalen sind ja *nicht wir selbst.* Wir spüren es alle, daß man uns *Unrecht tut,* wenn man uns nach diesen Schalen beurteilt. Aber wir sollten uns vor Allem nicht *selbst immer wieder Unrecht tun.* Das *Lebendige* ist ja noch in uns, immer wieder in uns, wir können wieder damit *anfangen,* wir können es wieder zu *Ehren* kommen lassen, nachdem wir ihm so lange Unehre gemacht haben. O *warum fangen wir nicht einmal an,* dem *Ehre* zu machen, was wir eigentlich sind, zu *wachsen* aus unserer Wurzel in Gott? Seht, es ist ja Torheit und Lüge, von sich selber oder von Anderen zu verlangen, daß wir auf einmal ganz andere Menschen ohne Fehler und mit allen möglichen Tugenden werden sollten. Aber das sollten wir nicht aufhören, von uns selbst und voneinander zu verlangen, daß wir *aufrichtig werden* und uns selber erkennen und uns dann zu dem *bekennen,* was wir sind, und nicht mehr zu dem, was wir nicht sind. Laß doch wachsen, was *wachsen will* in dir. Laß doch hervortreten, was noch hinter dir, gerade *hinter dir steckt.* Seht, es ist doch zu merkwürdig, *wie wir hier* beieinander sind, und es ist nicht wahr, wenn jetzt jemand sagen wollte: ein Haufen verlorener Sünder ist da beieinander. Nein, in Christus ist das nicht mehr wahr. Sondern ganz *viel Liebe* und Güte und Heldenmut und Ernst und Freudigkeit ist da beieinander, in jedem in ganz besonderer Weise. Aber das alles ist leider *in uns verschlossen* und verkapselt. Das alles ist überall nur *im Innersten* vorhanden, während sich außen überall eine rauhe, schmutzige *Kruste* gebildet hat. Und nun können wir nur an *diese Kruste denken,* an all das Ungute, das wir mit uns schleppen, wir und die Anderen. Und so sind wir *gewurzelt* in Gott und doch nicht lebend in Gott, *lebendig* und doch tot, *erlöst* und doch unerlöst. Warum doch nur? Warum *machen wir nicht Ernst* mit dem, was doch allein Ernst ist in uns?|

Man wolle doch nicht sagen, daß wir *nicht mehr können,* weil wir bereits zu alt, bereits zu weit sind auf unseren eingeschlagenen Wegen. Ja, *jung werden an Leib und Seele* können wir freilich nicht mehr. Aber der Mensch ist nicht nur Leib und Seele, er ist *auch Geist.* Der Geist lebt nicht in der Zeit, sondern in der *Ewigkeit.* Der Geist bist nicht du, der Mensch, der Geist ist dein *Anteil an Gott. Du kannst alt werden,* Gott ist weder alt noch jung und der Geist in dir auch nicht.

Deine *Frische,* deine Spannkraft, deine Energie mögen abnehmen wie die Kräfte deines Leibes, aber die Möglichkeit, mit deinem Anfang in Gott neu anzufangen, kann dir nicht genommen werden. *Wie auch der Psalmsänger sagt: Wenn mir gleich Leib und Seele* verschmachtet, so bist du doch, Gott, meines Herzens Trost und mein Teil [Ps. 73,26]! Seht, das ist die *Natur,* das Lebendige in uns, darin ist die *Erfüllung* viel, viel größer als das Gleichnis, daß der göttliche Lebenskeim in uns *immer da ist,* immer bereit, immer nur [?] wartend in uns. *Es braucht keine Vorbereitung,* keine Erziehung, keine Entwicklung dazu, um endlich und zuletzt da anzulangen, daß wir Gott erkennen. *Gott ist immer für uns zu haben,* auf welcher Stufe wir uns auch befinden mögen. Gott ist gegenwärtig.[3] In ihm leben, weben und sind wir [Act. 17,28]. Wir mögen für alles Mögliche, was wir nicht können, berechtigte *Ausreden* haben. Aber wir wollen uns doch *nicht vor Gott verbergen* wie Adam im Paradies mit Entschuldigungen [Gen. 3,10], als ob wir nicht so, wie wir sind, nackt und bloß meinetwegen, gerade in dem Zustand, in dem wir eben sind, vor Gott treten dürften. *Wir können es,* wir können auf unseren Anfang zurückgehen, wenn wir nur das Lebendige in uns erkennen und lebendig sein lassen.|

Dann *erfüllt sich das Gleichnis.* Dann *werden* wir wie die Kinder. Dann ist Alles, was uns jetzt bewegt an Gedanken, Wünschen und Sorgen, wieder *eingeschlossen in Lebenskraft.* Dann werden unsere Lippen und unsere Hände wieder *rein,* und wenn noch soviel Unreines daran wäre. Dann können wir wieder *vorwärts,* obwohl wir nicht mehr zurück können. Dann geht auch von uns wieder *Geist und Kraft aus.* Und wie hat *die Welt* das nötig, daß es im Verborgenen und in der Öffentlichkeit wieder Menschen gibt, von denen Geist und Kraft ausgeht. Die Welt ist *alt* geworden. Ich las diese Woche eine erschütternde Schrift eines deutschen Denkers über die *Alterserscheinungen* der heutigen europäischen Menschheit; sie hat sich *verrannt* und festgenagelt und kann weder vorwärts noch rückwärts. Das weist auf einen langen, bösen *Krankheitsprozeß* hin und schließlich auf einen bitteren *Untergang.*[4] Viele denken heute so wie dieser Mann und nicht die

[3] Lied 174 von G. Tersteegen (RG [1998] 162; EG 165).

[4] Eugen Rosenstock[-Huessy], *Der Selbstmord Europas,* in: Hochland, Jg. 16, Bd. 2 (April-Sept. 1919), S. 529–553. Dazu Barth: «etwas Gutes, Steiles zum Lesen» (Bw. Th. I, S. 348f.).

Schlechtesten. Die Welt hat *Jugend nötig,* nicht junge Streber, junge Schreier, junge Krakeelmacher, aber *junge Geister,* Geister, die wieder eingekehrt sind und ganz neu einkehren wollen bei dem ewigen *Gesundbrunnen,* der in uns selbst fließt, weil in Christus eine neue, in Gott gewurzelte und gegründete Menschheit ihren Anfang genommen hat auch für uns [vgl. 2. Kor. 5,17]. *Gebe Gott,* daß wir nicht verzweifeln, sondern hoffen dürfen. Und Gott *gibt uns Hoffnung,* wenn wir wieder dort ansetzen, wo Hoffnung ist, wenn wir umkehren und werden wie die Kinder.

3. Wie seltsam erscheint uns nun *die Frage der Jünger Jesu:* Wer ist doch der Größte im Himmelreich? Das ist ja eben *keine Frage mehr,* wenn wir werden wie die Kinder. Die Antwort *streicht die Frage durch.* Wir müssen sie durchgestrichen sein lassen. So *kann ja nur fragen,* wer das Neue, das ganz Andere, das Jenseitige des Himmelreichs noch nicht begriffen hat. Wir aber *haben es begriffen.* So wahr unsere Kinder vor uns stehen und uns zum Gleichnis werden mit ihrer heilen Lebenskraft und Lebensfreudigkeit, zum Vorwurf, zur Anklage, zur Frage, zur Warnung und Verheißung, wir haben es begriffen. *Wir haben es begriffen,* daß es sich nicht darum handeln kann: Wer hat am meisten *recht?* Wer ist der *Gescheiteste,* der *Frömmste,* der Erfolgreichste? Wer bringt es *am weitesten* auf den verschiedenen hohen und niederen Menschenwegen, auf denen wir laufen? Sind die Gott *am wohlgefälligsten,* die in der Stille leben oder die in der Öffentlichkeit arbeiten?, die *Treue im Kleinen* üben oder die aufs *Große Ganze* sehen? Sollen wir *kirchlich* sein oder unkirchlich, *Sozialisten* oder Bürgerliche, *katholisch* oder reformiert? Sollen wir das Heil von Moskau erwarten oder von Paris? Wer kann triumphieren? Wer kann sich hinstellen und sagen: so wie ich sollten es aber Alle halten? Das alles sind *keine Fragen.* Wir könnten auch sagen: es *sind Fragen,* die wir, solange wir nicht werden wollen wie die Kinder, gewöhnlich unrichtig, und wenn wir das werden wollen, sicher richtig beantworten. Es sind aber *keine entscheidenden,* keine brennenden Fragen. Brennend ist nur die Frage, ob wir *das Himmelreich begreifen* und das Umkehren. Wer *darin am weitesten* kommt, wer das am besten begreift, wer sich am völligsten umkehrt, wer sich selbst erniedrigt wie das Kind, der mag dann der Größte sein im Himmelreich, der mag dann recht haben auf seinem Weg, der mag dann triumphieren. Aber nicht wahr, je weiter man dann kommt, *desto besser begreift man* ja, daß es sich da überhaupt nicht ums Rechthaben und Triumphieren, um einen Wettlauf, um eine Konkurrenz, ums Vergleichen handeln kann. Wenn wir ins Himmelreich hineinkommen, so kann uns ja *immer nur Gott selbst* groß sein, die *Vergebung,* mit der er uns trägt, die *Kraft,* mit der er uns bewegt, das *Licht,* in dessen Strahlen wir sicher[?] ein wenig hell werden dürfen. Wer vor Gott steht, geht *entschlossen und tapfer* seinen Weg, aber er fragt nicht und vergleicht sich nicht und will nicht recht haben. Er glaubt nicht an den *Weg* und er glaubt nicht an die *Stationen,* er glaubt aber an seinen guten *Anfang* und an sein gutes *Ziel,* und er glaubt an die große *Aufforderung und Verheißung:* Vorwärts! Die *Krone des Lebens* aber wird sich der Getreue nicht nehmen wollen. Sie wird ihm gegeben von dem, der sie allein geben kann [vgl. Apk. 2,10].

Lieder:

Nr. 297 «O Durchbrecher aller Bande» von G. Arnold, Strophen 1.2.5 (GERS [1952] 306,1.2.5; EG 388,1.2.–)

Nr. 23 «O Höchster, deine Gütigkeit», Psalm 36, Zürich 1886 nach älteren Übertragungen, Strophen 1.3 (RG [1998] 27,1.3)

Matthäus 18,5–9

[Wer ein solches Kind aufnimmt in meinem Namen, der nimmt mich auf. Wer aber ärgert dieser Geringsten einen, die an mich glauben, dem wäre besser, daß ein Mühlstein an seinen Hals gehängt und er ersäuft würde im Meer, da es am tiefsten ist. Weh der Welt der Ärgernisse halben! Es muß ja Ärgernis kommen; doch weh dem Menschen, durch welchen Ärgernis kommt! So aber deine Hand oder dein Fuß dich ärgert, so haue ihn ab und wirf ihn von dir. Es ist dir besser, daß du zum Leben lahm oder als ein Krüppel eingehst, denn daß du zwei Hände oder zwei Füße habest und werdest in das ewige Feuer geworfen. Und so dich dein Auge ärgert, reiß es aus und wirf's von dir. Es ist dir besser, daß du einäugig zum Leben eingehest, denn daß du zwei Augen habest und werdest in das höllische Feuer geworfen.]

1. Gott vergibt uns unsere Sünden. *Nicht erst zuletzt,* nachdem wir durch ein löbliches, sauberes oder gar heiliges Leben dessen würdig geworden sind, sondern zuerst, es fängt Alles damit an, daß uns vergeben ist. Es *besteht kein Handel,* kein Geschäft zwischen Gott und uns, wonach wir soviel Gutes als möglich zu leisten hätten, z. B. Glauben, Gebet, Rechtschaffenheit, Nächstenliebe, um dann endlich einmal Vergebung zu erlangen für all das Ungute, das auch noch mitgelaufen ist. Sondern als Geschenk ist die Vergebung zum vornherein da. Sie ist *nicht der Lohn* für das Gute, das wir allenfalls wissen und tun, sondern die lebendige Ursache alles Guten, das wir wissen und tun können, und gleichzeitig das starke, lebendige Hindernis des Bösen. *Gott rechnet nicht* mit uns, wir haben weder Lob noch Tadel von ihm zu erwarten. Sondern er ist unser Gott. Er gibt uns eine Macht. Aus dieser Macht lebt das Gute, und das Böse stirbt. *Je nachdem* wir ihn unseren Gott sein lassen, sind wir gerechtfertigt trotz unseres Bösen oder verdammt trotz unseres Guten. Denn unser Böses hindert uns nicht, wenn wir die Macht der Vergebung haben, die siegreich das Gute hervorbringt. Und unser Gutes hilft uns nicht, wenn wir die Macht der Vergebung, die das Böse erstickt, nicht haben. In der *Erkenntnis* Gottes auf festen Boden kommen, das ist das Leben.

2. Gott vergibt uns unsere Sünden! Das ist uns *etwas Neues.* Wir sind das *nicht gewohnt,* sondern es geht uns gegen den Strich. Es *fällt uns nicht* von selbst ein, sondern es muß uns aufgehen, *wie einem ein Licht aufgeht.* Man ist *nie damit fertig,* sondern man muß damit immer wieder von neuem anfangen. Die Botschaft von der Vergebung der Sünden muß in der Kirche und in ihrer Bedeutung für das ganze Leben erst wieder *entdeckt* werden. Sie ist die Botschaft von *Jesus.* Die Botschaft von Jesus ist uns aber neu, so bekannt sie uns scheinbar ist. Jesus bedeutet ein neues Verhältnis zu Gott, eine neue Gestaltung des Lebens. In Jesus wird es ganz ernst mit der *Liebe Gottes zum Menschen.* Gott liebt den Menschen unbegreiflich, grundlos, ohne Gegenseitigkeit. Der Mensch ist weder zu rühmen noch zu verurteilen; er gehört zu Gott. Daß er zu Gott gehört, das erlöst den Menschen, soweit er sich erlösen läßt. Das richtet ihn freilich auch, soweit noch etwas in ihm ist, das gerichtet werden muß. Es fließt aber Alles aus dieser einen Quelle. Und diese Quelle fließt unerschöpflich. In Gott leben, weben und sind wir [Act. 17,28]. Und in Jesus wird es ganz ernst mit der *Liebe der Menschen zu Gott.* Wir suchen Gott nicht, wie man einen fernen, fremden *Unbekannten* sucht, sondern er ist uns der Nächste, Bekannteste, dessen wir uns nur wieder zu erinnern brauchen. Wir suchen nicht *irgend etwas,* wenn wir ihn suchen, sondern Alles; unser ganzes Herz, unser ganzes Gemüt und alle unsere Kräfte kommen da ins Spiel; es handelt sich um das Leben. Wir suchen ihn nicht darum, weil wir *etwas von ihm* erwarten und zu erwirken [?] hoffen, sondern weil er Gott ist, weil wir ohne ihn nichts sind, weil er unser Anfang und unser Ziel ist. Daß es in Jesus so ernst wird mit der Liebe Gottes und mit der Liebe zu Gott, das ist eine ganz *eigene und neue Wahrheit,* die von uns noch lange nicht ausgesprochen und gehört, geschweige denn angenommen und erlebt ist. Ein ganz *neuer Weg* fängt da an. *Gottes Weisheit* kann da zur Geltung kommen, Gottes Wille sich durchsetzen, Gottes Macht wirken. Er selbst kann da *das Gute schaffen* und das Böse vertilgen. Des *Menschen Seele* erwacht; er lernt es, sich selber zu begreifen. Und die Menschen untereinander kommen von selbst in eine *Gemeinschaft* der Achtung und der Liebe; denn sie lernen es, sich auch gegenseitig zu begreifen. Gott kann dann *helfen,* und die Menschen können sich helfen lassen. Gott wird unser *Anfang,* und was mit Gott anfängt, das bleibt dann nicht stecken, das geht weiter. Das ist der *Eingang ins Himmelreich* in Jesus. Aber um ins Himmelreich zu kommen, müssen wir umkehren. Es geht nicht ohne eine große *Erneuerung,* bei der wir werden müssen wie die Kinder [Mt. 18,3], bei der wir auf den Anfang und Ursprung zurückgehen müssen. Wenn wir die Botschaft von Jesus begreifen würden, so würde eine *Reformation* beginnen, neben der die Reformation Luthers und Zwinglis klein wäre.

3. Gott vergibt uns unsere Sünden! Das ist *das große Licht,* das heute langsam aus der Dunkelheit hervorzutreten beginnt. *Jesus lebt!,* haben wir vorhin gesungen. Und das ist wahr. Es ist nicht mehr *rückgängig* zu machen, daß es einmal mit der Liebe Gottes und mit der Liebe zu Gott so ernst geworden ist. In *Jesus ist für den ganzen Menschen eine Entscheidung* getroffen, eine neue Lage geschaffen, ein Licht angezündet. Dieses Licht ist uns *noch verborgen;* es ist vorhanden, aber noch sind unsere Augen geschlossen, noch vermögen wir es nicht zu ertragen, oder wir fürchten doch, wir könnten es nicht ertragen. Und darum sind wir noch nicht in der Helligkeit. Aber auch nicht mehr ganz im Dunkel. Gerade heute nicht. Die Bewegung gerade *unserer Zeit* geht zweifellos gerade in die Richtung dieses Lichtes. Wer sich heute sehnt nach Gotteserkenntnis und Lebenserkenntnis, der sollte es nur einmal lernen, die Bewegung unserer Zeit wirklich zu verstehen. Sie drängt nach dem *Lichte,* und zwar ganz bestimmt nach dem Lichte der Vergebung, nach dem Licht der Botschaft von Jesus. Es gab vielleicht noch gar nie eine Zeit, in der man im Blick auf die Menschheit so freudig sagen konnte: Ja, *Jesus lebt!* Denn heute sind's nicht bloß wie früher Einzelne oder einzelne Kreise, sondern es ist *das Ganze* oder doch ganze große und wichtige Teile der Menschheit, die in Bewegung gekommen sind. Man kann heute nur den Wunsch haben, daß sich das, was sich jetzt in den Menschen bewegt, doch *weiter* bewegen möchte. Dann kommt's schon recht. Wir sind auf dem Wege, daß uns die Augen geöffnet werden. Das Licht Jesu ist uns nicht allzu ferne. Der Tag ist nahe herbeigekommen [Röm. 13,12]. |

Ich möchte *auf einige Punkte* hinweisen. Wir sind vor Allem *demütiger* geworden. Die Sicherheit, in der wir noch vor sechs Jahren lebten und uns bewegten, ist *dahin.* Wir sind verschämt oder offen alle bereit, *zuzugestehen,* daß schwere Fehler gemacht worden sind und daß es irgendwie gelten wird, *neu anzufangen.* Wir reden nicht mehr so unverschämt von unseren Waffen und träumen vom unentwegten

Fortschritt, sondern wir erkannten, daß wir *in Lügen steckten.* Wir schämen uns, wir fragen, wir *suchen,* wir sind bereit, uns zu *besinnen,* bereit, auch von Anderen zu *lernen.* Das war einer der stärksten Eindrücke, die ich von meiner Reise nach Deutschland mitgebracht habe.[1] Sie sind darin dort draußen weiter als wir, wahrscheinlich auch weiter als die Völker, die im Kriege gesiegt haben. Aber etwas von dieser Demut ist heute in allen Menschen. Diese Demut ist freilich *noch nicht* die Demut vor Gott. Aber es kann die Demut vor Gott daraus werden. Es ist schon etwas Großes, daß heute die Menschen *überhaupt einmal* stillstehen und ans Umkehren denken müssen. Das große Umkehren kann daraus *hervorgehen,* wenn wir die Zeichen unserer Zeit verstehen [vgl. Mt. 16,3].|

Wir sind aber auch *weicher geworden* gegenüber den Fehlern der Anderen. Scheinbar hat sich zwar Alles noch *verhärtet,* zugespitzt gegeneinander. *Neue Scheidungen* und Parteiungen sind zu den alten hinzugekommen. *Lauter und schärfer* rechnet einer dem Anderen sein Unrecht vor. Aber vielleicht tun wir das *gerade darum,* weil etwas in uns weich geworden ist, gegen das wir uns wehren müssen. Es ist in diesem Jahr viel falsche Größe *entlarvt,* viel Böses gerächt[?] worden, viel Lüge und Unrecht ist in sich zusammengebrochen. Und auch da, wo die Verkehrtheit noch aufrecht steht, ist heute *viel Rückzug,* viel Abschwächung, viel Zugeständnis. Fast unerwartet haben wir es erlebt, wie allerlei Verhältnisse, gegen die wir noch lange, lange meinten ankämpfen zu müssen, auf einmal in *ihrer Schwachheit dastanden* und ins Schwanken kamen. Das hat etwas *Versöhnendes,* auch wenn wir noch viele Götzen stehen, viele Teufel regieren sehen. Wir können heute nicht mehr *nur zürnen.* Wenn man den Gegner einmal schwach gesehen hat – und wer hätte in diesen Jahren seine Gegner nie schwach gesehen? – dann kann man auch wieder daran denken, daß *ein Mensch ist,* und kann verzeihen. (Dieses Verzeihen wird heute den *Deutschen* schwerer fallen als ihren Gegnern, weil sie fast nur triumphierendes Unrecht sich gegenüber sehen; es bahnt sich aber auch bei ihnen an. Und um so rascher wird es sich in den anderen Ländern

---

[1] Barth hatte an der religiös-sozialen Konferenz in Tambach (Thüringen) teilgenommen und dort den Vortrag «Der Christ in der Gesellschaft» gehalten; vgl. oben S. 326, Anm. 1, und S. 335, Anm. 1.

anbahnen, da Zorn ja nun keinen Gegenstand mehr hat.) Möchten *wir es auch* lernen, weich zu werden. Es sind heute neben den immer noch verschlossenen auch *viele offene Türen,* die wir nicht mehr einzurennen brauchen. Auch dieses Weichwerden ist ja *noch nicht* das große Weichwerden vor Gott, in welchem man sich gemeinsam mit dem Gegner vor den stellt, der allein recht hat. Es kann aber auch hier *das große aus dem kleinen* werden, wenn wir uns Mühe geben, die Bewegung unserer Zeit zu verstehen.|

Gerade damit sind wir aber auch *mutiger* geworden. Man hört jetzt freilich viel von *Verzagtheit,* Ungewißheit, Hoffnungslosigkeit. Aber auch da müssen wir es nun lernen, uns selbst recht zu verstehen. Man sieht doch auch überall die Spuren von einer *Klarheit* und Lebensfreudigkeit, wie sie vorher nicht vorhanden waren. Die Menschen denken *rascher,* entschlossener, sie blicken freier und werden kühner, sie wagen mehr als vorher. Eine rastlose *Tätigkeit* hat eingesetzt, nicht nur die Trümmer des Alten zu sammeln und wieder aufeinander zu stellen, sondern etwas Neues zu schaffen. *Wie ist das möglich?* Wie kommt es, daß unser Geist eigentlich heute lebendiger ist, als bevor die Katastrophe über uns gekommen ist? Doch wohl davon, daß wir gerade dadurch, daß uns viel von unserer bisherigen Sicherheit genommen worden ist, das Gefühl bekommen haben, *sicheren Boden* zu gewinnen. Unsere ewige [?] Zuversicht zu uns selbst und unser ewiges [?] Anklagen gegen die Anderen waren kein sicherer Boden. Der Wille, neu anzufangen, und die gegenseitige Vergebung ist ein sicherer Boden. Wir *haben ihn noch nicht.* Aber wir fühlen uns schon sicher, weil wir heute diesen Boden wenigstens suchen. Irgendwo *in Italien ist ein Turm,* der lange mit Einsturz drohte, weil er teilweise auf sumpfiger Erde gebaut war. Er begann sich bereits zu senken, aber statt einzustürzen, fand er auf der bedrohten Seite unter der Sumpferde einen felsigen Halt, da kam die Senkung zum Stehen. Nun steht er seit Jahrhunderten schief. Aber er steht und kein Mensch fürchtet seinen Einsturz.[2] Wir mußten wohl auch einmal *schief zu stehen kommen,* um wieder mutig zu werden. Es wird *noch nicht* der Mut sein, der aus der Erkenntnis Gottes kommt. Es wird *noch nicht* das Leben sein, das aus dem Anfang wächst. Aber wenn wir den Mut und das Leben

---

[2] Gemeint ist der Campanile («Schiefer Turm») von Pisa.

verstehen, die heute ganz anders als früher in uns sind, so sind wir einen großen Schritt vorwärts *dem* Mut und *dem* Leben entgegen, das aus der Vergebung kommt.

4. Wenn wir davon etwas merken, daß man heute in einem ganz besonders hoffnungsvollen Sinn sagen kann: *Jesus lebt!*, dann können wir auch etwas verstehen von den Worten unseres Textes. Sie sind uns eine große *Aufforderung*, mit dem, was uns von Jesus in unserer Zeit begegnen will, aufmerksam, sorgfältig und hingebend *umzugehen*. Wir wollen noch ein wenig auf diese Worte eingehen.

a) Zuerst heißt es: *Wer ein solches Kind* [aufnimmt in meinem Namen, der nimmt mich auf]. Wir haben schon am letzten Sonntag gehört: Die Kinder sind für Jesus ein *Gleichnis für das Anfangen des Lebens* in der Kraft und Freude Gottes. Werdet wie die Kinder!, hat er gesagt [Mt. 18,3]. Fangt mit Gott an!, hat er damit gemeint. Und nun fährt er fort: Es könnte euch geschehen, daß euch ein solcher Anfang mit Gott ganz *nahe käme*, wie eben ein Kind bittend vor euch hinträte mit dem Verlangen, von euch aufgenommen zu sein. Es gibt eben Zeiten, wo der neue Boden der Vergebung sich uns wie von selbst *unter die Füße schieben will*. Aber dann gilt's, aufmerksam zu sein. Wer dann denkt: *ich sehe nichts Großes!* kein deutlicher Fortschritt! kein Anzeichen von religiöser und moralischer Besserung der Menschen, *keine neuen Kräfte*, keine starke Bewegung der Geister, der ich mich anschließen müßte, ich sehe nur so ein trübes, gestaltloses, unscheinbares Wogen und Wehen, wer so denkt und kalt und gleichgiltig bleibt, der *versäumt etwas. Der Anfang des Lebens ist etwas Unscheinbares.* Man kann das bittende kleine Kind gar leicht übersehen, *weil es nur ein Kind ist.* Wohl dem, der *aufmerksam* ist. Es braucht heute aufmerksame Menschen. Menschen, die das bittende Kind *aufnehmen* im Namen Jesu. Mit dem Betrachten und Beurteilen unserer Zeit ist gar nichts getan. Es sind jetzt Menschen nötig, die den *Herzschlag* der Zeit in sich selbst hören, weil sie ein Herz haben für unsere Zeit im Namen Jesu, die es auf sich nehmen wollen, *für unsere ganze [?] Zeit* zu denken, zu fühlen, zu sorgen, zu glauben, zu lieben im Namen Jesu. Es kommt nur auf das *Aufnehmen* an gegenüber diesem Anfang des Lebens, der jetzt bei uns anklopft. Wenn wir ihn nicht verachten, sondern aufnehmen, so nehmen wir *Jesus selbst auf,* und aus dem großen Schritt, den wir in den letzten Jahren getan haben, wird dann ein ganz großer.

b) Es folgen dann sehr ernste Worte *über das Ärgernis:* Wer aber ärgert [dieser Geringsten einen, die an mich glauben, dem wäre besser, daß ein Mühlstein an seinen Hals gehängt und er ersäuft würde im Meer, da es am tiefsten ist]. Ärgernis heißt *Entstellung,* Entfremdung, Verunreinigung, wenn etwas Besonderes und Heiliges schnell wieder *gewöhnlich und menschlich* gemacht wird. Das geschieht sehr leicht. Man kann die Vergebung mißbrauchen, als ob die Macht Gottes, die wir da erfahren dürfen, eine *Beruhigung* für uns sein könnte. Man kann auf diesem mißbrauchten Grunde *faul und eigensinnig* sein. Man kann dem Anfang des Lebens *schaden* durch eine Fortsetzung des Todes. Man kann aus der Erkenntnis Gottes schnell wieder eine menschliche *Weisheit* wachsen lassen, aus dem Gehorsam gegen [?] [den] Willen Gottes eine menschliche *Gerechtigkeit,* aus der Liebe zu ihm eine menschliche *Stimmung.* Man kann an dem großen aufgehenden Licht sein eigenes *Laternlein* anzünden und damit davon laufen in irgend ein Kellerloch. Man kann die Botschaft von Jesus verwandeln in irgend eine Sorte von *Christentum.* Das ist Ärgernis.

Wehe der Welt der Ärgernisse halben! sagt Jesus. Arme Welt, daß es ihr immer wieder *so gehen muß mit dem Göttlichen. Es muß ja* Ärgernis kommen! Es ist ja notwendig, daß diese Verführung zum Mißbrauch des Göttlichen da ist, denn solange wir es noch mißbrauchen können, ist's ein Zeichen, daß das Göttliche für uns noch nichts ist. Aber *wehe dem Menschen,* durch welchen das Ärgernis kommt: Unglückliche Menschen, die der Verführung erliegen und damit der Beweis sind, daß wir das Göttliche noch nicht rein ertragen können. *Die Verführung* ist in unserer Zeit sehr groß. Kaum daß das Göttliche wieder ein wenig bei uns anklopft, ist man auch schon *von allen Seiten bereit,* wieder etwas Menschliches daraus zu machen. *Überall warten sie schon:* die Kirche, die Gemeinschaften, die Parteien und Richtungen, die Bücher- und Zeitungsschreiber und Vereinsgründer, um die bewegten Wasser der Zeit auf ihre Mühle zu leiten. Ich wohnte in Deutschland einer großen *politischen Versammlung* bei, in der am Anfang sehr ernst über das Eine, was jetzt not tut [vgl. Lk. 10,42], geredet wurde. Man spürte, wie eine Bewegung, ein Aufmerken, eine Freude durch die Anwesenden ging. Dann aber trat ein Pfarrer auf und hielt eine Propagandarede für eine Kirchenwahl, die dort statt-finden sollte, und damit war Alles aus.[3] Ich stellte diesen Pfarrer nach-her zur Rede, und er gab mir die Antwort: Ich konnte doch nicht anders! Über diesem Feuer mußten wir doch auch unser Süpplein kochen! Das ist's eben, das Ärgernis: Über dem Feuer Gottes wollen wir immer *unser Süpplein kochen! Nur nie* warten. Nur nie still sein. Nur nie die Glut zur Flamme werden lassen. Nur immer rasch etwas *gemacht* und geredet und gegründet – und dann wundern wir uns, wenn es immer bei kleinen Schritten vorwärts bleibt und nie zu ganz großen kommt. O wie versteht man da *den Grimm,* mit dem Jesus gesagt hat: dem wäre besser[,daß ein Mühlstein an seinen Hals ge-hängt und er ersäuft würde im Meer, da es am tiefsten ist]. Das will sagen: weit, weit weg mit dem, der das Heilige nicht *heilig halten konnte.* Möchte doch etwas von diesem *Grimm in uns hineinfahren,* vor Allem gegen uns selbst, daß wir uns ängstlich davor hüten, gerade jetzt, am Feuer Gottes unser Süpplein zu kochen, und wenn es in noch so guter Meinung geschähe. *Sonst ist ja* die Vergebung keine Verge-bung, der Anfang kein Anfang, Gott nicht Gott für uns. *Sorgfältig* und bescheiden und zurückhaltend gilt es jetzt zu sein, wenn wir vom Sinn unserer Zeit etwas gemerkt haben. *Je mehr wir* davon gemerkt haben, um so mehr.

c) Und nun zum Schluß noch das Wort von den *Lahmen, Krüppeln und Einäugigen,* die zum Leben eingehen. Das sind die, die *lieber zu wenig* sagen und tun als *zuviel ohne* Gott. Die lieber *mit Gott verle-gen,* ungeschickt und hilflos dastehen als ohne Gott mächtig in Wor-ten und Taten, die es vorziehen, *mit Gott zu warten* trotz Allem, was man dagegen sagen kann, solange sie nicht wirklich mit Gott eilen können.[4] Wir dürfen uns das nicht verhehlen: Wenn wir den Sinn unserer Zeit *verstehen* und die Botschaft von Jesus *hören,* wenn wir *aufmerksam* werden und sorgfältig, dann bedeutet das eine große *Hingabe,* und zwar vielleicht gerade eine Hingabe des Besten, was wir haben. Wir können auf dem neuen Boden der Vergebung nicht mehr einfach *uns selbst*[5] sein, gerade weil wir da unser tieferes Selbst gefun-

---

[3] Um welche politische Versammlung es sich gehandelt hat, ist aus den vorhandenen Unterlagen nicht ersichtlich.

[4] Vgl. oben S. 180, Anm. 5.

[5] = wir selbst.

den haben. Der junge Strom unseres Lebens würde da *gestört,* um dann in ein ganz anderes Bachbett übergeleitet zu werden. Da muß Vieles *zurückbleiben,* und zwar nicht das Schlechteste, sondern allerlei sehr Gutes, scheinbar Unentbehrliches: dein Fuß, deine Hand, dein Auge z. B., sagt Jesus, wenn sie dich ärgern, wenn du um ihretwillen das Göttliche zum Menschlichen machst. *Hör auf* mit deinem Studieren[6]!, kann es da z. B. heißen. Hör auf mit deinem scharfen, schneidigen *Reden!* Hör auf mit deiner Tugend! Hör auf mit deinem Eifer! Hör einmal auf sogar mit deinem hitzigen Glauben und Beten!, könnte es sogar einmal heißen. Das alles ist schön und recht, aber hier *stört es,* hier ist es etwas Fremdes, du bist Gott im Wege damit. Das sind harte Worte, um so härter, je tiefer wir sie auffassen. Wir möchten alle *lieber als gesunde Leute,* wie wir sind, einhergehen, denn als Lahme, Krüppel und Einäugige. Aber es handelt sich um das *Leben.* Ins Leben führt kein anderer Weg als dieser. Ja, die Menschen, die die neue Reformation erleben und vollziehen werden, werden *merkwürdige Leute* sein. Denkt noch einmal an den *Sinn unserer Zeit,* den wir heute verstehen möchten: demütig werden, weich werden und auf diesem Grund dann mutig sein. Wie mögen solche Menschen nur *aussehen?* Wir können es uns kaum vorstellen. Ganz anders jedenfalls als wir. Gar zu viel ist da abgehauen und ausgerissen, von dem wir uns noch nicht getrennt haben. Wir *erschrecken* vor diesem Bild. Wir *möchten nicht* so merkwürdige, verkürzte Leute sein. Wir haben unsere jetzige Gesundheit noch allzu lieb. Das ist der starke *Riegel,* der uns jetzt noch geschoben ist. Oder ist er uns *schon nicht mehr* geschoben? Es könnte ja sein, daß uns etwas *aufgegangen* wäre von der Herrlichkeit des Lebens, die gerade dort anfängt, wo uns diese gewaltige Aufforderung hinweist.

Lieder:
Nr. 132 «Jesus lebt, mit ihm auch ich» von Chr. F. Gellert, Strophen 1–3 (RG [1998] 482,1–2; EG 115,1–3)
Nr. 224 «Such, wer da will, ein ander Ziel» von G. Weissel, Strophen 1–2 (RG [1998] 276,1–2; EG 346,1–2)

---

[6] = Grübeln.

Matthäus 18,10–14

[Sehet zu, daß ihr nicht jemand von diesen Kleinen verachtet. Denn ich sage euch: Ihre Engel im Himmel sehen allezeit das Angesicht meines Vaters im Himmel. Denn des Menschen Sohn ist gekommen, selig zu machen, das verloren ist. Was dünkt euch? Wenn irgend ein Mensch hundert Schafe hätte und eins unter ihnen sich verirrte: läßt er nicht die neunundneunzig auf den Bergen, geht hin und sucht das verirrte? Und so sich's begibt, daß er's findet, wahrlich ich sage euch, er freut sich darüber mehr denn über die neunundneunzig, die nicht verirrt sind. Also auch ist's vor eurem Vater im Himmel nicht der Wille, daß jemand von diesen Kleinen verloren werde.]

1. *Wo ist Gott* in der Menschenwelt? Das ist die große, brennende Frage unserer Zeit, die wie ein Erdbeben durch alle Herzen hindurchgeht, auch dort, wo man sie nicht eben in diese Worte kleidet. Gott ist die *Wahrheit,* aber wo ist die Wahrheit in all dem, was heute gedacht und gesagt und geschrieben wird? Gott ist der Sinn des *Lebens,* das Leben im Leben, aber wo ist der Sinn unseres Lebens, das Leben in unserem Leben? Gott ist *Gerechtigkeit,* aber welche von all den Ordnungen und Verhältnissen, die heute z. T. vorhanden sind, z. T. erst erstrebt oder erträumt werden, verdienen den Namen Gerechtigkeit? Gott ist die *Liebe,* aber wo ist die Liebe unter all den verschiedenartigen, geheimnisvollen Trieben und Kräften, von denen wir bewegt sind? wer kann sagen, daß er schon Liebe erfahren und Liebe geübt habe? Gott ist der *Schöpfer,* aber wo in unserem Dasein ist denn die Schöpfung, wie Gott sie geschaffen und noch schafft, wo sind die Menschen, die Dinge, die Zustände so, wie sie aus Gottes schöpferischer Hand hervorgegangen sind? Gott ist *der Herr,* der die Welt im Innersten hält und bewegt, aber wo sind sie in uns und um uns, die Kennzeichen seiner Herrschaft, die geltenden Gesetze seines Reiches, wo kann man es sehen und greifen in der kleinen Welt unseres Herzens und in der großen Welt der menschlichen Gesellschaft, in der geistigen und leiblichen Naturwelt, der wir angehören, dieses göttliche Halten und Bewegen? *Wo ist Gott?* Nicht nur im *Himmel,* sondern wo ist Gott auf Erden?, meinen wir. Nicht nur in den Gedanken, sondern im *Leben?,* müssen wir fragen. Nicht nur als religiöse Wahrheit, sondern als *Weltwahrheit,* als greifbare, wirksame, erleuchtende,

hilfreiche Tatsache unseres gewöhnlichen Daseins? Das ist's, was uns beunruhigt. *Wo ist Gott,* Gott *in* uns, Gott *bei* uns, Gott *mit* uns? Immanuel, das Kind des Friedens und der Verheißung, von dem Jesaja in entscheidender Stunde geredet [Jes. 7,14]?

2. Es gab eine Zeit, und sie liegt noch nicht so weit hinter uns, da beschäftigten sich die Menschen mit der Frage: *Gibt es überhaupt einen Gott?* Man kann sagen, daß diese Frage für uns *keine Bedeutung* mehr hat. Es war die Frage eines *Zeitalters,* in welchem sich die Menschen über sich selbst und ihr Leben so gründlich wie nur möglich täuschten. Sie waren im Großen Ganzen *mit sich selbst und mit dem Leben* fertig. Sie hatten ein großes Vertrauen, daß das, was sie taten, oder wenigstens das, was sie dachten und wollten, *ungefähr das Richtige* sei. Sie sahen die *Bewegungen* ihres eigenen Lebens und des der Anderen an wie die Bewegungen einer Glocke, die wohl im Halbkreis hin und her schwingt und doch unfehlbar nur innerhalb des Raums, der ihr durch die Achse, in der sie schwingen kann, gegeben ist. Sie redeten wohl viel von einer gewissen *Entwicklung* der Menschen und der Welt, wie sie eine solche in der Natur beobachtet zu haben meinten, aber sie sahen dieser Entwicklung zu mit der Gelassenheit und Ruhe eines Zuschauers im Theater, der zum vornherein weiß, daß Alles, was sich da vorne auf der Bühne abspielt, so kommt, wie es kommen muß, wie es abgemacht ist, und daß es für ihn, den Zuschauer, darum keine weitere Bedeutung haben wird, wie es kommt. Menschen, die mit sich selbst und der Welt fertig und zufrieden sind, *müssen allerdings auf die Frage* kommen, ob es einen Gott gibt. Die *Ehrlichkeit,* die man dem Menschen nicht ganz absprechen kann, zwingt ihn dann förmlich zum Zweifel. Glauben wir daran, daß Alles so ist, wie es sein muß, und Alles so sein muß, wie es ist, dann muß man doch auf den Gedanken kommen, daß das *jedenfalls nicht Gott ist,* was man da glaubt.[1] Auch Wahrheit, Gerechtigkeit, Liebe, Schöpfer, Erlöser sind ja für das alles *viel zu große Worte.* Und *was soll dann noch Gott* sein, wenn man eben doch nur an *das* glaubt? Gott wird *überflüssig.* Gott ist im Grunde überflüssig auch im Leben und in den Gedanken so-

---

[1] Zwischen die Zeilen geschrieben, nicht sicher zu entziffern, wahrscheinlich: «So wie so Glaube».

genannter religiöser Menschen. Sie brauchen ihn im Grunde nicht, sie machen es durchaus ohne ihn. Die Natur, das Schicksal, die bestehende Welt, der Mensch sind *an seine Stelle* getreten. Vielleicht erwachen sie dann eines Tages und setzen *das Tüpflein aufs i* mit der Frage: Gibt es einen Gott? Eine Frage, die im Munde der Menschen *vor* dem Krieg sehr berechtigt und vernünftig war.

3. Man kann sagen, daß wir heute *diese Frage hinter uns* haben. Es ist zwar in uns allen *ein Rest,* in dem auch wir noch *vor* dem Krieg sind, und da mag dann jene Frage der Zufriedenen und Fertigen: Gibt es einen Gott? auch in uns gelegentlich wieder auftauchen. *Aufs Ganze gesehen* aber ist diese Frage heute beantwortet. Nicht durch die Predigten und Vorträge, die man gehalten, nicht durch die Bücher, die man geschrieben hat, um das Dasein Gottes *zu beweisen.* Alle angeblichen Beweise vermochten es ja nicht, die Zufriedenheit und Fertigkeit der Menschen, die den Zweifel notwendig macht, zu erschüttern. Die Frage war immer wieder da.

Nun hat *das Leben selbst,* die Geschichte, die Ereignisse der Zeit und die Verwandlung der Seele der Menschen, die sich damit vollzogen hat, die Antwort darauf gegeben. Wir hatten uns eben einfach *getäuscht.* Wir hatten uns selbst und das Leben nicht verstanden. *Es ist gar nicht wahr,* haben uns die letzten Jahre verkündigt, und unsere Seele hat es gehört: es ist gar nicht wahr, daß der Mensch *fertig* ist. Es ist gar nicht wahr, daß die *Welt fertig ist.* Es ist gar nicht wahr, daß man zufrieden und beruhigt *zuschauen* kann, wie sich Alles entwickelt. Was wir als fertig und gegeben ansahen in der Welt, das hat sich als ein über und über rissiges, *altes Kleid* erwiesen. Was wir als notwendige Ergebnisse der Entwicklung und der Geschichte ehrerbietig anstaunten, das stand auf einmal vor uns als Dinge, die *nicht sein sollen* und nie hätten sein sollen. Was wir als höhere Schickung und Ordnung anerkannten, das trat auf einmal vor unsere Augen als *Zufall und Unordnung,* zu dem wir gerade um des Höheren in uns willen Nein sagen mußten. Dafür war auf einmal ganz allgemein der Ruf da: Vieles, sehr Vieles muß nun *anders werden!,* und ebenso allgemein das Gefühl, daß es nicht von selbst anders wird, das Gefühl der *Verantwortlichkeit* der Menschen dafür, daß es anders werde. Wir sind *ins Suchen* und Fragen, ins Tasten und Anklopfen nach allen Seiten hineingekommen.

Sehnsüchtig sind wir geworden nach etwas *ganz Neuem* und aufmerksam spähend, ob sich dieses Neue noch nirgends zeigen wolle. *Zweifler* sind wir geworden, aber nicht mehr Zweifler an Gott, sondern Zweifler an der Welt und an uns selbst. Wir zweifeln heute daran, daß *das letzte Wort* in unserer Menschenwelt schon gesprochen sei. Wir zweifeln daran, ob *das wirklich Leben* gewesen sei, was wir bis jetzt gelebt haben und noch leben. Wir zweifeln daran, ob wir selbst *so tot und arm und machtlos* seien, wie wir bis jetzt geglaubt haben, blinde Geschöpfe einer unerbittlichen Geschichte, Spielbälle eines unbegreiflichen Schicksals, herrenlose und doch unfreie Atome in einem ewig sich selbst gleichen Naturganzen. Wir zweifeln an der alten Binsenwahrheit, daß der Mensch *nicht über sich selbst hinaus* kann.

Und eben damit haben wir *aufgehört, an Gott zu zweifeln*. Die Frage: ob es einen Gott gibt? hat auf den Lippen von uns heutigen Menschen *keinen Sinn mehr*. Indem wir irre geworden sind an der Welt und an uns selbst, sind wir ja bereits herübergetreten auf den Boden der *Wirklichkeit Gottes*. Indem uns das Alte offenbar geworden ist als Altes, Vergängliches, dem Gericht Geweihtes, indem wir in die Erwartung eines Neuen, das noch nicht erschienen ist, gekommen sind, haben wir *Gott verstanden*. Indem wir das bloße Zuschauen und Betrachten aufgegeben und begonnen haben, uns verantwortlich zu fühlen dafür, daß es anders wird, hat leise und fein der *Gehorsam gegen Gott* in uns begonnen. Worte wie: *Wahrheit, Gerechtigkeit, Liebe* drängen sich uns heute von selbst auf die Lippen, ohne daß wir das unangenehme Gefühl haben, Phrasen und große Sprüche zu machen; wir können es ja nicht mehr anders ausdrücken, das, was uns heute tatsächlich bewegt. Noch größere[?] Worte wie *Schöpfung, Erlösung, Offenbarung, Wunder* – wir ahnen wieder, was damit eigentlich gemeint sein könnte, es kommt uns nicht mehr in den Sinn, diese Dinge mit ein paar billigen naturwissenschaftlichen Gründen erledigen zu wollen. Gott – ja vielleicht darf und kann man jetzt bald auch wieder guten Gewissens *von Gott reden*, muß nicht befürchten, daß bei diesem Wort ja doch nur an jenes Überflüssige, an jene unwahre Verzierung menschlicher Schwachheit und Trägheit gedacht wird, darf damit rechnen: dieses Wort wird verstanden, weil uns der, den dieses Wort meint, nicht mehr ganz unbekannt, sondern ein wenig bekannt geworden ist. *Wir sind zu bewegt* und aufgewühlt durch das, was uns vor Augen trat, als wir das blinde Vertrauen zu uns selbst und der Welt verloren. *Wir sind ja gerichtet* und beseligt durch das, was uns aufging, als uns das Alte alt und das Neue neu wurde. *Wir sind ja auf festen Boden* gekommen, indem wir Zweifler wurden gegenüber dem Sumpf, in dem wir uns befanden. *Gott ist.* Gott lebt. Wir streben nicht mehr mühsam hin zu dieser Erkenntnis, wir kommen *von ihr her*. Das *Leben selbst* hat gesprochen zu uns. Unsere *Seele selbst* hat sich ihres Ursprungs in Gott wiedererinnert. Gibt es einen Gott? Antwort: wie ist es nur möglich, daß ein Mensch, der sich selbst und unsere Zeit versteht, *noch so fragen* kann?

4. Und nun ist an die Stelle dieser veralteten *die neue Frage getreten:* Wo ist Gott in der Menschenwelt? Wir *würden ihn nicht suchen*, wenn wir ihn nicht gefunden hätten. Aber weil wir ihn gefunden haben, müssen wir ihn nun auch suchen.[2] Wir *würden uns nicht so sehnen* nach echter Wahrheit, echter Gerechtigkeit, echter Liebe, wenn wir nicht in den Erschütterungen unserer Zeit und unserer Seele den Sinn und Geschmack für das Echte, Ewige wieder gewonnen hätten. Aber indem wir diesen Sinn und Geschmack gewonnen haben, können wir uns nicht mehr verstecken und vergessen, daß wir uns sehnen, sehnen nach dem, was ewig ist. Wir würden *die Frage nicht haben in unserer Seele* nach dem, was groß und göttlich ist in unserem Leben, wenn das Große und Göttliche nicht bereits einen Eingang hätte in unsere Seele. Aber indem dieser Eingang sich eröffnet hat, müssen wir die Entdeckung machen, daß wir *dastehen als die Kleinen*, von denen Jesus in unserem Text geredet hat, daß wir *ganz am Anfang des Lebens* stehen, in großer Klarheit allerdings, aber auch in großer Schwachheit, *das ganze Leben eine Frage*, eine Aufgabe, deren Lösung vor uns liegt. Das ist's ja eben, daß wir aus Zuschauern zu *Verantwortlichen* geworden sind. Das ist's ja eben, daß wir erwacht sind und nun *wachen* müssen. Das ist's ja eben, daß wir das Wort «Gott» wieder zu verstehen beginnen, und nun muß es *mit Gott ernst* werden. Das ist's ja eben, daß es uns selbst keine Frage mehr ist, daß Gott lebt, und nun müssen auch *wir selbst hungern und dürsten* – ja, was sage ich: schreien und lechzen [vgl. Ps. 42,2] nach göttlichem Leben, göttlichen Taten, göttlichen Lichtern und Kräften.

[2] Vgl. oben S. 321, Anm. 13.

Wer einmal in den Machtbereich Gottes gekommen ist, *dessen Herz hat keine Ruhe* mehr, bis daß es ruht in Gott.[3] Ihm muß *die Menschenwelt*, sein Leben und das der Anderen zum *Rätsel* werden, um dessen Lösung er fortan ringen muß, zum *Geheimnis*, das er nicht mehr vergessen kann, zur *Sorge*, die er nun immer und immer tragen muß, zum *Heiligtum*, das er nun ängstlich und eifrig hüten muß. Ganz, *ganz anders* tritt er an das ganze[?] Leben heran. Eben darum, weil er *nirgends fertig* ist und nirgends etwas Fertiges sehen kann. Eben darum, weil er nie ein Ende, sondern immer *einen Anfang* sieht. Er hat immer noch etwas zu *fragen,* wo die Anderen schon wieder mit einer guten Antwort in der Tasche davon gehen. Er hat immer noch etwas zu *rütteln* [?] und zu bewegen, wo Anderen bereits Alles wieder fest und sicher geworden ist[4]. Er hat immer noch etwas gegen sich selbst *einzuwenden,* auch wenn er selbst von allen Seiten anerkannt und belobt wird. Er hat vor keinem Tellenhut *Respekt*[5], auch da, wo jedermann ehrerbietig den Hut abzieht. Weil er weiß, was *Wahrheit* ist, ist er mißtrauisch gegen alle Meinungen. Weil er sich *vor Gott fürchtet,* stellt er sich nie ein für allemal auf einen Standpunkt. Weil er an die *Vergebung der Sünden* glaubt, hält er es immer mit denen, die man schießen und hängen will. Weil er eine *Hoffnung hat,* versucht er immer um die Ecke zu sehen, wo die Anderen betrübt vor einer Mauer stehen. Weil er an *Wunder glaubt,* geht er sehr sorgfältig um mit dem Wörtlein «unmöglich». Weil er die *Ewigkeit* im Sinn hat, ist ihm nichts Großes groß genug, nichts Kühnes kühn genug, nichts Feines fein genug, nichts Starkes stark genug. Er ist eben in der Ewigkeit *daheim,* und das kann er nimmer los werden. Es ist etwas in ihm, das immer *weiter schafft,* das immer auf den Anfang *zurückkehrt* und auf das Ziel hin schaut.

[3] Vgl. A. Augustinus; oben S. 208, Anm. 2.

[4] Mskr.: «sind»; Korr. vom Hrsg.

[5] Richtiger: Hut des Landvogts Geßler. Siehe: Fr. Schiller, *Wilhelm Tell,* V. 392–398 (1. Aufzug, 3. Szene):

> Ihr sehet diesen Hut, Männer von Uri!
> Aufrichten wird man ihn auf hoher Säule, ...
> Und dieses ist des Landvogts Will und Meinung:
> Dem Hut soll gleiche Ehre wie ihm selbst geschehen,
> Man soll ihn mit gebognem Knie und mit
> Entblößtem Haupt verehren ...

Er wird *ein merkwürdiger Mensch* mit merkwürdigen Gedanken und Wegen. Er hat eben immer nur das Anliegen, *ja nichts zu verpassen,* wenn Gott ihn ruft, nur ja dafür zu sorgen, daß das Göttliche *nicht menschelig*[6] wird, nur ja Alles *zurückzulassen,* was ihn hindert, Gottes Werk zu treiben. Er trägt mit dem allem eine schwere Last.

5. Jesus hat die Menschen, die von der Frage: Wo ist Gott in der Menschenwelt? bewegt sind, *Kleine genannt.* Wenn es wahr ist, was ich sagte, daß unsere heutige Zeit von dieser Frage bewegt ist oder doch im Begriff steht, nun an diese Frage heranzukommen, dann müssen wir uns also *darauf gefaßt machen,* solche Kleine zu werden. Wir müssen uns, um es mit anderen Worten Jesu auszudrücken, darauf gefaßt machen, daß es dem *schmalen Weg* und der engen Pforte entgegen geht, durch die man ins Leben eingeht [Mt. 7,13], gefaßt darauf, *sein Joch,* das Joch Christi auf uns zu nehmen [Mt. 11,29]. Wir werden von Gott gleichsam *in die Enge* getrieben, wie von einem Feind, dahin, wohin wir nicht wollen [vgl. Joh. 21,18]. Denn wir haben *von uns aus sicher nicht* die Absicht, solche merkwürdigen Menschen zu werden, auch heute nicht. Für unzählige Menschen bereitet sich jetzt eine *Entscheidung* vor: sie haben gefunden, nun müßten sie suchen – sie sind erwacht, nun müßten sie wachen – sie sind aufgestanden, nun müßten sie vorwärts; es wird sich zeigen, ob sie tun, was sie tun müßten. In unzähligen Menschen regt sich heute *Ausrede um Ausrede:* ich bin zu alt, ich bin zu gescheit, ich habe meine Ruhe zu lieb, ich bin zu sehr auf meine Umgebung angewiesen, ich habe zu sehr Freude an mir selbst, ich habe zu wenig Mut! Wer wollte nicht irgend eine Ausrede wissen, um kein Kleiner werden zu müssen? Es wird sich zeigen, ob diese Ausreden stark genug sind, uns zu hindern an dem, was wir tun müssen. Es ist klar und wahr, daß es für alle Menschen *schwer und bedenklich* ist, sich von Gott dahin drängen zu lassen, wohin wir heute gedrängt werden. Denn niemand wird gern *klein,* wir wären alle lieber groß. Niemand steigt gern herunter in die *Tiefe,* wir wohnten alle lieber auf den hohen Bergen unserer Gerechtigkeit. Niemand läßt sich gern *verachten,* und wenn man ein Kleiner wird, muß man es sich gefallen lassen, gelegentlich verachtet zu werden, gelegentlich sich

[6] = vermenschlicht, menschenförmig.

374

selbst verachten zu müssen; so merkwürdige Menschen sind diese Kleinen! Niemand möchte das *verlorene Schaf* sein neben den 99, die ruhig auf den Bergen grasen. Es wird sich zeigen, ob uns Gott heute schon stark genug bedrängt, um uns dieses Schwere und Bedenkliche überwinden zu lassen. Aber auf diese Frage müssen wir alle uns *selbst Antwort geben.* Wir selbst müssen uns entscheiden, ob es uns *ernst* ist mit dem Rätsel: Wo ist Gott?, das uns heute gepackt hat. Von dieser Entscheidung wird es dann abhängen, ob der *Verheißung,* die wir heute unzweifelhaft haben, die *Erfüllung* folgen kann.

6. Aber eines wollen wir uns nun *von Jesus noch sagen lassen* von diesen Kleinen. «Ich sage euch», erklärt er, «*Ihre Engel* im Himmel sehen allezeit das Angesicht meines Vaters im Himmel. Denn *des Menschen Sohn* ist gekommen, selig zu machen, was verloren ist. Und wenn es sich begibt, *daß der Hirt* das eine verirrte Schaf findet, wahrlich, ich sage euch, er freut sich darüber mehr denn über die 99, die nicht verirrt sind. Und *der Wille Gottes* ist's nicht, daß einer von diesen Kleinen, Verlorenen verloren, wirklich verloren gehe.» Alle diese Worte zielen deutlich auf Eines hin: *Der Kleine,* die Kleine sind die wahrhaft Großen, wenn sie es nur wagen, wirklich einmal Kleine zu sein. *Die Verlorenen* werden gesucht und selig gemacht, wenn sie es nur wagen, sich einmal verloren zu geben. *Die Verirrten* werden mit Freuden gefunden, wenn nur das Gleichnis einmal wahr wird, daß der Mensch es wagt, nichts, gar nichts anderes zu sein als das verirrte Schaf, fern von der weidenden Herde der 99.

[7]Jesus *malt uns die Lage,* in die wir kommen, wenn wir uns von Gott suchen lassen, nicht leichter und schöner, als sie ist. *Klein,* verloren, verirrtes Schaf… es sind *merkwürdige* Menschen, die Menschen, bei denen es mit der Frage: Wo ist Gott? ernst wird. *Es geht leichter,* schöner, anständiger, frömmer zu bei den 99, die von dieser Frage nicht bedrängt sind. Es ist fast, wie wenn er uns *einladen wollte: weicht* doch aus, *vergeßt* wieder, daß Gott lebt, vergeßt die Ewigkeit, *seht das Leben* wieder an, wie man als gewöhnlicher, normaler, bisheriger Mensch es angesehen hat! *Erstickt die Unruhe,* die über euch gekommen ist! *Tut, als ob* es keine Vergebung gäbe, keine Hoffnung,

[7-7]Der Passus ist von Barth in eckige Klammern gesetzt.

kein Wunder! *Versetzt euch zurück* in den Zustand, wo man heute an Gott glaubt und morgen fragt, ob es überhaupt einen Gott gibt! *Flieht, flieht* zu den 99, denn hier ist es für euch zu gefährlich, hier müßtet ihr ja klein werden, verloren, verirrtes Schaf![7]

Aber nein, dazu will Jesus uns nicht einladen. Sondern wenn wir ihn hören, dann hören wir: *Gerade die Menschen* mit der brennenden Frage: Wo ist Gott? haben auch[?] die Antwort. *Da ist Gott,* wo man so fragt. *Da ist die Höhe,* wo der Mensch in die Tiefe geht, da ist *das Ziel,* wo der Mensch sich an den Anfang stellt. Da ist *Immanuel,* Gott mit uns, wo es mit dem Entbehren und Suchen der Gegenwart Gottes bitterer Ernst wird. Nun weicht nicht aus, sondern *haltet stand!* Nun vergeßt nicht, sondern *erinnert euch,* erinnert euch immer wieder dessen, was ihr ja doch nicht vergessen könnt! Nun erstickt die Unruhe nicht in euch, denn ohne diese Unruhe gibt es *keine Ruhe!* Nun flieht nicht, sondern *kämpft,* denn wer ausharrt bis ans Ende, der wird selig [Mt. 24,13 par.]! Sehet zu, daß ihr nicht einen von diesen Kleinen verachtet. Sie haben *einen Engel* im Himmel, der das Angesicht Gottes sieht. Zwischen ihnen und Gott *ist* schon etwas Direktes, Unmittelbares, indem sie hungernd und dürstend danach verlangen. Zu *ihnen* ist *der Heiland* gekommen, zu suchen und selig zu machen, was verloren ist, nachdem sie mühselig und beladen zu ihm gekommen sind, um sein Joch und seine Last auf sich zu nehmen [vgl. Mt. 11,28f.]. Über *ihnen* ist *die Freude Gottes,* der seinen Willen geschehen läßt auf Erden wie im Himmel [vgl. Mt. 6,10], wenn Menschen da sind, die nach seinem Willen fragen wollen. Über *ihnen* ist das *Licht der zukünftigen Welt,* in der die Kleinen groß dastehen werden, weil sie schon in dieser Welt Zukunftsmenschen gewesen sind. Ewiges *Licht* ist schon jetzt da, wo man *ewiges* Licht haben und hüten will. *Kommet her zu mir* [Mt. 11,28]! *Fürchtet euch nicht,* glaubet nur [vgl. Mk. 5,36 par.]! *Getrauet euch* zu tun, was ihr heute tun müßt! *Das ist's,* was wir hören, wenn wir Jesus hören.

7. Und wenn wir hören, was wir von Jesus hören können, dann kann heute *wieder biblische Geschichte* geschehen. Das *Geheimnis der biblischen* Menschen, das Geheimnis der Propheten und Apostel ist kein Anderes, als daß sie Kleine waren, merkwürdige Menschen mit der bitter ernsten Frage: Wo ist Gott? im Herzen und auf den Lippen.

Gäste und Pilger und Fremdlinge waren sie in dieser Welt, *wartend auf eine Stadt,* die einen Grund hat, deren Baumeister und Schöpfer Gott ist, Menschen, die *kein Vaterland* hatten, weil sie das Vaterland suchten. Und zwar, wo sie das gemeint hätten, von welchem sie waren ausgezogen, hatten sie ja Zeit, wieder umzukehren. Nun aber begehrten sie eines besseren, nämlich eines himmlischen. Darum schämte sich Gott nicht, ihr Gott zu heißen [Hebr. 11,9–16]. Darum hatten sie *Gedanken,* die wir ihnen heute nur mit Mühe nachzudenken versuchen. Darum konnten *sie reden,* wie heute niemand reden kann. Darum hatten sie eine *Kraft zum Tragen,* die wir heute schmerzlicher als je entbehren. Darum hatten sie eine *Kühnheit und Freiheit,* die wir uns nicht nehmen können, und wenn uns noch so sehr danach gelüstet. Darum konnten sie *Taten verrichten,* die unserem heutigen schwachen Zeitalter immer noch als Sagen und Märchen vorkommen. Aber warum soll zwischen heute und damals diese *ewige Kluft sein?* Die Zeit wird kommen, da, was von Gott her zu uns kommt, die Menschen *so stark* bedrängen wird, daß sie die biblischen Menschen nicht mehr bloß von fern betrachten, sondern sich mit ihnen im Geist und in der Wahrheit [vgl. Joh. 4,24] *in die Reihe* stellen werden. Denn wenn es mit der *Frage:* Wo ist Gott? wieder ernst werden wird unter uns, dann wird auch die *Antwort* da sein.

Lieder:

Nr. 30 «Herzlich lieb hab ich dich, o Herr» von M. Schalling, Strophen 1–2 (RG [1998] 651,1–2; EG 397,1–2; jeweils mit Textabweichungen)

Nr. 190 «Walte, walte nah und fern, allgewaltig Wort des Herrn» von J. Fr. Bahnmaier, Strophen 1.5–7 (RG [1998] 257,1. 5–7)

Matthäus 18,15–20

[Sündigt aber dein Bruder an dir, so gehe hin und strafe ihn zwischen dir und ihm allein. Hört er dich, so hast du deinen Bruder gewonnen. Hört er dich nicht, so nimm noch einen oder zwei zu dir, auf daß alle Sache bestehe auf zweier oder dreier Zeugen Mund. Hört er die nicht, so sage es der Gemeinde. Hört er die Gemeinde nicht, so halt ihn als einen Heiden und Zöllner. Wahrlich ich sage euch: Was ihr auf Erden binden werdet, soll auch im Himmel gebunden sein, und was ihr auf Erden lösen werdet, soll auch im Himmel los sein. Weiter sage ich euch: Wo zwei unter euch eins werden auf Erden, warum es ist, daß sie bitten wollen, das soll ihnen widerfahren von meinem Vater im Himmel. Denn wo zwei oder drei versammelt sind in meinem Namen, da bin ich mitten unter ihnen.]

1. In d[iesen] Worten ein großer *Zus[ammen]hang* zw. *Himmel u. Erde.* Zus. ist da. Vieles[,] was ihm widerspricht. Aber er ist da. Nicht vergessen. Offenbart sich immer wieder. Lebensfrage: ihn begreifen. – Himmel von d. Erde aus das *Unbegreifliche,* so auch Erde vom Himmel aus. Zw. H. u. E. ein Trotzdem, Dennoch, kraft dessen d. Unmögliche möglich wird, immer wieder Vollkommenheitsgedanken[?].

H. u. Erde scheinen geschieden durch den ganzen *Gegensatz* zw. *G[ott] u. M[ensch].* Dort Kraft, hier Schwachheit. Weisheit – Unverstand. Herrlichkeit – Armseligkeit. Liebe – Neid u. Streit. D. Trotzdem bleibt. D. Mensch nicht ohne Gott[.]

Zw. H. u. Erde das große *Geheimnis d. Todes.* Alles Leben auf Erden vom Vergehen belastet. Seufzen d. unerlösten Kreatur [vgl. Röm. 8,19–22]. Aber dem Tod steht d. Dennoch d. Lebens entgegen. Wir würden nicht seufzen ohne Grund.

2. Dieses Dennoch zw. H. u. E., dieser große unzerreißbare Zus. hang ist J[esus] X[Christus]. «Wahrlich ich sage euch» fangen viele s. Worte an. Dieses Wahrlich über s. ganzes Leben u. Wesen. Es wird da etwas behauptet, festgestellt, aufgedeckt. Es geschieht da ein

---

[1] Der Abdruck folgt der knappen handschriftlichen Predigtskizze. Der Text wird mit allen Abkürzungen und orthographischen Eigentümlichkeiten wiedergegeben.

Angriff u. eine Verteidigung. *Seine Worte* sind nicht kluge Regeln für dieses Leben, sondern die Ankündigung eines andern Lebens. *Seine Taten* sind nicht gute[,] löbl[iche] Taten in unserm Sinn, sondern Ereignisse[,] die ihren Grund in einem höhern Willen u. Macht haben, der uns bis jetzt unbekannt war. *Sein Sterben* ist nicht der natürl. Tribut, den auch er dem Tode bezahlen müßte, sondern der Beginn eines Kampfes des Lebens gegen den Tod, ein Tod[,] der den Tod sprengt und aufhebt. Das ganze Leben u. Wesen J. ist das Enthüllen eines Verborgenen, die Ausgrabung eines Verschütteten, der Durchbruch eines Zurückgehaltenen. Und das ist eben der Zus. hang zw. H. u. Erde.

3. Dieser Zus. hang *besteht nun.* Der Widerspruch dagegen, das Trennende ist auch noch da. Der Kampf ist noch nicht ausgekämpft, d. Sieg noch nicht vollendet. Aber der Zus.hang ist da, in uns Allen. Nicht einen schönen *Gedanken* hat J. d. M.heit eingeflößt, eine Gnade hat er ihr gegeben. Nicht nur ein *Ziel* ist uns gesteckt, sondern ein Anfang ist mit uns gemacht. J. sagt uns nicht[,] was wir *sein sollen,* sondern was wir sind. Das Salz der Erde, das Licht der Welt [Mt. 5,13f.]. Und das sind wir, [wenn] wir sein wollen[?], was er uns sagt. Wenn wirs noch nicht sind: weil noch nicht gehört, was er gesagt. Dann widersprechen wir uns selbst. Seine Stimme [?] ist in uns.

4. Wir hören zuerst von d. *Macht d. Wahrheit*[,] die uns gegeben ist. Wir brauchen die Sünde, die unter uns geschieht[,] nicht gelten zu lassen, ihre Macht nicht zu fürchten, nicht zu fürchten, ihr selbst anheimzufallen[,] wenn wir in Kampf mit ihr treten. Wir können einander ermahnen, sein Böses auf uns selbst nehmen als eigne Sorge u. Not u. zugleich an das Gute glauben, das er auch weiß. Wenn wir selbst nicht genügen, können andre das rechte Wort finden. Und dabei ists doch gar kein Zwang, der Andre muß nicht hören, s. Zeit ist vielleicht noch nicht da. Erst ganz zuletzt die Möglichkeit[,] einen M. ganz aufzugeben.

5. Diese *Macht müssen wir brauchen.* Wir sind verantwortlich für einander. Wir können Thüren öffnen: Traurige trösten, Unverständige zurechtbringen... und dann ists Gott selbst[,] der da handelt. So viel Gefangenes wartet auf Lösung. Wenn wir nicht lösen, so binden wir. Durch Schweigen, Grollen, Aufgeben schlagen wir Thüren zu. Vielleicht gehts nicht anders. Aber denken wir dran: Gott selbst handelt dann durch uns. Wir wollen gute Werkzeuge sein.

6. Diese Macht der Wahrheit liegt darin, daß wir eins werden können[?] untereinander im Namen Jesu. Es giebt ein solches Einswerden. Die Gedanken, die Blicke der verschiedensten M. treffen sich in diesem Mittelpunkt. Vielleicht äußerlich, viell. nur innerlich. Vielleicht ohne persönl. Kenntnis, unbewußt. Die Gemeinschaft ist im Unsichtbaren: Erkenntnis d. neuen Welt u. Ordnung[,] Warten auf Lichter u. Kräfte d. neuen Welt, Anfang von Gehorsam. Da ist J. selbst gegenwärtig. Da kann man bitten, da erneuert sich d. Zus. hang fort u. fort.

Matthäus 18,21–35 I

*[Da trat Petrus zu ihm und sprach: Herr, wie oft muß ich denn meinem
Bruder, der an mir sündigt, vergeben? Ist's genug siebenmal? Jesus
sprach zu ihm: Ich sage dir: Nicht siebenmal, sondern siebzigmal siebenmal. Darum ist das Himmelreich gleich einem König, der mit seinen Knechten rechnen wollte. Und als er anfing zu rechnen, kam ihm
einer vor, der war ihm zehntausend Pfund schuldig. Da er's nun nicht
hatte, zu bezahlen, hieß der Herr verkaufen ihn und sein Weib und
seine Kinder und alles, was er hatte, und bezahlen. Da fiel der Knecht
nieder und betete ihn an und sprach: Herr, habe Geduld mit mir, ich
will dir's alles bezahlen. Da jammerte den Herrn des Knechtes, und er
ließ ihn los, und die Schuld erließ er ihm auch. Da ging derselbe Knecht
hinaus und fand einen seiner Mitknechte, der war ihm hundert Gro-
schen schuldig; und er griff ihn an und würgte ihn und sprach: Bezahle
mir, was du mir schuldig bist! Da fiel sein Mitknecht nieder und bat
ihn und sprach: Habe Geduld mit mir; ich will dir's alles bezahlen. Er
wollte aber nicht, sondern ging hin und warf ihn ins Gefängnis, bis daß
er bezahlte, was er schuldig war. Da aber seine Mitknechte solches
sahen, wurden sie sehr betrübt und kamen und brachten vor ihren
Herrn alles, was sich begeben hatte. Da forderte ihn sein Herr vor sich
und sprach zu ihm: Du Schalksknecht, alle diese Schuld habe ich dir
erlassen, dieweil du mich batest; solltest du denn dich nicht auch erbarmen über deinen Mitknecht, wie ich mich über dich erbarmt habe?
Und sein Herr ward zornig und überantwortete ihn den Peinigern, bis
daß er bezahlte alles, was er ihm schuldig war. Also wird euch mein
himmlischer Vater auch tun, so ihr nicht vergebet von eurem Herzen,
ein jeglicher seinem Bruder seine Fehler.]*

1. Die Vergebung müßten wir verstehen. Nicht nur gelegentlich daran denken, daß es eine Vergebung gibt, sondern *die Vergebung verstehen,* wie wir alle unsere Arbeit verstehen, damit umzugehen wissen, davon Bescheid geben können. Nicht nur gelegentlich zu ihr
flüchten vor den dunklen Wogen unserer Selbstgerechtigkeit, sondern
uns anklammern daran auf allen unseren Wegen, daß das die Hauptsache ist: es gibt eine Vergebung. Nicht nur ab und zu einmal sich
vergeben lassen und selber vergeben, wenn gar keine andere Möglichkeit mehr ist, wie man eben in großer Verlegenheit etwas abhebt von
dem, was man auf der Seite hat, sondern frisch und fröhlich *leben von
der Vergebung* und vom Vergeben, wie ein reicher Mann es sich leisten

kann, zu geben von seinem Reichtum. Vergebung – *das ist Leben,* Gotteserkenntnis, Christentum – das ist *das Eine,* auf das wir mit allen unseren Zeitgenossen eigentlich warten, *Trost und Rat und Hilfe,* die wir einander schuldig sind, *neue Kraft* für uns selbst, aufzufahren mit Flügeln wie die Adler [Jes. 40,31], gnädig bedeckte *Vergangenheit,* klare, lebendige *Gegenwart,* unausdenkbar große, verheißungsreiche *Zukunft. Warum leben wir nicht* in der Vergebung, aus der Vergebung heraus? *Das Himmelreich* ist gleich einem Könige, der mit seinen Knechten rechnen wollte und dann – doch nicht rechnete, sondern – ließ ihn los, und die Schuld erließ er ihm auch. Das Himmelreich ist die Vergebung. *Warum ist uns das Leben* so rätselhaft schwer? warum unsere *Gotteserkenntnis* so dünn und unfruchtbar? unser *Christentum* so ohne Glanz und Wirkung? Warum *seufzen wir* mit Millionen vergeblich und immer vergeblich: Hüter, ist die Nacht bald hin [Jes. 21,11]?, bleiben uns gegenseitig *das Beste schuldig,* was wir einander sein und leisten sollten, fühlen uns so hoffnungslos müde? Warum klagt unser *bisheriges Leben* gegen uns, warum entrinnt uns Augenblick um Augenblick so merkwürdig unverstanden und ungenützt, warum können wir uns die *Zukunft* kaum anders denken, denn als immer größere Verwirrung und Auflösung, Tod für den Einzelnen, Untergang des Abendlandes, wie jüngst ein kluger Mann geschrieben[1], für das Ganze unseres Lebens? Es ist ganz offenkundig: wir sind offenbar in dem *Gefängnis,* in das der Schalksknecht geworfen wurde, der seinem Könige so ungleich war, der vom Rechnen nicht lassen und ins Schuldenerlassen nicht hineinkommen konnte. Wir leben *an der Vergebung vorbei.* Darum gelingt es uns nicht. Darum will es noch nicht Tag werden. Denn ohne Vergebung kein Himmelreich. Oder sind wir am Ende *doch nicht ganz* ohne Vergebung? Ist sie am Ende die tiefste, mächtigste *Tatsache unseres Lebens,* die uns nur verborgen ist und darum nicht recht zur Geltung kommt? *Leben wir am Ende* heimlich von der Vergebung als von der einzigen Nahrung, die es überhaupt gibt, und käme es nur darauf an, einmal bewußt und stark und freudig davon zu leben, um alsbald der Lichter und Kräfte des Himmelreichs teilhaftig zu werden?

[1] Oswald Spengler, *Der Untergang des Abendlandes. Umriss einer Morphologie der Weltgeschichte,* Bd. 1: *Gestalt und Wirklichkeit,* München 1918 (Bd. 2 erschien 1922; Neuausgabe in einem Band Zürich 1980).

2. Was ist denn das: Vergebung? *Etwas Königliches,* antwortet unser Gleichnis. Das Werk eines Großen, Starken. *Nicht Allen* ist vergeben, und nicht Alle können vergeben, sondern die, denen es gegeben ist. Vergebung ist eine *Freiheit,* es sind aber nicht Alle frei. Vergebung ist nicht selbstverständlich, sie muß *verstanden* werden. Man muß *König sein,* um so große Schuld erlassen zu können. Vergebung ist die *Macht Gottes* gegen das Böse. Wir Menschen alle *leiden am Bösen.* Das Böse läßt uns *nicht leben,* nimmt uns den Atem. Das Böse ist immer *zuerst* auf dem Platz. Es *hängt sich auch* an unsere Rechtschaffenheit, Frömmigkeit, Liebe, es durchdringt sie von innen. Es *zieht uns alle* und Alles, was wir denken und tun, immer wieder in seinen Kreis. Da *kann Keiner* aus der Reihe tanzen, nicht Einer [vgl. Ps. 14,3 par.]. Auch *unsere Kinder* sind nicht unschuldig, wie man oft meint, sondern schuldig. Die *hohen Berge* von Gerechtigkeit, die Einzelne auftürmen können, mögen ein paar tausend Meter höher sein als die sie umgebenden Täler, aber Erde sind auch sie. Wir können heute mit Vielen unserer Zeitgenossen *vorwärts streben* (und wollen es tun!) oder mit vielen Anderen *zurückhalten,* und das mag da und dort auch nötig sein, aber wir bewegen uns vorwärts oder rückwärts im Kreis herum, etwas Neues kann daraus nicht werden. Wir *können nicht heran* an die 10 000 Pfund, die wir schuldig sind. Wir können *nichts tun gegen das Böse,* es ist uns zu groß, wir können nur leiden darunter, daß es in uns und den Anderen und in der Welt so groß ist. Versteht mich recht: Wir können freilich etwas tun. Wir können *Entschlüsse fassen* und Hoffnungen haben, wir können *warten* und eilen[2], wir können *stille sein* und stürmen, wir können *beten* und arbeiten. Aber es fragt sich, ob mit dem allem *etwas getan ist* gegen das Böse. Es kann immer sein, und es ist fast immer so, daß das alles nur die *Zuckungen und Seufzer* sind, durch die der Kranke bekundet, daß er krank ist, nicht die helfenden Hände des Arztes, die den Kranken gesund machen. *Mit unsrer Macht* ist nichts getan[3], auch mit unserem guten Willen nicht. Es braucht die Macht und den guten Willen des Königs, um die große Schuld zu erlassen. Gott *allein tut etwas* gegen das Böse.

---

[2] Vgl. oben S. 180, Anm. 5.
[3] M. Luther, «Ein feste Burg ist unser Gott», Strophe 2 (GERS [1891] 157; RG [1998] 32; EG 362).

Er, er allein hat Macht gegen das Böse. Wenn es *unsereins*[4] *gelingt,* da etwas Wirkliches zu tun, dann tun wir es, weil Gott es tut, weil Gott uns seine Macht gegeben hat. Aber *das ist ein Ereignis,* eine Entdeckkung, eine Revolution, ein Wunder, wenn *in die Zeit hinein,* in der das Böse herrscht, aus der Ewigkeit die Macht des Guten *hineingestellt* wird und wenn dann in unserem Wollen und Laufen wirklich etwas *mitläuft* von dieser Macht. Wir können dieses Wunder *nicht umgehen* und tun, als ob es auch sonst ginge. Es geht tatsächlich sonst nicht.|

Ich hatte vor einigen Wochen ein Gespräch mit einem tüchtigen und angesehenen Mann in Zofingen über den *Sinn des Neuen Testaments.* Der erschrak schon nach wenigen Worten und sagte mir: Wenn man die Dinge ansehen wollte, wie Jesus sie ansah, müßte sich ja die ganze Welt umkehren! Ich konnte ihm nur antworten: Ja, in der Tat, da müßte sich die ganze Welt umkehren, nicht mehr und nicht weniger. Das gerade ist der Sinn des Neuen Testaments, daß es *keinen Sieg über das Böse gibt in der Welt,* sondern nur indem sich die ganze Welt umkehrt. *Die Vergebung allein* sprengt die Ketten des Bösen. Die Vergebung allein macht das Leben möglich. Die Vergebung allein bringt uns wirklich weiter. Die Vergebung ist aber ein *Werk von oben,* nicht von unten. Die Vergebung *wirft Alles um,* wenn sie kommt, sonst ist sie nicht Vergebung. Also nicht nur das Böse, sondern *auch unser Gutes,* unsere Entschlüsse, Hoffnungen, Gewohnheiten, Gerechtigkeiten und Religionen. Die Vergebung ist auch für den klügsten, sichersten, gottinnigsten Menschen *eine Überraschung,* eine Beschämung. Die Vergebung stellt ausnahmslos *alle menschlichen Standpunkte* und Ordnungen vor die Notwendigkeit, daß Alles neu werden muß. Die Vergebung bringt *alle Eisklumpen,* zwischen denen wir jetzt leben, zum Schmelzen. Wir können uns das *kaum ausdenken.* Wir können uns eben Jesus kaum ausdenken. Denn *das ist ja eben Jesus.* Nicht der beste, frömmste Mensch in der Welt. Sondern der *Sohn Gottes,* der die Welt überwindet [vgl. Joh. 16,33]. Die *Macht von oben,* die Macht Gottes, die den Kreis des Bösen, der für uns immer geschlossen ist, sprengt. Die Macht Gottes, die *alle Menschen beugt,* um alle Menschen aufzurichten. Die Macht Gottes, die einen *neuen Anfang* macht. Das ist Jesus, der gekreuzigte und auferstandene *Hei-*

---

[4] = unsereinem.

land, die *Wende* der Zeiten, das königliche *Wort* der Vergebung. Keine *Entwicklung* führt uns aus dem Bösen heraus, kein *Fortschritt* führt uns in das Gute, das wahre Gute, das Gott tut, hinein. *Keine Brücke* führt von hier nach dort. Aber «da jammerte den Herrn desselbigen Knechtes und ließ ihn los, und die Schuld erließ er ihm auch». Amen, so ist's und dabei bleibt's. *Gott hat's gesprochen,* das kann man nicht fassen, das kann man nur *glauben.* Aber warum sollten wir nicht glauben? Wir *sehnen uns* jedenfalls alle danach, glauben zu können. Und indem wir uns danach sehnen, *glauben wir schon.* Wir glauben, lieber Herr, hilf unserem Unglauben [vgl. Mk. 9,24]!, nicht wahr, so steht's. Auf die *Größe und Masse* unseres Glaubens kommt es wahrlich nicht an. Ganz ohne Glauben ist niemand von uns. Und darum auch *nicht ganz ohne die Macht* gegen das Böse, die Gott hat und gibt. Denn das *Licht des Heilands* leuchtet uns nicht umsonst.

3. Vergeben *heißt nicht Vergessen.* Das Böse in unserem Leben, das wir tun und leiden, setzt sich ja aus tausend und tausend *Einzelheiten* zusammen. Aus einer langen Reihe von Trägheiten, Unaufrichtigkeiten, Eigennützigkeiten, Lieblosigkeiten und Überhebungen *baut sich allmählich unser Leben* auf, eins immer ans andere sich anschließend, und bekommt schließlich die Bezeichnung böse. So ist auch in *jedem einzelnen Augenblick* unseres Lebens ein Zusammenhang von Kurzsichtigkeit, Eitelkeit, Übereilung, Nachlässigkeit und Härte, und wenn wir aufrichtig sind, erkennen wir diesen Zusammenhang und nennen ihn böse, auch in den sogenannten guten Stunden, die wir haben. So ist auch *das Böse in der Welt* ein Meer von bösen Einzelheiten. Es ist grauenvoll, darüber nachzudenken, wieviel solche Einzelheiten es gegeben hat in den Kriegs- und Revolutionsjahren, aus denen wir kommen, z. B. an die Leiden der Kriegsgefangenen, an die Leiden, die in den großen Städten Deutschlands und Österreichs durchgemacht worden sind und noch werden, an das ungeheure Netz des Bösen, das sich zusammenziehen mußte, als der Krieg ausbrach, an die Greuel, die einzig in Rußland zuerst von oben und nachher folgerichtig auch von unten verübt worden sind. Alle diese Einzelheiten in uns und in der Welt sind *nicht vergessen.* Es ist Alles vor Gott. Was wir Böses tun und wenn es nur in Gedanken wäre, das hat seine *Wirkung* – den *Schaden,* den wir anrichten, die *Lüge,* die wir

stark machen, die *Tränen,* die wir verursachen, das *Murren* und die Verzweiflung, die unsertwegen in den Herzen sind, die *Kälte,* die wir um uns her verbreiten, Gott sieht und hört Alles, und wenn unsere Härte, unser Übermut, unsere Faulheit noch so verborgen und von uns selbst längst vergessen wären. Was *der Mensch sät,* das muß er ernten [Gal. 6,7]. Es gibt vor Gott *auch keine Kleinigkeiten.* Die sogenannten Kleinigkeiten, böse, abweisende Gesichter, die wir machen, schlecht angebrachte Scherzworte, die wir uns leisten, kleine Rachen und Triumphe, die wir uns gestatten, sind vielleicht in ihrer Wirkung und vor Gott schlimmer als das, was wir für unsere große Sünde halten. Denken wir daran: *es zählt Alles.* Die große Schuld des Schalksknechts setzt sich ja sicher auch aus lauter einzelnen Nachlässigkeiten und Veruntreuungen zusammmen. Alle *miteinander* bildeten die große Schuld der 10 000 Pfund, die er nicht bezahlen konnte.|

Aber *da war die große Wendung* in seiner Geschichte, daß er nun diese ganze große Summe gerade *nicht bezahlen* mußte. Es wurde unerbittlich gerechnet und gerechnet, bis die bitterböse Summe dastand schwarz auf weiß, und dann wurde auf einmal *nicht mehr gerechnet,* nicht weil der Knecht bezahlen konnte, das war ja lauter Einbildung, wenn er meinte, er könne das, sondern *weil der König der König war* und nicht mehr rechnen wollte: er ließ ihn los, und die Schuld erließ er ihm auch! Das ist die Vergebung. Vergeben heißt *aufheben, bewegen, hinwegtragen:* Alles, das Ganze in allen seinen Einzelheiten miteinander. *Nichts wird vergessen,* nichts übersehen, es ist Alles beieinander. Es kommt Alles aus der gleichen Quelle, und es strömt Alles demselben Meer zu: Das Dichten und Trachten des menschlichen Herzens ist böse von Jugend an [Gen. 8,21]! *Wir sind gerichtet,* wir sind verloren. Es könnte ja auch uns einfallen, mit jenem Knecht zu rufen: *Habe Geduld mit mir,* ich will es dir Alles bezahlen! Wir wollen versuchen uns [mit] immer neuer Buße und Heiligung und im Großen durch unentwegten Fortschritt auf der Bahn der Entwicklung aus dem Sumpf, in dem wir uns befinden, herauszuhelfen! Habe Geduld mit uns, wir werden das unendlich hohe Ziel in unendlich ferner Zeit doch einmal erreichen! Solche Rede wäre in unserem Mund *nicht weniger töricht* als im Munde jenes Knechts. Denn unsere Schuld ist wie die seinige *unendlich.* Wir werden *nicht fertig* damit. Was *geschehen* ist, ist geschehen und schreit gegen uns. Was ich *getan habe,* das habe ich getan, und es klagt gegen mich. Es gibt *keine Buße,* durch die wir uns vom Bösen losmachen, und es gibt keinen Fortschritt, durch den wir über das Böse hinauskommen können. *Es folgt uns* und wird uns folgen, und wir sind verloren, wenn es beim Rechnen bleiben soll.|

Aber *in Gott ist noch eine andere Möglichkeit.* Gott kann sein Urteil über uns *wenden vom Gericht zur Gnade,* weil er Gott ist, weil er die Macht dazu hat! Gott kann über uns sprechen: *Es werde Licht!,* und es wird Licht, wie am ersten Schöpfungstage [Gen. 1,3]. Gott *kann die Toten rufen,* daß sie leben, und dem, was nicht ist, daß es sei [Röm. 4,17], und wenn Gott spricht, so geschieht es, er gebietet, so stehet es da [Ps. 33,9]. Gott kann durch all das böse Dichten und Trachten des menschlichen Herzens *hindurch* in dieses seltsame Menschenherz selbst hineinsehen und sehen, daß es trotz Allen und Allem in seiner ganzen Sünde und Schande doch ihm gehört, sein entweihter und zerstörter Tempel ist, *hindurchhören* durch all das wüste Geschwätz und Gelärm, das wir machen, und hören das verborgene Ja in uns, ohne das wir doch nicht so empörerisch[?] Nein sagen könnten, hören den Ruf der Sehnsucht in uns, den wir immer versteckt haben, die Stimme der Aufrichtigkeit, die wir immer betäubten, den Schrei der inneren Not, den wir immerfort erwürgten, weil wir uns selbst nicht verstanden. Ja, Gott *sieht und hört das in uns,* was wir selbst nicht sehen und hören, und was Gott sieht und hört, *das ist,* das ist Wahrheit, mehr Wahrheit als alles Andere, was sonst leider wahr ist. *Gott versteht uns,* versteht sie, die Zöllner und Sünder, die Atheisten und die frommen Heuchler, die bösen Militaristen und Kapitalisten und die bösen Bolschewisten und uns Mittelmenschen alle damit. *Die Unterschiede* zwischen uns sind so groß nicht, wie wir denken. Wir sind ja alle Menschen, Menschen! Menschen mit 10 000 Pfund Schulden, mit böser Vergangenheit und bösem Gewissen, aber auch mit einem *Herzen,* dessen bestes Teil darin besteht, daß ihm etwas fehlt, Gott selbst. Gott weiß, *wie wir alle es meinen,* wir mit unseren Nerven und Instinkten und unterbewußten Trieben, wir mit unserer Streitsucht und Spottlust, wir mit unserem Übermut und unserer Verzagtheit, Gott weiß es, und noch einmal sage ich: was Gott weiß, *das ist,* das ist die sicherste Tatsache unseres Lebens, sicherer als alles Andere. Es ist *eine neue Macht,* in deren Gewalt wir kommen, wenn Gott uns sieht und hört und versteht im Grund unseres Wesens. Nicht wir sind von unten her an das Gute herangekommen, sondern *das Gute ist von oben her* an uns herangekommen. *Der Anfang* eines total neuen Lebens wird da gesetzt und gepflanzt, der das Alte auf die Seite drängt, zerbricht und ersetzt. Es ist *der Keim* einer neuen, vom Bösen erlösten Menschheit, der da ins Erdreich eingesetzt wird. Und *das geschieht uns nicht einmal,* das ist nicht ein Erlebnis neben anderen Erlebnissen, das ist Gottes *Haltung* überhaupt, das ist Gottes *Bedeutung* [?] für uns und unser Leben, daß wir so von ihm *gesehen, gehört, verstanden* werden und daß es so bei aller Größe des Bösen immer wieder einen neuen *Lebensanfang* und Weltanfang gibt von ihm her. |

Seht, das ist die Vergebung: daß Gott immer wieder *das Ganze* zusammennimmt, nicht um weiter mit uns zu rechnen und zu rechten, sondern um es zu heben, zu bewegen, hinwegzutragen. Das ist die Vergebung, daß immer wieder dieser *unser Anfang in Gott durchbricht,* daß Gott es aus uns hervorholt, was wir eigentlich und im tiefsten Grunde sind. Wenn wir unser Böses vergessen und übersehen wollen, wenn wir es unerledigt hinter uns zurücklassen, dann werden wir nicht davon erlöst. Die Vergebung aber, die *Wendung, die Gott selbst macht* gegen das böse Ganze unseres Lebens hin, die *erlöst* uns. *Gott ist stärker* als das Böse. Er kann *neue Menschen* machen und tut es. Es *jammerte* den Herrn! Weil er der Herr ist, ist seine Barmherzigkeit kein schwaches Mitleid, sondern *starke, befreiende Tat.* Wir müssen ihn nur *tun lassen.* Dann tut er's. Dann kehrt sich die Welt um. Dann kommen wir auf neuen Boden zu stehen. Obwohl unsere *Sünde blutrot* ist [Jes. 1,18]. Obwohl wir armen Menschen von heutzutage in einer geradezu furchtbaren *inneren Auflösung* unseren Weg sehen und gehen. Vielleicht *gerade* darum, gerade heute! Die Not ist zum Höchsten gestiegen. Ich *hebe aber meine Augen auf* zu den Bergen, von welchen mir Hilfe kommt [Ps. 121,1]. *Nur in keiner Gottverlassenheit* der Seele und der Zeit dieses Aufheben unserer Augen vergessen! *Nur nicht stecken* bleiben und auch Andere nicht stecken lassen im Bösen! |

Wir wollen am nächsten Sonntag Weiteres hören aus diesem Gleichnis. Nur noch eins: In Christus ist alles das Wahrheit, was wir heute hörten. Denn um unserer Sünde willen ist er dahingegeben und um unserer Gerechtigkeit willen auferweckt [Röm. 4,25]. Er hat uns

Gottes Gedanken, die *Vergebung* und ihre *Macht* verkündigt. Wer aus der Wahrheit ist, der *hört* seine Stimme [Joh. 18,37].

Lieder[5]:
Nr. 241 «Ich will dich lieben, meine Stärke» von J. Scheffler (RG [1998] 682; EG 400)
Nr. 129 «Wach auf, mein Herz, die Nacht ist hin» von L. Lorenzen (RG [1998] 483; EG 114)

[5] Strophenangaben fehlen.

Matthäus 18,21–35 II

1. « Die Schuld erließ er ihm.» Das ist die königliche Tat Gottes. Diese Tat verstehen *heißt Gott verstehen,* die Welt verstehen, sich selbst verstehen. Was ist denn diese Tat Anderes, als daß Gott *uns* versteht, trotz der *Finsternis,* mit der wir uns umgeben, trotz der *fremden Gesichter,* die wir ihm machen, trotz der großen *Ferne von ihm,* in der wir uns befinden. Gott versteht uns. Er sieht durch Alles hindurch in den tiefsten *Grund* unserer Seele, er sieht, wie wir's *meinen,* er sieht, daß der ganze Widerspruch gegen ihn, in dem wir uns befinden, *eine Not* ist, unter der wir leiden. Das ist *das Wort,* das Gott uns in Christus gesagt hat: Ich verstehe euch! Und indem Gott uns versteht, *verstehen wir auch ihn* und durch ihn die Welt und uns selbst.

«Die Schuld erließ er ihm.» Wenn wir uns das sagen lassen, dann fangen wir an, *Gott lieb zu haben.* Denn wenn wir uns sagen lassen, daß es ein *Werk Gottes* ist, ein Wunder, eine Revolution, größer als Alles, was wir sonst so nennen, wenn der eiserne Ring des Bösen, in dem wir schmachten, gesprengt wird, anerkennen wir, daß wir gegen Gott allezeit Unrecht haben. *Wir von uns aus* hätten den Ring nicht gesprengt, weder durch unsere Macht noch durch unseren guten Willen. *Macht von oben,* guter Wille von oben tut es. Solange wir immer noch denken, es ginge auch *anders,* solange wir mit dem Schuldner im Gleichnis rufen: ich will das alles bezahlen!, haben wir Gott noch nicht lieb, könnten es sehr gut ohne ihn machen. Es ist die *schwierigste Gefangenschaft,* die man sich denken kann: ein Mensch, der so auf irgend eine Höhe von Tugend oder Frömmigkeit oder Fortschrittsglauben setzt und Gott nicht lieb und nicht nötig hat. Aus dieser Gefangenschaft werden wir *gründlich erlöst,* wenn wir es uns sagen lassen, daß Gott allein Macht hat gegen das Böse; Gott aber hat sie und braucht sie!

«Die Schuld erließ er ihm.» Seht, damit *kommen wir auf festen Boden* mit Gott. Wenn wir darauf angewiesen wären, durch Bekehrungen, die wir durchmachen, und Fortschritte, die wir erzielen, allmählich aus dem Bösen in das Gute *hinüberzukommen,* allmählich unser Leben aus einem bösen in ein gutes *umzuwandeln,* allmählich in der Welt den Sieg des Guten über das Böse zu *erreichen*, wir kämen aus der Unsicherheit nie heraus. Wir würden arg *hin und her schwanken* zwischen schwärmerischer Hoffnung und tiefer Verzweiflung, himmelhoch jauchzend, zu Tode betrübt[1]. Nun aber bedeutet das Erlassen der Schuld, daß *das Neue*, das von Gott kommt, gar nicht die Fortsetzung des Alten ist, sondern *etwas ganz Neues*. Unsere Schuld wird nicht gestundet, sondern durchgestrichen. Unser Leben wird nicht verbessert, sondern es gibt einen *neuen Lebensanfang*. Und die Welt wird nicht verbessert, sondern *umgekehrt*. Die Gotteswelt bricht an.

Das ist die Vergebung. Der Sinn des Neuen Testaments und der Sinn unseres Daseins. Wir sind von Gott *verstanden* und können selber verstehen. Gott hat *Macht gegen das Böse*, und wir können ihn lieb haben. Es gibt eine *neue Schöpfung* des Menschen und der Welt, und darum können wir hoffen. *Das ist Christus.* Das ist sein Dienst und Werk, daß er den Sinn Gottes klar und unzweideutig hervorgestellt hat auf der Erde. Der Sinn Gottes heißt Vergebung. *Nicht als Lehre* und nicht durch sein Beispiel hat er die Vergebung hervorgestellt, sondern *als Ereignis* kam sie daher in ihm, als Leben, als Wahrheit, als Wirklichkeit kam sie in ihm zu Allen, die offen sind für die Wirklichkeit: Gott *versteht* euch! Gott *siegt* über das Böse! Gott *macht* Alles neu! *Jesu Tugend und Jesu Frömmigkeit* könnten uns das nicht sagen. Auch die höchste Tugend und die größte Frömmigkeit sind im Ring des Bösen, gehören zur alten Welt, sind von unten, nicht von oben. Zur Verkündigung der Vergebung braucht's *Gotteswirklichkeit*, Auferstehung, wie sie die Jünger am Ostermorgen erlebt haben, Licht vom Himmel, wie es Saulus vor Damaskus gesehen hat [Act. 9,3]. Hören müssen wir und sehen. Jesus Christus *zerreißt der Wahrheit von Gott den Schleier*, in den sie gehüllt war. Es zeigt sich, wie sie ist. Das ist eine *unerhörte Wendung*. Das ist bis auf den heutigen Tag eine Umkehrung aller üblichen Lebensansichten und

---

[1] Vgl. J. W. von Goethe, *Egmont*, 3. Aufzug, «Klärchens Lied» (Schlußzeilen):

> Himmelhoch jauchzend,
> Zum Tode betrübt –
> Glücklich allein
> Ist die Seele, die liebt.

Weltanschauungen, ein Strich durch alle Künste der Moral und der Erziehung. Wir können uns nicht genug vorhalten, daß bei dem, was das Neue Testament uns zu sagen hat, *Grund gelegt wird,* nicht weitergebaut wird auf alten Gründen, sondern neuer Grund gelegt. So ihr nicht *von Neuem geboren werdet,* könnt ihr nicht in das Reich Gottes kommen [vgl. Joh. 3,3]! Die *verborgene Gotteswahrheit* aber, die da zum Vorschein kommt und unser Grundstein, unsere neue Geburt werden soll, heißt eben Vergebung. «Die Schuld erließ er ihm.»

2. Und auf diesen Boden der Freiheit müssen wir uns nun miteinander stellen.

Miteinander! Also *nicht einsam,* sondern gemeinsam. Wir können die Vergebung *nicht nur* auf uns selbst beziehen. Dazu ist sie etwas viel zu Großes, Umfassendes. [2]*Was uns selbst betrifft,* also den einzelnen Menschen, so sind wir dazu da, *zu hören,* zu verstehen, uns sagen zu lassen, was Gott uns sagen will. Meine und deine Seele, sie sollen *Orte werden,* wo Gottes Wort und Tat und Verheißung in Christus einen fruchtbaren Boden findet. Die göttliche Vergebung geht nicht in die leere Luft hinaus, sondern sie will in solche *Seelen hinein*gehen, die sie auf- und annehmen und in denen sie lebendig werden kann. Da in mir und in dir soll das *Feuer angezündet* werden, von dem Jesus gesagt hat, er wollte, es brennete schon [Lk. 12,49]. Darum hat Gott eine solche besondere, liebevolle *Aufmerksamkeit* für jede einzelne Menschenseele als solche, und darum ist es eine so entscheidend wichtige Frage, daß wir unsere Seele *erretten,* und darum müssen wir in aller Stille jedes für sich immer wieder *daran arbeiten,* den Glauben zu lernen.[2] Aber gerade wenn wir es lernen zu glauben, lernen wir es auch: *miteinander!* Wer in der Vergebung steht, weiß, daß er *nicht allein steht,* nicht für sich steht. Mit der Vergebung kann man *nicht in eine Ecke* laufen, um sich dort daran zu erfreuen. Man kann sich auch nicht damit *vor einen Spiegel* setzen und denken: wie wohl steht es mir doch an, sie zu haben. Man kann auch *nicht ein lautes Rufen* damit machen an Andere: Ich, ich habe Vergebung! Vergebung ist ja eine neue Weltordnung. Vergebung drängt und treibt darum sofort aus der einzelnen Seele *nach außen,* überall, überall müßte Vergebung sein. Vergebung

---

[2-2]Der Passus ist von Barth in eckige Klammern gesetzt.

ist eine *lebendige, tätige Kraft,* die, wie sie zu uns gekommen ist, auch wieder von uns ausgehen möchte. Vergebung ist eine *neue Gemeinschaft* unter uns Menschen, z.B. zwischen ungleichartigen Geschwistern, zwischen Vätern und Söhnen, zwischen Müttern und Töchtern, zwischen Vorgesetzten und Untergebenen, zwischen Erziehern und Kindern, zwischen zwei Nachbarn, zwischen politischen Gegnern, kurz *immer gerade zwischen* solchen Menschen, [die] sich irgendwie fern und gegenüberstehen, die sich nicht recht verstehen, nicht recht lieb haben, keinen gemeinsamen Boden finden. Daß *da andere Menschen* Gemeinschaft haben miteinander, dazu braucht es keine Vergebung. Es ist ja auch nichts so Neues und Wichtiges. Die Vergebung ist für *das Neue und Wichtige,* daß die Menschen, die sich fern stehen, in Gemeinschaft miteinander kommen. *Das ist's,* was zur Ehre Gottes geschehen muß. Denn zwischen solchen Menschen steht offenbar immer ein Stück von der *Finsternis* des Bösen, die Gott überwinden will durch die Vergebung. Also müssen wir uns dazu hergeben, die Vergebung, die wir selbst haben, *gerade auf solche* uns gegenüberstehende Menschen anzuwenden. Wir haben diese Menschen *nötig und sie uns,* die Vergebung muß ihren *Lauf nehmen* können. Also müssen wir, wenn wir neutestamentliche Leute, Jünger Jesu sein wollen, *sehr offen und weit und bereit* sein für solche gegenüberstehende Menschen. Es wird ja wohl keinem von uns an solchen fehlen.

Auf den Boden der Freiheit müssen wir mit ihnen gehen. Darin liegt sehr Vieles. Vergebung ist das Freieste, was es überhaupt gibt. Zunächst einmal darin, *daß sie ganz aus unserer eigenen Freiheit heraus kommt.* Niemand kann uns *zwingen* dazu. Auch wir selbst können uns nicht dazu zwingen. Wir können uns allenfalls dazu zwingen, freundliche Gesichter zu machen und versöhnliche Worte zu brauchen. Aber das ist nichts. Das ist nicht Vergebung. Vergeben können wir nur ganz *aus uns selbst heraus,* dadurch daß in uns selbst etwas ganz *Neues* geschieht, eine *Fessel springt,* die uns immer gehalten hat. Wie ja eben die Vergebung überhaupt etwas ganz Neues ist, die Erschaffung einer neuen Welt sozusagen, ein göttliches Wunder. Dieses Wunder geschieht in uns, wenn wir vergeben können. Du *versuchst es,* einen Menschen zu verstehen, lieb zu haben, an ihn zu glauben, und bist dir selbst ein *Rätsel,* daß du es kannst. Aber du kannst es, du selbst und niemand anders, du bist frei und vergibst.|

Die Vergebung ist auch darin eine Freiheit, *daß sie uns selbst frei macht,* nämlich frei *von dem Bösen,* das dem Menschen dir gegenüber anhaftet. Solange wir nicht vergeben können, sind wir durch das Böse, das der Andere an sich hat, wie *gebunden.* Wir müssen immer daran *denken.* Wir müssen ihm laut oder still immer *antworten.* Man muß sich nach dem Gegner *richten!,* sagt man im Krieg und in der Politik. Das ist ein sehr gefährlicher Grundsatz. Man *lebt dabei* eigentlich vom Bösen des Anderen. Es wird zu einem *Bestandteil* des eigenen Lebens. Man wäre *ganz leer* und verwirrt, wenn das Böse an dem Menschen da drüben plötzlich nicht mehr da wäre, nachdem man sich so lange darüber aufgehalten und daran gewöhnt hat. Es ginge uns wie einem, der lange an einer Tür gedrückt hat, und nun geht sie plötzlich von innen auf, und er stößt ins Leere und fällt auf die Nase. Das ist ein krankhafter, finsterer, *unfreier Zustand.* Wenn wir vergeben, so heißt das, daß wir *unabhängig* werden von dem Bösen, das dem da drüben anhaftet. Wir wollen es gar nicht mehr damit zu tun haben, sondern *mit ihm selbst.* Wir können ja sein Böses *immer noch hassen* und verabscheuen, aber das ist sozusagen selbstverständlich, nicht mehr so überaus wichtig. Wir können es in aller Ruhe und Überlegenheit tun. [3]Es geht uns auch da im kleinen *wie Gott selbst.* Auch Gott selbst ist ja ohne die Vergebung gleichsam *gebunden durch das Böse, das in der Welt geschieht.* Das sehen wir im ganzen Alten Testament. Gott muß sich da immer *richten* nach der Unvollkommenheit der Menschen, sein wahres Wesen ist *verborgen* hinter den Wolken der Sünde, hinter den Bluttaten der Richter und der Könige, hinter dem Zorn des Elias [1. Kön. 18,40], hinter den Gerichtsworten der Propheten und hinter den steinernen Mauern und Opferdämpfen des Tempels. Indem Gott vergibt, macht er sich *frei,* er *richtet sich nicht* mehr nach dem Gegner, er zeigt sich, wie er ist, und geht seinen *eignen Weg.*[3] *Wir* dürfen auch unseren eignen Weg gehen, unabhängig vom Gegner, wenn wir in der Vergebung stehen.|

Die dritte Freiheit der Vergebung gilt dem Gegner. Einander vergeben heißt *einander frei machen.* Das besteht vor allem darin, daß man frei von einander *denkt.* Daß man aufhört, miteinander *zu rechnen und zu rechten,* die Einzelheiten des Bösen aneinander zu betrachten

---

[3-3]Der Passus ist von Barth in eckige Klammern gesetzt.

und dann zu erwägen, *ob es noch langt* zum Verstehen und Liebhaben. Wie oft muß ich meinem Bruder vergeben? Ist's genug siebenmal? Und dann, wenn's nicht mehr langt, ihn *verurteilen* und strafen, d. h. dem Bösen das Böse entgegensetzen. Das heißt einander gefangen nehmen. *Wir alle schmachten* in solchen Gefangenschaften. Man rechnet immer mit uns, nicht wahr? Man sucht mit scharfem Blick unsere Fehler, man redet darüber, man läßt es uns mit einer gewissen Lust merken, daß wir mehr als siebenmal gesündigt haben, man ist fertig mit uns. Und das tut uns weh. Das bessert und hilft uns nicht. Das macht uns zwar verlegen, aber auch trotzig. Jetzt beharren wir erst recht. Aber so machen wir es *auch Anderen.* 99% vom Bösen, das die Bösen tun, kommt davon her, daß die Guten so gewaltig mit ihnen rechnen und richten, statt ihnen zu vergeben. Vergeben heißt *aufs Ganze gehen,* nicht siebenmal, sondern siebzigmal siebenmal, überhaupt nicht mehr zählen, überhaupt nicht mehr die Einzelheiten so festnageln. *Das Ganze ist der Mensch,* der lebendige Mensch da drüben, vielleicht in einer sehr armen [?] Haut, aber eben darin ein lebendiger Mensch, der *in großer Not ist* und irgendwie noch eine Hoffnung hat. Als solcher will er verstanden sein, lieb gehabt sein, getragen sein. Er wartet darauf, daß wir *anerkennen,* wie er es meint, nicht wie es herauskommt. Wenn das, was er meint, einmal anerkannt wäre, würde leicht und bald auch etwas anderes herauskommen. Es mag uns dieses Anerkennen *schwer fallen,* aber doch wohl nicht schwerer, als es Gott fallen muß, zu anerkennen, wie wir es meinen. Jünger Jesu *verbreiten nicht Gerichtsluft* um sich her, sondern Freiheitsluft, nicht Winterluft, in der die Bösen erst recht gefrieren, sondern Frühlingsluft, in der sie auftauen. |

Die vierte Freiheit in der Vergebung ist eine Freiheit *zwischen uns und dem Gegner.* Es handelt sich zunächst gar *nicht darum,* daß man einander *entgegenkommt,* sich einander anpaßt und auf diese Weise miteinander auszukommen sucht. Man kann dem Anderen vergeben und dabei *ganz fest* auf seinem Standpunkt und bei seiner Meinung verharren. Das Vergeben soll wahrhaftig nicht darin bestehen, daß wir *weich und lappig*[4] werden in dem, was wir für recht erkannt haben. Die Vergebung macht uns *in uns selbst fest* und nicht lappig. Man muß

---

[4] = wie ein Waschlappen.

eben auch immer damit rechnen, daß *der Andere,* dadurch daß wir ihm vergeben, zunächst *keineswegs anders* wird. Auch er steht fest auf seiner törichten und verkehrten Sache. Wir haben eben alle gar harte Köpfe, z. T. soll es so sein, z. T. wäre es besser, wenn sie nicht so hart wären. Da stehen wir uns dann scheinbar nach wie vor *nutzlos und unfruchtbar gegenüber,* ohne daß sich hüben und drüben etwas verändern kann. Wir sollen uns auch dazu *die Freiheit lassen.*

[5]Zwischen *Gott und uns* steht es ja ebenso. Man weist ja immer wieder mit einem gewissen Recht darauf hin, daß in den 1900 Jahren seit Christus eigentlich *nicht eben viel anders geworden sei* in der Welt. Die Menschheit hat eben auch harte Köpfe. Gott läßt ihr die Freiheit dazu und vergibt trotzdem. Das Werk Gottes geht ja *trotzdem weiter;* es ist ein *ewiges Haus,* das da gebaut wird, und Gott *hat Zeit,* unterdessen auf uns zu warten. Umsonst ist gar nichts von dem, was er sagt und tut in Christus.[5]

An dieses Trotzdem müssen wir auch *untereinander* glauben. Die Hauptsache ist wirklich nicht die, daß der Eine oder Andere von *seinem Platze weicht*[6]. Oft darf das geradezu gar nicht sein. Die Hauptsache ist, daß Gnade über die Menschen kommt, auch wenn sie gegeneinander stehen und stehen bleiben. Es gibt eine *Gemeinschaft im Gegensatz,* die für das Reich Gottes wertvoller ist als die Gemeinschaft eines raschen Friedensschlusses. Die Gemeinschaft besteht dann in der gemeinsamen Quelle, aus der man hüben und drüben trinkt. Es wäre an vielen Orten [?] gut, wenn man sich das eingestehen würde, daß ja *gar nicht durchaus das, was man Frieden nennt,* sein muß. Die Vergebung kann es auch ohne Frieden machen, weil sie *Gotteswerk,* nicht Menschenwerk ist.

Wir müssen aber diesen Boden der Freiheit betreten. Das ist *das Letzte,* was wir uns sagen wollen. Es darf uns *nicht gehen* wie dem Schalksknecht, der darum ein Schalksknecht war, weil er seinem König und sich selbst untreu wurde und mit seinem Mitknecht anders umging, als der König mit ihm umgegangen war. Das ist eine *ganz absurde, unmögliche Geschichte,* die uns nicht passieren darf. Da hört eben das Himmelreich auf, wenn wir die Vergebung haben und ver-

---

[5-5]Der Passus ist von Barth in eckige Klammern gesetzt.

[6] Mskr. «weichen»; Korrektur vom Hrsg.

leugnen. Das war ein aufgehobener Finger gegen Petrus mit seiner Frage wegen der sieben Sünden seines Bruders. Wir möchten *alle nicht zurück,* nicht wahr, auch wenn wir noch nicht weit vorwärts gekommen sind. Seht, wie stark uns Jesus *den Rückweg versperrt,* indem er uns sagt, daß es ohne Vergeben keine Vergebung gibt. Er hat ein *starkes Zutrauen zu der Macht der Vergebung,* daß er nichts Anderes von uns erwartet, als daß wir in ihr stehen und stehen bleiben; nun bewegt sind und weiterbewegt werden. Wir *müssen* den Boden der Freiheit betreten, weil es nicht möglich ist, daß das Reich Gottes umsonst nahe herbeigekommen ist.

Lieder:

Nr. 174 «Gott ist gegenwärtig» von G. Tersteegen, Strophen 1.2.4 (RG [1998] 162,1–3; EG 165,1.2.4; jeweils mit geringen Textabweichungen)

Nr. 142 «Jesus Christus herrscht als König» von Ph. Fr. Hiller, Strophen 1.2.4 (RG [1998] 492,1.3b.4b.6; EG 123,1.3b.4b.7; jeweils mit Textabweichungen)

Psalm 139,7–12

[Wo soll ich hin gehen vor deinem Geist, und wo soll ich hin fliehen vor deinem Angesicht? Führe ich gen Himmel, so bist du da. Bettete ich mir in die Hölle, siehe, so bist du auch da. Nähme ich Flügel der Morgenröte und bliebe am äußersten Meer, so würde mich doch deine Hand daselbst führen und deine Rechte mich halten. Spräche ich: Finsternis möge mich decken! so muß die Nacht auch Licht um mich sein. Denn auch Finsternis nicht finster ist bei dir, und die Nacht leuchtet wie der Tag, Finsternis ist wie das Licht.]

1. «Wo soll ich hin gehen vor deinem Geist, und wo soll ich hin fliehen vor deinem Angesicht?» Könnte man heute, mehrere tausend Jahre, nachdem dieser Psalm geschrieben wurde, etwas Richtigeres und Tieferes sagen über die Lage des Menschen? *Er ist auf der Flucht vor Gott.* Wie der Prophet Jona, von dem es heißt: und Jona floh vor dem Herrn [Jona 1,3]. Er floh, *um nicht gehorchen zu müssen.* Gott *will etwas* vom Menschen. Gottes Geist, Gottes Angesicht, wie es hier heißt, sie zeigen ihm eine Notwendigkeit, ein Gebot, eine Forderung. Er aber möchte sich dieser Forderung *entziehen:* Es ist mir zu groß, sagt er, und ich bin zu klein! Es ist mir zu stark, sagt er, und ich bin zu schwach! Es ist mir zu himmlisch, sagt er, und ich bin zu irdisch! In Wahrheit aber denkt er: ich will meinen eigenen Willen behalten, ich will mein Herz nicht hingeben. Weil er aber Gottes Geist *nicht direkt widerstehen* kann, weil er nicht ungehorsam vor Gott stehen kann, läuft er irgend wohin, wo er die Forderung vermeintlich *nicht mehr hört.* Wie schon Adam und Eva im Paradies *sich versteckten,* weil sie nicht in ihrem Ungehorsam dastehen konnten vor Gott [Gen. 3,8]. Da wurde der *Knoten zusammengezogen,* an dessen Lösung wir uns noch immer die Finger verbrennen. Von da an konnten sich die Menschen nicht mehr ehrlich *in die Augen* schauen. Von da an konnte es ihnen *nie mehr ganz wohl sein* bei dem, was sie dachten, sagten und taten, weil ja doch Alles, was von da an geschah, etwas Anderes war als das, was eigentlich hätte geschehen sollen. Von da an wurde Religion nötig

---

[1] In dieser Predigt finden sich neben den gewohnten Unterstreichungen mit Tinte, Bleistift und blauem Farbstift auch sehr viele Unterstreichungen mit rotem Farbstift, die nicht wiedergegeben werden können.

und Moral. *Von da an gab es* eine Zivilisation, einen Staat, eine Kirche, eine Wissenschaft, eine Gesellschaftsordnung. Das war die Gründungsfeier aller Irrenhäuser, Zuchthäuser, Krankenhäuser, Totenhäuser; denn in solchen Häusern muß der Mensch zuletzt wohnen, da er sich angeblich zu klein, zu schwach, zu irdisch fühlt, um im Hause Gottes zu wohnen. Durch den Menschen kam *die Sünde* in die Welt. Die Sünde besteht darin, daß er, da er nicht ungehorsam sein *kann* und nicht gehorsam sein will, die Flucht ergreift. Und durch die Sünde kam der *Tod* in die Welt [vgl. Röm. 5,12]. Tod ist all das entlehnte, unwahre, unnatürliche, künstliche Ersatz-Leben, das wir irgendwo in der Ferne von Gott zu führen suchen. Das, was wir den leiblichen Tod nennen, drückt diesem Ersatz-Leben *den Stempel* auf. Auf dem Stempel steht geschrieben: Das scheint frei und ist doch unfrei! Das scheint beständig und ist doch vergänglich! Das scheint etwas zu sein und ist doch nichts! Alles Vergängliche ist nur ein Gleichnis![2] Stirb, Mensch, du hast das falsche Los gezogen! *Der Mensch auf der Flucht vor Gott,* bald im *Guten,* bald im *Bösen,* bald in seiner *Gerechtigkeit,* bald in seiner Ungerechtigkeit, bald in seinem vollen *Vorwärtsstürmen,* bald in seinem trägen Liegenbleiben – aber immer auf der Flucht vor Gott, immer auf der Flucht. Die Flucht vor Gott *erklärt Alles.* O wenn wir es uns einmal erklären *lassen* wollten!

2. Wenn uns doch jemand die Hand auf die Schulter legen und *uns einmal sagen könnte,* was wir *eigentlich tun! Dem Hitzigen,* Eifrigen, Leidenschaftlichen, der mit geballter Faust und gerunzelter Stirn durchs Leben stürmt: du hast etwas Leeres hinter dir, eine ungelöste Frage, eine unerledigte Aufgabe, und du weißt es, darum stürmst du so heftig, du bist auf der Flucht vor Gott! *Dem Trägen,* Schläfrigen, Gleichgültigen: du fürchtest dich einfach, die Augen zu öffnen und das Leben anzusehen, wie es ist, denn du weißt, daß du erschrecken müßtest vor dem, was du sehen würdest, du bist auf der Flucht vor Gott! *Dem Schwätzer* und Plauderer: du redest so viel, weil du weißt, daß du noch nie ein wahres, wichtiges Wort gesprochen hast, und um diesen Mangel zu verdecken, lässest du die Mühle unablässig leer laufen. *Dem Schweigsamen,* der niemand ein rechtes Wort gönnen mag:

---

[2] J. W. von Goethe, *Faust II*, V. 12104f. (5. Akt, Bergschluchten).

du weißt, daß, was du eigentlich sagen müßtest und was du eigentlich zu sagen hättest, dich selbst und vielleicht nicht nur dich selbst angreifen und verurteilen würde. Du schweigst aus Vorsicht vor der Wahrheit. Dem *Leichtsinnigen:* du tust, als ob Alles in Ordnung wäre, weil du vergessen möchtest, was du doch eben nicht vergessen kannst: die verborgene und doch durchaus nicht verborgene Unordnung deines Lebens. Dem *Trübsinnigen:* du verdeckst dir mit deinem Jammer über das, was du nicht kannst und was dir nicht beschieden ist, den viel größeren Jammer über das, was gerade du durchaus könntest und was gerade dir durchaus beschieden wäre, wenn du es über dich brächtest, danach zu greifen.

Wer wird *uns aufgelösten, widerspruchsvollen Menschen von heute helfen,* uns selbst zu verstehen? Hier *die blinde Wut der Einen,* die an allem Festen rütteln, alles Stehende niederwerfen, alles Geordnete verwirren möchten, als ob die Weisheit erst mit ihnen geboren sei [vgl. Hiob 12,2], als ob die Weltgeschichte erst heute anfinge, als ob es sich ums Zerstören handle in einer Stunde, wo Gott sich nun vielleicht auch neu[?] zum Bauen anschickt. Dort die ebenso *blinde Wut der Anderen* gegen Alles, was auch nur die entfernteste Ähnlichkeit hat mit der allerdings furchtbaren Schneeschmelze, die sich jetzt im Osten unseres Erdteils vollzieht[3], als ob es sich darum handle, zu erhalten, was vergehen muß zu einer Stunde, wo Gott sichtlich ein Neues will werden lassen. Hier der Taumelkelch der blutigen[?] *dritten Internationale* und dort der bekannte Schlaftrunk des *Pariser Völkerbundes*[4]. Hier und dort Lüge, Ersatz-Leben, Flucht vor der Wirklichkeit.

---

[3] Das Bild von der Schneeschmelze läßt vermuten, daß Barth an die seit Dezember 1917 in Gang befindliche entschädigungslose Enteignung des Großgrundbesitzes einschließlich der Güter der Kirchen und der Klöster in der Sowjetunion denkt.

[4] Um die im März 1919 in Moskau auf Betreiben Lenins gegründete *Dritte Internationale* (Kommunistische Internationale: «Komintern») kam es 1919 zu erbitterten Auseinandersetzungen in der Sozialdemokratischen Partei der Schweiz: Nachdem ein außerordentlicher Parteitag im Februar 1919 eine Wiederaufrichtung der II. Internationale abgelehnt hatte, befürwortete der Parteivorstand im Juli 1919 den Anschluß an die III. Internationale und sprach sich gleichzeitig gegen den Beitritt der Schweiz zum *Völkerbund* aus, dessen Verfassung im April von der Pariser Friedenskonferenz angenommen worden war. Ein weiterer außerordentlicher Parteitag im August 1919 beschloß den

Hier und dort *der böse Traum* des Menschen, der es vorzieht zu schlafen, statt in Gott zu wachen. Warum *merken* wir den Betrug nicht? Warum finden wir *die Kraft* nicht, nach der einen wie nach der anderen Seite einmütig und energisch Nein zu sagen?

Und wer wird *zu der heutigen Christenheit reden,* daß sie einmal erkennt, wie die Dinge eigentlich stehen? Wir wollen gewiß den *Ernst und die Wahrhaftigkeit,* die gerade in den frommen Kreisen unseres Volkes lebendig sind, nicht verkennen.[5] Aber wer gibt diesen Kreisen das Recht, die *Welt zu verurteilen?* Sind sie etwa nicht auch Welt, nicht mitschuldig daran, daß die Welt ist, wie sie heute ist? Wer gibt ihnen das Recht, gefühlvoll von einer kommenden *Christenverfolgung* zu phantasieren[?], wo die Frage noch sehr unsicher ist, ob denn das bisherige Christentum ein Salz und Licht der Erde gewesen und so der Verfolgung um der Gerechtigkeit willen würdig geworden ist [vgl. Mt. 5,10.13f.]? Wer gibt ihnen das Recht zu der Annahme, daß sie die sein werden, die nach den Verheißungen der Offenbarung Johannis *schließlich triumphieren* werden [vgl. z. B. Apk. 7, 9–17]? Ist das alles nicht auch eine Flucht vor Gott, um so schlimmer, wenn sie sich unter der Parole: Näher, mein Gott zu dir![6] vollzieht?

Wer wird *uns Kirchgänger einmal fragen,* daß wir's hören und antworten müssen: *Was wollt ihr* hier? Sucht ihr Gott *hier,* weil ihr ihn

Beitritt der SPS zur III. Internationale im Sinne der Solidarität des Proletariats und den Kampf gegen den Beitritt der Schweiz zum Völkerbund, der als Vertretung der imperialistischen Interessen der Großmächte angesehen wurde. In einer Urabstimmung der Partei im September 1919 wurde der Beitritt der Partei zur III. Internationale jedoch klar verworfen. L. Ragaz, der sich führend gegen den Beitritt engagiert hatte, sah darin «in allererster Linie einen Protest gegen alle leninistischen Gewaltmethoden und Revolutionsdogmen». Die Haltung der SPS gegenüber dem Völkerbund blieb freilich weitgehend ablehnend. Nachdem am 21.11.1919 das Schweizer Parlament den Beitritt der Schweiz zum Völkerbund unter Vorbehalt beschlossen hatte, kämpfte die SPS bis zur Volksabstimmung im Mai 1920 mehrheitlich für die Ablehnung des Beitritts. Siehe M. Mattmüller, *Leonhard Ragaz und der religiöse Sozialismus. Eine Biographie,* Bd. II, Zürich 1968, S. 502–523.535–547.

[5] Barth notierte sich hier zwischen den Zeilen das Stichwort «Bibel», an Hand dessen er den Gedanken offenbar weiter ausführen wollte.

[6] «Näher, mein Gott, zu Dir»: Übersetzung des Liedes «Nearer, my God, to Thee» von Sarah F. Adams (1805–1848) durch Erhardt Fr. Wunderlich (1830–1895), z. B. in: Reichs-Lieder, Nr. 444.

sonst nicht suchen wollt? in der *Kirche*, weil ihr ihm zu Hause aus dem Wege geht? am *Sonntag*, weil ihr am Werktag nicht für ihn zu haben seid? Und wer wird *die Anderen*, die Nichtkirchgänger, einmal fragen, daß sie hören und antworten müssen, ob sie nicht darum *zu Hause bleiben*, darum so schön von der *Erbauung in der Natur* reden, darum so laut ihr «*Tue recht und scheue niemand!*»[7] beteuern, weil sie genau wissen, daß es sich hier in der Kirche um die große Forderung handelt, der man nicht entgehen kann, wenn man sie vernimmt? Ist nicht das Eine und das Andere die Flucht vor Gott, in der wir alle begriffen sind?

An einem Punkt aber muß es *uns allen klar werden*, was wir eigentlich tun: Wenn es *in unserem Herzen*, in unseren Gedanken, in unserem Gewissen, in unserer inneren Welt nicht steht, wie es soll, dann *flüchten wir uns* zur Arbeit, dann suchen wir in eifriger Tätigkeit und Geschäftigkeit das Unangenehme, das Bewußtsein unseres unerlösten Zustandes *zu vergessen*, dann suchen wir in äußeren Erfolgen *den Ersatz* für unsere innere Niederlage. Wenn es uns aber *äußerlich nicht gut geht*, wenn wir sehen, daß unser Wissen und unsere Kraft einfach *nicht genügt*, um zu tun, was eigentlich unsere Pflicht wäre, wenn *unser Gewissen* uns da draußen verurteilt, dann wenden wir uns *nach innen*, dann suchen wir *im Geist,* im Reich der Gedanken und Gefühle Erholung und Vergessen, dann suchen wir uns damit *zu beruhigen* und zu erfreuen, daß es ja eine unsichtbare Welt, eine Welt des Herzens gibt. *Ist es etwa nicht so?* Treten wir nicht beständig *von einem Bein* aufs andere, immer in *Verlegenheit,* immer auf dem *Rückzug* vor der Wahrheit, immer *gerade dort* interessiert und lebhaft, wo wir uns vor Gott in Sicherheit wähnen, jetzt im *Inneren,* wo uns das Äußere wichtig sein sollte, jetzt im *Äußeren,* wo es uns um das Innere ernst werden müßte, *nur nie da,* wo wir Gott Red und Antwort stehen sollten?

O diese merkwürdige *Gewandtheit des Menschen!* Immer unterwegs, immer auf der Fahrt, nur *nie zu Hause.* Jetzt auffahrend gen Himmel, jetzt niederfahrend zur Hölle, jetzt gen Osten und jetzt gen Westen, *nur nie dort,* wo Gott steht und uns fragt: Adam, wo bist du [Gen. 3,9]?, *nur nie dort,* wo sein Geist uns bewegen, sein Angesicht [uns] erleuchten möchte! *Was tun* wir? Wir fliehen vor Gott.

---

[7] Vgl. oben S. 200, Anm. 2.

3. Aber *nicht wahr, wir können ja nicht.* Es gelingt uns, und es *gelingt uns doch eigentlich nicht.* Fliehen können wir, aber *entfliehen* nimmermehr. Wir sind gewandt, aber Gott ist *lebendig.* Wir kehren ihm den Rücken, aber er ist *hinter uns* und vor uns. Wir können ihn vergessen, aber wir können *uns selbst nicht* vergessen, und wir selbst sind Gottes[8]. Wir sind frei, aber wir können *nicht von der Freiheit frei* werden, und die Freiheit ist Gottes Werk und Gabe. Wir eilen, aber *Gott eilt uns voran.* Wir warten, aber Gott *geht hinter uns,* und je länger wir warten, um so sicherer sind wir ihm verfallen. Wir streben einem Ziel und Ende entgegen, aber das *Ende ist in Gottes Händen.* Wir kehren zum Anfang zurück, aber eben *in Gott haben wir* ja immer angefangen.

Gottes Wesen und Tun ist eben ein Ganzes. Und so ist *die Bibel* mit ihrem ganzen Meer von Erkenntnissen ein Ganzes. Und so ist *das Leben* mit seinen Fragen, Notwendigkeiten und Aufgaben ein Ganzes. Und so ist *die Wahrheit* ein Ganzes. Und so bilden *Vergangenes* und Zukünftiges, *Inneres* und Äußeres, *Körper* und Seele, *Zeit* und Ewigkeit zusammen ein Ganzes. Nun *gibt es freilich* in diesem Ganzen einzelne Teile und Seiten und Möglichkeiten, wie es ja auch ein Rechts und Links gibt, ein Oben und Unten, wie die Erde einen Nordpol und einen Südpol hat. Es gibt *innerhalb dieses Ganzen* einen Himmel und eine Hölle, es gibt die Morgenröte im Osten und das äußerste Meer im Westen, wie es in unserem Text heißt. Es gibt also *Gutes und Böses,* Licht und Finsternis, Revolution und Reaktion, Glaube und Unglaube. Aber *in Allem, was ist,* ist auch immer das Ganze, und *bei Allem, was wir denken* und tun, können wir aus diesem Ganzen nicht herausbrechen.|

Wenn wir das merken würden, so würden wir Gott die Ehre geben und nicht in die Gegensätze hineingeraten. Wir hätten *weder das Böse nötig* noch das Gute. Wir wären *weder Fromme* noch Atheisten. Wir müßten *weder verleugnen*[?] noch beweisen[?]. Wir müßten weder unsere kleine *Blendlaterne* brauchen noch in der Finsternis umherstolpern. Wir müßten *nicht immer teilen,* trennen, absondern, wir würden *uns beugen* vor dem großen Gottesgebot, das der wahre Sinn der Bibel und der Sinn des Lebens ist, und dabei würden wir *selbst*

---

[8] Vgl. oben S. 206, Anm. 1.

etwas Ganzes, unser Denken ein ganzes Denken, unser Reden ein ganzes Reden, unser Tun ein ganzes Tun. Wir würden auch *untereinander nicht so getrennt* sein, du in deinem Loch sitzend und ich in dem meinen, sondern wir würden uns erkennen und verstehen, daß wir das Gleiche meinen, wir hätten *Vergebung* von Gott und Vergebung füreinander, wir *wären einig,* eine einige Menschheit, ein ganzes Wesen, wie Gott ein einiger, ganzer Gott ist. Ach daß wir's merken würden, daß *Gott ein einiger Gott* ist [vgl. Mk. 12,29] und was es für eine Gottlosigkeit ist, so in *den Einzelheiten zu leben,* wie wir es tun.|

Das merken wir nun freilich eben nicht. Wir sind ja eben auf der *Flucht vor Gott,* und darum reißen wir *ein Stücklein heraus* aus der Bibel oder ein Stücklein aus dem Leben oder ein Stücklein aus der Wahrheit, irgend so ein Stücklein, das uns gerade gefällt, weil wir denken: da werde ich vor Gott in Sicherheit sein, da wird es nicht ganz ernst werden, da kann ich mir die *Verlegenheit ersparen,* Gott Rede und Antwort stehen zu müssen. Nun bauen wir uns unseren *Babelsturm* von Gerechtigkeit und graben uns unsere *Schlammgrube* von Bosheit und Torheit. Nun tun wir heute, als ob der *Himmel auf der Erde* wäre, und morgen, als ob wir mitten in der *Hölle* lebten. Nun müssen die Einen rufen: *Auf das Innere* kommt Alles an! und die Anderen: Nein, es hängt Alles an den wüsten[9] *Verhältnissen.* Nun wird hier der *Idealismus* verkündigt und dort der Materialismus. Nun muß es *Weltleute* geben und *Christen,* als ob die Weltleute nicht Christen sein müßten und die Christen Weltleute im stärksten Sinn des Wortes. Nun muß die *Schule den Religionsunterricht* fein säuberlich an die Kirche abgeben, als ob die Kirche und die Schule im Ernst eine verschiedene Aufgabe haben könnten.[10] Nun muß es *Parteien geben* und Standpunkte, Meinungen und Abgrenzungen und infolgedessen

[9] = schlimmen.

[10] Zu den Auseinandersetzungen, die im 19. Jahrhundert in den Schulen im Aargau zur Ersetzung des kirchlichen durch einen konfessionslosen bzw. interkonfessionellen Religionsunterricht führten, vgl. Vortr. u. kl. Arb. 1909– 1914, S. 719f. Zur aktuellen Lage in dieser Sache schrieb Barth am 11. November 1919 an Thurneysen: «Heute war ich an der Synode. Das Boot ‹Religionsunterricht› trieb kieloben dem Strande zu: mit fast allen gegen circa 10 Pfarrerstimmen siegte der Interkonfessionelle. ... Die Sache war irgendwie ein Gleichnis, denn die Freisinnigen beherrschten schlechterdings die Szene» (Bw. Th. I, S. 351).

finstere, hölzerne Gesichter von hüben und drüben. Nun muß die Welt *die zerfahrene, gegensätzliche Welt* werden, die sie heute ist, und *wir mitten drin die zerrissenen,* von tausend Unterschieden bewegten Menschen, die wir sind. Wir merken's nicht, daß es *das nicht gibt,* solche Bibelstücklein, Lebensstücklein, Wahrheitsstücklein, wir merken *das Ganze nicht,* das bei den Einzelnen ist und das den Einzelnen den Sinn gibt. Wir merken es nicht, *weil wir vor Gott auf der Flucht sind. Die Sünde* kam in die Welt und durch die Sünde der Tod [Röm. 5,12].|

Aber *ob wir's merken oder nicht merken, Gott ist doch* ein einiger Gott. Schließ du nur die *Augen zu vor ihm,* es ist dafür gesorgt, daß du seiner auch bei geschlossenen Augen gewahr werden mußt. *Widersprich ihm* nur, es ist dafür gesorgt, daß du ihm um so stärker recht geben mußt, je heftiger du ihm widersprichst. *Wähle du nur so* ein Wahrheitsstücklein nach deinem Gefallen, es ist dafür gesorgt, daß durch das eine gewählte Stücklein die ganze Wahrheit bei dir eindringt, dich überfällt und beunruhigt auf Leben oder Tod. Wir *leben nicht in einer zufälligen Welt* und nicht in unserer eigenen Welt, sondern in der Welt, in der Gott durch die Auferstehung Jesu Christi von den Toten seinen Schöpferwillen kundgetan hat, in der Welt, in der Gott bereits Sieger ist. Warum *kommen wir alle nicht zur Ruhe,* ob wir nun da oder dort hinauslaufen? Warum *muß sich alles Böse rächen*[?] in denen, die es tun, und warum lohnt sich das Gute nicht in denen, die wissen, daß sie gut sind? Warum gibt es *keinen wirklichen Unglauben,* aber auch keinen siegreichen Glauben unter uns? Warum *kommt die Menschheit nicht zur Ruhe* in ihren Bewegungen und Bestrebungen, nachdem doch eigentlich Alles, auch das, was heute geschieht, längst dagewesen ist, nachdem Alles schon versucht worden ist im Guten und im Bösen, mit den Mächten des Lichts und der Finsternis? Warum muß es *immer aufs neue versucht werden,* jetzt so und jetzt so? Warum ruft immer wieder *ein Gegensatz den anderen?* Warum müssen wir immer wieder wechseln, jetzt hier ansetzen und jetzt dort, jetzt der inneren Stimme lauschen, die in uns redet, jetzt zu äußerem Tun uns rufen lassen, das von uns verlangt ist? Warum sind *alle Fragen,* alle Rätsel, alle Aufgaben, denen wir uns entziehen möchten, in immer neuer Form immer wieder da? Warum können wir nicht ein für allemal uns zur Ruhe setzen bei dem, was uns gefällt, und ein für allemal fertig sein mit dem, was uns nicht gefällt? Warum müssen wir immer wieder *auch an das[?] Andere denken,* uns darüber ärgern, ihm widersprechen und widerstreben? Es ist nur zu[?] offenkundig, wir können *aus dem Ganzen nicht herausbrechen,* wenn wir lange wollten. *Auch das Einzelne* redet eben immer vom Ganzen, strebt dem Ganzen zu, und wir müssen mit, ob wir wollen oder nicht. Wir müssen mit, weil *auch in uns etwas zum Ganzen strebt.* Wir müssen mit, weil wir *Gottes sind.* Gott aber ist ein einiger Gott, und es sind keine Götter neben ihm. Wo soll ich hin gehen [vor deinem Geist, und wo soll ich hin fliehen vor deinem Angesicht?] *Flieh nur* vor Gott; indem du fliehst, erfährst du's, daß du nicht entfliehen kannst, denn Gott geht mit dir; du würdest nicht fliehen, wenn Gott nicht mit dir wäre. *Verbirg dich nur* in der Finsternis irgend einer Gottlosigkeit; indem du dich verbirgst, trägst du das Licht hinein in die Finsternis, denn Gott geht mit dir; du würdest dich nicht verbergen wollen, wenn Gott nicht so gewaltig mit dir ginge!

4. Man meint gewöhnlich, diese Psalmworte von der Allgegenwart Gottes *mit Furcht und Zittern* lesen zu müssen. Und es ist wahr: Es liegt *ein schweres Gericht* darin, daß wir so vor Gott fliehen möchten und doch nicht können. Du *sündigst* und *strafst* dich selbst, du ziehst das falsche Los und mußt ernten, was du gesät hast [vgl. Gal. 6,7], und bei dem allem *erreichst du deinen Zweck doch nicht:* Gott geht doch mit dir, sein Geist bewegt dich doch, sein Angesicht leuchtet dir trotzdem, du mußt ihm immer noch und überall, wie du's auch versuchen mußt, Rede und Antwort stehen. Ja, das ist furchtbar. Aber wir können dabei nicht stehen bleiben. Es ist *Gottes mächtige Gnade,* in der wir stehen, und die lebendige Hoffnung, die er uns gibt, daß wir unseren Zweck nicht erreichen. *Das* wäre furchtbar, wenn wir Gott entfliehen könnten, wenn es uns *möglich* wäre, zu verharren in unseren Gegensätzen und Löchern, in die wir uns verlieren, wenn wir uns *beruhigen* könnten in unserer Gottlosigkeit, wenn die Unruhe in der Weltgeschichte plötzlich *aufhören* würde. Daß das alles *nicht* möglich ist, das ist uns das Zeugnis von Gottes *großer Güte gegen uns.* Er läßt uns *nicht fallen.* Er hat *Gedanken des Friedens* über uns und nicht des Leides [Jer. 29,11]. Wir erkennen darin das *Regiment des Heilands* unter den Sündern, die große *Vergebung,* von der die Welt getragen

ist, das Geheimnis einer *göttlichen Zukunft,* deren Licht hell auf unsere Gegenwart fällt. Möchten wir *dankbar sein* für das, was wir erkennen können. *Gott ist größer* als unser Herz [1.Joh. 3,20]. Aber unser Herz ist *unruhig in uns,* bis daß es ruht in ihm.[11] Ihm, dem Vater und dem Sohn und dem Heiligen Geist sei Preis und Anbetung von Ewigkeit zu Ewigkeit!

Lieder:

Nr. 247 «Allgenugsam Wesen» von G. Tersteegen, Strophen 1–3 (RG [1998] 661,1–3; EKG 270,1–3; jeweils mit Textabweichungen)

Nr. 23 «O Höchster, deine Gütigkeit» Psalm 36, Zürich 1886 nach älteren Übertragungen, Strophen 1. 2 (RG [1998] 27,1.2)

---

[11] Vgl. oben S. 208, Anm. 2.

I. Advent

Jesaja 48,18

*[O daß du auf meine Gebote merktest, so würde dein Friede sein wie
ein Wasserstrom und deine Gerechtigkeit wie Meereswellen.]*

1. Der Mensch *ist nicht so arm,* nicht so schwach, nicht so unbedeu-
tend, wie es scheint. Er braucht kein trüber Gast zu sein auf einer
dunklen Erde.[1] Die Welt, sie muß kein Jammertal sein. Der Mensch,
jeder Mensch, er hat eigentlich ganz unerhörte Aussichten und Möglichkeiten. Die ganze Menschheit, sie steht unmittelbar vor den
Pforten größter Wunder und Herrlichkeiten. Was wir das Menschenleben nennen, es ist ja eigentlich nur sein *Vordergrund;* würden wir
durch diesen Vordergrund, vor dem wir oft so ratlos und verständnislos dastehen, hindurchsehen und des großen Hintergrunds gewahr
werden, der all unser Tun und Leiden umfaßt, so würden wir sehen,
wie das Ganze in einem mächtigen, durchdringenden Licht steht. Alles, was ist und geschieht, es liegt vor uns wie ein *Buch in einer fremden Sprache.* Störrisch und erschreckend sehen uns die unbekannten
Worte an. Was ist das, das Leben? Was geschieht da eigentlich mit mir,
um mich herum, in der großen, weiten Menschenwelt und Naturwelt? Ja, wir müßten nur lesen lernen, so würden wir sehen, wie Alles,
ausnahmslos Alles, etwas bedeutet, und wir würden in Entsetzen und
aus dem Entsetzen in lauten Jubel geraten, wenn wir sehen würden,
was eigentlich Alles bedeutet. *Bilder und Gleichnisse* sind die Ereignisse unseres Lebens und der Weltgeschichte, unsere Arbeit und unsere Freuden, unser Leiden und unser Kämpfen, unsere Gedanken
und Meinungen, Bilder und Gleichnisse, von einem großen Meister
uns vor Augen gemalt. Und nicht wahr, je tiefer sie uns ergreifen und
bewegen und aufwühlen, je ernster das Leben an uns herantritt und

---

[1] Vgl. J. W. von Goethe, *Westöstlicher Diwan* I,18, «Selige Sehnsucht»,
Strophe 5:

> Und so lang du das nicht hast,
> Dieses: Stirb und werde!
> Bist du nur ein trüber Gast
> Auf der dunklen Erde.

uns in Anspruch nimmt, um so deutlicher ahnen wir, daß sie alle etwas meinen, etwas zu uns sagen wollen. O daß wir aus der Wahrheit wären, wie der Meister, der sie uns zeigt, selber die Wahrheit ist, damit wir in den Bildern immer die Wahrheit sehen und inmitten all der schönen und traurigen Lebensbilder, die uns umgeben und erfüllen, immer auch in der Wahrheit leben könnten!

2. Friede und Gerechtigkeit! haben wir in unserem Text gelesen. Friede wie ein Wasserstrom und Gerechtigkeit wie Meereswellen! Wenn es doch Gott selbst uns geben würde, in aufrichtigem Verständnis für seine Weisheit und seinen Willen und in herzlicher, vertrauender Liebe zueinander die Adventsbotschaft zu hören! Wie heißt sie denn, die Adventsbotschaft? Was kann sie anders heißen, als daß wir eben in der Wahrheit leben sollen und die Wahrheit in uns. Das ist Friede und Gerechtigkeit. Alles Andere genügt nicht. Alles, was bloß die Namen Friede und Gerechtigkeit trägt, genügt nicht. Die Wahrheit will erscheinen und das, was jetzt bloß diese Namen trägt, umgeben[?], erfüllen. Sieh, du hast *eine gewisse Ruhe* erreicht in deiner Seele, und das ist recht, und du nennst diese Ruhe deinen Frieden, den du erlangt habest. Aber nun möchte die Wahrheit erscheinen und diese Ruhe deiner Seele umwandeln, daß sie nicht bloß Friede heißt, sondern wirklicher Friede wird. Du bist zu einem *gewissen Gleichgewicht* gekommen zwischen dir und deiner Frau, zwischen dir und deinem Mann, zwischen dir und deinen Hausgenossen und Nachbarn, und das ist gut, und das nennt ihr Frieden. Aber nun möchte die Wahrheit erscheinen und aus diesem Gleichgewicht wirklichen Frieden machen. Wir haben in unserer Gemeinde und in unserem Volk zwischen den Zeiten der Aufregung und des Kampfes der Interessen und Standpunkte doch auch immer ganze Monate und Vierteljahre Pause, in denen eine *gewisse Beschwichtigung* und Annäherung stattzufinden scheint, und wir wollen froh sein darüber und pflegen das dann Frieden zu nennen. Aber nun möchte die Wahrheit erscheinen und aus der Beschwichtigung einen wirklichen Frieden machen. Wir stehen jetzt in der Welt in der Zeit des *Kriegsendes,* der Verhandlungen, der Verträge, des Wiederbeginns des Völkerverkehrs, und wir atmen erlöst auf und nennen das, was jetzt kommt, Frieden. Aber nun möchte die Wahrheit erscheinen und das Kriegsende umkehren in den Anfang wirklichen Friedens.|

Und so steht es auch mit unserer Gerechtigkeit. *Du bist recht-schaffen,* du glaubst an Gott, du tust deine Pflicht gegen deinen Nächsten und gegen die Anderen, du gibst dir Mühe, nach bestem Wissen und Gewissen zu handeln. Wohl dir! Und das alles möchtest du deine Gerechtigkeit heißen. Die Wahrheit aber möchte erscheinen und das, was du so heißest, umkehren in wirkliche Gerechtigkeit. Die verschiedenen Stände und Parteien, die heute unter uns streiten, sie vertreten alle mehr oder weniger *etwas Berechtigtes,* Billiges, Natür-liches, etwas, dem man Gehör schenken muß, wenn man nicht ganz taub ist, und das ist ihre Gerechtigkeit. Aber das genügt nicht, die Wahrheit möchte erscheinen und aus der bloßen Berechtigung, die alle auf ihre Weise haben, wirkliche Gerechtigkeit schaffen. Vom *Sieg der Gerechtigkeit* auch in der Völkerwelt ist nun viel die Rede gewesen, und es ist ganz unverkennbar, was für ein tiefes Sehnen und viel ern-stes Wollen heute in der Menschheit vorhanden ist, diesen Sieg her-beizuführen und für alle Zukunft zu befestigen. Aber was dafür schon geschehen ist, das genügt nicht, die Wahrheit möchte erscheinen und den angeblichen Sieg der Gerechtigkeit zu einem wirklichen werden lassen.|

Es genügt eben nirgends, das, was wir Frieden und Gerechtigkeit heißen. Es heißt nur so, es ist nicht, was es heißt. Es ist Alles Vorder-grund ohne Hintergrund, leere[?] Worte ohne Bedeutung, Bilder und Gleichnisse, die noch keinen Sinn haben. Es ist nicht nur wenig, so daß man denken könnte, wir würden es schon erreichen können, wenn wir nur tüchtige Fortschritte machen, sondern es ist immer noch etwas ganz Anderes als das, was damit gemeint ist, es steht dem, was damit gemeint ist, geradezu hindernd im Wege. Es müßte umge-kehrt werden durch die Wahrheit, damit es das würde, was es heißt. Seht, das ist *die Unruhe* unseres Herzens, die Unruhe unseres Lebens und unserer Verhältnisse, die Unruhe der ganzen heutigen Mensch-heit, daß die Namen Friede und Gerechtigkeit und ihre Wahrheit im-mer noch etwas so gänzlich Getrenntes sind, daß diese Namen die Wahrheit nicht aussprechen, sondern verbergen – nicht bestärken[?], sondern verhüllen – nicht leuchten lassen, sondern verfinstern. Und das ist *die Adventsbotschaft,* daß sich das umkehren will. Das Leben im Leben will erscheinen. Die Wahrheit will hineinfahren in das, was bloß diese Namen trägt. Das Verborgene will offenbar werden. Die paar Regentröpflein von Frieden, die der dürstenden Erde so gar nicht genügen, die so schnell wieder verdunsten, sie sollen zum Wasserstrom werden. Das kleine übelriechende, unangenehme Sümpflein von Gerechtigkeit, in dem wir uns jetzt befinden, zu bewegten, abgrundtiefen Meereswellen. Gott will sich Ehre machen auf Erden wie im Himmel. Christus will zu uns kommen, der Menschensohn, der die Antwort ist auf unsere Unruhe. Wer ihn sieht, der sieht den Vater [vgl. Joh. 14,9]. Der sieht die Wahrheit [vgl. Joh. 14,6].

3. Dein Friede!, *Deine* Gerechtigkeit! heißt's in unserem Text. Und es ist, wie wenn sich mit diesem «dein» die Adventsbotschaft von dem, was werden und kommen soll, von der Wahrheit, die erscheinen will, tief in uns hineinbohren möchte, um uns nicht mehr loszulassen. Um *deine Angelegenheit,* Mensch, handelt es sich. In dir soll's werden! Aus dir heraus soll's kommen! Bei dir soll's erscheinen! Nur nicht so schüchtern, als ob die Wahrheit nicht deine Sache wäre! Nur nicht so verlegen, als ob du zu unweise und ungeschickt wärest, um Anteil zu haben an diesem Werden und Kommen! Nur nicht so fremd getan, als ob dir der Wille Gottes, der aus dem Verborgenen hervorbrechen will, wirklich etwas Unbekanntes wäre, als ob er wirklich ohne dich geschehen müßte oder könnte. Um *das Kommen Jesu,* des Menschensohns, handelt es sich, da bist du auch dabei. Ja, von oben kommt er, während wir da[?] jetzt von unten sind. Von der anderen Seite des Lebens, während wir jetzt immer nur auf dieser unserer Seite des Lebens, im Vordergrund, in den Bildern und Gleichnissen stehen. Morgenglanz der Ewigkeit ist er, Licht vom unerschaffnen Lichte[2], während wir jetzt gefangen sind in der Zeit, während es von uns immer wieder heißen muß: Ich liebte das geschaffne Licht[3]. Der Sohn des Einen, des Vaters, ist er voller Gnade und Wahrheit [vgl. Joh. 1,14], während wir alle Söhne und Töchter von vielen Vätern sind, aus vielen Quellen und Ursprüngen zusammengesetzt und darum dem Irrtum und dem Fall immer aufs neue ausgesetzt. Aber *warum* [anders] *hat er sich* den Menschensohn genannt als darum, weil in ihm auch das er-

---

[2] Eingangslied, s. unten.
[3] Aus Strophe 4 des Liedes 241 «Ich will dich lieben, meine Stärke» von J. Scheffler (RG [1998] 682; EG 400).

scheinen will, was auch in uns von oben ist, von der anderen Seite, aus der Ewigkeit, aus dem unerschaffnen Lichte, aus dem einen Vater, Quell und Ursprung. *Wozu kommt er* zu uns als dazu, um uns zu sagen, wer wir sind, weil wir es vergessen haben, um aus uns herauszuholen, was wir eigentlich sind, weil es verschüttet ist. Wozu wird Gott Mensch als dazu, um uns in das Licht der Wahrheit zu stellen, in unsere eigene Wahrheit zu stellen; wäre sie nicht unsere eigene Wahrheit, wäre es nicht so, daß wir hier tatsächlich in das Licht unserer eigenen Wahrheit gestellt würden, wie hätte ein menschliches Hirn den ungeheuren Gedanken, daß Gott Mensch wird, fassen können?|

Was will er anders von uns, als daß wir uns selbst erkennen, nicht unsere Torheit und Beschränktheit, wie eine dürftige Weltweisheit es von uns verlangt, sondern unsere Wahrheit, den Grund, auf dem wir stehen, die Wurzel, aus der wir wachsen, die Heimat, aus der wir kommen und nach der wir gehen. Keine ferne, fremde Geschichte, kein seltsames himmlisches Ereignis ist gemeint in der Adventsbotschaft, sondern *der Mensch, du selber, dein* Leben, *die* Welt, in der du, gerade *du* auf deine Weise Mittelpunkt bist. *Du* leidest Not. *Du* hast täglich und stündlich die bitteren Folgen zu tragen, wenn jetzt Alles immer nur Friede und Gerechtigkeit heißt und nicht ist. *Du* bist in tiefer Unruhe, weil du immer im Stillen und manchmal auch laut seufzen mußt: das alles ist's ja nicht, das meine ich gar nicht, das genügt mir nicht, weil es immer nur Abbild, nicht Wahrheit ist. *Du* bist manchmal erschüttert wie von einem Erdbeben und möchtest manchmal jauchzen wie ein Kind, wenn es je einmal ernst werden will mit wirklichem Frieden, wirklicher Gerechtigkeit hinter dem dunklen Vorhang deines Lebens, etwa in einer stillen Stunde, wo deine Seele reden kann, oder in einem guten Gespräch oder vielleicht mitten in schwerem Leid, das du durchzumachen hast, oder in einem harten Kampf, den du zu kämpfen hast. Du, *du* bist der Ort, die Stätte, der Schauplatz, wo offenbar die Wahrheit erscheinen will. *Deine* Tür ist offenbar die Tür, an der Jesus anklopft [vgl. Apk. 3,20]. *Du* bist gemeint, wenn es heißt, daß Gottes Wille geschehen soll auf Erden wie im Himmel [vgl. Mt. 6,10]. *Du* mußt hören, was es heißt, daß Gottes Wille ist, daß allen Menschen geholfen werde [vgl. 1. Tim. 2,4]. Du mußt begreifen und erkennen, was es heißt, daß Gott allein helfen kann. Bei *dir* ist die Möglichkeit, daß es geschieht, durch Gott allein geschieht. *Du* hast die Aufgabe, es geschehen zu lassen, alle Hindernisse, die diesem Geschehen im Wege stehen, aus dem Weg zu räumen. *Nur kein Ausweichen* und Sich-Zurückziehen, als ob du abwartend zuschauen könntest, wie die Verheißung in Erfüllung geht. Wenn du zuschaust, so verstehst du die Verheißung gar nicht, sie wird dir dann notwendig als zu groß und schön vorkommen. Wenn du zuschaust, geht sie sicher nicht in Erfüllung. Den Zuschauern ist nichts verheißen, nur den Mitarbeitern, den Mitsuchenden, Mitfragenden, den Mitverlegenen[?] und Mithoffenden. Wenn du Jesus verstehen willst[4], so kommt Alles darauf an, daß du dieses «Mit» verstehst. Nicht wahr, bei all den Unvollkommenheiten, Unerfreulichkeiten, Unerlöstheiten unseres jetzigen Lebens, da verstehst du's ja eigentlich gut genug: ach ja, ich bin in der Klemme, im Engpaß. Eine Zeitlang mochtest du vielleicht auch das von dir abwehren und so denken und leben, als mache es *dir* nichts aus, daß die Wahrheit noch nicht erschienen ist. Aber nicht wahr, dann überfällt es dich ja nur um so heftiger und schrecklicher, daß du nicht Zuschauer sein kannst, daß du mit mußt, daß die große Frage des Lebens wirklich deine eigenste Frage ist. Seht, von da aus mußt du vielleicht durchstoßen und merken, daß auch die große Antwort des Lebens, des Lebens, von dem die Bibel zeugt, deine eigenste Antwort ist, merken, daß sich das alles auf dich bezieht, daß du von dir aus gar keine andere Antwort geben kannst, wenn du nur dir selber einmal treu wärest. *Dein* Friede soll sein wie ein Wasserstrom und *deine* Gerechtigkeit wie Meereswellen. Dein Friede und deine Gerechtigkeit oder was du jetzt so heißest, ist das Samenkorn, das sterben muß, damit Gott ihm einen neuen Leib gebe, wie er will [vgl. 1. Kor. 15,36–38].

4. O daß du auf meine Gebote merktest! Da stehen wir vor der engen Pforte. Das ist Johannes der Täufer, die Stimme des Predigers in der Wüste [Mk. 1,3 par.]. *Meine* Gebote, Gottes Gebote und *dein* Friede, *deine* Gerechtigkeit mit ihrer großen Verheißung, das bezieht sich aufeinander, das sieht[?] einander an, eins kann nicht sein ohne das andere. Wir kennen ja viele Gebote, die zehn Gebote des Alten Te-

---

[4] Mskr.: «wollen»; Barth hat in diesem Satz zweimal ein «wir» in ein «du» verwandelt, ohne auch die Verbform zu korrigieren.

staments und die Gebote der Bergpredigt, die Gebote der Vernunft und des Geistes jedes Einzelnen und die Gebote, die die heutige Zeit mit ihren immer ernsteren Anforderungen an uns alle richtet. Willst du ins Leben eingehen, so halte die Gebote! Man könnte mit dem reichen Jüngling fragen: Welche Gebote [Mt. 19,17f.]? Aber nicht darum handelt es sich, zu merken: welches Gebot von den vielen Geboten muß ich ausführen und halten, damit es bei mir Tag wird? Und nicht dann wäre uns geholfen, wenn wir sagen könnten: Das habe ich Alles gehalten von meiner Jugend an!, selbst wenn wir es sagen könnten. Denn auch dann müßten wir ja fortfahren mit dem reichen Jüngling: Was fehlt mir noch [Mt. 19,20]? Es fehlt uns ja immer noch, und wenn Alles ausgeführt und gehalten wäre, wir stehen ja immer noch im Dunkel, im Vordergrund, in den Bildern und Gleichnissen. Das wissen wir um so besser, je ernster es uns mit dem Ausführen und Halten wäre. Es handelt sich eben darum, zu merken, *wer* da eigentlich gebietet, zu merken: es sind *meine* Gebote, *Gottes* Gebote, die alten und die neuen, die kleinen und die großen. Die Gebote dessen, der nicht Vieles von uns will, sondern Eines. Der uns nicht etwas gebietet, nicht dies und das, sondern Alles. Der nicht unser Auge oder unsere Hand oder unser Herz will, sondern uns selbst. Der sich nicht mit unserem Denken und Reden begnügt und nicht einmal mit unserem Tun, sondern der in unserer Freiheit regieren will, dem wir erst dann gehorchen, wenn wir nur noch Eines wollen, wenn uns Alles zum Gottesgebot geworden ist, wenn wir selbst gehorchen, wenn unsere Seele in voller Freiheit gehorcht. Das ist's, was dem Herrn den Weg bereitet, das allein. Daran ist der reiche Jüngling gescheitert, daran allein. Und daran werden wir gesund werden, daran allein. Es ist nicht die Gesundheit selbst, dieses Merken, wie Johannes der Täufer mit seinem Ruf nicht Christus selbst war [vgl. Joh. 1,20], es ist aber der unumgängliche Weg zur Gesundheit. O daß du merktest! O daß wir merkten, merkten, daß wir vor Gott allezeit Unrecht haben, merkten, daß Friede und Gerechtigkeit sein Werk sind und bei uns nur wirklich werden durch das Erscheinen *seiner* Wahrheit. Wenn wir ihm alle Recht geben, dann bekommt [er] auch in allem die Macht. Dann schwindet der Schein[?]. Dann vergeht das Vergängliche. Dann brechen unsere Bande. Dann bekommt das Weizenkorn, indem es stirbt, einen neuen Leib [vgl. Joh. 12,24]. Wenn es Adventszeit wird, Zeit des

Wartens auf den ewigen Frieden, auf die ewige Gerechtigkeit, dann kann es Weihnachtszeit werden, Erfüllungszeit, Jesuszeit.

Lieder:

Nr. 43 «Morgenglanz der Ewigkeit» von Chr. Knorr von Rosenroth, Strophen 1–3 (RG [1998] 572,1–3; EG 450,1–3)

Nr. 87 «Auf, auf, ihr Reichsgenossen» von J. Rist, Strophen 1–3 (GERS [1952] 105,1.2.4; EKG 8,1.2.5; jeweils mit Textabweichungen)

III. Advent

Lukas 3,1–6

[In dem fünfzehnten Jahr des Kaisertums Kaisers Tiberius, da Pontius Pilatus Landpfleger in Judäa war und Herodes ein Vierfürst in Galiläa und sein Bruder Philippus ein Vierfürst in Ituräa und in der Gegend Trachonitis und Lysanias ein Vierfürst zu Abilene, da Hannas und Kaiphas Hohepriester waren: da geschah der Befehl Gottes zu Johannes, des Zacharias Sohn, in der Wüste. Und er kam in alle Gegend um den Jordan und predigte die Taufe der Buße zur Vergebung der Sünden, wie geschrieben steht in dem Buch der Reden Jesaja's, des Propheten, der da sagt: «Es ist eine Stimme eines Predigers in der Wüste: Bereitet den Weg des Herrn und machet seine Steige richtig! Alle Täler sollen voll werden, und alle Berge und Hügel sollen erniedrigt werden; und was krumm ist, soll richtig werden, und was uneben ist, soll schlichter Weg werden. Und alles Fleisch wird den Heiland Gottes sehen».]

1. Das Große und Bedeutende in unserem Text liegt in der Art, wie da Vergangenheit, Gegenwart und Zukunft ineinander verschlungen sind in der Person Johannes des Täufers. Ruhig und gründlich wird da die *Gegenwart* betrachtet, die *Zukunft* aber, nach der man fragen möchte, wird sofort klar durch die *Vergangenheit,* die in die Gegenwart hineintritt und zeigt, wo Alles hinaus will. *Einst und jetzt* sind ja nicht getrennte Dinge in Johannes dem Täufer. Er steht mitten in seiner *Gegenwart.* Aber wie er dasteht, ist er doch nichts Anderes als die lebendige, erfüllte *Vergangenheit,* von der geschrieben steht. *Die Zeit rückwärts,* die ihn vom Jetzigen trennt, ist aufgehoben. Das Einst ist in ihm Jetzt geworden. Darum ist auch *die Zeit vorwärts* für ihn kein Hindernis. Er *sieht durch sie hindurch,* er *schreitet* in die kommende Zeit hinein. Sein *Blick* und sein *Wesen* ist auf die Zukunft gerichtet, und sein *Wort* ist Wort für die Zukunft.

Eben darum ist dieser Text ein *rechter Adventstext* und Johannes der Täufer, wie er uns da geschildert wird, der rechte Adventsmensch.

---

[1] Am Sonntag, 7. Dezember besuchte Barth Thurneysen zum Gottesdienst, zur Kinderlehre und zum Gespräch. Wer in Safenwil predigte, ist nicht ersichtlich (Bw. Th. I, S. 356).

Das gerade *suchen wir* und haben wir nötig. Advent heißt ja *Zukunft*. Wir *sollten auch* in die Zukunft hineinschauen und hineinschreiten können mit festen Schritten. Wir *sollten wissen,* was wir zu denken und zu tun haben in den kommenden Zeiten. Aber dazu *müssen wir neben* Johannes den Täufer treten und mit ihm eins werden in der Aufhebung der Zeit. Denn die Zukunft ist *kein getrenntes Ding* für sich, sondern sie ist immer die *Erfüllung der Vergangenheit.* Die lebendig gewordene Vergangenheit, die in die Gegenwart *hinein*tritt und aus der Gegenwart gleichsam *heraus*springt als Zukunft. Wenn in unserem *Heute* unser *Gestern* zu Ehren kommt, dann haben wir auch ein *Morgen* und wissen, wie wir ihm entgegengehen sollen.

2. *Die Gegenwart* kommt in unserem Text, wie es sich gehört, zuerst zu Wort. Das, *was jetzt ist,* empfinden wir ja immer am stärksten. Was den *Augenblick,* den wir jetzt leben, erfüllt, das beschäftigt, das erfreut, das bedrückt uns, das müssen wir verstehen. Nur die Gelehrten in ihren Büchern machen es anders, fangen immer mit der alten Geschichte an, als ob man verstehen könnte, was gestern, was vor 100 und 1000 Jahren gewesen ist, wenn man nicht einen lebendigen Sinn hat für das, was heute ist. Es gibt aber auch Ungelehrte, die immer zuerst rückwärts schauen, in ihre Jugendzeit, in die gute alte Zeit und Alles von dort aus wehmütig und anklagend betrachten. Das ist ein *Krankheitszeichen,* ein Zeichen, daß man kein Heute hat, keinen festen Grund unter den Füßen, ein Zeichen, daß wir nicht in Bewegung sind. Wenn wir *gesund sind,* dann leben wir zunächst immer ganz fest im Augenblick, im Heute, mit aller Verlegenheit, die uns dieses Heute bereitet, aber auch mit aller Hoffnung, die es in sich schließt.

Vom Heute aus müssen wir dann vorwärtsschauen und vorwärtskommen ins Morgen, *in die Zukunft* hinein. Lebendige Menschen sind immer *Zukunftsmenschen.* Sie schauen ganz ernst und tief und ruhig in die *Gegenwart* hinein und siehe[?] da, das Wesen der Gegenwart ist nichts Anderes als das *Samenkörnlein* der Zukunft. In dem, was ist, schlummert schon das, was *werden will.* Und an *diesem Werdenden* freuen sie sich nun, das hüten und pflegen sie, seiner Entfaltung und Enthüllung ist nun ihr Leben gewidmet.

Aber wenn es ihnen damit ernst ist, dann geschieht ihnen etwas Merkwürdiges. *Nicht allein,* nicht verlassen, nicht hilflos stehen sie in der Gegenwart vor der Zukunft, die noch nicht da ist, sondern nun ist auf einmal etwas scheinbar ganz *Verschwundenes* bei und mit ihnen, die *Vergangenheit.* Was gewesen ist, es *ist nicht tot,* nicht historisch, nicht eine goldene Jugendzeit, nicht eine gute alte Zeit, die nicht mehr wiederkehrt. Sie erinnern sich seiner wieder. Nein, es selbst *stellt sich wieder ein.* Es wird ihnen lebendig, bedeutungsvoll, es kommt ihnen *zu Hilfe.* Sieh, sagt ihnen ihr Gestern, *ich bin nichts Anderes* als das, was du heute erkannt und verstanden hast, ich bin nichts Anderes als das Morgen, dessen du wartest. *Ich bin,* ich war, ich werde sein. *Dein Alter* soll sein wie deine Jugend [Dtn. 33,25]! *Wage es nur* mit mir! Ich *habe dich geleitet,* und ich werde dich leiten! Die *harte Schale* der Vergangenheit bricht auf, und die Frucht, die sie uns bietet, ist ein Unterpfand für die Zukunft.

Das war *die große Lebenskunde* der Menschen, die das Neue Testament geschrieben haben, daß sich ihnen Alles: Gegenwärtiges, Künftiges und Einstiges so miteinander verband. Sie verstanden ihre *Gegenwart* so gut, sie schauten ihrem Heute auf den Grund und lebten es von Grund aus, und wenn sie sich dann fragten: *Was nun?* Wie soll es nun weiter gehen?, dann wurde ihnen das *Vergangene* lebendig, das gar nicht vergangen ist, und wenn es längst gewesen wäre, es *erlöste sie* von allem Zweifel und wurde ihre *Kraft* und ihre Parole für die Zukunft. Darum ist ihnen die *Gestalt Johannes des Täufers* so wichtig gewesen.

3. *Die Gegenwart* hieß in der Zeit, von der unser Text redet, *zunächst einfach Kaiser Tiberius,* Landpfleger Pontius Pilatus, Vierfürsten Herodes, Philippus, Lysanias, Hohepriester Hannas und Kaiphas. Ein unerfreuliches Bild. Eine böse Gegenwart. Jeder *einzelne* dieser Namen bedeutete Gewalt und Unrecht, Lüge und Torheit. Alle diese Namen *miteinander* bedeuteten: In der Welt ist's dunkel.[2] Macht geht vor Recht![3] Geld regiert die Welt![4] Das Volk Gottes liegt am Boden

---

[2] Vgl. G. Frei (1851–1901): «In der Welt ist's dunkel, leuchten müssen wir, du in deiner Ecke, ich in meiner hier», in: P. Zauleck, *Deutsches Kindergesangbuch,* Gütersloh o. J., Nr. 227.

[3] Zu Unrecht Bismarck zugeschriebenes Schlagwort; vgl. darüber Büchmann, S. 728f.

[4] Vgl. Publilius Syrus: «Pecunia una regimen est rerum omnium» (*Sentenzen* 364).

und wird nicht mehr aufstehen; es ist gar nicht mehr das Volk Gottes, denn das Licht, das es einst trug, ist längst verloschen. Etwa wie wenn man *heute sagen würde:* Wilson, Clemenceau, Lloyd George, Lenin, Tirpitz und Ludendorff und wenn man dann an die Ohnmacht und Bedeutungslosigkeit der Kirche, des sogenannten Christentums denken wollte. Unerfreuliches Bild, böse Gegenwart auch heute. Eine solche Gegenwart war die *Gegenwart Johannes des Täufers.* Aber nun bedenkt, *was das heißt:* «Im 15. Jahr des Kaisers Tiberius geschah das Wort Gottes zu Johannes, des Zacharias Sohn, in der Wüste.» Also gab es da auch eine *andere Gegenwart* als das, was jedermann dafür hielt, mitten in dem großen, offenkundigen Jetzt der Kaiser, Landpfleger... noch ein *verborgenes Jetzt.* Und dort stand Johannes. Das war allerdings *nicht in den Fürstenpalästen* und auf den Marktplätzen und in den Tempeln, wo scheinbar das volle Leben der Gegenwart sich abspielte. Das war *in der Wüste,* und *niemand* war dabei, der es miterleben und dann erzählen konnte. *Nur nachher* wurde man dessen gewahr, aus den Wirkungen, die dieses stille Ereignis in der Wüste hatte, daß da noch eine besondere Gegenwart in der Gegenwart vorhanden gewesen war. Seht, wie merkwürdig, daß die Gegenwart nach dieser Beschreibung gleichsam *einen doppelten Boden* hat. *Da oben* auf der *Oberfläche,* da steht der Mensch unter Millionen anderer Menschen in der Welt drin und ist ein *Kind seiner Zeit,* und auf dieser Oberfläche sieht es fast immer trübe und verworren und *hoffnungslos* aus, und wenn es auch auf dieser Weltoberfläche neben den Kaisern und anderen großen Herren immer auch Hohepriester und Kirchen und Kapellen gegeben hat, so ändert das leider doch gar nichts an dem ganzen, dem traurigen Bild. *Da unten* aber, in der Tiefe, «in der Wüste», da steht derselbe Mensch *einsam vor Gott,* und Gottes Wort geschieht zu ihm. Und wenn wir auch noch nicht wissen, was das für ein Wort Gottes ist, das da geschieht zu ihm, wo niemand es hört als er allein – das kann man doch schon wissen, *die* Gegenwart des Menschen da in der Tiefe, dort wo er nicht mehr ein Kind seiner Zeit ist, sondern *einfach ein Mensch,* eine freie, offene Seele – diese Gegenwart ist *eine ganz andere* als die da droben. Da ist *jetzt schon wahr,* was droben noch unbegreiflich ist. Da ist *jetzt schon gestürzt,* was droben noch in Macht und Herrlichkeit steht. Da ist *jetzt schon erledigt,* was droben noch 1000 Fragen sind, da ist *jetzt schon alt,* was droben noch das Neueste vom Neuen ist.|

Daß wir es doch wagen würden, *radikal in der Gegenwart zu le-ben!* Aber radikal, nicht nur oberflächlich. Es gibt *nicht nur Weltge-schichte* und Lebensgeschichten, es gibt in der Weltgeschichte und in allen Lebensgeschichten auch Gottesgeschichte. Du brauchst *nicht bloß Tiberius* zu sein oder Pontius Pilatus oder einer von den Millio-nen, die damals mit ihnen aßen und tranken und morgen tot waren [vgl. 1.Kor. 15,32] und mit ihnen die oberflächliche Gegenwart bil-deten. Du brauchst dich *nicht darauf zu beschränken*, mit Herodes zu sündigen und mit den Hohenpriestern zu andächteln. Du kannst auch mit Johannes in die Wüste gehen. *Die Wüste*, die innere Abgeschie-denheit, bei der doch die Augen ganz offen sind für Alles, was da oben vorgeht, und die Füße ganz bereit, jetzt hierhin und jetzt dorthin zu eilen, wenn es sein muß, die *Freiheit und Offenheit der Seele* für das Wort Gottes, das zu ihr geschehen will, ist auch Gegenwart. Ja, noch mehr, hier ist die wahre, *die lebendige Gegenwart*. Johannes in der Wüste lebte stärker in der Gegenwart als der Kaiser von Rom in sei-nen Zirkuslogen[?]. *Dort in der Tiefe*, wo der Mensch *ganz erfüllt* vom Jammer, von den Fragen und Aufgaben seiner Zeit, aber *ohne etwas zu wissen*, ohne etwas zu wollen, ohne schon 1000 Pläne und Absichten in der Tasche zu haben, gleichsam nackt vor Gott steht, da ist der *Sinn der Gegenwart*, da ist das Herz einer Zeit, da ist das Licht, während die Weltvorgänge und Lebensvorgänge nur Schattenbilder sind. Da ist nicht Bild und Gleichnis, sondern *Wesen und Wahrheit*. Wir *würden staunen*, wenn da Johannes, der zweifellos verborgen noch in unserer Gegenwart lebt, seinen Mund auftun und reden und uns sagen könnte, was das unerfreuliche Bild, das unsere Augen sehen, bedeutet. *Warum kann er nicht reden? Warum verstehen wir unsere Zeit nicht?* Weil wir viel zu wenig in unserer Zeit leben. In der Zeitung ja, aber in der Zeit nicht. *Gegenwartsmenschen* sind uns heute not, Menschen mit *Fragen* ohne Antworten, Menschen mit *Sorgen* ohne Trost und Beschwichtigungen, Menschen, die *suchen* und sich noch nicht zurecht gefunden haben, Menschen, bei denen sich etwas *geöff-net* und noch nicht wieder verschlossen hat, Menschen, zu denen *Got-tes Wort geschehen kann*.

4. Zu Johannes *konnte* es geschehen. Und darum sah er eine *Zukunft* vor sich und ging ihr entgegen. Freilich eine ganz *ungewöhnliche Zu-*

kunft, höchst verschieden von den Zukünften, an die wohl noch der Kaiser, Herodes und die Hohepriester dachten. Eine *Aufgabe,* ein Programm, eine Erwartung, eine Hoffnung, die sich mit keiner anderen auch nur von ferne vergleichen läßt. Es fehlt ja auch unserer Zeit nicht an *Zukunftsbestrebungen* und Zukunftserwartungen. Aber sie sind sehr anders als die, die Johannes aus der Wüste mitbringt, sie stammen *nicht aus dem Worte Gottes,* das in ganz freien, offenen Seelen geschehen ist. Sie haben alle so etwas *Tiberiushaftes* und Herodesmäßiges oder auch Hohepriesterliches an sich. Darum sind sie auch so *phantastisch.* Darum *widersprechen* sie sich gegenseitig. Darum muß immer wieder eine der anderen das *Feld räumen.* Weil wir heute keine radikalen Gegenwartsmenschen haben, *fehlt es uns auch an radikalen Zukunftsmenschen.* Und weil Johannes heute nicht reden kann von dem, was ist, kann er auch nicht *reden von dem, was sein wird.* Dort konnte er reden davon und *hat davon geredet.* Das, was er nur sah und dem er entgegenging, das, was er *zu sagen hatte,* als er aus der Wüste zurückkam unter die Menschen und von ihnen gefragt wurde: Was nun? Was bringst du uns mit aus der Wüste, du merkwürdiger Gegenwartskünder[5]?, das faßte er zusammen in das eine Wort: *Vergebung der Sünden!* Bedenkt, was das sagen will! Wie das wirken würde, wenn man das all den Zukunftsplänen für Staat und Gesellschaft, Kirche und Schule, die heute durch die Luft schwirren, *entgegenstellen* wollte als den Zukunftsplan Johannes des Täufers: Nein, nicht das alles, sondern – Vergebung der Sünden! Wir spüren schon, nicht wahr, diesen Plan kann man nicht neben andere stellen, nicht mit ihnen vergleichen. Er steht *außer Konkurrenz.* Er kann nur der *Anfang und das Ende und der Sinn* aller anderen Pläne sein, sonst ist er gar nichts. Vergebung der Sünden! Das ist ja eine ganz neue, ganz *andere Betrachtung* des Menschen. Der Mensch *ohne das Böse,* freilich auch ohne all das Gute, das er jetzt so krampfhaft denkt und tut. Die Vergebung *hebt ja Beides auf,* das Böse und das Gute damit, sie stellt den Menschen *wieder an den Anfang,* sie gibt ihn sich selbst, sie gibt ihn Gott zurück. *Aber was heißt das:* der Mensch, Gott wieder *zurückgegeben, nicht mehr* ein Sünder, nicht mehr ein Gerechter, der Mensch *freigesprochen,* indem er an Gott gebunden wird? Was heißt das: *dieser erlöste,* dieser ganz andere Mensch?|

[5] Könnte auch «Gegenwartsbruder» heißen.

Was heißt das, wenn man das auf die *Zukunft* der Menschheit anwendet? Das heißt offenbar etwas für alle Zukunft *Unmögliches,* Undenkbares, etwas, was auch die radikalste Fortschrittpartei und die eifrigste Missionsgesellschaft *nicht auf ihrem Programm* zu nennen wagt. Und doch ist *gerade das* das Programm Johannes des Täufers gewesen! Es gibt offenbar nicht nur eine doppelte Gegenwart, sondern auch eine *doppelte Zukunft.* Die eine Zukunftserwartung rechnet *mit dem Möglichen,* mit Entwicklung, Verbesserung, Erziehung und allmählichem Fortschritt. Die andere Zukunftserwartung rechnet in der Tat *mit dem Unmöglichen,* mit der Vergebung der Sünden, mit dem Reiche Gottes, mit dem Heiland. Wir müssen Beides zunächst *scharf auseinanderhalten,* denn Beides hat zunächst gar nichts miteinander zu tun, sowenig als das Kaiserleben in Rom mit dem Johannesleben in der Wüste etwas zu tun hatte. Der Reichsgottesglaube stammt eben in der Tat *aus der Wüste,* aus der Einsamkeit des Menschen vor Gott, während der christliche oder weltliche Fortschrittsglaube *aus dem Wissen und Wollen und Vorhaben* des Oberflächenmenschen stammt. *Wir sind alle Beides,* Tiberius und ein ganz klein wenig Johannes, Oberflächenmensch und ein ganz klein wenig Wüstenmensch und Tiefenmensch. Es sind aber *zwei verschiedene* Quellen, die da fließen in uns, und *zwei verschiedene Zukunft*serwartungen, die daraus hervorgehen.|

Aber es ist doch *ein Zusammenhang* da zwischen diesen beiden Erwartungen. Das sieht man gerade heute ganz deutlich. Überall da, wo die Fortschrittshoffnungen der Menschen wirklich *groß und lebendig* sind, da steckt eben tatsächlich etwas von der *Reichsgotteshoffnung* dahinter, da müssen es die Menschen wagen, ob sie es wollen oder nicht, an einen *ganz anderen Menschen* zu glauben, an einen Menschen, der *eine Einsicht,* eine Liebe, ein Rechtsgefühl hat, das wir jetzt eigentlich nirgends wahrnehmen. Da muß man es wagen, die Menschen zum vornherein[?] in einem ganz *anderen Licht* zu betrachten, da muß man es wagen, nicht nur mit der natürlichen Entwicklung und mit Erziehungskräften, sondern mit dem *Unmöglichen,* mit dem Wunder zu rechnen, daß es ganz andere Menschen geben könnte, als es bis jetzt gegeben hat und als wir alle sind. Ohne dieses *Stücklein Reichsgottesglaube* wäre der Fortschrittsglaube längst am Boden, und wo dieser Reichsgottesglaube den Menschen verloren

geht, wo sie gar nicht mehr mit dem Unmöglichen, mit dem Uner-
hörten, mit dem Unendlichen rechnen, da ist tatsächlich auch der
Fortschrittsglaube längst am Boden. *Aller Mut,* alle Zuversicht, alle
Kraft, die wir in der Erziehung, in der Wissenschaft, in der Politik und
vielleicht mit der Zeit auch wieder in der Kirche lebendig werden
sehen, sie stammen aus der Wüste, aus dem Worte Gottes, das zum
Menschen geschieht, wo es geschehen kann. *Ohne den Zukunftsplan
Johannes des Täufers,* ohne die Vergebung der Sünden, ohne die Er-
wartung des Heilands kommen wir alle keinen Schritt vorwärts.|

Wir haben aber diesen Zukunftsplan *in uns. Wenn wir ihn doch
auch ganz anders* um uns hätten! Wenn es uns doch *bewußter wäre,*
um was es eigentlich *geht* bei unserem Hoffen und Planen, was wir
eigentlich *meinen* bei unserem Eifer für unsere Arbeit und für die
Verbesserung unserer Zustände, für Mission und Kirche, für freisinnigen oder sozialen Fortschritt! Wenn wir doch *Buße getan,* d. h. ein
Umdenken vollzogen hätten, durchgebrochen wären zu der Erkenntnis, *daß Gott es ist,* den wir mit unserem Wollen und Laufen eigentlich
meinen, dem wir aber auch gehorsam werden müssen, wenn das, was
wir meinen, wirklich werden soll. Wieviel Enttäuschungen und Irrtümer und Mißgriffe könnten wir uns *ersparen,* wenn wir mit Johannes aus der Wüste kämen und von da aus in die Zukunft sehen und
gehen würden! Wieviel *kräftigeren Schwung* hätte unser Eifer und
unsere Erwartung, wenn es uns ganz bis ins Herz hinein klar wäre:
nicht um meine Einsicht und mein Wollen handelt es sich im Grunde,
da bleibt ja doch gerade das Beste immer unmöglich, sondern um das
Kommen des Heilands in die Welt, um die Auferstehung, um die
Verwandlung des Verweslichen ins Unverwesliche [vgl. 1. Kor.
15,42], um den neuen Himmel und die neue Erde [Jes. 65,17], um den
Tag des Menschensohns [Lk. 17,22.26]. Wenn doch der verborgene
Johannes heute *hervor*träte und uns allen sagen würde, was wir ei-
gentlich meinen und was uns nötig ist, damit es nicht beim bloßen
Meinen bleibt!

5. Bei Johannes dem Täufer ist es nach dem Urteil seiner Zeitgenossen *nicht beim bloßen Meinen* geblieben. Wer so wartet und hofft wie
er, der *sieht dann auch.* Johannes bekam zu sehen. Er sah den *Tag*
anbrechen, von dessen Kommen er in der Wüste geredet. Er sah

den anderen Menschen, den neuen Menschen, den Menschen ohne Sünde und ohne Gerechtigkeit, den mit Gott geeinigten Menschen. Er sah das *Lamm Gottes,* welches der Welt Sünde trägt [Joh. 1,29]. Er sah die *Vergebung der Sünden* eine Macht werden auf Erden. So steht er *auf der Grenze zweier Welten:* Im *Fragen* und doch schon im Antworten, im *Suchen* und doch schon im Finden, im *Anklopfen* und doch schon vor der offenen Tür [vgl. Mt. 7,7 par.], in der *Erwartung* und doch schon in der Erfüllung. Und da sahen seine Zeitgenossen auf einen Schlag die ganze *Vergangenheit* in diesem Mann lebendig werden. Das *Alte Testament ging wie von selbst auf,* und sie verstanden es; das ist's, was geschrieben steht in dem alten Buch: Es ist eine Stimme [eines Predigers in der Wüste]… Das, was diesem Mann *geschehen ist* in der Wüste und was er dann *getan hat* unter den Menschen, *das* ist die Bibel. *Das ist Abraham,* Isaak und Jakob, das ist Joseph, Mose und David, das ist Amos, Jesaja und Jeremia. *So ist's gemeint* in den alten Rätselbuchstaben: Bereitet dem Herrn den Weg!|

Es gibt ja auch eine *doppelte Vergangenheit: eine tote,* sinnlose, unzusammenhängende Vergangenheit. Da sind alle die *Sprüche* und Geschichten der Bibel nur seltsame Meinungen und Ereignisse, ihre *Gestalten* auffallende religiöse Persönlichkeiten. Da muß man sich krampfhaft *anstrengen,* um in diesem Buch etwas Sinnvolles und Brauchbares zu finden, und schließlich bleibt Einem doch nichts übrig. Da sind Franz von Assisi oder Calvin oder Pfarrer Blumhardt entweder *Heilige,* die man verhimmelt, oder seltsame *Fanatiker,* über die man die Achseln zuckt. Die *lebendige* Vergangenheit aber wirkt unmittelbar in die *Gegenwart* und Zukunft hinein. Da heißt's: sie sind gestorben und *leben noch!* Da versteht man, daß alle diese Lebendigen solche *freien, offenen Seelen* vor Gott gewesen sind und daß ihre Größe darin bestand, daß sie irgendwo wieder ein *solches Fenster* öffneten gegen das Reich Gottes, gegen das Unmögliche und Unendliche hin. Da sieht man sie alle als *Wegbereiter* für den Heiland und ist ihnen *dankbar,* daß sie neben einen treten, wie wenn sie heute da wären. Ja, auch *Vergangenheitsmenschen* sollten wir heute wieder werden. Man redet zwar heute viel von Geschichte und gräbt immer neue vergangene Dinge aus. Aber in Wahrheit gleichen die heutigen Geschichtsforscher den Totengräbern, die nur die alten Särge und Leichen wieder ans Licht bringen, um sie schaudernd alsbald wieder zu-

zudecken. *Lebendig* wäre die Geschichte nur den lebendigen Menschen. Nur die lebendige Geschichte wird uns zu einem *Zeugnis* und zu einer Kraft für die Zukunft. Johannes der Täufer war *eins mit der Geschichte*. Er war *selber Geschichte*. «Alles Fleisch wird den Heiland Gottes sehen.» Das ist *das Alte Testament* in kürzesten Worten. Das war das Leben des Johannes: Gegenwart, Zukunft und Vergangenheit zugleich. Wenn es doch auch *unser Leben* würde! Christus können wir nicht werden und sollen es gar nicht, aber Johannes der Täufer, der Christus den Weg bereitet.

Lieder:
Nr. 89 «Nun jauchzet all, ihr Frommen» von M. Schirmer, Strophen 1.3.4 (RG [1998] 365,1.4.5; EG 9,1.4.5; jeweils mit Textabweichungen)
Nr. 99 «Jauchzet, ihr Himmel» von G. Tersteegen, Strophen 1.2.4 (RG [1998] 404,1.2.4; EG 41,1.2.4)

Safenwil, Sonntag, den 21. Dezember 1919

IV. Advent

Psalm 118,14–18

[Der Herr ist meine Macht und mein Psalm und ist mein Heil. Man singt mit Freuden vom Sieg in den Hütten der Gerechten: «Die Rechte des Herrn behält den Sieg; die Rechte des Herrn ist erhöht; die Rechte des Herrn behält den Sieg!» Ich werde nicht sterben, sondern leben und des Herrn Werke verkündigen. Der Herr züchtigt mich wohl; aber er gibt mich dem Tode nicht.]

1. Ich denke, es ist wohl *kein Einziges unter uns,* das sich getrauen würde, die eben gehörten Worte in den Mund zu nehmen und in seinem eigenen Namen auszusprechen. Und wenn schon Eines wäre, das das wagte, ich wollte es *nicht darum beneiden;* denn es wäre in einer argen Täuschung begriffen. «Der Herr ist meine Macht und mein Psalm und mein Heil.» «Die Rechte des Herrn behält den Sieg.» «Ich werde nicht sterben, sondern leben», *das kann niemand* in seinem eigenen Namen nachsprechen. Wenn wir die Worte da in der Bibel ein wenig genauer ansehen, müssen wir eigentlich sofort merken, daß sie *auch da nicht so gemeint* sind, als wollte da Einer in seinem eigenen Namen von seiner persönlichen Erfahrung, von seinem persönlichen Zustand reden. Ja, er *redet von sich selber; meine* Macht, mein Psalm, mein Heil!, sagt er ja und: *ich* werde nicht sterben!, und doch eigentlich nicht von sich selber. Sondern in sich selber hat er *ein anderes Ich,* einen anderen Menschen entdeckt, und in dessen Namen, nicht in seinem eigenen, sagt er so große Dinge. *Wenn wir in unserem eigenen Namen* reden wollten, von unseren persönlichen Erfahrungen und Zuständen, dann müßten wir alle ehrlicherweise gerade das Gegenteil bekennen von dem, was da steht. In *größter Schwachheit* steh' ich da vor Gott!, müßten wir dann bekennen, kein Psalm ist mein Denken und Reden, sondern ein wirres *Stottern und Krächzen,* das Gott keine Ehre und den Menschen keine Freude macht, nicht Heil, *sondern Unheil* ist das ewige Schwanken da in meiner Seele, *wenig Glaubwürdiges* finde und sehe ich da in meinem Leben von den Siegen Gottes, und wenn ich *etwas Sicheres weiß,* so ist es das, daß jetzt schon meine Gesundheit, meine Glieder, meine Kräf-

te, meine Erfolge den Todeskeim in sich tragen und daß ich meinem Sterbetag entgegengehe, an dem es sich unerbittlich zeigen wird, wer und was ich bin. Wenn wir doch *den anderen Menschen in uns* entdecken würden und in seinem Namen ehrlich von Kraft und Sieg und Leben reden dürften!

2. Und so geht es uns auch, wenn wir die Botschaft der Bibel von der kräftigen, erlösenden, segnenden *Gegenwart* Gottes, die Botschaft vom *Heiland des Herrn,* der zu uns Menschen gekommen ist und kommen will, auf unser *heutiges Menschheitsleben* anwenden wollen. Wir können sie ehrlicherweise *nirgends einfach anwenden.* Es wäre auch wieder *Täuschung* und nichts als Täuschung, wenn da und dort eine Gruppe, eine Kirche, eine Partei, ein Kreis sich rühmen wollte: da, da bei uns ist sie, die Gegenwart, die Erfüllung, die Hilfe, das Leben Gottes unter den Menschen, und wir würden eine *Irrfahrt* ohne Erfolg antreten, wenn wir diese Auserwählten in der Nähe oder in der Ferne suchen würden. *Die Erde ist heute mehr als je* eine Stätte der Ohnmacht, der Verwirrung, der Mißerfolge, des Sterbens. *Fremd und unglaublich* tönt die Adventsbotschaft: die Rechte des Herrn behält den Sieg! neben dem, was wir in der Zeitung lesen von dem, was in der Menschheit tatsächlich geschieht. Es müßte denn sein, daß in der Menschheit verborgen, wie in jedem einzelnen Menschen, *noch eine andere Menschheit* lebt, *unsichtbar,* ungreifbar, nirgends hervortretend in den Völkern, den Kirchen, den Parteien, eine *Gemeinschaft für sich* hinter und über allen sichtbaren Gemeinschaften, ein *Menschheitsleben,* das ungestört von allem Unrecht und Jammer des gewöhnlichen Menschheitslebens sein eigenes Dasein führt. Es müßte denn sein, daß diese andere, diese verborgene Menschheit auch heute, gerade heute *hören und sagen dürfte,* was die Bibel uns da als Adventsbotschaft sagen will. O im Namen unserer Familie, unserer Gemeinde, unseres Volkes, im Namen unserer Kirche, im Namen der Partei oder Richtung, der wir angehören, heiße sie, wie sie wolle, *dürfen wir ehrlich nicht so reden,* wie in unserem Text geredet ist. Aber wie wäre es, wenn wir über alles Unsrige und Eigene *hinwegsehen* und die andere Menschheit in der Menschheit *entdecken* und dann in ihrem Namen es *hören und selber bekennen* dürften: Die Rechte des Herrn behält den Sieg!

3. Seht, *das ist's ja, was wir wissen müssen,* wenn uns die *Advents-botschaft* erreichen soll, wenn wir *Weihnacht* feiern wollen, wenn die in Jesus gestiftete und erklärte *Gemeinschaft* zwischen Gott und uns Menschen in Kraft treten soll. Wir müssen wissen, daß *ein anderer,* ein unsichtbarer Mensch, eine andere unsichtbare Menschheit ist, ebenso *gewiß,* nein, noch viel gewisser als das Sichtbare, das wir jetzt Mensch und Menschheit heißen.

Das war das Große an den *Vätern und Propheten des Alten Testaments,* von denen wir überhaupt gar nicht genug lernen können, daß sie das so gut wußten, daß ihr ganzes Leben so stark von diesem Unsichtbaren bestimmt war. *Sie glaubten nicht bloß* an das Unsichtbare, wie wir wohl sagen, sondern ließen sich von ihm lenken und leiten, sie stellten sich unter seine Befehle und Ordnungen. Sie glaubten nicht bloß so *im Allgemeinen* an allerlei unsichtbare Ordnungen und Verhältnisse, wie es heute Manche wieder unternehmen, sondern das, wovon sie sich leiten ließen, war ganz klar und bestimmt der andere, der verborgene Mensch in ihnen selbst und die andere, die verborgene Menschheit in der Welt. Sie machten auch *keine Kunst und Wissenschaft* aus diesem ihrem Verkehr mit dem Unsichtbaren, sondern er war ohne alle Umstände und Feierlichkeiten einfach ihr unmittelbares, praktisches Leben. Wir können es durch das ganze Alte Testament hin verfolgen, von Abraham bis zu David und von Elias bis zum Prediger Salomo, wie diese Menschen alle so *scharf getrennt haben* zwischen dem, was sie bei sich selbst und in der Menschheit sahen, und dem anderen Menschen, der anderen Menschheit, die unsichtbar dahinter verborgen ist, und wie sie es dann gewagt haben, ihr eigenes Leben und das ganze Menschheitsleben ganz fest *mit diesem Unsichtbaren zu verbinden,* Alles auf dieses Andere zu beziehen und abzustellen, von diesem Anderen aus zu denken und – wie es in unserem Text geschieht – im Namen dieses Anderen zu reden. Als eine ganz *unbegreifliche Kühnheit* müssen wir dieses Verhalten bezeichnen. Es gibt ein merkwürdiges Kapitel in der Bibel, ich meine das 11. Kapitel des Hebräerbriefs, da wird die ganze Geschichte des Alten Testaments dargestellt als eine lange Reihe von lauter Kühnheiten. Die Kühnheit der alttestamentlichen Menschen bestand darin, daß sie alle es wagten und unternahmen, das Unsichtbare *als die größere Wahrheit gelten zu lassen. Wo blieb dann* ihm gegenüber die Schwachheit und Unvollkommenheit ihrer eigenen Natur, die menschliche *Sünde* und das menschliche Leid, die ganze hoffnungslose *Verwirrung* und Unsinnigkeit des Menschheitslebens? Nun, das alles war auch für sie sehr ernsthaft vorhanden, sie übersahen es keineswegs, und es fiel vor ihrem Glauben keineswegs in Nichts zusammen. Sie waren genau solche Menschen wie wir in derselben dunklen Welt, in der auch wir leben.|

Aber sie wagten es, *darüber hinwegzusehen* auf die größere Wahrheit des unsichtbaren Menschen, der unsichtbaren Menschheit. «Er sah nicht an seinen eigenen erstorbenen Leib», sagt Paulus von *Abraham*, «sondern er ward stark im Glauben und gab Gott die Ehre» [Röm. 4,19f.]. Und so konnte es von *Mose* heißen: Er sah nicht an die Macht des Pharao und die Torheit Israels, das rote Meer und das Heer der Amalekiter [vgl. Hebr. 11,27. 29; Ex. 17,9]. Und von *Samuel:* er sah nicht, was vor Augen war, das Alter und die Kraft der älteren Söhne des Isai [vgl. 1. Sam. 16,7]. Und von *Jeremia und Hiob:* sie [?] sahen nicht an ihr von Gott zerstörtes Lebensglück, den Jammer, in dem sie als von Gott gezeichnete innerlich und äußerlich dastehen mußten [vgl. Hiob 1,21; Jer. 20,7–13]. Und vom *Prediger Salomo:* er sah nicht an den täuschenden Glanz seines vornehmen und gebildeten Lebens [Pred. 1,16f.;2,1–11]. Und von so vielen *Propheten und Psalmsängern:* sie sahen nicht an die Gottlosigkeit ihres Volkes und der Heiden, den Mangel an Schönheit und Gestalt des Gottesknechts [Jes. 53,2]. Darin lag ihre *Kühnheit und ihr Wagnis, daß sie nicht ansahen* den Menschen und die Menschheit, wie sie vor Augen sind, weder im Guten noch auch im Bösen, sie ließen sich weder durch sein Böses *Furcht* noch durch sein Gutes *Respekt* einflößen. Sie ließen sich, wenn sie sich selbst und die Menschen anschauten, *nicht aufhalten,* nicht irre machen, nicht ablenken durch Nebensachen. Sie schauten hindurch bis *auf den Grund.* Sie schauten den *Grund des Menschen in Gott,* das ist ja der andere, der unsichtbare Mensch, die unsichtbare Menschheit: der in Gott gegründete Mensch. Sie schauten, wie der Mensch *nichts ist vor Gott* und Alles durch Gott, wie Gott ihn aufrichtet und stürzt. Sie schauten, wie an ihm, an ihm allein sich *Alles entscheidet,* wie er, er allein *die Macht* ist im Leben und in der Geschichte. Sie schauten, wie ohne Gott *alles eitel ist,* alles ganz eitel [Pred. 1,2 u. ö.]. Sie schauten, wie durch Gott *das Leid* der Menschen ebenso gewendet, wie ihre Freude in Leid gewendet, die *Herrlichkeiten* der Geschichte zunichte gemacht und ihre schrecklichste Tiefe in Herrlichkeit verwandelt, *Sünde vergeben* und Gerechtigkeit mit Schande bedeckt werden kann. Sie schauten die *Gebundenheit der Menschen an Gott,* die *Wege,* die er sie gehen läßt, das *Schicksal,* das er ihnen bereitet, *seine* Gnade und *sein* Gericht als das Bewegende und Entscheidende im Menschenleben und in der Weltgeschichte.|

Darum *warteten sie nicht umsonst* auf den Heiland, auf die volle Gegenwart Gottes, auf die Erscheinung seiner Größe und Kraft. Darum *lebten sie* in dieser Gegenwart, darum *zeugten sie* von seiner Herrlichkeit und befanden sich doch in keiner Täuschung und Überhebung, denn sie redeten ja nie von sich selbst, nie von dem, was vor Augen ist, sondern immer von dem Einen, Unsichtbaren, das sie *schauten,* von dem unsichtbaren, in Gott gegründeten Menschen, den sie *wußten.* Darum konnte am Ende des Alten Testaments *das Neue Testament anfangen.* Darum konnte es nach der Adventszeit *Weihnachtszeit werden.* Denn was ist das *Neue Testament* anderes als die *Erfüllung,* die sofort da ist, wo es mit der Verheißung wirklich Ernst wird? Was ist die *Weihnachtszeit* anderes als die *gegenwärtige Gotteszeit,* Gnadenzeit, Freudenzeit, Siegeszeit für Alles, was Odem hat, die anbricht, sobald es nur erst Adventszeit, Zeit des Glaubens, der Kühnheit, des Schauens geworden ist unter den Menschen? Wer ist Christus, das Kind in Bethlehem, anderes als *der andere,* der unsichtbare Mensch, der in Gott, in Gott allein *gegründete* Mensch, auf den die Väter hoffend sahen[1], den sie *wußten?* «Abraham *freute sich,* da er meinen Tag sah» [Joh. 8,56], er und die Anderen alle. *Im Dunkel* von Menschentagen wie den unsrigen, aber *im Licht* des Christustages, des Weihnachtstages sind auch die Worte unseres Textes geredet: Der Herr ist meine Macht [und mein Psalm und mein Heil]. Ja, wie wollte der Psalmsänger das *von sich selbst* sagen? und wie *von der Menschheit,* die man sieht, wie sie wandelt in Finsternis und Schatten des Todes [vgl. Lk. 1,79]? Und *doch sagt er's* ja von sich selber und *doch* von der Menschheit, aber von dem *neuen Ich,* von dem neuen, dem *anderen Menschen,* der in die Welt gegeben ist, weil Gott die Welt lieb

[1] Aus Strophe 5 des Liedes Nr. 100 «Dies ist der Tag, den Gott gemacht» von Chr. F. Gellert (RG [1998] 408; EG 42).

hat [vgl. Joh. 3,16]. Er *schaut* diesen neuen Menschen. Er *weiß* den Christus. Darum scheut *er sich nicht,* so zu reden. Er glaubt, darum *redet er auch* [vgl. Ps. 116,10].

4. Liebe Freunde! *Warum sollten wir nicht wissen?* Warum sollten wir nur die Wahl haben, entweder trübsinnig das Leben und uns selbst anzusehen, *wie wir sind,* oder dann mehr oder weniger phantastisch zu reden und zu träumen viel[?] von *künftigen* besseren Tagen? Gibt es *kein Drittes? Ist das der Mensch,* den wir erblicken, wenn wir uns selbst mit unseren Tugenden und Fehlern, in unserer Größe und in unserer Zerrissenheit anstarren? *Ist das die Menschheit,* die wir erblicken, wenn wir in die Zeitung hineinstarren? Warum sollten wir nicht *neben die alttestamentlichen Menschen treten* und mit ihnen aus bloß Sehenden zu Schauenden werden? Ja, zu Leuten, die es lernen wollen, *hindurchzuschauen* durch den Spiegel und durch die Zeitung, *auf den Grund zu schauen,* zu schauen den in Gott gegründeten Menschen, *Christus, gestern und heute derselbe* und in Ewigkeit [vgl. Hebr. 13,8]? Wir wollen doch nicht etwa meinen, es sei *damals leichter gewesen als heute.* Es braucht immer Kühnheit dazu, das Unsichtbare ernster zu nehmen als das Sichtbare, nicht nur in Gedanken, sondern mit dem Gehorsam des Lebens. Es war immer *ein Schritt,* ein Ereignis, eine Geschichte im Leben des Menschen und der Menschheit, wenn Christus entdeckt wurde, der Mensch von oben, der uns in die Gemeinschaft Gottes bringt. Zum Sehen wird man geboren, hat Goethe gesagt, *zum Schauen aber bestellt*[2], ausgesondert [Jer. 1,5], von neuem geboren, wie es in der Bibel heißt [Joh. 3,3.5]. Die *Gerechten,* d. h. die ins Unsichtbare schauen, *sie kommen in Hütten,* wörtlich in Zelten zu leben, wie wir in unserem Text lesen; d. h. sie werden zunächst zu Menschen, *die unterwegs sind,* die keine Heimat haben, die von Zufriedenheit und Ruhe, von Sicherheit und Erfolg nichts, aber auch gar nichts wissen. Wenn wir sehen wollen, wie das ist, brauchen wir bloß das *Leben Abrahams* oder Jeremias anzusehen oder das Buch des Predigers Salomo zu lesen oder noch einmal Hebräer 11. *Immer un-*

---

[2] *Faust II*, V. 11288f. (5. Akt, Tiefe Nacht):
  Zum Sehen geboren,
  Zum Schauen bestellt ...

terwegs, heißt es da, immer erschüttert und beunruhigt, immer Alles und Alles in Frage gestellt. *Nicht in den wohlverwahrten Häusern, sondern in den Hütten, in den Zelten der Gerechten singt man mit Freuden vom Sieg.|*

Weiter: es gehört zu diesem Schauen immer auch das *gewisse Gezüchtigtwerden*, von dem unser Text auch redet. *Weh mir, ich vergehe!*, hat Jesaja ausgerufen, denn ich habe den König, den Herrn Zebaoth gesehen mit meinen Augen [Jes. 6,5]! Und Paulus hat geradezu von *einem Sterben* geredet, das über uns kommt, wenn wir auf den Tod Christi getauft werden [Röm. 6,3–9]. Es ist eben eine *Strafe, ein Verderben*, das über den sichtbaren Menschen kommt, wenn der unsichtbare von Tag zu Tag wächst [vgl. 2. Kor. 4,16]. Jener muß sich dann *schämen, klein werden*, sich zurückziehen. Erst jetzt, wenn dieses andere Ich mit uns zu reden beginnt, wird uns ja *unsere Sünde* klar, und wie klein und erbärmlich wird uns daneben *unser Wissen und Können*, unsere Moral und unsere Bildung, vor allem unser bißchen Christentum. Es kommt Alles, Alles an uns nun wie in eine zersetzende, auflösende *Säure, nichts* kann bestehen, *nichts* mehr hält uns, an *nichts* mehr können wir glauben als eben an den unsichtbaren Menschen, der aus Gott geboren ist, an Christus, der allein uns gemacht ist von Gott zur Weisheit und zur Gerechtigkeit und zur Heiligung und zur Erlösung [1. Kor. 1,30]. Also *so ist es immer gewesen*, und indem wir das alles auf uns nehmen, tun wir *nichts Schwereres*, als die Menschen immer getan haben, wenn es aus dem Alten hinüberging ins Neue Testament, aus der Adventszeit in die Weihnachtszeit. Der Weg ist immer *schmal* und die Pforte ist immer *eng* gewesen [vgl. Mt. 7,14].

5. Es fragt sich doch nur, ob uns nicht eigentlich *Alles darauf hinweist*, Alles darauf hindrängt, gerade diesen schmalen Weg und diese enge Pforte zu betreten. Ist's uns am Ende nicht auch [?] *leichter und natürlicher*, neben die Väter des alten Bundes zu treten und mit ihnen *kühn* zu sein, mit ihnen in *Zelten* zu leben, mit ihnen *gezüchtigt* zu werden, als das zu sein, was wir jetzt sind? Was soll die scheue *Vorsicht*, mit der wir es jetzt vermeiden, den Schritt ins Unsichtbare zu tun, die *bequeme Ruhe*, in der wir es vermeiden, die Wanderung nach der unsichtbaren Heimat aufzunehmen, das ungestörte *In-den-Tag-hinein-Leben*, in dem wir der Züchtigung Gottes auszuweichen mei-

nen? *Gelingt es uns etwa?* Sind wir nicht alle gelegentlich kühn, ohne es zu wollen, sind wir nicht alle im Grunde unruhig und heimatlos? Müssen wir nicht alle Strafe leiden? Können wir es etwa *verhindern, daß Christus lebt* und daß wir die Wirkungen zu spüren bekommen? Und möchten wir nicht alle neben die Männer des alten Bundes treten dürfen *auch in dem, was sie dann sagen* dürfen, nicht in ihrem eigenen Namen, sondern im Namen des Christus, der verborgen hinter ihnen stand? Wie gerne möchten wir, daß es in unserem Leben hieße: *meine Macht, mein Psalm, mein Heil!* Wie dünn ist die Wand, die uns trennt von dem, was wir möchten, von den drei Wörtlein «Der Herr ist» meine Macht [, mein Psalm, mein Heil!] Wie gerne sähen wir es in der Welt mit ihren Kriegen und Revolutionen verwirklicht: *Die Rechte des Herren behält den Sieg* [; die Rechte des Herrn ist erhöht, die Rechte des Herrn behält den Sieg!] Mose und Jesaja und Jeremia, Luther und Calvin haben es gesehen. Sollen wir blind sein, daß wir es nicht sehen können? Wie gerne möchten wir es in die lange Todesnacht unseres Daseins, in das Dasein der ganzen seufzenden Kreatur [vgl. Röm. 8,22] hineinstellen: *Ich werde nicht sterben* [, sondern leben und des Herrn Werke verkündigen]. Ein Freiheitskämpfer des alten Genf, Philibert Berthelier[3], ein weltlich gesinnter Politiker und Lebemensch, hat eine Stunde vor seiner Hinrichtung diese Worte an die Wand seines Kerkers geschrieben. Wie kam er nur dazu? Wie war es nur möglich? Sollten wir wirklich nicht dazu kommen, diese Worte in großen Buchstaben auch an die Wand unseres Kerkers zu schreiben? *Der Herr züchtigt mich* [wohl, aber er gibt mich dem Tode nicht]. Ja wirklich: wir sind dem Tode gegeben. Christus aber lebt; sollte es kein Durchbrechen, kein Entdecken, kein Kleinwerden geben für uns: Ihr sollt auch leben [Joh. 14,19]!

Seht doch, wie das Unsichtbare, der schmale Weg und die enge Pforte *uns ruft,* wie es Advent und Weihnacht *werden will,* wie der in

---

[3] Nachdem Herzog Karl III. von Savoyen im April 1519 Genf besetzt hatte und Bischof Johann von Savoyen am 19.8.1519 nach Genf zurückgekehrt war, wurde Philibert Berthelier d. ä. am 23.8.1519 hingerichtet. Seine Inschrift: «Non moriar sed vivo et narrabo opera Domini». Vgl. Fr. W. Kampschulte, *Johann Calvin. Seine Kirche und sein Staat in Genf,* 2 Bde., Leipzig 1869/1899, Bd. I, S. 51f. Barth hatte kurz zuvor beide Bände Kampschultes gelesen (Bw. Th. I, S. 357).

Gott gegründete Mensch, die neue Menschheit, Christus *erscheinen will!* Ist's denn ein *Fremder,* der uns ruft?, können wir zaudern, ob wir ihm folgen wollen? Stehen wir nicht schon auf dem Seil, auf dem er uns herüberziehen will? Ist's nicht *unsere eigene Stimme,* die Stimme, die Gott unseren Herzen und den Herzen aller Menschen gegeben hat, die ihm längst schon geantwortet hat:

> Das ewge Licht geht da herein,
> Gibt der Welt ein neuen Schein;
> Es leucht wohl mitten in der Nacht
> Und uns des Lichtes Kinder macht.[4]

Lieder:

Nr. 214 «Aus tiefer Not schrei ich zu dir» von M. Luther, Strophen 1.4.5 (RG [1998] 83,1.4.5; EG 299,1.4.5; jeweils mit geringen Textabweichungen)

Nr. 85 «Macht hoch die Tür» von G. Weissel, Strophen 1.5 (RG [1998] 363,1.5; EG 1,1.5; jeweils mit geringen Textabweichungen)

---

[4] Strophe 4 von Luthers Weihnachtslied «Gelobet seist du, Jesu Christ» (RG [1998] 392; EG 23; das Lied fehlt in GERS [1891]).

Weihnacht

Psalm 118,19–26

[Tut mir auf die Tore der Gerechtigkeit, daß ich dahin eingehe und dem Herrn danke. Das ist das Tor des Herrn; die Gerechten werden dahin eingehen. Ich danke dir, daß du mich demütigst und hilfst mir. Der Stein, den die Bauleute verworfen haben, ist zum Eckstein geworden. Das ist vom Herrn geschehen und ist ein Wunder vor unsern Augen. Dies ist der Tag, den der Herr macht; lasset uns freuen und fröhlich darinnen sein. O Herr, hilf! o Herr, laß wohl gelingen! Gelobt sei, der da kommt im Namen des Herrn! Wir segnen euch, die ihr vom Hause des Herrn seid.]

1. Tut mir auf die Tore der Gerechtigkeit! Ist das nicht uns allen aus dem Herzen geredet? *Vor verschlossenen Toren,* die sich auftun sollten, stehen wir ja alle. Der Eine *vor einem schwarzen Fleck,* der in sein Gewissen eingebrannt ist und von dem er weiß, daß er ihn von sich aus auf keinen Fall wegbringen wird. Der Andere *vor einem Menschen,* mit dem er ganz und gar nicht ins Reine kommen kann, wie oft er es auch schon versuchte. Der Andere *vor einem Unvermögen* seines Charakters, seiner Naturanlage, die er nicht ändern kann. Der Andere *vor einem Weh,* das er in seiner Seele trägt und das sich nicht will vergessen lassen. Der Andere vor widrigen *Verhältnissen,* die sich seiner Arbeit, seiner geistigen Entwicklung, seiner Lebensfreude in den Weg stellen und die sich nun einmal nicht wegräumen lassen. Der Andere vielleicht auch einfach und doch gar nicht einfach *vor einem körperlichen Leiden,* das ihn Tag und Nacht begleitet und durch das sich der früher oder später drohende Tod ihm ankündigt. Und stehen wir nicht alle, wenn wir auf das nun bald verflossene Jahr zurückblikken, *vor den bangen, finsteren Rätseln,* die uns die Zukunft unseres Volkes und der anderen Völker aufgibt, *vor dem dumpfen Druck,* der heute auf dem ganzen Geistesleben liegt, vor den bitteren *Enttäuschungen,* die das Kriegsende und der Friedensschluß[1] allen denen gebracht hat, die auf die Anzeichen einer neuen Geburt der Menschheit hofften, *vor dem großen Mangel* an Klarheiten, Kräften, Führern,

[1] Vgl. oben S. 186, Anm. 2.

stehen wir nicht alle vor der mehr als je offenbaren *Ohnmacht,* Zerrissenheit, Verweltlichung und babylonischen Sprachverwirrung gerade unseres sogenannten Christentums? Und *wir wissen es ja,* jeder Einzelne mit seiner Not und Verlegenheit und wir alle mit denen, die uns gemeinsam sind, es ist *nicht nur etwas,* nicht nur dies und das, nicht nur ein zufälliges Übel, an dem wir leiden, sondern es sind die Tore der *Gerechtigkeit,* die Tore des wahren, sinnreichen *Lebens,* die Tore *Gottes,* die uns verschlossen sind. Es ist für jeden Einzelnen und so auch für uns alle das *Ganze,* das in Frage steht, es ist der *Abgrund,* vor dem eigentlich Jeder steht, auch wenn er nur das, was ihn persönlich quält, aufrichtig ins Auge faßt, *der* Abgrund, über den keine Brücke von Fortschritt und Entwicklung hinüberführt, der Abgrund, der uns vom *Himmel* trennt.

Denn *den Himmel tragen wir im Herzen,* ob wir ihn auch oft vergessen haben. Könnten wir den Himmel aus unserem Herzen reißen, wir könnten ruhiger, zufriedener, harmonischer, glücklicher sein, wir könnten uns leichter mit unseren Nöten abfinden. Weil wir den Himmel im Herzen tragen, darum fehlt uns immer Alles, wenn uns etwas fehlt, darum brennen uns unsere Nöte so stark, jeden an dem Punkt, wo es ihn gerade trifft. *Nicht irgend ein Türlein* zu Glück, Tugend, Frieden und Beruhigung, sondern die Tore der Gerechtigkeit sind uns verschlossen. Und durch das *Auftun der Tore der Gerechtigkeit allein* kann uns geholfen werden. Und *nun ist's heute Weihnacht.* Und wir alle mit unseren einzelnen und gemeinsamen Nöten sollen es *hören dürfen:* Euch ist heute der Heiland geboren [Lk. 2,11]! Und wir alle sollen *antworten dürfen:* Tut mir auf! Tut mir auf, *nicht nur* da und dort, daß es mir etwas leichter ums Herz wird, daß ich ein wenig besser und froher werde, daß ich ein wenig beruhigter in die Zukunft sehe, daß wir auf der Erde wieder ein paar Schritte vorwärts kommen, sondern: Tut mir auf die Tore der *Gerechtigkeit,* tut mir auf die Tore der *Wahrheit,* die ich immer vermisse, immer suche und doch nicht erst suchen würde, wenn ich sie nicht schon gefunden hätte[2], die Tore des *Lebens,* dessen Ordnungen ich in mir geschrieben trage und dem ich doch so ferne bin, die Tore des *Himmels,* den wir verloren und doch nicht vergessen haben, die Tore *Gottes,* ohne den die Welt zur

---

[2] Vgl. oben S. 321, Anm. 13.

Hölle würde und dessen wir doch noch in der Hölle gedenken müssen.

Tut mir auf die Tore der Gerechtigkeit! Ich sage noch einmal: Ist das nicht uns allen *aus dem Herzen* geredet!? Und ist es nicht etwas *Wunderbares*, daß der heutige Tag, die Botschaft von Christus, uns daran erinnert, daß es *keine Vermessenheit* ist, keine Überspanntheit, keine Phantasie, kein Übermut, auch nicht für den unglücklichsten und schlechtesten Menschen, auch nicht für die Menschen einer so dunklen, verworrenen Zeit wie der unsrigen, wenn wir *mitseufzen*, mitflehen, mitrufen: Ja, tut mir auf!

> *Brich an*, du schönes Morgenlicht,
> Das ist der alte Morgen nicht,
> Der *täglich* wiederkehret.
> Es ist ein Leuchten aus der *Fern*,
> Es ist ein Schimmer, ist ein *Stern*,
> Von dem ich längst gehöret![3]

O Herr, hilf! o Herr, laß wohl gelingen! Gelobt sei, der da kommt im Namen des Herrn!

2. Tut mir auf die Tore der Gerechtigkeit, daß ich da hineingehe und dem Herrn danke! Und damit wir uns nicht lange fragen, wie es denn möglich werden soll, daß wir nun *gleich zu danken* haben, wo wir doch voll Fragen, Sorgen und Zweifel sind, wollen wir gleich weiterlesen: «*Ich danke dir, daß du mich demütigst und hilfst mir.*» Seht, da kommen wir auf den merkwürdigen *Zusammenhang* zwischen der Weihnachtsgeschichte und unserer Demütigung und dem Danken für die Demütigung, weil uns gerade durch die Demütigung geholfen ist. Wenn wir diesen Zusammenhang *erfassen*, so recht in ihn *hineingehen*, dann wird uns *aufgetan*.

Ja, es ist wahr, wir *sind voll* Fragen, Sorgen und Zweifel. Und daß wir's sind, das ist ja eben *unser Draußenstehen* vor den geschlossenen Toren der Gerechtigkeit. Aber ich sage euch, gerade das ist auch *unser Hineingehen*. Und *selig sind nicht die*, die nichts zu fragen haben, nicht die Unbesorgten und Zweifellosen, sondern *selig sind, die* drau-

---

[3] Strophe 1 des Liedes GERS (1952) 129; RG (1998) 410 von M. von Schenkendorf.

ßen stehen und wissen, daß sie draußen stehen, die suchend, bittend und anklopfend draußen stehen, denn sie werden hineinkommen [vgl. Mt. 7,7 par.]. Christus ist nicht umsonst *im Stall zu Bethlehem geboren,* denn sie hatten sonst keinen Raum in der Herberge [Lk. 2,7], die große Welt war ihm zu klein, außerhalb ihrer Herrlichkeit mußte er stehen, um sie aus ihrem Elend zu erlösen. Und *so ist er zu seinen* Lebzeiten nie der Freund der Sicheren und Gesättigten gewesen, nie der Freund derer, denen es immer gut geht, weil sie immer gut gelebt haben, nie der Freund derer, die sich ihres Glaubens und ihrer Seligkeit rühmen konnten, sondern der Heiland der Verlorenen [vgl. Lk. 19,10], der Arzt der Kranken [vgl. Mk. 2,17 par.], der Zöllner und Sünder Geselle [Mt. 11,19 par.]. *Und so ist sein Weg zur Auferstehung* nicht ein Weg triumphierenden Fortschritts gewesen, nicht ein Weg der Überwindung aller Widerstände, nicht ein Weg der immer größeren Erfolge, sondern ein Weg in die Einsamkeit, in die Schmach, in den Tod hinein und durch den Tod zum Leben! Und *so fängt Gottes Gegenwart* und Gnade immer in der Tiefe an, wo wir zu finden sind, da, wo nur noch Fragen, Sorgen und Zweifel uns übrig bleiben. Da allein kann das «Ehre sei Gott in der Höhe» [Lk. 2,14] von Menschenohren vernommen und von Menschenlippen aufgenommen werden. Da, da allein ist Hilfe, Wendung, Errettung.

Wir möchten wohl alle immer wieder fragen, warum es denn so sein muß und ob es nicht auch anders sein könnte. *Könnte er sich denn* unser nicht annehmen, wenn wir in Glanz und Sicherheit und Frieden aufgerichtet vor ihm da stünden? Ja seht, das könnte er freilich, wenn wir nur im Glanz und in der Sicherheit und im Frieden *nach ihm fragen würden. Im Fragen* nach Gott ist die Gemeinschaft mit ihm, und so kann er auch der *Gott der Glücklichen,* der Gesunden, der Braven, der Zufriedenen sein, wenn sie nach ihm fragen wollen, und so ist Gottes Gnade auch *über den sonnigen Zeiten* und Seiten unseres Lebens und des Menschheitslebens, wenn auch da wirklich nach ihm gefragt wird. Aber das Fragen nach Gott ist ja bereits Demut, ein Heruntersteigen von der Höhe, ein Sich-Beugen der Aufrecht-Stehenden. Wo nach Gott gefragt wird, da *verliert* die Herrlichkeit des Menschen, und wenn sie noch so groß wäre, ihren eigenen Glanz, da ist *keine Freude* mehr möglich ohne einen tiefsten, letzten Schmerz, *keine Tugend* ohne Sünde und Erkenntnis der Sünde, *kein Glaube* ohne das

Bewußtsein der Ferne von Gott, *keine Ruhe* ohne eine letzte Unruhe. Da ist es klar und wird es immer wieder klar, daß *der Mensch nichts* ist vor Gott. Und gerade *aus diesem Nichts,* aus dieser letzten *Tiefe,* aus dieser *Demut* heraus kommt es dann zur Gemeinschaft mit Gott, und nur in der Demut *bleibt* es dabei. In der *Demut* müssen sich also die Guten mit den Bösen, die leichten mit den beschwerten Herzen, die Glücklichen mit den Unglücklichen, die Zufriedenen mit den Unzufriedenen *finden und begegnen und einigen,* und es kommt zuletzt nicht so sehr darauf an, ob wir mehr zu diesen oder mehr zu jenen gehören.

Das aber muß uns ganz klar sein, daß unsere Sicherheit, unsere Gerechtigkeit, unsere Ruhe, unser Christentum sogar, sowie sie beginnen wollen zu leuchten im eigenen Glanz, sowie wir dabei unsere eigenen Herren sein, unser eigenes Geschäft besorgen wollen, uns *von Gott scheiden.* Ohne die Frage nach Gott selber wird auch das Göttlichste in unserem Leben *ungöttlich,* das höchste Recht zum *höchsten Unrecht*[4], die größte Weisheit zur größten Torheit. Da entsteht dann jene *Tugendhaftigkeit,* die auf hölzernen Stelzen[?] durchs Leben schreitet, ohne Tadel, aber auch ohne Segen und Wirksamkeit. Da entsteht dann jene *Frömmigkeit,* die keinen anderen, gewissen Grund hat als des eigenen Herzens Härtigkeit und keinen anderen Erfolg, als daß jedermann davor davonläuft. Da entsteht dann jene *Bildung,* die sich anmaßt, Alles zu wissen, weil sie gerade das Eine nicht wissen will. Da entsteht dann jene pausbäckige *Harmonie* mit dem Unendlichen, bei der es zuletzt in der Seele des Menschen so trostlos langweilig aussieht wie in einem wohlaufgeräumten Schulzimmer. Und über dem allem steht geschrieben: Was Hände bauten, können Hände stürzen[5]. Denn alle diese voreiligen Friedensschlüsse *bewähren sich ja doch nicht,* «nach dem Gesetz der Gerechtigkeit haben sie getrachtet und haben es nicht erreicht», wie Paulus gesagt [vgl. Röm. 9,31]. Sondern *gerade die Zeiten,* die am eifrigsten den Menschen mit seinem Glanz in den Mittelpunkt stellen, müssen auf der anderen Seite am

---

[4] Vgl. das lateinische, von Cicero in *De officiis,* I,10,33 zitierte Sprichwort: «Summum ius summa iniuria».
[5] Fr. von Schiller, *Wilhelm Tell,* V. 387f. (1. Aufzug, 3. Szene):
Was Hände bauten, können Hände stürzen.
Das Haus der Freiheit hat uns Gott gegründet.

bittersten Klage führen über die überhand nehmende Arbeitsunlust, Unfreudigkeit, Respektlosigkeit, Undankbarkeit, und wie alle diese Untugenden heißen. Gerade die *Schattenbilder* von eigener Gerechtigkeit, Ruhe und Sicherheit, an denen wir uns ergötzen, bilden zusammen die Finsternis der Welt, unter der wir zu seufzen haben.

Und *darum müssen wir danken dafür,* daß wir von Gott gedemütigt werden. Wenn die *Fragen,* die Sorgen, die Zweifel aufwachen, wie es das Kennzeichen unserer heutigen Zeit ist, können die stolzen *Tempel,* die wir uns erbaut und in denen wir Gott zu vergessen begannen, zusammenbrechen; wenn der Mensch sich seiner *Grenzen* wieder bewußt, des *Abgrunds* zu seinen Füßen wieder gewahr wird, wenn er's wieder sieht, wie er eigentlich dem *Nichts gegenüber*steht, wenn nicht Gott ihn hält, und wenn dann das alles nicht nur sein *Schicksal ist,* das er seufzend oder stumpfsinnig hinnimmt, sondern seine *Erkenntnis,* daß es so sein muß, wenn er also nicht nur *gedemütigt* ist, wie wir heute eigentlich alle gedemütigt sind, wenn wir ehrlich sind, sondern wenn er Gott *dankt dafür,* daß er ihn gedemütigt, sein Spielzeug ihm zerbrochen hat, dann wird *Christus geboren.* Dann können wir *weiterfahren:* Was Hände bauten, können Hände stürzen, das Haus der Freiheit hat uns Gott gegründet; dann *geht es* der wahren Gerechtigkeit, dem wahren Frieden, dem wahren Heil, und was wir nur an höchsten Gütern nennen mögen, entgegen. Dann wird uns *geholfen.* Ich möchte noch mitteilen, wie *M. Luther* diesen Spruch: Ich danke dir, daß du mich demütigest und hilfst mir! ausgelegt hat. «So ist nun dieser Vers fröhlich», sagt er, «und singet mit aller Lust daher: Bist du nicht ein wunderlicher, lieblicher Gott, der du uns so wunderlich und freundlich regierest? Du erhöhest uns, wenn du uns *erniedrigest.* Du machst uns gerecht, wenn du uns *zu Sündern* machst. Du führest uns gen Himmel, wenn du uns in die *Hölle* stößest. Du gibst uns Sieg, wenn du uns *unterliegen* lässest. Du machst uns lebendig, wenn wir *getötet* werden. Du tröstest uns, wenn wir *trauern* müssen. Du machst uns fröhlich, wenn du uns *heulen* lässest. Du machst uns stark, wenn wir *leiden.* Du machst uns weise, wenn du uns zu *Narren* machst. Du machst uns reich, wenn du uns *Armut* zuschickst. Du machst uns zu Herren, wenn du uns *dienen* lässest. Alle diese Wunder sind in diesen kurzen Worten begriffen: Ich danke dir, daß du mich demütigest und hilfst mir.»[6] Wir könnten alle diese

---

[6] M. Luther, *Das schöne Confitemini, an der zal der CXVIII psalm* (1530),

Wunder auch zusammenfassen in die Worte unseres bekannten Adventslieds:

> *Als mir das Reich genommen,*
> Da Fried und Freude lacht,
> *Da* bist du, mein Heil, kommen
> Und hast mich froh gemacht![7]

3. Wenn wir's doch *verstehen und annehmen* wollten, daß dieser Vers vom Zusammenhang von Demütigung, Dank und Hilfe wirklich ein *fröhlicher Vers* ist, daß Christus wirklich *im Stall* und nicht anderswo geboren ist, daß unser Heil kommt, wenn uns das Reich *genommen,* da Fried und Freude lacht, daß wir *hinter* der engen Pforte dieser bitteren Erkenntnis wirklich den ganzen Jubel der himmlischen Heerscharen hören würden![8]

Wir wollen aus unserem Text noch ein paar Anweisungen nehmen zu solch weihnachtlichem Verständnis.

Der Stein, den die Bauleute verworfen haben [, ist zum Eckstein geworden.][9] Das ist die Hauptsache an der Weihnacht, daß wir durch die Niedrigkeit, in der der Heiland auch zu uns kommt, *hindurchschauen*

WA 31/I, 171,13–26: «So ist nu diser vers frölich und singet mit aller lust daher: Bistu nicht ein wunderlicher, lieblicher gott, der du uns so wunderlich und so freundlich regierest, Du erhöhest uns, wenn du uns niedrigest, Du machst uns gerecht, wenn du uns zu sündern machst, Du fürest uns gen himel, wenn du uns jnn die helle stössest, Du gibst uns sieg, wenn du uns unterligen lessest, Du machst uns lebendig, wenn du uns tödten lessest, Du tröstest uns, wenn du uns trauren lessest, Du machst uns frölich, wenn du uns heulen lessest, Du machst uns singen, wenn du uns weinen lessest, Du machst uns starck, wenn wir leiden, Du machst uns weise, wenn du uns zu narren machst, Du machst uns reich, wenn du uns armut zuschickest, Du machst uns herren, wenn du uns dienen lessest, Und der gleichen unzeligen wunder mehr, die alle jnn diesem vers begriffen sind und jnn der Christenheit auff ein hauffen gerhümet werden, mit diesen kurtzen worten: ‹Ich dancke dir, das du mich demütigest, aber hilffest mir auch widderumb›.»

[7] Aus Strophe 3 des Liedes 90 «Wie soll ich dich empfangen» von P. Gerhardt (RG [1998] 367; EG 11).

[8] Hier hat Barth 16 Mskr.-Zeilen gestrichen: eine erste Auslegung von V. 22f., die Barth dann durch die hier folgende kürzere ersetzte, mit deren Einsatz er zunächst jedoch auch nicht zufrieden war (s. Anm. 9).

[9] Hier hat Barth 2 Mskr.-Zeilen gestrichen.

in seine Herrlichkeit, daß wir die Demut, die er von uns verlangt, *nicht ablehnen* als etwas Unnützes und Gefährliches. Wir wollen nicht ungeschickte, sondern geschickte Bauleute sein, die es begreifen, daß *die Demut uns trägt,* wenn wir es ertragen, demütig zu werden. Sie ist eine *weltbewegende Kraft* für die, die es mit ihr wagen wollen.

Das ist von dem Herrn geschehen und ein Wunder vor unseren Augen. Es ist *kein Kunststück,* kein schwieriges Werk, das von uns verlangt wird, sondern daß wir uns einfach und natürlich stellen zu *dem, was Gott tut.* Gerade die *dunklen Punkte* unseres Lebens können uns zu göttlichen Lichtstrahlen werden, gerade die *dumpfe Stille der heutigen Zeit* zu einem lauten, erlösenden Heilandsruf, *gerade der Tod* zum Leben. *Nicht wir* sind's, die diese Verwandlung zu vollziehen haben. *Nur die Augen* müssen wir haben für das Wunder, das auch vor unseren Augen geschehen will.

Dies ist der Tag, den der Herr macht [; lasset uns freuen und fröhlich darinnen sein.] Es ist *ein neuer Tag,* der da anbricht, wo Gott den Demütigen helfen kann, *der Tag des Neuen Testaments,* den doch schon Abraham und Mose sahen [vgl. Joh. 8,56] und den auch wir noch sehen dürfen. Der *Tag, der gestern schon war* und morgen noch sein wird, der Tag, der *weder der Sonne* noch des Mondes bedarf und dem *keine Nacht* folgt [vgl. Apk. 21,23–25], der Tag, dessen wir uns freuen dürfen *mit der neuen Freude* der Gedemütigten, Betrübten und Verwirrten, mit der *Freude aus der Angst* und Not und Tiefe heraus, mit der Freude, die den Seufzern und *den Tränen nicht wehren* kann und die *doch Freude,* Freude ist in ihrem tiefsten Grund, Freude, wie *kein anderer Tag* sie uns bereiten kann.

O Herr, hilf! o Herr, laß wohl gelingen! Das ist das *Hosiannah*[10], unter dem der König der Demut einst seinen Einzug hielt. Es kann seitdem *nicht mehr verstummen,* weder im Himmel noch auf Erden. Es ist das *Seufzen derer,* die draußen stehen, und zugleich der *Jubel derer,* die hineingehen. Es ist die *Bangigkeit,* die uns alle erfüllt, wenn wir sehen, wie groß unsere Demütigung ist, und *der Dank* derer, die erkennen, daß uns durch Demütigung geholfen wird. Wir hätten dieses Lied nicht erdacht, wir können aber darin *einstimmen* und den Erfolg eines

---

[10] Das hebräische hôšî'āh na' (= hilf doch) wird Mk. 11,10 par. nicht übersetzt, sondern mit ὡσαννά wiedergegeben.

Lebens, das auf dieses Lied gegründet wird, *dem anheim stellen,* der es uns heute auf die Lippen legt. Wir sind dann *seine Gefährten* auf dem Weg durch die Tiefe in die Höhe.

Gelobt sei, der da kommt im Namen des Herrn! Das muß immer wieder unser Schluß sein, weil es unser Anfang ist, daß wir *jetzt und hier* im Dunkel und Schatten des Todes sitzen [vgl. Lk. 1,79], daß aber *unser Licht kommt* und die Herrlichkeit des Herrn aufgeht über uns [vgl. Jes. 60,1]. *Nur nie uns wundern,* nur nie müde und ärgerlich werden, nur nie die Hände sinken lassen, wenn es noch nicht geschehen ist. Nur *nie aufhören, den zu loben,* der kommt, um im Namen Gottes, seines Vaters, Alles neu zu machen [vgl. Apk. 21,5]. *Lobt ihn mit schwerem Herzen,* lobt ihn mit beladenem Gewissen, lobt ihn mit angstvoller Seele, *aber lobt ihn,* denn er ist die große Freude, die allem Volk widerfahren soll [Lk. 2,10].

Lieder:
Nr. 97 «Fröhlich soll mein Herze springen» von P. Gerhardt, Strophen 1.3.4
   (RG [1998] 400,1.3.5; EG 36,1.3.5)
Nr. 100 «Dies ist der Tag, den Gott gemacht» von Chr. F. Gellert, Strophen 1–5
   (RG [1998] 408,1–5; EG 42,1–5)

Matthäus 2,1–12

[Da Jesus geboren war zu Bethlehem im jüdischen Lande, zur Zeit des Königs Herodes, siehe, da kamen die Weisen vom Morgenland gen Jerusalem und sprachen: Wo ist der neugeborene König der Juden? Wir haben seinen Stern gesehen und sind gekommen, ihn anzubeten. Da das der König Herodes hörte, erschrak er und mit ihm das ganze Jerusalem. Und ließ versammeln alle Hohenpriester und Schriftgelehrten unter dem Volk und erforschte von ihnen, wo Christus sollte geboren werden. Und sie sagten ihm: Zu Bethlehem im jüdischen Lande; denn also steht geschrieben durch den Propheten: «Und du, Bethlehem im jüdischen Lande, bist mitnichten die kleinste unter den Fürsten Juda's; denn aus dir soll mir kommen der Herzog, der über mein Volk Israel ein Herr sei.» Da berief Herodes die Weisen heimlich und erlernte mit Fleiß von ihnen, wann der Stern erschienen wäre, und wies sie gen Bethlehem und sprach: Ziehet hin und forschet fleißig nach dem Kindlein; und wenn ihr's findet, so sagt mir's wieder, daß ich auch komme und es anbete. Als sie nun den König gehört hatten, zogen sie hin. Und siehe, der Stern, den sie im Morgenland gesehen hatten, ging vor ihnen hin, bis daß er kam und stand oben über, da das Kindlein war. Da sie den Stern sahen, wurden sie hoch erfreut und gingen in das Haus und fanden das Kindlein mit Maria, seiner Mutter, und fielen nieder und beteten es an und taten ihre Schätze auf und schenkten ihm Gold, Weihrauch und Myrrhe. Und Gott befahl ihnen im Traum, daß sie nicht sollten wieder zu Herodes lenken; und sie zogen durch einen andern Weg wieder in ihr Land.]

1.　Heute, am letzten Sonntag des Jahres, wollen wir es uns noch einmal sagen lassen, daß *der Weg ins Reich Gottes* für uns alle, für alle Menschen offen und gangbar ist. Über dem Vielen, das man im Lauf eines Jahres denkt und hört und sieht, kommt man leicht in Gefahr, *das zu vergessen,* und dann gibt es kein gutes Ende und keinen guten Anfang. Man wird *müde,* man erlebt *Enttäuschungen,* man hat auf alle Fälle das Gefühl, in einem schweren *Kampf* zu stehen, in dem man arm an Helfern und reich an Feinden ist. Und da wird man dann leicht *innerlich hart,* auch wenn man auf Gott vertraut und ihm leben möchte. Man kommt in eine *Stimmung* von Einsamkeit und Leiden hinein. Man wird mißtrauisch gegen viele Menschen, auch mißtrauisch gegen sich selbst. Man sieht das wahre Leben, den Weg Gottes auf Erden, als eine fast *unerreichbar hohe Sache* an, die wohl nur für Wenige bestimmt ist, und von diesen Wenigen möchte man bald Andere, bald sich selbst mit einer gewissen traurigen Geringschätzung ausschließen. Man übersieht die großen, reichen *Möglichkeiten* für das Reich Gottes, die doch eigentlich für Alle und beständig und überall vorhanden sind. Man *überhört den Ton* von der Freude, die noch allem Volk widerfahren soll [vgl. Lk. 2,10]. Man *denkt zu viel daran,* daß wir Menschen, die Anderen und wir selbst, nicht die Rechten sind für das Reich Gottes, das zu uns kommen will, und man *denkt zu wenig* an Gott, auch wenn man sehr viel an ihn denkt. Und das alles ist nicht gut. In Gott ist und von Gott her [kommt] zu uns immer *viel mehr Freiheit,* Wachheit und Offenheit, als wir sehen, und das ist's, was wir uns heute noch einmal gegenseitig sagen wollen.

2. Die Weisen aus dem Morgenlande waren ja auch *noch gar nicht die Rechten,* um die Botschaft von der Geburt des Heilands in die Gottesstadt Jerusalem zu bringen. Sie waren ja *nicht dabei gewesen* und wußten eigentlich überhaupt nichts davon. Sie konnten *nichts rühmen* von großen Werken und Taten Gottes, die sie erlebt und erfahren hatten; von Gott kam in der Frage, die sie nach Jerusalem brachten, überhaupt nichts vor. Es war auch niemand zu ihnen gekommen, um *sie zu bekehren,* wie etwa heute die Heiden von den Missionaren oder Weltleute durch Bußprediger bekehrt werden; sie waren immer noch Heiden und Weltleute, als sie nach Jerusalem kamen. Eine *sehr seltsame* Vorstellung, zu der sie auf ebenso seltsamem Weg gekommen waren, hatte sie aus weiter Ferne hieher geführt, und als sie dann nach Bethlehem kamen, war Alles ganz anders, als sie sich vorgestellt hatten. Sie verdienten eigentlich nicht einmal *den Namen Weise;* wenigstens würden wir Leute, die sich von Berufs wegen mit Sterndeutung und Wahrsagerei abgeben, nicht gerade Weise, sondern eher Abergläubische und Betrüger heißen. Und schließlich war das, was sie nach Jerusalem brachten, ja eben keine stolze, starke Gewißheit, sondern *nur eine Frage:* Wo ist der neugeborene König der Juden? Sie erwarteten ganz demütig und verlegen, daß dort ungefähr jedermann wisse, was sie suchten. Sie meinten nicht etwas zu bringen, sondern etwas zu holen.|

Und trotz alledem waren sie die Rechten. *Wußten,* was man in der Gottesstadt nicht wußte. Hatten *in den Sternen gelesen,* was den Gelehrten in Jerusalem bei allem Bibellesen nicht aufgegangen war. Hatten durch die Mittel ihrer *Gaukelkunst* gefunden, was der Geist Gottes den Frömmsten nicht anvertraut hatte. Waren *unbekehrt* und doch von Gott gerufen und Gott gehorsam. Waren *Weltleute* und doch Gottes Boten. *Wußten nichts* und wußten doch Alles. Waren *die Letzten* und doch die Ersten. Das ist gut. Das soll uns warnen und das kann uns trösten. *Warnen,* wenn etwas in uns hart werden will gegen Andere, die wir im Schatten der Torheit ihren Weg gehen sehen. Und *trösten* dann, wenn auch etwas in uns gegen uns selbst hart werden möchte, weil wir uns selbst im Schatten fühlen. Dieses Im-Schatten-Sein ist freilich eine sehr *ernste* Tatsache. Ernst, aber *nicht ewig.* Licht und Schatten haben keine eigene Macht. Das Leuchten der Sonne aber hat Macht, im nächsten Augenblick dort Licht zu schaffen, wo eben noch Schatten war. Und vielleicht ist dann Schatten, wo eben noch Licht war. Wir sollten die Frage, ob Andere, ob wir selbst die Rechten sind, *nicht so ernst* nehmen, wie wir es in besorgten, müden Stunden gerne tun. *Die Härte,* die dabei immer in uns ist, ist nicht aus Gott. In Gott *ist die Freiheit,* jeden Augenblick zu Jedem von uns zu sagen: Du bist gerade der Rechte, du bist gerade recht, so wie du bist, *ich* habe dich dazu gemacht, und *mir* mußt du so dienen, und nun *wag* es, ohne links und rechts zu sehen, ohne dich zu rühmen und ohne dich zu fürchten! Vielleicht hat er das *schon zu uns gesagt,* vielleicht zu dir, der du jetzt so viel über dich selbst zu seufzen hast, vielleicht auch zu dem Anderen, über den du immer seufzen mußt! Es ist vielleicht von euch nicht gehört, noch nicht verstanden, noch nicht befolgt. Den *Propheten* gegenüber z. B. war das Reden Gottes immer viel früher als ihr Hören, und nachher mußten sie sich gestehen, daß sie eigentlich schon lange gehört hatten und nur nicht hören, nicht verstehen, nicht gehorchen wollten. Eines Tages aber stand nach allem Warten von Seiten Gottes und der Menschen doch *ein Prophet* da, wie aus dem Nichts geschaffen, ein Mose, ein Jeremia, ein Jona. Licht, wo eben noch Schatten gewesen, Sonnenlicht, nicht Menschenlicht, sondern Gotteslicht. So ist eines Tages *der Zug der Weisen aus dem Morgenland* aufgebrochen, um den Heiland zu sehen und anzubeten, den sie nicht kannten, aus der Ferne, aus der Fremde, aus dem Heidentum, aus dem Nichts, nur *aus der Freiheit Gottes,* der an keine Unterschiede von Guten und Bösen, Klugen und Törichten, Gläubigen und Ungläubigen gebunden ist, sondern immer wieder wählt, wen er will. Wenn wir an diese schrankenlose göttliche Freiheit denken, lernen wir es, weiser [?] zu denken.

3. Es ist nicht zu verkennen, daß die Bibel im Alten und Neuen Testament eine gewisse Vorliebe hat für *Gestalten von der Art* dieser Weisen aus dem Morgenland. So hören wir in der Geschichte *Abrahams* von dem König Melchisedek von Salem, der nicht zum Volk der Beschneidung gehört und doch den Abraham, den Vater der Gläubigen, segnet, von ihm den Zehnten empfängt, als ob er sein Herr wäre, und ein Priester des Allerhöchsten genannt wird [Gen. 14,18–20]. Als das Volk Israel an die Grenze Kanaans kam, da wurde es von dem moabitischen *Zauberer Bileam,* der ihm fluchen sollte, mit einer Verheißung empfangen, so schön und groß, wie sie nur je von einem gläubigen Gottesmann ausgesprochen worden ist [Num. 22–24]. Und eine Tochter aus demselben heidnischen Volk, *Ruth,* wurde auf dieselbe unerklärliche Weise zur Ahnherrin des ganzen königlichen Davidshauses [Ruth 4,13–17]. Aus dem Neuen Testament könnten wir an Gestalten wie an den *Hauptmann von Kapernaum* denken, von dem Jesus gesagt, solchen Glauben habe er in Israel nicht gefunden [Mt. 8,10 par.], oder an den anderen *Hauptmann Cornelius* von Cäsarea, dem der Apostel Petrus fast gegen seinen Willen das Evangelium verkündigen und die Taufe erteilen mußte [Act. 10]. Es müssen offenbar immer wieder solche *Neulinge* auftreten gegenüber dem Reiche Gottes, die dann den Eingeborenen auf einen Schlag weit *voraus* sind. Wie zur Erinnerung, daß es mit dem Eingeboren- und Eingebürgertsein offenbar *nicht getan* ist und daß doch *niemand,* der sich draußen fühlt, sich darum als ausgeschlossen fühlen müsse. Das Reich Christi ist *ein Haus,* aber ein Haus mit offenen Türen und Fenstern nach allen Seiten. Wie ja auch das *himmlische Jerusalem* in der Offenbarung beschrieben wird als eine Stadt mit je drei Toren nach Norden, nach Süden, nach Osten, nach Westen, und diese zwölf Tore sind Tag und Nacht unverschlossen [Apk. 21,10–13.25]! Der Eingang ist also zu jeder Zeit und von allen Seiten leicht zu finden.

Wir sollten vielleicht gerade heute viel mehr an diese Seite der Bibel denken, an die göttliche *Freiheit* und Weitherzigkeit, an das Wort des Paulus, daß Gott nicht nur der Juden Gott, sondern auch *der Heiden*

Gott ist [Röm. 3,29], Das ist etwas ganz Anderes als die sogenannte Toleranz, wo man einander einfach laufen[?] und machen läßt. Es ist nicht Alles eins. Es ist *ein Unterschied,* ob wir von Gott berufen sind oder nicht, ob wir den Heiland sehen oder nicht sehen. Aber die Unterschiede und Gegensätze, die da bestehen, sind *nicht so hart,* nicht so starr, wie wir denken. Sie sind gegenüber den Unterschieden, die wir immer machen möchten, *beweglich* und veränderlich. Es sind eben die Unterschiede, die *Gott selbst* macht, und Gott ist lebendig, er *geht weiter.* Er *wählt.* Er beruft. Er setzt ein. Und er wählt immer *neu.* Es soll niemand denken, er sei *für ewig draußen,* und wenn er sich noch so draußen fühlte. Es soll aber auch niemand denken, daß er *für ewig drinnen* sei. Er muß vielleicht *ganz neu erwählt* werden wie die Weisen aus dem Morgenlande, um ganz neu hineinzukommen. Das wird heute klarer als je. Wir können z. B. den *Unterschied, der uns von den Katholiken trennt,* immer weniger ernst nehmen; wir sehen ihn, aber wir wissen: es kommt auf etwas Anderes an. Es will auf dem ganzen religiösen und geistigen Gebiet nirgends mehr recht gelingen, die Menschen zu *großen, geschlossenen Gruppen und Parteien* zusammenzuballen. Es ist da Alles in Auflösung, es gibt immer neue Unterschiede in den Unterschieden, es muß jeder seinen eigenen Weg suchen. Es ist, wie wenn das Andere: das Sich-Zusammentun und Voneinander-Ausschließen nicht mehr sein sollte. Es ist, wie wenn *alle Besonderheiten* ihren Wert und ihren Ernst verlieren sollten gegenüber dem Einen, was not tut [vgl. Lk. 10,42], von dem heute unter allerlei Volk und allerlei Zunge die Rede ist. Wir können das *bedauern.* Wir können uns dagegen wehren. Es ist möglich, daß wir vielleicht in eine Zeit gehen, in der die Kirchen und Sekten und Parteien mit ihrem Sich-Zusammentun und Sich-Ausschließen noch einmal große Bedeutung bekommen. Wir können aber auch zur Erkenntnis kommen, daß es von jeher gegeben hat und immer mehr geben wird *eine göttliche Berufung, ein Suchen des Heilands* auch außerhalb der Mauern, in denen wir uns befanden und befinden müssen. Das himmlische Jerusalem mit den zwölf Pforten nach allen Seiten ist *noch nicht da, aber es kommt,* es kündigt sich an nach der Auflösung und Zerrissenheit unserer Zeit. Wir wollen uns selbst, unserer jetzigen Erkenntnis *treu* sein, wir wollen keine anderen Wege gehen als die, die wir wirklich gehen *müssen.* Wir wollen uns selbst und die Anderen *prüfen,* wiefern in ihnen und in uns etwas ist, was auf diese kommende vielseitige Einheit hinweist. Wir wollen aber *aufmerksam und offen* sein. Es könnten ja immer Melchisedek, Bileam oder Ruth oder die Weisen aus dem Morgenland sein, wer uns da aus der Ferne, aus der Fremde, aus dem Nichts heraus begegnet und uns doch die Botschaft von der Geburt des Heilands mit sich bringt. Und das *nicht aus Nachsicht und Duldung* gegen die Menschen, sondern gerade im eifrigsten Gedenken an Gott, aber eben im Gedanken an Gottes *Freiheit.* Wieviel *eifriger, wieviel hoffnungsvoller* könnten wir in die Zukunft sehen, wenn wir besser und mehr daran denken würden!

4. Wie es geht, *wenn man nicht daran denkt,* das sehen wir in unserer Geschichte an Herodes und den Leuten von Jerusalem. Wir wollen nicht lange von ihnen reden. Wie der König Herodes *erschrak,* weil er nichts Anderes fürchtete, als daß dieser neugeborene König der Juden ihn vom Thron stürzen werde. Wie das ganze Jerusalem mit ihm Angst bekam, weil sie offenbar von diesem Ereignis, das sie so lange erwartet, um das sie so lange gebetet, ganz *schreckliche Dinge erwarteten.* Wie die Schriftgelehrten in ihren Büchern blätterten und ganz genau sagen konnten, wo Christus geboren werden müsse, nur daß sie gar nicht darauf gefaßt waren, *daß er wirklich geboren werde* oder sogar schon geboren sein könnte. Wie Herodes dann seine *klugen Pläne faßte,* um des gefährlichen Kindes habhaft zu werden, und wie man ihm zuletzt den *Weg zeigte,* den man selbst nicht ging. Warum nur diese ganze Verwirrung? Weil sie alle, vom unfrommen König bis zu den frommen Schriftgelehrten bis zu den Gleichgiltigen auf der Straße *nicht weich, sondern hart* dachten. Weil sie *nicht an die göttliche Freiheit* dachten. An Gott dachten sie alle. Aber daß es *mit Gott Ernst* werden könnte – das ist doch die göttliche Freiheit –, daß *die Verheißungen in Erfüllung* gehen, der Heiland erscheinen, der Tag Gottes anbrechen, die Heiden nach Jerusalem kommen könnten, wie geschrieben stand [vgl. Jes. 60,3–15 u. ö.], daran dachten sie nicht. *Es war ihnen genug,* daß es geschrieben stand, genug, sich daran zu erbauen, darüber zu studieren, daran zu glauben, darum zu beten. Und nun *geschah es mit einem Mal.* Und da war es ihnen etwas ganz Neues, Unerwartetes, Unglaubliches und Unerwünschtes. *Ja, Gott in den Büchern,* Gott in der Kirche, Gott in den Gedanken – aber Gott im

Leben, Gott in Gestalt der *dringenden, verlegenen Frage:* Wo ist [der neugeborene König der Juden?] Wo ist das Heil, das euch verheißen ist und von dessen Erfüllung wir wissen? Diese Frage im Munde von *unbekannten Fremden,* die gar nichts von Gottesmännern an sich hatten, – Gott in Gestalt der *Tatsache:* diese könnten am Ende in Wahrheit wissen, was bei uns nur Glaube ist, das war unheimlich, das war fürchterlich. Selbstverständlich, daß sie den Fremden *nicht trauten,* sie konnten und wollten ihnen nicht trauen, sie durften ja nicht im Rechte sein, es durfte ja nicht möglich sein, und darum ließen sie sie ihres Weges ziehen, als ob ihre Sache nicht ihre eigene Sache gewesen wäre. Sie trauten aber *auch sich selbst nicht,* ihr ganzes Verhältnis zu Gott wurde ihnen auf einmal bedenklich, als sie durch die Frage der heidnischen Gaukler erfuhren, daß Gott am Ende wirklich Gott sein könnte, und darum *fürchteten sie sich* und *versuchte es Herodes,* dem rollenden Rad in die Speichen zu greifen. Sie waren offenbar selber auch nicht die Rechten. Es ist die Haltung von Menschen, *die zu sicher* waren und darum nie versanken in Unsicherheit, die zu hart gewesen und darum *nie zerschlagen* [?] wurden. So kommt man zurück, so kommt man aufs Nebengeleise und bleibt stehen, wenn man nicht offen und aufmerksam ist, wenn man den Gedanken an Gottes Freiheit vergessen hat.

5. An den Weisen aus dem Morgenland selbst kann man das Andere sehen, wie es ist, wenn Gott seine Freiheit braucht. «Wir haben seinen Stern gesehen». Das ist das Einzige, *was sie vom Heiland wissen,* eigentlich nichts von ihm, nur etwas Unbestimmtes von einem König der Juden, der geboren werden solle. Aber der Stern genügte. Als sie Jerusalem hinter sich hatten, sahen sie ihn wieder und «wurden hoch erfreut». Er war ihnen *das Zeichen, daß sie sich aufmachen,* hingehen und anbeten mußten, und sie gehorchten ihm. *Die Schriftgelehrten in Jerusalem hatten viel bessere Zeichen* in ihren Bibeln und gehorchten ihnen nicht. Es kommt nicht darauf an, *welches Zeichen* uns den Befehl zum Aufbruch gibt. Dem Fischer Petrus ist sein Netz voller Fische zum Zeichen geworden [Lk. 5,1–11], daß die Wende der Zeiten nahe sei, das [?] Neue zu tun, wie sich's gehörte, im Neuen [?]. Es kommt nur darauf an, daß der Mensch, wenn er ein solches Zeichen bekommt, *gehorcht und aufbricht. Ein Stern ist ein kleiner Punkt* am Himmel,

man muß gut aufmerken, um zu merken, da ist ein neuer Stern, was hat der zu bedeuten? Wenn ein solcher kleiner neuer Punkt einem Menschen aufgeht in seinem Leben, vielleicht eine scheinbar ganz nebensächliche Frage oder Sorge, wenn der ihm auf einmal so groß und wichtig wird, daß er merkt: da hängt nun Alles davon ab, daß ich dem nachgehe, daß ich da Antwort bekomme, wenn sein Leben nur eine Suche und Frage wird nach dem Einen, was sich ihm da angezeigt hat, seht, dann braucht Gott seine Freiheit.

Sollte das so etwas Seltsames sein?

Sollte das nicht uns allen möglich sein?

Sollte sich daraus nicht Alles ergeben: das Suchen, das Finden, das Darbringen, das Anbeten?

Wenn uns ein solcher Stern aufgeht, dann wissen wir, daß wir erwählt sind. In diesem Wissen wollen wir ruhen[?] und gehen.

Lieder:

Nr. 101 «Werde Licht, du Volk der Heiden» von J. Fr. Mudre (1736–1810), Strophen 1.2.4

Nr. 237 «Wie schön leucht't uns der Morgenstern» von Ph. Nicolai, Strophen 1.7 (RG [1998] 653,1.7; EG 70,1.7; jeweils mit Textabweichungen)

REGISTER

I. BIBELSTELLEN

Die Seitenzahlen sind kursiv gedruckt, wenn es sich um einen
Predigttext handelt.

456

459

II. NAMEN

Unberücksichtigt bleiben Herausgeber, Übersetzer, Briefempfänger, in Buchtiteln enthaltene Eigennamen, literarische Gestalten, Autoren der Predigttexte sowie Dichter, deren Lieder im Gottesdienst gesungen, aber nicht in der Predigt erwähnt wurden.

Kursiv gedruckte Seitenzahlen verweisen auf einen in der Anmerkung vom Herausgeber genannten Namen, der im Haupttext weder direkt noch indirekt (z.B. durch ein Zitat) vorkommt.

461

einschließlich geographischer Bezeichnungen. Nicht immer findet sich ein Registerstichwort auf den angegebenen Seiten wörtlich, da synonyme oder verwandte Termini gelegentlich unter einem gemeinsamen Schlagwort zusammengefaßt sind.

Kursiv gedruckte Seitenzahlen verweisen auf ein Stichwort in einer Anmerkung des Herausgebers.